ERP 실무

Practical of Enterprise Resource Planning

김용철 · 안종득 · 함호종 공저

우용출판사
1997
www.choolpansa.com

머리말

우리는 지식의 정보 속에서 살아가고 있다. 기업의 미래를 창조하는 창조자는 바로 기업의 두뇌인 모든 종사자들에 의하여 창조된다. 이와 같이 기업의 미래를 예측하여 새로운 기업을 창조하는 일은 매우 힘들고 어려울 뿐만 아니라 지식, 정보, 제품과 서비스 등 정보의 홍수로 인하여 가장 알찬 정보를 찾아내는 것이 미래의 과제이다.

우리는 급속히 변하는 환경의 흐름 속에서 기업을 지속적으로 유지시키기 위하여 레드오션의 경쟁에서 블루오션의 정보를 찾고 있다. 미래의 블루오션을 창출하기 위하여 기업은 가장 빠르고 정확한 정보를 얻고 신속한 의사결정을 위하여 전사적 시스템이 구축되지 않으면 정보의 경쟁에서 레드오션으로 빠져들게 된다. 이러한 기업의 경쟁력을 향상시키기 위하여 전사적 자원관리가 태동하게 되었다. ERP는 기업의 활동에 필요한 모든 자원을 효율적으로 관리하여 기업의 경쟁력을 강화시켜 주는 역할을 하는 통합 전산 시스템이다.

이 책은 ERP를 도입하였거나 새로이 구축하려는 기업의 실무자나 ERP를 처음 접하는 학생들을 위한 교재로 집필하고자 하였다. 또한 이 책은 경영학의 이론과 원리를 이해하고 기업현실을 시스템에 적용해봄으로써 기업이 요구하는 창의적 사고력과 시스템적 문제해결을 배양하는데 중점을 두었다.

이 책을 집필하는데 있어 그동안 국·내외의 관련된 문헌들이 중요한 밑거름이 되었다. 본서를 집필하는 과정에서 저자들은 시스템을 한국기업에 적합하게 정립하려고 노력하였다. 이러한 노력에도 불구하고 미흡한 점이 많으리라고 생각된다. 이러한 부족한 점은 계속적으로 보완할 예정이다. 또한 독자들의 질책과 조언을 겸허하게 받아들여 본서를 개정하는데 적극 반영할 것이다.

이 책은 모두 13장으로 구성되었으며, 전체적으로 전사적 자원의 효율적인 관리를 시스템적인 관점으로 경영활동과 관련된 다양한 요소를 고찰하였다.

끝으로 본서를 집필하는데 많은 지원을 보내주신 (주)더존 임직원 여러분과 신동성이사님, 윤재구부장님의 도움에 감사드리며, 이 책을 출판하도록 배려해주신 우용출판사 고종식 대표님과 임직원 여러분께 감사드립니다.

2009년 8월

저자들 드림

목차

제3장 기준정보관리

제4장 영업관리

제5장 구매관리

제6장 자재관리

제7장 수출입관리

제8장 생산관리

제9장 외주관리

제10장 회계관리

제12장 인사관리

제13장 경영예산

Chapter Ⅰ

ERP 시스템 체계

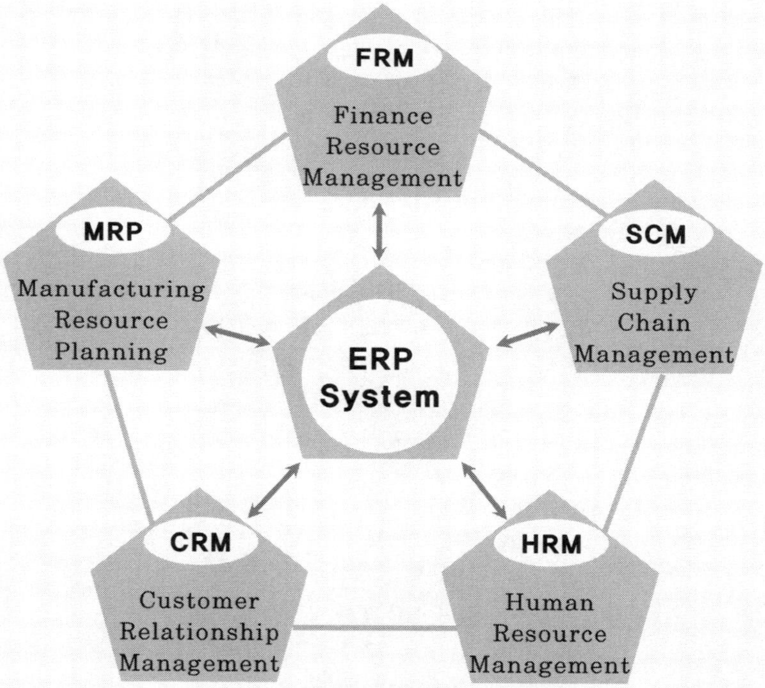

잡초 속에 핀 꽃

▸ 김용철

오랜 세월을 기다렸습니다.
누구를 위하여 기다렸습니까?
기다림의 종착지는 어디입니까?
그토록 기다려왔는데 무엇을 얻었습니까?
그토록 고된 세월을 기다렸는데...
모진 시집살이에도 작은 꽃망울은 피어났습니다.
잡초처럼 살아 온 세월이 원망스럽지도 않습니까.
잡초라고서 어느 누구의 시야도 띄지 않게 피어난 꽃은
참 곱게 자랐습니다.
누군가 던져 버린 돌덩이도 피하였고, 어린 손자들의
발끝에서도 숨 쉬었습니다.
쏟아진 냉풍에서도 알뜰하게도 꿈을 피웠습니다.
그 꿈을 잡초가 아닌 화분속의 아름다운 향기로
피어나길 바랐습니다.
지금 꿈은 향기를 피우려고 합니다.
그러나 모난 잡초처럼 키웠다면 더 많은 꿈의 향기를
피우지 않았나하네요.
품속의 화분은 너무나 따뜻하기에
난 어머니처럼 살지 못하고 있습니다.
다시 잡초로 돌아 갈까하네요.
그러나 지난 흐름이 너무나 원망스럽습니다.
숙여 흐르는 방울을 간드럽게 감추려하지만
그도 못하는 버려진 잡초가 되어가고 있나봅니다.
왜 그리도 먼 꿈을 가지고 가셨습니까?
또 무엇을 기다리며 다가오시렵니까?

제1절 ERP의 배경과 추세

1. ERP의 배경

미래의 경영활동에 있어서 필요한 자원에는 생산 및 제조에 소요되는 물적 자원, 생산 및 관리를 위한 인적자원 그리고 이를 유통시키기 위한 장치 및 수송자원 등 다양한 자원을 적재적소에 배치하고 운영 할 수 있는 각종 계획이 필요하다. 또한 이러한 자원은 무한정으로 이용할 수 있는 것이 아니므로 체계적인 방법에 의하여 효율적으로 운영할 때 조직의 이윤은 극대화되고 경영의 합리화를 도모할 수 있게 된다. 따라서 경영자는 조직의 효율적인 자원계획 및 운영을 위하여 많은 노력을 기울이는 것도 모두 경영효율화를 위해서이다. 이와 같은 자원을 가장 효율적으로 관리하기 위하여 ERP 시스템이 필요하다.

2. ERP의 정의

1) ERP의 정의

ERP(Enterprise Resource Planning)는 전사적 자원계획이라는 의미로서 조직의 각종 경영활동에 필요한 자원들을 최적의 상태로 운영할 수 있도록 지원해 주는 정보기술의 복합 응용 시스템이라 할 수 있다. ERP의 효용성은 조직의 경영자원이 한정되어 있고 이 한정된 자원을 적절하게 기업경영에 적용함으로써 조직의 경영 합리화를 이룰 수 있도록 지원하는데 있다.

기업은 경영활동의 수행을 위해 여러 개의 시스템 즉 생산, 판매, 인사, 회계, 자금, 원가, 고정자산 등의 운영시스템을 갖고 있는데 이와 같은 과거의 경영자원을 위한 각 Sub System들은 해당 분야의 업무를 처리하고 정보를 가공하여 의사결정을 지원하기도 하지만 별개의 System으로 운영되어 정보를 가공하여 의사결정을 지원하지만 별개의 System으로 운영되어 정보가 타 부문에 동시에 연결되지 않아 불편과 낭비를 초래하였다.

이러한 문제점을 해결하기 위하여 ERP는 어느 한 부문에서 데이터(Data)를 입력하면 회사의 전 부문이 필요에 따라서 정보로 활용할 수 있게 하는 것이다. 즉, 전 부문에 걸쳐있는 경영자원을 하나의 체계로 통합적 시스템으로 재구축함으로써 생산성을 극대화 하려는 대표적인 기업 리엔지니어링 기법이다.

ERP 시스템을 도입함으로써 업무처리 능률을 극대화하기 위한 선진 프로세스와 최첨단 IT를 동시에 얻는 효과를 거둘 수 있고, 이는 급변하는 경영환경의 변화와 정보기술의 발전에 필사적으로 대응하려는 기업의 고민을 동시에 해결시켜 주는 솔루션이라고 할 수 있다.

[그림 1-1] ERP 시스템 구성 사례

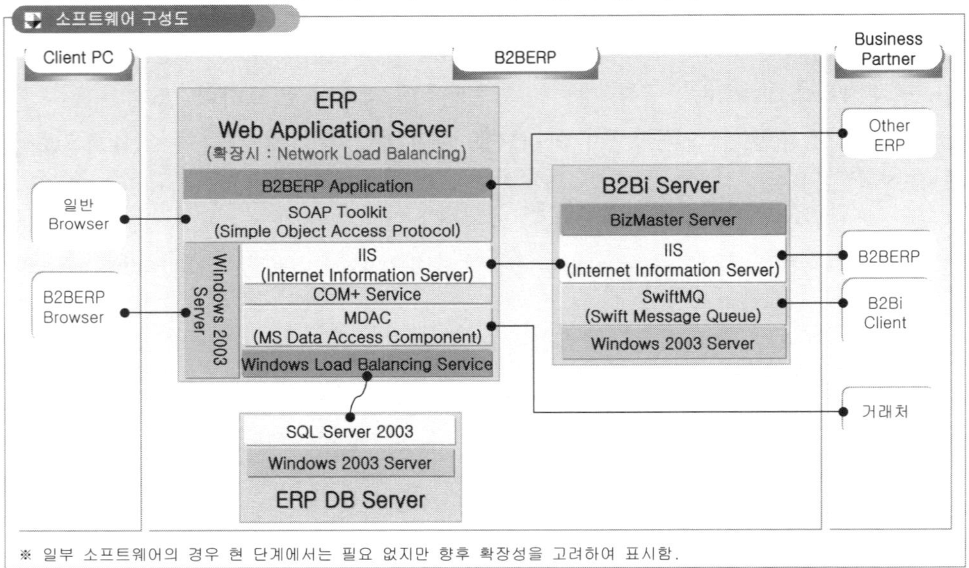

2) ERP의 개요

인터넷의 발달에 따라 ERP는 B2BERP로 확장되면서 인터넷 환경에서 기업간 협업적 IT화가 가능한 B2Bi(Business to Business Integration) 엔진과 PKI(Public Key Infrastructure) 인증보안 기능이 내장된 확장형 ERP솔루션으로서, 다양한 업종의 수많은 고객기업들의 현장 운영을 통해 검증된, 글로벌 디지털 시대의 강력한 경영혁신 도구이자 e-Business 전개에 필수적인 기업 핵심 통합정보 시스템이다.

성공적인 통합 정보시스템 구축을 위한 중견 및 대기업용의 B2BERP는 특히 성공적으로 기 구현되어 사용되고 있는 일반모듈과 기업의 요구 사항을 완벽하게 호환하여 업무특성을 최대한 반영할 수 있는 B2BERP를 구축할 수 있다. 또한 B2BERP의 기본사상인 확장지원이 용이한 시스템으로써 기업간의 업무연계(SCM)가 가능한 B2Bi 시스템의 확장 지원이 가능하다.

3. ERP의 역사

ERP는 어느 날 갑자기 생긴 개념이 아니다. 경영 및 정보 기술(IT) 환경의 변화에 따라 생긴 것이다. ERP는 제조업체의 핵심인 생산부문의 효율적인 자원 관리를 위한 시스템인 MRP (Material Requirement Planning : 자재소요량계획)에서 비롯되었다.

1) 1970년대 : MRP 시스템

MRP Ⅰ(Material Requirement Planning System)는 제품생산에서 요구되는 필요한 자재를 필요한 시기에 필요한량 만큼 필요한 장소에 공급하기 위한 자재소요계획이다. 즉, 어떤 제품을 적시에 적량을 최소의 비용으로 생산하는 것이 생산관리자의 가장 중요한 과제인데, 이것은 바로 생산능력을 시장수요 여건에 적응시키는 과제이며, 구체적으로는 [생산일정계획] ⇒ [재고관리] ⇒ [자재계획]을 연결하는 일련의 생산시스템이다.

2) 1980년대 : MRP II 시스템

MRP Ⅱ(Manufacturing Resource Planning : 생산자원 계획)는 MRP Ⅰ이 진전되어 모든 자원(재고, 자금, 설비, 자본 등)을 효율적 계획 및 통제하기 위한 방법이다. 그러나 MRP Ⅰ과 MRP Ⅱ시스템은 IT자원이 충분히 뒷받침되어 주지 않아 만족할 만한 성과를 거두지 못하였다.

3) 1990년대 : ERP 시스템

ERP(Enterprise Resource Planning)은 1990년대에 들어 글로벌 경쟁체제로 들어서면서 급변하는 경영환경과 특히 컴퓨팅 파워가 막강(H/W비용의 하락, 첨단 IT출현)해지고, 시장구조가 생산자 중심에서 소비자 중심으로 전환되어 가고 있는 가운데 기업체들은 살아남기 위해서 IT자원을 활용한 첨단의 경영기법을 도입해야하는 상황을 맞아 자연스럽게 ERP 시스템이 주목받게 되었다.

MRP II가 확장된 ERP 시스템은 생산뿐만 아니라 인사, 회계, 영업, 경영자 정보 등 경영관점에서 전사적인 자원의 효율적인 관리가 주목적이다.

4) 2000년대 : ERP Ⅱ 시스템

2000년대 들어서면서 ERP의 확장된 개념으로서 기업의 내부뿐만 아니라 기업간, 고객간의 관계를 고려한 개념의 확장으로 SCM(Supply Chain Management : 공급사슬관리), CRM(Customer Relationship Management : 고객관리시스템)이 활발히 도입되었다.

5) 2010년도 : e-ERP 시스템

2010년부터 e-biz II시대로 전화되면서 초고속인터넷의 발달과 고객중심의 경영환경의 변화와 글로벌 경영으로 경영환경의 변화에 따라 ERP도 e-biz중심의 e-ERP 시스템으로 변화되고 있다. 또한 모바일(Mobile) 컨텐츠의 발달에 따라 전 세계 어디서 시스템에 접근 가능하도록 e-ERP 시스템으로 전환이 이루어지고 있다.

4. ERP의 특징

1) ERP의 정보기술통합

전사적 자원계획 및 관리를 위해서는 생산과 관리를 지원하는 조직의 다양하고 방대한 데이터들에 대한 체계적인 관리를 통하여 자동화하고 이를 기반으로 하여 경영진의 의사결정지원 등 정보화가 필수적이라 할 수 있다. ERP는 이러한 정보기술의 통합에 의하여 기업경영을 활성화시키고 한정된 기업의 자원을 관리하기 위하여 조직업무의 자동화를 지원하는 각종 정보화 도구와 방법을 제공하고 있다.

[그림 1-2] 기술적 개념 사례(NST)

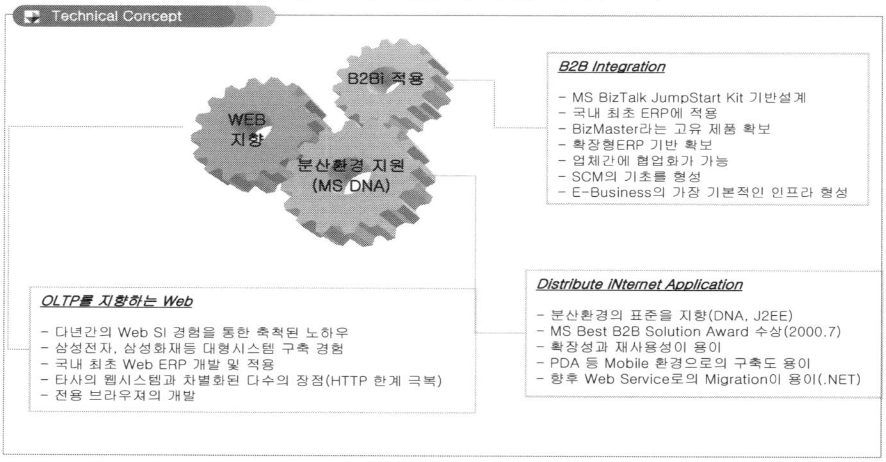

(1) 기업의 정보처리 기반구조

ERP는 기업경영의 자동화를 통한 합리적이고 효율적인 업무처리를 위하여 정보기술 전반에 걸친 적용으로 생산, 판매, 자재, 인사 및 회계 등 기업의 근간이 되는 업무처리 분야를 서로 밀접하게 연계시켜서 기업의 경쟁력을 강화시킬 수 있는 기업이나 조직의 통합정보시스템이다.

[그림 1-3] ERP 시스템 변화

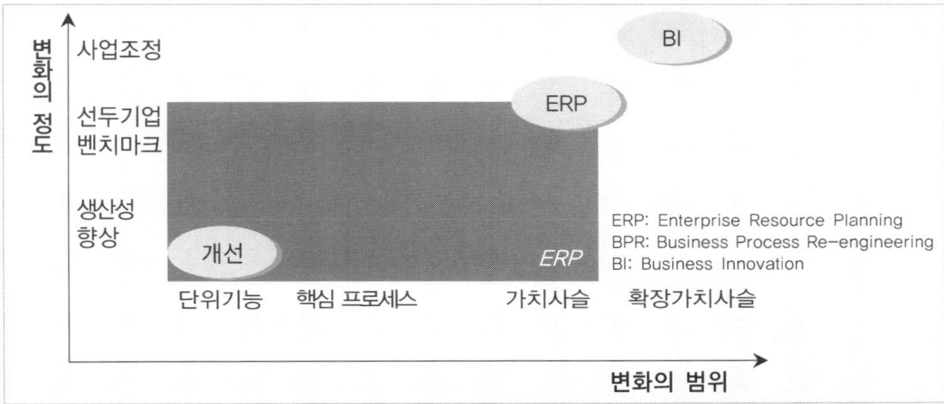

(2) 복합정보시스템

기업경영에 있어서 생산현장의 업무와 이를 지원하는 관리부문 업무의 상호 통합관리는 필수적인 요소이지만 이를 원활하게 연계하는 것은 쉬운 일이 아니다. ERP는 이를 목적으로 하여 조직의 자원 모두를 효율적으로 관리할 수 있도록 정보기술을 적용시킨 복합정보시스템이다.

(3) 부문별 모듈화

ERP는 기업의 각 부문별 경영활동을 지원할 수 있는 패키지 소프트웨어 형태로 제공된다. 각 부문별 소프트웨어의 부품화를 위하여 관리 분야별로 모듈화하고 정보기술을 적용한 패키지로 구성되어 일반적인 시스템 개발과정을 단축시킬 수 있고 보다 정확성을 기할 수 있다.

[그림 1-4] ERP 시스템 도입 효과

구분	내용	효과
경영관리	▸ 기업자원활용의 최적화를 통한 원가절감 ▸ 전략적 의사결정 지원시스템 기반 구축 ▸ 예측 가능한 장기 경영계획 수립 기반 마련	대외 경쟁력 우위 확보
업무 프로세스	▸ 기준에 의한 신속한 의사결정 및 위임 경영체제 확보 ▸ 발주에서 납품까지의 Lead Time 감소 ▸ 생산 관련 업무 흐름의 실시간 관리 ▸ 정보의 체계적 관리를 통한 대외 신뢰도 제고	
정보시스템	▸ 기업 자원에 대한 전사정보 공유 ▸ Real-Time 정보에 의한 효율적 Activity 관리 ▸ 환경변화에 대응할 수 있는 유연한 기술구조 확보	기업 가치 극대화

2) 글로벌 대응

글로벌 경쟁시대에 있어서 기업은 다국적화하고 있다. 이에 따라 ERP는 다국어와 다국적 통화를 원활하게 지원하여줄 수 있다. 즉, 프로그램을 로그인 할 때 사용언어를 선택하여 사용할 수 있다. 현지국가의 세제나 법제도에 대응한 자료를 공급하여 줄 수 있으며, 다양한 통화에 대한 환율계산으로 현지통화로 환산 기록된다. 국제회계기준(IAS)에 대응한 계정과목 및 연결재무제표 손익계산서 작성이 가능하다.

3) 기업의 전체 경영관리 지원

ERP는 기업의 통합정보시스템으로서 생산 및 관리 전 분야에 걸쳐 모든 경영관리에 대한 지원이 가능하며, 이는 ERP가 기업의 정보시스템 기반구조로서의 역할을 하여 모든 경영활동의 지원수단으로 활용되기 때문이다.

[그림 1-5] ERP의 경영관리 지원

지식경영 및 경영 합리화	▸ 의사결정을 위한 경영정보의 실시간(Real-Time) 제공체제 구축 ▸ 기업내 업무의 프로세스 혁신 통한 표준모델 구축 ▸ 정보 마인드의 확신과 투명한 경영 ▸ 각종 경영지수의 실시간 분석 가능 ▸ 조직의 효율화 및 슬림화, 합리적인 경영평가 및 성과관리 정보 제공
전략정보시스템구축	▸ 정보체제 일원화 및 환경변화에 유연한 시스템 구축 ▸ 표준화, 단순화, 코드화 ▸ 최신 정보기술 도입 ▸ 정보시스템 유지비용 감소 ▸ 분석데이터의 정확성 증대
저비용 고효율의 기업구조 유도	▸ 정량, 정품, 정시, 정위치 4定 관리로 기업자원 Loss의 최소화 ▸ 원가절감(부품 및 자재 조달 비용 감소) ▸ 생산성 향상, 납기단축, 실시간 재고관리, 정량적 데이터베이스 체계 구축 ▸ 작업능률, 가동률, 불량률 등의 분석을 통한 제조 Cost 절감 유도 ▸ 대고객 서비스 향상으로 클레임율 저하 유도

4) 경영환경 변화에 대응

기업의 경영환경은 내부적으로는 제도나 규정의 변경, 외부적으로는 전 세계적으로 개방화의 요구가 거세지고 기업에 대한 고객 요구사항의 다양화 등의 요구에 따라 신속하게 대응하고 그에 맞는 정보 시스템의 적응이 필수적인데 ERP는 이러한 기업 내부 및 외부의 경영환경 변화에 대처할 수 있는 적절한 대응체계를 갖추고 있다.

[그림 1-6] 경영환경의 변화

시장 환경의 변화	소비구조의 변화	▸ 다양화 ▸ 개성화 ▸ 격변화 ▸ 고도화
	시장에서의 경쟁 격화	▸ 후발업체의 추격 ▸ 제품 Life Cycle 단축 ▸ Global한 경쟁체제
경영 환경의 변화	Speedy한 의사결정 요구	▸ 시장 Needs 급변 ▸ 제품 관련기술의 빠른 진보 ▸ 정보기술 발전
	기업내 정보 제공 환경의 변화	▸ 다양화 ▸ 개성화 ▸ 격변화 ▸ 고도화

5) 새로운 정보기술의 수용

ERP는 정보기술의 복합체로서 조직 전반에 걸친 정보화를 통한 자원의 효율적인 관리를 지향하고 있는데 이러한 정보기술의 눈부신 발전은 산업 전반에 걸친 새로운 정보기술의 적용을 끊임없이 요청하고 있다. 최근 들어 전자상거래 환경은 기업의 거래형태를 혁신적으로 변화시키고 있고, 점점 복잡해지고 있는 경영환경은 그에 맞는 적절한 의사결정을 요청하고 있는 등 기업의 정보시스템이 경영을 효율적으로 지원하기 위해서는 끊임없는 신기술의 적용으로 가능해지기 때문에 ERP도 이러한 정보기술의 변화 추세에 맞추어 적절하게 대응할 수 있다.

6) 기업의 환경변화에 따른 리엔지니어링 지원

ERP는 비즈니스 프로세스 모델을 이용하여 기업의 비즈니스 프로세스 리엔지니어링 실현이 가능하다.

7) 선진 경영관리 체계 도입

선진 경영관리 체제의 Best Practice구현을 통해 경영진의 전략적 의사결정 정보를 제공하고 중간관리자 및 현업 실무자는 다양한 정보 분석 및 부가가치 활동에 집중할 수 있는 경영관리 효율화 System을 구축할 수 있다.

[그림1-7] ERP시스템의 계층별 목적

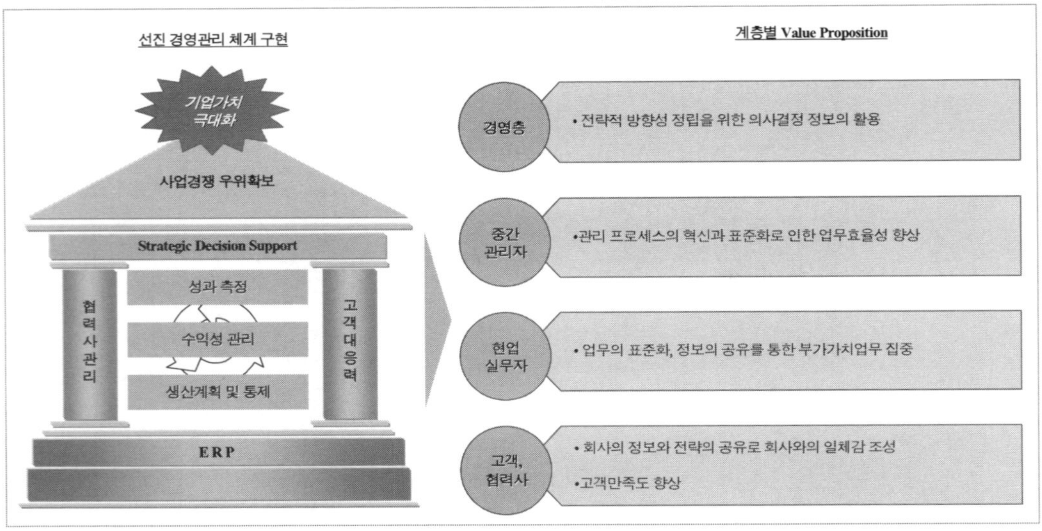

제2절 ERP 환경

1. ERP의 구축환경

ERP 구축을 위한 정보시스템 환경요건으로서 기업의 업무기능을 정확하게 분석하여 상호 연계되는 부분을 중점적으로 설계하고 이를 구현하기 위한 정보시스템 지원환경에 대한 설정으로서 ERP 개발도구 및 각종 시스템 구조를 설계한다. ERP 운영에 적절한 시스템구조를 설정하고, 통신망의 구축, 운영서버의 설치, DBMS의 선정 및 기타 시스템 환경 등을 설정한다.

1) 시스템 구조

ERP 시스템의 구조는 정보기술의 적용에 따라 다양하게 전개되지만 클라이언트/서버 구조의 GUI(Graphical User Interface)환경으로 설정되는 것이 보통이다. 이러한 시스템 구조는 개방형 시스템(Open System) 구조로 이루어져 서버 종류와 무관하게 구현된다.

[그림 1-8] ERP의 확장형 기술

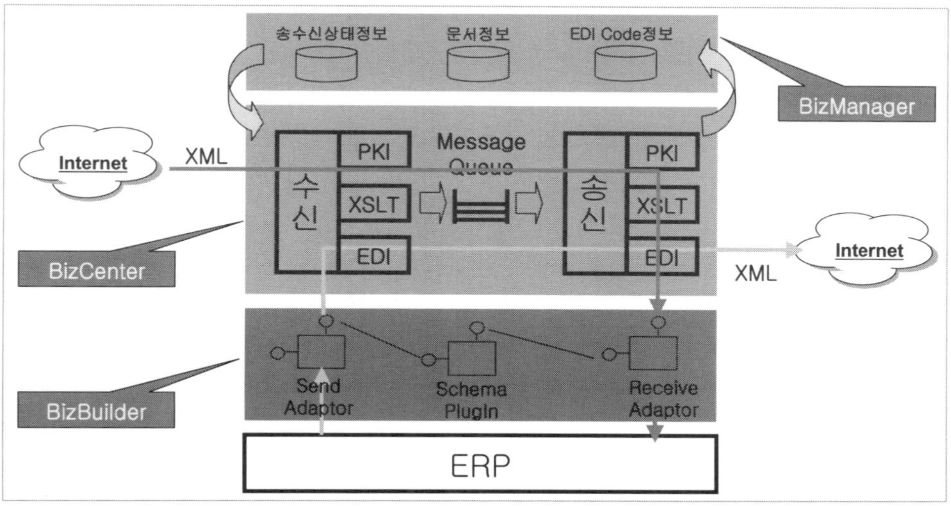

[그림1-9] (주)NST의 시스템 구성도 사례

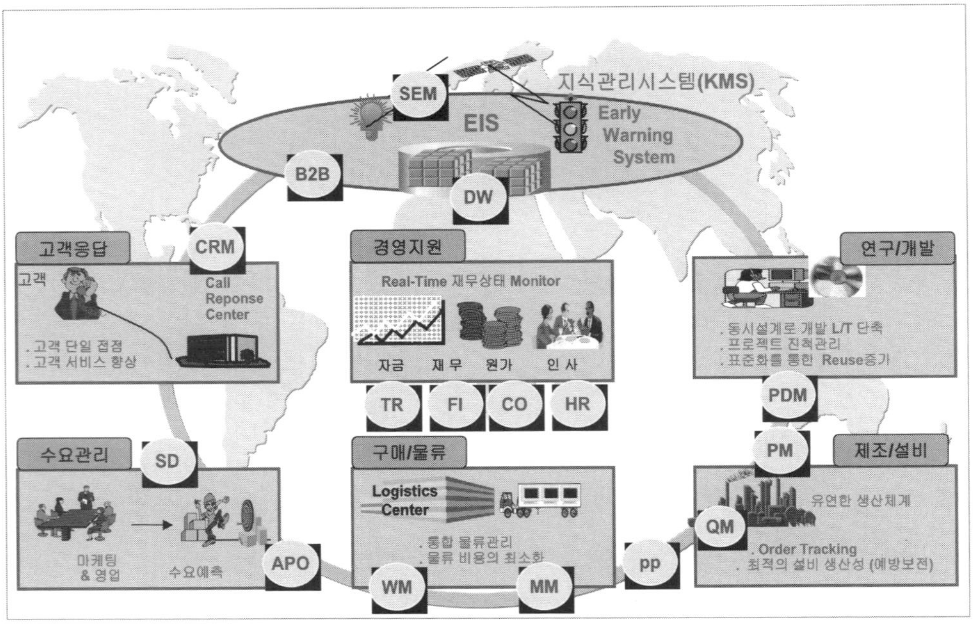

[그림1-10] 시스템 기능별 구성도 사례

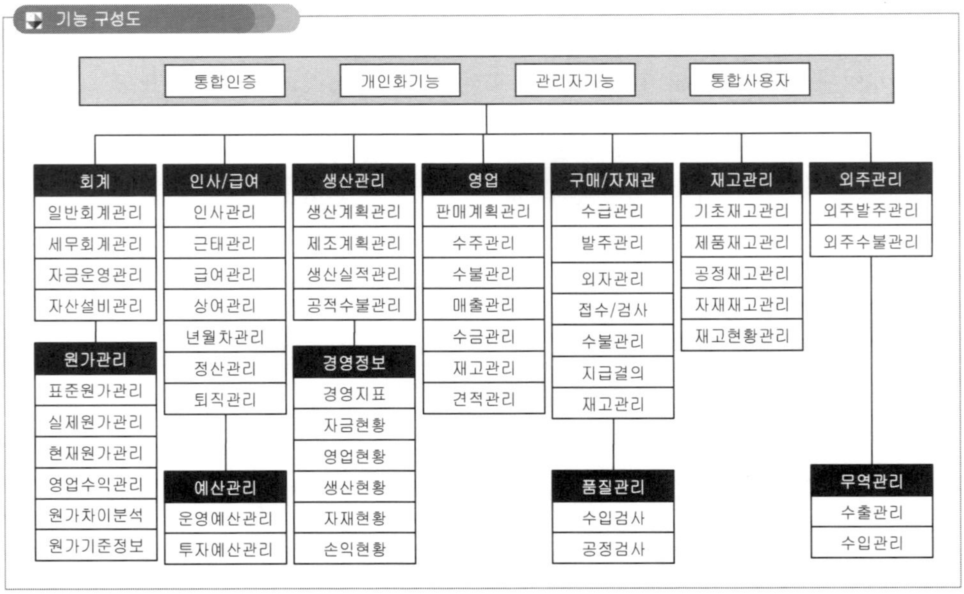

2) 개발도구

ERP 적용 시 응용프로그램 모듈의 구현에 사용될 개발언어나 도구를 선정하게 되는데 ERP 패키지에서 제공되는 언어들은 4GL의 형태로 클라이언트/서버 환경에 적절한 각종 도구를 사용하게 된다. 또한 설치에 따르는 각종 모듈의 테스트 도구에 대한 사용이 필요하게 된다.

3) 통신망

통신방식에 있어서 특정한 제약이 없도록 제공되겠지만 ERP는 전사적 자원 관리를 위하여 각 업무분야별 연계처리가 활발히 이루어져서 계속적인 데이터의 송수신 처리를 위한 고속의 통신망이 요청된다.

4) 운영서버

조직의 업무처리 특성 및 정보 처리량 등을 기준으로 하여 운영서버의 규모를 산정하고 업무처리 목적별 분산처리를 고려하여 데이터 및 처리를 분산시킬 수 있다. 서버의 종류와는 무관하지만 용량 및 처리능력 등을 판단하여 선정하게 된다.

5) DBMS(Data Base Management System)

기업의 경영활동 과정에서 발생되는 각종 생산 및 관리정보의 저장 및 참조를 위하여 그 처리규모나 용량을 고려한 데이터베이스 관리시스템을 선정한다. 일반적으로 ERP 패키지는 DBMS를 지원하고 있다.

6) 분배(Distribution)

어느 특정 조건을 주어서 파일 중의 정보나 조건을 만족시키는 것과 만족시키지 못하는 것으로 분리해서 처리하는 것이다.

[그림1-11] DNA(Distributed Internet Application)기술구조

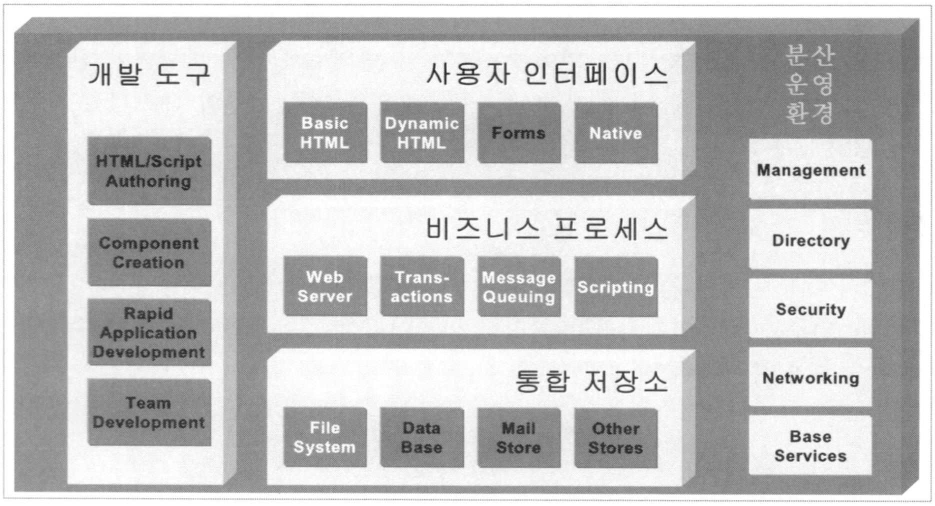

7) 시스템 환경

ERP 시스템을 관리하기 위한 각종 시스템 환경으로서 운영서버, DBMS 및 통신망 관리 도구를 선정하며 기업정보의 보안을 위한 지원도구 등을 선정한다.

네트워크상의 저속연결이나 장애로 인한 네트워크상의 데이터 유실을 막기 위하여 Middleware(MTS)에서 데이터의 Transaction을 모두처리 함으로 어떠한 경우에도 자료간의 일관성을 보장한다.

Database의 정규화 과정을 거쳐서 최대한의 자료중복을 배제하여 설계한 후 Performance 상과 Report의 특수한 구성으로 시스템의 성능을 향상시킬 수 있다.

8) OLE/DB ADO

구조적인 데이터와 비구조적인 데이터를 통합하기 위한 Commit기반의 접근방법으로 모든 데이터에 대한 공통의 인터페이스 저장소(Storage)부터 쿼리를 분리하는 것이다.

2. 시스템 보안

외부 망과의 연계를 추진할 때 가장 위험한 요소 중의 하나가 보안 문제이다. 특히 개방형 네트워크로 구성된 경우에는 정보유출의 위험이 매우 높다고 볼 수 있다. 보안관리는 이러한 위험에 대비해 종합정보시스템의 정보자원을 모든 위험요소를 사전에 파악하고 사고발생 가능성을 평가 분석하여 효율적인 대응책을 마련하고자 한다.

〈표 1-1〉 보완대책 및 실현방안

구분	보안대책	실현방안
관리적 보안	• 보안정책 및 지침 문서화 • 업무 담당별 권한 부여 • 보안교육 및 홍보	▹ 보안 정책의 구축 및 공표 ▹ 정기적 검토 수정 ▹ 정기 및 수시감사 수행
물리적 보안	• 전산자원의 물리적 파손 및 도난을 방지하기 위한 출입 통제 및 비상시 파괴로부터 전산자원 보호를 위한 시설/절차 구축	▹ 출입 통제장치 설치로 출입인원 통제 ▹ 모든 전산을 보안이 통제되는 장소에서 운영 ▹ 전산자원의 위치, 네트워크의 구성요소, 하드웨어 소프트웨어의 등록사항을 기록 및 관리 ▹ 화재 진압을 위한 소화전 설치 ▹ 무정전 전원 설비, 공기정화 설비의 유지관리 ▹ 모든 전산시설에 대한 주기적 점검, 감사
기술적 보안	• 서버 및 OS	▹ 사용자 인증 ▹ 접근 시도 횟수 제한 ▹ 사용자 그룹별로 파일 접근권한 통제 ▹ 시스템 관리자의 접근권한 제한 ▹ 시스템 로그의 주기적 확인
	• DB	▹ 스키마 권한 관리 ▹ 계정 Locking 기능 ▹ 패스워드에 대한 강제설정 규정 적용
	• 응용프로그램	▹ 응용프로그램 Login 확인 ▹ 사용자별 접근권한 통제 ▹ 화면(메뉴)보안
	• 네트워크	▹ 인터넷 관문 라우터 패킷 필터링 적용 ▹ 주소 변환 기능을 활용한 내부 주소 숨김 ▹ 방화벽에 보안정책 구현 ▹ 침입탐지시스템을 이용 불법침입 감시 및 차단 ▹ 내부 망 접근은 허가된 IP, 포트번호, 허가된 서버에 한하며, 방화벽에 해당 로그 기록
	• 클라이언트	▹ CMOS 패스워드 설정 ▹ 화면보호기 설정 ▹ 공유폴더의 패스워드 설정 ▹ 중요 데이터의 백업 실시 ▹ 바이러스 방역 프로그램은 최신 버전으로 유지

3. 시스템 보안방법

사용자별로 각 업무 프로그램에 대한 사용권한을 제한하고 프로그램 사용권한을 그룹화 하여 동일한 권한을 가진 사용자를 일괄관리 프로그램에 대한 사용자별 사용, 접근 권한 설정을 상세한 사용권한 3차원 Matrix를 통해 관리한다.

시스템 전방에 보완서버를 구성하여 회사 내부의 보안을 강화하며, 제공되는 프로그램의 권한 설정 외의 다른 접근에 대하여는 H/W(Hard Ware)적인 안정적 보안을 강화한다.

1. 해커 내부자로 인한 Network 보안침해 사고억제 및 예방
   가. 각 네트워크에 설치된 서버와 시스템 보호
   나. 외부 사용자 신분확인 및 접속권한에 따른 허용된 서버 연결
   다. 네트워크 상의 보안 취약점 검사
   라. 중요 호스트 상의 OS 보안 취약점 검사
2. 해커 및 내부자로 인한 Network 보안침해 사고억제 및 예방
   가. 불법 사용자 침입 탐지 및 대응/보안 담당자에 알림
   나. 공격에 대한 상세로그를 기록 및 사후 재현으로 공격의 증거 수집
3. 네트워크 사용추이 분석
   가. 내·외부 사용자의 정보검색 현황 기록, 분석, 출력
4. 불법적인 정보유출 방지로 정보자산의 가치 보호
5. 보안정책을 일관성 있게 유지, 통제, 관리
6. 협력사에 대한 신뢰성 제고 및 이미지 향상

4. 확장형 ERP 솔루션

ERP는 전사적(Enterprise)이라는 단어에서 알 수 있듯이 기업내(Intra-Enterprise) 프로세스 처리에 초점을 두고 있다. 하지만 최근에는 ERP 업체들이 확장형 ERP 또는 e-ERP라는 개념으로 거래 처리 및 관계 관리 등으로 발전하고 있다. 경영관리 계층 측면에서도 일상 운영관리 차원으로부터 경영관리 및 전략경영 차원으로 확장되고 있는 것이 ERP의 최근 추세이며, 현재 이러한 추세는 전통적인 개념의 ERP가 어느 정도 구축이 마무리되어가고 기업내 프로세스 범위를 넘어 대상 주체 및 업무 성격을 외부로 확장하고 있다. 즉 기업간 및 기업과 이해관계자간의 공급사슬과 업무 네트워크를 연결시키는 도구로서 SCM(Supply Chain Management), CRM(Customer Relationship Management), SRM(Supplier Relationship Management), SFA(Sales Force Automation), ESS(Employee Self Services) 등의 개념과 기능들을 추가하고 있다. 또한 의사결정 및 경영관리의 계층 측면에서 일상 경영관리 차원을 넘어 경영관리 및 전략경영 차원의 업무 수행과 의사결정을 지원하기 위한 BI(Business Intelligence), KM(Knowledge Management), CM(Contents Management) 등의 기능

이 ERP에 추가되고 있다. 즉 대상 주체 및 업무 성격 측면에서 단일 기업의 거래 처리 중심이었던 ERP가 점차 개별 기업 주체를 넘어서서 공급사슬 전반과 관련된 기업 구성원까지 있는 만큼 향후 더욱 가속화될 것으로 예상된다.

[그림1-12] 확장형 ERP전략 방향

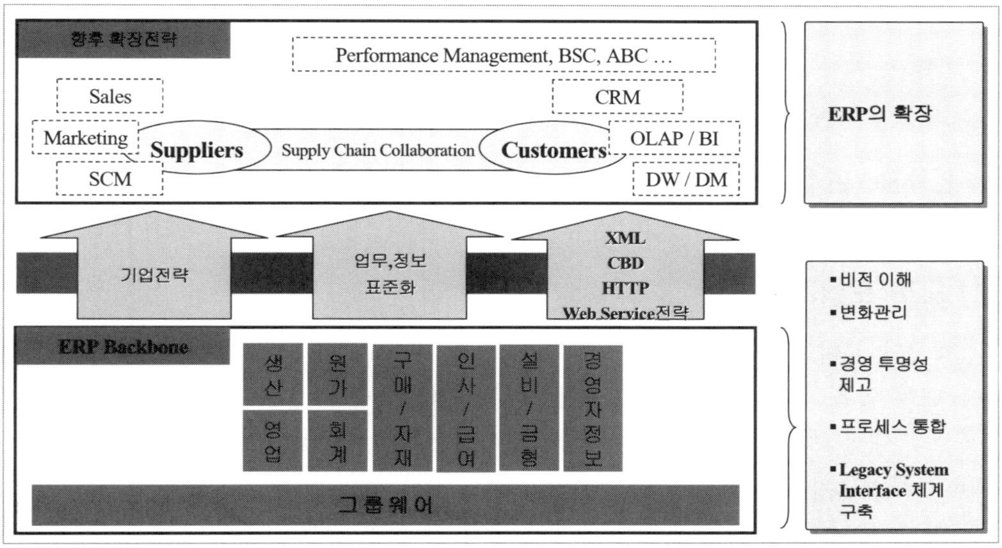

5. 시스템의 확장성

시스템의 확장성이란 장래 업무량이 증대하거나 신규 업무를 추가할 때 최소의 확장으로 시스템이 유지되도록 하는 것을 말한다. 업무량이 증대하면 시스템 전체를 변화시키게 되는데 이런 점을 고려하여 현행에 무리가 없도록 해야 한다. 시스템 확장이란 다음과 같은 것을 말한다(송창화 외, 1998).

① 기계의 확장성

기억용량, 사이클 타임, 옵션 기능, 입·출력 장치의 증설, 성능 제고(예, 어떤 업무에서 자료량이 두 배로 되어도 입출력 장치를 증설하지 않고 성능을 올리는 방법)

② 인적요소의 확장성

전산요원 확보, 사용자 및 운영자 교육

③ 소프트웨어의 확장성

데이터의 양, 프로그램, 코드 체계 등

제3절 ERP의 도입

1. ERP 도입전략

1) ERP 도입개요

계획의 결여는 궁극적으로 일정계획의 차질, 비용상승, 품질저하 그리고 소프트웨어에 대한 높은 유지·보수비용을 야기 시키게 하는 주요 원인이 된다. 개발과정과 생산제품에 대한 계획을 신중하게 세우는 것은 이러한 문제들을 파악하기 위하여 필요하다. 프로젝트의 목표, 고객의 요구와 제품의 제약 사항과 관련된 정확한 정보가 소프트웨어 프로젝트의 초기에는 유용하지 않기 때문에 조기 계획 수립은 불가능하다고 흔히 말하지만, 계획 단계의 주요 목적은 목표, 요구 사항 및 제약 사항을 분명하게 하는 것이다. 계획 수립상의 어려움으로 인하여 가장 중요한 활동을 위축시켜서는 안된다(이동욱·최병필, 2002).

다음은 ERP 도입 시 필수적인 사항으로 일명 10개명이라고도 한다(대한상공회의소, 2000).

(1) 최고경영층을 프로젝트에서 배제하지 말아야 한다.

최고경영층에서 경영 전략상 도입필요성을 인식하고 있어야 하며 업무 개선 및 부서간 그리고 업무간의 통합을 이루기 위해서는 최고경영층에서 방향이 결정되어야 한다.

(2) 사전준비를 철저히 하여야 한다.

특히 ERP를 구현하기 위해서는 표준 데이터 및 표준 업무절차의 정립이 선행되어야 한다. 이에 대한 준비 없이 서둘러 소프트웨어를 사용한다면 잘못된 기초 데이터와 업무절차로 많은 시행착오를 겪게 된다.

(3) 현재의 업무 방식을 그대로 고수하지 말아야 한다.

불합리한 개별회사의 업무 프로세스 보다 표준적인 업무 프로세스를 따르면 업무 효율성을 도모할 수 있을 뿐 아니라 도입비용(개발 및 유지 보수)을 절감할 수 있다.

(4) 기존 업무에 대한 고정관념에서 ERP를 보지 말아야 한다.
ERP는 업무혁신이 수반되어야 하는 작업이다.

(5) IT 중심의 프로젝트로 추진하지 말아야 한다.
ERP는 단순히 새로운 IT 환경을 구축하는 전산 프로젝트가 아니라 기업의 업무 프로세스를 바꾸는 관리적인 측면의 변혁을 요구하는 것으로 전사적으로 추진하여야 한다.

(6) 프로젝트 팀 멤버를 경험이 많고 리드할 수 있는 현업 멤버를 중심으로 구성하여야 한다.

(7) 업무상 효과보다 소프트웨어 기능성 위주로 적용대상을 판단하지 말아야 한다.

(8) 프로젝트 관리자와 팀 구성원의 자질과 의지를 충분하게 키워야 한다.

(9) 단기간의 효과위주로 구현하지 말아야 한다.
ERP는 단순히 정보를 쉽게 조회하거나 업무처리를 간편하게 하는 것이 아니며, 전사적인 차원에서의 통합을 의미하는 것인 만큼 단기간에 이루어지는 것이 아니다.

(10) ERP에 대한 환상을 버려야 한다.
기대치가 너무 높으면 실패도 클 수 있다.

〈표 1-2〉 소프트웨어 프로젝트의 계획 수립

1. 문제의 정의
- 1) 전반적인 업무의 조사 및 분석
  - 현행 시스템의 현황
  - 목표기술
  - 문제상의 제약 사항
  - 고객의 용어를 사용한 문제의 기술
- 2) 전산화 추진전략의 제시
- 3) 하드웨어, 소프트웨어 및 인력 서브시스템에 의해 제공되는 기능 및 제약사항을 정의
- 4) 개발과정 및 생산 제품에 대한 시스템 차원의 목표와 요구사항을 결정
- 5) 시스템에 대한 인수 기준의 설정

2. 추진전략의 수립
- 1) 제약 사항에 관계없이 채택 가능한 추진전략 약술
- 2) 각 전략에 대한 타당성 조사 실시
- 3) 하나의 추진전략을 권고하고 기각된 추진전략의 사유 설명
- 4) 제품의 특성에 대한 우선순위의 기술

3. 개발계획 수립
- 1) 라이프사이클 모형 및 프로젝트 추진 조직의 정의
- 2) 구성관리, 품질보증 및 확인 활동에 대한 계획 수립
- 3) 각 단계에서 사용될 도구, 기법 및 표기법을 채택
- 4) 시스템 개발 비용의 임시 산정
- 5) 시스템 개발 소요기간의 일시 산정
- 6) 소요인력의 임시 산정
- 7) 시스템의 운영 및 유지·보수에 소요되는 전산 자원의 임시 산정
- 8) 용어들의 정의
- 9) 참고자료의 분류

자료 : 이동욱·최병필(2002).

2. ERP 도입의 기대효과

기업에서 ERP를 도입하여 얻을 수 있는 효과는 다음과 같다(윤정모, 2001).

① 업무의 효율화
② BPR(Business Process Re-engineering)
③ 신속하고 정확한 경영지표 정보취득
④ 기업경쟁력의 확대
⑤ 글로벌 대응
⑥ 정보시스템의 비용절감
⑦ 관리수준의 향상
⑧ 최종사용자의 자유로운 정보활동
⑨ 고객만족도의 향상
⑩ 정보인프라의 정비와 고속화

제4절 ERP 도입의 성공과 실패 요인

1. ERP 도입의 성공요인

ERP시스템 도입을 성공적으로 수행하기 위해서는 기업의 업무 혁신과 통합이 이루어져야 한다. ERP시스템 도입은 기업의 혁신이며 의식개혁이므로 목적 없이 단지 업무에 필요한 전산시스템이라고 생각한다면 낭비일 것이다. ERP시스템은 조직구성원의 전원 참여로 이루어진다. 따라서 ERP시스템의 성공적인 도입을 위해서는 다음과 같다.

1) 최고경영자가 동참해야 한다.

ERP시스템을 도입한 기업은 모두 공통적으로 성공적인 ERP시스템을 구축하기 위한 가장 중요한 요소로 최고경영자의 강력한 의지와 리더십을 말한다. ERP시스템을 도입하는 과정에서 기업의 프로세스 변화가 필요하므로 최고경영자가 결정을 내려야 하는데 이때 최고경영자가 확고한 의지를 가지고 회사의 프로세스를 ERP시스템에 맞게 수용하는 것이 ERP시스템 도입에 매우 중요하다.

2) ERP 도입 목표의 명료화이다.

ERP 도입을 성공한 기업들을 보면 뚜렷한 목표아래 철저한 바탕을 이루어 프로젝트를 수행하였다. ERP시스템을 도입하면 자동적으로 기업의 능률이 오르고 원가가 절감되는 것이 아니라는 것을 명심하여야 한다. 따라서 ERP를 도입하여 기업의 프로세스를 더욱 효율적으로 개선하기 위해서는 기업의 욕구를 파악하고 이를 ERP에 적용하여 문제를 분석하여야 한다.

3) ERP 패키지와 유능한 컨설턴트 도움이 필요하다.

ERP 패키지 프로세스와 기업의 현재 프로세스와의 상이함을 해결하는 방법은 여러 가지가 있겠지만 현재 기업의 프로세스를 ERP 패키지 프로세스에 맞추어 리엔지니어링하는 것이 가장 효과적이다.

또한 컨설팅을 받게 된다면 동종업계에 경험이 많고 성공사례가 많은 업체를 선정하여야 한다.

4) 현업의 업무 전문가가 중심이 되어야한다.

과거 전산시스템 도입 시 전산실 직원이 중심이 되어 프로젝트를 추진하였으나 ERP시스템은 각 부서에서 가장 현업을 잘 파악하고 경력이 많은 직원을 선발하여 팀을 구성하여 추진하여야 한다.

5) 단기간에 구축하여야 한다.

ERP시스템 도입기간이 길어짐으로 인하여 비용 발생과 초기에 설정한 목표를 수정해야하는 손실이 발생하므로 단기간에 프로젝트를 성공리 끝내야한다.

6) 사용자가 사용하기에 편리하여야한다.

일반적으로 ERP 패키지는 유사업종에 사용이 가능토록 광범위하여 여러 기능들을 포함하고 있어 사용자의 접근성을 복잡하게 하는 경우가 있다. 이러한 기능들이 장점이 될 수 있지만 업무 효율을 떨어뜨리는 약점도 될 수 있다. 따라서 ERP패키지의 범용성의 기능들 중 사용자가 쉽게 접근하고 필요한 기능만을 사용하도록 배려해야한다.

7) 구성원 모두의 강한 주인의식이 필요하다.

ERP 도입의 성공은 내가 꼭 이루겠다는 조직원 모두의 강력한 의지가 필요하며, 자발적인 업무 참여와 솔선수범과 책임감이 있어야한다.

8) 권한 이양이 필요하다.

경영진의 적극적인 참여와 결정권한의 이양으로 업무 추진력을 증대시켜야 한다.

9) 신속한 의사결정이 필요하다.

결재라인 단순화와 과감한 업무 이양으로 빠른 의사결정을 통하여 업무의 효율성을 높일 수 있다.

2. ERP 도입의 실패요인

ERP를 성공적으로 구축하고 기업의 경쟁력을 획기적으로 끌어올릴 수 있을 것인가를 고민하기 전에 많은 기업들이 ERP를 도입하면서 난관에 봉착하게 되고 극단적으로는 오랜 노력과 시간, 자금, 인력을 투입하고도 그에 상응하는 효과를 보지 못하고 실패하게 되는지 그 요인들을 살펴보면, 대부분의 실패하는 기업에서 공통적으로 도출되고 있는 요소들은 우리도 당할 수 있는 함정일 수가 있기 때문이며, 이를 통해 사전에 이 함정들을 피해 갈 수 있는 대비책을 마련하기 위해서라도 ERP 도입을 고려하는 모든 기업들이 신중히 판단해 보아야 하는 부분이라고 할 수 있다.

위에서 언급했듯이 ERP는 과거의 전산소프트웨어와는 질적으로 틀리게 됨에도 불구하고 많은 기업의 실무자들은 패키지를 이용한 새로운 전산화 방법 정도로 이해하는 경우가 많다. 더 나아가 과연 패키지를 가지고 우리 업무를 통합 할 수 있을까 하는 의구심으로까지 증폭된다. 이렇게 되면 ERP를 도입하여 얻고자 하는 목적 자체가 불가능해진다. ERP는 단순히 현재 존재하는 업무 자체를 보조하기 위해 도입되는 것이 아니기 때문이다. 기업에 따라서는 ERP구축의 목표가 어떻게 설정되느냐에 따라 다양한 접근방법이 있기는 하다. 하지만 이 또한 도입하는 기업에서 ERP의 사상을 어느 정도까지 수용할 것인가의 수위조절은 있을 수 있어도 현행 업무를 단순히 보조하는 차원에서 전산화하겠다는 관점에서는 벗어나야 성공할 수 있음을 명심해야 한다.

1) 목표 설정상의 오류

출발부터 잘못된 개념의 영향이기는 하겠지만 ERP 도입 시 전사적인 경영혁신으로 추진되지 못하고 전산부서 내지는 실무부서의 담당자들 수준에서 업무용 소프트웨어 하나를 도입한다는 식으로 진행되는 경우, 시스템 구축이야 끝낼 수 있을지는 몰라도 그 효과는 기대하지 않는 것이 좋다. 사용자의 호응도 문제겠지만, 현재 기업이 처해 있는 근원적인 문제 해결에는 거의 도움이 되지 않기 때문이다.

2) 구성원들의 적극적인 참여 부진

도입된 ERP시스템을 사용하게 될 주체는 기업 내의 구성원이지 도입 담당자 몇몇이 아니다. 잘못된 개념에서 출발하거나 목표 설정상의 오류가 있게 되면 구성원들의 적극적인 지지를 얻어내기는 요원하다는 사실을 명심해야 한다. 특히 간부들이 무관심할 경우에는 그만큼 실패할 확률이 높다는 사실을 사전에 인지하는 것이 좋다. 현재 간부들이 무관심하다면 ERP 시스템을 검토하기 전에 그들로부터 광범위한 동의와 지지를 이끌어내는 작업부터 진행되어야 한다. 특히 ERP를 구축하게 되면 근본적으로 업무 프로세스가 변화하게 될 수도 있기 때문에 극단적으로는 실무현장의 조직적인 반발과 거부에 직면하게 될 수도 있다.

3) 확고하지 못한 추진 주체

ERP를 구축하게 되는 기간 동안에는 사실 도입 기업의 ERP추진 주체야말로 도입 후 기업의 운명을 결정지을 수도 있는 핵심적인 역할을 수행하고 있는 것임을 명심해야 한다. 따라서 주위 방관자들의 불필요한 간섭과 견제를 배제할 수 있는 파워가 필요하며, ERP구축은 Top Down방식으로 진행되어야 한다. 또한 ERP구축에 참여하는 사람들 또한 사명감과 책임감을 가지고 조직 내 최고의 엘리트들로 구성되어야 한다.

[연습문제]

1. ERP가 기업에 미치는 영향을 연구한다.
2. ERP 시스템 구성도를 조사하고 프로세스를 그려본다.
3. ERP의 특징을 연구한다.
4. ERP의 기술적 구조를 연구하고 보안시스템에 대하여 논한다.
5. ERP 도입의 성공과 실패요인을 분석한다.
6. ERP의 역사적 배경에 대하여 연구한다.

여섯 손가락 단풍나무

▸ 김용철

창가에 단풍잎이 물들었기에 나가보았습니다.
눈물을 머금도록 창연한 빛을 띄우고 있기에
나를 멈추었습니다.
여섯 손가락 잎의 빛은 눈을 부시게 하였습니다.
한 잎을 따다가 내 손위에 놓았습니다.
당신의 품과 같이 정초하였기에 손가락을
대어보았습니다.
아이의 손인 듯, 여인의 손인 듯 하기에
손끝이 떨리었습니다.
단풍잎은 여섯 손가락으로 살아가고 있습니다.
나도 당신이 주신 다섯 손가락으로 살아가고 있습니다.
그러나 당신은 누구를 위하였기에 네게밖에 없습니까?
그리고 단풍잎보다도 못한 피부를 가지셨습니까?
그 손끝에서 피어난 생명들을 자랑스럽게 쓸어 주셨지만
하나가 더 있는 난 단풍잎처럼 물들지도 못하고 지려고 합니다.
하나를 더 주셨다면 바보일 것이고 하나를 덜 주셨다면
병신일 것인데 다섯이 있는 내가 참 부끄럽습니다.
빨간 단풍잎보다도 못한 것 같기에 가을 숲길에서
다음을 위하여 지려고 만합니다.

Chapter Ⅱ

ERP 시스템 구성 및 설치

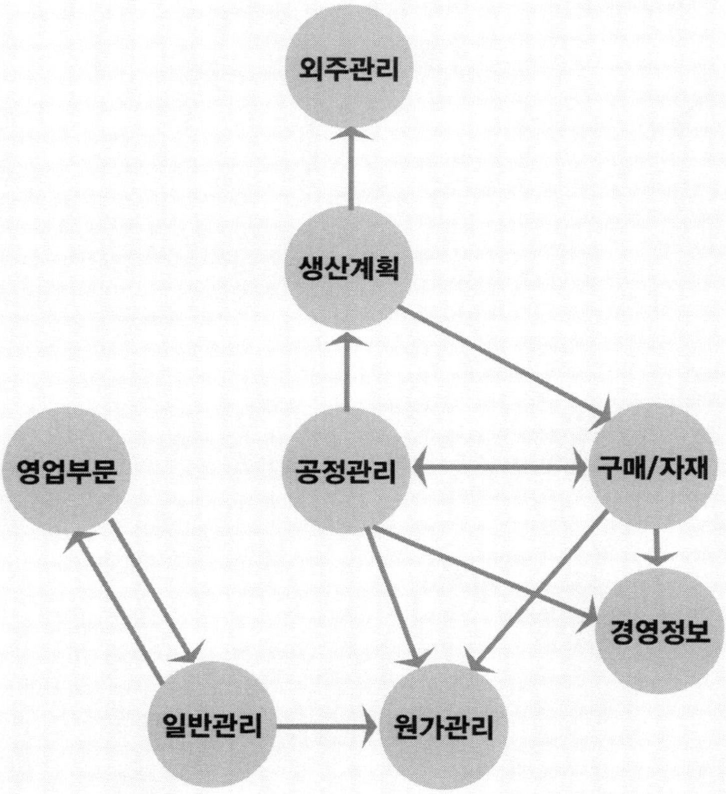

제1절 시스템 구성

1. ERP 시스템 핵심

그 동안 우리 기업은 생산성 극대화와 정보화에 심혈을 기울여 왔다. 특히 최근의 ERP 패키지의 도입은 이러한 기업현실에 부합되어 고성장을 한 IT산업의 효자라고 하지 않을 수 없을 정도로 매우 큰 영향을 미친 것이 사실이다. 그러나 ERP는 그 패키지의 고기능성에 비해 기업에게 있어 현실적인 부담이 되지 않을 수 없었다는 것이 또한 현실이다. 가격 면에서의 부담감이나 그 기능성에서의 복잡함이 오히려 사용 기업에 있어서 효과보다는 부작용이나 비효율성을 낳게 되는 원인이 된 것이 사실이다. 이러한 현상은 비단 가격이나 복잡성에서 오는 문제뿐만 아니라 패키지 개발의 기술적 한계도 있었다.

최근 인터넷을 통한 전자상거래가 이슈화되면서 각 기업은 기업과 기업 간의 업무를 인터넷을 통하여 처리하고자 노력하고 있다. 그러나 그 방식에 있어서 좀 더 편리하고 빠르며 안정적으로 지원하기 위한 기술적 해결 방안으로 뚜렷하게 대두되는 솔루션이 없이 일반적인 마케팅만을 강조하는 현상이 발생하고 있다. 그러나 ERP는 도입 기업 입장에서의 부작용을 최소화하고 기업이 쉽게 ERP를 도입하며 더불어 경영개선과 도입비용 대비 효과를 극대화하기 위한 최적의 솔루션을 제공하고 있다.

2. 핵심 업무 흐름도

ERP에서 제공하는 프로세스는 국내 기업에게 있어 꼭 필요한 업무만을 집약하였으나 ERP의 기본 사상인 통합성을 최대한 고려하여 불필요한 2중 작업을 지양하고 업무간 Data의 공유와 연계가 되도록 설계한 것이 특징이다. 따라서 각 업무의 흐름을 충분히 숙지하는 것이 ERP의 장점을 활용할 수 있는 지름길이며, 각 모듈간의 업무 흐름을 이해하여야 한다. ERP에서 제공하는 각 모듈은 다음과 같이 상호 연계된다.

[그림 2-1] NST사의 시스템 구성도

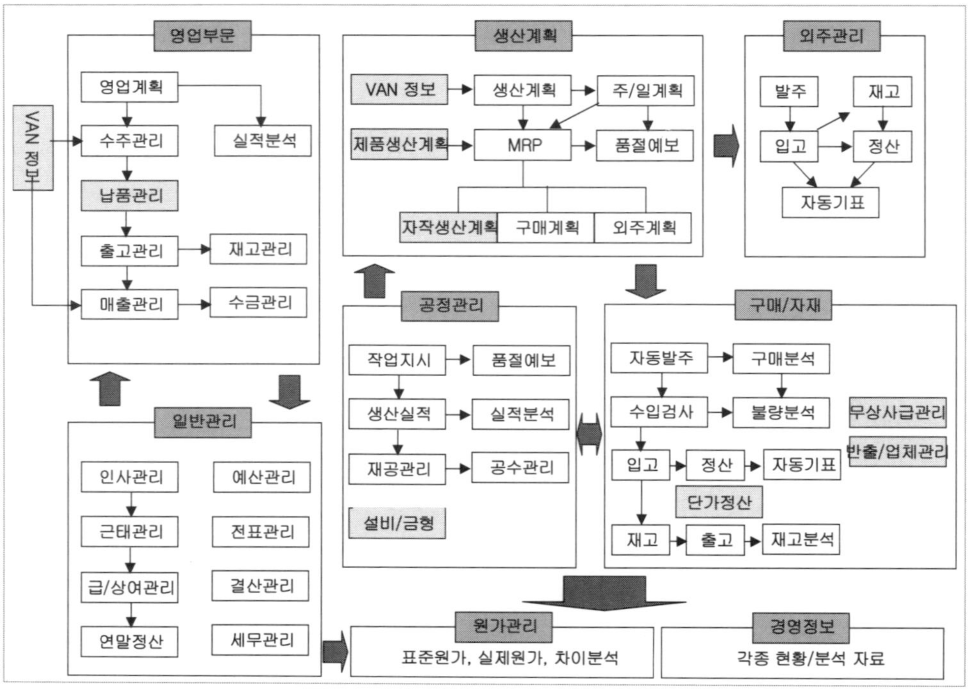

3. 적용기술

최신의 정보기술을 사용한 ERP는 다음의 기술을 기반으로 하여 설계되어 있다.

1) B2B Engine기반

기존의 ERP 시스템이 개별 기업내부의 업무만을 처리하는데 국한되어져 있었다면 B2B Engine은 각 기업간의 업무 시스템인 ERP시스템을 상호 연결하여 기업간의 거래가 이루어질 수 있도록 지원하는 역할을 담당한다.

ERP 시스템은 내부에는 ERP 시스템과 B2B Engine이 결합되어 있는 형식을 취하고 있다. 즉, 기업내부의 업무는 ERP 시스템이 기업외부와의 자료 교환(B2B: Business to Business)은 B2B Engine이 감당하고 있는 것인데 만일 상대 기업이 B2B Engine을 탑재하고 있다면 어느 ERP 시스템을 사용하고 있다고 할지라도 상호간에 구매 주문서나 송장, 거래명세표 등을 서로 전자적(비 종이문서)으로 주고받을 수 있다. 또한 일부 '쇼핑몰'에서도 검색하여 일반 소비재 품목을 구매할 수도 있다. 이러한 방법이 가능하게 된 근본적인 기술은 바로 국제적 표준이 되고 있는 XML언어 기반의 Biztalk 기술을 적용했기 때문이다. Biztalk는 서로 다른 양식을 사용하는 기업간의 정보가 상호 교류되기 위하여 정하여 놓은 규약으로서 소프트웨어적으로 상호간의 정보가 전달되어 이용되기 위한 근간이 되고 있는 기술이다.

2) WEB 기반 Application(응용프로그램) 개발 기술

Web은 인터넷 환경에서 사용자에게 다양한 형태의 정보를 보여주는 강력한 프로그램이다. 그 정보가 일반 문자(Text)이거나 그림(Image), 동영상(Video), 음성(Voice)의 형태로 다양하다 할지라도 상관없으며, 또한 사용자가 어디에 있든지 인터넷 네트워크만 구성되어 있다면 정보를 제공하고 있기 때문에 매우 유용한 프로그램이다.

그러나 일반 기업에서의 내부 업무를 수행함에 있어서는 그 다양한 표현력 보다는 정보처리의 속도와 안정성이 우선되기 때문에 그 동안 많은 기업이 Web기반의 응용프로그램(ERP 등)을 개발하려고 수고하였지만 성공하지 못한 것은 이러한 기술적 제약 때문이었다.

ERP는 이와 같은 기존의 기술적 한계를 극복한 혁신적인 솔루션으로써 일반기업에서의 기존업무를 거리와 위치에 상관없이 업무를 처리할 수 있도록 지원하고 있다.

■ ERP의 WEB 응용프로그램의 처리 순서

1. 사용자가 WEB브라우저에서 업무선택
2. RDS를 통한 서버의 컴포넌트를 검색
3. 서버의 DBMS를 검색, Data 선택

여기에서 기존의 Web 기반 응용프로그램과의 차이는 바로 RDS가 HTTP를 대체함으로써 HTML 문서를 검색하여 서버에 연결하는 중간단계를 생략하여 처리 시간을 혁신적으로 단축했다는 것이다.

이러한 업무처리를 효과적으로 처리하기 위한 대안으로써 전용 브라우저를 제공하고 있으며 이는 별도의 설치과정이 필요 없이 B2BERP 전용 서버에 기존의 Web브라우저를 통해 접속하면 자동 설치되고 향후 재사용이 된다.

3) 통합 Database 설계

본 장에서 소개하는 프로그램은 그 동안 많은 기업 정보화 프로젝트를 통해 습득한 노하우와 선진 ERP시스템의 벤치마크를 통하여 설계한 통합 Database는 기업이 업무처리를 함에 있어 최적의 환경에서 업무를 할 수 있도록 지원한다.

따라서 사용자는 별도로 Database를 변경하거나 추가적으로 구축할 필요 없이 바로 사용할 수 있다는 장점이 있다.

만일 추가적인 업무의 필요성이 있다고 해도 RDBMS(관계데이터베이스관리시스템)의 범용적 환경을 지원하기 때문에 새로운 시스템을 추가적으로 구축할 수도 있다.

4. ERP와 업무개선

마이클 해머(Michael Hammer)가 미국기업의 혁신적 개혁을 주창하기 시작하면서 도입된 BPR은 그 동안 대기업을 중심으로 많은 기업이 적용을 해 보았지만 기대 했던 만큼 그렇게 성공을 거두지 못한 것이 사실이다. 그 원인은 여러 가지 있겠으나 우리 기업의 문제의 본질을 바꾸지 않고 겉에 보이는 현상만을 바꾸려 했기 때문에 그러한 결과가 나온 것이라고 일반적으로 이야기되고 있다. 그렇다면 우리 기업의 본질은 과연 어떻게 바꾸어야 할까? 이는 ERP의 도입과 매우 밀접한 관계가 있기 때문에 한 번 짚고 넘어가야 할 문제이다.

ERP는 통상 BPR의 도구라고 말하고 있다. 그 이유는 기업의 BPR이 매우 어렵기 때문에(본질을 바꾸는 문제) 외부적 도구를 사용함으로써 반(半) 타의적으로 바꾸어 보고자 하는 의도에서 기인한다고 할 수 있다. 그러나 대부분의 ERP가 외국에서 만들어진, 외국 업무관행에 맞추어 개발되어 도입하는 과정에서 현업의 실무자에 대한 거부감 증폭으로 패키지의 수정, 보완이 많아지게 되어 대부분의 ERP 프로젝트가 성공하지 못하는 원인이 되어 왔다.

특히 대부분의 패키지가 많은 컨설팅을 요구하다 보니 패키지의 도입비용이 과다 집행되고 그에 따른 투자대비 효과가 미비한 것이 현실이었다. 이러한 기존 ERP의 문제점은 기업에게는 매우 치명적이지 않을 수 없다. 비용의 부담이 문제되는 것뿐만 아니라 업무 프로세스를 바꾸어야 하는 부담감이 매우 크기 때문이다. 왜냐하면 인적자원이 그만큼 풍족하지 못할 뿐만 아니라 의사결정 단계가 복잡하지 않기 때문에 정보시스템이 제때 정확한 정보를 제공해 주면 대부분의 업무가 바로 집행 될 수 있기 때문에 좀 더 최적화된 정보시스템이 제공되어야 한다.

1) 기업의 업무개선

기업의 업무개선은 그 동안 대기업 중심의 업무개선 노력과는 다소 다른 접근이 필요하다.

〈표 2-1〉 ERP 도입에 따른 업무개선 방향

업무 개선 대상	업무개선 방향
소형 Office ware를 이용한 업무처리	통합데이터 베이스화된 안정적 Multi User 사용
빈약한 의사결정 정보	사람의 경험을 뒷받침하는 과학적 데이터 제공
시공간의 제약	업무를 처리함에 있어서의 시공간적 제약 극복 (WEB 기술 활용)
비 표준화된 관리체계	업계의 Best practice를 기반으로 표준화(관리항목, 서식, Process)
외부 정보와 단절	열린 공간(인터넷)의 활용으로 Lead time 단축

5. 패키지 도입 성공 체크 포인트

자체개발이나 외부의뢰를 통해 개발된 응용프로그램이 아닌 프로그램은 사용자의 요구사항에 정확히 맞추어 사용될 수 있는 소프트웨어는 없다고 볼 수 있다. 그러므로 ERP라는 패키지를 사용함에 있어서 현업 실무자는 어느 정도 패키지를 100% 활용하기 위한 노력이 필요하다.

그 노력은 패키지의 기능을 100% 이해하고 응용할 수 있는 적응력과 더불어 제공하지 않는 기능에 대하여 새로운 아이디어를 찾아내고 접목시키고자 하는 창의력이라고 볼 수 있다. 또한 경영자는 패키지의 도입과정에 적극적으로 개입하고 스스로 기업의 문제점을 파악하고 개선하고자 하는 노력을 경주하여야 할 것이다.

컨설팅을 통한 ERP 도입 후 기업의 성공여부에 대한 주요 평가 항목은 다음과 같다(Whight컨설팅).

① 고객과 공급자에게 정기적으로 피드백을 하고 있고 직접대면 미팅 시간을 마련해 놓고 있다. 이 시간은 공정과 생산 개선에 정기적으로 반영된다.

② 성과측정 시스템을 통해 팀과 팀원에게 지속적으로 공지되고 있고 보완되고 있다.

③ 정보를 교환하기 위한 팀 미팅과 업무 진척도 점검을 하여 나가는 것이 업무 중 정기적으로 일상화되어 있다.

④ 품질, 비용, 일정, 기타 사항에 대한 영향을 미치는 문제를 접할 때 마다 작업자는 즉시 행동을 취할 수 있도록 권한이 부여되어 있다.

제2절 시스템 설치

1. Windows 2000, XP에서 설치

1) 설치작업

공급받거나 구매한 핵심ERP 설치 프로그램은 자동으로 설치된다. ERP 시스템을 운영하기 위하여 과거 설치방법에서는 MSED설치로서 PC(서버)의 사양에 따라 차이가 있었다. 가급적 컴퓨터 이름은 영문으로 하는 것이 좋다. 반드시 암호가 포함된 Administrator (관리자)계정으로 로그인해야한다. 최근 핵심 ERP 프로그램은 이와 같은 과정을 자동으로 설치하여 준다.

2) ERP 로그인

ERP 프로그램 설치가 완료되면 바탕화면의 핵심ERP 아이콘을 클릭하여 초기 로그인을 위한 입력을 한다.

■ 로그인을 위한 계정 설정

1. 회사코드 : 0000
2. 사원코드 : SYSTEM(주의 : 대문자로 입력)
3. 사원코드 : SYSTEM(주의 : 대문자로 입력)

조직등록에 있어서 염두에 두어야 할 회사등록 후 등록된 회사로 다시 재 로그인하여야 한다. 등록된 회사 하부에 조직을 구성하기 위한 작업이다. 조직을 입력하고 사원코드와 암호입력이 완료되면 재 로그인하며, 개인 로그인 시에는 개인 사번과 암호로 로그인 한다. 여기서 주의할 점은 실습을 위한 사용자 개인은 사원권한 등록 시 전권을 부여하여야 전체 화면을 볼 수 있다.

[그림 2-2] 시스템 등록 정보화면

3) 시스템관리 설정

메인화면의 우측 상단에 [시스템관리] 모듈을 클릭하여 항목별로 데이터를 입력한다. 본 화면에서는 [회사등록 정보]부터 입력한다.

[그림 2-3] 시스템 관리 화면

2. 회사정보 관리

1) 회사등록정보

좌측 필드의 부문은 조직도의 최상위 조직회사를 의미 한다. 오른쪽 필드는 회사의 상세 정보를 입력하고 노란색으로 표현된 필드는 필수 입력 항목이다. 입력하였을 때 빨간색으로 표현된 필드는 잘못 입력한 경우이다. 회사등록이 완료되면 재 로그인하여 변경된 회사 코드와 패스워드로 접속한다.

■ (주)더존컴퓨터의 본사 등록 자료

코드	회사명	구분	회계년도	
			기수	From~to
5000	(주)더존컴퓨터	법인	5기	2009/01/01~2009/12/31
사업자등록번호		법인등록번호	대표자성명	주민등록번호
107-86-12344		1101111-0921513	김철민	681028-1066927
본점주소			업태	종목
서울시 영등포구 영등포동 345-23 한국빌딩			제조,도소매	전자제품 외
개업년월일			설립년월일	
2005.02.01			2005.02.01	

[시스템관리]➔[회사등록정보]➔[데이터입력]➔[재로그인]➔[아이디/패스워드 설정]

[그림 2-4] 회사등록화면

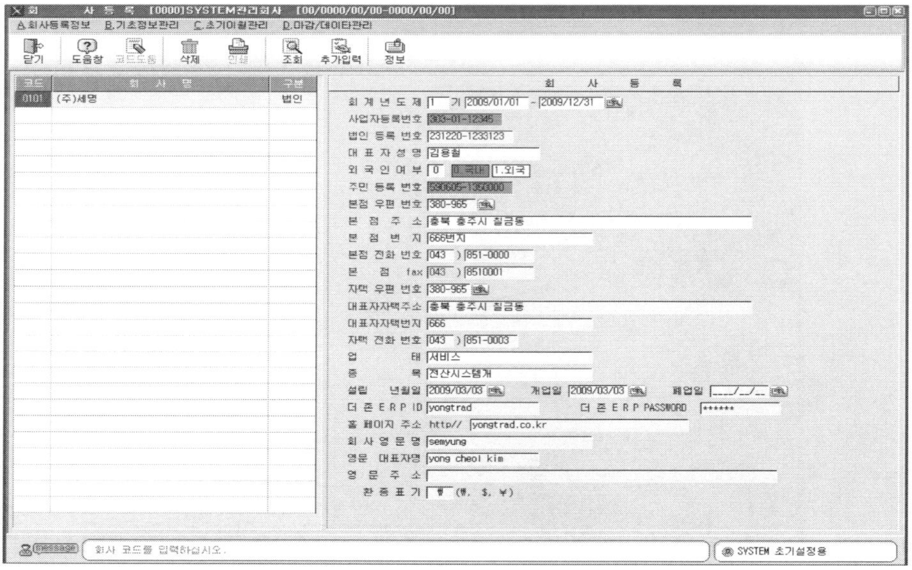

필드에 값을 입력하면 반드시 엔터(Enter)를 마지막 필드까지 눌러서 화면 왼쪽 부

분에 있는 대분류 데이터가 다음 필드로 이동해야만 저장이 완료된다.

이와 같은 절차에 따라서 [회사등록] ⇒ [사업장등록] ⇒ [부서등록] ⇒ [사원등록] ⇒ [시스템환경설정] ⇒ [사용자권한등록] 절차를 마감한다.

■ (주)더존컴퓨터의 본사외 1개의 사업장 등록

코드	사업자명	관할세무서	부가세총괄여부	주민세납세지	본점여부
1000	(주)더존컴퓨터 본사	영등포	여	영등포구청	여

코드	사업자명	사업자번호	법인등록번호	대표자	주소
2000	(주)더존컴퓨터 인천지사	123-81-56789	121311-0062123	김철민	인천시 부평구 부평동4가 12-10
업태	**종목**	**관할세무서**	**부가세총괄여부**	**주민세납세인**	**본점여부**
제조,서비스	전자제품 외	인천	부	부평구청	부

[회사등록]➜[사업장등록]➜[부서등록]➜[사원등록]➜[시스템 환경설정]➜[사용자권한등록]

[그림 2-5] 본·지점 등록화면

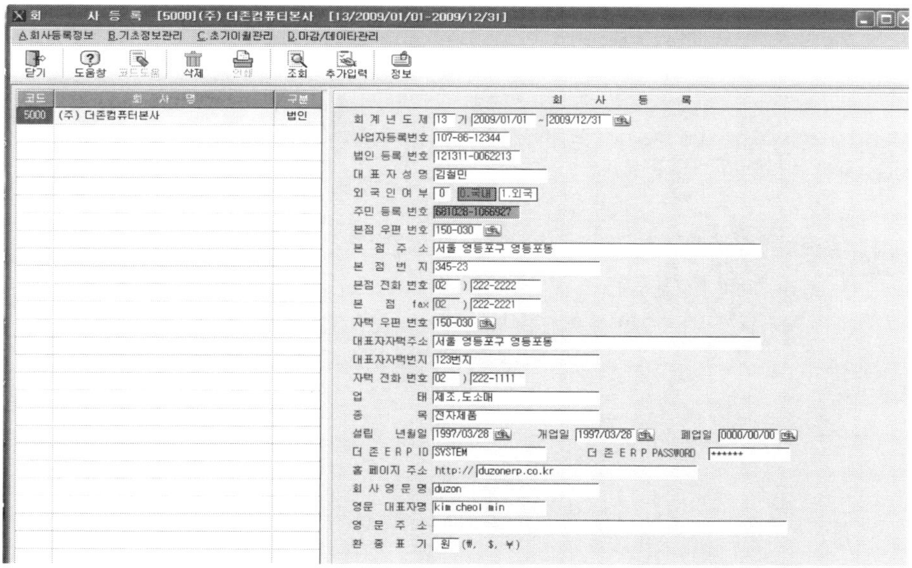

2) 부서등록

부서등록은 각 사업장의 부서를 등록하는 메뉴로서 회사 내의 모든 부서를 조합하여 부서별 손익계산서를 생성함으로 회사 내에 같은 부서코드가 존재하면 안 된다.

■ 부문 등록

부문코드	부 문 명	부문코드	부 문 명
1000	관리부문(본사)	4000	생산부문(본사)
2000	영업부문(본사)	5000	자재부문(인천지사)
3000	자재부문(본사)	6000	생산부문(인천지사)

■ 부서 등록

부서코드	부서명	사업장코드	사업장명	부문코드	부문명
1100	임원실	1000	(주)더존컴퓨터 본사	1000	관리부문(본사)
1200	관리부	1000	(주)더존컴퓨터 본사	1000	관리부문(본사)
2100	영업1부	1000	(주)더존컴퓨터 본사	2000	영업부문(본사)
2200	영업2부	1000	(주)더존컴퓨터 본사	2000	영업부문(본사
2300	영업3부	1000	(주)더존컴퓨터 본사	2000	영업부문(본사
3100	자재부	1000	(주)더존컴퓨터 본사	3000	자재부문(본사)
4100	생산부	1000	(주)더존컴퓨터 본사	4000	생산부문(본사)
5100	자재부	2000	(주)더존컴퓨터 인천지사	5000	자재부문(인천지사)
6100	생산부	2000	(주)더존컴퓨터 인천지사	6000	생산부문(인천지사)

[시스템관리]➔[회사정보등록]➔[부서등록]

[그림 2-6] 부문 및 부서등록화면

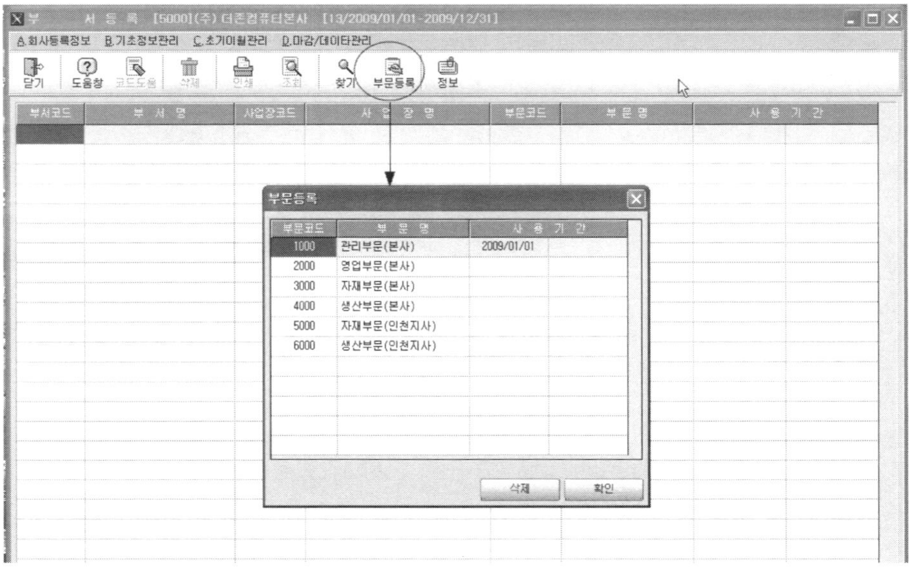

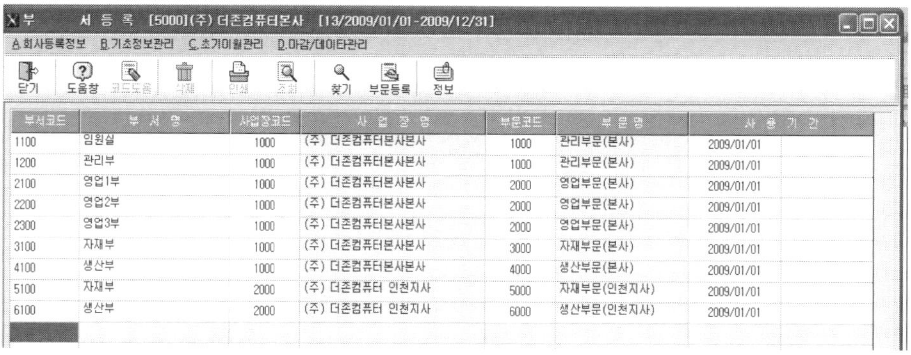

3) 사원등록

사원등록은 사원코드, 사원명, 부서코드 등을 입력하고 사용자여부에는 사원의 프로그램 사용 여부에 따라 선택한다. 또한 암호는 사용자설정 암호를 입력하고 암호를 변경하고자 할 경우 프로그램 시작 시 로그인 화면에서 변경한다. 변경은 SYSTEM관리자만이 입력할 수 있다.

[시스템관리]→[회사등록정보]→[사원등록]→[데이터입력]→[조회]

[그림 2-7] 사원등록화면

4) 시스템 환경설정

시스템 환경설정은 각 모듈에 필요한 시스템 환경을 설정하며, 본점, 지점 및 예산 통제, 감가상각 등을 설정한다. 시스템 환경설정은 전체 설정과 각 모듈별 설정을 할 수 있다. 시스템 환경 설정은 공통 사항과 물류 등록 사항을 분류한다.

■ 물류등록사항

구분	코드	환경요소명	여부	유형
물류	41	출고의뢰운영여부	사용	
물류	42	입고의뢰운영여부	사용	
물류	45	출고전 검사운영여부	사용	
물류	46	입고전 검사운영여부	사용	
물류	55	사원별 창고 및 단가통제	미사용	
물류	59	수주별 청구자재전개방법		1(품목개별)

[시스템관리]→[회사등록]→[시스템 환경설정]→[데이터입력]→[조회]

[그림 2-8] 시스템 환경 및 물류설정 화면

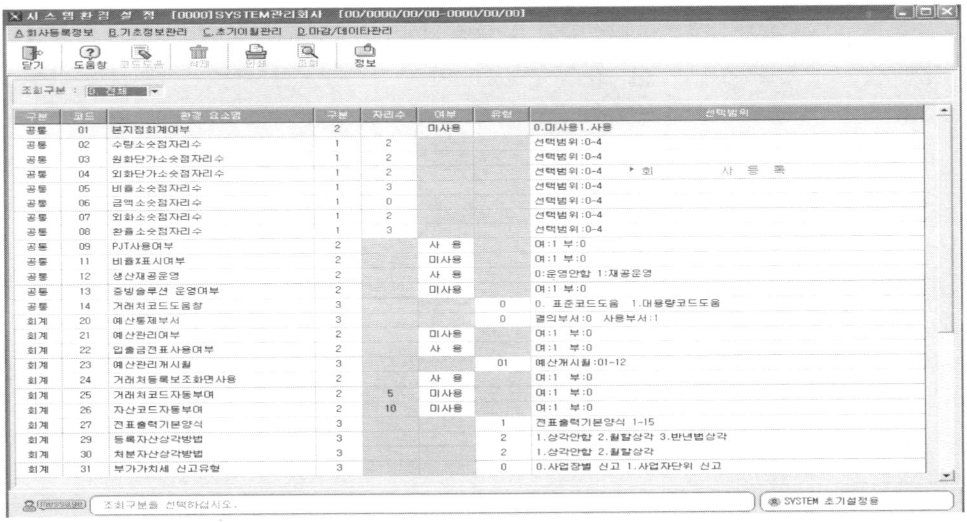

5) 물류등록 환경설정

물류등록사항 초기화면은 [시스템 환경]⇒[조회구분]을 클릭하여 화면설정 후 등록한다. 이 단계에서는 물류 이외의 다른 항목도 설정한다.

[시스템관리]➜[회사등록]➜[시스템 환경설정]➜[4.물류선택]➜[조회]

[그림 2-9] 시스템 환경 및 물류설정 화면

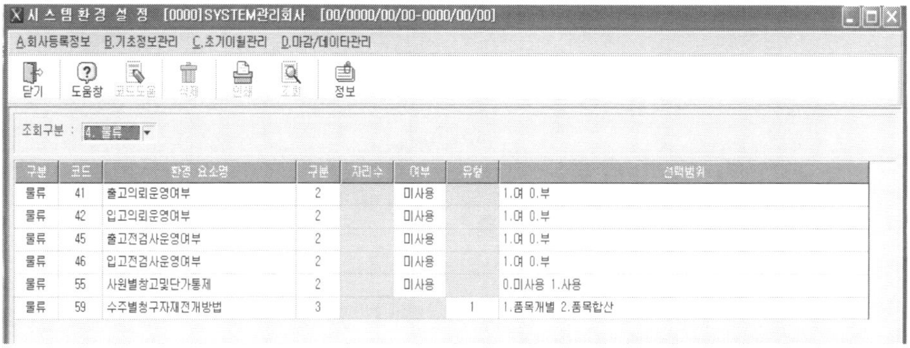

6) 사용자 권한 설정

프로그램을 사용할 수 있는 권한을 설정하는 화면으로 사용자의 입력방식과 사용등급을 설정하고 사용자 권한 설정에서는 사용자별로 메뉴(프로그램)사용 권한을 설정한다. 사용자권한등록은 모듈구분을 클릭하여 해당 모듈을 선택하여 등록한다.

■ 사용권한 등록

사원코드	사원명	시스템	영업	구매자재	무역	생산	회계	인사	원가
19970401	김철민		전권	전권	전권	전권	전권	전권	전권
19970402	이호재	전권	전권	전권	전권	전권	전권	전권	전권
19970403	박수현		전권	전권	전권	전권			
19970501	박현동		전권	전권	전권	전권			
19980301	조현일		전권	전권	전권	전권			
19990701	이성우		전권	전권	전권	전권			
20000901	서영수		전권	전권	전권	전권			
20001201	박철영		전권	전권	전권	전권			
20011001	이민호		전권	전권	전권	전권			

[시스템관리]➜[회사등록정보]➜[시스템 환경설정]➜[사용자권한설정]➜[조회]

[그림 2-10] 사용자권한설정

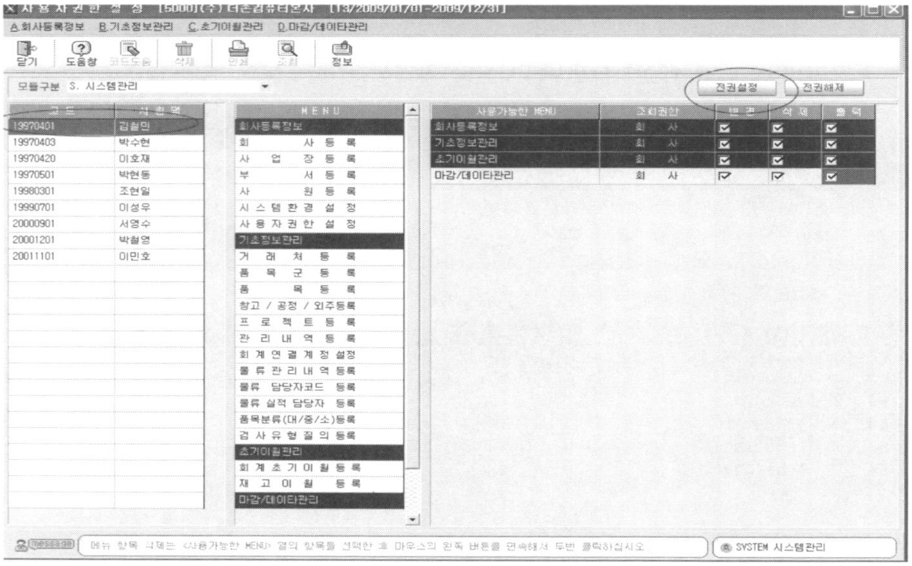

화면 좌측의 등록된 사원명란에 권한 설정을 하고자 하는 사원을 선택하면 화면 우측에 현재 그 사원의 권한 설정 화면이 나타난다. '이호재'를 예로 들면 전모듈 권한을 가지고 있으므로 화면 좌측 상단의 [모듈구분]에서 각각의 모듈을 선택하고 화면 우측 상단의 [전권설정]버튼을 클릭한다. 실습을 위하여 전체모듈 [시스템관리]⇒[영업관리]⇒[구매/자재관리]⇒[생산관리]⇒[회계관리]⇒[인사/급여관리]⇒[원가관리]⇒[무역관리]의 전권설정을 하여야 전체모듈을 연구할 수 있다.

이와 같은 회사등록 절차를 마치면 시스템을 종료하고 개인 사원번호와 암호로 재로그인하여 모듈별로 시스템을 연구한다.

주의 : 개인 사원번호와 암호는 필히 기억한다. 실습을 위하여 실습자 본인의 사원번호와 암호를 등록하고 [사용자권한설정]에서 전권을 부여하여야 전 시스템을 관리할 수 있다.

[연습문제]

1. ERP 시스템 구축에 필요한 적용기술을 연구한다.
2. 확장형 ERP에 대하여 연구한다.
3. ERP 시스템 도입에 따른 기업에 미치는 예상 효과에 대하여 연구한다.
4. ERP 시스템을 성공적으로 도입하기 위한 방안에 대하여 연구한다.
5. ERP의 기능적 특징에 대하여 연구한다.
6. 전략적 기업경영(SEM)에 대하여 연구하다.

네 손가락 내 친구

▸ 김용철

우리는 열손가락이 있습니다.
더 있으면 바보입니다.
모자라도 병신입니다.

우리가 만든 바보와 병신의 법칙입니다.
열한개면 안됩니까?
아홉 개면 무엇이 부족한가요?

열 개의 숫자는 누가 만들었나요?
하나 더 만들지요.
아니 하나 덜 만들지요.

열 개라서 행복하더이까?
열 개라서 웃음 짓나요?
하나 더 있으면 더 행복하지 않을 까요?

모자라서 불행하던가요?
더 모자라면 더 불행할까요?
아홉 개면 울고 있을 까요?

부족해도 행복하더라고 하던데요.
모자라도 웃고 있던데요.
내 친구는 네 개입니다.

열 개 보다 네 개 가진 친구가
행복하고요.
열 개보다 네 개 가진 친구가
웃음 짓고요.

행복은 남아도 부족해도 같고요.
웃음은 많아도 적어도 같고요.
많아서 바보도 아니고요
적어서 병신도 아니랍니다.

Chapter Ⅲ

기준정보관리

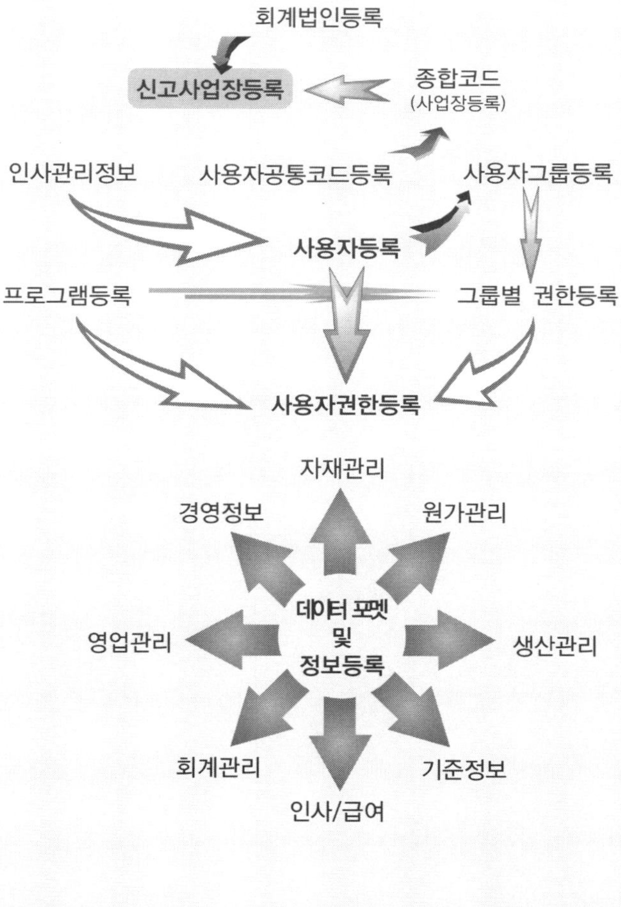

제1절 기준정보관리의 기능

1. 기준정보관리의 기본개념

ERP를 사용하기 위한 첫 단계인 기준 정보 설정이다. 기준정보는 크게 시스템 기본 설정 값과 사용자 설정 값 두 가지 기준 정보로 구성된다.

시스템 기본 설정은 패키지의 전체적인 개발 또는 운영에 필요하여 만들어 놓은 기본 값으로 일반사용자가 특별히 정의하지 않아도 되는 부문이며, 반면에 사용자 설정 값은 부서명, 부서단위 등과 같이 각 기업의 고유한 환경에 따라 달라지는 값으로 사용자가 직접 그 값을 설정해야 하는 부문이다.

2. 시스템 관리

기준정보의 시스템 관리 모듈은 ERP를 운용하는데 있어서 가장 기본적인 설정 작업이 포함되어 있다. 각 설정은 앞으로의 ERP운용에 있어서 중요한 기준이 되므로 사전에 전체적인 구성을 매뉴얼을 통해 익힌 후 설정작업에 임하는 것이 좋다.

이곳에 포함된 화면 중 일부 데이터는 사용자가 정의, 수정할 수 있는 반면 일부는 시스템에서 기본적으로 설정되어 있어 수정할 수 없는 것도 있다.

시스템관리에서 설정한 자료에 따라 각 업무의 데이터가 생성이 되므로 특별한 경우가 아닌 한 회사별로 특별히 지정한 사람이 아니면 시스템관리에 접근할 수 없도록 해야 한다.

[그림 3-1] 기준정보 설정 프로세스 사례

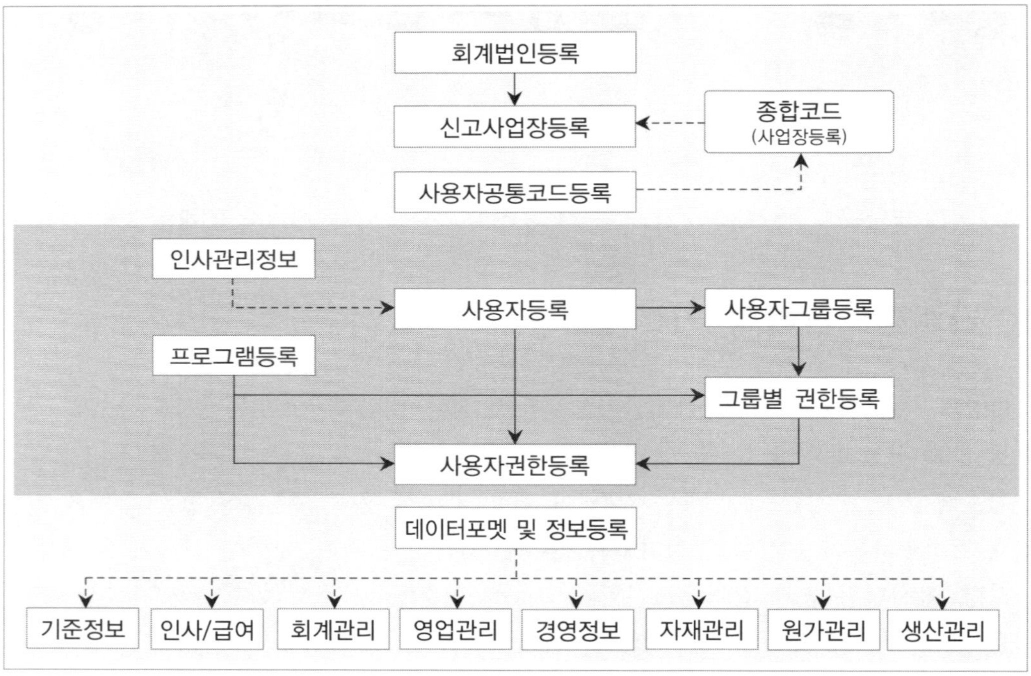

3. 공통코드

1) 개요

업무의 흐름 및 업무분석의 명확한 선택조건을 정의하기 위해 사용하는 프로그램으로 전적으로 시스템관리자가 관리하여야 하는 항목이며 시스템에서 정의되어 사용되는 부분 및 사용자가 정의하여 사용할 수 있는 부분으로 나뉘어서 시스템 설치 초기에 정의되어야 한다.

2) 필드 설명

- 종합코드 : 정의된 항목을 나타낸다.
- 종합 코드 명 : 정의된 항목 명을 나타낸다.
- 길이 : 상세코드의 입력 길이를 나타낸다.
- 상세코드 : 정의된 항목에 대한 선택항목의 코드를 나타낸다.
- 상세코드 명 : 정의된 항목에 대한 선택항목의 코드 명을 나타낸다.
- 시스템 사용여부 : 시스템 사용 항목인지 사용자 정의 항목인지를 나타낸다.

4. 공통 코드작성 방법

1) 코드작성 목적

코드는 한번 개발하여 시스템에 입력하면 수정하기가 쉽지가 않다. 코드는 모든 처리의 기준이 되므로 초기에 코드 집을 만들 때 명료하고 정확하여야 한다.

코드를 제작할 때 너무 길거나 너무 짧아서 코드의 길이가 제한되면 데이터가 점차적으로 증가 시 코드의 필드를 증가하여야 한다. 이렇게 코드의 필드를 증가 시킨다는 것은 그리 쉽지가 않다. 시스템의 모든 관련 프로그램의 코드의 필드를 확장하는 대 공사를 하여야 하기 때문이다. 따라서 초기 코드를 편성 할 때 관련부서와 협의하여 미래지향적인 코드를 작성하여야 한다.

2) 코드 개발방향

코드는 현장의 부하분석 및 생산성 분석이 실현 가능토록 하며 부가적으로 급여 관리 및 인원관리를 할 수 있도록 개발한다.

[그림 3-2] 코드작성 사례

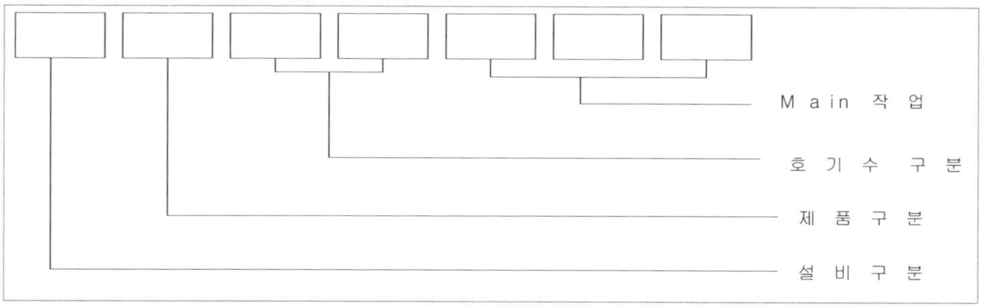

3) 주의 사항

시스템의 전반적인 업무흐름에 많은 영향을 끼치므로 시스템 운영 중반에 변경 시에는 시스템의 데이터에 혼선이 올 수 있으므로 많은 주의 필요하다.

제2절 기초정보 구성

1. 기초정보 관리

[그림 3-3] 기초정보등록 초기화면

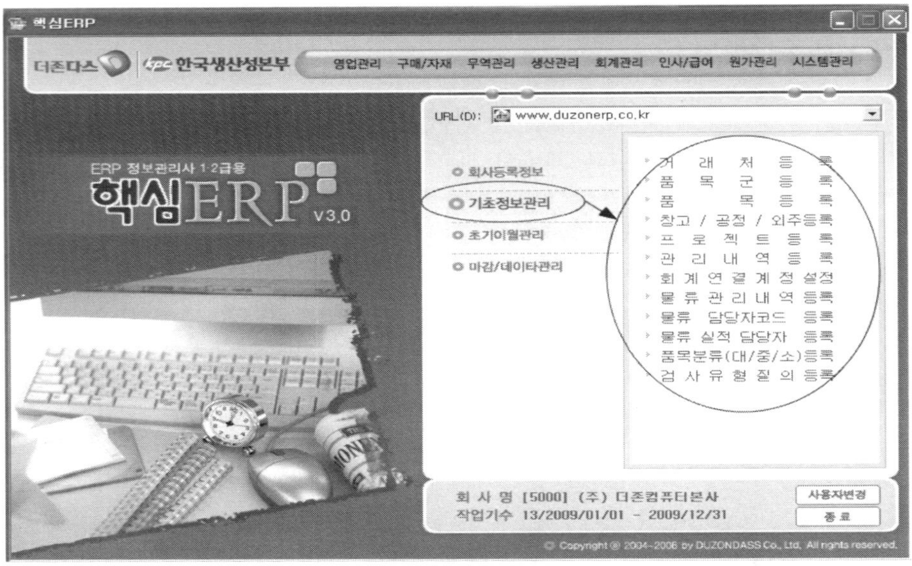

1) 거래처 등록

거래처의 코드와 거래처명을 입력한 다음 구분을 일반, 무역, 기타 등으로 선택하여 등록한다. 무역거래처는 '무역'으로 선택하며 사업자번호 없이 등록이 가능하다. 다음의 자료에 따라 거래처를 등록하여본다.

■ 거래처 등록

코드	거래처명	구분	사업자번호	대표자성명
업태	종목	사업장주소		전화번호
00001	(주)삼도전자	일반	102-81-66312	박민술
도, 소매	전자제품 외	서울 성동구 홍익동 55-41		02-2293-9488
0002	A&A Co, LTD	무역	없음	SARA
		Tucuman 1741 9-S 1050 Buenos Aires Argentina		5551-442-4449

[시스템관리]→[기초정보관리]→[거래처등록]→[일반거래처]→[데이터입력]

[그림 3-4] 거래처등록 화면

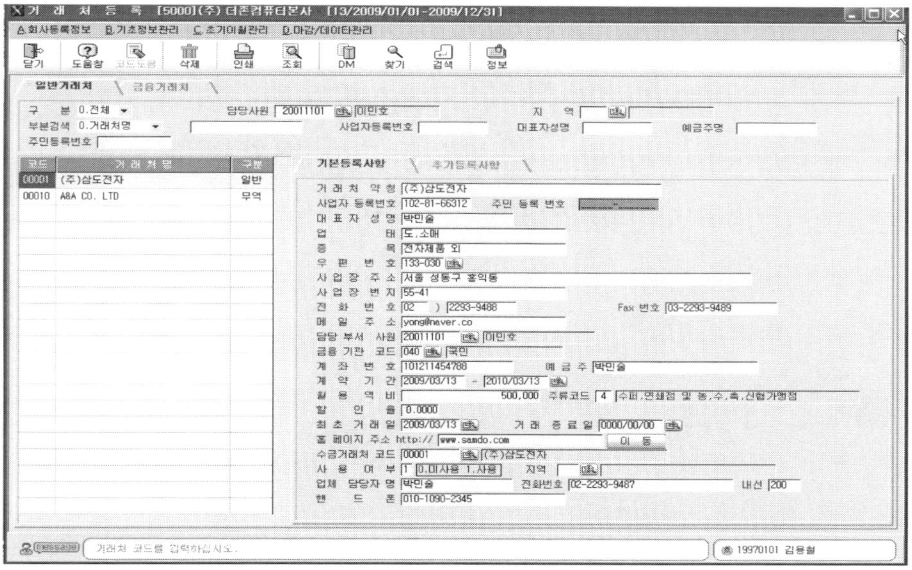

2) 금융거래처 등록

금융거래처의 필드가 구분별로 우측화면 등록사항이 달라지므로 구분하여 선택 한다. 금융거래처 등록은 일반거래처 등록과 같으나 우측의 상세 데이터 필드가 다르다.

■ 금융거래처 등록

코드	거래처명	구분	계좌/카드번호	금융기관	기타참고
98001	국민보통	금융기관	0231-12-1112-33	국민	
98002	국민당좌	금융기관	0231-91-3212-1	국민	한도:1억
98201	국민카드	신용카드	4522-3321-7171-0001	국민	법인카드

[시스템관리]→[기초정보관리]→[거래처등록]→[데이터입력]→[조회]

[그림 3-5] 금융거래처 등록 화면

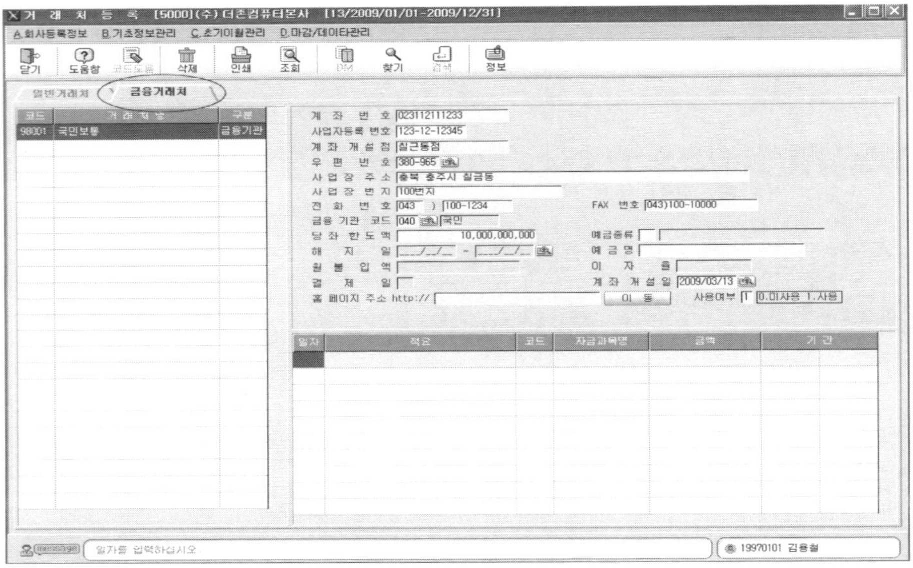

3) 품목군 등록

품목을 그룹화하여 관리하기 위한 품목군을 등록하는 화면이다. 품목군은 품목군별로 매출, 매입을 집계하거나 재고를 분석할 때 사용된다. 등록방법으로 화면상단의 [조회아이콘]을 클릭하여 입력화면을 활성화한 다음 품목군을 입력한다.

■ 품목군 등록

품목군코드	품목군명	사용
CA10	반조립품	사용
CP10	CPU	사용
HA10	HARD	사용
LA10	LAN CARD	사용
MB10	메인보드	사용
ME10	메모리	사용
MO10	모니터	사용
PC10	데스크탑 PC	사용
PR10	프린터	사용
SM10	소모품	사용

[시스템관리]➔[기초정보관리]➔[품목군 등록]➔[조회]➔[데이터입력]➔[조회]

[그림 3-6] 품목군 등록 화면

4) 품목등록

품목등록은 관리하고 있는 품목 전체를 입력하는 프로그램이다. 영업관리, 구매/자재관리, 생산관리 모듈을 운영하기 위한 필수항목이다.

■ 품목 등록

품번	품목명	계정	조달	재고/관리단위	환산계수	품목군	리드타임	주거래처	표준원가	실제원가
CASE01	AS-9000B ATX	반제품	생산	EA	1	반조립	1일			
CASE02	AS-9500B ATX	반제품	생산	EA	1	반조립	1일			
CP01	PENTIUM-1.66	원재료	구매	EA	1	CPU	3일	(주)씨네스	162,000	162,000
CP02	PENTIUM-1.77	원재료	구매	EA	1	CPU	3일	(주)씨네스	155,000	155,000
HA01	SEAGATE30G	원재료	구매	EA	1	HARD	2일	(주)하나로	140,000	140,000
HA02	SAMSUNG30G	원재료	구매	EA	1	HARD	2일	(주)하나로	120,000	120,000
LAN01	3C905CXK-TX-BM	원재료	구매	EA	1	LAN CARD	3일	(주)씨네스	8,000	8,000
LAN02	5C705CXK-TX-CM	원재료	구매	EA	1	LAN CARD	3일	(주)씨네스	6,300	6,300
MB01	P4MAPROVIAP4MA	원재료	구매	EA	1	메인보드	1일	(주)씨네스	125,000	125,000
MB02	P4MASK730SONBOARD	원재료	구매	EA	1	메인보드	1일	(주)씨네스	100,000	100,000
ME01	PC133SDRAM256M	원재료	구매	EA	1	메모리	2일	(주)하나로	60,000	60,000
ME02	PC285SDRAM285M	원재료	구매	EA	1	메모리	2일	(주)하나로	40,000	40,000
MO01	FLATRON787FT	원재료	구매	EA	1	모니터	3일	(주)삼화INC	350,000	350,000
MO02	FLATRON825FT	원재료	구매	EA	1	모니터	3일	(주)삼화INC	280,000	280,000
PC01	MP10FHOOHP160	제품	구매	EA	1	데스크탑PC	1일		1,580,000	1,580,000
PC02	MP10FHOOHP170	제품	구매	EA	1	데스크탑PC	1일		1,420,000	1,420,000
PR01	LASERJET5200HP	상품	구매	EA	1	프린터	1일	(주)삼화INC	260,000	260,000
PR02	LASERJET8700SAM	상품	구매	EA	1	프린터	1일	(주)삼화INC	230,000	230,000
SM01	전산용지(A4)	저장품	구매	BOX	1	소모품	1일	(주)삼화INC		
SM02	소모공구자재(KARA)	부재료	구매	EA	1	소모품	1일	(주)삼화INC		

[시스템관리]→[기초정보관리]→[품목군등록]→[조회]→[데이터입력]→[조회]

[그림 3-7] 품목 등록 화면

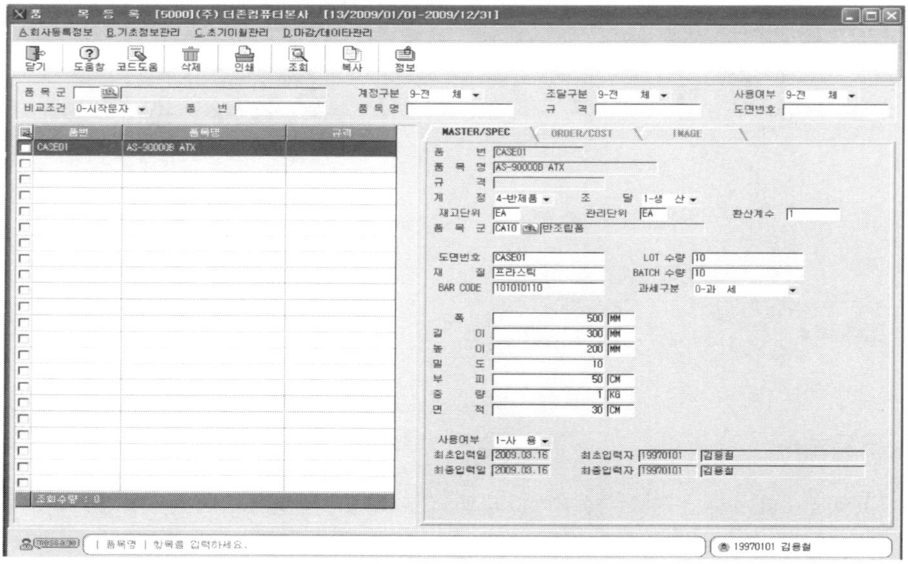

5) 창고/공정/외주등록

한 사업장 내에서 관리하는 창고, 생산공정, 외주공정에 관한 정보를 입력하는 부분으로 외주도 하나의 공정이나 창고로 본다. 창고, 공정, 외주등록은 사업장 단위로 관리하기 때문에 사업장을 반드시 선택한 후 입력해야 한다.

■ 사업장: (주)더존컴퓨터 본사 구성도

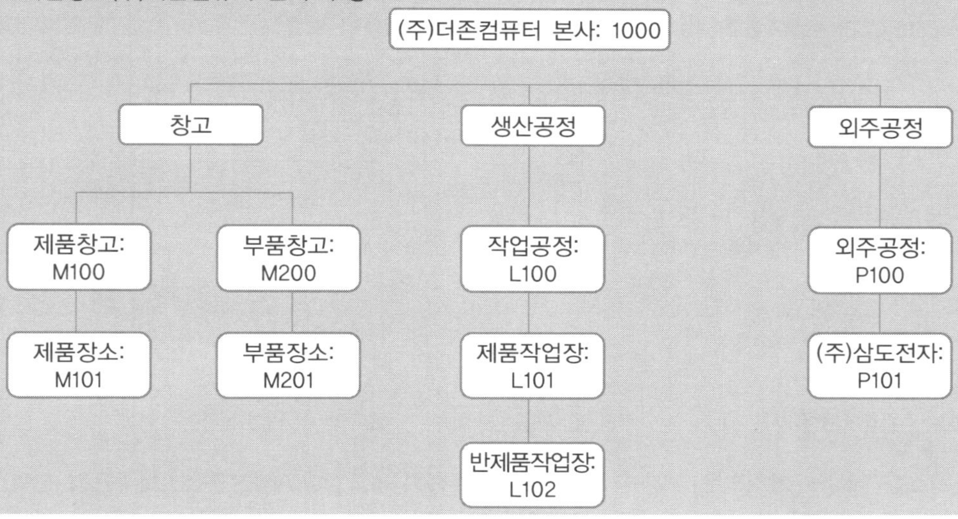

■ 사업장: (주)더존컴퓨터 인천지사 구성도

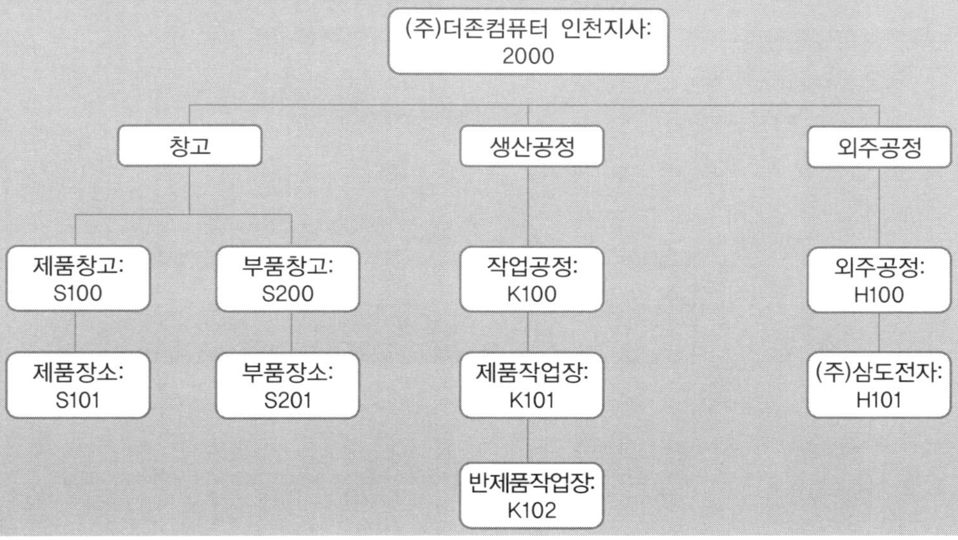

■ 창고 등록

사업장	창고		사용	위치(장소)		부적합여부	사용여부
	창고코드	창고명		위치코드	위치명		
(주)더존컴퓨터본사	M100	제품창고	사용	M101	제품장소	적합	사용
	M200	부품창고	사용	M201	부품장소	적합	사용
(주)더존컴퓨터인천지사	S100	제품창고	사용	S101	제품장소	적합	사용
	S200	부품창고	사용	S201	부품장소	적합	사용

■ 생산공정 등록

사업장	생산공정		사용	작업장		부적합여부	사용여부
	공정코드	공정명		작업장코드	작업장명		
(주)더존컴퓨터본사	L100	작업공정	사용	L101	제품작업장	적합	사용
				L102	반제품작업장	적합	사용
(주)더존컴퓨터인천지사	K100	작업공정	사용	K101	제품작업장	적합	사용
				K101	반제품작업장	적합	사용

■ 외주공정 등록

사업장	외주공정		사용	위치(장소)			부적합여부	사용여부
	공정코드	공정명		위치코드	거래처코드	위치명		
(주)더존컴퓨터본사	P100	외주공정	사용	P101	00001	㈜삼도전자	적합	사용
(주)더존컴퓨터인천지사	H100	외주공정	사용	H101	00001	㈜삼도전자	적합	사용

[시스템관리]→[기초정보관리]→[창고/공정/외주등록]→ [창고 / 생산공정 / 외주공정 선택] →[조회]→[데이터입력]→[조회]

[그림 3-8] 창고등록 화면

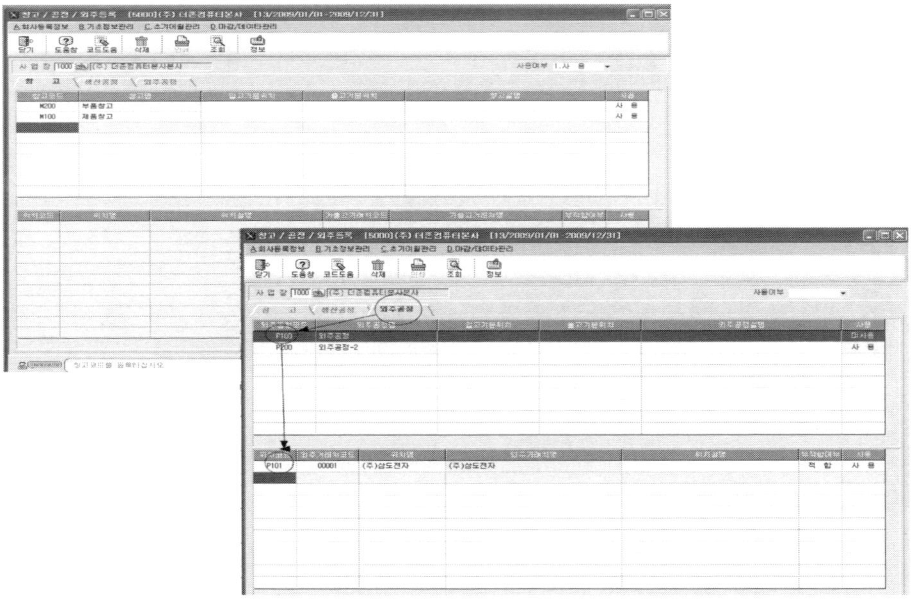

6) 프로젝트 등록

프로젝트 관리는 사업장과 부서관리, 부문관리 외에 별도의 프로젝트별 관리를 하고자 할 경우 사용한다. 등록된 프로젝트에 대해 장부와 재무제표 등에서 해당 프로젝트별로 자료를 조회, 관리할 수 있다.

■ 프로젝트 등록

코드	프로젝트명	구분	원가구분	프로젝트유형
A-001	COM 교육사업	진행	제조	직접
B-001	특별할인판매	진행	제조	직접
C-001	APS 지원판매	진행	제조	직접

[시스템관리]➜[기초정보관리]➜[프로젝트등록]➜[조회구분선택]➜[조회]➜[데이터입력]➜[조회]

[그림 3-9] 프로젝트 등록 화면

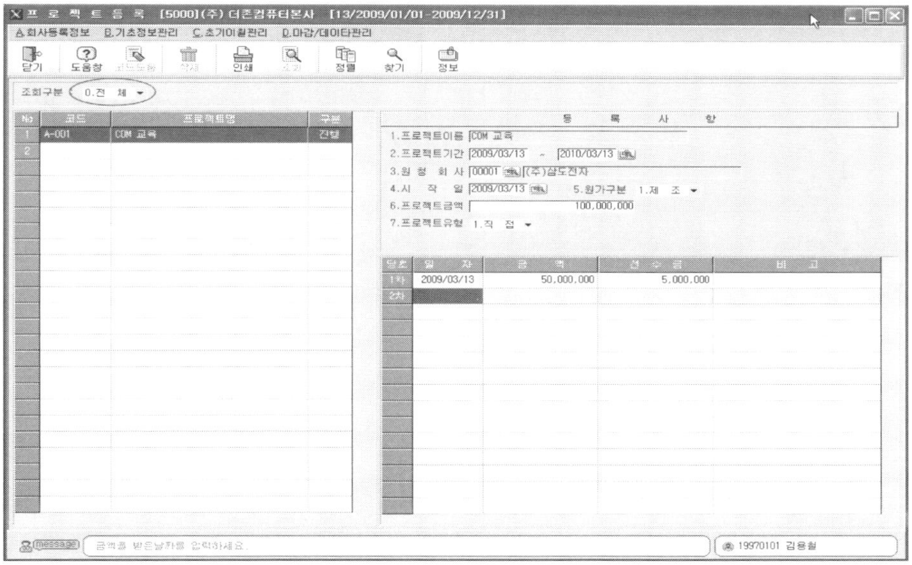

7) 관리내역 등록

관리내역이란 각 계정별로 처리대상이 되는 관리항목을 종류별로 구분하여 등록해 놓은 것을 말한다.

[시스템관리]→[기초정보관리]→[관리내역등록]→[조회구분선택]→[조회]→[데이터입력]→[조회]

[그림 3-10] 관리내역 등록 화면

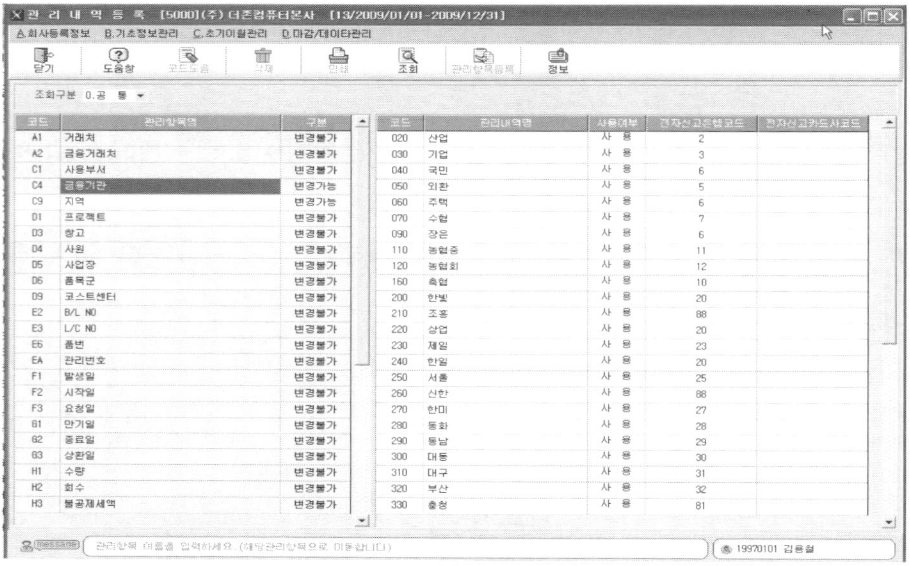

2. 회계프로그램과 연결

회계연결 계정설정은 영업관리/자재관리/생산관리/인사관리 각 모듈에서 발생되는 회계적 사건을 회계모듈에 연결하는 작업이다.

작업순서는 [모듈]에서 해당 항목을 선택하고 [조회]를 클릭한다. 화면 우측 상단의 초기설정을 클릭한다. 이와 같은 방법으로 [영업관리] [자재관리] [생산관리] [인사관리] [서비스관리] [무역관리] 계정을 설정한다.

[시스템관리]→[기초정보관리]→[회계연결프로그램]→[모듈선택]→[조회]→[초기설정]→[연결계정초기화]→[예]→[데이터 점검]→[조회]

[그림 3-11] 회계 연결계정 설정 화면

3. 물류프로그램과 연결

1) 물류관리내역 등록

물류 및 생산모듈에서 사용하는 관리항목의 코드를 등록하고 관리하는 프로그램으로 물류관리 항목은 시스템에서 자동으로 제공되며 수정 및 변경할 수 없고 항목별 관리내역은 입력, 수정, 삭제가 가능하다.

[그림 3-12] 물류관리 프로그램시작 화면

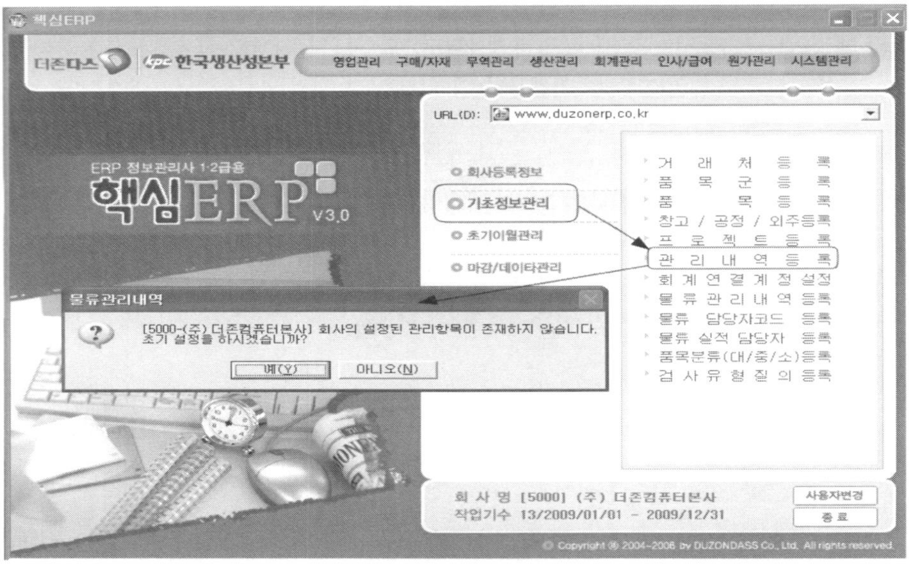

■ 물류관리 내역 등록

코드	관리항목명	코드	관리내역명	사용여부
LP	구매자재구분	P10	일반구매	사용
LQ	품질검사구분	Q10	외관검사	사용
		Q20	기능검사	사용
LS	영업관리구분	S10	일반매출	사용
		S20	대리점매출	사용

[시스템관리]→[기초정보관리]→[물류관리내역등록]→[관리항목선택]→[관리내역입력]→[조회]

[그림 3-13] 물류관리 내역등록 화면

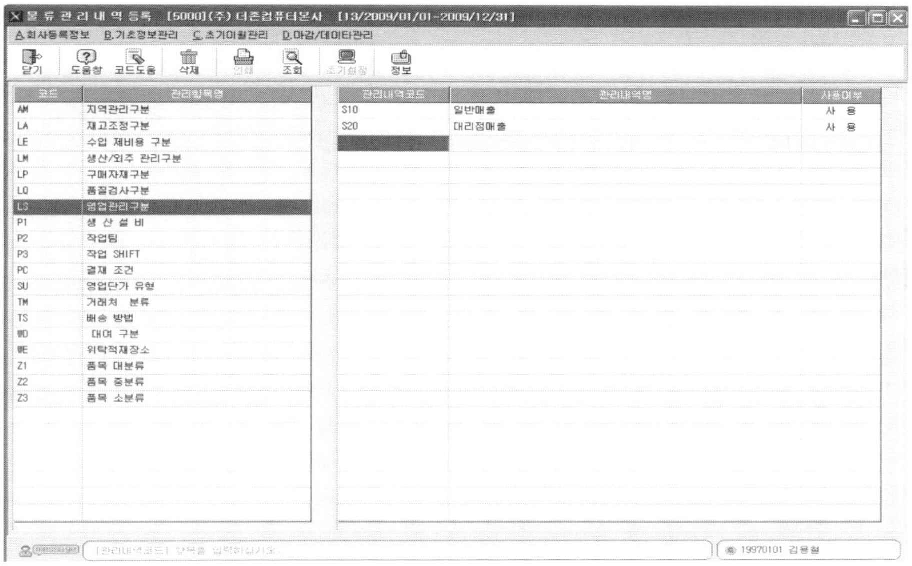

2) 물류담당자 코드관리

영업, 자재 업무의 해당 담당자 코드를 등록하는 프로그램으로 업무실적 조회는 사원코드가 아닌 담당자 코드로 하는 것이 적절하다. 이는 사원의 업무가 변경될 수도 있기 때문이다.

■ 물류담당자 코드 등록

담당자코드	담당자코드명	사용여부
10	영업1부	사용
20	영업2부	사용
30	영업3부	사용
40	구매부	사용

[시스템관리]→[기초정보관리]→[물류담당자코드등록]→[조회]→[데이터입력]→[조회]

[그림 3-14] 물류담당자 코드 등록 화면

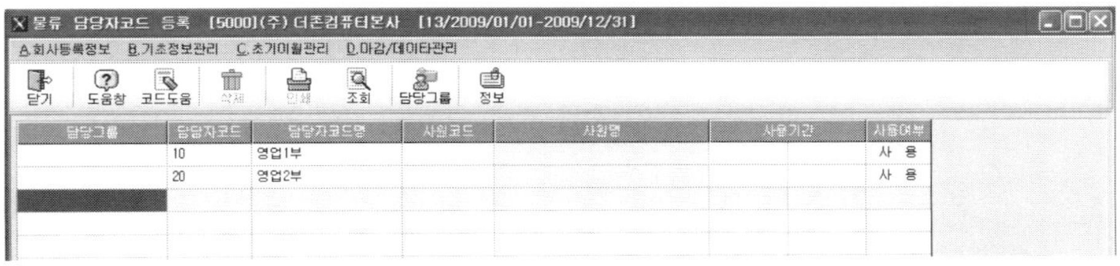

3) 물류실적담당자등록

물류실적담당자등록은 물류담당자 코드등록 프로그램에서 등록한 코드를 조회하여 거래처나 품목별로 실적담당자코드를 등록하는 프로그램이다.

[시스템관리]➜[기초정보관리]➜[물류실적담당자코드등록]➜[데이터입력]➜[조회]➜[품목선택]➜[조회]

[그림 3-15] 물류실적담당자 등록 화면

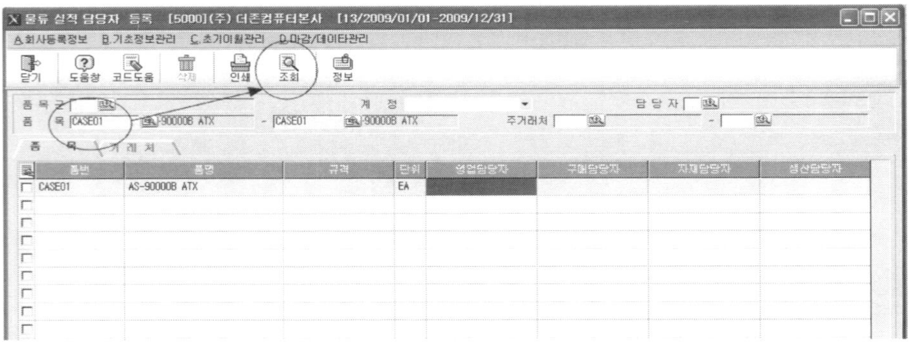

4. 품목 분류 및 검사프로그램 연결

1) 품목분류등록

품목을 그룹화하여 대분류, 중분류, 소분류별로 현황 등을 관리하고자 할 경우 사용하는 프로그램이다.

[시스템관리]➜[기초정보관리]➜[품목분류(대/중/소)]➜[조회]➜[품목정보조회]➜[대/중/소 분류 입력]

[그림 3-16] 품목등록분류 화면

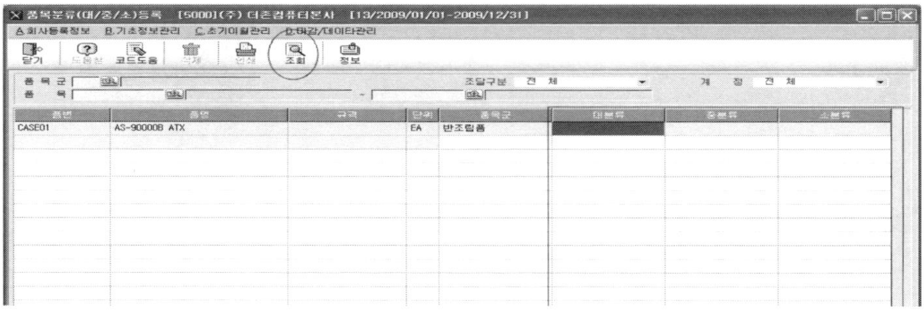

2) 검사유형 등록

구매검사, 외주검사, 공정검사, 출하검사 시에 검사해야할 항목을 등록하는 프로그램이다. 검사구분에는 구매검사, 외주검사, 공정검사, 출하검사가 있다.

[시스템관리]→[기초정보관리]→[검사유형질의 등록]→[검사구분선택]→[데이터입력]→[조회]

[그림 3-17] 검사유형 등록 화면

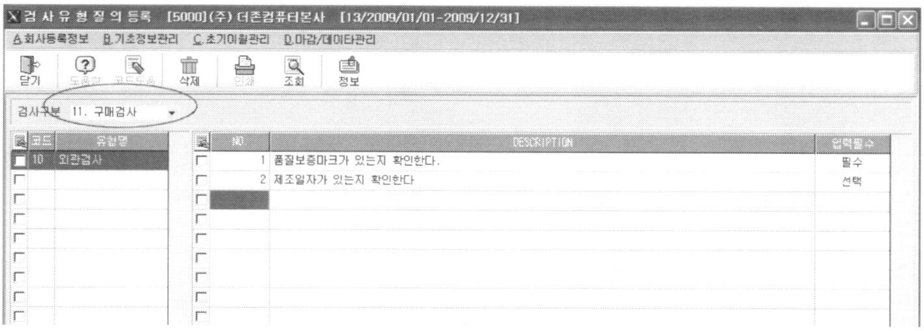

5. 회계기초 이월관리

ERP 프로그램을 처음설치하게 되면 그동안 회사의 모든 기초 데이터를 입력하여야 한다. 이와 같은 기초 재고 및 현황을 이월하는 단계 또는 전년도 기말 자료를 차기 년도 기초재고로 이월하는 작업이다.

[그림 3-18] 재고이월등록 화면

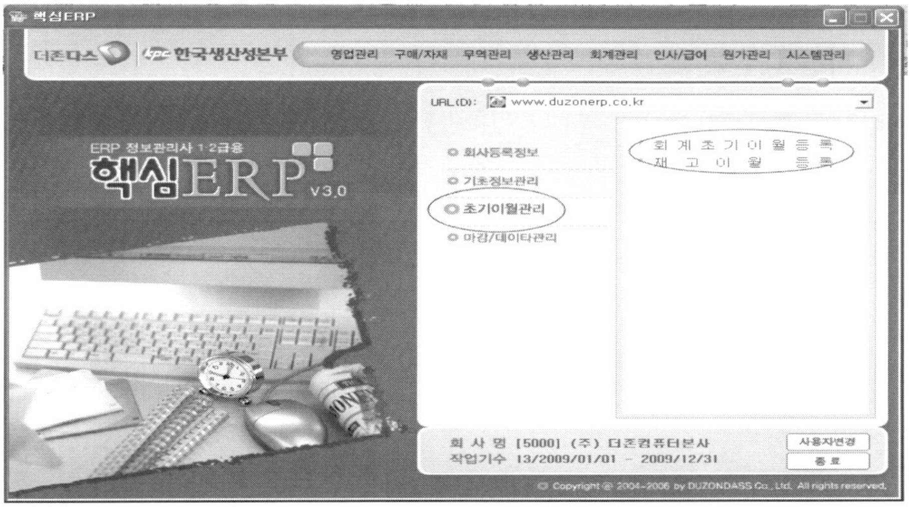

1) 회계기초 이월관리

사업장별로 전분기 대차대조표, 손익계산서, 제조원가보고서 및 계정에 따른 거래처별 초기이월금액을 입력 및 조회하는 프로그램이다. 프로그램을 설치한 당기의 자료는 차기로 이월되지만 전기의 자료는 프로그램에 반영되어 있지 않으므로 초기이월관리에서 입력을 하여야 한다.

[시스템관리]➔[초기이월관리]➔[회계초기이월등록]➔[조회]➔[데이터입력]➔[조회]

[그림 3-19] 회계초기이월등록 화면

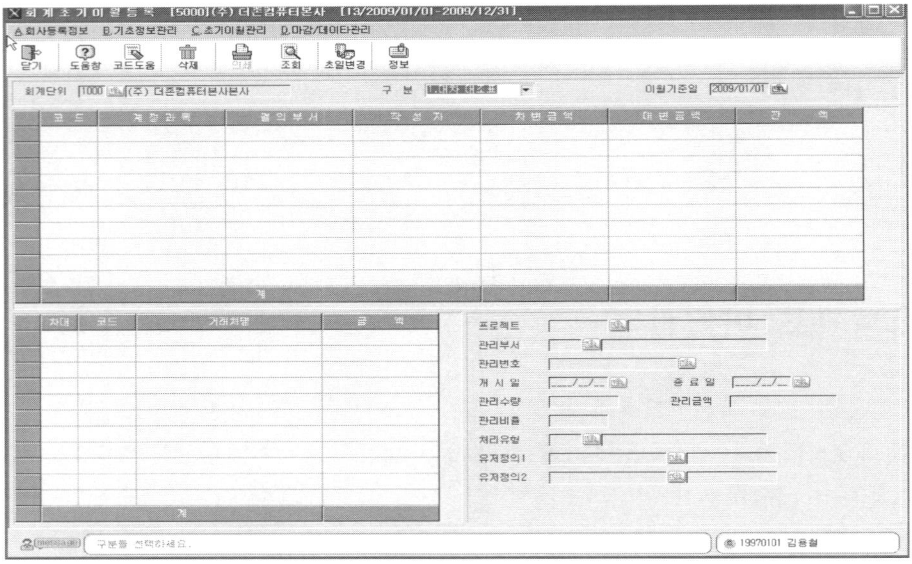

2) 재고기초 이월관리

당해 기말 재고정보를 차기년도의 기초 재고정보로 반영시키는 작업을 하는 프로그램이다. [재고이월]아이콘을 클릭하여 대상년도 기말 재고정보를 이월년도 기초 재고정보로 반영시킨다. 이월작업 후에는 대상년도 재고는 수정하지 않도록 자재(영업)마감/통제관리를 하여야 한다. 만약 이월작업 후 대상년도 재고의 변경이 발생하였을 경우에는 이월작업을 다시 수행하여야 한다.

[시스템관리]➔[초기이월관리]➔[재고이월등록]➔[재고이월클릭]➔[대상년도선택]➔[이월년도선택]➔[조회]

[그림 3-20] 재고이월등록 화면

6. 마감데이터 관리

1) 기초정보 관리

회기년도가 끝나면 모든 데이터를 마감하여 차기월 또는 차기년도로 기말 데이터를 이월하는 단계이다. 마감 단계가 끝나고 데이터를 수정하면 기초데이터가 변경되어 ERP 시스템의 데이터가 일치하지 않는다.

[그림 3-21] 마감/데이터관리 초기화면

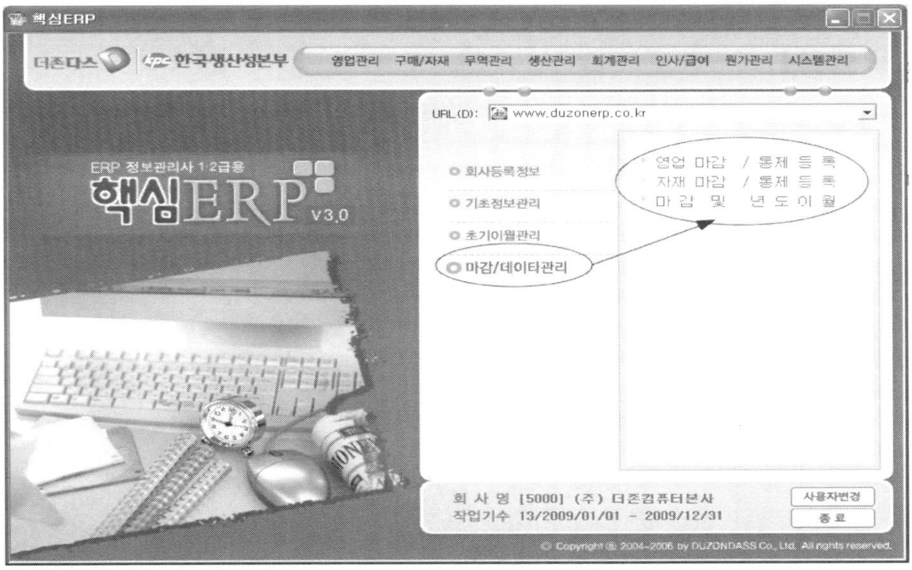

2) 영업마감/통제등록

영업정보에 대한 마감일자, 판매단가 선택, 품목코드도움 정보를 설정하는 단계이다. 판매단가를 적용하면 견적, 수주등록 시 단가를 자동으로 반영할 수 있다. 해당항목을 설정 후 반드시 [저장]아이콘을 클릭한다.

또한 재고평가를 수행하였을 경우 재고평가 기간까지의 품목 수불정보를 보호하기 위해 마감일자는 재고평가 작업 일자로 자동 변경된다. 예를 들어 재고평가 작업을 시작년월일, 종료년월일을 2009/01/01－2009/03로 입력 후 재고평가를 수행하면 마감일자는 2009/03/31일로 변경된다.

■ 영업마감/통제 등록

사업장코드	사업장명	마감일자	판매단가	품목코드도움창
1000	(주)더존컴퓨터본사	2009/12/31	품목단가	표준코드도움
2000	(주)더존컴퓨터인천지사	2009/12/31	품목단가	표준코드도움

[시스템관리]➜[마감/데이터관리]➜[영업마감/통제등록]➜[사업장설정]➜[마감일자설정]➜[품목단가]➜[품목코드도움창클릭]➜[저장]

[그림 3-22] 인천지사로 등록된 화면

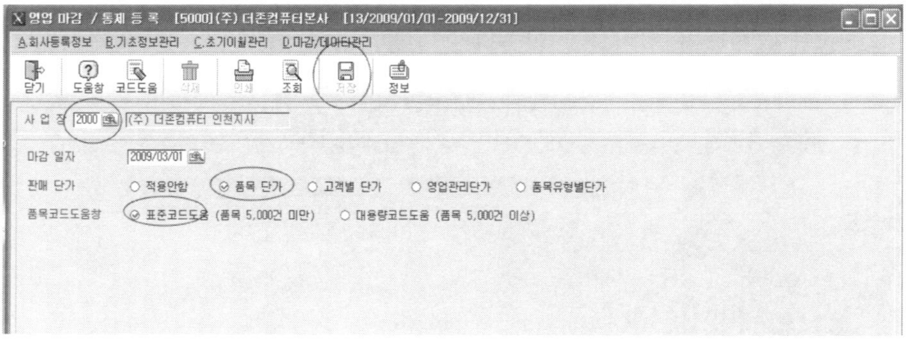

[그림 3-23] 본사로 등록된 화면

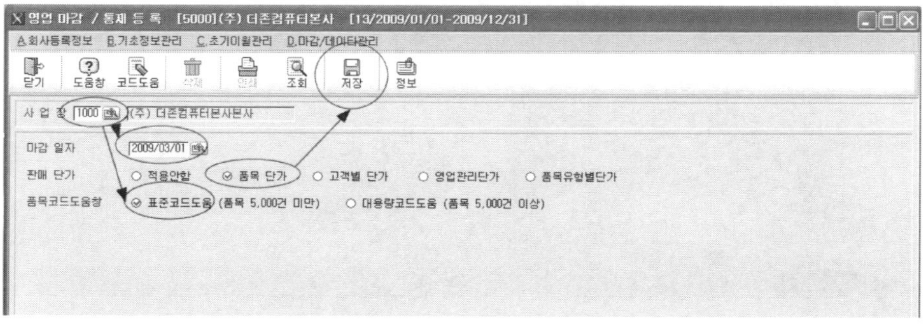

3) 자재마감/통제등록

구매/자재정보에 대한 마감일자, 구매단가 선택, 재고평가방법, 품목코드 도움 정보를 설정하는 프로그램이다.

■ 자재마감/통제 등록

사업장코드	사업장명	마감일자	구매단가	재고평가방법	품목코드도움창
1000	(주)더존컴퓨터본사	2009/12/31	품목단가	총평균	표준코드도움
2000	(주)더존컴퓨터인천지사	2009/12/31	품목단가	총평균	표준코드도움

[시스템관리]➔[자재마감/통제등록]➔[사업장선택]➔[마감일자지정]➔[구매단가결정]➔[재고평가방법결정]➔[저장]

[그림 3-24] 자재마감 등록 화면

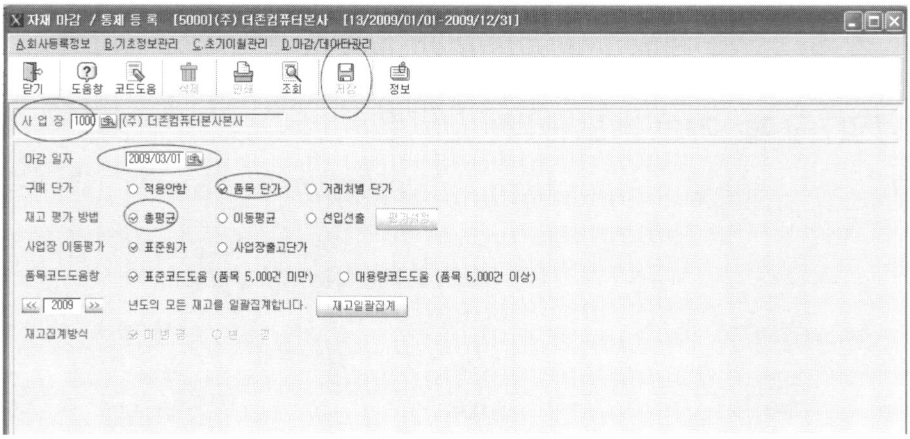

4) 마감년도 이월

결산 이후 모든 자료를 마감하여 다음 회기년도로 이월할 때 사용한다.

[시스템관리]➔[마감 및 년도이월]➔[사업장선택]➔[전표마감선택]➔[고정자산선택]➔[이월시작]➔[저장]

[그림 3-25] 마감년도이월 화면

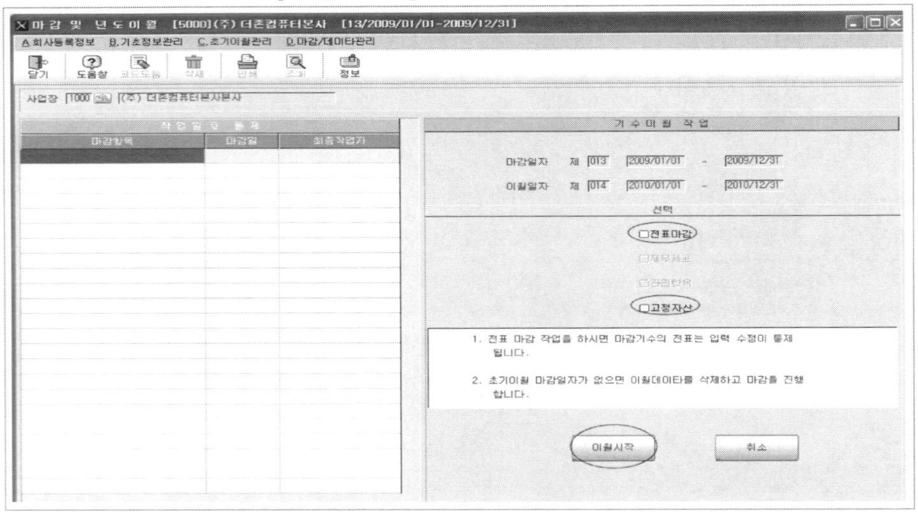

7. 영업/구매 기초정보관리

1) 품목단가등록

품목등록에서 등록한 품목에 대해 구매 및 판매단가를 입력한다.

■ 구매단가 등록

품번	계정	구매단가
CP01	원재료	162,000
CP02	원재료	155,000
HA01	원재료	140,000
HA02	원재료	120,000
LAN01	원재료	8,000
LAN02	원재료	6,300
MB01	원재료	125,000
MB02	원재료	100,000
ME01	원재료	60,000
ME02	원재료	40,000
MO01	원재료	350,000
MO02	원재료	280,000
PR01	상품	260,000
PR02	상품	230,000
SM01	저장품	12,000
SM02	부재료	5,000

[구매/자재]➜[기초정보관리]➜[품목단가등록]➜[구매단가]➜[조회]➜[구매단가입력]➜[조회]

[그림 3-26] 품목별 단가등록 화면

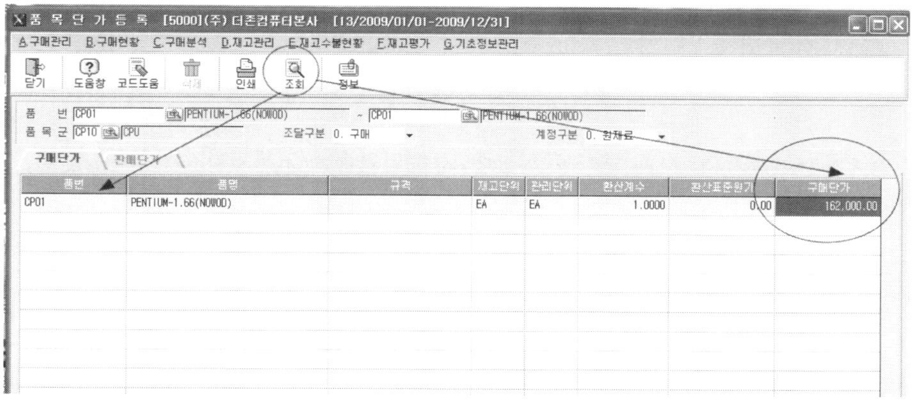

■ 품목별 판매단가

품번	계정	판매단가
PC01	제품	1,900,000
PC02	제품	1,750,000
PR01	상품	286,000
PR02	상품	253,000

[구매/자재]➜[기초정보관리]➜[품목단가등록]➜[판매단가선택]➜[품번]➜[조회]➜[판매단가입력]➜[조회]

[그림 3-27] 품목별 판매단가등록 화면

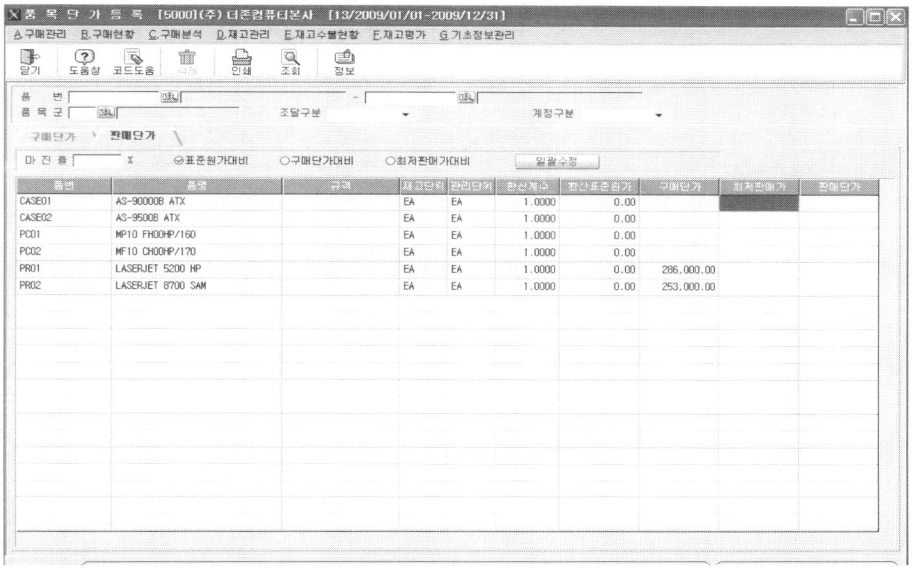

품번의 아이콘을 클릭하고 [조회]아이콘을 클릭하면 활성화 창이 열린다. 활성화 창에 판매단가를 입력한다.

2) 고객별(거래처별)단가등록

품목등록 프로그램에서 등록한 품목에 대해 구매 및 판매단가를 입력한다.

[구매/자재]➔[기초정보관리]➔[고객별단가등록/거래처별단가등록]

[그림 3-28] 거래처별 구매단가등록 화면

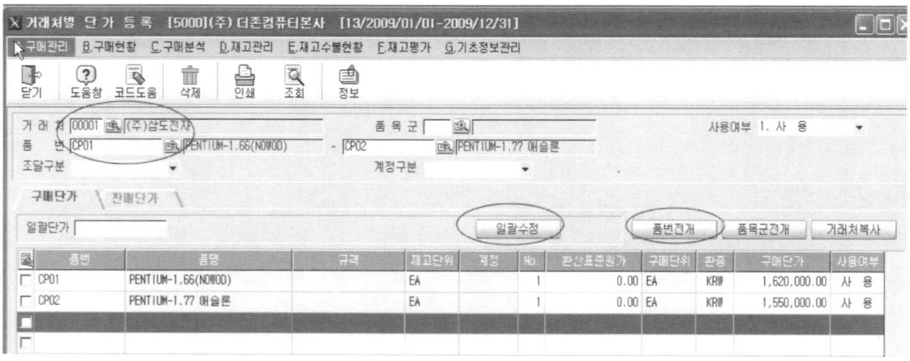

[구매/자재]➔[기초정보관리]➔[고객별단가등록/거래처별단가등록]➔[거래처선택]➔[품번]➔[일괄수정]➔[품번전개]➔[조회]

[그림 3-29] 거래처별 판매단가등록 화면

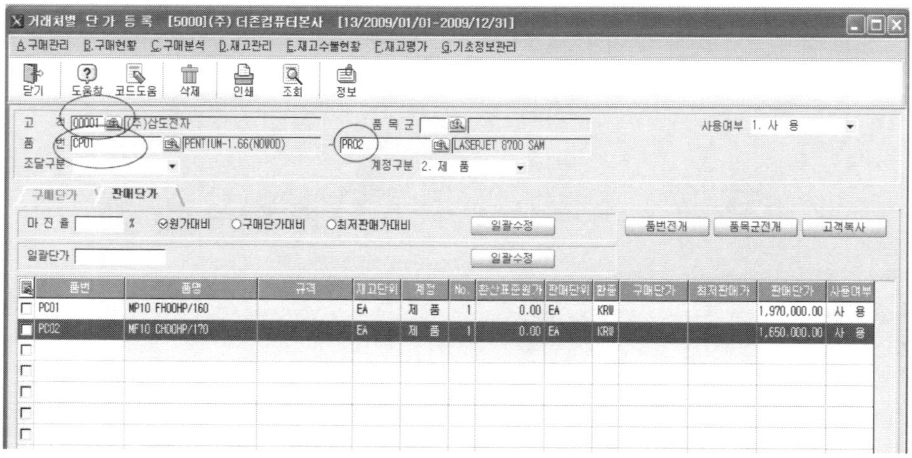

3) 납품처 등록

주문 거래처와 납품처가 동일하지 않을 경우에 실제 납품 받을 장소를 등록하는 프로그램이다.

[영업관리]→[기초정보관리]→[납품처등록]→[조회]→[거래처선택]→[납품처등록]

[그림 3-30] 납품처 등록 화면

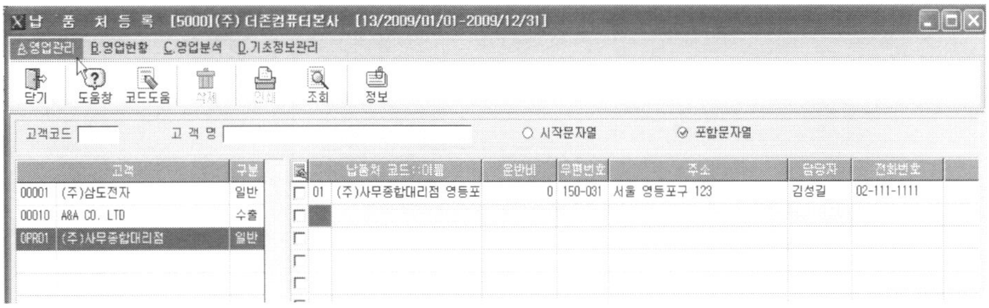

4) 채권기초/이월/조정

사업장별로 미수채권에 대한 기초금액/조정금액을 등록하고 채권금액을 차기로 이월하는 프로그램이다.

[영업관리]→[기초정보관리]→[채권기초/이월/조정]→[채권기초]→[데이터입력]→[조회]

[그림 3-31] 채권기초/이월/조정 화면

8. 생산 기초정보 관리

1) BOM 등록

BOM(Bill of Material)은 제품의 부품구성 정보를 말한다. BOM은 제품을 생산하기 위한 부품구성으로 소요량 전개의 가장 중요한 정보이다. (주)더존의 PC01 제품의 BOM 구성은 다음과 같다.

[그림 3-32] PC01의 BOM 구조

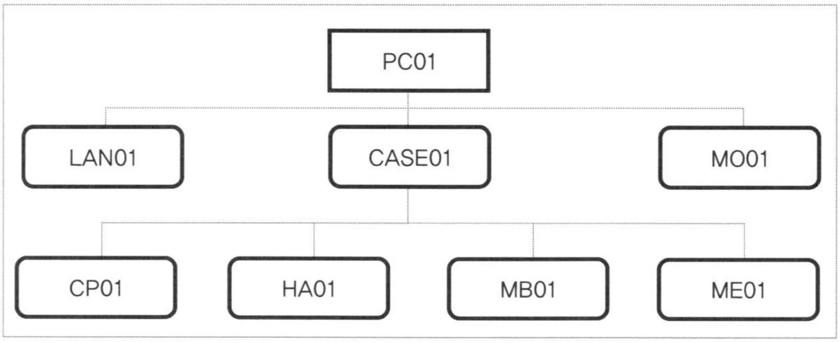

■ 제품(PC01)의 BOM 구성

품목	정미수량	LOSS(%)	필요수량
CASE01	1	0	1
LAN01	1	0	1
MO01	1	0	1

[생산관리]→[기초정보관리]→[BOM]등록→[모품목선택]→[데이터입력]→[조회]

[그림 3-33] BOM 등록정보 화면

이와 같은 절차에 따라 반제품, 제품 등의 BOM을 등록한다.

2) BOM 전개

BOM등록에서 입력한 모품목에 대한 자품목을 계층적으로 조회하는 프로그램이다.

전개방법으로 BOM을 선택하면 자품목들이 조회되고 레벨 항목에서 '+' 기호가 존재하면 밑으로 자품목이 존재한다. '+'기호를 클릭하면 하위 품목들이 나타난다.

[그림 3-34] BOM 정전개 화면

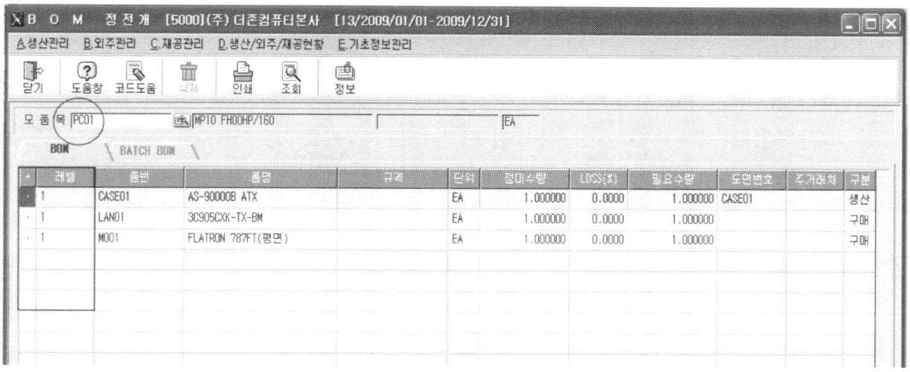

[생산관리]→[기초정보관리]→[BOM 정전개]→[모품목선택]→[BOM 선택]→[조회]

자품목에 사용되는 모품을 파악하기 위한 방법으로 BOM 역전개가 있다. 역전개는 자품목 조달 및 생산에 문제가 발생하였을 때 어떤 모품목에 영향을 주는지 파악하기 위한 프로그램이다.

[생산관리]→[기초정보관리]→[BOM 역전개]→[모품목선택]→[BOM 선택]→[조회]

[그림 3-35] BOM 역전개 화면

3) 사급구분

사급이란 외주업체에 자재를 공급하고 가공 및 생산비용을 지급하는 방식으로 유상사급과 무상사급으로 구분한다. 따라서 자품목들에 각각 유·무상을 설정하는 프로그램이다.

■ 반제품 CASE01의 외주항목

품번(모품목)	품번(자품목)	외주
CASE02	CP02	무상
	HA02	무상
	MB02	무상
	ME02	유상

[생산관리]➔[기초정보관리]➔[사급구분관리]➔[품목선택]➔[조회]➔[BOM 선택]➔[데이터입력]➔[조회]

[그림 3-36] 사급구분관리 화면

4) 외주단가등록

외주공정, 외주처별로 해당 품목의 단가를 등록하는 프로그램이다. 외주단가를 입력하면 외주발주등록 할 때 품목의 단가가 자동으로 반영된다.

■ 외주단가 정보

사업장	외주공정	외주처	품번	외주단가
(주)더존컴퓨터 본사	외주공정	(주)삼도전자	CASE02	85,000

[생산관리]➔[기초정보관리]➔[외주단가등록]➔[사업장선택]➔[외주공정선택]➔[외주처선택]➔[데이터입력]➔[조회]

[그림 3-37] 외주단가 등록

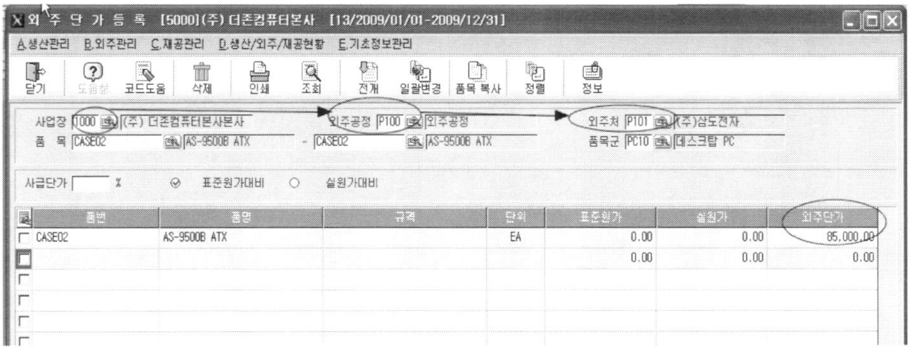

5) 불량유형등록

품질관리를 통하여 발생되는 다양한 형태의 불량 유형들을 입력하는 프로그램이다.

■ 불량유형 등록

불량코드	불량명	사용여부
10	외관불량	사용
20	기능불량	사용

[생산관리]→[기초정보관리]→[불량유형등록]→[조회]→[데이터입력]→[조회]

[그림 3-38] 불량코드등록 화면

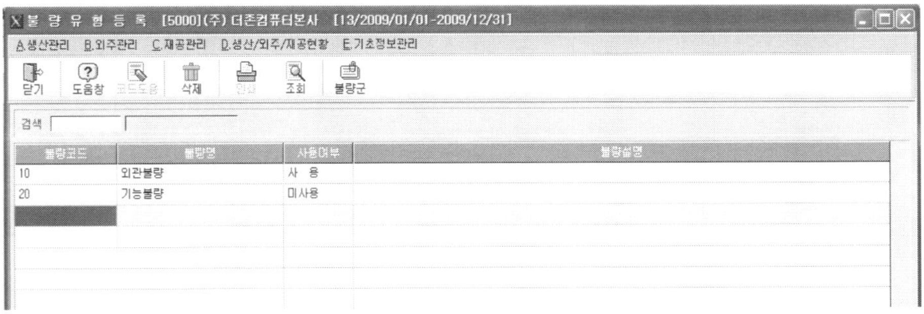

[연습문제]

1. 코드체계를 구성하여본다.
2. ERP 기초정보를 구성하는 화면을 설계하고 특징을 발표한다.
3. 품목등록에 필요한 필드를 설계한다.
4. 사례기업을 선정하여 공정도를 설계한다.
5. ERP 컨설팅 사업에 필요한 프로젝트를 개발한다.
6. 컴퓨터 BOM을 구성한다.
7. 불량원인을 분석하고 설명한다.

Chapter Ⅳ

영업관리

[영업관리 프로세스]

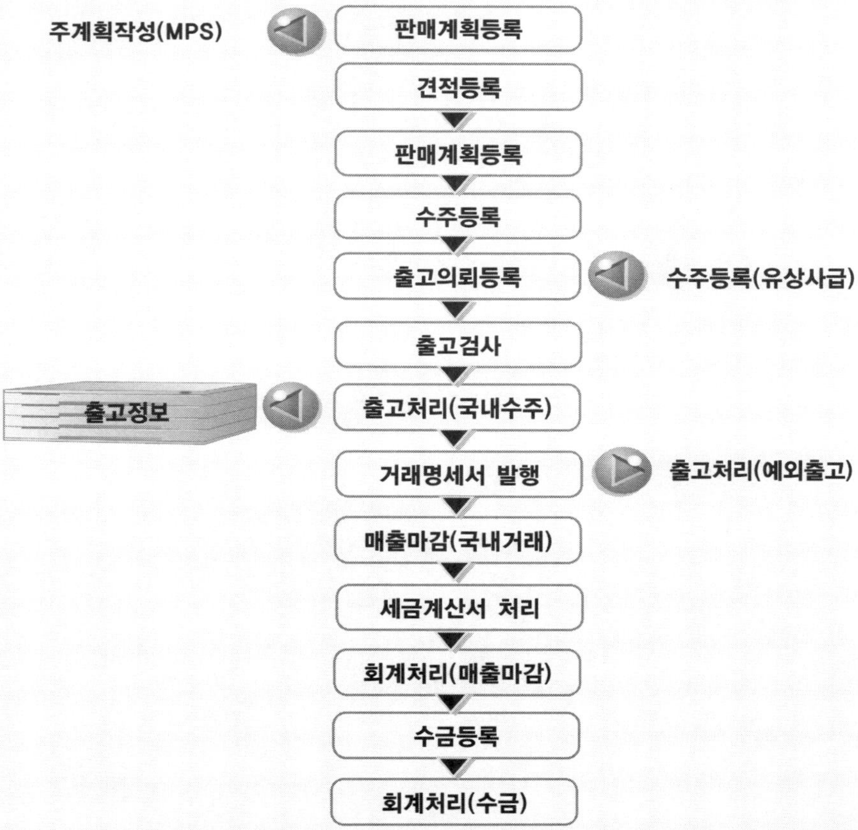

시집살이

▸ 김용철

그리 모질게도 시집살이를 하셨나요.
그리 하셨기에 내게까지 대 물림하셨나요.
지난 삶이 고통 이였다면 추억으로 담아 두시지요.
나에게도 물려주신 것은 당신의 한 뿐입니다.
나를 이러하게 멀리도 보낸 것은 한풀이였나요.
부러진 다리를 부여잡고 남의 땅 소작농으로 일하는 것이
당신의 바램이었나요.
지금도 부러진 다리는 휘어져 나에겐 추억으로만
간직되고 있습니다.
또 모자란 것이 무엇이었나요?
내 몸에서 무엇을 바라나요.
부러진 다리가 모자라 허리도 휘었습니다.
당신께서 얻은 것은 부셔진 내 몸과 추억으로만 간직할 수밖에 없는
당신과 지난 시간입니다.
당신의 추억은 어머니만이 간직하시면 안 되었나요.
그리 꼭 물려주어야 할 삶이었나요.
당신의 한 이라면 그냥 가지고 가셨으면 될 것을 그 흔적을
남기셔야만 되었나요.
당신의 길은 무섭고 두렵습니다. 그 길을 따라갈 자신이 없는
나를 왜 그리 함께 하길 바랐나요.
나도 혼미한 길을 또 물려주어야 하나요?
내가 온 길을 주고 또 준다면 당신은 무어라 할 것입니까?
한 점으로 돌아간 당신의 모진 세상이 그리도 원망스럽습니다.
내가 남길 것은 당신이 그리하였듯 아무것도 없습니다.
이젠 줄 것도 받을 것도 없이 따라가야만 하는 것이 당신의 길입니다.
당신의 길을 따라 또 한 어머니가 되고자 내 옆에 왔습니다.
이를 어찌할 까요?
당신의 한을 물려주고 싶지 않지만 자꾸 그리하라고 하네요.

제1절 마케팅경영

1. 마케팅경영의 의의

기업이 경영활동을 수행하는 데 있어서 고객은 여러 가지 경영환경요인들 중에서도 기업경영의 성패를 좌우하는 관건이 된다. 특히 오늘날은 고객의 목소리가 증대되면서 고객이 외면하는 기업은 생존하기 힘든 고객주권시대가 되고 있다. 이러한 상황에서 기업은 일차적으로 고객과 접촉하는 마케팅활동을 보다 적극적으로 전개해나갈 것이 요청된다.

일반적으로 마케팅관리(marketing management)는 생산 활동이 종료된 시점에서 생산된 제품의 판매부터 시작된다고 생각하기 쉬우나, 현대의 마케팅관리 활동은 생산 활동 이후는 물론이고 생산 이전단계에서부터 수행된다. 오늘날의 기업은 먼저 고객이 가지고 있는 요구나 고객의 특성 및 규모 등을 파악한 다음, 이를 토대로 제품계획을 수립하여 앞으로 생산할 제품이나 서비스의 내용을 구체화하고, 그것이 어느 정도 판매될 수 있는지를 예측하여 판매가능성을 파악하게 된다. 그리고 이를 전제로 판매계획을 세운 다음 생산을 하고, 제품이나 서비스가 생산되면 많은 고객이 이것을 보다 많이 구매하여 사용하도록 조정하는 촉진활동 등을 수행하게 된다(신유근, 1996).

따라서 마케팅관리란 고객의 욕구를 규명해 내고, 이익을 내면서 고객의 욕구를 만족시키기 위하여 아이디어, 제품, 서비스를 개발하고 가격을 결정하며 배분하고 판매를 촉진시키는 일련의 활동을 계획·집행(조직 및 지휘)·통제하는 과정이라고 할 수 있다.

그런데 마케팅관리가 처음부터 기업경영상의 중요한 과제로 인식되었던 것은 아니다. 과거에는 제품의 공급이 수요를 충족시키기 못하였기 때문에 기업들은 판매보다는 생산에 더 많은 비중을 두었다. 그러다가 대량생산이 본격화되고 공급이 차츰 수요를 초과하게 되면서 기업들은 생산된 제품을 판매하는 데 보다 많은 노력을 기울이게 되었고, 이에 따라 마케팅관리의 중요성은 점차 부각되기 시작하였다. 특히 오늘날에는 제품의 공급이 수요를 앞지르게 되었을 뿐만 아니라, 고객의 욕구가 다양해짐에 따라 기업들은 고객의 수요를 규명하고 이를 충족시키기 위한 방법을 찾는 데 심혈을 기울이게 되었다.

따라서 기업들은 단순히 생산된 제품을 판매하려 하기보다는 저절로 팔릴 수 있는 제품을 만들어 고객이 필요성에 의해 스스로 구입해 가도록 촉구함으로써 기업은 초과이윤을 얻고, 고객은 생활수준의 향상을 꾀할 수 있도록 하는 마케팅활동을 추구하는 단계로 접어들게 되었다. 이러한 마케팅활동에는 소비자중심주의, 전사적 마케팅, 고객의 만족추구, 그리고 고객의 장기적 복리증진이라는 중요한 의미가 내포되어 있다(임종원, 1993).

2. 마케팅관리의 과정

마케팅관리는 우선 기업 전체의 목표와 전략에서부터 출발해야 한다. 즉, 기업 전체의 목표와 그것을 달성하기 위한 전략이 결정되면 그러한 전략을 구체적으로 실행하기 위한 여러 부문계획의 하나로 마케팅계획이 수립되는데, 마케팅관리는 바로 이를 토대로 하여 수행되는 것이다. 마케팅계획은 마케팅목표를 설정하고 그것을 달성하기 위한 전략을 수립하는 과정으로서 여기에는 마케팅조사에 의해 수집되는 다양하면서도 정확한 정보가 필요하게 된다.

마케팅계획이 수립된 다음에는 [그림 4-1]에서 보는 바와 같이 시장기회분석과 시장세분화가 이루어지고, 이를 토대로 하여 선정된 목표시장에 대해 마케팅믹스(marketing mix)의 관리를 통한 제품(Product)·가격(Price)·유통경로(Place)·촉진(Promotion) 등 요소를 적절히 관리하는 활동이 필요하게 된다. 마케팅믹스 네 가지 활동을 일명 4P라고 한다. 아래에서는 이 같은 마케팅관리의 과정에 대해 좀 더 상세히 살펴보기로 한다.

[그림 4-1] 마케팅관리의 과정

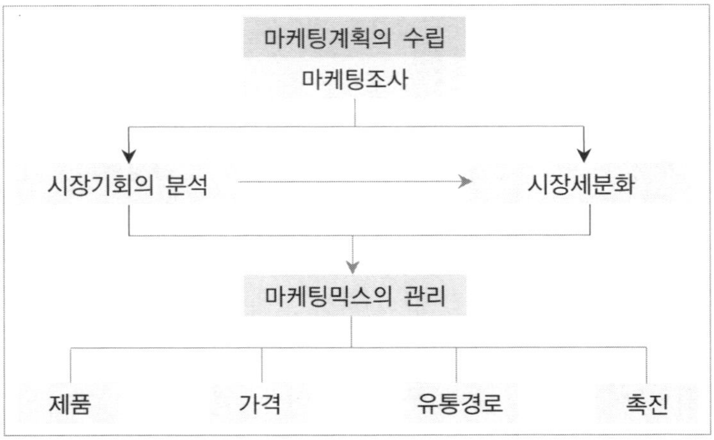

3. 시장기회의 분석

기업은 항상 새로운 시장기회를 포착하려고 노력해야 한다. 어떠한 기업도 현재의 제품과 시장에만 영원히 의존할 수는 없는 것이다. 모든 기업들은 언제나 풍부한 시장기회를 갖고 있다. 만일 어떤 기업이 자기에게는 시장기회가 없다고 생각한다면 그것은 자기 사업이 어떠한 특성과 강점이 있는지에 대해 전략적으로 사고하고 있지 못하다는 것을 의미한다. 새로운 시장기회를 얻기 위해서는 그것을 확인하고 평가하는 과정, 즉 시장기회에 대한 분석이 이루어져야 한다(Kotler, 1986 ; 유동근, 1987).

1) 시장기회의 확인

기업이 시장기회를 확인하거나 발견할 수 있는 방법은 매우 다양하다. 예를 들면 변화하는 시장을 항상 관심을 갖고 주시함으로써 새로운 아이디어를 찾을 수 있고, 또는 신문구독이나 전람회참석과 같은 방법으로 새로운 시장에 대한 정보를 입수할 수도 있다. 그리고 이와 같은 비공식적 방법이 아닌 공식적이고 보다 체계적인 방법을 사용한다면 더욱 효과적으로 새로운 시장기회를 확인할 수 있게 될 것이다.

시장기회를 확인하는 데 사용되는 체계적인 방법의 하나가 '제품 및 시장 확대 그리드'이다. 이 방법은 새로운 시장기회를 확인하는 데 있어 제품 및 시장과 관련하여 다음과 같은 4가지 방안을 고려할 수 있도록 하는 것이다.

① **시장침투** : 시장침투(market penetration)는 현재의 제품을 변경하지 않고 현재의 시장으로부터 더 많은 매출을 획득하는 일이 가능한지에 대해 고려하는 것이다. 기업이 이와 같은 방안으로 더 많은 고객을 확보하기 위해서는 가격할인, 광고방법의 변경, 판매점포의 확대, 보다 좋은 진열위치의 확보 등과 같은 방법들을 강구할 필요가 있는지를 분석해야 한다.

② **시장개발** : 시장개발(market development)은 현재의 제품에 대한 새로운 시장을 확보하는 일이 가능한가를 고려하는 것이다. 이를 위해서 기업은 고객으로서의 개인·기관·지역 등의 특성 및 분포에 대한 분석을 통해 새로운 시장의 개발가능성을 타진해야 한다.

③ **제품개발** : 제품개발(product development)은 현재의 고객들에게 새로운 제품을 제공하는 일이 가능한지에 대해 고려하는 것이다. 여기서 새로운 제품이란 현재의 제품에 새로운 기능을 추가하거나, 포장을 바꾸거나, 새로운 상표를 부착하거나, 또는 용처는 같지만 용도를 다르게 한 것 등을 말한다. 이와 같은 신제품으로 현재의 시장에서 새로운 시장기회를 발견하기 위해서는 현 제품과 자사상

표에 대한 현 고객의 선호도 및 신뢰성, 현 제품 용도의 한계, 고객들의 제품의 품질 및 가격에 대한 선호도 등에 대한 분석이 이루어져야 한다.

④ **다각화** : 다각화(diversification)는 현재의 제품과 시장에서 완전히 벗어나 새로운 사업으로 새로운 시장을 개척하는 방안이다. 기업이 이 같은 다각화에 의해 새로운 시장기회를 확인하기 위해서는 진입장벽, 경쟁자, 구매자, 공급자, 대체품 등에 대해 면밀한 분석이 이루어져야 한다. 일반적으로 진입장벽이 높고, 현재의 경쟁자가 약하고, 구매자 및 공급자 조직이 나약하며, 획득 가능한 대체품이 적거나 덜 만족스러운 산업일수록 다각화에 의한 성공가능성이 높은 것으로 알려지고 있다.

2) 시장기회의 평가

시장기회를 확인하는 것과 어떠한 시장기회가 기업에 적합한지를 결정하는 일은 별개의 문제이다. 즉, 기업이 새로운 시장기회를 발견했다고 할지라도 거기에서 기업이 마케팅활동을 통해 경쟁적 우위를 누릴 수 없다면 그것은 결코 매력적인 시장이라고 할 수 없을 것이다. 따라서 기업은 시장기회를 확인한 후에는 반드시 그에 대한 평가를 실시해야 한다.

시장기회에 대한 평가는 시장기회가 기업의 목표와 자원에 적합한 것인지를 판단하는 것이다. 기업은 먼저 새로운 시장기회가 이익, 매출량, 매출성장률, 기업명망도 등과 같은 기업목표를 달성하는 데 얼마나 기여할 것인지를 평가해야 한다. 그리고 기업이 보유하고 있는 자본, 생산 및 마케팅 기술, 유통능력 등과 같은 자원이 새로운 시장기회에 적합한 것인가를 판단해야 한다. 만일 이와 같은 기업목표와 기업자원이 모두 새로운 시장기회에 부합되는 것으로 평가되었다면, 그것은 매우 매력적인 시장기회로서 기업이 실제로 진입할 수 있는 방안을 적극적으로 모색해도 좋을 것이다.

4. 시장세분화

1) 시장세분화의 기준

시장을 세분화하는 데는 여러 가지의 기준이 사용될 수 있으나 대표적인 것으로는 지리적 요인, 인구통계학적 요인, 심리적 요인, 편익성 요인 등을 들 수 있다.

① **지리적 세분화** : 지리적 세분화(geographic segmentation)는 지리적 특성에 따라 제품에 대한 요구와 시장의 규모 등이 다를 수 있기 때문에 고객이 실제로 어

디에 살고 있는지에 따라 시장을 나누는 것이다. 이를테면 시장을 국가별·권역별로 나눈다든지, 또는 대도시와 중소도시로 구분한다든지, 또는 기후별·인구밀도별로 나눈다든지 하는 것이다. 지리적 세분화의 가장 큰 장점은 세분화 작업이 비교적 쉽고 비용이 적게 든다는 점이다.

② **인구통계학적 세분화** : 인구통계학적 세분화(demographical segmentation)는 시장을 연령·성별·가족규모·소득수준·직업·교육수준·종교 등에 따라 특성별로 나누는 것이다. 인구통계학적 세분화는 인구통계학적 요인들이 고객의 제품에 대한 욕구·선호도·사용빈도 등과 밀접한 관계가 있고, 또한 이를 통해 시장규모를 쉽게 예측할 수 있다는 가정 하에서 주로 활용된다.

③ **심리적 세분화** : 심리적 세분화(psychological segmentation)는 사람들의 관심·태도·생활유형(life style) 등과 같은 비교적 추상적인 특성에 기초하여 시장을 세분화하는 것이다. 심리적 세분화는 인구통계학적 요인만으로는 파악하기 어려운 시장을 파악할 수 있다는 장점이 있다. 그러나 이는 소지자의 심리를 객관적으로 측정하기 어렵고, 심리적 변수와 제품에 대한 고객의 욕구나 선호도 사이의 상관관계가 명확하지 않은 경우에는 세분시장에 접근하기가 어렵다는 단점도 있다.

④ **편익성에 의한 세분화** : 이는 제품이나 서비스의 편익성(benefit sought)을 염두에 두고 시장을 나누는 것이다. 예컨대 치약을 구매할 때 충치예방·향기·가격·포장·치아표백 등 고객에 따라서 추구하는 편익은 각기 다를 것이다. 편익성에 의한 세분화는 편익집단의 규모를 측정하기가 쉽지 않고, 고객이 추구하는 편익의 이면에는 전혀 다른 의도가 내포되어 있을 수도 있으며, 또한 고객에 따라서는 여러 개의 편익을 동시에 추구하는 경우도 있기 때문에 세분화의 유용성이 제한되기도 한다. 그러나 이는 인과적 요인에 근거하여 시장을 구분하기 때문에 고객의 욕구와 제품을 곧바로 연결시킬 수가 있고, 편익집단을 인구통계학적·심리적 특성과 연관시킬 수도 있다는 점에서 가장 효과적인 시장세분화기법이라고 할 수 있다.

2) 표적시장의 선정과 마케팅전략

시장을 세분화하고 나면 여러 개의 세분시장으로 나누어진다. 이제 기업은 이들 세분시장에 대해 기업의 능력을 고려하여 마케팅활동을 어떻게 수행할 것인지에 관한 전략을 수립하여야 한다. 이때 기업이 구사할 수 있는 마케팅전략은 몇 개의 세분시장을 표적시장(target market)으로 선정하느냐에 따라 비차별적 마케팅전략, 차별적 마케팅전략, 집중적 마케팅전략 등 세 가지로 분류된다.

① **비차별적 마케팅전략** : 비차별적 마케팅전략(undifferentiated marketing strategy)이

란 시장 전체를 하나의 표적시장으로 삼고 동일한 마케팅전략을 수립하여 구사하는 것을 말한다. 이 같은 전략은 대량생산에 의해 제조원가, 재고비용, 운송비용, 마케팅조사비용 등을 절감할 수 있으며, 한 가지 광고매체를 대량으로 이용함으로써 광고비도 크게 절감할 수 있다. 그러나 이는 극심한 경쟁을 유발시키고 세분시장들의 다양한 욕구를 충족시키지 못하는 단점이 있다(오상락, 1990). 비차별적 마케팅전략은 생필품과 같이 제품이나 시장이 동질적일수록 효과적이다.

② **차별적 마케팅전략** : 차별적 마케팅전략(differentiated marketing strategy)이란 두 개 이상의 세분시장을 표적시장으로 선정하여 각각에 대하여 서로 다른 마케팅 믹스를 제공함으로써 각 세분시장에서 최대의 매출과 이익 그리고 시장점유율을 실현하는 데 목적을 두는 전략을 말한다. 따라서 이는 비차별적 마케팅전략에 비해 제조·재고·운송·광고 등에 관련된 비용이 많이 소요된다는 약점을 가지고 있다. 그렇지만 고객 지향적이고 시장창조적인 적극성을 지님으로써 기업에 대해 고객들이 갖는 인식·이미지·충성심 등이 개선되어 고객들이 그 기업의 제품을 반복하여 구매하도록 유도할 수가 있다. 차별적 마케팅전략은 카메라, 자동차, 주류 등과 같이 제품이나 시장이 이질적일수록 효과적이다.

③ **집중적 마케팅전략** : 집중적 마케팅전략(concentric marketing strategy)은 하나 또는 제한된 수의 세분시장만을 표적시장으로 선정하여 마케팅노력을 집중하는 전략이다. 이는 기업의 자원이 한정되어 있는 경우에 특정의 시장에서 유리한 시장지위를 확보하기 위한 목적에서 구사하는 전략으로서, 특정의 세분시장 내 고객들의 욕구에 대한 전문성을 축적하면서 독보적인 명성을 쌓아 올림으로써 강력한 시장지위를 획득할 수 있고, 제품의 연구개발·생산·유통·촉진 등에 대한 전문화를 통해 규모의 경제를 실현할 수도 있게 된다. 그러나 협소한 세분시장만을 대상으로 하기 때문에 시장 내 고객들의 욕구가 갑자기 변하는 경우에는 표적시장 전부를 졸지에 상실하는 위험을 감수하지 않으면 안 된다(반병길, 1995). 예를 들어 국내의 어느 출판사가 경영학이나 경제학 서적만을 출판하는 것이나, 몇몇 회사가 특정 연령층을 주 고객대상으로 선정하여 여성의류를 만들어 파는 것은 모두 집중적 마케팅전략을 구사하는 것으로 볼 수 있다.

모든 기업들은 표적시장과 관련하여 이상의 세 가지 마케팅전략 중에서 어느 하나를 선택하게 된다. 따라서 기업이 표적시장을 선정하고 그에 따른 마케팅전략을 선택할 때에는 신중을 기할 필요가 있는데, 이때 다음과 같은 몇 가지 요소를 고려하면 큰 도움이 될 것이다(오상락, 1990).

첫째, 비차별적·차별적 마케팅전략은 모두 많은 자원을 필요로 한다. 따라서 기업의 자원이 한정되어 있는 경우에는 제한된 표적시장을 선정하여 집중적 마케팅전략을 구사하는 것이 유리하다.

둘째, 제품과 시장의 동질성이 큰 경우에는 전체시장을 하나의 표적시장으로 하여 비차별적 마케팅전략을 적용하는 것이 적합하다. 그리고 제품과 시장이 이질성이 큰 경우에는 차별적·집중적 마케팅전략이 더욱 적합하게 된다.

셋째, 제품 수명주기 상에서 도입기에 있는 제품은 일차적 수요를 창출하기 위해 비차별적 또는 집중적 마케팅전략이 적합하며, 성장기에 접어든 제품은 경쟁자의 출현으로 시장이 잠식될 수 있기 때문에 차별적 마케팅전략을 구사하여 이차적 수요를 창출할 필요가 있다.

넷째, 경쟁자가 차별적 마케팅전략이나 집중적 마케팅전략을 구사할 때에는 비차별적 마케팅전략을 구사해서는 안 되고 적극적으로 같은 전략을 활용하여 상대방을 공략하고 그 전략을 중화시키는 것이 바람직하다.

5. 시장에서의 위치정립

1) 시장 위치정립의 의의

기업이 일단 표적시장을 선정하고 그 표적시장을 최대한 활용하는 데 가장 적합한 마케팅전략을 결정한 다음에는, 표적시장에서 자사제품의 시장 포지셔닝(marketing positing), 즉 시장위치정립을 해야 한다.

시장위치정립이란 제품이 표적시장에서 어떤 '위치(positing)'를 차지할 것인지를 결정하는 것을 말한다. 한 제품의 위치란 그 제품이 경쟁제품에 대해 상대적으로 차지하는 지위로서, 이는 그 제품에 대한 고객들의 지각에 영향을 미친다. 많은 기업들이 자사제품에 대해 처음부터 좋은 시장위치를 잡아주려고 하는 이유는 특정 제품이 시장에서 차지하는 위치에 따라서 그 제품에 대한 고객들의 지각과 평가가 달라지기 때문이다. 다시 말하면, 특정 제품이 차지하는 시장지위에 따라서 고객들은 그 제품을 실제보다 뛰어난 제품으로 지각할 수도 있고 조잡한 것으로 지각할 수도 있다는 것이다.

특정 제품에 대해 고객들이 갖게 되는 지각은 그 제품에 대한 인상·지식·정보 등이 복합적으로 작용하여 고객 마음속(consumer's mind)에 형성된다. 그리고 고객들의 그러한 지각은 곧바로 그 제품에 대한 평가로 나타나게 된다. 또한 고객들은 다른 사람의 도움이 없이도 스스로 제품의 위치를 결정하고 그 제품을 평가하는 경향이 있다. 따라서 기업은 자사제품이 고객들의 마음속에서 바람직한 위치를 잡을 수 있도록 자사제품을 부각시키는 노력을 게을리 해서는 안 된다. 물론 기업에 따라서는 제품의 시장위치를 정립하는 데 별다른 문제를 느끼지 않는 경우도 있을 것이다. 예컨대, 이미 고품질의 이미지를 구축해 놓은 기업은 새로운 표적시장에서도 그와 똑같은 포지션을 추구하면 될 것이기 때문이다. 그러나 그 같은 경우라도 자사제품의 시장위치가 경쟁제품의 그것과 상충된다면 새로운 시장위치를 구축해야만 할 것이다.

2) 시장위치의 결정요인

기업이 자사제품의 시장위치를 결정하기 위해서는 먼저 자사의 기존제품이 현재 시장에서 어떤 위치를 차지하고 있는지를 확인하고, 경쟁기업들 사이의 신제품에 대한 경쟁구조를 살펴보아야 한다(최병룡, 1995). 경쟁기업간의 경쟁구조를 파악하는 데 가장 널리 사용되는 도구로 '지각도(perceptual map)'가 있다. 이는 고객들의 제품에 대한 지각을 토대로 자사제품을 포함한 경쟁제품의 경쟁구조를 파악할 수 있게 함으로써 자사제품의 시장위치정립을 위한 전략을 수립하는 데 큰 도움이 된다. 예를 들면 [그림 4-2]에서 보는 바와 같이 A제품은 가격을 중요시하는 고객집단(세분시장)에 맞게 성공적으로 위치 지워졌고, B제품은 성능을 중요시하는 고객집단에 적합하게 시장위치가 결정되어 있다. 그러나 C제품은 가격과 성능이 다 같이 경쟁제품에 비하여 열등한 것으로 나타났기 때문에 제품의 그 밖의 속성이 월등하게 뛰어나지 않고서는 A·B 제품과는 경쟁이 될 수 없다고 판단할 수 있다. 따라서 C제품은 제품의 속성 및 마케팅믹스를 재검토하여 새로운 시장위치를 정립하는 방안을 강구해야만 할 것이다.

기업들이 시장위치를 결정할 때에 가장 보편적으로 활용하는 기준은 속성(product attributes)에 해당하는 가격·품질·디자인·스타일·특징·성능 등이다(반병길, 1995). 그 밖에 제품의 활용에서 비롯되는 편익성, 제품의 용도, 경쟁제품의 시장위치전략, 주사용 고객의 사회적·인구통계학적 특성, 고객의 문화적 배경 등도 제품의 시장위치를 결정하는 기준으로 많이 활용된다.

그렇지만 제품의 시장위치를 결정하는 데 있어서 무엇보다도 중요한 것은 집약적인 마케팅조사를 통해 충분한 시장정보를 수집하고 그것을 효과적으로 활용하여야 할 것이다. 제품의 시장위치를 정립하고 개선하는 데 바탕이 되는 것은 고객들이 중요시하는 제품의 속성들에 대한 자료와 정보이기 때문이다.

[그림 4-2] 지각도에 의한 시장위치정립의 예시

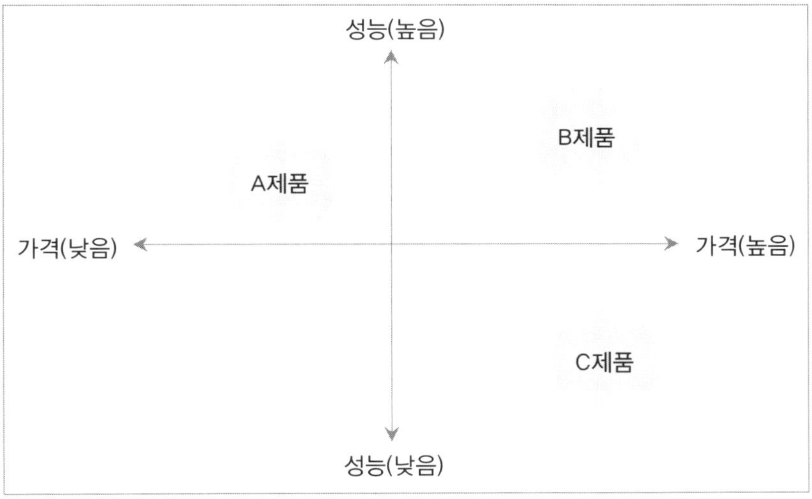

제2절 마케팅믹스의 관리

1. 제품관리

1) 제품믹스의 결정

모든 기업은 제품믹스를 갖는다. 제품믹스(product mix)란 특정의 판매업자가 구매자에게 제공하는 모든 제품품목과 제품계열의 조합이라고 할 수 있다. 여기서 제품품목(product item)은 크기·가격·외형·브랜드 등과 같은 속성에 의해 구분되는 각 제품단위를 말하며, 제품계열(product line)은 기능이 유사하거나, 동일한 고객에게 판매하거나, 또는 동일한 가격범위에 속하는 제품그룹을 일컫는다. 요컨대 기업이 취급하는 각각의 제품이 곧 제품품목이며, 관련성이 있는 제품끼리 묶은 그룹을 제품계열이라고 하는 것이다(오상락, 1990).

기업의 제품믹스는 폭(width)·깊이(depth)·일관성(consistency)으로 표현된다. 제품믹스의 폭은 제품계열의 수를 말하며, 제품믹스의 깊이는 각 제품계열내의 품목수를 가리킨다. 예컨대 [그림 4-3]에서 보는 바와 같이 이 의류제조회사의 제품믹스의 폭은 3이고, 제품믹스의 깊이는 아동복계열의 경우에 그 깊이가 5이다. 또한 제품믹스의 일관성은 제품계열간의 상호관계를 가리키는 것으로 제품용도, 생산과정, 유통경로 등에 의해 파악된다. 예를 들면, 이 의류제조회사의 제품계열인 아동복·여성복·남성복의 각 계열은 일관성이 높다고 할 수 있다. 그러나 제품믹스가 선풍기·침대·비누 등과 같은 제품계열로 구성되었다면 각 계열은 일관성이 없다고 하겠다.

제품믹스의 폭·길이·일관성은 모두 마케팅전략을 수립하는 데 있어 중요한 의미를 부여한다. 즉, 기업은 제품믹스의 폭을 증가시킴으로써 현재의 시장에서 얻은 명성을 그대로 이용할 수 있다. 그리고 제품믹스의 깊이를 증가시키면 높은 매출액을 실현할 수 있을 것이다. 또한 제품믹스의 일관성을 유지한다면 특정 분야의 전문성에 있어서 상당한 평판을 얻을 수 있다.

[그림 4-3] 의류제조회사의 제품믹스 예시

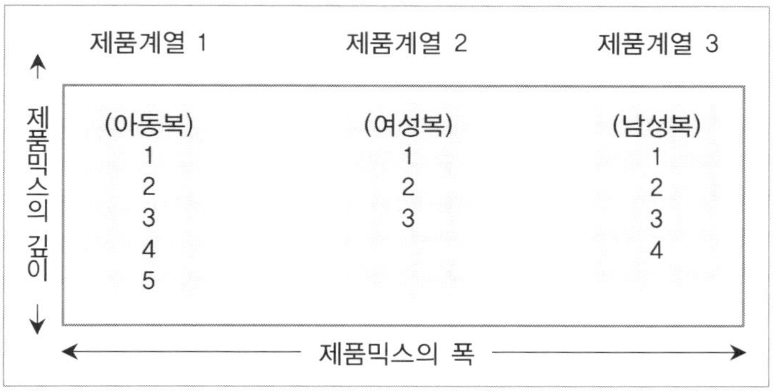

2) 제품의 수명주기

제품은 고객의 욕구충족을 위해 처음 시장에 도입된 후 고객만족을 창출하면서 인기를 끌다가 가치를 잃게 되면 다른 제품에게 자리를 물려주고 시장에서 퇴장하게 된다. 이러한 제품의 일생을 제품수명주기라고 하는데 이를 이해하는 것은 제품관리의 선결요건이다. 제품수명주기(Product Life Cycle : PLC)는 신제품이 시장에 도입된 후 시간경과에 따른 매출액 수준을 나타내는 시장수요의 변화패턴을 말하는 것으로서(신유근, 1996).

기업은 제품수명주기를 통해 얻어진 제품에 대한 이해를 바탕으로 본격적인 제품관리활동에 착수하게 된다. 제품관리는 마케팅환경의 변화에 대응하여 제품의 구성을 조정하는 활동을 말하는 것으로, 시장에서 자사제품이 고객의 욕구에 효과적으로 대응하는 것을 목표로 한다. 따라서 제품관리는 시장변화를 검토하여 시장의 욕구와 필요에 부응하도록 제품의 구성을 끊임없이 조정하는 일이며, 이는 또한 제품수명주기상의 단계별 특징을 감안하여 단계별로 적합한 마케팅전략을 수립하고 구사하는 것을 뜻한다. 제품수명주기의 각 단계별 특징과 반응은 <표 4-1>과 같이 정리할 수 있다.

〈표 4-1〉 제품수명주기의 단계별 특징과 반응

특징 및 반응 \ 단계		도입기	성장기	성숙기	쇠퇴기
특징	매출액	저조	급성장	완만한 성장	감소
	이익	극소	최대	감소	낮거나 없음
	현금흐름	적자	보통	높음	적음
	고객	혁신층	대중층	대중층	보수층
	경쟁자	소수	증가	다수	감소

반응	전략초점	시장확대	시장침투	점유율유지	생산성
	마케팅비용	높음	높음	하락	낮음
	마케팅초점	제품인지	상표선호	상표충성	선택적
	유통경로	임시적	집약적	집약적	선택적
	가격	높음	낮음	최저	상승
	제품	기본적	품질개선	차별화	합리화

자료 : Doyle(1976).

3) 고객서비스

서비스(service)란 구매자가 상품을 쉽게 구매할 수 있도록 하거나 또는 상품을 사용함으로써 가능한 한 최대의 만족을 얻도록 하는 모든 활동을 말한다. 훌륭한 서비스는 제품의 가치와 효용을 증대시키고, 구매저항과 취급저항을 감소시키며, 제품차별화를 통해 시장에서의 경쟁우위를 확보할 수 있게 한다. 서비스에는 상점에 부수되어 제공되는 서비스와 상품에 부수되는 서비스가 있다. 전자는 상품과는 직접적인 관계가 없이 상점이 제공하는 것으로서, 예를 들면 소매상이 구매자에게 구매에 관한 조언을 제공한다든지 또는 주문배달이나 외상거래를 통해 구매자의 편의를 제공한다든지 하는 것이다. 그리고 후자는 제품서비스(product service)로서, 이는 보통 보증과 기술적 서비스를 통해 제공된다.

보증(guarantee, warranties)은 제품의 품질, 내구성, 안전성, 사용기간 등에 대해 보장해주는 서비스로서 고객이 안심하고 구매할 수 있도록 함으로써 구매저항을 없애고 신뢰감을 갖도록 하는 데 목적이 있다. 이와 같은 보증은 그 내용에 따라 반품 및 교환보증, 품질보증, 고장 및 손상에 대한 보증, 사용기간의 보증 등으로 나눌 수 있다.

기술적 서비스(technical service)는 제품의 설치, 사용방법, 유지 및 관리 등에 대한 지도나 조언을 통하여 구매자가 제품을 올바르게 사용할 수 있도록 함으로써 구매자의 불만을 제거하고자 제공하는 서비스이다. 예를 들면, 설치하는 데 특별한 기술이 필요한 제품을 제조업자가 직접 설치해 준다든지, 판매원을 보내어 제품조작을 지도한다든지, 또는 제품의 고장 시 부품을 제공하거나 수리를 해 준다든지 하는 것 등이 있다.

4) 브랜드 전략

잘 만들고 고객들로부터 사랑받는 브랜드는 기업 자산을 구성하는 하나의 요소이다. 브랜드는 제품과 서비스를 제공하는 판매자가 경쟁자와 구별하기 위해서 사용하는 이름, 기호, 심벌, 그리고 디자인을 말한다.

브랜드는 구매자들이 제품특징, 이득, 그리고 품질 등을 구분할 수 있도록 도움을 준다. 강력한 브랜드는 경쟁자가 복사할 수 없도록 하고 높은 수준의 고객인지와 충성도에 영향을 미친다. 강력한 브랜드를 만드는 것이 마케터들의 도전이라고 할 수 있다.

2. 가격관리

1) 기준가격의 설정

기준가격의 설정은 제품의 최초가격을 결정하는 것으로서 원가구조, 제품의 수요, 경쟁제품의 가격과 품질의 세 가지 기준 중에서 하나 혹은 그 이상을 중심으로 해서 이루어지게 된다.

(1) 원가중심의 가격설정

원가중심의 가격설정은 제품의 생산 및 유통과 관련된 각종 비용을 기준으로 제품가격을 설정하는 것이다. 어떤 제품에 대하여 얼마나 비싸게 받을 수 있을까 하는 문제는 고객의 구매욕구와 구매력을 나타내는 수요상황에 달려 있다. 그러나 그 제품에 대해 최소한 얼마 이상은 받아야 한다는 가격의 하한선은 제품의 원가구조에 의해 결정된다(임종원, 1993).

원가(cost)는 크게 직접비와 간접비로 분류된다. 마케팅 측면에서 볼 때, 원가의 분류기준은 제품품목별로 한정시킬 것이 아니라 생산과 판매가 이루어지는 상권, 고객유형, 판매부서, 마케팅경로 등까지 포함하여 직접비와 간접비를 구분해야 할 것이다. 직접비와 간접비로 나누는 분류기준을 공장에서는 조업시간을 기준으로 삼듯이, 마케팅에서는 마케팅활동을 기준으로 삼아야 한다. 이와 같은 원가를 중심으로 제품가격을 설정하는 방법으로 원가가산법(cost-plus pricing)이 있다. 이 방법은 기업에서 널리 이용되는 것으로서, 단위당 원가에 일정비율의 이윤을 더하여 판매가를 결정하게 된다.

(2) 수요중심의 가격설정

수요중심의 가격설정은 시장수요의 강도 내지 크기에 따라 제품가격을 설정하는 것이다. 따라서 이 방법에 의해 설정되는 제품의 단위당 판매가격은 생산비의 크고 적음에 크게 영향을 받지 않는다. 이를테면 생산비가 적게 들었다 할지라도 그 상품에 대한 수요가 강하면 높은 가격을 책정할 수 있고, 생산비가 많이 들었다 할지라도 수요가 없으면 낮은 가격으로 판매해야 하는 결과를 가져오게 된다(최종필, 1995).

한편, 수요중심의 가격설정은 고객·제품·장소·시간 등을 토대로 이루어지는 가격차별화전략에 효과적으로 활용된다. 즉, 제품의 한계비용은 서로 동일하다고 할지라도 고객별·제품별·장소별·시간별로 수요의 강도가 상이함을 이용하여 각기 다른 가격을 적용하는 것이다. 예를 들면 극장의 앞좌석과 뒷좌석에 각기 다른 요금을 부과한다든다, 비수기에는 가격 할인율을 크게 하여 판매한다든지 하는 것이다. 그런데 이러한 경우에는 몇 가지 조건이 갖추어져야만 한다. 즉 시장세분화가 가능하고 각 세분시장의 수요가 달라야 하고, 동일시장에서 자사제품보다 더 낮은 가격으로 판매되는 경쟁제품이 없어야 하며, 가격차별화에 대한 고객들의 저항이 없어야 한다.

(3) 경쟁중심의 가격설정

경쟁중심의 가격설정은 경쟁제품을 기준으로 하여 가격을 설정하는 것이다. 이 방법의 주된 목적은 시장에서 제품의 경쟁우위를 확보하려는 데 있다. 그리고 특정제품의 판매가격을 그 제품의 원가나 수요와 크게 연계시키지 않으려는 것이 이 방법의 특징이다. 따라서 경쟁중심의 가격설정에서는 기준가격을 제품의 원가나 수요와는 관계없이 경쟁제품의 가격에 따라 결정하게 된다.

제품의 가격을 경쟁제품에 따라 결정하는 데에는 세 가지의 전략을 구사할 수 있다. 즉 여기에는 경쟁제품에 비하여 상대적으로 높은 가격을 책정하는 '고가격전략', 상대적으로 낮은 가격을 책정하는 '저가격전략', 그리고 동일하게 책정하는 '대등가격전략' 등이 있다. 이 중에서 고가격전략은 자사의 명성이나 상품인지도가 높은 경우에, 저가격전략은 시장점유율을 높이거나 경쟁자의 시장침투를 제지하려는 경우에, 그리고 대등가격전략은 경쟁자의 가격을 모방하거나 추종하지 않으면 안되는 경우에 주로 채택된다.

2) 가격의 조정

기업이 제품과 기준가격 또는 가격범위를 결정한 후에는 그것을 근거로 하여 여러 가지 상황적 요인에 따라 가격을 조정할 필요가 발생한다. 이러한 경우에 기업이 구사하는 전략에는 신제품의 가격결정전략, 할인과 공제, 지역적 가격전략, 심리적 가격전략, 촉진가격전략 등이 있다.

(1) 신제품의 가격결정 전략

신제품은 기존제품과는 달리 가격설정을 위한 준거점이 없기 때문에 가격을 결정하는 데 큰 위험이 따르며, 판매자에게도 큰 도전이 되고 있다. 따라서 신제품의 가격결정을 위해서는 판매자는 시장의 성격과 고객의 반응특성을 면밀하게 검토하지 않으면 안 된다.

신제품의 가격을 결정하는 데는 일반적으로 두 가지의 전략을 고려할 수 있다. 하나는 '상층흡수가격전략(skimming pricing strategy)'으로써, 이는 시장에서 완전히 새로운 제품인 경우에 대규모 촉진활동을 수행하면서 기준가격보다 비교적 높은 초기가격을 구사하여 경쟁제품이 나타나기 전에 신제품개발비를 회수하려 할 때 효과적인 전략이다. 다른 하나는 '침투가격전략(penetration pricing strategy)'으로써, 이는 초기가격을 아주 낮게 책정하여 시장 수용도를 높이고 대량생산을 통해 생산원가를 낮추어 마진을 확보하여 더욱 낮은 가격으로 시장점유율을 제고하려는 목적에서 채택되는 전략이다.

(2) 할인과 공제

할인과 공제는 모두 고객들이 기준가격보다 적은 금액을 지불한다는 점에서는 같지만, 할인(discount pricing)은 고객들에게 요구하는 시장가격 자체를 낮추는 전략인데 반하여, 공제(allowances)는 시장가격을 그대로 유지하면서 단지 일정한 조건하에서 대금의 일부를 감면해 주는 전략이다(신유근, 1996). 공제의 대표적인 예로는 중고품교환공제가 있는데 흔히 가전제품이나 개인용 컴퓨터 등 내구재의 교환판매에서 고객이 사용하던 중고품의 평가액을 대금에서 감면해 주는 것이다.

한편, 할인에는 또한 다양한 방법이 사용된다. 예를 들면, 대금을 즉시 지불하는 고객에게 가격을 깎아주는 '현금할인', 대량구매 고객에게 가격을 할인해 주는 '수량할인', 판매나 보관 등 기능을 수행하는 유통경로상의 구성원에게 가격을 할인해 주는 '기능할인' 또는 '거래할인' 및 비성수기에 구매하는 고객에게 제공하는 '계절할인' 등이 바로 그것이다.

(3) 지역적 가격전략

지역적 가격전략은 수송비를 효과적으로 다루기 위해 시장의 지역적 위치, 생산시설의 입지, 지역시장별 경쟁상황 등을 고려하여 가격을 결정하는 것이다. 대표적인 예로는 '수송비흡수가격전략'이 있는데, 이는 생산자가 실제 수송비의 일부 또는 전부를 부담하는 것으로서 단위당 고정원가가 크고 변동원가가 작을 경우에 고정원가를 흡수하기 위해 구사하는 전략이다.

(4) 심리적 가격전략

심리적 가격전략이란 특정한 가격이나 가격범위가 다른 가격범위에 비하여 고객들에게 심리적인 흡인력 내지는 호소력을 많이 갖는다는 관념을 근거로 하여 가격을 책정하는 전략으로서, 대표적인 것으로는 권위가격전략, 관습가격전략, 유인가격전략, 단수가격전략 등이 있다.

권위가격전략은 가격이 높을수록 품질이 좋고 높은 지위를 상징한다는 생각에 근거하여 가격을 높게 책정하는 전략으로서 밍크코트, 보석류, 여성용 화장품 등과 같이 고급품의 이미지를 창출하여 구매를 자극하려는 경우에 주로 채택된다. 관습가격전략은 과자류나 담배 등과 같이 오랫동안 일정한 가격을 유지하고 있는 경우에 가격 자체는 그대로 두고 수량이나 품질을 조정함으로써 시장을 공략하는 전략이다. 그리고 유인가격전략은 일단 저가의 품목으로 고객을 유인한 후에 저가품의 단점과 고가품의 장점을 강조함으로써 고가품의 판매를 증대시키는 전략이다. 또한 단수가격전략은 경제성의 이미지를 제공하여 구매를 자극하기 위해 단수의 가격을 구사하는 전략이다. 예를 들면 1,000원이나 2,000원에 비해 990원이나 1,950원은 훨씬 싸다고 지각됨으로써 가격흡인력을 가질 수 있다.

(5) 촉진가격전략

촉진가격전략은 일시적 또는 짧은 기간 동안 고객들에게 가격인하의 혜택을 제공함으로써 판매를 촉진하려는 전략이다. 대표적인 예로는 한 개 가격으로 두 개를 주는 경우, 다른 품목을 끼워 주는 경우, 견본품을 무료로 제공하는 경우, 특정제품을 구매하면 일정금액을 되돌려 주는 경우, 쿠폰소지자에게 쿠폰에 규정된 금액만큼 가격을 할인해 주는 경우, 일정액을 구매하면 가격을 할인해 주는 경우 등이 있다.

이와 같은 촉진가격전략은 백화점과 같은 대형매점이나 대리점 등에서 널리 활용되는데, 이러한 가격전략을 구사하는 경우는 대체적으로 다음과 같다(임종원, 1993).

① 기존제품에 대한 고객의 관심을 환기시키려고 할 때.
② 신제품을 판매하기 위해 오래된 상품이나 계절이 지난 재고품을 처리하고자 할 때.
③ 신제품을 널리 소개하려고 할 때.
④ 특정기간 동안 특정 상품에 대해서 특정 장소에서 특정한 경쟁상황을 극복하려고 할 때.

3. 유통경로 관리

1) 유통경로의 구성과 유형

오늘날 대부분의 기업들은 생산한 제품을 직접 고객에게 판매하기가 곤란하다. 왜냐하면 직접 판매는 매우 비능률적이며 실제로 불가능한 경우도 많기 때문이다. 따라서 생산자는 자사의 제품에 대해서 충분한 지식이 있고 판매능력과 판매조직을 갖춘 중간상(intermediaries)들을 선택하여 자사제품이 고객들에게 흘러갈 수 있는 판매망을 확보하여야 한다.

유통경로(distribution channel)란 이와 같이 생산자의 제품이 최종고객과 사용자에게 전달될 때까지의 마케팅활동(생산, 운송, 보관, 시장금융, 위험부담, 소유권이전, 표준화, 시장정보 등)을 수행하는 중간상들의 상호연결과정이라고 할 수 있다(임종원, 1993). 따라서 유통경로에는 언제나 생산자와 고객, 그리고 이들 양자를 연결해 주는 도매상·소매상·대리점 등과 같은 각종의 중간상들이 관련된다. 이들 중간상들은 도매상이나 소매상과 같이 제품의 소유권을 인수받아 재판매할 때도 있지만, 생산자의 직영점이나 대리점과 같이 소유권은 생산자에게 남겨둔 채 단지 생산자를 위해 판매활동을 대행만 해주는 경우도 있다.

유통경로는 그 경로를 구성하고 있는 중간상의 수에 따라 각기 서로 다른 유형을 보인다. 양복점이나 음식점 또는 직접 판매 등과 같이 중간상이 전혀 개입되지 않는 경우도 물론 있다. 그러나 대부분의 유통경로는 브로커(broker), 대리점(agents), 도매상(wholesalers), 중간도매상(jobbers), 소매상(retailers)등의 명칭을 지닌 중간상들이 개입되는 것이 보통이다. [그림 4-4]는 유통경로의 전형적인 유형들을 보여준다. 그러나 이들 유형은 주로 고객제품의 유통경로에 해당하는 경우이고, 산업제품의 경우에는 중간상으로서 흔히 제조업자의 대리점이나 분배상(distributors)이 개입하게 된다(최병룡, 1995).

[그림 4-4] 유통경로의 기본유형

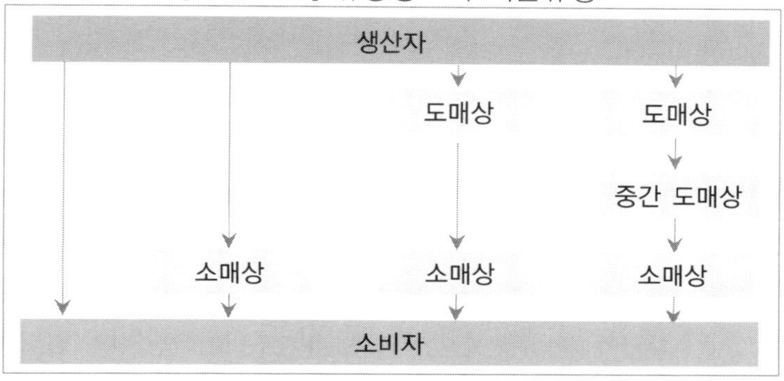

한편, 각 유통경로의 내부에서는 단계별로 경쟁이 발생하는데, 이것이 유통경로의 효율을 제고시키는 요인이 되기도 한다. 즉, 도매상 → 중간도매상 → 소매상의 경로에 속해 있는 소매상이 중간도매상을 배제시키고 직접 도매상과 거래함으로써 이윤을 증가시키려고 할 수도 있으며, 슈퍼나 연쇄점 본부에서는 체인망을 통해 보다 조직적인 운송·보관업무로 경비를 절감시키고, 공동광고·공동판촉·공동구매 등에 의한 원가절감과 매출증대를 꾀할 수도 있다. 그러나 유통경로에 참가한 각 기관들 간의 경쟁이 지나쳐 각자의 이윤 추구에만 집착하게 되면 유통경로의 전체적인 효율성이 떨어지게 됨을 주의해야 한다(임종원, 1993).

2) 유통기관의 관리

유통기관이란 제품이 생산자로부터 고객에게로 흘러가는 과정에 개입하여 유통기능을 수행하는 각종 중간상들을 일컫는다. 이들은 유통활동의 주체가 되며 유통활동의 광범위한 전개를 통해 제품의 양적·질적 변환을 시도하고 시간효용과 장소효용을 창출한다. 그리고 이러한 과정에서 유통기관들은 고객이 필요로 하는 상품 또는 서비스를 적시에 적량을 저가로 공급할 수 있도록 노력한다(임종원, 1993). 따라서 생산자는 유통기관들에 대한 효과적인 관리를 통해 그들이 유통기능을 성공적으로 수행할 수 있도록 하는 데 많은 노력을 기울이지 않으면 안 된다.

유통기관의 관리는 여러 측면에서 고려해야 하겠지만 여기에서는 유통기관의 선택, 동기부여, 업적평가, 유통기관의 변경 등에 초점을 두고 간략하게 살펴보기로 한다.

① **유통기관의 선택**: 생산자가 제품유통에 필요한 중간상을 선택하는 능력은 기업에 따라 큰 차이가 있을 것이다. 지명도가 높은 대기업은 중간상을 선택하는 것에 큰 어려움이 없겠지만, 중소기업의 경우에는 많은 애로를 느낄 것이다. 그렇지만 중소기업도 중간상의 선택에 신중을 기하지 않으면 안 된다. 중간상을 선택하는 데에는 일정한 기준을 적용할 필요가 있는데, 비교적 중요한 기준으로 과거경력, 취급상품, 재무상태, 경영능력, 판매력, 물적 유통능력, 협동심, 일반적 평판 등이 있다.

② **동기부여**: 중간상들이 최대한의 성과를 올리도록 하기 위해서는 무엇보다도 먼저 그들이 원하는 것이 무엇인가를 파악해야 한다. 중간상은 생산자에 의해 고용된 업체가 아니라 나름대로의 목표를 가지고 있는 독립된 조직이기 때문에 중간상으로서의 역할보다는 자신의 이익에만 관심을 두게 된다. 따라서 생산자는 그들에게 자사제품을 취급하면 이익을 올릴 수 있다는 믿음을 심어주고, 실제로 적정이익을 보장해 주어야 한다. 또한 생산자는 협동광고와 진열보조금의 지급과 같은 자극제를 제공함으로써 그들로부터 적극적인 협력을 이끌어내는

방안도 강구해야 할 것이다.

③ **업적평가**: 일단 중간상이 선택되고 그들과의 관계가 형성되었다 할지라도, 생산자는 판매할당량의 달성여부, 평균재고수준, 상품배달시간, 망실품의 처리, 고객서비스 등에 대해 수시로 평가하지 않으면 안 된다. 만일 이 가운데 어떤 문제가 발생하게 되면 그 원인을 찾아내어 적절한 조치를 취해야 한다. 그 원인이 중간상의 과오나 노력의 결여에 있다고 한다면 강력한 조치를 취하거나 경우에 따라서는 그들과의 관계를 전면 재조정하는 것도 고려해야 한다(최병룡, 1995).

④ **유통기관의 변경**: 현재의 중간상이 유통기관으로서 수행해야 하는 기능과 역할에 태만하거나, 생산자의 마케팅정책을 고의로 어기거나 문제를 일으킬 징후가 농후한 경우에는 유통기관을 변경하지 않으면 안 된다. 그리고 중간상이 경영능력이 부족하여 생산자가 기대하는 만큼 따라주지 못할 때에도 중간상을 교체하는 것을 고려해야 한다. 또한 고객 구매패턴의 변화, 시장수요의 증가나 감소, 새로운 경쟁자의 출현, 혁신적인 유통방법의 개발, 상품수명주기상의 단계이동 등과 같은 환경변화도 유통기관을 변경하거나 유통경로를 조정하게 되는 중요한 요인이라고 할 수 있다.

4. 촉진관리

1) 광고

광고(advertising)란 특정의 광고주가 어떤 형태로 대가를 지급하고 아이디어, 상품 및 서비스를 비인적 방법으로 제시하고 촉진하는 활동을 말한다.

기업이 제품광고를 위한 매체를 선정하는 데 있어서는 표적시장의 특성과 규모, 고객의 매체선호도, 예산, 메시지의 영속성, 복합매체의 이용가능성 및 효과, 광고회사의 신용도 및 실적 등을 먼저 고려하여야 한다(Pickle and Abrahamson, 1990). 일반적으로 기업에서 이용할 수 있는 광고매체는 매우 다양한 데, 그 중에서 비교적 대표적인 매체와 그 특성을 살펴보면 <표 4-2>에서 보는 바와 같다.

2) 홍보

홍보(publicity)는 기업이 대가를 지불하지 않고 제품판매에 도움이 되는 메시지를 인쇄매체나 시청각매체를 통하여 보도되도록 하는 것을 말한다. 기업은 홍보를 중요한 촉진수단으로 이용할 수 있다. 예를 들면 신문·잡지·TV 등의 매체에서 자사의 제품이나 기업 활동에 관한 기사와 뉴스를 게재·방송하도록 함으로써 고객의 인지수준을 높이고 수요를 환기시킬 수가 있는 것이다. 이와 같은 홍보는 다음과 같은 몇 가지 특징이 있다(오상락, 1990).

① **진실성** : 대중매체의 기사는 정확하고 신속함을 생명으로 한다. 따라서 독자나 시청자들은 객관적 입장에서 보도되고 기사화되어 있는 제품이나 서비스에 대한 정보는 보다 정확도와 진실성이 높다고 믿게 된다.

② **경계심의 해소** : 판매원이나 광고에 의해 메시지를 전달하면 잠재적 소비자들이 의식적·무의식적으로 방어하는 자세를 취하지만, 기업의 정보가 뉴스라는 형태로 전달되면 오히려 호기심을 갖고 메시지를 적극적으로 받아들이는 경향이 있다.

③ **각색** : 홍보는 기업의 이미지나 제품을 각색하여 극적으로 표현할 수 있는 잠재력이 있다.

〈표 4-2〉 주요 광고매체별 특성

구분	장점	단점	주적용 업종
TV	• 시청각매체로 소구력이 강하다. • CM의 오락성이 크다. • 세대간 의견통일이 촉진된다. • 실물의 실연제시를 할 수 있다. • 즉효성·동시성이 있다.	• 비싸다. • 시간이 짧아 충분히 설명을 할 수 없다. • 오락적으로 흐르기 쉽다. • 시청률의 변화가 크다. • 제작 시 시간과 예산이 많이 소요된다.	아동용품 약품 식품 가전품전문점
라디오	• 감정적 소구를 할 수 있다. • 지역적 융통성이 있다. • 청취자와 대화를 나눌 수 있다. • 소구력이 비교적 강하다. • 시간적·공간적 장애를 극복할 수 있다. • 가격이 비교적 싸다. • CM제작이 간단하다. • TV의 보조매체효과가 있다.	• 청각 만에 의존하므로 확인이 안 된다. • 대상이 한정된다.	식품 약품 가전품
잡지	• 소구대상이 어느 정도 명확하다. • 기록성·보존성이 강하다. • 감정적·무드적 소구를 할 수 있다. • 비교적 용이하게 지면을 독점 할 수 있다. • 기사와 연동이 가능하다. • 원색광고가 가능하다. • 해독성이 좋다.	• 원고준비가 너무 이르다. • 비교적 비싸다. • 선택융통성이 없다.	여성용품 식품 화장품 자동차 카메라
신문	• 열독률·주목률이 인정되고 있다. • 내부영역이 넓다. • 기록성·보존성이 있다 • 신문이 지니는 위력을 이용할 수 있다. • 적시에 광고를 낼 수 있다. • 탄력적 광고를 할 수 있다. • 항독률이 강하다.	• 재미가 결여되는 수가 많다. • 소구대상이 명확하지 않다. • 특정신문에만 광고하기가 어려워 일시에 많은 광고비가 소요 된다.	백화점 금융업 영화 서적 부동산 안내 캠페인
전단	• 효과측정이 용이하다.	• 반드시 읽혀진다는 보장이 없다.	소매점

	• 예산에 합당한 광고를 할 수 있다. • 매력적인 설득을 할 수 있다. • 정보를 충분히 줄 수 있다.	• 신뢰성이 낮다. • 소구범위가 협소하다. • 가격이 비싸다.	부동산
옥외 매체	• 계속적인 광고효과가 기대된다. • 눈에 띄기가 쉽다. • 충동구매를 자극한다. • 매스미디어의 보완이 된다. • 조명효과가 가능하다.	• 거의 설명을 할 수 없다. • 옥외광고규제의 대상이 되기 쉽다.	모든 업종
교통 매체	• 일반적으로 샐러리맨에게 강하다. • 지역융통성이 있다. • 뉴스성이 있다. • 반복적 소구가 가능하다. • 색채효과가 대단하다.	• 소구대상이 한정된다. • 충분한 설명을 할 수 없다.	약품 서적 여성용품
직접 우송 광고 (DM)	• 소구대상이 매우 명확하다. • 선택유동성이 크다. • 전략성이 크다(경쟁 기업이 모른다).	• 명단의 입수가 곤란하다. • 소구범위가 협소하다. • 가격이 비싸다.	서적 통신판매 백화점 금융업

자료 : 최종필(1995), 수정.

3) 인적 판매

인적 판매(personal selling)란 매출을 실현할 목적으로 한 사람 또는 그 이상의 예상구매자들에게 직접 대화를 통해 상품이나 서비스에 관한 정보를 제공하고 구매를 촉구하는 활동을 뜻한다. 인적 판매는 예상구매자들과 접촉하여 제품을 이해시킬 수도 있고, 제품에 대한 관심을 높여서 제품선호상태에까지 유도할 수 있다는 이점이 있다.

판매원이 상품이나 서비스를 판매하기 위해서는 [그림 4-5]에서 보는 바와 같이 판매전 준비·구매자예측·사전접근·판매 후 활동의 단계를 거쳐야 하는데, 이들 각 단계에 대해 구체적으로 살펴보면 다음과 같다(최종필, 1995).

① **판매전준비**: 인적 판매의 첫 단계는 판매전준비이다. 판매원은 고객을 방문하기 전에 제품·시장·판매기법 등에 대한 지식을 철저히 숙지해야 하며, 표적고객의 동기유발 및 구매행동에 대하여도 잘 이해하고 있어야 한다. 또한 경쟁제품과 표적시장의 지역특성에 대해서 사전에 면밀한 분석을 해야 한다.

② **구매자예측**: 이는 예상구매자의 인적 사항을 파악하는 것이다. 판매자는 여러 경로를 통해 경쟁제품의 고객이나 잠재고객의 명단과 직장명을 입수하고 그것을 일정한 순서나 원칙에 입각하여 분류해야 한다.

③ **사전접근**: 판매원은 표적고객을 실제 방문하기 전에 그들에 관한 많은 정보를 수집해야 한다. 예를 들면 그들이 현재 사용하고 있는 상표는 무엇이고, 그 상

표에 대한 반응 및 선호도는 어떠한가를 알아야 하며, 효과적인 의사소통을 위해 표적고객의 개성, 기호 및 습관 등도 미리 파악할 필요가 있다.

④ **판매제시**: 판매원은 표적고객을 직접 방문하거나 접촉하여 상품에 대한 주위를 환기시키고 구매 욕구를 촉발시킨 다음, 판매계약을 성사시키려고 노력해야 한다.

⑤ **판매 후 활동**: 효과적인 판매활동은 판매계약이 성사되었다고 끝나는 것이 아니다. 성공적인 판매활동은 고객이 반복구매를 하거나 다른 고객을 연결시켜 주도록 하는 것이다. 따라서 판매원은 자사제품을 구매한 고객과 지속적으로 좋은 관계를 유지하면서 거래기반을 구축해야 하는데, 그러기 위해서는 사후서비스를 철저히 제공하여 구매상품에 대한 고객의 불안감을 해소시키고 자기의 결정이 현명했다는 점을 재인식시켜 주어야 한다.

[그림 4-5] 인적 판매의 과정

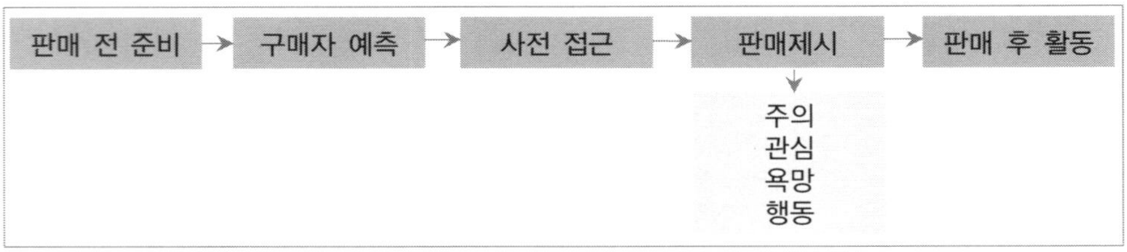

자료: Stanton(1984).

4) 판매촉진

판매촉진(sales promotion)이란 고객의 구매를 촉진시키고 거래점의 유효성을 높이기 위한 활동으로서 광고, 홍보, 인적 판매에 속하지 않는 활동을 말한다. 예를 들면 박람회, 제품의 진열, 전시회 등과 같이 일상적으로 수행되는 판매활동이 아닌 것을 의미한다(Pickle and Abrahamason, 1990).

판매촉진의 수단 내지 도구는 매우 다양한데, 이를 고객, 거래처, 판매원 등을 적용대상으로 분류하여 살펴보면 다음과 같다.

① **고객촉진** : 고객촉진(consumer promotions)의 수단에는 견본품, 할인쿠폰(coupon), 현금환불, 소액할인, 사은품, 무료시용, 실연(의상발표회·박람회·작품전시회) 등이 있다. 이들 판촉수단은 주로 고객들의 구매 욕구를 자극하려는 데 그 목적이 있다.

② **거래처촉진** : 거래처촉진(trade promotions)은 거래상에게 자사제품에 대한 거래량과 거래액을 증대시키도록 자극하기 위한 판촉으로서, 중요한 판촉수단으로 구매할인, 취급점 원조(광고보조금·진열지원금), 무료제품제공, 판매경쟁조성 등이 있다.

③ **판매원촉진** : 판매원촉진(sales force promotions)은 자사제품 판매원이 판매량과 판매액을 증대시키도록 자극하기 위한 판촉으로서, 대표적인 판촉수단으로는 상여금(bonus), 판매원의 회의(sales meeting), 판매원의 경쟁(sales force contest) 등이 있다.

이상과 같은 판매촉진활동의 효과는 광고효과보다 빨리 나타나며, 또 측정하기가 비교적 간단하다. 또한 판매촉진은 주로 가격에 민감한 고객계층에서 큰 효과가 있다. 그러나 이것을 짧은 시간간격으로 계속해서 진행하게 되면 그 효과는 급격히 감소하게 되어 제품의 품질과 가격수준을 의심받게 되는 위험이 수반된다(오상락, 1990).

제3절 영업 관리 시스템 구축

고객만족의 가장 중요한 요소는 납기 준수라고 할 수 있다. 따라서 납기를 맞추지 못하는 기업은 고객만족을 이루지 못하므로 자연 매출감소로 타격을 입게 될 것이 자명하다.

영업 관리 시스템의 가장 중요한 포인트는 납기준수에 있다고 볼 수 있으므로 영업사원은 자사 제품/상품의 재고현황을 쉽게 파악할 수 있어야 하며, 재고관리자는 미납현황과 생산일정에 따른 입고예정정보, 반품정보 등을 관리하면서 배송일정과 연계한 출고일자의 확정 등을 정확히 할 수 있어야 한다.

납기에 따른 고객과의 중요한 업무는 수금이다. 납기에 맞추어 고객이 원하는 상품/제품을 납품하였다 하여도 그에 대한 매출처리와 대금의 수납이 이루어지지 않으면 다음의 일련의 절차는 무의미해 지기 때문이다.

영업 관리 시스템은 기업의 전반적인 업무절차에 있어서 시발점에 해당되므로 그 중요성이 그만큼 높다고 할 수 있다.

1. 영업 관리 업무 Process

어느 기업이나 사업의 기본은 영업을 통한 매출의 실현에 있다고 할 수 있다. 그러나 기업의 규모나 업종, 취급품목에 따라 그 업무를 추진해 나가는 순서는 다소 다를 수도 있다.

다음에 기술된 영업 관리 업무의 흐름도는 ERP에서 권장하는 업무처리 순서로써 일반적 판매 업무에 기반하고 있으므로 대부분의 기업이 사용하기에 적합할 것이라고 생각된다.

[그림 4-6] 영업 업무 처리 흐름도 사례

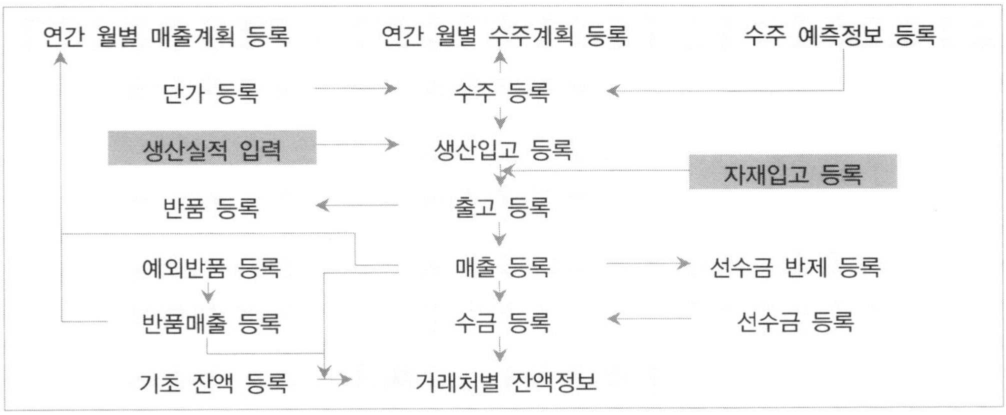

2. 영업관리

1) 견적등록

[그림 4-7] 견적등록 화면

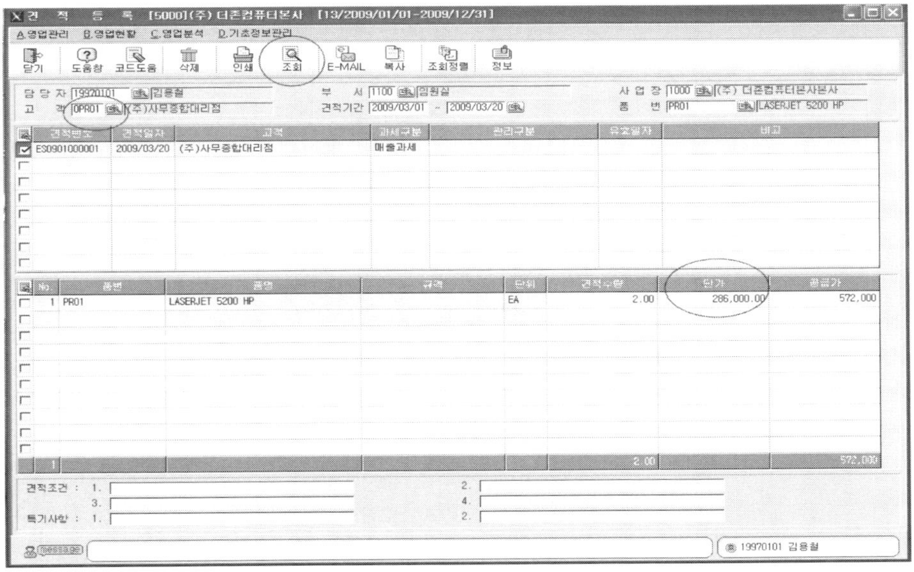

고객으로 부터 견적요청을 받은 내용을 등록하는 프로그램이다. 화면상단의 필수입력항목은 견적일자, 고객, 과세구분이며 화면 하단의 필수 입력항목은 품번이다.

■ 견적내역 등록

견적일자	고객	과세구분	품번	견적수량	단가
2009/01/05	(주)사무종합대리점	매출과세	PR01	2	286,000

[영업관리]→[영업관리]→[견적등록]→ [고객선택]→[조회]→[데이터입력]→[단가등록]→[조회]

프로그램 시작시 '조회' 버튼을 클릭한다. 견적번호는 자동으로 부여되며, 견적일자는 'F2' 키를 누르면 달력이 나타난다. 견적기간은 필요시 'F2' 키를 눌러 입력한다.

[그림 4-8] 견적등록 인쇄화면

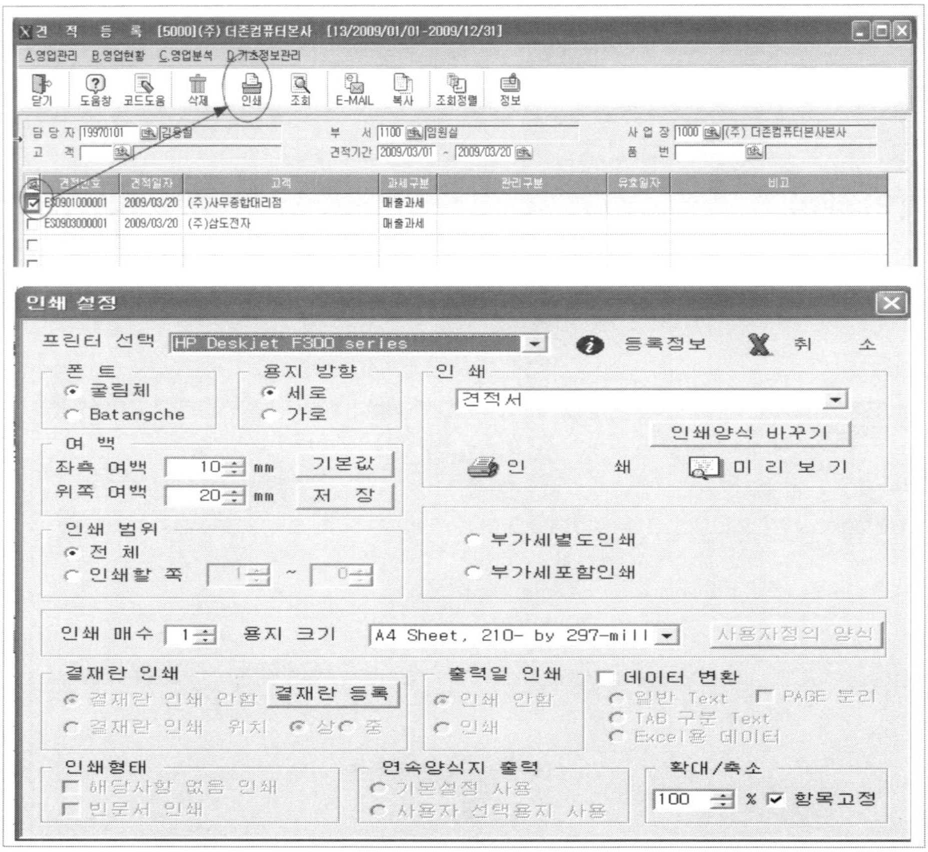

2) 수주등록

고객의 수주를 접수하고 등록하는 프로그램으로 견적을 근거로 수주하였을 경우 [견적용 TAB]에서 등록하고 견적 없이 수주를 하였을 경우 [수주등록 TAB]에서 직접 입력 한다. 화면 하단의 [재고확인]버튼을 이용하여 현재고, 가용재고, 입고 예정량을 확인할 수 있다. [복사] 기능은 수주건을 선택하면 [복사]아이콘이 활성화되고 [복사]아이콘을 클릭하면 마지막 행에 동일한 수주 내용이 복사된다.

■ 견적내용을 받아 수주등록

수주일자	고객	과세구분	품번	납기일	수주수량	단가	출하예정일	검사
2009/04/06	(주)사무종합대리점	매출과세	PR01	2009/04/07	2	286,000	2009/04/07	검사

[영업관리]→[영업관리]→[수주등록]→[조회]→[수주기간선택]→[고객선택]→[데이터입력]→[조회]

[그림 4-9] 수주등록 화면

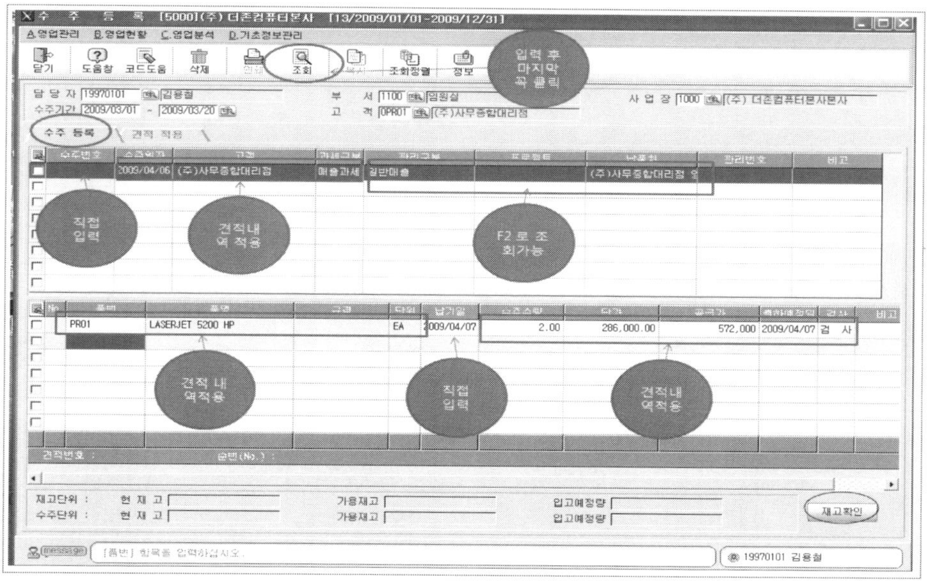

3) 출고의뢰 등록

수주받은 제품에 대해 물류담당자에게 출고를 의뢰하는 프로그램이다. 수주등록에서 등록한 수주 내역을 적용받아 출고의뢰를 등록한다.

■ 출고의뢰 등록

의뢰일자	고객	출고창고	요청자	품번	납기일	출고예정일	검사
2009/04/06	(주)사무종합대리점	제품창고	영업1부	PR01	2009/04/06	2009/04/06	검사

[영업관리]→[영업관리]→[출고의뢰등록]→[의뢰기간선택]→[고객선택]→[수주구분]→[수주적용조회창 활성화]→[수주기간입력]→[데이터입력]→[조회]

[그림 4-10] 출고의뢰 등록 화면

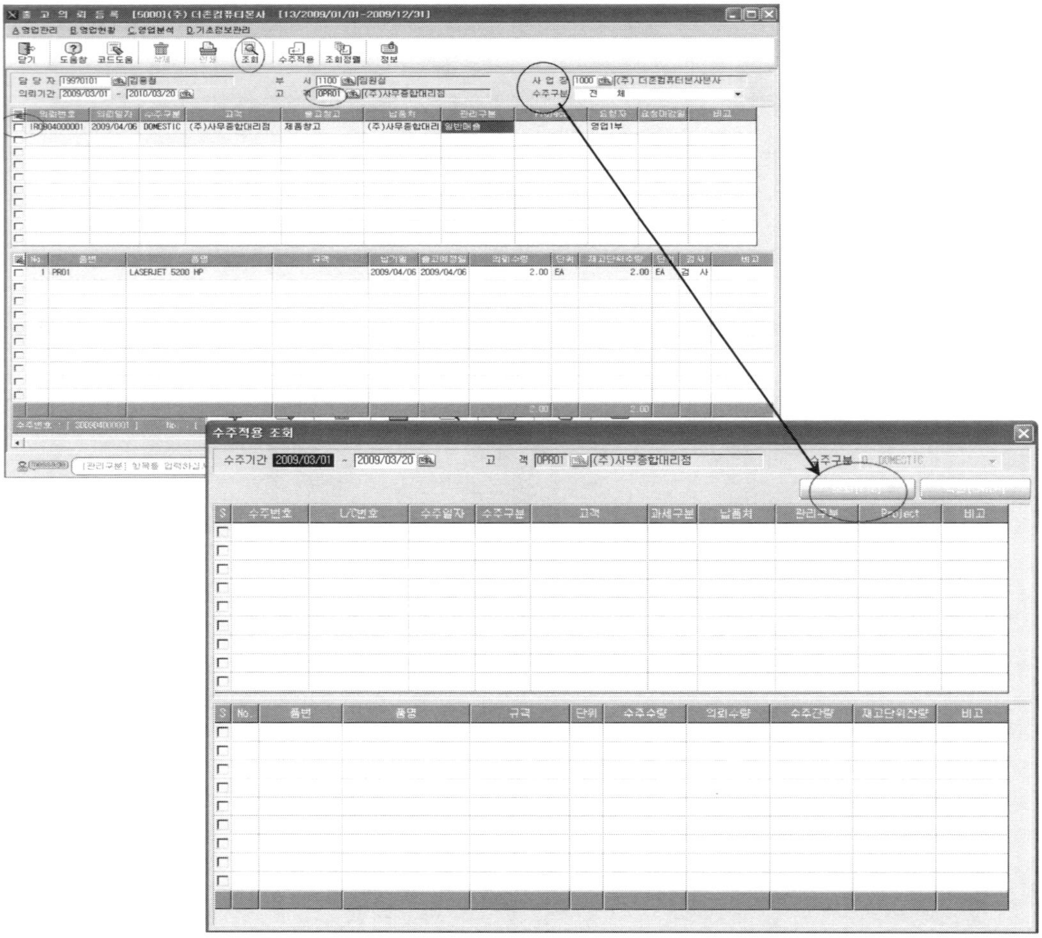

4) 출고검사

물류창고에서 제품 출고 전에 검사를 수행 후 검사결과를 등록하는 프로그램이다. 출고의뢰 등록 프로그램에서 등록한 의뢰내역을 적용받아 검사결과를 등록한다.

■ 출고검사 결과

검사일자	고객	출고창고	품번	검사유형	시료수	합격여부	합격수량
2009/04/06	(주)사무종합대리점	제품창고	PR01	전수검사	2	합격	2

[영업관리]→[영업관리]→[출고검사]→[검사기간입력]→[고객]→[적용]→[의뢰적용조회창 활성화]→[의뢰기간]→[고객]→[조회(F2)]→[데이터입력]→[조회]

[그림 4-11] 출고검사 등록 화면

5) 출고처리

고객에게 물품 납품시 또는 반품처리시 등록하는 프로그램이다. 물품이 창고에서 출고되는 시점 또는 처리한 물품이 고객으로부터 반품되는 시점에 사용하며 재고에 실질적인 영향을 미친다.

■ 출고검사 결과

검사일자	고객	출고창고	품번	검사유형	시료수	합격여부	합격수량
2009/04/06	(주)사무종합대리점	제품창고	PR01	전수검사	2	합격	2

[영업관리]→[영업관리]→[출고처리(국내수주)]→[출고처리]→[출고검사]→[조회]

[그림 4-12] 출고처리 화면

출고처리가 완료되면 반드시 '조회'를 클릭하여 저장한다.

6) 거래명세서 발행

출고처리 또는 반품 처리된 내역에 대한 거래명세서를 발행하는 프로그램이다. 거래명세서는 납품된 품목과 수량, 단가, 공급가격 등의 정보를 담고 있으며, 고객에게 물품과 함께 전달된다.

■ 거래명세서 발행

출고일자	고객	창고	장소	거래구분	품번	수량
2009/04/06	(주)사무종합대리점	제품창고	제품장소	DOMESTIC	PR01	2

[영업관리]→[영업관리]→[거래명세서발행]→[고객선택]→[창고선택]→[출고기간]→[거래구분]→[조회]→[제목변경]→[인쇄]

[그림 4-13] 거래명세서 발행 화면

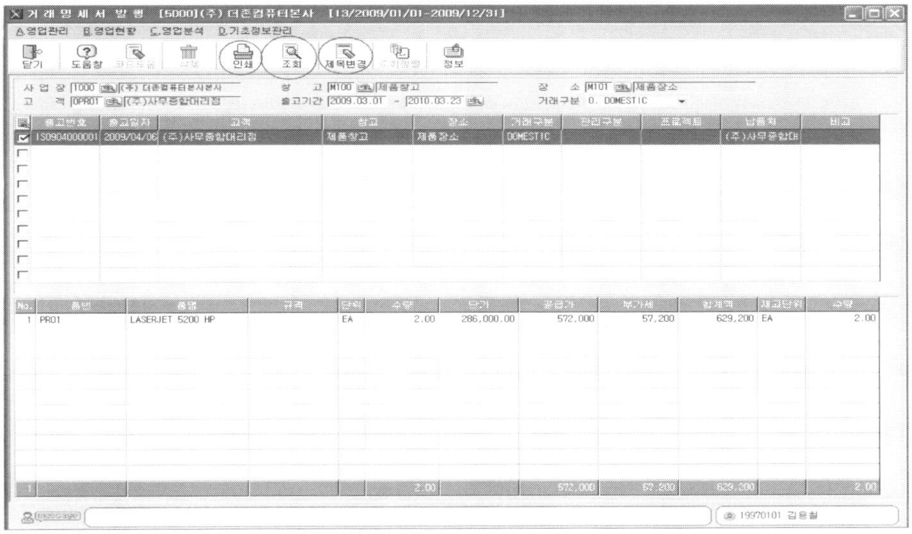

작업방법은 출고기간을 입력하고 조회를 클릭하여 거래명세서를 발행하고자 하는 출고 처리건을 선택하여 [인쇄] 아이콘을 클릭한다.

7) 매출마감

매출마감은 출고(또는 매출반품)에 대한 수량과 금액을 확정하는 작업으로 출고를 적용받아 처리한다. [국내거래] TAB은 출고내역을 적용받아 처리하고 [LOCAL L/C] TAB은 무역관리에서 사용한다. 매출마감이 완료되면 세금계산서를 발행할 수 있으며 재고평가의 대상이 된다.

■ 매출마감

마감일자	고객	거래구분	과세구분	품번	마감수량	단가
2009/04/06	(주)사무종합대리점	DOMESTIC	매출과세	PR01	2	286,000

[영업관리]→[영업관리]→[매출마감(국내거래)]→[마감기간]→[출고적용선택]→[출고적용조회화면]→[조회]→[선택]→[데이터 처리]→[조회]

[그림 4-14] 매출마감 화면(1)

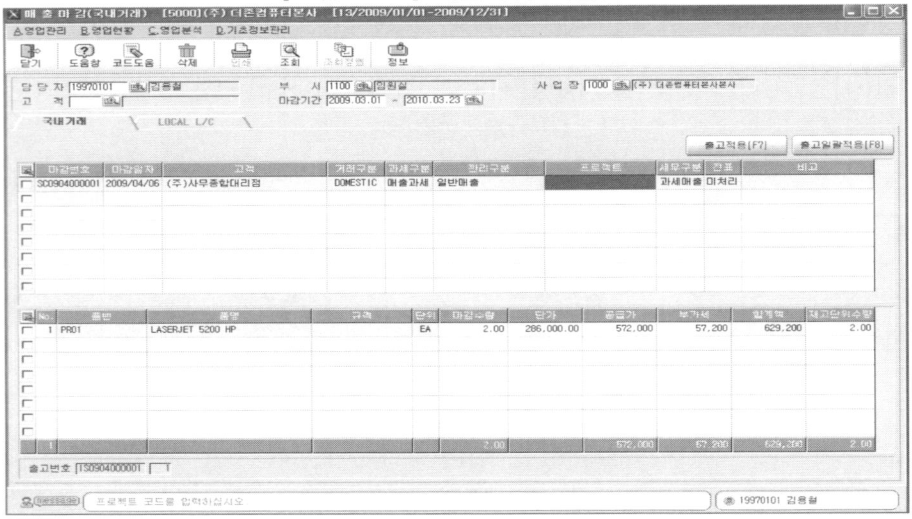

[그림 4-15] 매출마감 조회적용 화면(2)

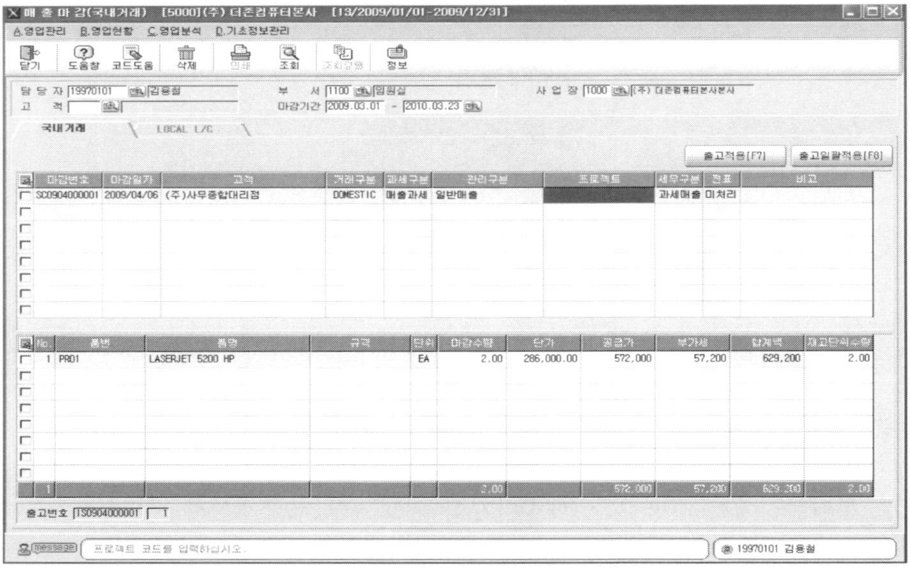

8) 세금계산서 발행

매출 마감된 내역을 근거로 세금계산서 또는 계산서를 발행하기 위한 프로그램이다. 세금계산서는 인쇄양식 선택시 일반종이를 사용할 경우 '순백지'를 선택하고 세금계산서 양식이 인쇄된 용지를 사용할 경우 '양식지'를 선택한다.

■ 매출마감

발행일자	고객	거래구분	권	호	구분	품번	수량	단가
2009/04/06	(주)사무종합대리점	DOMESTIC	4	1	청구	PR01	2	286,000

[영업관리]→[영업관리]→[세금계산서처리]→[조회]→[마감적용]→[데이터점검]→[인쇄]

[그림 4-16] 세금계산서 발행 마감적용 화면

[그림 4-17] 세금계산서 발행 화면

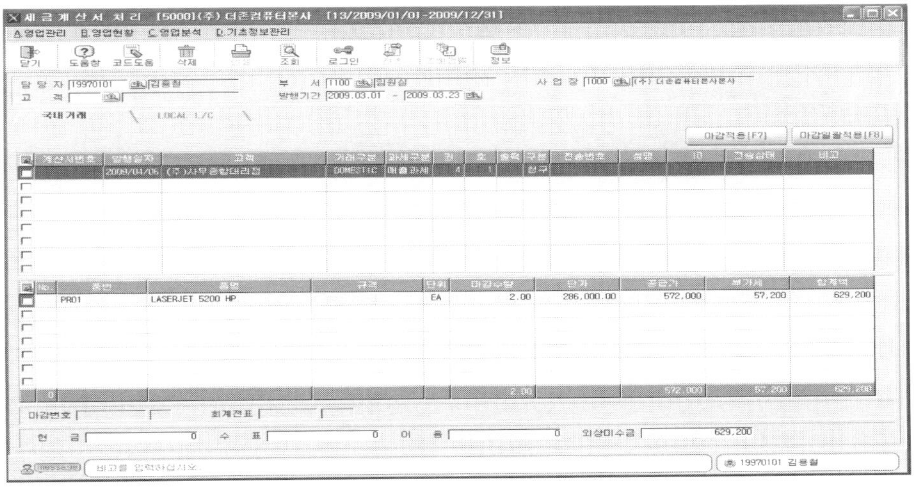

9) 매출정보 회계처리

매출 마감된 내역을 근거로 회계처리를 수행하여 전표생성을 하기 위한 프로그램이다. 회계로 이관하기 전 반드시 회계연결계정이 설정되어 있어야 한다. 회계 연결계정 설정은 [시스템관리]⇒[기초정보관리]⇒[회계연결계정] 프로그램에서 초기설정한다. 생성된 미결전표에 대한 승인작업은 [회계관리]⇒[전표/장부관리]⇒[전표승인/해제] 프로그램을 수행한다.

[매출마감 TAB]에서 전표생성된 정보가 회계에서 승인되면 [매출마감]⇒[전표삭제] 버튼을 수행한다. [회계전표 TAB]은 회계연결계정 설정에 의해 자동 분개 처리된 회계전표를 확인할 수 있다.

■ 매출마감 회계처리

발행일자	고객	거래구분	과세구분	품번	수량	단가
2009/04/06	(주)사무종합대리점	DOMESTIC	매출과세	PR01	2	286,000

[영업관리]→[영업관리]→[회계처리(매출마감)]→[처리기간]→[결의기간]→[전표생성]→[확인]→[데이터 확인]→[조회]→[회계전표 TAB]→[조회]→[데이터 확인]

[그림 4-18] 매출마감 회계처리 화면

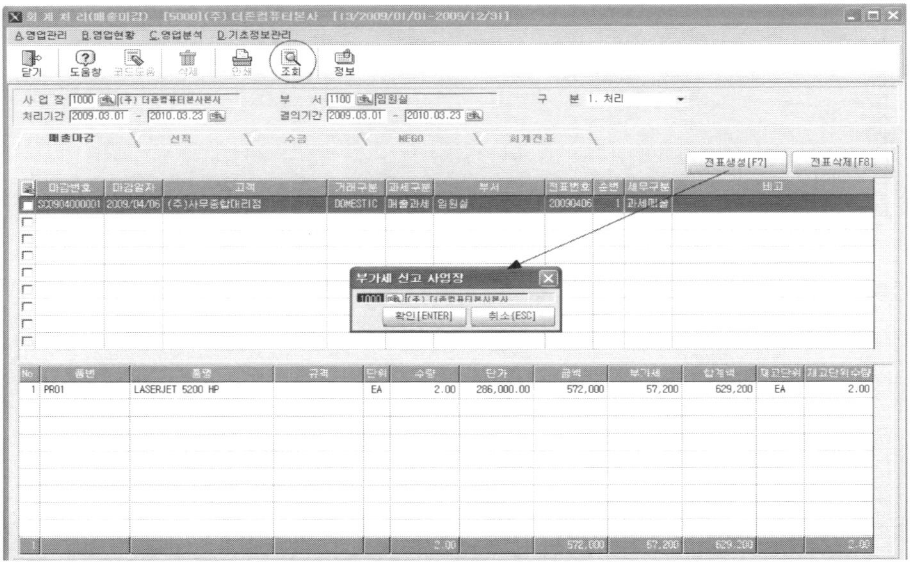

[그림 4-19] 회계전표 TAB

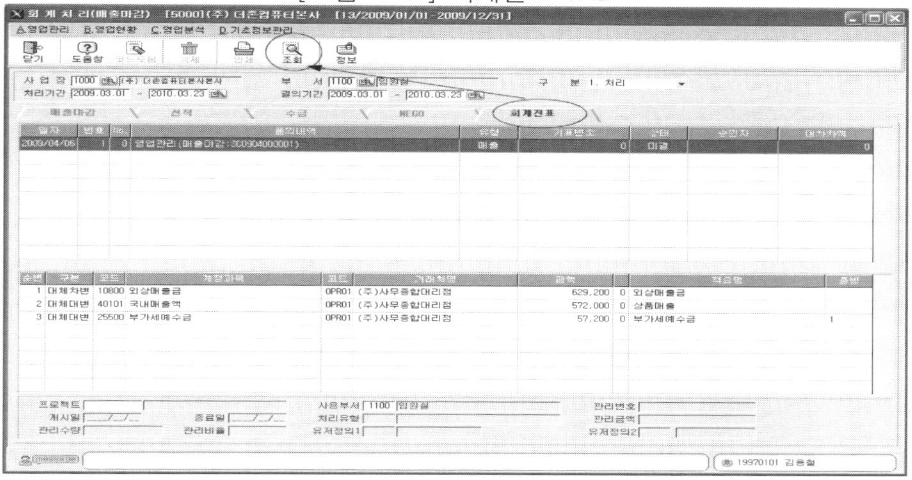

10) 수금등록

거래처로부터 수금(선수금) 후 수금(선수금) 내역을 등록하는 프로그램이다. 수금은 정상수금과 선수금으로 분류한다.

■ 수금등록 내역

수금일자	거래구분	고객	수금구분	정상수금
2009/04/06	DOMESTIC	(주)사무종합대리점	현금	629,200원

[영업관리]→[영업관리]→[수금등록]→[고객]→[관리구분]→[수금기간]→[실적담당]→[조회]→[데이터입력]→[정상수금금액입력]→[조회]

[그림 4-20] 수금등록 화면

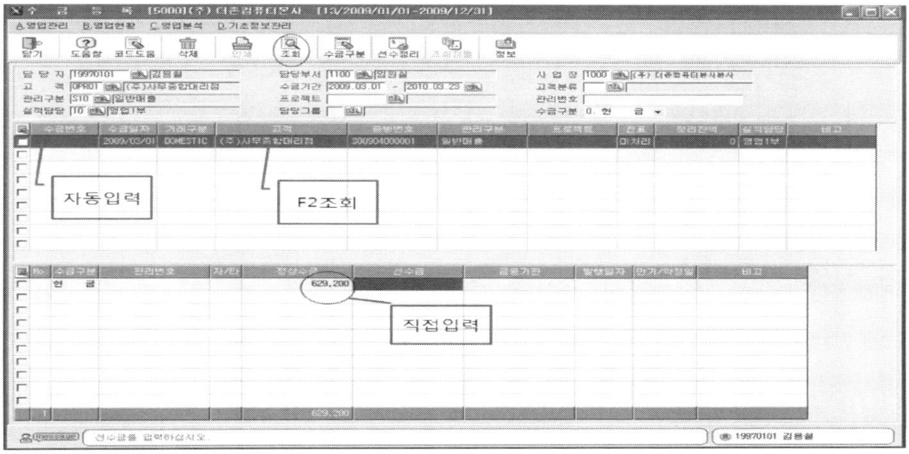

[그림 4-21] 수금등록의 수주번호 도움화면

11) 수금회계처리

수금등록 내역을 근거로 회계처리를 수행하여 전표생성을 하기위한 프로그램이다.

■ 수금 회계처리

수금일자	고객	거래구분	수금구분	정상수금
2009/04/06	(주)사무종합대리점	DOMESTIC	현금	629,200원

[영업관리]→[영업관리]→[회계처리(수금)]→[수금]→[조회]→[전표생성]→[데이터 입력]→[조회]

[그림 4-22] 수금회계 TAB 및 회계전표

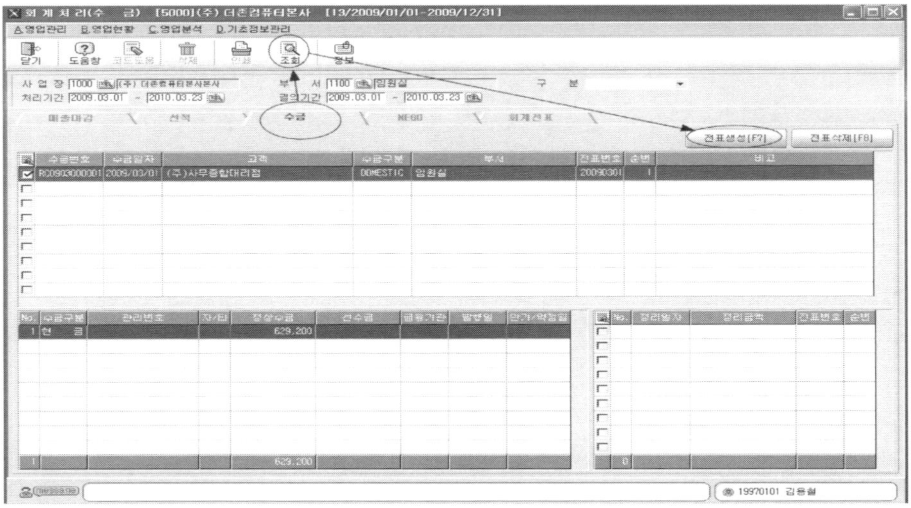

12) 수주마감처리

수주등록 후 수주잔량이 남아 있는 상태에서 고객이 더 이상 납품하지 않고 해당 수주건을 종료시킬 경우에 사용하는 프로그램이다.

[영업관리]➔[영업관리]➔[수주마감처리]➔[수주기간]➔[납기기간]➔[조회]➔[데이터 마감]➔[조회]

[그림 4-23] 수주마감처리 화면

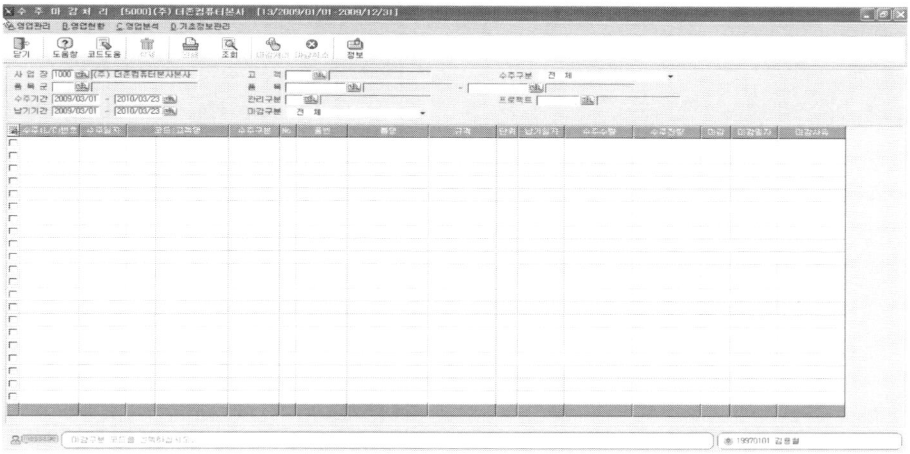

3. 선수금 처리

1) 선수금 등록

선수금이란 용역이나 상품을 판매한 대가를 계약금 등으로 먼저 대금을 수령하는 경우를 말한다. 수금기간을 입력하고 [조회] 아이콘을 클릭하여 등록한다.

업무처리 단계는 [선수금 등록]⇒[선수금정리]⇒[선수금회계처리] 단계로 이어진다.

■ 선수금 등록

선수금일자	거래구분	고객	수금구분	선수금
2009/03/23	DOMESTIC	(주)삼도전자	현금	1,000,000원

[영업관리]➔[영업관리]➔[회계처리(수금)]➔[고객]➔[수금기간]➔[관리구분]➔[실적담당]➔[조회]➔[데이터 입력]➔[확인]

[그림 4-24] 선수금 등록 화면

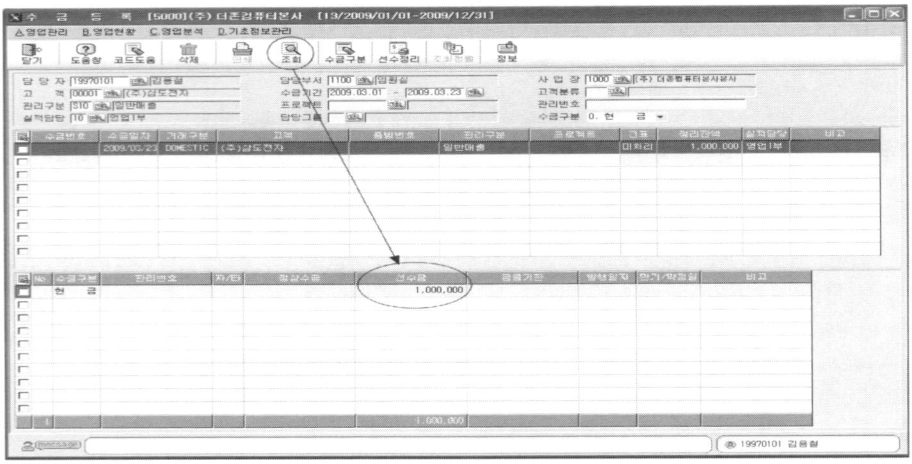

2) 선수금 정리

선수금 정리는 매출발생 시 거래처로부터 미리 수령한 선수금이 있을 경우 선수금으로 대체할 경우 처리하는 프로그램이다.

■ 선수금 정리

정리일자	정리금액	고객	수금구분	선수금
2009/03/31	1,000,000	(주)삼도전자	현금	1,000,000원

[영업관리]→[영업관리]→[수금등록]→[선수금정리]→[수금기간]→[선수금정리 창 활성화]→[확인]→[조회]

[그림 4-25] 선수금 정리 화면

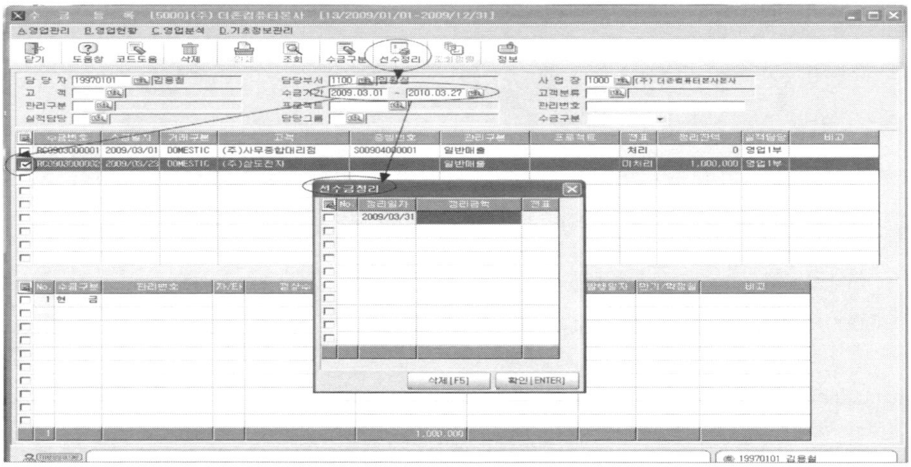

3) 선수금 정리 회계처리

선수금정리 내역을 근거로 회계처리를 수행하여 전표를 생성하기 위한 프로그램이다.

■ 선수금 정리 회계처리

선수금일자	고객	수금구분	정리일자	정리금액
2009/03/23	(주)삼도전자	DOMESTIC	2009/03/31	1,000,000원

[영업관리]➔[영업관리]➔[회계처리(수금)]➔[수금]➔[처리일자 및 결의일자]➔[조회]➔[전표생성]

[그림 4-26] 선수금 회계처리 화면

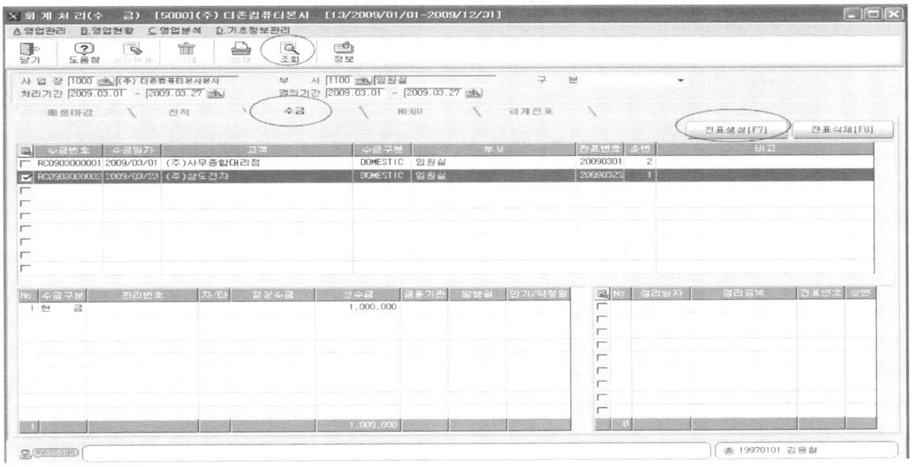

[영업관리]➔[영업관리]➔[회계처리(수금)]➔[회계전표]➔[조회]

[그림 4-27] 선수금 회계처리 조회화면

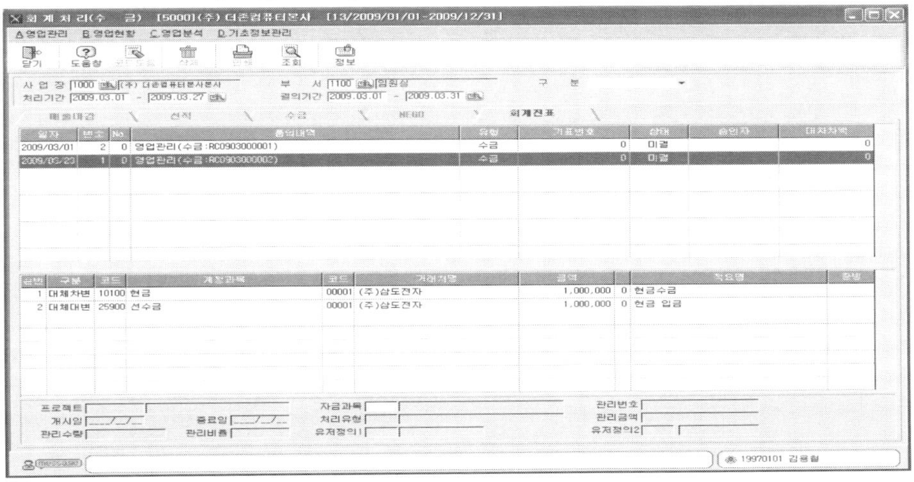

4. 반품관리

1) 반품처리

고객에게 제품을 납품 또는 반품 처리시 등록하는 프로그램이다. 수주를 근거로 출고를 처리 하였을 경우 [국내수주 TAB]에서 수주정보를 적용 받아 출고처리 하고, 수주없이 출고를 할 경우와 반품을 하는 경우 [예외출고]에서 처리한다. [L/C TAB]과 [해외수주]는 무역관리에서 사용하고 [출고지시]는 유상사급자재를 수주등록한 내역을 적용받아 출고처리하는 기능이다. 화면하단의 재고단위 현재고, 수주단위 현재고를 고려하여 출고처리 한다.

■ 출고처리 내역 중 반품처리

출고일자	창고	장소	고객	출고구분	과세구분	품번	출고수량	단가
2009/03/16	제품창고	제품장소	(주)사무종합대리점	DOMESTIC	매출과세	PR1	−1	286,000

[영업관리]→[영업관리]→[출고처리(국내수주]→[예외출고]→[출고일자입력]→[조회]→[출고적용 F8]→[출고적용 팝업]→[출고기간입력]→[조회]→[확인]→[조회(저장)]

[그림 4-28] 반품처리 팝업화면

[그림 4-29] 반품처리 메인화면

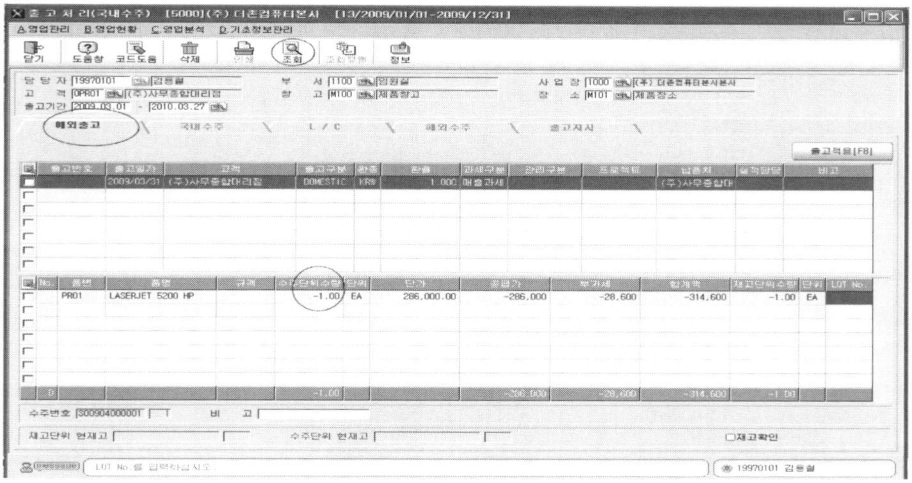

2) 반품거래명세서 발행

출고처리 또는 반품 처리된 내역에 대한 거래명세서를 발행하는 프로그램이다. 거래명세서 발행부터 수금등록 후 회계처리까지 정상매출과 동일한 프로세스로 진행된다.

■ 반품거래명세서 발행

출고일자	창고	장소	고객	거래구분	품번	출고수량
2009/03/16	제품창고	제품장소	(주)사무종합대리점	DOMESTIC	PR1	−1

[영업관리]➜[영업관리]➜[거래명세서발행]➜[창고선택]➜[장소선택]➜[일자선택]➜[조회]➜[인쇄]

[그림 4-30] 반품거래명세서 발행

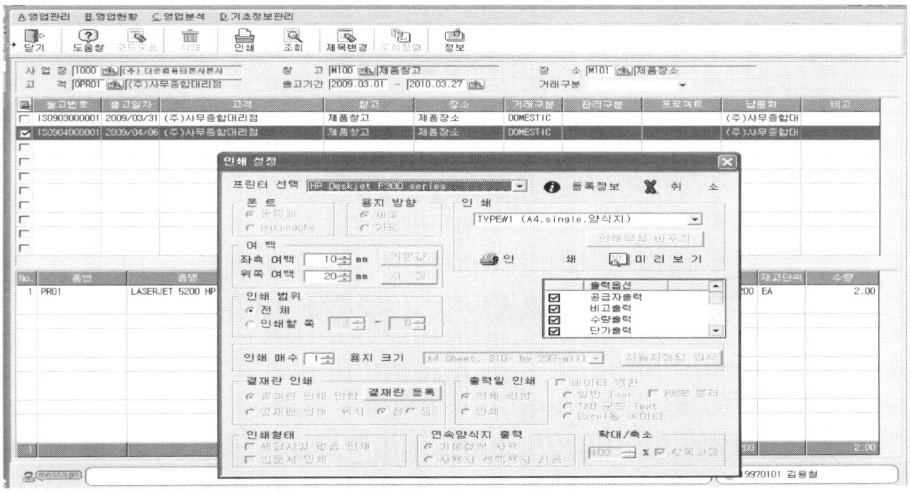

3) 반품매출마감

출고처리 또는 반품 처리한 것을 근거로 매출을 등록하는 프로그램이다. [국내거래 TAB]은 출고내역 및 반품내역을 적용 받아 처리하고 [LOCAL L/C TAB]은 무역관리에서 사용하는 기능이다.

■ 매출마감(반품) 처리

마감일자	고객	거래구분	과세구분	품번	마감수량	단가
2009/03/31	(주)사무종합대리점	DOMESTIC	매출과세	PR01	−1	286,000

[영업관리]➔[영업관리]➔[매출마감(국내거래)]➔[마감기간입력]➔[조회]➔[출고적용]➔[출고기간입력]➔[조회]➔[데이터확인]➔[확인]

[그림 4-31] 반품매출마감 화면

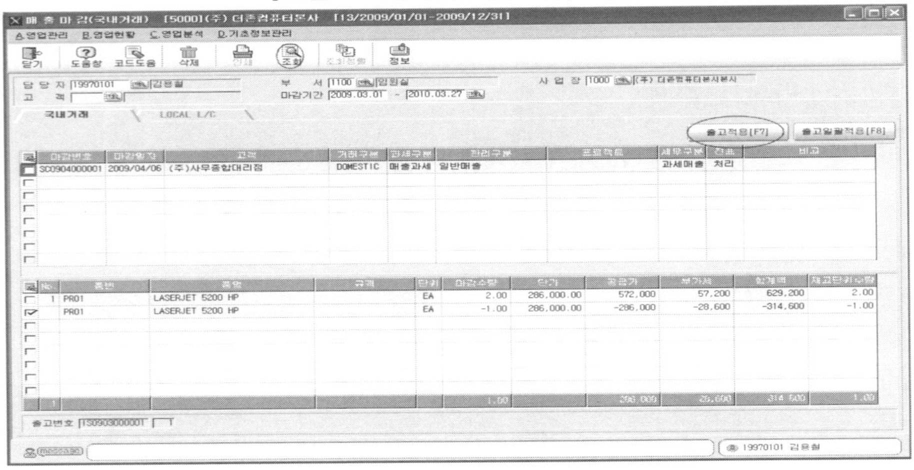

[그림 4-32] 반품매출마감 팝업화면

반품매출 마감 화면에서 마감기간을 입력 후 [조회]를 클릭하면 다음과 같은 팝업창이 뜬다. 팝업창에 출고기간을 입력 후 [조회 F2]클릭하여 데이터를 확인 후 [확인 ENTER]버튼을 클릭하면 메인화면으로 데이터가 전송된다.

4) 반품세금계산서 발행

매출 마감된 내역을 근거로 세금계산서 또는 계산서를 발행하기 위한 프로그램이다.

■ 반품세금계산서 발행

발행일자	고객	거래구분	권	호	구분	품번	수량	단가
2009/03/31	(주)사무종합대리점	DOMESTIC	4	2	청구	PR01	–1	286,000

[영업관리]➔[영업관리]➔[세금계산서 처리]➔[발행기간입력]➔[조회]➔[마감적용]➔[데이터입력]➔[확인]

[그림 4–33] 반품세금계산서 발행화면

5) 반품정보 회계처리

반품매출마감 내역을 근거로 회계처리를 수행하여 전표를 생성하기 위한 프로그램이다.

■ 반품매출마감

마감일자	고객	거래구분	과세구분	품번	수량	단가
2009/03/31	(주)사무종합대리점	DOMESTIC	4	2	청구	PR01

[영업관리]→[영업관리]→[회계처리(매출마감)]→[처리/결의 일자입력]→[조회]→[반품내역선택]→[전표생성]→[확인]

[그림 4-34] 반품회계처리 화면

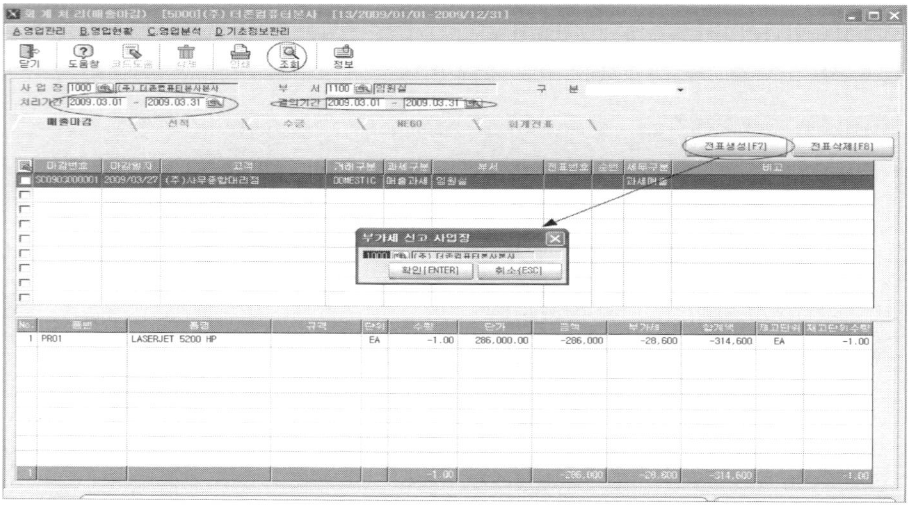

[그림 4-35] 반품회계처리 확인 화면

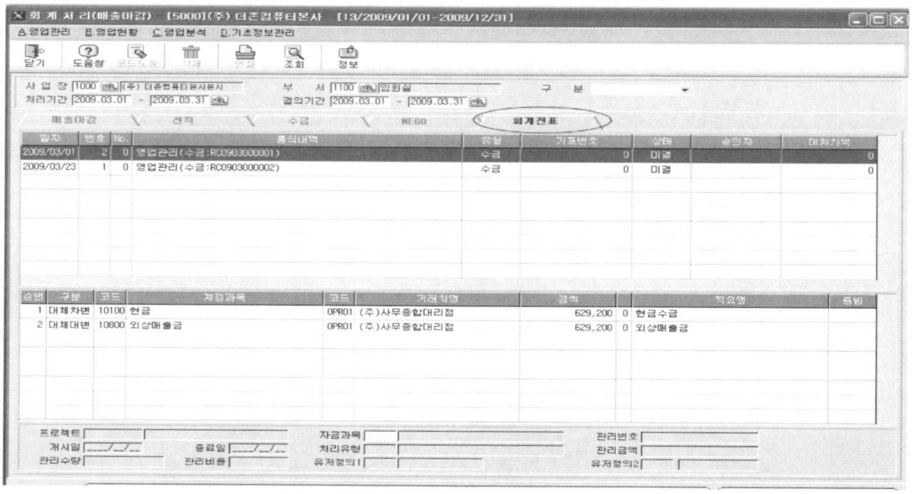

6) 수금등록

거래처로부터 수금(선수금) 후 수금(선수금) 내역을 등록하는 프로그램이다. 반품은 반품금액 만큼 거래처에 대금을 지급해야 한다. 따라서 수금등록화면에 '–'수금등록하여 지급처리 하여야 한다.

■ 수금등록

수금일자	고객	거래구분	수금구분	정상수금
2009/03/31	(주)사무종합대리점	DOMESTIC	현금	–314,600

[영업관리]→[영업관리]→[수금등록]→[수금기간입력]→[조회]→[데이터입력]→[조회(저장]

[그림 4–36] 수금등록화면

7) 수금정보회계처리

수금등록 내역을 근거로 회계처리를 수행하여 전표를 생성하기 위한 프로그램이다.

■ 수금내역 회계처리(반품)

수금일자	고객	거래구분	수금구분	정상수금
2009/03/31	(주)사무종합대리점	DOMESTIC	현금	-314,600

[영업관리]→[영업관리]→[회계처리(수금)]→[수금 TAB]→[결의일자입력]→[조회]→[전표생성]

[그림 4-37] 수금등록화면

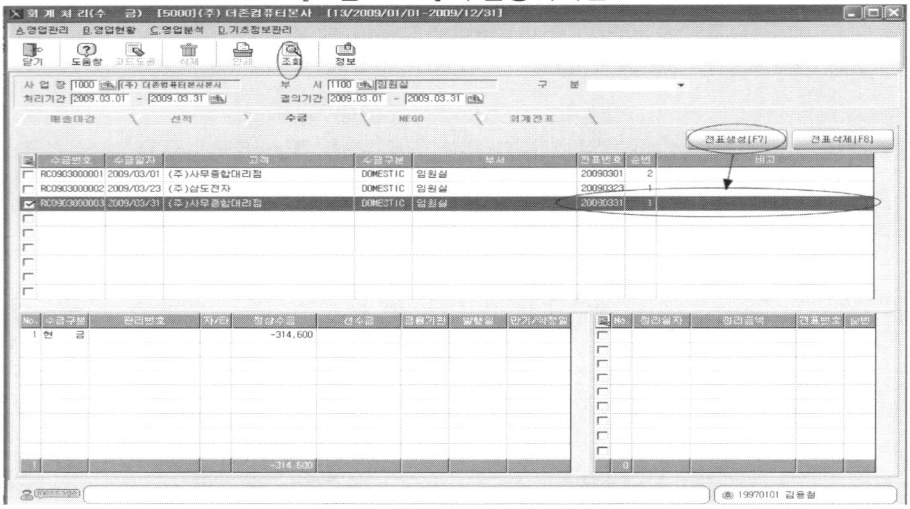

[그림 4-38] 수금등록 회계전표조회 및 확인 화면

제4절 영업현황 분석

1. 판매현황분석

1) 판매계획

품목별 및 품목군 그리고 월별로 판매계획 등록 내역을 조회하는 프로그램이다. 조회를 원하는 TAB(품목별, 품목군, 월별)을 선택하고 조회 조건바에 조건을 입력한 후 [조회]아이콘을 클릭하면 조회조건에 해당하는 판매계획 현황을 조회할 수 있다. 품목군별로 판매계획현황을 조회하려면 품목군등록[시스템관리]⇒[기초정보관리] 프로그램에 품목군을 등록하고 품목등록 [시스템관리]⇒[기초정보관리] 프로그램에서 품목별로 품목군을 설정하여야 한다.

[영업관리]➔[영업현황]➔[판매계획현황]

[그림 4-39] 판매계획현황 조회화면

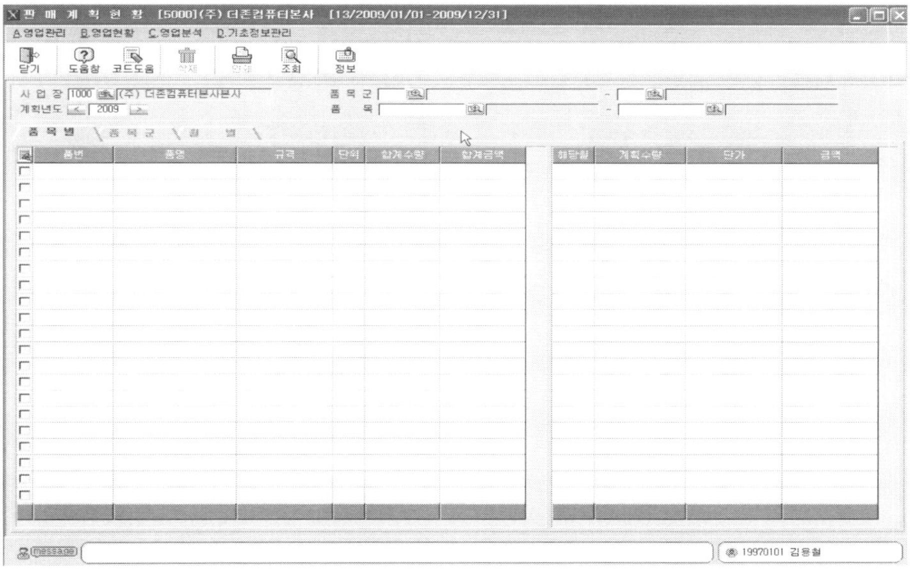

2) 판매계획대비 실적현황

품목군 및 품목별로 판매계획 대비 출고 내역을 조회하기 위한 프로그램이다. 계획수량은 [영업관리]⇒[영업관리]⇒[판매계획등록] 프로그램의 수정계획수량이다.

[영업관리]→[영업현황]→[판매계획대비실적현황]

[그림 4-40] 판매계획대비실적현황 조회화면

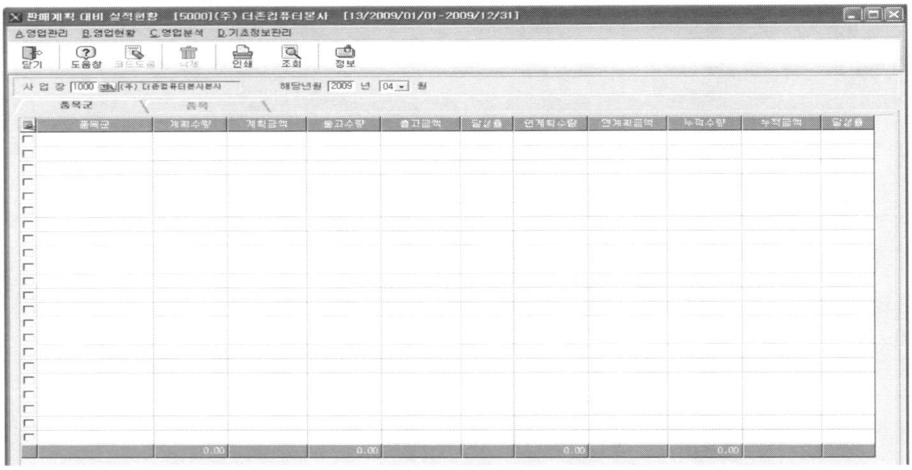

3) 견적현황

고객별 및 견적번호별 견적내역을 조회하기 위한 프로그램이다.

[영업관리]→[영업현황]→[견적현황]

[그림 4-41] 견적현황 조회화면

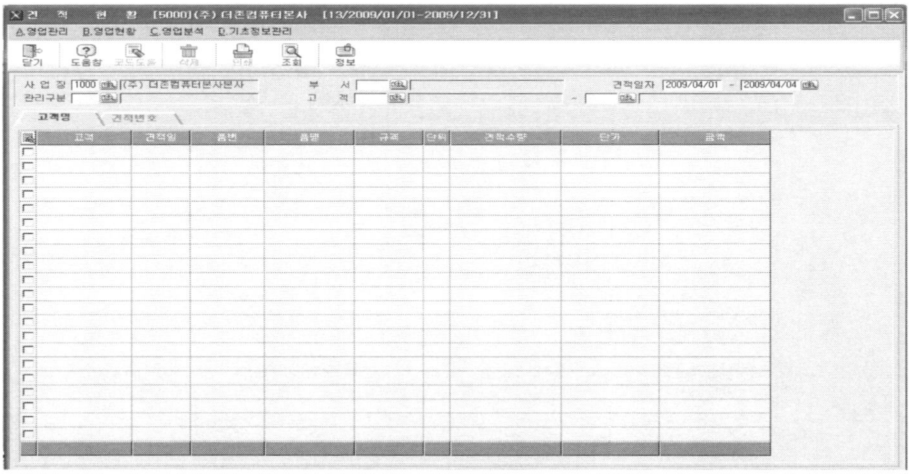

4) 견적대비 수주현황

견적대비 수주 내역을 조회하는 프로그램이다. 견적을 받고 견적 내역중 수주로 얼마만큼 진행되었는지 분석이 가능한 프로그램이다.

[영업관리]→[영업현황]→[견적대비수주현황]

[그림 4-42] 견적현황 조회화면

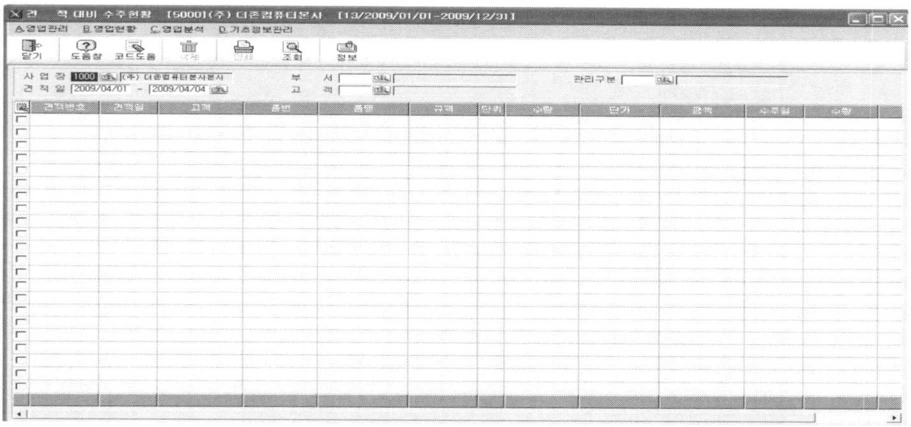

5) 수주현황

수주(L/C)번호 및 수주일, 납기일, 분류별, 고객별, 품목별로 수주등록 내역을 조회하기 위한 프로그램이다. 조회를 원하는 TAB을 선택하고 조회조건을 입력한 후 [조회] 아이콘을 클릭하면 조회 조건에 해당하는 수주현황이 조회된다.

[영업관리]→[영업현황]→[수주현황]

[그림 4-43] 수주현황 조회화면

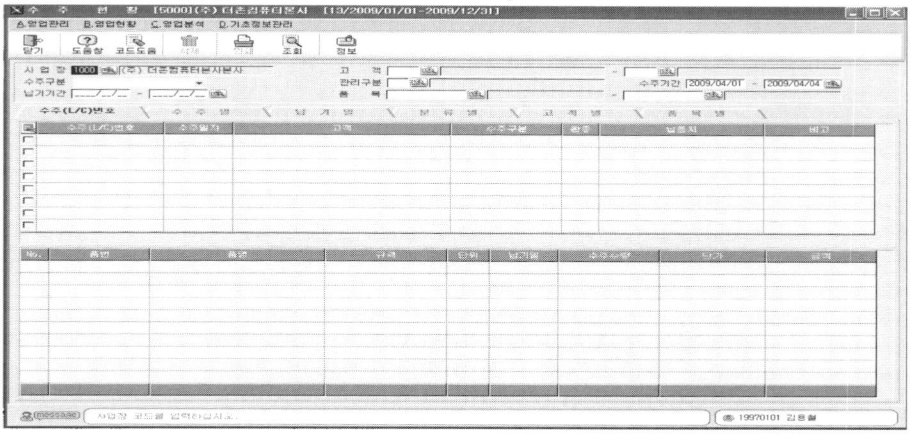

6) 수주대비 출고현황

수주(L/C)번호 및 수주일, 납기일, 고객별, 품목별로 수주등록 후 출고내역을 조회하기위한 프로그램이다. 조회를 원하는 TAB을 선택하고 조회조건을 입력한 후 [조회] 아이콘을 클릭하면 조회 조건에 해당하는 수주대비출고현황이 조회된다.

[영업관리]➔[영업현황]➔[수주대비출고현황]

[그림 4-44] 수주대비출고현황 조회화면

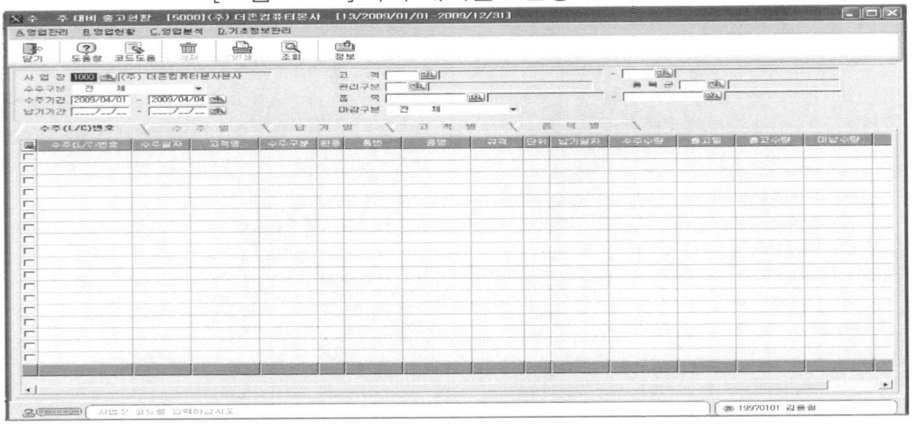

7) 수주미납현황

납기일별, 경과일수별, 고객별, 품목별로 수주등록 후 출고처리 하지 않은 미납현황을 조회하기 위한 프로그램이다.

[영업관리]➔[영업현황]➔[수주미납현황]

[그림 4-45] 수주미납현황 조회화면

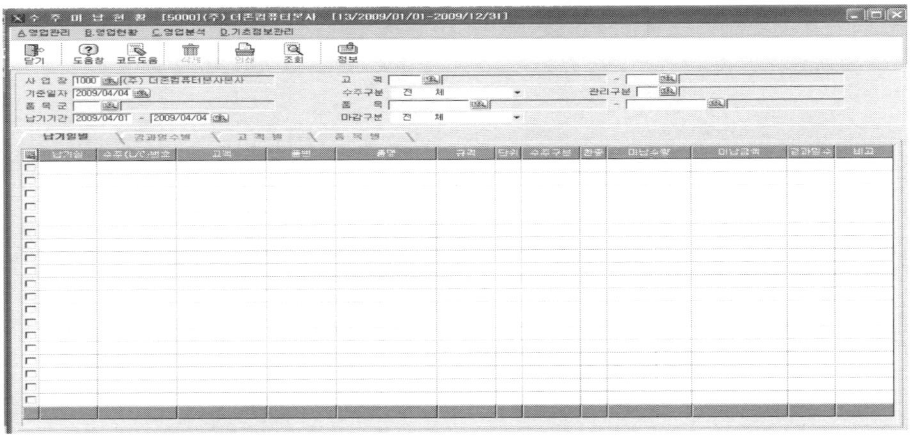

8) 출고현황

일자별, 고객별, 품목별, 분류별 출고현황을 각 소계기준으로 조회하기 위한 프로그램이다.

[영업관리]➔[영업현황]➔[출고현황]

[그림 4-46] 출고현황 조회화면

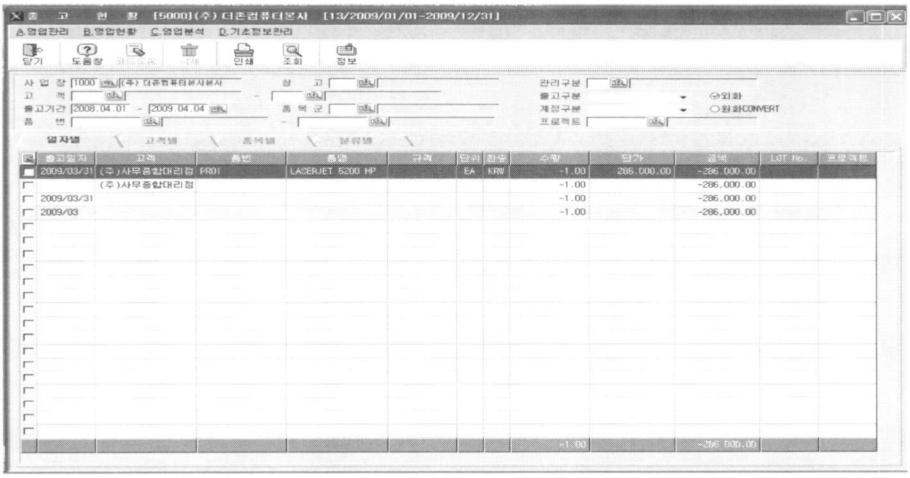

9) 출고반품현황

일자별, 고객별, 품목별, 담당자별, 관리구분별, 번호별 출고 후 반품된 것에 대한 반품현황을 조회하기 위한 프로그램이다.

[영업관리]➔[영업현황]➔[출고반품현황]

[그림 4-47] 출고반품현황 조회화면

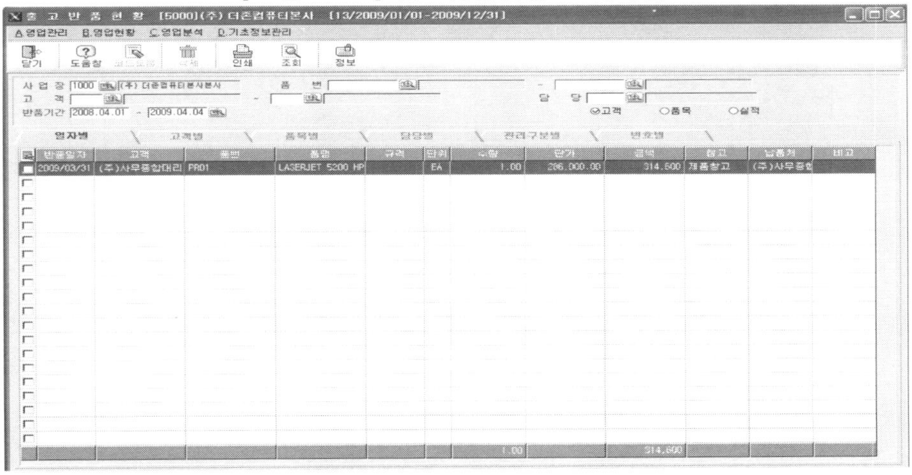

10) 매출마감현황

일자, 고객, 품목, 거래구분, 관리구분별로 출고(반품) 처리 후 매출마감현황을 조회하기 위한 프로그램이다.

[영업관리]➔[영업현황]➔[매출마감현황]

[그림 4-48] 매출마감현황 조회화면

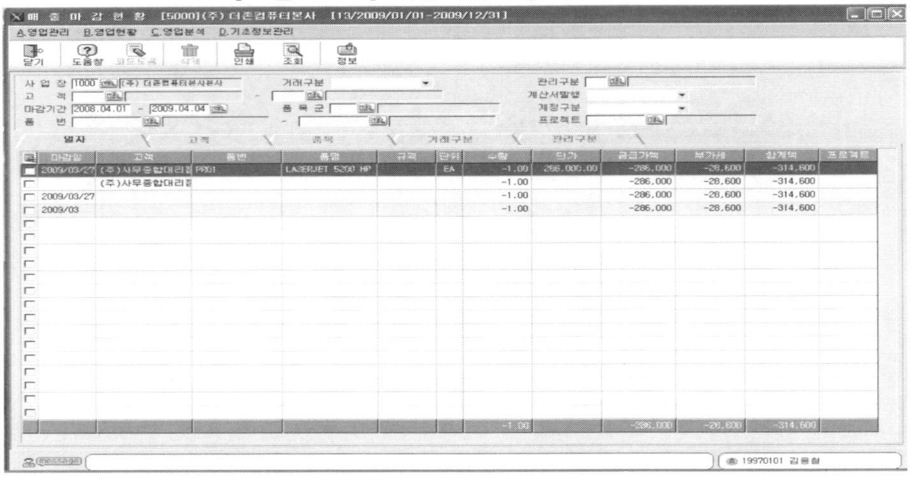

11) 매출 미 마감현황

출고(반품)처리 후 매출마감이 되지 않은 출고내역의 현황을 조회하기 위한 프로그램이다.

[영업관리]➔[영업현황]➔[매출미마감현황]

[그림 4-49] 매출 미마감현황 조회화면

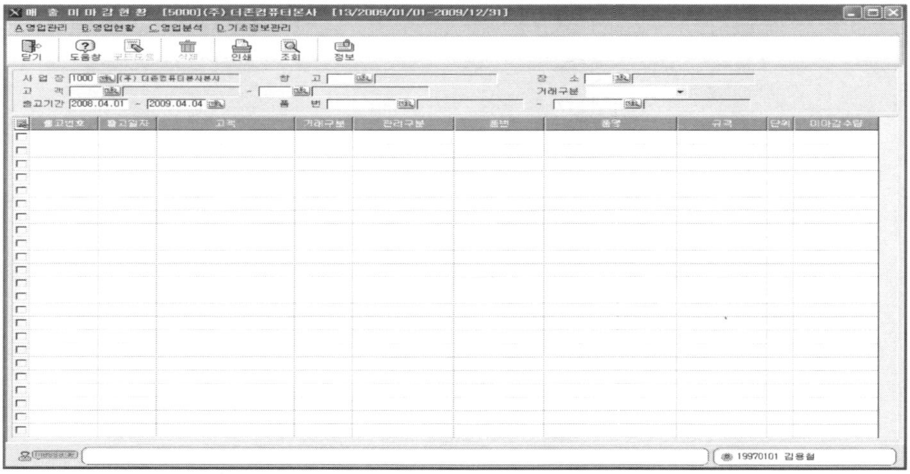

12) 세금계산서발행대장

매출마감 및 반품매출마감 후 세금계산서발행 현황을 조회하기 위한 프로그램이다.

[영업관리]➔[영업현황]➔[세금계산서발행대장]

[그림 4-50] 세금계산서발행대장 조회화면

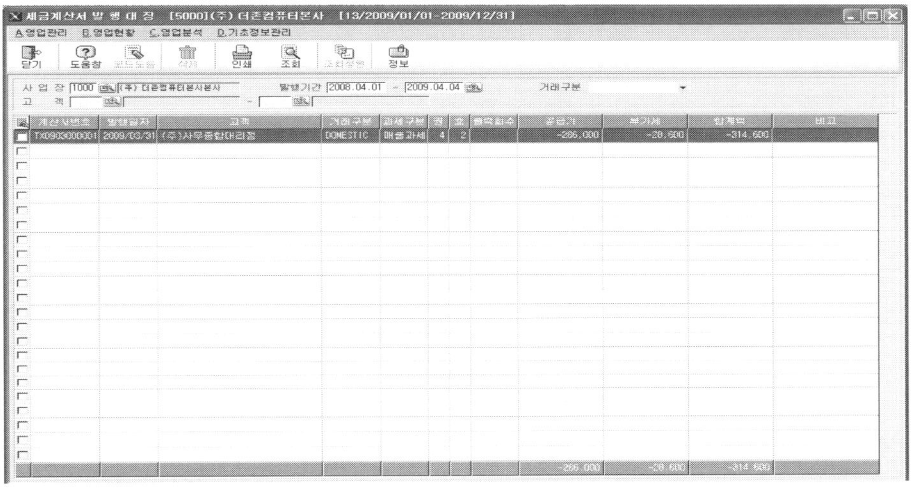

13) 수금현황

세금계산서 또는 계산서 발행 후 수금된 내역을 조회하기 위한 프로그램이다.

[영업관리]➔[영업현황]➔[수금현황]

[그림 4-51] 수금현황 조회화면

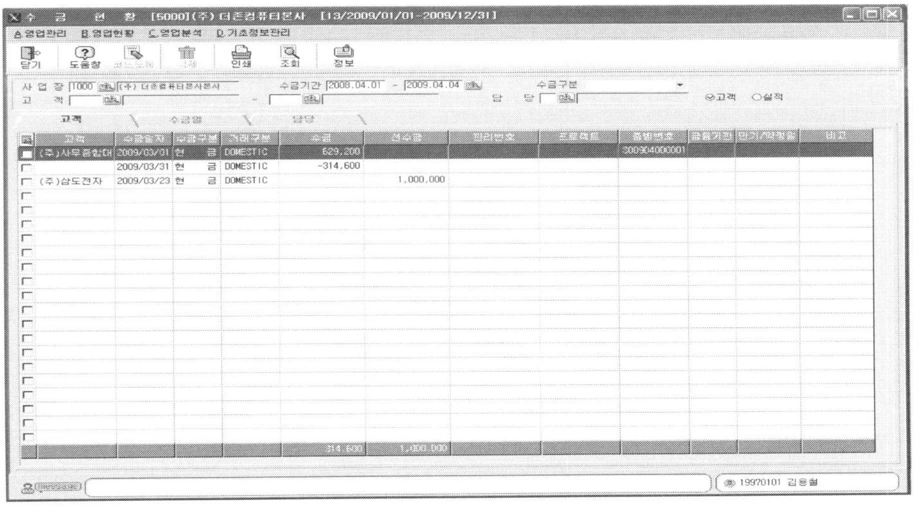

14) 받을어음현황

고객별, 만기일별, 실적담당별, 수금일별로 고객에게 받을어음으로 수금한 내역을 관리하기 위한 프로그램이다.

[영업관리]→[영업현황]→[받을어음현황]

[그림 4-52] 받을어음현황 조회화면

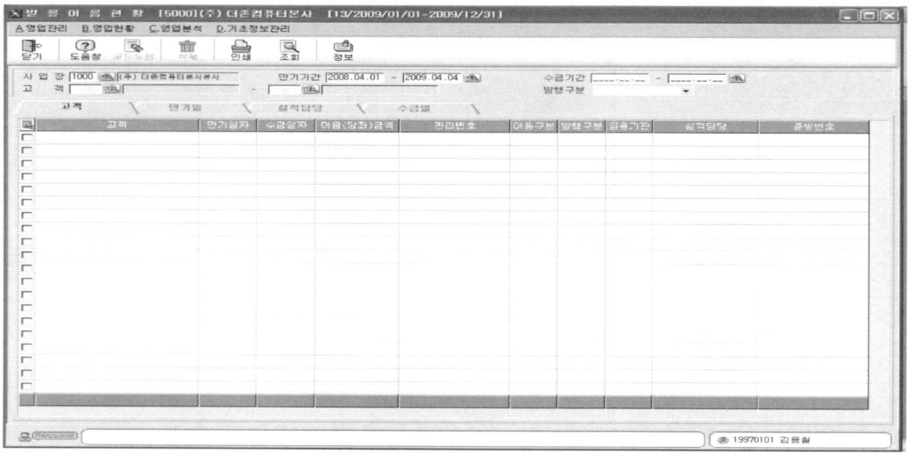

15) 미수채권현황(마감기준)

고객별, 프로젝트별, 담당자별로 매출마감 기준으로 미수채권 내역을 관리하기 위한 프로그램이다.

[영업관리]→[영업현황]→[미수채권현황(마감기준)]

[그림 4-53] 미수채권현황 조회화면

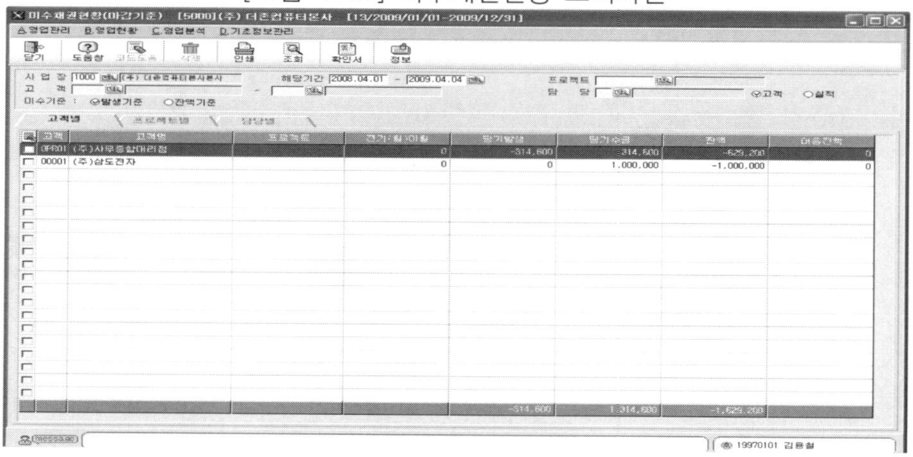

16) 미수채권상세현황

고객별, 프로젝트별, 담당자별로 출고기준 또는 매출마감 기준으로 미수채권 내역을 관리하기 위한 프로그램이다.

[영업관리]➔[영업현황]➔[미수채권상세현황]

[그림 4-54] 미수채권상세현황 조회화면

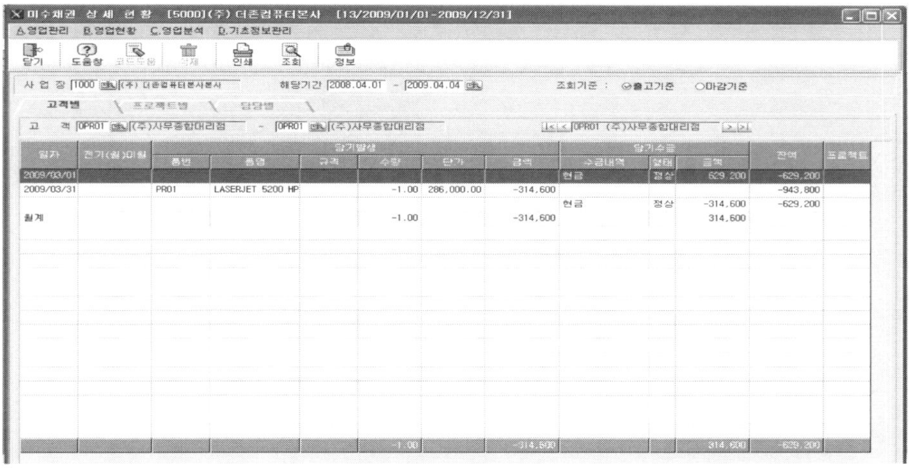

2. 영업분석

1) 수주미납집계

고객집계, 품목집계, 수주별집계로 수주미납현황을 분석하기 위한 프로그램이다.

[영업관리]→[영업분석]→[수주미납집계]

[그림 4-55] 수주미납집계 조회화면

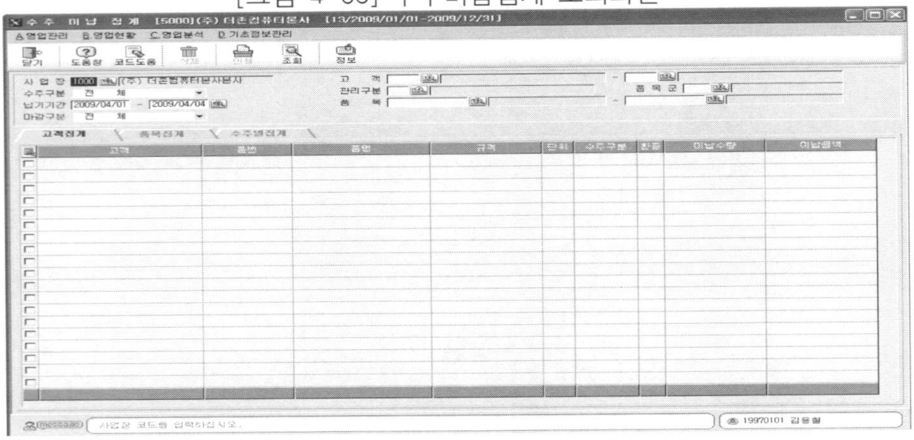

2) 출하실적집계

품목군, 품목, 고객, 수금구분, 관리구분별로 출고된 수량을 누적시켜 분석하기 위한 프로그램이다.

[영업관리]→[영업분석]→[출하실적집계]

[그림 4-56] 출하실적집계 조회화면

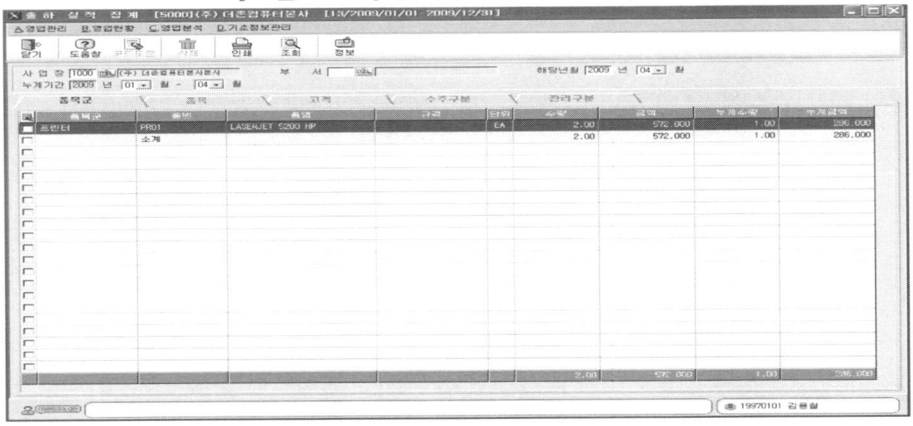

3) 매출현황(부서별)

부서별, 담당자별로 매출현황을 상세하게 분석하기 위한 프로그램이다.

[영업관리]→[영업분석]→[매출현황(부서별)]

[그림 4-57] 매출현황(부서별) 조회화면

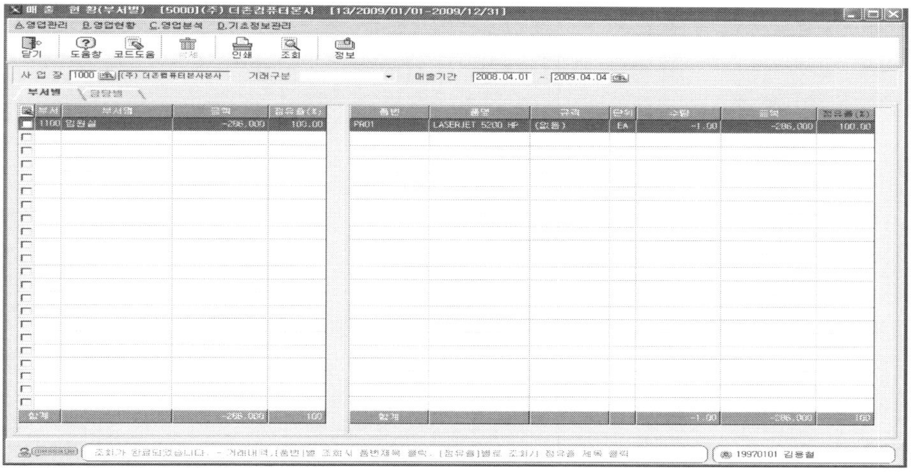

4) 매출집계

매출마감된 내역에 대한 국내 매출정보를 집계하는 프로그램이다. 누계기간 항목에 입력한 기간은 해당연월 항목에 입력한 년월을 포함하여야 한다.

[영업관리]→[영업분석]→[매출집계]

[그림 4-58] 매출집계 조회화면

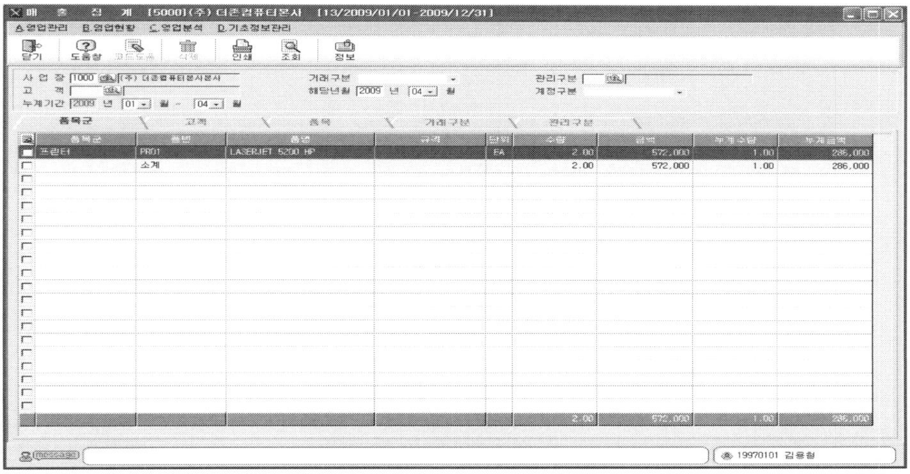

5) 매출집계(월별)

품목군별, 품목별, 고객별로 수량기준 또는 금액기준으로 매출내역을 월별로 집계하여 관리하기 위한 프로그램이다. 품목군별로 매출실적을 집계하려면 품목군등록 [시스템관리]⇒[기초정보관리] 프로그램에 품목군을 등록하고 품목등록 [시스템관리]⇒[기초정보관리] 프로그램에서 품목별로 품목군을 설정하여야 한다.

[영업관리]→[영업분석]→[매출집계(월별)]

[그림 4-59] 매출집계(월별) 조회화면

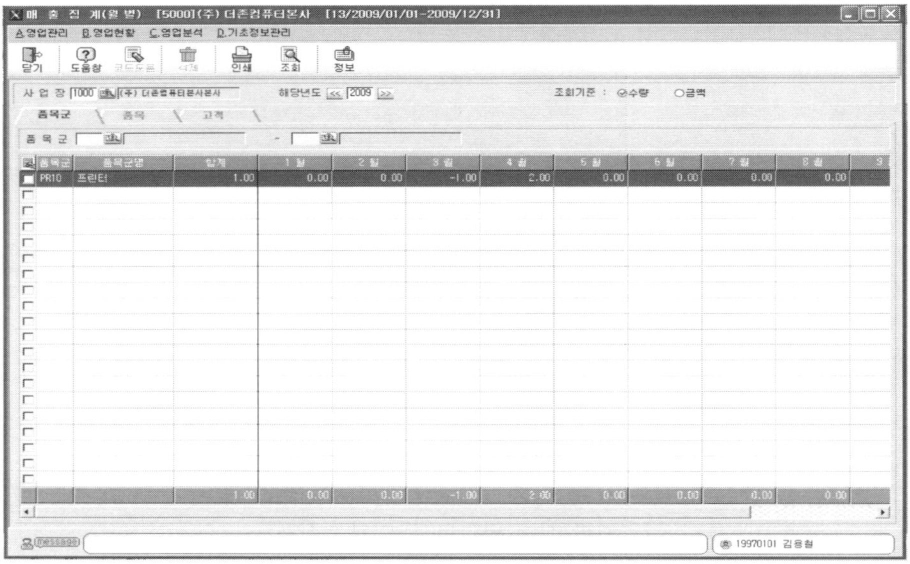

6) 매출집계(분류별)

품목별로 대/중/소분류로 구분하여 등록하고 등록한 분류별로 매출을 분석하기 위한 프로그램이다. 대/중/소 분류별로 매출집계내역을 관리하려면 물류관리내역의 프로그램에 대분류/중분류/소분류를 등록하고 품목분류(대/중/소)등록 프로그램에서 품목별로 대/중/소 분류를 설정하여야 한다.

[영업관리]→[영업분석]→[매출집계(분류별)]

[그림 4-60] 매출집계(분류별) 조회화면

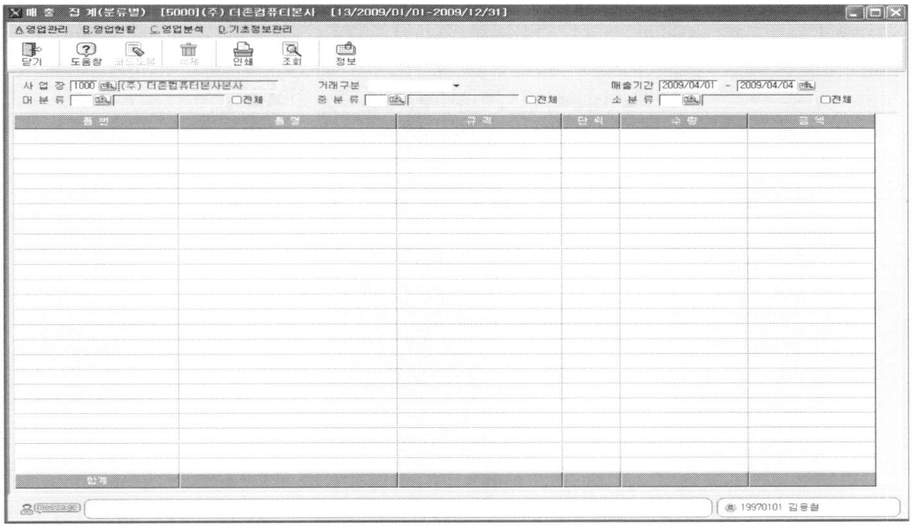

7) 매출순위표

고객별, 품목별로 매출마감 내역을 근거로 순위를 년도별, 월별로 상세하게 분석하기 위한 프로그램이다. 해당년월 항목에서 월을 입력하지 않으면 년도 개념으로 매출순위가 조회되고 월을 입력하면 입력한 월의 매출순위가 조회된다.

[영업관리]→[영업분석]→[매출순위표]

[그림 4-61] 매출순위표집계 조회화면

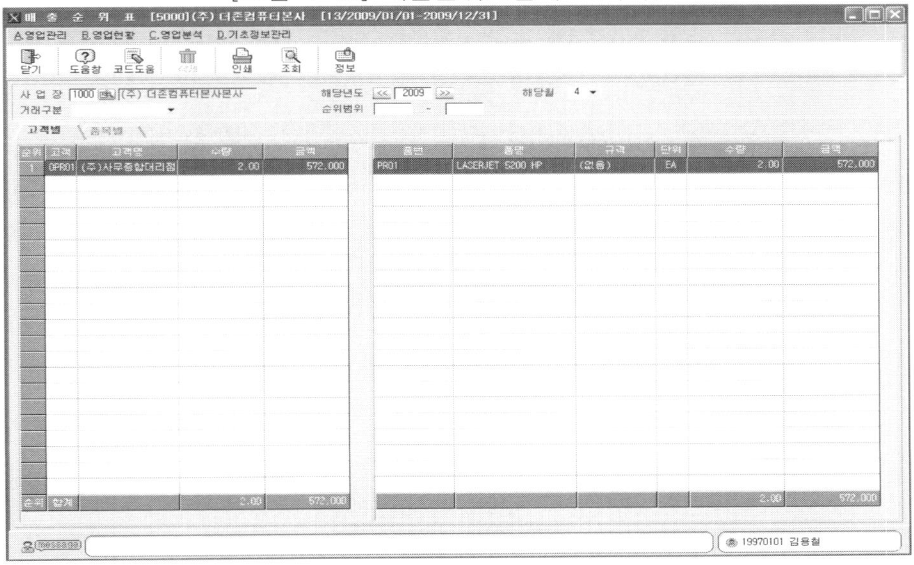

8) 매출채권회전율

고객별로 평균매출금액과 그에 따른 채권회전율을 분석하기 위한 프로그램이다.

[영업관리]→[영업분석]→[매출채권회전율]

[그림 4-62] 매출채권회전율 조회화면

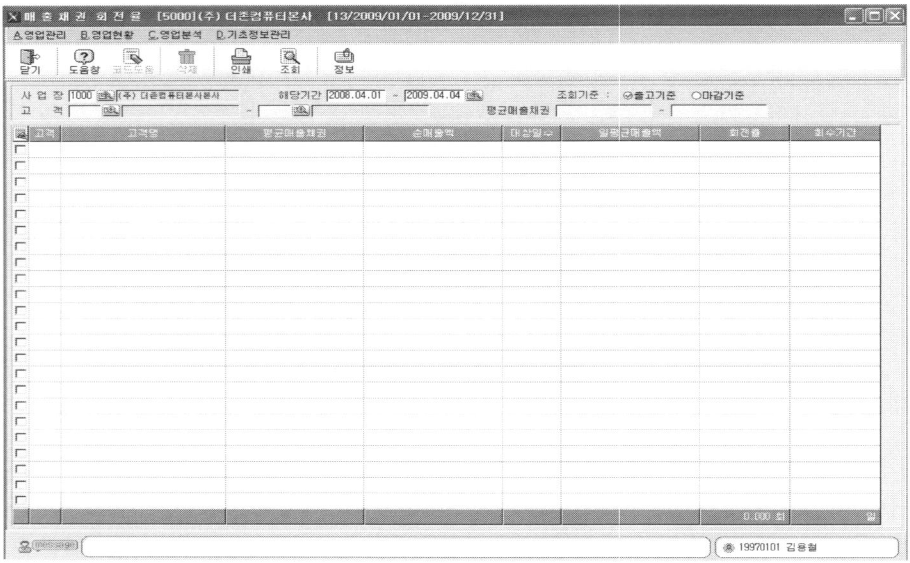

9) 추정매출원가 보고서

고객별, 담당자별, 품목별로 매출기간 항목에 설정한 기간 내에 발생한 매출 마감액을 근거로 추정 이익을 분석하기 위한 프로그램이다.

추정원가는 표준원가 [시스템관리]⇒[기초정보관리]⇒[품목등록화면 ORDER/COST TAB]의 표준원가에 입력한 (단가 X 매출마감 수량)이다. 추정이익은 매출원가에서 추정원가를 차감한 금액이다. 점유율은 (추정이익 / 전체 추정이익 X 100)으로 환산하였다.

[영업관리]→[영업분석]→[추정매출원가보고서]

[그림 4-63] 추정매출원가보고서 조회화면

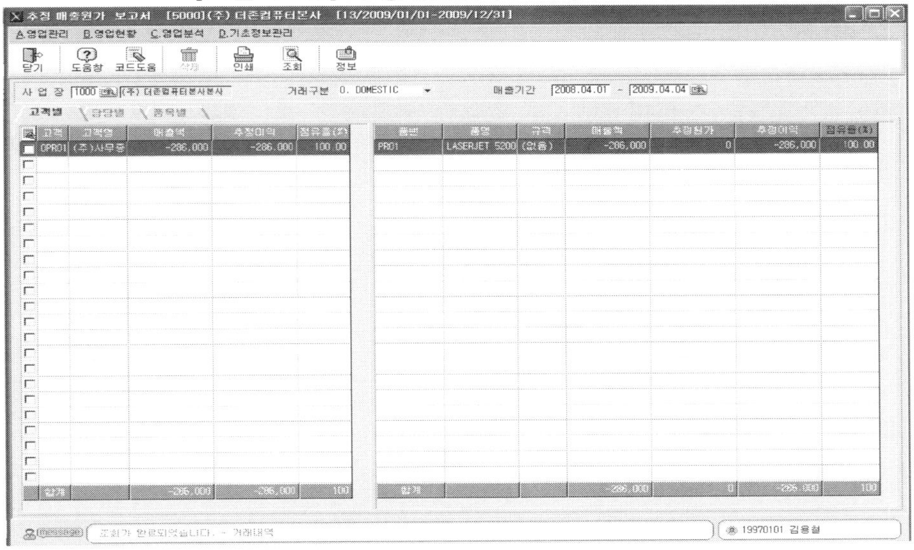

10) 미수채권연령분석표

고객별, 담당자별로 출고기준 또는 마감기준으로 미수채권 잔액의 연령을 분석하기 위한 프로그램이다.

[영업관리]➔[영업분석]➔[미수채권연령분석표]

[그림 4-64] 미수채권연령분석표 조회화면

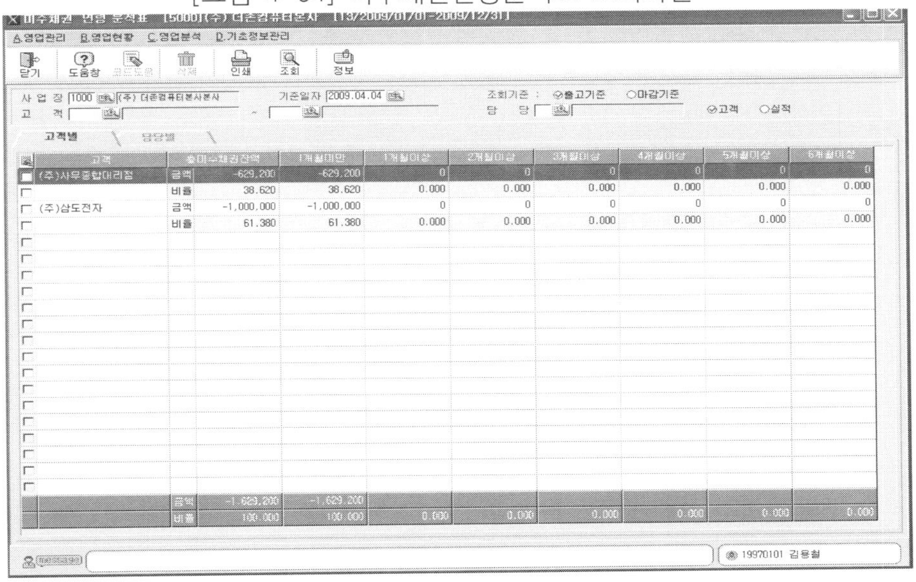

[연습문제]

1. 시장기회 분석에 대하여 연구한다.
2. 마케팅 믹스에 대하여 연구한다.
3. 광고방법에 대하여 연구하고 발표한다.
4. ERP 시스템의 출고처리에 대하여 연구한다.
5. ERP 영업시스템의 특징을 연구한다.
6. ERP 시스템에서 국내 미수채권 처리방법을 연구한다.
7. ERP 시스템의 납품처에 대하여 연구한다.
8. 수요예측방법에 대하여 연구한다.

Chapter Ⅴ

구매관리

[구매관리 프로세스]

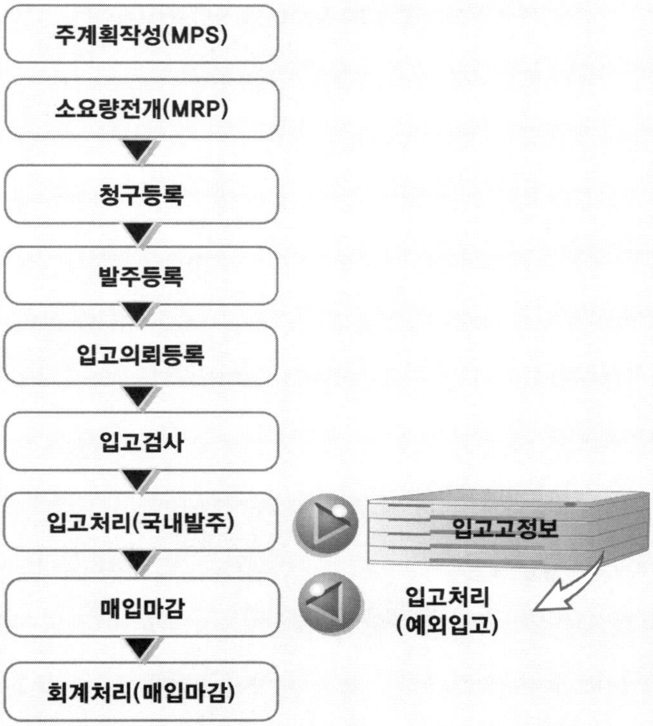

군대 가던 날

▸ 김용철

어머니
막내 자식 군대 가던 날 방문 잠그시고
잘 다녀 오라시던 때가 벌써 삼십년이 지났습니다.
막내아들 군대 가는 날 방문이라도 열어 보시지 그랬어요.
눈시울을 억지로 감추시려고 해도 전 알고 있습니다.

어머니
그런 막내아들의 아들이 군대를 갑니다.
나도 어머니처럼 방문을 잠그고 잘 다녀오라고 하려 했습니다.
억지로 차오르는 설움을 보여주지 않으려 했습니다.
어머니 같이 모질게 내 버려두려 했습니다.
서녘 햇살도 받고 바람도 맞고 찬 기운 속에서
혼자 살아가도록 하려 했습니다.

어머니
아들 군대 가던 날
난 그놈을 따라갔습니다.
모질게 던져두질 못하겠네요.
이젠 버려두고 비와 바람의 세월로 보내야하는데
왜 이리 품에 감싸 안아야 하나요?
언제까지 기다려야 하나요?
이젠 방문을 잠글 시간인가 봅니다.

제1절 구매의사결정

1. 구매의 의의

구매란 요구한 사양을 만족 시키면서 필요한 시기에 필요한 양 만큼 최소의 비용으로 구입하는 것이다. 구매방법으로는 단가계약에 의한 정기구매, 견적에 의한 구매, 경쟁입찰방식, 수의계약 등이 있다.

발주계약은 계약 체결이전에 협력업체의 사전 조사 및 품질능력, 경쟁조건, 경영자의 경영방침, 신용조사 등을 조사하여 거래선을 결정하는 방식이다.

기업이 필요로 하는 고품질, 저비용으로 자재를 조달하려면 품질, 원가, 납기의 효율성을 기반으로 자재구매계획과 구매관리 원칙을 준수하여야 한다.

구매관리에서 해야 할 업무는 구매할 자재를 결정하고 적정 구매가격을 산출하여야 하며, 자재구매 시 경제적 구매가 이루어질 수 있도록 포장단위, 생산단위 등을 검토하여 가장효율적인 단위로 구매한다. 그리고 구매로트(lot)를 결정하여 포장, 운반, 협력업체 생산에 효율성을 기여한다. 또한 재고의 결품이 일어나지 않도록 구매 시기를 결정하고 협력업체와 쌍방이 상호 존중하는 구매계약을 체결한다. 또한 발주관리는 물론 납기관리를 철저히 하여 재고부족에 따른 고객이탈 및 업무 마비를 사전에 예방하여야하며 품질향상에 적극 지원하여 고품질의 자재가 입고되도록 협력업체를 지원한다. 이와 같은 기업 활동에서 필요로 하는 자재를 구입하는 행위는 다음과 같다.

① **구매** : 기업에 필요한 자재 및 서비스를 도입하는 방식에는 국내의 외부에서 도입
② **수입** : 해외로부터 도입
③ **외주** : 자사의 시방에 따라 제조 위탁하는 경우
④ **완성외주(OEM)** : 완성품을 제조 위탁하는 경우
⑤ **공정외주** : 자사 공정의 일부를 외부에 위탁하여 운영할 경우

2. 구매관리의 기본 기능

구매관리는 ①최적의 공급업체선정 ②최고의 품질 확보 ③적기의 납기준수 ④낮은 공급가격을 달성하는 것이 목적이다. 따라서 구매 관리는 다음과 같은 기능을 가지고 있다.

1) 발주

협력업체의 능력 분석과 구매단가를 설정하여 정확한 발주계획과 입고 계획을 수립하고 평가한다.

2) 품질보증

무검사 시스템 및 현장 검사를 통하여 입고 후 작업 현장에 바로 투입될 수 있는 최고의 품질을 확보한다.

3) 협력업체 지원

지속적인 협력업체 유지와 품질유지를 위하여 적정한 품질지도와 가격설정으로 모기업과 동등한 지위를 유지하여주고 육성한다.

4) 원가관리

모기업에서의 공동 자재 구매하여 원재료 구입단가 절감 후 협력 업체에 사급 지원하여 공급단가를 낮추고 정확한 원가를 산출하여 공동의 이익을 유지하여야 한다.

3. 구매부서에 요구되는 업무기능

구매부서는 기업의 30-50%의 자금을 집행하는 부서로서 그 업무가 매우 중요하다. 구매부서는 철저한 원가 개념과 신념으로 업무를 임하여야 기업에 이익을 줄 수 있다. 따라서 구매부서의 주요업무 기능은 다음과 같다.

1) 자재구매전략(방침, 정책, 계획)과 총괄 기능, 2) 원가기획과 제품별 재료원가 관리,
3) 협력업체(거래처) 선정, 4) 구매 계약조건의 설정, 5) 구매단가의 결정,
6) 발주(지급)관리, 7) 납기관리, 8) 협력사의 지원, 9) 결재관리

4. 구매와 외주의 차이점

구매활동은 ①생산 활동에 필요로 하는 자재의 구매 ②일반자재 및 시중 판매품 ③외부에서 공급품 ④대가를 지불하는 것을 약속하고 취득하기 위한 관리 활동이다.

외주활동은 ①거래는 회사의 내부 혹은 외부에서 행하여지는 활동 ②회사의 방침(사양, 도면 등)에 의하여 행하여지는 활동 ③제품 또는 서비스의 일부를 외부에 위탁하는 것을 말한다.

외주처의 업무범위는 계약으로 정하지만, 설계, 재료조달, 치공구 개발, 가공, 조립, 수입검사까지 위탁하는 완전 외주도 있다.

5. 협력업체 개발

1) 협력업체의 선정

협력업체 선정을 위한 평가 항목은 구매나 외주나 기본적으로 같다.

2) 평가항목

연속 생산의 경우 시제품의 형태로 평가 할 수 있다.

〈표 5-1〉 구매와 외주의 차이점

구분	구매	외주
품질, 규격 (Q)	제조메이커 또는 일반 시장의 규격에 의한다.	발주기업이 지정한 규격, 도면, 사양서에 근거한다.
가격설정 (C)	제품메이커의 정책에 의한다. 지정가격 또는 시장의 수급관계에 의해서 결정된다.	Cost 테이블 등을 기초로 하여 각 제조원가를 산출하고 협력하여 결정한다.
납기(D)	표준리드타임은 계약상 고려하지만 원칙적으로는 수송기간만을 고려한다.	수주생산 방식을 위해서 생산리드타임을 고려한다.
제조(P)	제조메이커에 일임	사용설비, 재료, 제조방법 등에 관해 고려한다.
계약	판매계약에 해당하는 것이 주요임.	청부계약에 해당하는 것이 주요임.
관리	계약조건까지만 만족	양, 품질, 가격, 납기에 관한 지도가 필요하다.

협력업체의 평가에서 생산적인 기본 항목으로는 아래와 같다.

P : 필요한 공급량 능력　　Q :품질의 신뢰성　　C : 낮은 가격

D : 납기준수

정기적인 항목으로는 서비스, 성의, 책임감, 협력성 등이 있다. 또한 거래처 선정시

우선 과제는 유능하고 적극적인 업체가 우선과제이다. 이를 위해서 선택기준은 다음과 같이 선정 할 수 있다.

① 경영자가 '일에 적합한 사람'일 것.
② 재무 사항이 건전하며 자금조달이 원활한 기업
③ 종업원의 자질이 좋은 기업
④ 관리자의 태도가 유연한 기업
⑤ 설비, 기계가 비교적 새롭고 정리되어 있는 기업
⑥ 기술력이 적합한 기업
⑦ 노사간의 분쟁이 없는 기업
⑧ 후계자가 육성되는 기업

6. 구매 방침

구매방침은 기업에 따라 달리 정하여 진다. 이와 같은 구매방침은 최고경영자의 방침 및 기업문화에 따라 구매방침은 결정된다. 구매방침을 결정하기 위하여 구매품목, 수량, 시기, 가격, 구매선을 고려하여 결정한다.

품질과 품목을 결정하는 방법은 기업이 요구하는 시방사항을 구매담당자의 전문지식을 발휘하여 합리적인 제품과 품질의 자재가 구매되도록 추구하여야 한다.

구매수량과 시기결정은 장기적으로 계속 구매되는 자재는 단가를 저렴하게 결정하고 수량은 계절, 시기, 경기의 변동에 따라 미래의 수요를 예측하여 결정한다.

단가 및 대금결재방법으로 단가는 견적방법과 시방서 분석방법, 계약방법 등을 적용하여 품질은 높이고 가격을 낮추는 방침을 설정한다. 대금지불 조건은 자금조달 조건에 맞게 기업의 정책과 함께 결정한다.

구매선 결정방법은 특수한 자재의 경우를 제외하고는 신뢰하고 협력할 수 있는 협력업체를 평가하여 결정한다.

7. 구매관리 절차

1) 시방서 및 도면 개발

자재구매를 위한 시방서 및 도면 등을 검토한다. 시방서 및 도면을 검토할 때는 오차범위, 치수, 조립방법, 규격, 재료구성, 검사방법 등을 상세히 검토한다.

2) 가격결정

자재를 국내에서 구매할 경우는 협력업체와 가격조정을 통하여 결정할 수 있으나 수입자재의 경우는 수입조건에 따라 가격은 달라진다. 수입L/C 개설의 경우 세금환불 및 도착지, 선적지 등에 따라 유리한 조건으로 결정한다.

3) 발주방법

서비스 활동을 원활하게 하기 위하여 발주목표는 적시, 적량 및 최소의 비용으로 발주되어야 한다. 이와 같은 합리적인 방법으로는 ERP운영을 통하여 경제적 주문을 하거나 VAN 또는 인터넷을 이용하여 신속하게 발주되어야 한다.

4) 입고검사

입고된 자재의 품질을 검사하는 기능으로 협력업체의 품질검사를 신뢰한다면 협력업체의 품질 평가서를 기준으로 무검사 입고를 하며, 검사를 요구하는 품목은 신속한 검사를 하여 입고시킨다.

5) 대금결재

입고된 자재에 대한 결재는 회사의 결재정책에 따라 결재되어 지나 협력업체와의 관계 유지를 위하여 빠른 결재와 현금결재를 하는 것이 유리하다. 많은 기업에서는 품질, 납기, 신뢰성 등 협력업체를 평가하여 우수협력 업체에게는 현금결재를 한다.

6) 협력업체 유지관리

협력업체는 동반성장 기업으로서 기술지도 및 자금지원 그리고 품질향상 기법과 신경영기법 도입지원을 통하여 협력업체와 동반성장하도록 적극적으로 지원한다.

제2절 구매관리 시스템 구축

1. 구매관리

1) 수주등록

구매프로세스를 실행하기 위하여 다음과 같은 수주를 등록 [영업관리]⇒[영업관리]⇒[수주등록]을 한 후 구매 프로세스에 따라서 전개하여 나간다.

■ (주)사무종합대리점 수주내역

수주일자	고객	과세구분	품번	납기일	수주수량	단가	출하예정일	검사
2009/04/05	(주)사무종합대리점	매출과세	PC01	2009/04/15	100	1,900,000	2009/04/15	검사

2) 주계획서 작성(MPS)

판매계획, 수주정보, 모의계획(simulation)을 이용하여 해당품목의 소요량을 등록하는 프로그램이다. 판매계획과 수주에 의한 계획은 구매발주, 생산지시, 현재고, 안전재고를 고려하여 수급수량을 계획한다.

수급수량 = 총필요수량(수주수량 + 판매계획수량) – 구매발주수량 – 작업지시수량 – 현재고 – 안전재고

수주잔량이나 판매계획수량이 현재고 보다 많아 수급수량이 필요 없는 경우는 수급수량이 표시되지 않고 현재고의 부족으로 수급수량이 계산되는 경우에만 화면에 표시된다.

■ (주)사무종합대리점 수주내역 MPS

품번	계획일	수량
PC01	2009/04/10	50

[구매자재]→[구매관리]→[주계획작성(MPS)]→[수주(선택)]→[조회클릭]→[데이터입력]→[조회(저장)]

[수주 TAB]을 클릭하여 [조회] 키를 클릭하여 수주잔량과 수량을 등록하고 확인한다. 계획일과 수량을 등록하고 [조회]키를 클릭하면 순서란 '1'이 표시되면서 저장된다.

[그림 5-1] 주계획작성(MPS) 화면

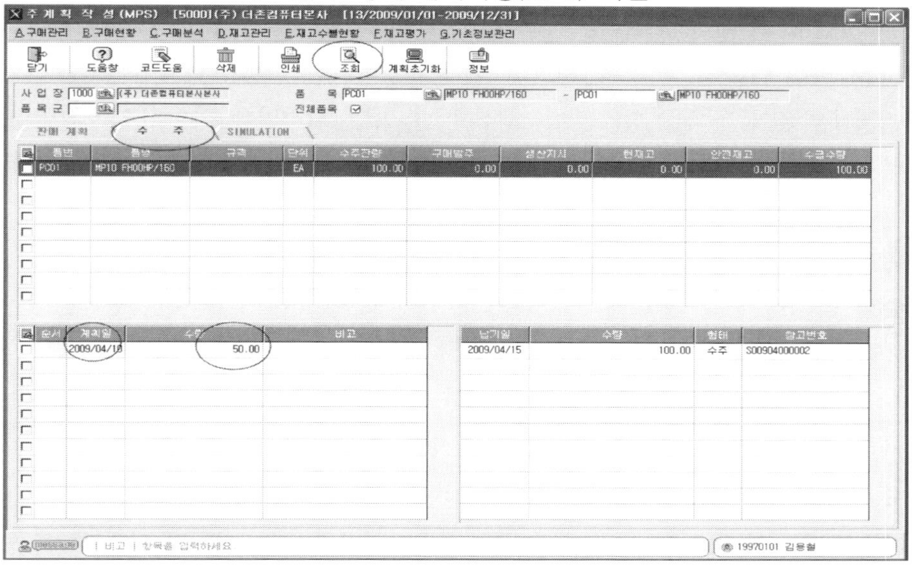

3) 소요량 전개

주 계획 또는 생산계획을 통해서 각 품목의 발주 예정시기 및 발주 예정수량을 산출하는 프로그램이다. 소요량 전개 프로그램을 통하여 생성된 소요량으로 생산품 및 구매품의 청구등록을 할 수 있다. 소요량 전개시 B0M을 근거로 총 소요량이 산출되면 가용재고, 입고 예정량 등을 계산하여 순 소요량을 계산할 수 있다.

작업방법으로 [조회] 아이콘을 클릭하여 전개구분 '생산계획'으로 선택하고 계획일자 입력 후 [일반전개] 버튼을 클릭하면 생산계획일자 기간 내에 등록되어 있는 품목의 BOM을 전개하여 자품목들의 소요량을 생성한다. 전개구분은 판매계획, 수주전개, 모의전개, 생산계획을 선택할 수 있다.

판매계획 전개는 영업관리의 판매계획등록 정보를 근거로 작성된 주 계획을 의미한다. 수주전개는 영업관리의 수주등록 정보를 근거로 작성된 주 계획을 의미한다. 모의전개는 판매계획정보나 수주등록 정보를 적용 받지 않고 주 계획작성 프로그램에서 임의로 입력한 정보를 의미한다. 생산계획 전개는 생산관리의 생산계획 등록 정보를 의미한다.

품번은 주 계획이나 생산계획에 등록되어 있는 품목의 BOM을 전개하여 생성된 모품목 및 자품목을 의미한다.

소요일자는 품목의 조달구분이 '생산'이면 작업완료일을 의미하며 '구매'이면 납기일을 의미한다. 주계획 또는 생산계획에 등록된 모품목들은 주 계획일자와 생산계획일자가 소요일자이다.

예정발주일은 품목의 조달구분이 '생산'이면 작업 시작일을 의미하고 '구매'이면 발주일을 의미한다. 시스템일자가 소요일자이전이면 예정발주일이 자동 계산되나 소요일자 이후이면 시스템일자로 표시된다.

예정수량은 주계획 또는 생산계획에 등록된 품목의 수량을 근거로 BOM에 등록되어 있는 필요수량을 적용하여 계산하여 산출한다. 산출된 수량은 [가용예정량]버튼과 [입고예정량]버튼을 클릭하면 해당 수량들이 반영되어 수량이 변경된다.

현재고량적용은 [현재고량적용]을 체크하고 [일반전개]버튼을 클릭하면 BOM을 근거로 (산출한 수량 – 현재고량)을 차감한 수량을 산출한다.

출고예정량 적용은 현재고량과 출고예정량적용을 체크하고 [일반전개]버튼을 클릭하면 BOM을 근거로 (산출한 수량 – 현재고량 – 출고예정량 + 입고예정량)에 의하여 수량을 산출한다.

일반전개는 현재고량 적용, 출고예정량 적용, 입고예정량 적용 등을 체크하지 않고 [일반전개]버튼을 클릭하면 주계획 또는 생산계획에 등록된 품목, 계획일자를 근거로 BOM과 품목별 LOT만을 감안하여 계획된 생산품을 생산하기 위하여 필요한 소요품목, 소요일자, 예정발주일, 예정수량을 산출한다.

소요량 취합은 소요량 전개 후 품목이 같으면 소요량을 합산한다. 이때 소요일자와 예정발주일은 빠른 날짜로 처리된다.

소요량 전개시 참조하는 BOM정보는 BOM등록 [생산관리]⇒[기초정보관리] 프로그램에서 등록한다.

소요량전개시 참조하는 리드타임(Lead Time) 정보는 품목등록 [시스템관리]⇒[기초정보관리] 프로그램의 [ORDER/COST TAB]에서 등록한다.

소요량전개시 BOM만을 근거로 전개하는 총소요량전개 방법과 BOM과 현재고, 입고예정, 출고예정, 안전재고 등을 참조해서 전개하는 순소요량전개 방법이다.

■ 전개구분을 1, 수주전개로 선택하고 계획일자(2009/04/01 - 2009/04/30)로 입력하고 [일반전개] 버튼을 클릭하여 아래와 같은 소량을 산출한다.

품번	소요일자	예정발주일	예정수량	단위
CASE01	2009/04/09	2009/04/08	50	EA
CP01	2009/04/08	2009/04/05	50	EA
HA01	2009/04/08	2009/04/06	50	EA
LAN01	2009/04/08	2009/04/06	50	EA
MB01	2009/04/08	2009/04/07	50	EA
ME01	2009/04/08	2009/04/06	50	EA
MO01	2009/04/09	2009/04/06	50	EA
PC01	2009/04/10	2009/04/09	50	EA

[구매자재]→[구매관리]→[소요량전개]→[전개구분(수주전개)]→[계획기간입력]→[일반전개]

[그림 5-2] 소요량전개(MRP) 화면

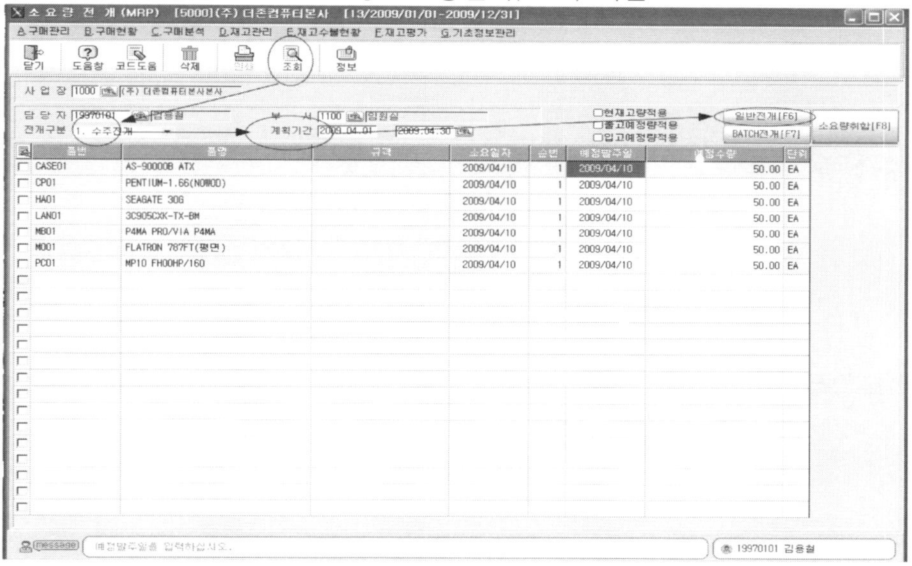

4) 청구등록

수급하고자하는 품목을 작업지시, 외주발주, 구매발주 전에 청구하는 프로그램이다. 소요량적용을 통해 소요량전개 후 생성된 정보를 적용 받아서 입력할 수도 있고 직접 청구등록도 가능하다.

헤더부문의 조회조건(담당자, 부서, 사업장, 청구기간)을 입력 후 [조회]아이콘을 클릭한다. [소요량전개(MRP)] 데이터를 적용하여 [청구등록]에 반영 받을 수 있고 [청구등록]에서 청구내역을 직접입력 할 수 있다.

[소요량전개(MRP)] 데이터를 적용하는 경우 [소요량적용 TAB]을 클릭한 다음 소요예정일과 발주예정일 입력 후 [조회]키를 클릭하면 품목이 조회되고 품목을 선택하고 [확인]하면 [청구등록]에 반영된다. [청구등록 TAB]에서 청구일자와 청구구분을 입력하고 [조회]아이콘을 클릭하면 청구번호가 자동으로 부여되고 저장된다.

청구구분은 '구매'로 입력하면 화면하단의 품목들이 발주등록 프로그램으로 연결되고 '생산'으로 입력하면 화면하단의 품목들이 작업지시등록 프로그램으로 연결된다. '임가공'은 사용하지 않는 기능이다.

관리구분은 [시스템관리]⇒[기초정보관리]⇒[물류관리내역] 프로그램의 '구매자재구분' 항목에 등록한 내역 중에서 선택한다.

프로젝트는 [시스템]⇒[기초정보관리]⇒[프로젝트등록] 프로그램에서 등록된 프로젝트 중에서 선택한다.

청구등록 후 청구를 적용 받아 발주등록을 수행한 경우에는 청구내역을 수정 및 삭제할 수 없다.

■ 소요량전개 후 생성된 소요량정보를 적용받아 구매품에 대한 청구를 등록 한다.

청구일자	청구구분
2009/02/05	구매

[구매자재]➔[구매관리]➔[청구등록]➔[청구등록 선택]➔[청구내역입력]

[그림 5-3] 청구등록 화면

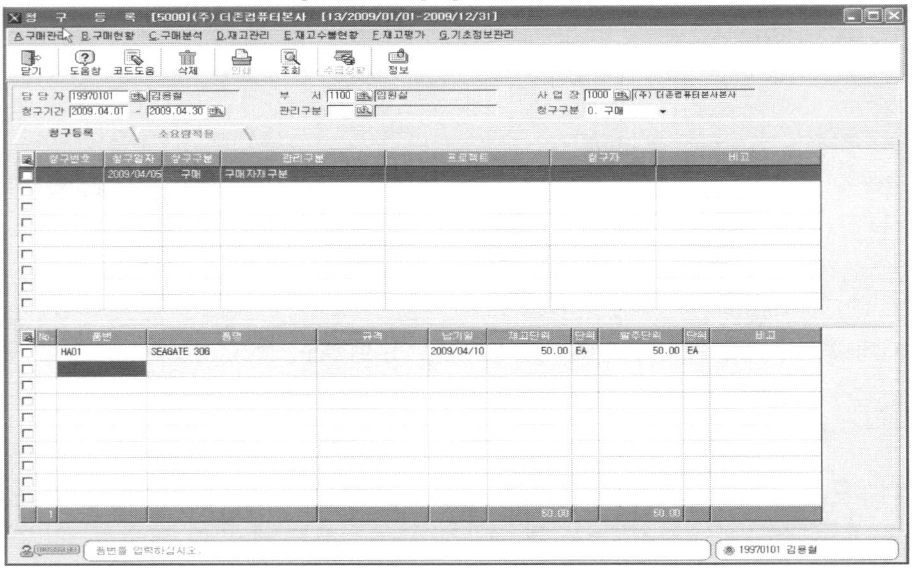

[구매자재]→[구매관리]→[청구등록]→[소요량적용]→[청구기간입력]→[청구구분(구매선택)]→[조회]→[체크박스 클릭]→[확인]→[소요량생성내역 적용]

[그림 5-4] 청구등록 소요량적용 화면

5) 발주등록

자재를 발주하기 위한 프로그램이다. 청구등록 프로그램에서 등록한 청구내역을 적용하여 발주등록 하거나 직접 발주등록 할 수 있다. 청구내역을 적용하여 발주등록을 하면 청구 건에 대한 잔량관리를 할 수 있다.

[발주등록]에서 발주일자를 입력하고 [조회] 아이콘을 클릭 후 [청구적용 TAB]을 클

릭한다. [청구적용 TAB]에서 청구일자를 입력 후 [조회] 아이콘을 클릭하면 청구내역들이 조회되고 화면상단의 발주할 청구건과 화면하단의 품목 전부를 선택 후 [일괄적용]버튼을 클릭한다.

[발주등록 TAB]에서 청구내역을 적용받아서 일괄적으로 발주등록 후 발주일자를 확인하고 발주등록한 모든 품목에 대해 검사항목을 체크한다.

관리구분은 [시스템관리]⇒[기초정보관리]⇒[물류관리내역] 프로그램에서 '구매자재구분' 항목에 등록한 항목 중 선택한다.

프로젝트는 [시스템관리]⇒[기초정보관리]⇒[프로젝트등록] 프로그램에서 등록된 항목 중 선택한다. 건별적용은 사용자가 청구내역을 직접 선택하여 발주 등록할 때 사용한다.

■ 일괄적용 기능을 이용하여 발주 한다.

발주일자	거래처	과세구분	품번	납기일	발주수량	단가	검사
2009/04/05	(주)하나로	매입과세	HA01	2009/04/08	50	140,000	검사
			ME01	2009/04/08	50	60,000	검사
2009/04/05	(주)삼화INC	매입과세	MO01	2009/04/09	50	350,000	검사
			CP01	2009/04/09	50	162,000	검사
2009/04/05	(주)씨네스	매입과세	LAN01	2009/04/09	50	8,000	검사
			MB01	2009/04/09	50	125,000	검사

[구매자재]→[구매관리]→[발주등록]→[발주등록 클릭]→[데이터 입력]

[그림 5-5] 발주등록 화면

[구매자재]→[구매관리]→[발주등록]→[청구적용]→[청구일자입력]→[조회]→[체크항목 클릭]→[건별적용]

[그림 5-6] 발주등록(청구적용) 화면

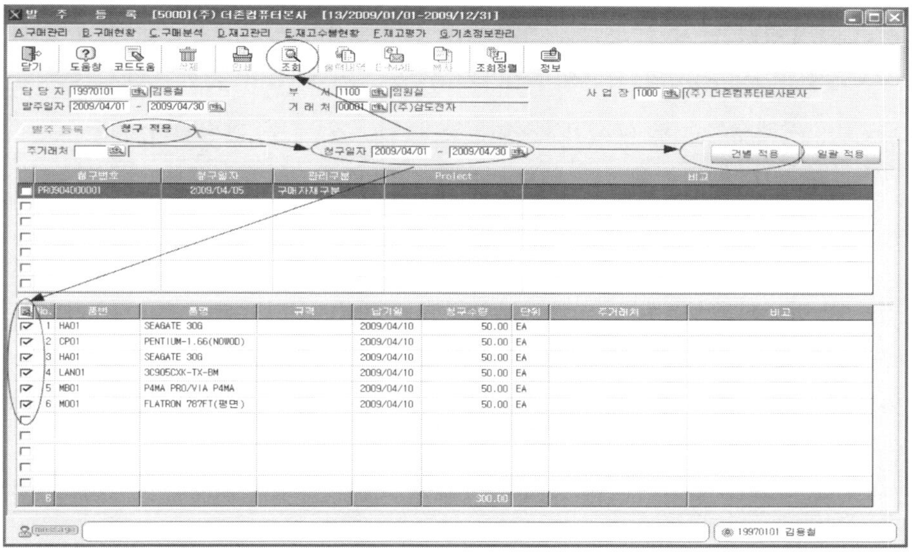

[그림 5-7] 발주등록완료 화면

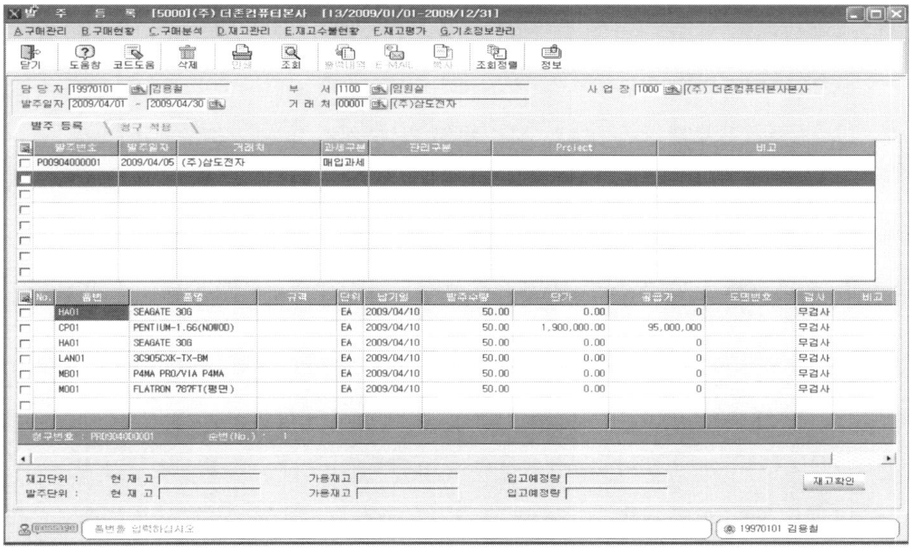

발주등록이 완료되면 발주일자(2009/04/01 - 2009/04/30)를 입력하고 [조회] 아이콘을 클릭하여 조회되면 [인쇄]를 선택하여 인쇄한다. 또한 발주서를 e-Mail로 보낼 경우 [e-Mail] 아이콘을 클릭하여 전송할 수도 있다.

6) 입고의뢰 등록

거래처에 발주한 물품을 납품받아 창고에 입고시키기 위하여 물류창고 담당자에게 입고처리를 요청하는 프로그램이다. 시스템 환경설정이 조회구분 [물류]에서 환경 요소명 [입고운영의뢰구분]의 사용여부가 [사용]으로 되어 있어야 한다.

의뢰기간, 거래구분을 입력하고 [조회] 아이콘을 클릭 후 의뢰일자에 커서가 위치한 상태에서 [발주적용] 버튼을 클릭한다.

[발주적용] 화면에서 발주기간을 입력하고 [조회] 버튼을 클릭 후 발주등록 내역이 조회되면 발주일자, 거래처, 품번 등의 발주내역을 선택 후 [확인] 버튼을 클릭한다. 부분적으로 적용되는 품목은 NO 항목 앞의 체크박스를 선택한 품목만 적용 된다.

발주내역을 적용받고 의뢰일자, 요청창고, 요청자를 입력하고 저장을 수행한다. 이때 요청자를 [시스템관리]⇒[기초정보관리]⇒[물류담당자등록]의 등록된 내역을 조회한다.

관리구분은 [시스템관리]⇒[기초정보관리]⇒[물류내역프로그램]의 '구매자재구분' 항목에 등록한 항목 중에서 선택한다.

프로젝트는 [시스템관리]⇒[기초정보관리]⇒[프로젝트등록] 프로그램에 등록한 프로젝트 중에서 선택한다.

요청자는 [시스템관리]⇒[기초정보관리]⇒[물류담당자코드등록] 프로그램에 등록한 항목 중에서 선택한다.

입고의뢰 등록 프로그램은 ERP 시스템의 업무처리시 반드시 처리해야 할 작업은 아니다. [시스템관리]⇒[회사등록정보]⇒[시스템환경설정] 화면에서 [코드 : 42] 입고의뢰운영여부를 선택하여 운영할 수 있다.

입고의뢰등록 후 의뢰내역을 적용받아 입고검사 또는 입고처리를 수행한 경우에는 수정 및 삭제할 수 없다.

■ 발주내역을 적용받아 입고의뢰 한다.

의뢰일자	거래구분	거래처	요청창고	요청자	품번	발주수량	검사
2009/04/08	O.DOMESTIC	(주)하나로	부품창고	구매부	HA01	50	검사
					ME01	50	검사
2009/04/08	O.DOMESTIC	(주)삼화INC	부품창고	구매부	MO01	50	검사
					CP1	50	검사
2009/04/08	O.DOMESTIC	(주)씨네스	부품창고	구매부	LAN01	50	검사
					MB01	50	검사

[구매자재]→[구매관리]→[입고의뢰등록]→[의뢰기간입력]→[거래구분입력]→[발주적용(F4)] →[발주적용화면으로 이동]

[그림 5-8] 입고의뢰등록 메인 화면

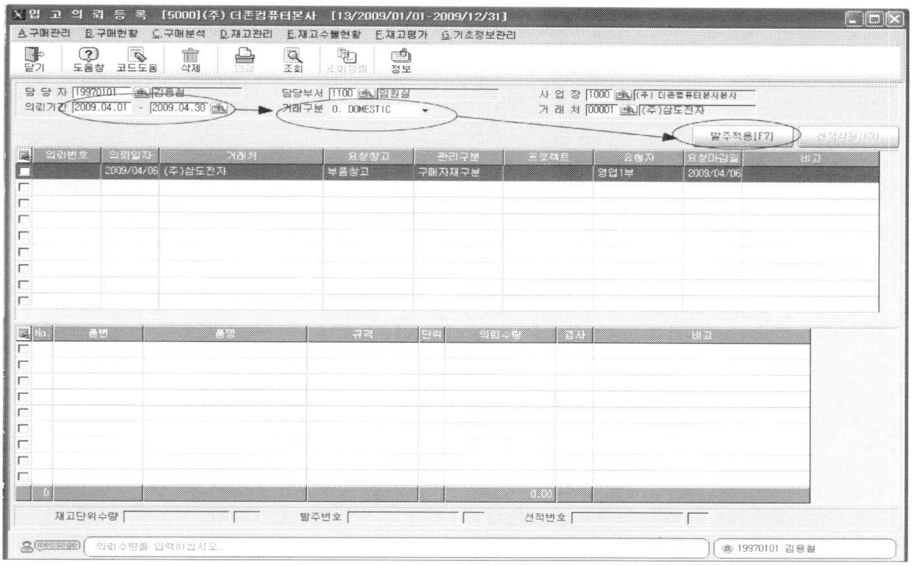

[발주적용(F4)]→[발주기간입력]→[조회]→[체크박스선택]→[확인]→[발주적용(F4)]
→[발주적용화면으로 이동]

[그림 5-9] 입고의뢰등록(발주적용) 화면

[발주적용(F4)]➜[확인]➜[체크박스클릭]➜[조회]➜[저장]

[그림 5-10] 입고의뢰등록완료 화면

7) 입고검사

거래처로부터 납품된 물품이 물류창고에 입고시키기 전에 검사 수행 후 검사결과를 등록하는 프로그램이다.

검사기간을 입력하고 [조회]를 클릭하여 검사일자에 커서가 위치한 상태에서 [의뢰적용]버튼을 클릭한다.

의뢰기간을 입력하고 [조회]버튼을 클릭 후 의뢰등록내역이 조회되면 의뢰일자, 거래처, 품번인 의뢰내역 선택하고 [적용]을 클릭한다.

의뢰 내역을 적용 받고 검사일자를 입력 후 검사유형, 시료수, 합격여부, 합격수량을 확인 후 [저장]아이콘을 클릭하여 저장한다.

입고검사 프로그램은 반드시 처리해야할 작업은 아니다. [시스템관리]⇒[회사등록정보]⇒[시스템환경설정]에서 [코드 : 46번] 입고검사운영여부를 '사용'으로 설정한 경우에만 운영할 수 있다. 또한 발주등록 또는 입고의뢰등록시 각 품목별로 검사유무를 '검사'로 선택한 경우에만 입고검사를 수행한다. 입고검사 후 검사내역을 적용 받아 입고처리를 수행한 경우에는 수정 및 삭제가 불가능하다.

■ 입고의뢰를 적용받아 입고검사결과를 입력 한다.

검사일자	거래처	입고창고	품번	시료수	검사유형	합격여부
2009/04/08	(주)하나로	부품창고	HA01	50	전수검사	합격
			ME01	50	전수검사	합격
2009/04/08	(주)삼화INC	부품창고	MO01	50	전수검사	합격
			CP1	50	전수검사	합격
2009/04/08	(주)씨네스	부품창고	LAN01	50	전수검사	합격
			MB01	50	전수검사	합격

[구매/자재]→[구매관리]→[입고검사]→[검사기간 입력]→[의뢰적용]→[팝업창 활성화]→[의뢰체크박스 선택]→[검사결과 확인]→[저장]

[그림 5-11] 입고검사 화면

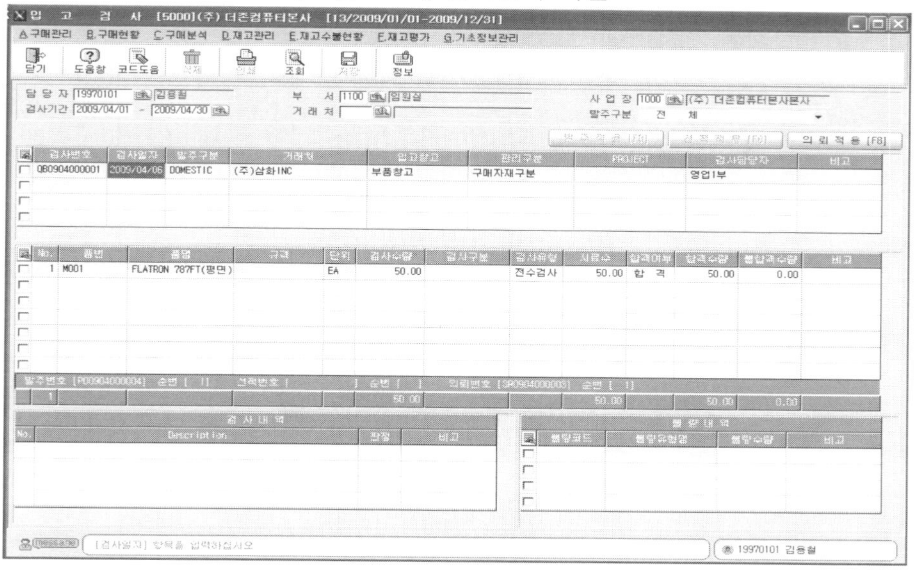

8) 입고처리

거래처에서 납품 또는 반품처리시 등록하는 프로그램이다. 발주내역을 적용받아 입고처리를 수행할 경우 [국내발주 TAB]에서 실행하고 발주 없이 입고처리를 수행할 경우와 반품 처리할 경우 [예외입고 TAB]에서 처리한다. [L/C TAB]과 [해외발주 TAB]은 무역관리에서 사용한다.

[국내발주 TAB]에서 창고, 장소, 입고기간을 입력하고 [조회]를 클릭 후, [검사적용]을 클릭한다. 검사기간을 입력 후 [조회]를 클릭하여 해당 기간 내의 발주내역이 조회되면 검사일자, 거래처, 발주구분, 과세구분, 품번을 선택 후 [확인]을 클릭한다. 검사내역을 적용

받고 입고일자를 입력 후 거래처, 입고구분, 과세구분, 품번, 수량, 단가 등을 확인한다.

창고/장소는 [시스템관리]⇒[기초정보관리]⇒[창고/공정/외주등록] 프로그램에서 등록한 항목 중 선택한다.

관리구분은 [시스템관리]⇒[기초정보관리]⇒[물류관리내역] 프로그램의 '구매자재구분' 항목에 등록한 항목 중에서 선택한다.

프로젝트는 [시스템관리]⇒[기초정보관리]⇒[프로젝트등록] 프로그램에서 등록한 항목 중 선택한다.

[예외입고]는 발주 없이 입고처리 할 경우에 사용한다. 예로 견본용 또는 샘플용으로 입고처리 할 경우 사용한다.

■ 입고검사 완료 내역을 적용 받아 입고한다.

입고일자	거래처	창고	장소	입고구분	과세구분	품번	수량	단가
2009/04/08	(주)하나로	부품창고	부품장소	국내발주	매입과세	HA01	50	140,000
						ME01	50	60,000
2009/04/08	(주)삼화INC	부품창고	부품장소	국내발주	매입과세	MO01	50	350,000
						CP1	50	162,000
2009/04/08	(주)씨네스	부품창고	부품장소	국내발주	매입과세	LAN01	50	8,000
						MB01	50	125,000

[구매/자재]→[구매관리]→[입고처리(국내발주)]→[창고 및 장소입력]→[입고기간입력]→[조회]→[검사적용]→[팝업창활성화]

[그림 5-12] 입고처리 메인 화면

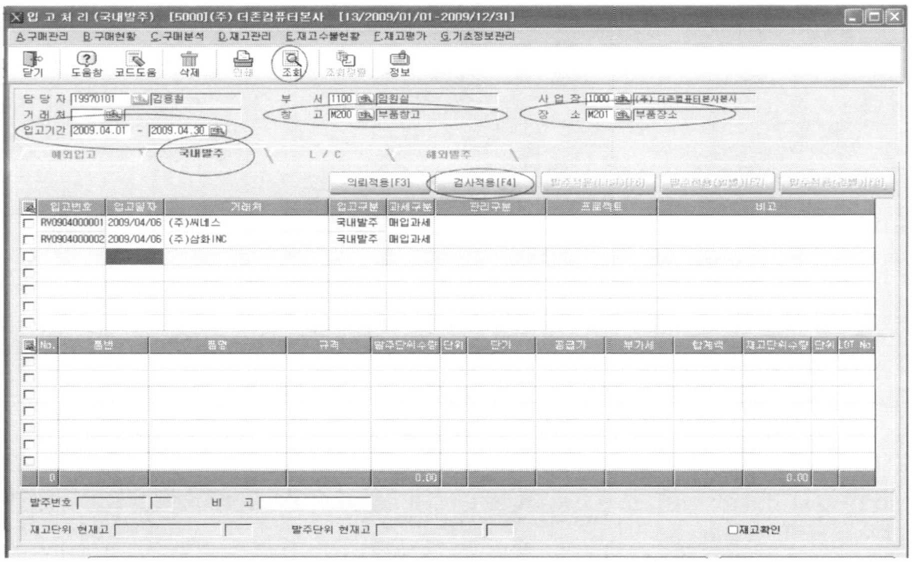

[팝업창(검사적용)]➔[검사기간 설정]➔[조회정렬]➔[확인]➔[입고처리완료화면 이동]

[그림 5-13] 입고처리 팝업 화면

[입고처리 완료화면]➔[입고데이터 입력]➔[조회]➔[저장]

[그림 5-14] 입고처리 완료 화면

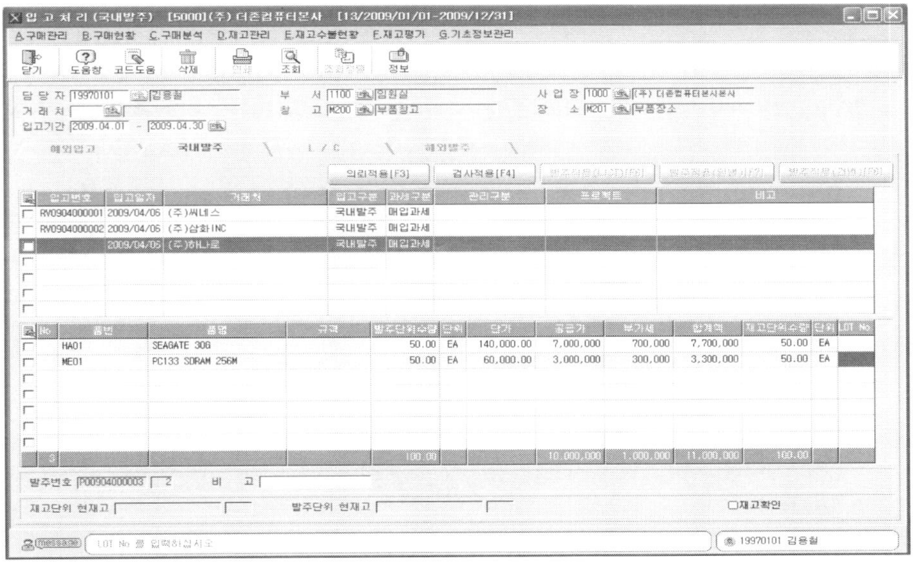

9) 매입마감

입고처리 또는 반품 처리한 것을 근거로 매입마감을 수행하는 프로그램이다. 매입마감은 입고를 확정하는 작업이다.

작업방법으로 [국내거래 TAB]에서 마감기간을 입력 후 [조회]를 클릭하고 [입고일괄적용] 또는 [입고적용]을 클릭한다.

[입고일괄적용]화면에서 입고기간, 마감일자를 입력 후 거래처 일괄선택 후 [확인]을 클릭한다. 입고건별 작업은 입고기간 동안에 입고된 입고건수 1건당 매입마감을 1건으로 처리하는 것이다.

거래처일괄 마감은 입고기간동안 여러 건의 입고가 되었을 경우 거래처별로 매입마감 처리하여 전표건수를 줄여주는 작업이다. 전표는 매입 마감 후 회계처리를 수행하지 않았으면 '미처리'이고 회계처리를 수행하였으면 '처리' 상태가 된다.

■ 입고된 내역을 일괄적용 받아 매입마감을 한다.

입고일자	거래처	거래구분	과세구분	품번	수량	단가
2009/04/08	(주)하나로	DOMESTIC	매입과세	HA01	50	140,000
				ME01	50	60,000
2009/04/08	(주)삼화INC	DOMESTIC	매입과세	MO01	50	350,000
				CP1	50	162,000
2009/04/08	(주)씨네스	DOMESTIC	매입과세	LAN01	50	8,000
				MB01	50	125,000

[구매/자재]→[구매관리]→[매입마감(국내거래)]→[마감기간입력]→[조회]→[조회]→[입고일괄적용]→[팝업창 활성화]→[입고기간입력]→[마감일자]→[거래처일괄]→[확인]→[매입마감 메인창 이동]→[매입마감]→[조회]

[그림 5-15] 매입마감 메인 화면

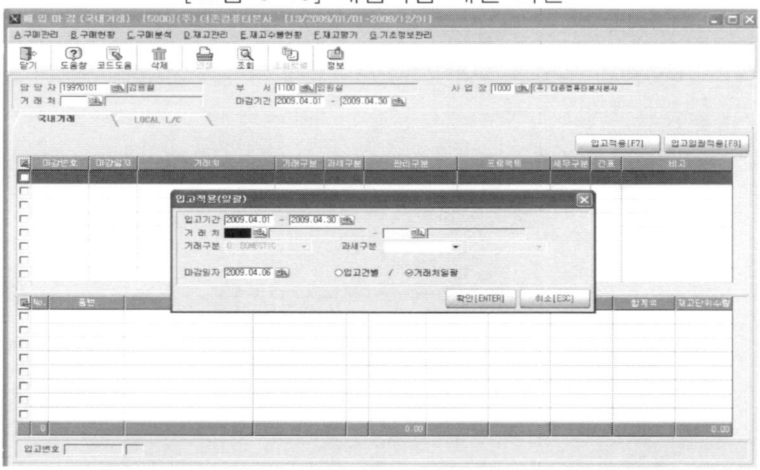

[그림 5-16] 매입마감 완료 화면

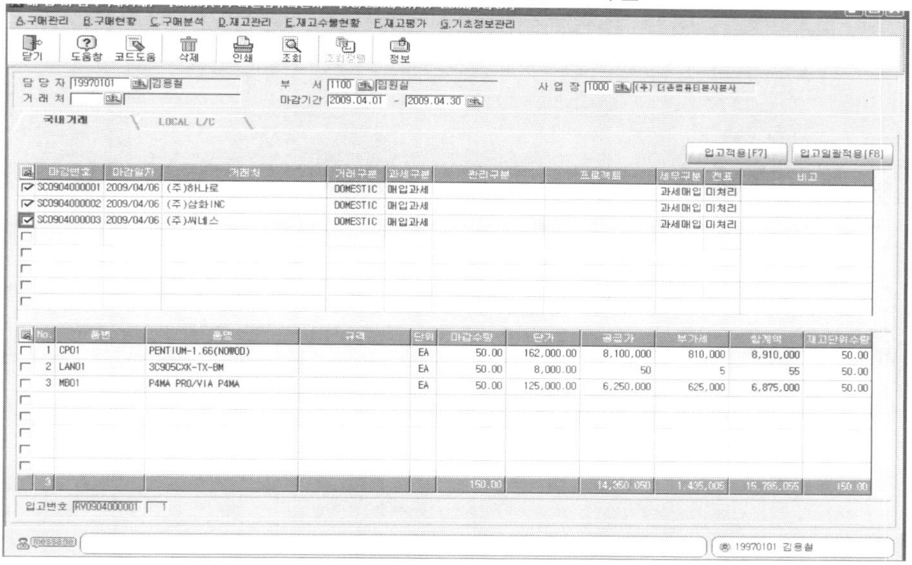

10) 매입정보회계처리

매입마감 내역을 근거로 회계처리를 수행하여 전표를 생성하기 위한 프로그램이다.

작업방법으로 [매입마감 TAB]에서 처리일자와 결의일자를 입력 후 [조회]를 클릭하여 조회 조건에 해당하는 매입마감 내역이 조회되고 매입마감 내역 중에서 회계처리를 수행할 매입마감 건을 선택하고 [전표생성]을 클릭한 후 부가세신고사업장선택 팝업창이 뜨면 사업장 확인 후 [확인]을 클릭한다. 처리일자와 조회일자를 확인 후 [조회] 클릭하면 매입마감 정보를 회계처리 내역에서 확인할 수 있다.

■ 매입마감 내역에 대하여 회계처리를 수행한다.

입고일자	거래처	거래구분	과세구분	품번	수량	단가
2009/04/08	(주)하나로	DOMESTIC	매입과세	HA01	50	140,000
				ME01	50	60,000
2009/04/08	(주)삼화INC	DOMESTIC	매입과세	MO01	50	350,000
				CP1	50	162,000
2009/04/08	(주)씨네스	DOMESTIC	매입과세	LAN01	50	8,000
				MB01	50	125,000

[구매/자재]→[구매관리]→[회계처리(매입마감)]→[일자입력]→[조회]→[전표생성]→[팝업창활성화]→[확인]→[일자확인]→[조회]

[그림 5-17] 매입정보 회계처리 화면

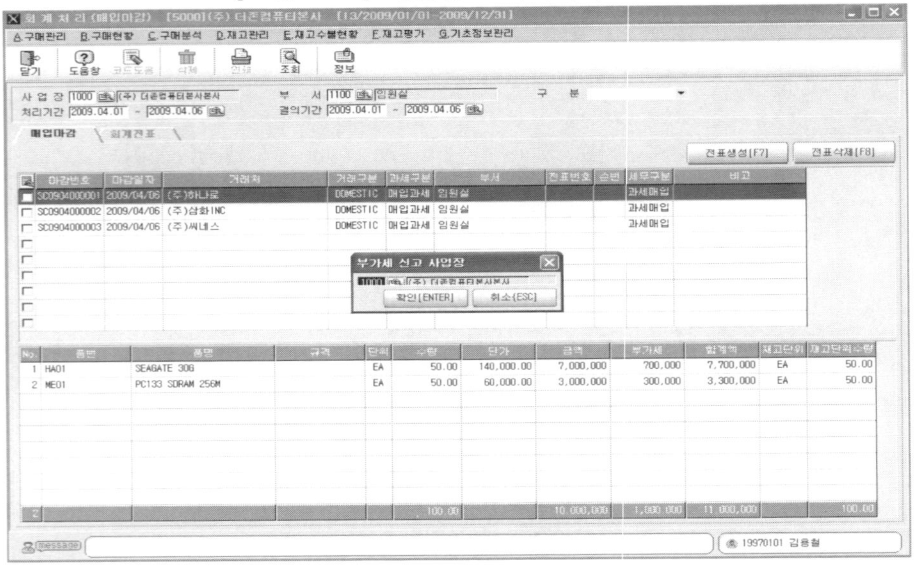

[그림 5-18] 매입정보 회계처리 결과 화면

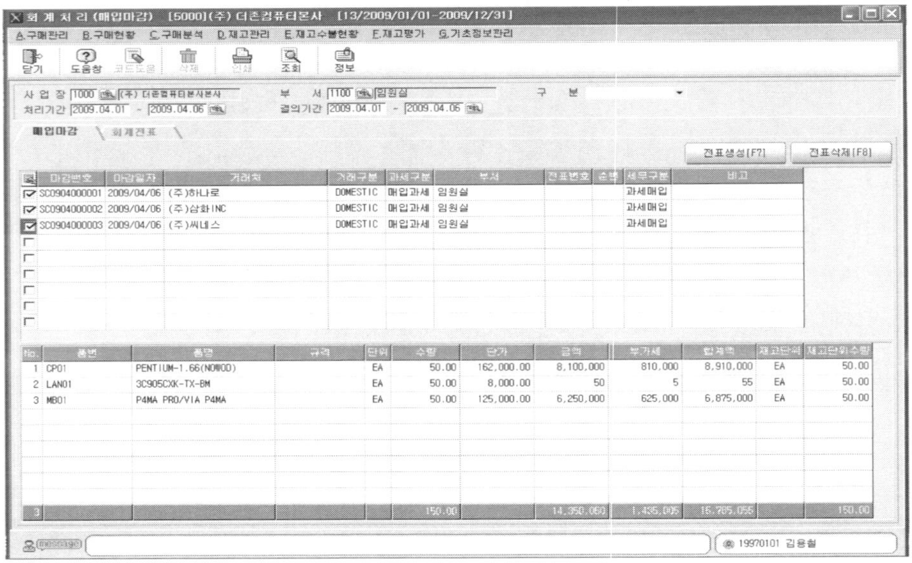

11) 발주마감처리

발주등록 후 발주 잔량이 남아 있는 상태에서 거래처에 더 이상 납품을 요청하지 않고 해당발주를 종료하는 프로그램이다.

작업방법으로 조회조건을 입력하고 [조회]를 클릭하면 조회조건에 해당한 발주 잔량이 남아있는 발주내역이 조회된다. 강제로 마감처리 하고자 하는 발주내역을 선택 후 [마감처리]를 클릭한다. 마감 처리된 발주내역에 대해 마감을 취소하려면 마감된 발주내역을 선택 후 [마감취소]를 클릭한다.

[그림 5-19] 발주마감처리 화면

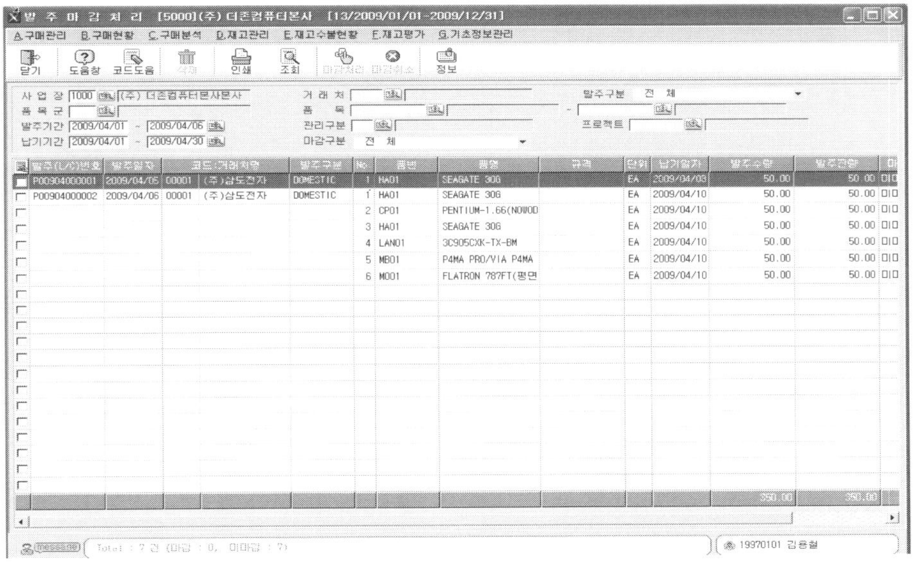

2. 반품관리

1) 반품처리

물품 납품 또는 반품 처리 프로그램이다. [예외입고 TAB]에서 처리한다.

■ (주)하나로에 다음과 같이 반품되었다.

반품일자	창고	장소	거래처	입고구분	과세구분	품번	수량	단가
2009/04/09	부품창고	부품장소	(주)하나로	국내발주	매입과세	HA01	−2	140,000

[구매/자재]➔[구매관리]➔[입고처리(국내발주)]➔[예외입고]➔[입고기간/창고/장소 선택]➔[입고적용(F8)]➔[입고기간입력]➔[조회]➔[확인]➔[입고처리]➔[데이터입력]➔[조회]

[그림 5-20] 반품처리 화면

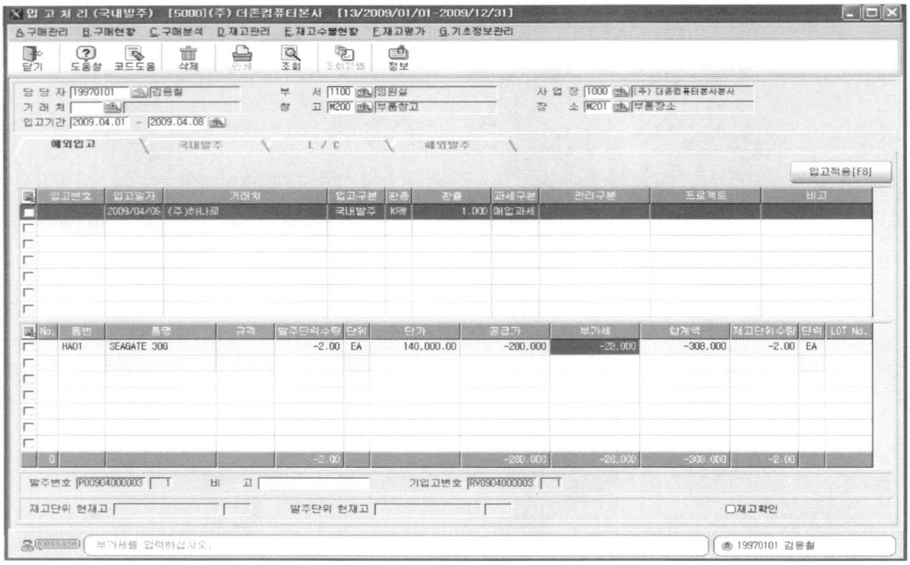

[그림 5-21] 반품처리 팝업 화면

2) 반품정보 매입마감

반품처리 한 것을 근거로 매입을 마감하는 프로그램이다.

■ (주)하나로의 반품내역을 적용받아 매입마감 한다.

마감일자	거래처	거래구분	과세구분	품번	마감수량	단가
2009/04/09	(주)하나로	DOMESTIC	과세	HA01	−2	140,000

[구매/자재]→[구매관리]→[매입마감(국내처리)]→[매입마감]→[마감기간입력]→[조회]→[입고적용]→[선택]→[조회]

[그림 5-22] 반품정보 매입마감 화면

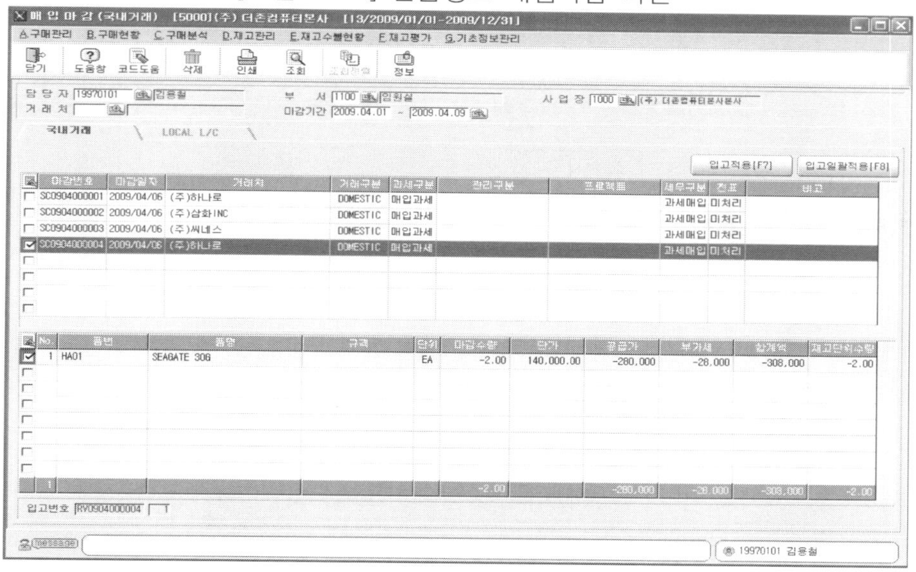

3) 반품정보 회계처리

매입마감 내역을 근거로 회계처리를 수행하여 전표를 생성하는 프로그램이다.

■ (주)하나로의 반품내역을 적용받아 회계처리 한다.

마감일자	거래처	거래구분	과세구분	품번	마감수량	단가
2009/04/09	(주)하나로	DOMESTIC	매입과세	HA01	−2	140,000

[구매/자재]→[구매관리]→[회계처리(매입마감)]→[매입마감]→[처리기간 입력]→[전표생성]→[확인] →[조회]

[그림 5-23] 반품정보회계처리 화면

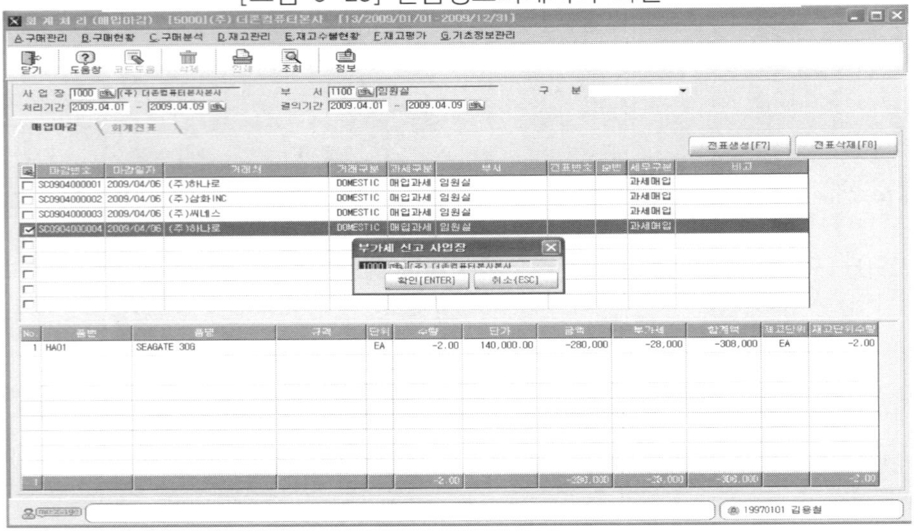

3. 구매현황 분석

1) 소요량현황

소요량전개(MRP) 작업 후 품목 및 일자별로 소요량현황을 조회하기 위한 프로그램이다.

[구매/자재]→[구매현황]→[소요량현황]→[품목선택]→[조회]

[그림 5-24] 소요량현황 조회 화면

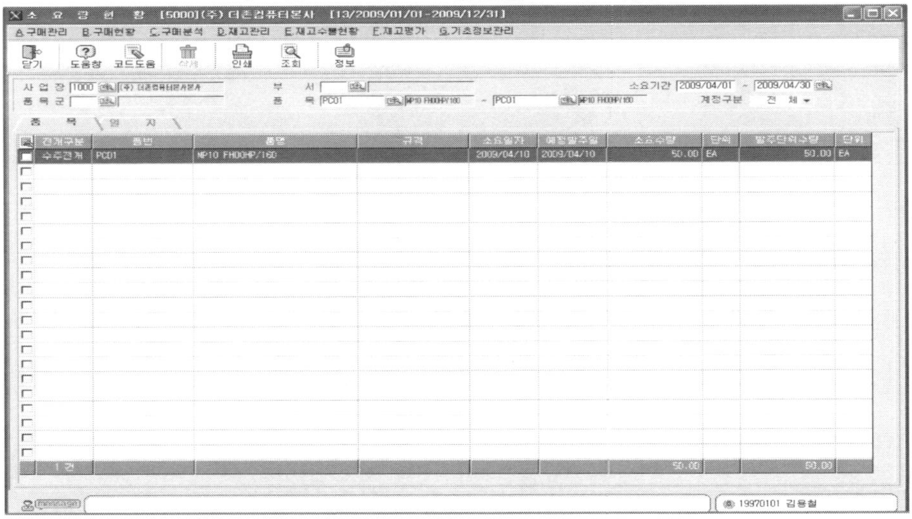

2) 청구현황

청구등록 프로그램에서 등록한 청구구분에 따라서 구매품 또는 생산품의 청구현황을 조회하기 위한 프로그램이다.

[구매/자재]➔[구매현황]➔[청구현황]➔[조회]

[그림 5-25] 청구현황 조회 화면

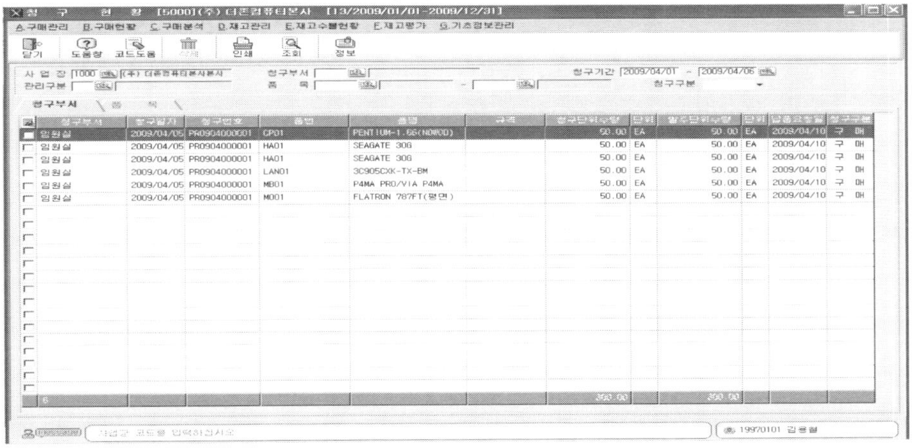

3) 발주현황

발주(L/C)번호, 발주일, 납기일, 분류별, 거래처별, 품목별로 구매발주현황을 조회하기 위한 프로그램이다.

[구매/자재]➔[구매현황]➔[발주현황]➔[조회]

[그림 5-26] 발주현황 조회 화면

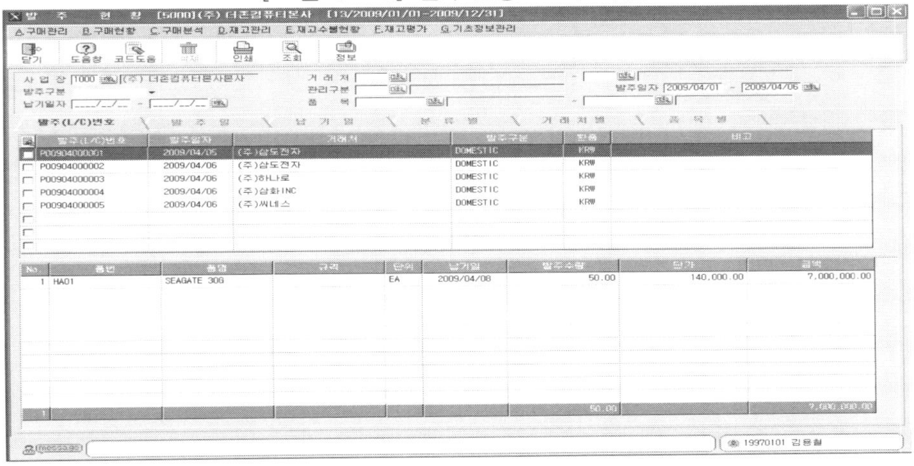

4) 발주대비입고 현황

발주(L/C)번호, 발주일, 납기일, 거래처별, 품목별로 발주대비 입고현황을 조회하기 위한 프로그램이다.

[구매/자재]→[구매현황]→[발주대비입고]→[조회]

[그림 5-27] 발주대비입고 조회 화면

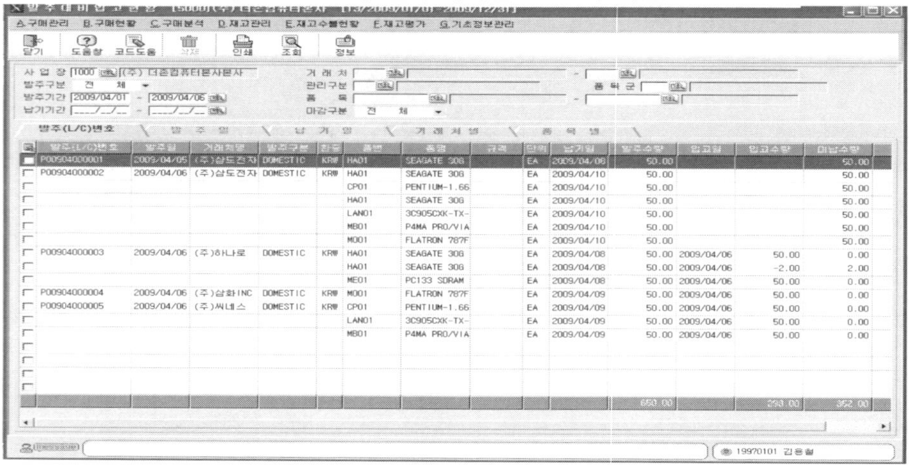

5) 발주미납현황

납기일, 경과일수, 거래처별, 품목별로 발주 후 입고처리 되지 않고 미납으로 관리되어 지고 있는 현황을 조회하기 위한 프로그램이다.

[구매/자재]→[구매현황]→[발주미납현황]→[조회]

[그림 5-28] 발주미납현황 조회 화면

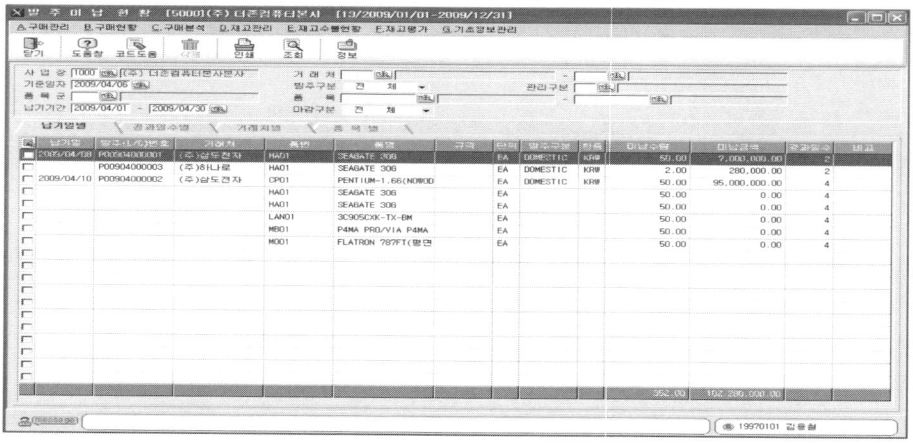

6) 입고현황

일자별, 거래처별, 품목별, 분류별로 입고 처리된 입고내역을 조회하기 위한 프로그램이다.

[구매/자재]→[구매현황]→[입고현황]→[조회]

[그림 5-29] 입고현황 조회 화면

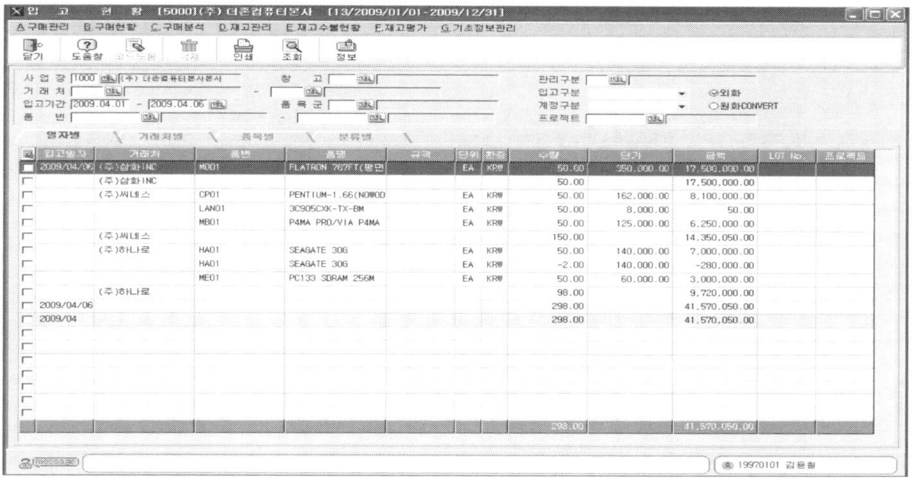

7) 매입마감현황

일자별, 거래처별, 품목별, 거래구분별, 관리구분별로 매입마감현황을 조회하기 위한 프로그램이다.

[구매/자재]→[구매현황]→[매입마감현황]→[조회]

[그림 5-30] 매입마감현황 화면

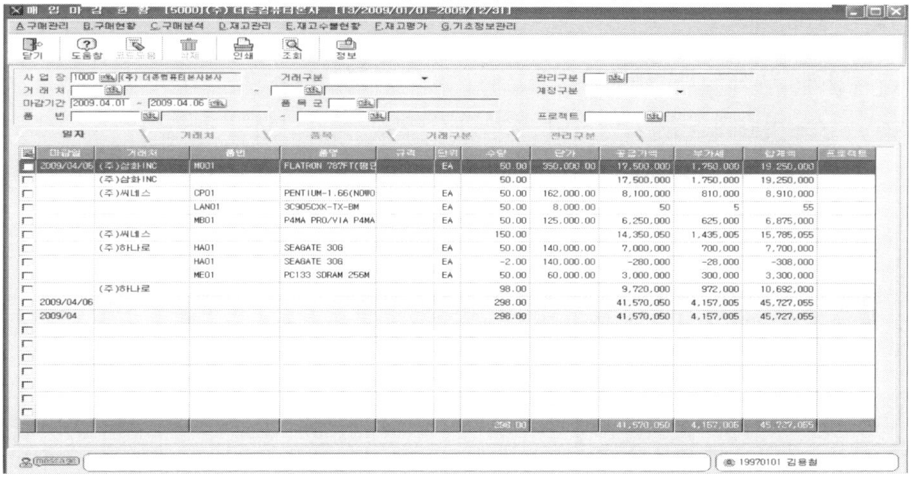

8) 매입미감현황

입고처리 되었으나 매입마감이 되지 않은 내역을 조회하기 위한 프로그램이다.

[구매/자재]→[구매현황]→[매입 미 마감현황]→[조회]

[그림 5-31] 매입 미 마감현황 화면

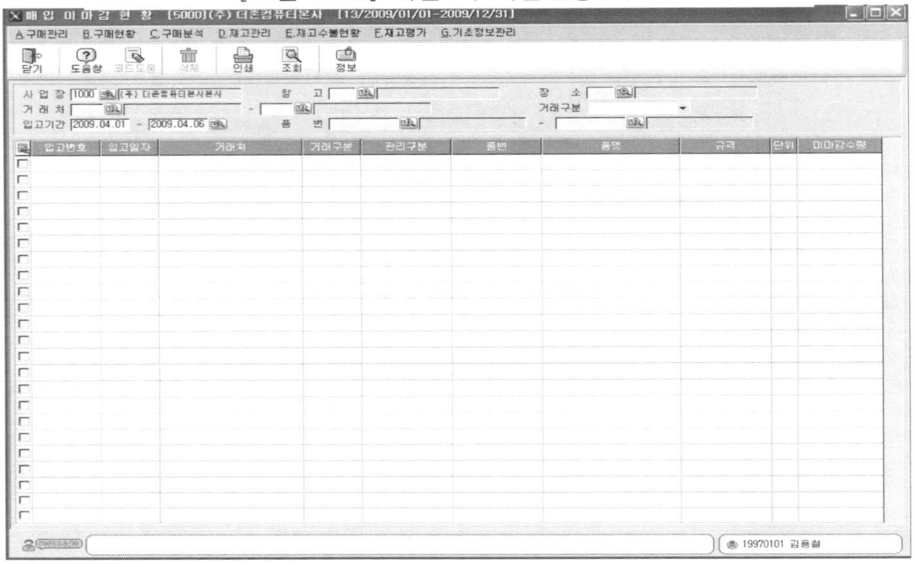

4. 구매 분석

1) 발주미납집계

거래처집계, 품목집계, 구분별집계로 발주 후 입고처리 되지 않고 미납으로 관리되어 지고 있는 미납내역을 집계하여 조회하기 위한 프로그램이다.

[구매/자재]→[구매분석]→[발주미납집계]→[조회]

[그림 5-32] 발주미납집계조회 화면

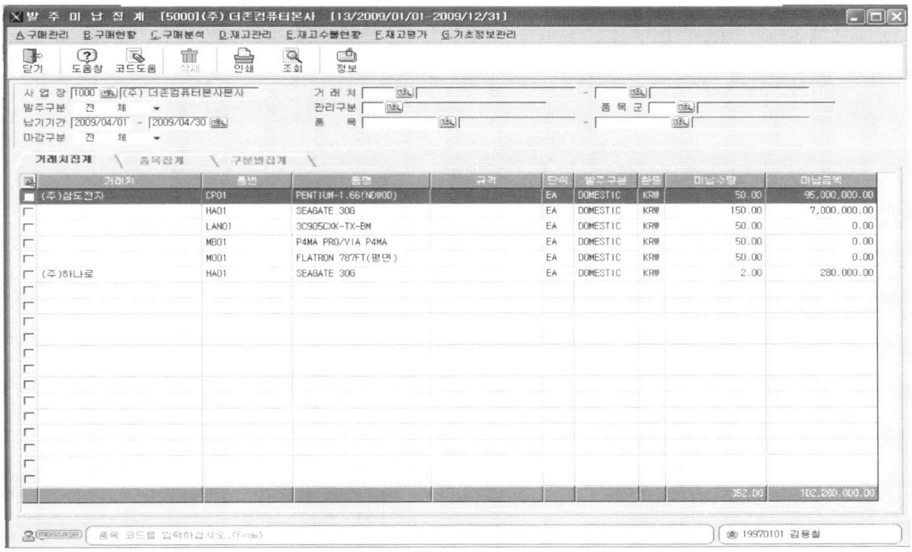

2) 입고집계

품목군, 품목, 거래처별, 발주구분, 관리구분별로 입고된 사항에 대해 누적하여 집계 자료 형태로 분석하기 위한 프로그램이다.

[구매/자재]➔[구매분석]➔[입고집계]➔[조회]

[그림 5-33] 입고집계조회 화면

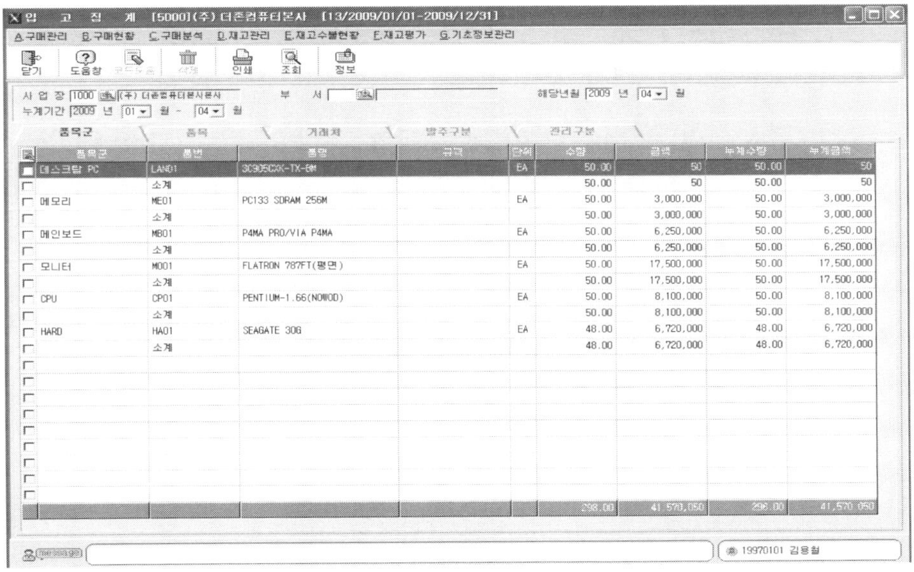

3) 매입집계

품목군, 거래처, 품목별, 거래구분별, 관리구분별로 해당년도 및 월별로 매입집계내역을 분석하기 위한 프로그램이다.

[구매/자재]➔[구매분석]➔[매입집계]➔[조회]

[그림 5-34] 매입집계조회 화면

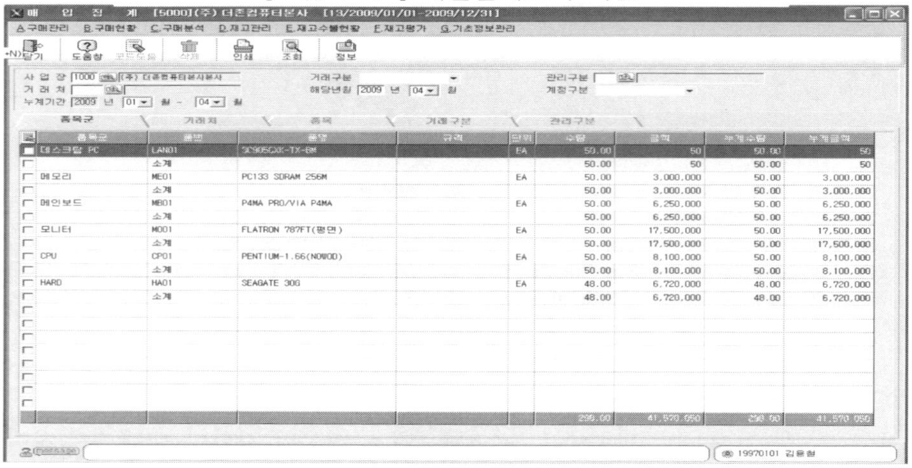

4) 매입집계(월별)

품목군, 거래처, 품목별로 매입집계 현황을 월별로 구분하여 수량 또는 금액으로 조회하기 위한 프로그램이다.

[구매/자재]➔[구매분석]➔[매입집계(월별)]➔[조회]

[그림 5-35] 매입집계(월별)조회 화면

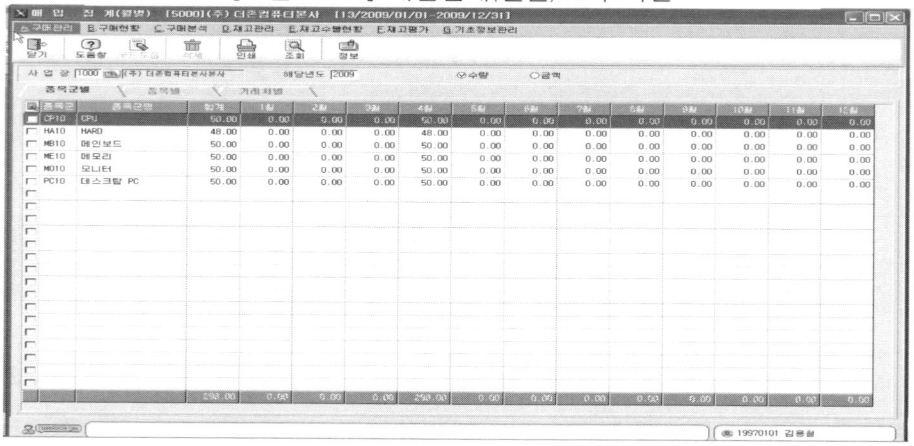

4) 매입집계(분류별)

매입집계 현황을 대분류, 중분류, 소분류로 구분하여 조회하기 위한 프로그램이다.

[구매/자재]➔[구매분석]➔[매입집계(분류별)]➔[조회]

[그림 5-36] 매입집계(분류별)조회 화면

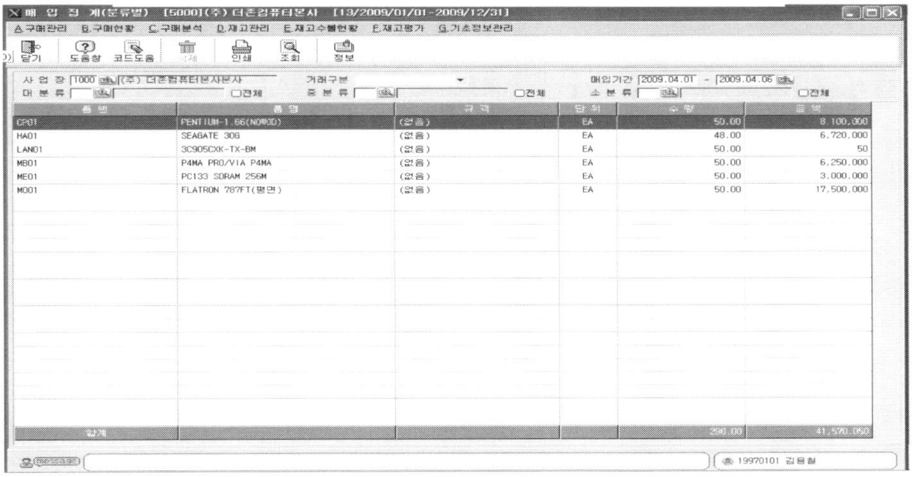

5) 매입순위표

거래처별, 품목별로 매입마감 처리된 금액을 기준으로 매입순위를 분석하기 위한 프로그램이다.

[구매/자재]➔[구매분석]➔[매입순위표]➔[조회]

[그림 5-37] 매입순위표조회 화면

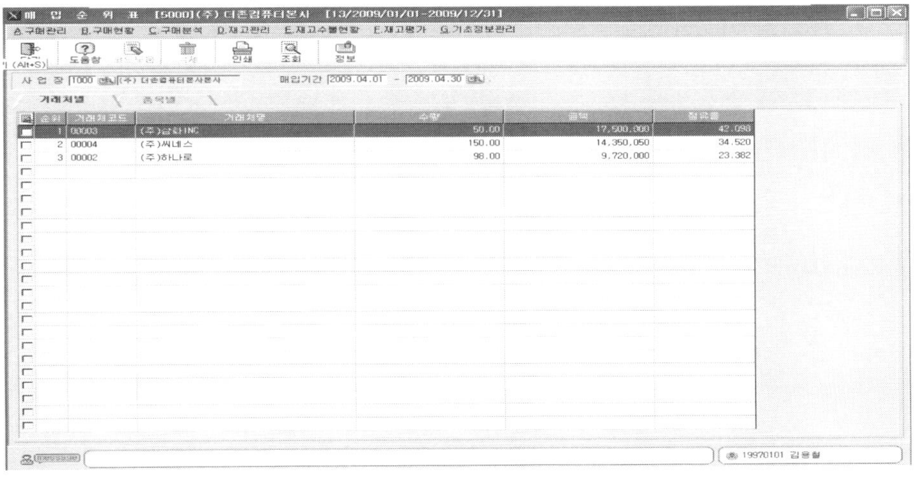

[연습문제]

1. 구매관리 절차에 대하여 연구한다.
2. 구매원가 산정방법에 대하여 연구한다.
3. ERP에서 청구등록, 발주등록, 입고에 대하여 연구한다.
4. ERP 구매프로세스를 분석한다.
5. 협력업체와의 상생을 위한 전략을 수립한다.

Chapter Ⅵ

자재관리

【자재관리 프로세스】

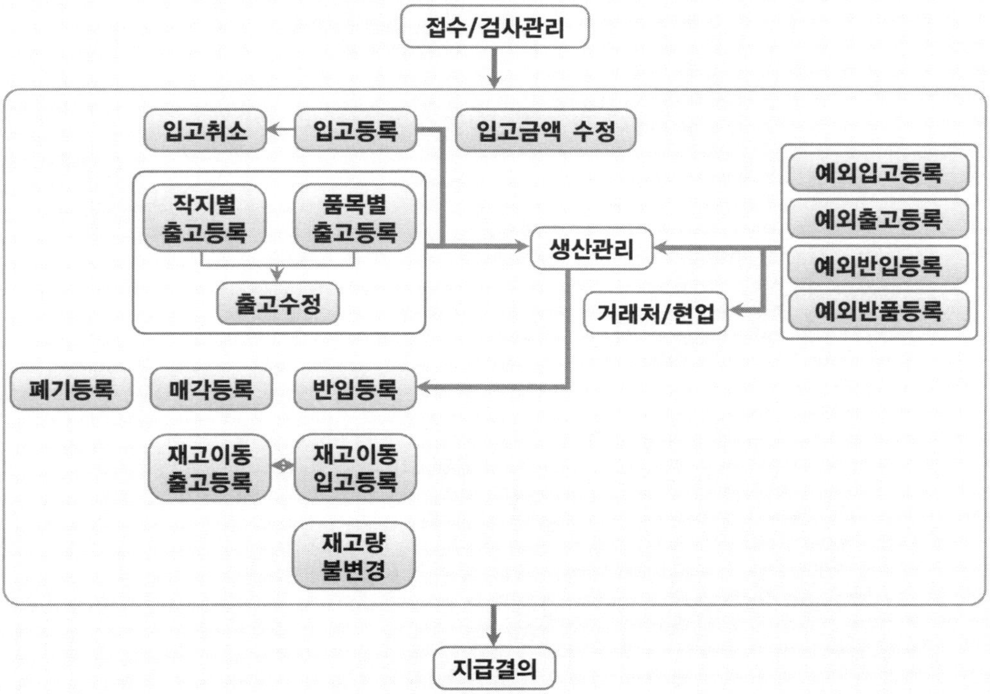

푸르름

▸ 김용철

아침의 푸르름은 우리를 상쾌하게 한다.
아침의 푸르름은 지루한 긴 밤 동안
우울하고 창백한 모습을 다시 되돌려 놓고 있다.
눈 감으면 잠시이지만 지난밤이 너무도
길게만 흘러가는 것은 우리에게 젖어든
공허함 때문이다.
아침의 푸르름이 다시 온다고 해서
사랑하는 사람을 곁에 두지 못하지만
그래도 아침을 기다림은 지난밤 홀로 하긴
너무도 깊었기 때문인가 보다.
내겐 무엇보다도 아침의 푸르름을 기다린 듯
어느 한곳에 간직된 사랑을 기다리며 하루를 시작한다.
긴밤 아팠던 가슴을 적시며 푸르름을 기다린다.

제1절 자재관리 이해

1. 자재관리의 의의

자재관리(materials management)는 기업의 모든 물류를 관리하는 것으로서 기업의 이익을 증대시켜 고객만족에 공헌하게 된다. 서비스 기업의 자재부족은 고객 불평으로 이어지게 된다.

자재관리는 내부 및 외부공급자로부터 입고된 자재구매량을 판단하는 것으로 적정 자재 소요량 산출은 물론 효율적인 재고관리와 양질의 자재를 구매하여 고객만족을 증진시키는 업무이다. 또한 자재관리는 기업의 부가가치를 증대시키는 기초적 기능을 수행하는 중요한 역할을 한다.

자재관리 업무는 자재 기획에서부터 구매, 외주, 창고, 운반, 가치창조, 재고관리 등 다양한 범위에서 운영되고 있다. 따라서 자재관리의 기능은 기업에서 필요한 제반 자재를 합리적으로 관리하고 계속 공급이 이루어 져야 하며, 미래의 수요를 예측하고 조달 및 확보기능이 있다.

2. 자재관리의 목적

기업을 경영하면서 우리는 회사의 자산 중에서 자재부문이 차지하는 비용을 생각하여 볼 수 있다. 제조업의 경우 제품에 따라 다르나 일반적으로 생산원가의 60%－70% 이상이 자재가 차지하고 있다. 또한 기업을 운영하는데 필요한 모든 자재 및 설비 등이 원가를 상승시키는 요인이 될 수 있다. 따라서 자재 및 설비를 효율적으로 활용하면 생산성 향상을 추구할 수 있다.

생산 활동을 위하여 자재 및 설비 등을 구입하여야 하는데 이와 같이 자금은 생산량의 증가에 따라 비례하여 투입된다. 이와 같이 투입된 자재비용이 원가에 차지하는 비율이 매우 크기 때문에 효율적인 자재관리의 목적은 원가절감에 있다.

자재관리는 새로운 제품 및 서비스 프로세스를 개발하는데 자재정보를 제공한다. 이와 같이 자재관리는 재고회전율을 높이고 재고 제로화에 목적을 두고 있다. 그리고 원가절감을 통하여 자금회전율을 높이고 효율적으로 재고를 보관하는데 목적이 있다.

3. 자재관리 대상

재고(inventory)는 기업의 생산기능과 판매기능을 연결하는 물품의 흐름이 시스템내의 어떤 지점에서 정체되어 있는 상태를 말한다. 구체적으로는 기업에서 미래의 생산이나 판매를 위해 보유하는 유휴자원, 즉 생산에 투입된 원자재나 부품, 생산공정 내의 재공품 또는 반제품, 아직 팔리지 않은 완제품, 그 밖의 소모품 등을 일컫는다. 재고는 보통 제조업에만 국한되는 것으로 생각하기 쉬우나 관광운수업체와 같은 서비스산업의 경우에도 수요가 없을 때에는 대기 중인 승무원이나 차량이 유휴자원인 재고가 된다(김계수 외, 2002).

재고는 시간적인 관점에서 파악하는 개념으로서 다음과 같은 관리적 의미를 갖는다. 즉 재고는 수요와 공급 간에 예상치 못했던 불규칙적인 변동이 발생하여 생산계획에 차질이 빚어지는 경우 이를 조정하는 역할을 하며, 생산 활동과 판매활동이 순조롭게 진행되도록 해주고, 간혹 가격변동으로 인한 이익을 얻기 위해서 사용되기도 한다. 그러나 재고는 그것이 과다하게 되거나 또는 부족하게 되는 경우에는 기업에 큰 손실을 가져다준다. 즉 과잉재고는 자본을 사용하지 않고 묵히는 것을 의미하게 되어 자본비용의 발생요인이 되며, 부족재고는 시장수요를 충족시키지 못함으로써 판매이익을 감소시키는 결과를 초래하게 된다. 이와 같이 재고는 생산과 판매의 완충역할을 하는 것으로서 이것을 어떻게 효율적이고 합리적으로 관리하느냐 하는 것은 매우 중요하고도 어려운 문제라고 할 수 있다. 여기서 재고의 유형을 살펴보려는 것은 각 유형별로 관리의 초점을 달리함으로써 재고를 보다 효율적으로 통제할 수 있다는 점을 인식하기 위해서이다(김태웅, 1991).

1) 순환재고

순환재고(cycle stock)는 일시에 필요한 양보다 더 많이 주문하는 경우에 생기는 재고를 말한다. 이와 같은 유형의 재고는 주문비용이나 생산준비비용을 줄이거나 할인혜택을 얻을 목적으로 한꺼번에 많은 양을 주문할 때 발생하게 된다.

2) 안전재고

안전재고(safety stock)는 시장수요와 조달기간이 불확실한 경우에 대비하여 보유하는 재고를 의미한다.

생산수준에 따른 안전재고 결정방법으로 조달기간동안 수요가 공급을 초과하지 않을 경우의 안전재고 산출방법은 다음과 같다.

생산수준을 95%로 결정하면 조달기간동안 수요가 공급을 초과하지 않을 가능성이 95%이다.

생산수준 = 100% - 재고부족위험(α)이다.

따라서 고객에 대한 수준이 주어진 경우의 모형은

ROP = 조달기간동안의 평균수요 + $Z\alpha.\sigma_{dl}$

$Z\alpha$: 표준화 정규변수

σ_{dl} : 조달기간 수요의 표준편차

[그림 6-1] 생산 수준에서의 안전재고

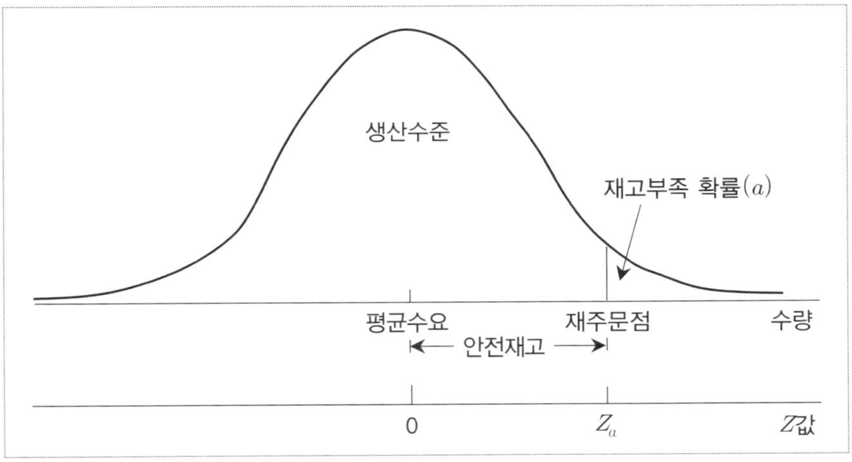

3) 예상재고

예상재고(anticipation stock)는 계절적인 수요변동, 가격급등, 파업 등을 예상하고 이에 대비하기 위하여 보유하는 재고이다. 예를 들면 에어컨이나 선풍기 등은 보통 성수기인 여름철에 큰 수요가 발생함으로 봄부터 생산에 들어가 재고로 확보하게 되면 큰 도움이 되는데, 이와 같은 재고를 예상재고라 한다.

4) 파이프라인 재고

파이프라인 재고(pipeline inventory)는 유통시스템에서 운반 중에 있는 제품이나 또는 공장의 생산공정에서 가공하기 위해 이동 중에 있는 재공품을 말한다. 예를 들면 물류센터에서 대리점으로 운송중인 제품, 공장 내의 한 작업장으로 이동 중인 아직 미완성 상태의 물품이 이에 해당한다.

5) 완충재고

완충재고(buffer stock)는 재고에 관한 의사결정을 여러 곳으로 분산시키기 위해 보유하는 재고를 말한다. 예컨대 공장에서 기계설비의 고장이나 사고에 대비하여 각 작업장별로 보유하고 있는 재고나, 또는 대리점에서의 판매에 대한 의사결정이 본사나 공장의 운영에 큰 영향을 주지 않도록 대리점에서 보유하는 재고가 바로 완충재고에 속한다.

재고관리는 판매를 위한 완제품, 제조공정 중의 재공품, 생산을 위한 원자재 및 소모품 등을 말하는 데, 기업 고유의 기능인 [조달 – 생산 – 판매]의 관점에서 보았을 때 가치의 흐름(flow)이 어떤 지점에서 정체되어 있는 상태를 시간적(temporal) 관점에서 파악하는 개념이다. 그러면 재고는 왜 필요한가? 일반적으로 기업은 다음과 같은 이유 때문에 재고를 보유하게 된다(원중호 외, 2009).

① 생산능력의 수준을 평준화하고 생산활동의 독립성을 유지하기 위해서이다.

② 생산일정에 신축성을 부여하기 위해서이다.

③ 원자재의 가격변동과 조달기간(lead time)의 변동에 대응하기 위해서이다.

④ 제품수요의 변화에 대응하기 위해서이다.

⑤ 수요와 공급의 시간적 차이를 극복해 가치를 창출하기 위해서이다.

그런데 재고를 너무 적게 보유하게 되면 재고부족으로 인한 조업단축이나 판매기회의 상실 등 여러 가지 손실이 발생하게 된다. 반면에 너무나 많은 과잉재고는 자본이 사장되어 자본비용이 발생하는 요인이 되고 있다.

단순히 재고량을 감소시키는 것만이 최적의 결과를 가져오지는 않으며, 반면에 곳곳에 산재한 과잉재고는 관리의 부재현상으로 말해주는 증거가 되고 있다.

제2절 재고관리

1. 독립수요와 종속수요

재고품목에 대한 수요는 독립수요(independent demand)와 종속수요(dependent demand)로 구분할 수 있다.

독립수요는 어떤 품목에 대한 수요가 다른 품목의 수요와는 관계없이 발생하는 경우이고, 종속수요는 독립수요와는 반대로 다른 품목의 수요의 발생에 의하여 종속적으로 발생하는 경우이다. 예컨대 독립수요는 완제품과 예비부품의 수요와 같은 경우이고, 종속수요는 원자재와 부품의 수요와 같은 경우이다. 따라서 독립수요품목은 수요예측이나 생산계획에 의하여 그 필요량이 산정 되지만, 종속수요품목은 상위 모품목인 독립수요품목에 따라 필요량이 결정된다.

2. 재고관련 비용

재고관리를 이해하기 위해서는 먼저 재고와 관련된 비용을 알아보면, 재고와 관련된 비용에는 주문비용 또는 생산준비비용, 재고유지비용, 재고부족비용이 있다(원중호 외, 2009).

1) 주문비용(또는 생산준비비용)

주문비용(ordering cost)은 자재를 협력업체로부터 구입할 때 소요되는 여러 가지 경비와 관리비를 말하며 주문량의 크기와 관계없이 고정비의 성격을 갖는다. 가격조사비, 주문처리비, 통신비, 서류작성비용, 검사비용, 입고비용 등 주문과 관련된 비용이다.

또한 생산준비비용(set up cost)은 생산변경비용(production change cost)이라고도 하며 재고품목을 기업내부에서 생산할 때 발생하는 여러 가지 비용을 말한다. 즉 한 제품에서 다른 제품으로 생산을 변경할 때 발생되는 시간손실과 원재료의 교체, 공구 및 작업자의 교체 등 여러 가지 부수적인 작업진행에서 발생되는 비용을 말한다. 생산준비비용도 생산량의 크기에 관계없이 일정수준으로 발생하는 고정비의 성격을 갖는다.

2) 재고유지비용

재고유지비용은 재고를 보유함으로써 발생되는 비용이다. 즉 재고에 묶인 자본의 기회비용, 창고시설 비용, 창고 사용료, 보험료, 세금, 도난, 변질, 진부화 등의 재고감손 비용으로서 재고유지와 관련된 모든 비용이다.

재고유지비용의 파악은 재고품목 1단위를 일정기간 동안 보관하는데 소요되는 비용의 절대금액으로 표시하거나, 재고품목 1단위 가격의 백분율(%)로 표시한다.

3) 재고부족비용

재고부족비용(inventory shortage cost)은 재고의 품절로 인하여 발생하는 비용으로, 추후납품비용(backlogging 또는 back-ordering cost)과 품절비용(stock-out cost)으로 다시 구분할 수 있다.

추후납품비용은 재고품절 시 수요를 대기시키고 추후 충족될 때 발생하는 비용이고, 품절비용은 수요가 취소됨으로써 발생하는 비용이다. 그리고 추후납품비용은 제품인도의 지연에 따른 벌과금, 생산독촉에 따른 추가비용, 신용상실 등이다. 품절비용은 수요를 충족시키지 못함으로써 이익의 기회상실과 고객 및 신용의 상실비용이다. 이러한 비용을 기회비용(opportunity cost)이라 한다.

재고가 없어 대기 중인 수요는 부(-)의 재고로 처리되나 수요가 취소되는 경우에는 부(-)의 재고는 발생하지 않는다. 재고부족비용은 객관적으로 금액환산이 곤란하기 때문에 주관적인 경험이나 추정에 의해 평가한다.

3. 자재소요량 산출

재고관리를 보다 합리적으로 그리고 능률적으로 해결하기 위해 개발된 재고관리시스템, 즉 재고관리모형의 목적은 재고관련 총비용을 최소화하도록 재고품의 주문시기와 주문량을 결정하는 데에 있다.

재고관리시스템은 기업의 내부통제입장에서 주문시기와 주문량을 어떻게 결정하느냐에 따라 정량 주문시스템(fixed-order quantity system)과 정기 주문시스템(fixed-order period system)으로 크게 구분된다. 또한 재고관리시스템은 고객의 수요나 조달기간과 같은 기업외적 변수가 확정적이냐 또는 확률적이냐에 따라 확정적 재고시스템(deterministic inventory system)과 확률적 재고시스템(probabilistic inventory system)으로도 구분된다. 따라서 기업의 내·외적 변수를 결합시켜 재고관리시스템을 구분하면 [그림 6-2]와 같이 4가지 형태가 된다(원중호 외, 2009).

[그림 6-2] 재고관리 시스템

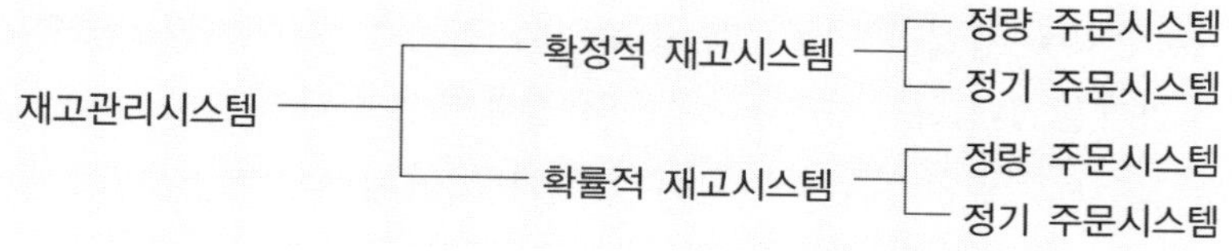

1) 정량 주문시스템

정량 주문시스템은 재고수준이 미리 정해진 재주문점(reorder point)에 도달하면 일정한 양 Q만큼 주문하는 시스템이다. 재고량이 주문점에 도달했을 때 정해진 주문수량 Q만큼 주문하며, 주문량 Q는 조달기간 L이 경과한 후 들어온다.

조달기간 L은 재고품의 주문시점부터 창고에 도착할 때까지의 시간으로 일정한 경우도 있고 그렇지 않는 경우도 있다. 정량주문 방식은 과거의 실적을 근거로 차기년도를 예측한다. 경제적 주문량 모형은 다음과 같다.

$$Q = \sqrt{\frac{2DS}{CI}}, \quad Q = \sqrt{\frac{2S}{I}\sqrt{\frac{D}{C}}}, \quad K = \sqrt{\frac{2S}{I}} \text{ 로서}$$

D: 발주비용
S: 주문량
C: 단가

$$Q = K\sqrt{\frac{D}{C}} \text{ 이다.}$$

예로, 발주비용이 건당 15,000원이고, 재고유지비용은 재고금액의 30%, 주문량 24,000개, 단가 75원일 때 정량주문량을 산출하며 다음과 같다.

$$K = \sqrt{\frac{2X15,000}{0.30}} = \sqrt{100,000} \div 316.2$$

$$Q = 361.2\sqrt{\frac{24,000}{75}} = 361.2 \text{ X } 17.9 = 6,465.5 \div 6,500 \text{ 이다.}$$

[그림 6-3] 정량 주문시스템

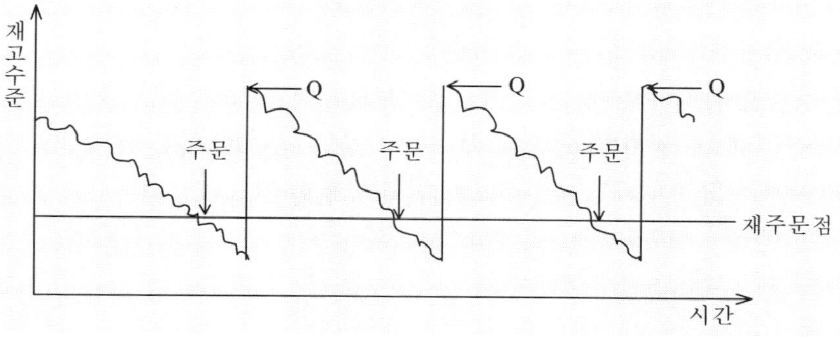

2) 정기 주문시스템

정기 주문시스템은 경제적 주문량을 산출하여 경제적 주문량을 기준으로 1년에 몇 회 주문할 것인가를 결정하는 롯트 간격을 결정하는 시스템이다.

정기 주문시스템은 일정기간을 정하여 지정된 기간에 정기적으로 적정량을 주문하는 시스템이다. 즉 재고량이 일정한 주문 간격 T동안 소비된 후, 재고수준을 조사하여 목표 재고량 M과의 차이 Q1, Q2, Q3 만큼을 주문한다.

[그림 6-4] 정기 주문시스템

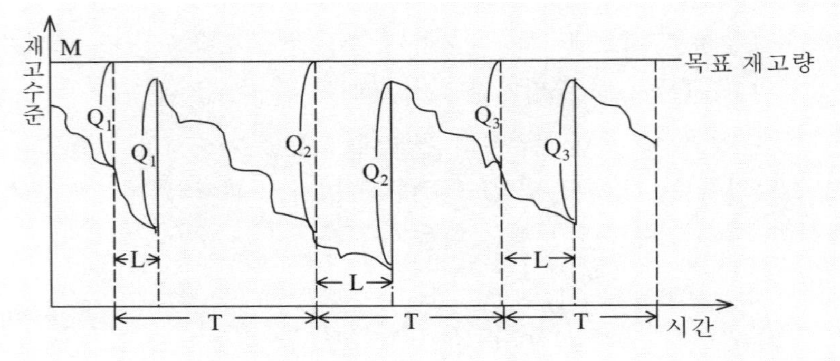

3) 정량 주문시스템과 정기 주문시스템의 비교

정량 주문시스템의 예는 대형 슈퍼나 백화점의 POS(point of sale)시스템을 들 수 있다. POS시스템은 판매되는 품목의 코드번호가 입력되면 컴퓨터는 자동적으로 재고수준을 계산하여 주고, 관리자도 그 제품의 재고수준이 재주문점에 도달하였는지를 판단한 후 주문한다. 따라서 정량 주문시스템은 조달기간 동안의 수요변동에 대비한 약간의 안전재고가 필요한 반면, 정기 주문시스템은 주문시기가 고정되어 있어 전기간을 대비할 수 있는 많은 안전재고가 필요하다.

그리고 정량 주문시스템은 고가품목을 통제하는데 이용되며, 또한 정확한 재고기록이 필요한 품목에 적합하다. 반면 정기 주문시스템은 저가품목, 재고기록이 필요하지 않는 품목, 주기적으로 주문하고 배달하는 품목 등에 유용하다.

두 시스템 중에서 어느 것을 선택할 것인지는 재고품의 가격, 재고품의 보충시기, 조달기간 등에 따라 결정되나, 간혹 두 시스템을 혼합하여 사용하는 경우도 있다. 두 시스템의 차이점을 요약하면 <표 6-1>과 같다(원중호 외, 2009).

〈표 6-1〉 정량 주문시스템과 정기 주문시스템의 차이

항 목	정량 주문시스템	정기 주문시스템
주문량	일정	변함
주문시기	재주문점에 도달	주문주기의 끝
재고수준 조사	계속 조사	주문주기의 끝에 조사
안전재고	비교적 적다	비교적 많다
재고품가격	고가 품목	저가품목
조달기간	긴 품목에 유리	짧은 품목에 유리

4. 경제적 주문량 모형

확정적 재고관리시스템에서는 수요와 조달기간이 확정적으로 알려져 있다고 가정한다. 먼저 확정적 재고관리시스템에서 정량 주문시스템의 대표적 모형인 경제적 주문량 모형과 이어 경제적 생산량모형 그리고 정기 주문시스템의 모형을 설명한다.

1) 경제적 주문량 모형의 형성

경제적 주문량 모형(economic order quantity model)모형은 영어로 간단히 EOQ모델이라고 한다. 1917년 미국의 해리스(F. W. Harris)가 경제적 주문량 모형을 발표함으로써 소개되기 시작하였다.

재고관리시스템 중 가장 기본적이고도 고전적인 모형으로 총비용을 최소화하는 주문량을 결정하는 모형이다. 이모형의 기본적인 가정은 다음과 같다(원중호 외, 2009).

① 수요는 알려져 있고 일정하며 균일하다.
② 주문비용(또는 생산준비비용)은 고정비로서 일정하다.
③ 재고유지비용은 단위당 일정하며, 주문량에 비례한다.
④ 조달기간은 알려져 있고 일정하다.
⑤ 단일품목이며 주문량은 조달기간이 지난 후 일시에 전량 입고된다.
⑥ 모든 수요는 재고부족 없이 충족된다.

이상과 같은 가정 하에서 EOQ모형은 [그림 6-5]와 같이 재고수준이 재주문점 R에 도달하면 일정한양 Q를 주문하는데, 이때 주문량 Q를 계산한다.

주문량 Q는 재고관련 총비용을 최소화하는 주문량으로 일정한 조달기간 L이 경과한 후 재고가 0이 되는 시점에서 전량 들어오게 된다. 그리고 재주문점 R은 조달기간 동안의 수요량에 해당하는 재고수준으로, 주문량 Q가 들어오는 시점에서 재고가 0이 되게 한다. 이렇게 함으로써 재고유지비용의 측면에서 가장 유리하게 된다.

[그림 6-5] 경제적 주문량 재고관리 모형

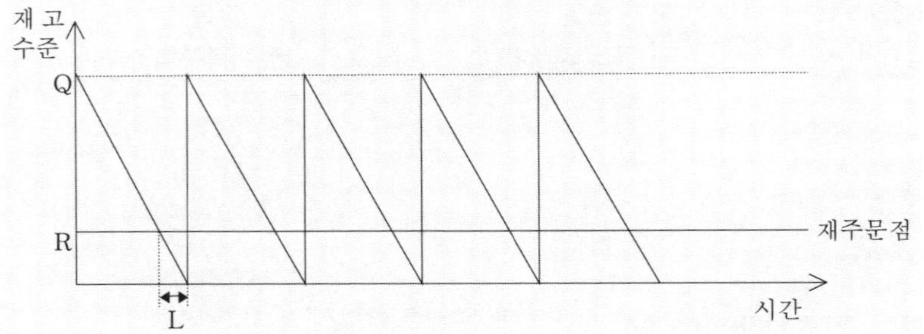

경제적 주문량 모형을 수리적으로 나타내기 위해 재고관련 총비용 계산식을 다음과 같이 표현할 수 있다.

연간 총비용 = 연간 구입비용 + 연간 주문비용 + 연간 재고유지비용

$$TC = DC + \frac{D}{Q}S + \frac{Q}{2}H \quad \cdots\cdots (1)$$

단, TC : 연간 총비용
D : 연간수요
C : 단위당 구입단가
Q : 1회 주문량
H : 연간 단위당 재고유지비용
S : 1회 주문비용(또는 생산준비비용)

식 (1)에서 연간 수요 D는 반드시 재고부족 없이 충족시켜야 하므로 연간 총주문량도 D가 된다. 따라서 연간 재고의 총 구입원가는 DC가 되고, 이 DC는 주문량 Q의 크기와 관계없이 일정하므로 경제적 주문량 Q^*를 구하는데 영향을 미치지 않는다. 결국 경제적 주문량과 관련되는 연간총비용 TC는 '연간 주문비용'과 '연간 재고유지비용'으로 구성된다.

식 (1)에서 연간 주문비용은 한 번에 Q씩 주문하여 연간 수요 D를 충족시켜야 하므로 주문횟수는 D/Q가 되고, 또한 1회 주문비용이 S이므로 결국 연간 주문비용은 (D/Q)·S가 된다.

그리고 연간 재고유지비용은 연간 재고량에 연간 단위당 재고유지비용을 곱한 값이 된다. 연간 재고량은 그림에서 연간 발생하는 삼각형의 총면적이 되는데, 우선 삼각형 1개의 면적을 구하기 위해 높이와 밑변을 구해야 한다. 여기서 삼각형의 높이는 Q가 되고 밑변은 Q만큼의 재고가 일정한 수요 D로 소진되므로 Q/D가 된다. 따라서 삼각형의 면적은 (Q/D)·Q·(1/2) = Q^2/2D가 된다. 이러한 삼각형은 매번 주문할 때마다 발생하므로 연간 주문횟수 D/Q를 곱하여 연간 재고량을 구할 수 있다. 즉, (Q^2/2D)·(D/Q) = Q/2가 된다. 그러므로 재고유지비용은 (Q/2)·H가 되고 주문량 Q에 비례하여 증가하는 비용임을 알 수 있다.

따라서 (1)식은 다음과 같이 정리된다.

연간 총비용 = 연간 주문비용 + 연간 재고유지비용

$$TC = \frac{D}{Q} \cdot S + \frac{Q}{2} \cdot H \quad (2) \tag{2}$$

식 (2)의 TC를 그림으로 나타내면 [그림 6-6]과 같다.

[그림 6-6] EOQ 모형에서 주문량의 함수로서 표시된 총비용

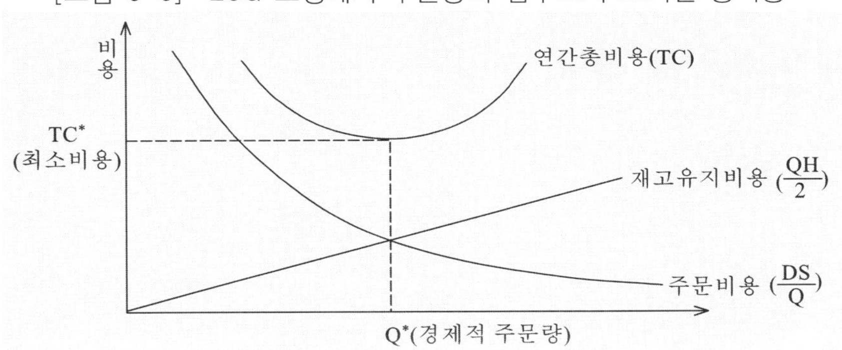

그림에서 연간 총비용곡선은 아래로 볼록하고, 연간 주문비용과 연간 재고유지비용이 같아지는 주문량에서 총비용이 최소가 된다.

이제 연간 총비용곡선 TC를 최소화하는 경제적 주문량 Q^*를 계산하여 보자. 그림에서 TC곡선이 아래로 볼록하고 최소점을 가지므로 식 (2)를 Q에 대해 미분한 뒤 0으로 놓으면, 이 미분방정식은 TC가 최소화되는 필요조건이 된다. 즉,

$$\frac{dTC}{dQ} = -\frac{DS}{Q^2} + \frac{H}{2} = 0$$

$$\frac{DS}{Q_2} = \frac{H}{2}$$

$$Q^2 = \frac{2DS}{H}$$

가 되어 경제적 주문량 Q^* 는 다음 식으로 계산된다.

$$Q^* = \sqrt{2DS/H} \quad \cdots\cdots (3)$$

그리고 연간 총비용의 최소값 TC는 식 (3)을 식(2)에 대입함으로써 구할 수 있다.

$$TC^* = \frac{D}{Q^*} \cdot S + \frac{Q^*}{2} \cdot H \quad \cdots\cdots (4)$$

또한 재주문점 R은 조달기간 동안의 수요량에 해당하므로 다음 식으로 계산된다.

R = d·L ……………………………………………………………… (5)

단, d : 일간수요
L : 조달기간(일)

5. 경제적 생산량 모형

1) 경제적 생산량 모형의 형성

경제적 생산량모형(economic production quantity model)은 영어로 간단히 EPQ모델이라고 부른다.

EPQ모형은 EOQ 모형을 약간 변형시킨 것으로서, EOQ모형의 기본 가정 중 주문량이 일시에 입고된다는 가정을 수정한 것이다. 따라서 EPQ모형은 EOQ모형과 달리 다음과 같은 가정이 설정된다.

① 생산량(또는 주문량)은 즉시에 전량 생산되지 않고 일정 기간 동안 점진적으로 생산된다.
② 생산량은 수요량을 초과한다.
③ 생산기간이 끝나면 재고량은 일정량씩 소진된다.
④ 재고가 바닥이면 생산 작업이 되풀이된다.

따라서 EOQ모형은 주문된 품목이 일시에 입고되는 것을 가정하나, EPQ모형은 주문품이 서서히 창고에 입고되는 것을 가정한다. 예컨대 기업이 재고품을 외부로부터 구입하지 않고 자체 공장에서 생산하여 조달한다면, 생산은 생산 준비기간(set-up time)을 거쳐 일시에 전량 생산하는 것이 아니라 생산기간 동안 일정한 생산율로 생산하여 재고품을 채우게 된다. 한편 수요는 계속적으로 발생하므로 생산기간 동안은 수요와 생산이 동시에 일어난다.

또 다른 예로서는 재고품을 장기계약에 의해 외부로부터 구입하는 경우에도 발생한다. 즉, 사용자가 1년 또는 6개월간의 사용량을 주문할 때, 공급자는 매주 또는 일정한 시간간격으로 조금씩 일정량을 납품하는 경우이다.

이와 같은 경우를 경제적 생산량모형이라고 부르며, 이모형의 목표는 총비용을 최소화하면서 경제적인 생산 롯트의 크기(lot-size)를 결정하는 것이다.

이제 EPQ모형을 유도하기 위해 다음과 같이 기호를 정의하자.

D : 연간 수요량
P : 연간 생산량
Q : 1회 생산량
t_p : 생산기간 (1년)

EPQ모형에서는 P≥D을 가정하고 있으며, 생산기간 t_p 동안에는 재고가 (P-D)만큼 쌓이고, 생산기간이 끝나는 시점에서 재고는 (P-D)t_p로 최대가 된다. 또한 비생산기간에는 재고가 D의 비율로 감소하게 되고, 생산 ¦ 재생산점 R에 도달하면 생산준비기간(L)을 거쳐 다시 P의 비율로 생산하게 된다. 이와 같은 재고패턴을 가진 EPQ모형을 그림으로 나타내면 [그림 6-7]과 같다.

[그림 6-7] 점진적 재고보충과 재고량을 보이는 EPQ 모형

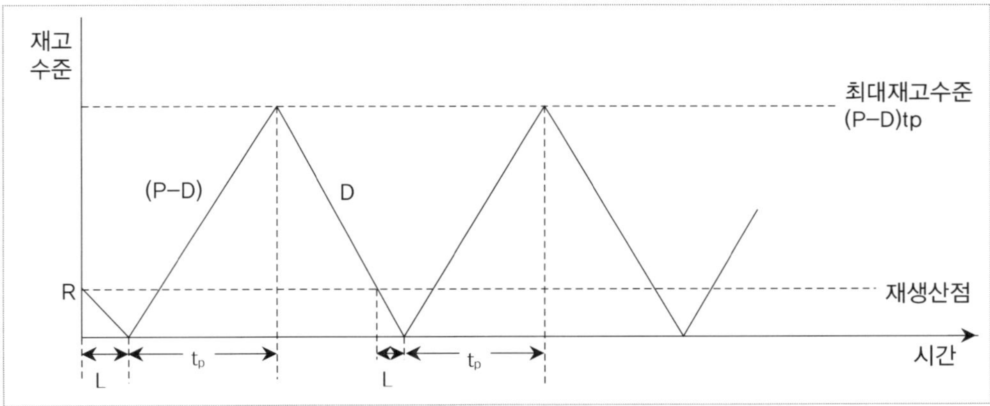

EPQ 모형에서 연간 재고관련 총비용은 EOQ 모형과 같이 다음 식으로 계산된다.

연간 총비용 = 연간 생산준비비용 + 연간 재고유지비용

연간 생산준비비용은 연간 생산준비회수 $\frac{D}{Q}$에 1회 생산 준비비용 S를 곱하여 얻을 수 있다. 즉,

$$\text{연간 생산준비비용} = \frac{D}{Q} \cdot S$$

이다. 또한 연간 재고유지비용은 연간 재고로 유지되는 량, 즉 평균재고에 연간 단위당 재고유지비용을 곱하여 얻을 수 있다. 평균재고는 최대 재고수준의 절반이고, 생산기간 t_p는 1회 생산량 Q를 P의 생산율로 생산하는 기간이므로 t_p=Q/P가 된다. 따라서 평균재고는

$$\text{평균재고} = \frac{1}{2}(P-D)tp$$

$$= \frac{1}{2}(P-D)\frac{Q}{P}$$

이고, 연간 재고유지비용은 다음과 같다.

$$\text{연간 재고유지비용} = \frac{Q}{2P}(P-D) \cdot H$$

그러므로 연간 재고관련 총비용 TC 는 다음과 같다.

$$TC = \frac{PS}{Q} + \frac{QH(P-D)}{2P} \quad \cdots\cdots (1)$$

식 (1)에서 경제적 생산량 Q^*를 구하는 방법은 EOQ 모형에서와 같이 TC를 Q에 대해 편미분한 다음 0으로 놓고 Q에 대해 풀이하는 방법과 연간 생산준비비용과 연간 재고유지비율을 같게 놓고 Q에 대해 풀이하는 방법이 있다. 첫 번째 방법으로 Q^*를 구하면 다음과 같다.

$$\frac{dTC}{dQ} = -\frac{DS}{Q^2} + \frac{(P-D)H}{2P} = 0$$

$$\frac{DS}{Q^2} = \frac{(P-D)H}{2P}$$

$$\therefore \; Q^* = \sqrt{\frac{2DS}{H} \cdot \left(\frac{P}{P-D}\right)} \quad \cdots\cdots (2)$$

그리고 식 (7)의 Q^*를 이용하여 총비용의 최소값 TC^*를 구하면 다음과 같다.

$$TC^* = \sqrt{2DSH \cdot \frac{P-D}{P}} \quad \cdots\cdots (3)$$

3) 경제적 롯트 사이즈

생산 현장에서 필요한 자재를 몇 회로 분할하여 출고하는 것이 가장 효율적인가를 결정하는 것을 경제적 로트 사이즈(ELS : economic lot size)라고 한다. 경제적 롯트 사이즈를 결정하는 식은 다음과 같다.

$$TC = DC + \frac{D}{Q}S + \frac{(P-d)^t}{2}CI$$

TC = 총비용

D : 연간 소요량

S : 준비비용(발주비용과 대응)

I : 재고유지비용

P : 완제품 수

Q = 경제적 로트 사이즈

이와 같이 자재창고에 매일 입고된 것과 차이(P-d)씩 제조기간중(t) 보관되고 보관수량은 $(P-d)^t$가 된다.

평균재고량은 최대재고량의 1/2이다.

$$\text{평균재고량} = \frac{(P-d)^t}{2}$$

제조기간(t)은 1회의 제조계획수량(Q)을 매일 제조예정수(P)로 나눈다.

$$t = \frac{Q}{P} \quad \cdots\cdots (1)$$

이를 t를 $\frac{Q}{P}$로 바꾸면

$$TC = DC + \frac{D}{Q}S + \frac{(P-d)Q}{P}CI \quad \cdots\cdots (2)$$

$$\frac{dTC}{dQ} = \frac{DS}{Q^2} + \frac{CI(P-d)}{2P} \quad \cdots\cdots (3)$$

$$\frac{dTC}{dQ} = 0 \quad \cdots\cdots (4)$$

$$\frac{DS}{Q^2} = \frac{CI(P-d)}{2P} \quad \cdots\cdots (5)$$

$$Q^2 = \frac{2DSP}{CI(P-d)} \quad \cdots\cdots (6)$$

$$Q = \sqrt{\frac{2DS}{CI} X \frac{P}{(P-d)}}$$ 이다.

6. 정기 주문 모형

정기 주문모형(periodic review system)은 재고량을 일정기간마다 파악하여 현재의 재고량을 특정수준까지 이르도록 정기적으로 주문하는 모형이다. 따라서 정기 주문모형에서는 최적 주문주기 T^*와 최적 목표재고수준 M^*의 값을 구한다.

우선 정기 주문모형을 유도하기 위해 모형에 필요한 가정을 EOQ모형과 동일하다고 하자. 즉, 수요가 일정하나 재고부족을 허용하지 않고, 주문량이 일시에 전량 입고된다. 따라서 주문 주기당 주문량 Q는 주문주기 T기간 동안의 수요를 충족시켜야 하고, 주문량이 도착하는 시점에서 재고가 0이 되어야 한다. 이러한 정기 주문모형의 재고 패턴은 [그림 6-8]과 같다.

[그림 6-8] 정기 주문모형의 재고패턴

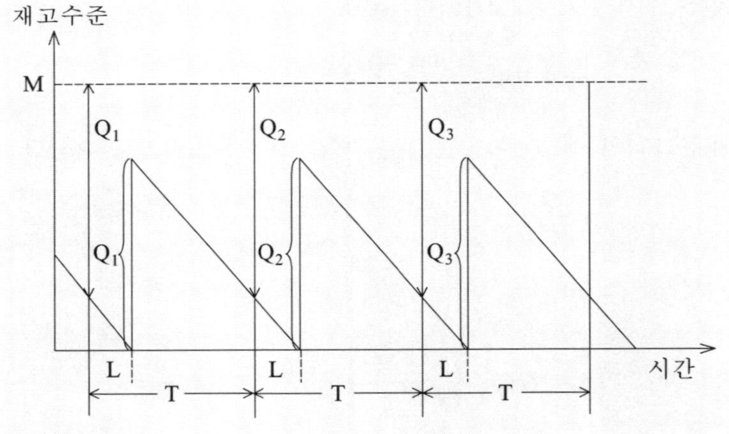

정기 주문모형에서 재고관련 총비용은 EOQ모형에서와 같이 다음 식으로 계산된다.

연간 총비용 = 연간 주문비용 + 연간 재고유지비용

위 식에서 연간 주문비용은 주문주기 T동안의 주문회수 1/T에 주문비용 S를 곱하여 얻을 수 있고, 연간 재고유지비용은 평균 재고수준 Q/2에 재고유지비용 H를 곱하여 얻을 수 있다. 따라서 재고관련 총비용은 다음 식으로 계산된다.

$$TC = \frac{S}{T} + \frac{QH}{2} \quad \cdots\cdots (1)$$

식 (1)에서 년간 재고유지비용 QH/2를 주문주기 T로 정리하면 다음과 같다.

$$\frac{QH}{2} = \frac{DTH}{2} \quad \cdots\cdots (2)$$

즉, 주문량 Q는 주문주기 T 동안의 수요량과 같기 때문이다. 따라서 DT = Q = Q_i (단, i=1, 2, 3,..)가 되는데, 이는 각 주기별 주문량이 각 주기별 수요량과 일치하고 각 주기와 수요량이 일정하기 때문이다.

따라서 식 (1)은 다음 식으로 정리된다.

$$TC = \frac{S}{T} + \frac{DTH}{2} \quad \cdots\cdots (3)$$

식 (3)에서 최적 주문주기 T^*를 구하기 위해 양변을 T에 대해 미분한 다음 0으로 놓고 풀면 다음과 같다.

$$\frac{dTC}{dT} = -\frac{S}{T^2} + \frac{DH}{2} = 0$$

$$T^2 = \frac{2S}{DH}$$

$$\therefore T^* = \sqrt{\frac{2S}{DH}} \quad \cdots\cdots (4)$$

그리고 최적 주문량은

$$Q^* = D \cdot T^* = D \cdot \sqrt{\frac{2S}{DH}} = \sqrt{\frac{2DS}{H}} \quad \cdots\cdots (5)$$

가 된다. 식 (4)와 식 (5)는 최적 주문주기와 최적 주문량인데 EOQ 모형과 정확히 일치한다. 이는 정기 주문모형의 가정에서 수요와 조달기간이 일정하다는 가정 하에서 얻어진 결과이다. 끝으로 최적 목표 재고수준 M^*은 Q^*에 조달기간 L동안의 수요를 더한 값으로 다음과 같다.

$$M^* = Q^* + d \cdot L = \sqrt{\frac{2DS}{H}} + d \cdot L \quad \cdots\cdots (6)$$

7. ABC 분석

18세기 경제학자 파레토(Vilfredo Pareto)는 소득분포의 연구에서 전체 인구의 20%가 전체 부의 80%를 차지하고 있음을 발견하였다. 즉, 소수가 전체의 대부분을 차지하고 다수가 전체의 미미한 부분밖에 차지하지 못하는 현상으로 이를 파레토의 법칙이라 한다. 이 파레토의 법칙을 이용하여 재고관리를 행하는 것이 ABC 분석기법이다. ABC 분석기법은 관리하여야 할 품목수가 많은 경우에 유용하게 사용할 수 있는 기법으로, 1951년 G.E.사의 H.F. Deckie에 의하여 제창되었다.

일반적으로 어느 기업에서나 많은 양의 자재와 소모품을 재고로 관리하는데, 이들 품목 중 몇 개의 중요한 품목이 재고금액의 대부분을 차지하고 나머지 다수의 품목은 금액측면에서 아주 미미하다. 따라서 모든 품목의 재고를 전부 엄격하게 통제한다는 것은 바람직하지 않고 현실적으로도 거의 불가능하다.

이러한 문제를 해결하기 위해 ABC 분석(ABC analysis)은 재고품목을 재고유지 비용측면에서 A등급, B등급, C등급으로 나누어 재고통제를 차별적으로 하는 것이다. 즉, A등급은 아주 엄격한 통제와 소량의 안전재고를, B등급은 정상적인 통제와 안전재고를, C등급은 간단한 통제와 다량의 안전재고를 보유하는 방식으로 차별적으로 관리된다.

총 재고품목 수에 대한 A, B, C의 각 등급별 품목수의 비율은 기업에 따라 다르나 일반적인 구분점은 <표 6-2>와 같다(원중호 외, 2009).

[그림 6-9] 예제의 재고품목의 ABC 분석도

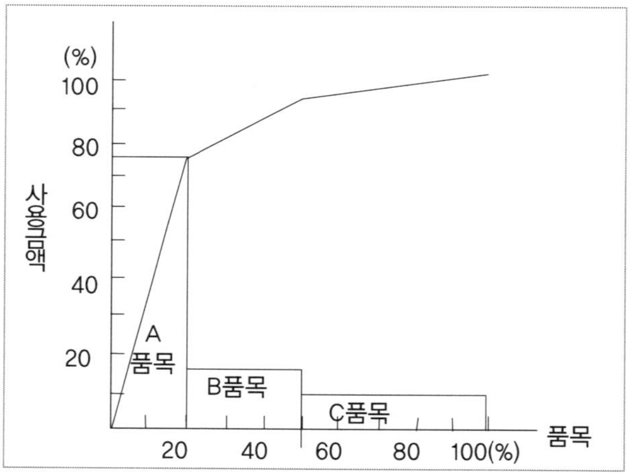

〈표 6-2〉 ABC 품목의 일반적 분포

분류	전품목에 대한 비율(%)	총금액에 대한 비율(%)
A	10 ~ 15	70 ~ 80
B	20 ~ 30	20 ~ 30
C	50 ~ 70	5 ~ 10

이와 같이 각 품목의 등급분류가 끝나면 재고통제방법을 달리하여 관리하는데, 일반적으로 A등급은 정량 주문시스템과 같은 엄격한 재고통제를 행하는 반면, C등급은 여러 품목을 함께 묶어 정기적으로 주문하는 정기 주문시스템이 사용될 수 있다. 또한 B등급은 예를 들어 (s, S)시스템과 같은 중간정도의 엄격도를 가진 재고관리시스템을 사용한다.

(s, S)시스템은 s는 재 주문점이며, S는 재고의 최고수준이다. s와 S를 사전에 정해 놓고 각 검토일 마다 현재의 재고수준 I를 비교하여 s<I<S이면 주문을 하지 않고, s>I이면 (S-I)만큼 주문하여 S까지 높이는 시스템이다.

8. 자재출고 평가방법

자재단가는 일률적으로 결정되지 않는다. 따라서 자재의 출고방법과 재고자산의 평가방법에 따라 재고자산이 다르게 평가된다. 이와 같은 자재출고와 평가방법은 다음과 같다.

1) 개별법

재고자산의 취득원가가 다른 경우 입고순서를 명확하게 구분하여 보관하여 출고할 때 구매단가를 그대로 적용하고 재고 자산도 구매로트별로 산출하는 방법이다. 이와 같은 산출방법을 적용하는 것으로는 보석, 고급가구, 모피 등 고가품이다.

2) 선입선출법

먼저 입고된 자재가 먼저 출고된다는 개념이다. 이 방법은 기말 재고는 최근 입고된 구매단가를 적용한다.

3) 후입선출법

선입선출법과의 반대의 개념으로 가장 최근에 입고된 자재를 먼저 출고하는 개념이다. 재고자산의 평가는 가장 오랜 전에 입고된 구매단가를 적용한다.

4) 총평균법

자재를 입고할 때마다 일정 기간의 단가를 평균하여 평균단가를 적용한다.

5) 단순평가법

일정 기간의 자재구입단가를 단순산술평균에 의하여 평가하는 방법이다. 구매시 단가를 합하고 이것을 구매 회수로 나눈 단가를 계산한다.

6) 이동평균법

자재가 입고될 때 마다 그 수량과 금액을 각각 직전의 재고금액에 합산하여 새로운 평균단가를 산출하는 방법이다.

7) 최종구입단가법

최종 구입된 자재의 단가를 재고자산에 모두 평가하는 방법이다.

제3절 창고관리

1. 창고관리의 의의

창고는 자재를 보관하고 일정기간 보존 및 유지하고 도난을 방지하는 기능으로 정리정돈과 파손, 진부화 방지 및 기록관리 등의 업무를 수행한다. 또한 창고는 장부상의 재고수량과 현품과의 차이 발생 및 사용된 자재의 품질을 고객에게 끝까지 책임진다는 사명으로 추적관리를 한다.

창고의 크기는 낭비를 낳는 원인으로 보는 시야도 있다. 창고의 크기가 크면 클수록 불용품 재고가 증가하고 로트크기가 커지며, 이로 인하여 관리비 및 인건비 등 제반 경비가 증가하게 된다.

일반적으로 창고는 기능에 따라 재료창고, 부품창고, 제품창고, 부재료창고 등으로 구분한다. 또한 보관방법에 따라 독립창고, 야적창고, 현장창고 등으로 구분된다.

2. 창고담당업무

1) 기본업무

자재의 수입 및 보관 업무를 하며, 운반 및 현품관리를 한다. 또한 자재의 입·출고에 따른 전산처리 등 사무처리 업무를 한다.

2) 부대업무

자재를 필요로 하는 장소에 불출하는 업무로서 포장을 분류하거나 필요한 수량만큼 소분하여 분배하는 업무와 잔재를 처리하고 폐기된 자재를 매각하거나 처리하는 부수적 업무도 동반된다.

3. 칸반시스템

칸반은 JIT(Just in Time)에서 부품의 생산과 운반을 통제하는 수단으로 칸반카드의 역할은 생산 및 운반지시서의 역할과 부품의 생산과 운반을 지시하고 용기안의 부품을 식별하는데 사용된다. 또한 생산 시스템의 모든 작업장과 공급업자를 연결시키며 후속공정에 필요한 부품을 선행공정에 알려 부품이 적시에 공급되도록 한다. 부품공급요청은 최종조립라인으로부터 시작되어 선행공정에 파급되어 진다.

1) 칸반의 개념

칸반은 TPS(도요다 생산시스템)의 기본 이념인 JIT를 실현하기 위하여 관리, 개선의 도구로서 생겨난 것이다. 종래 생산지시가 일정계획을 만들어 각 공정에 제공해 왔으나 현장의 여러 가지 문제 발생에 따라 공정 간의 밸런스를 취하는 것은 불가능에 가까웠다. 그래서 후공정이 '사용한 분량만 전 공정으로부터 운반해 가고, 전 공정은 후공정이 운반해 간 것만 생산한다.'고 하는 역발상이 고안되어 그 정보로서 칸반이 사용되었던 것이다. 칸반 운용시 필요한 용기 수는 다음의 계산식에 의해 결정된다.

$$N = DT / C$$

N = 용기수
D = 사용작업장에서의 부품수요율
C = 용기의 수량
T = 한번의 순회시간 (작업장의 리드타임)

[그림 6-10] 칸반의 종류

2) 칸반의 기재 사항

품번, 품명, 주, 번지(적치 장소), 수용 수, 라인명, 전 후 공정, 발행매수와 정리 번호, 납품시간(외주칸반만)

[그림 6-11] 칸반카드

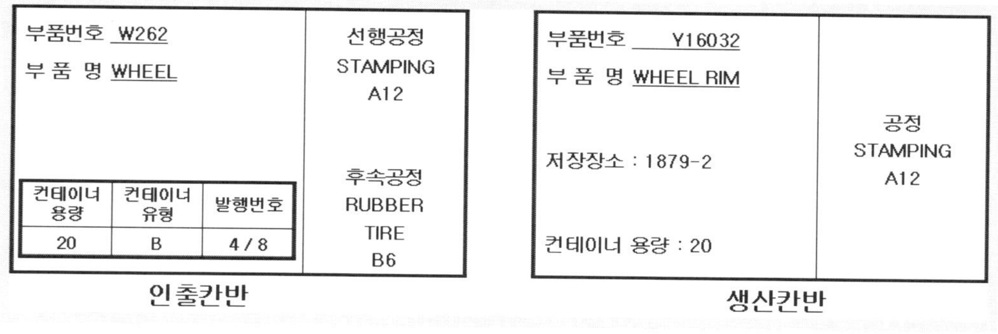

3) 칸반 운영 방법

최종 생산라인만이 생산계획부서로부터 일정계획을 전달받으며, 모든 다른 작업장과 납품업자는 후속공정으로부터 칸반카드에 의해 생산지시를 받는다. 만약 후속공정에서 생산이 일시적으로 중단되면 선행공정은 칸반카드를 받지 못하므로 역시 생산을 곧 중단한다. 칸반시스템은 공장 내의 모든 작업장과 납품업자를 연결시키며, 그 결과 모든 자재는 최종조립계획에 의해 연속적으로 끌려오게 된다.

[그림 6-12] 칸반운영

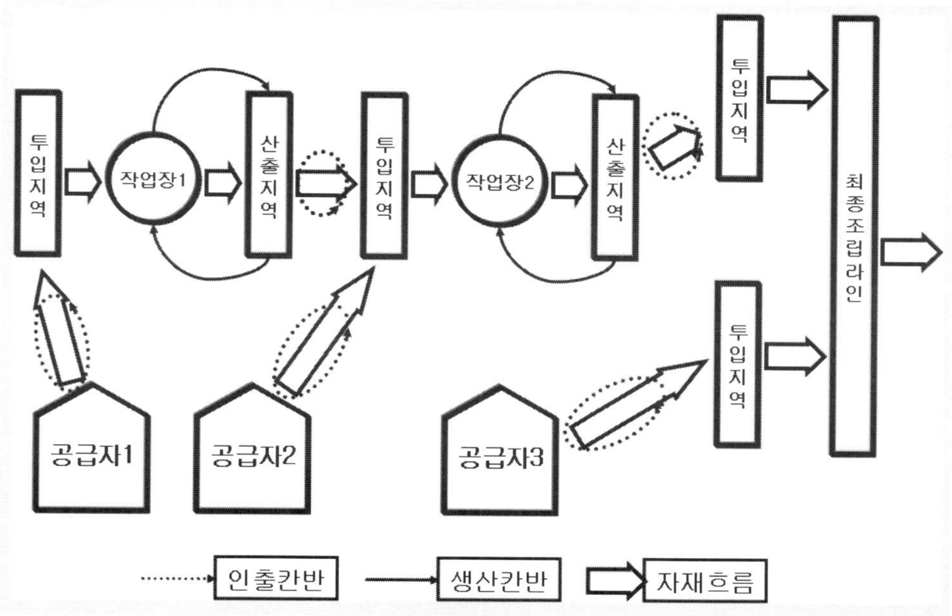

4) 도입 방법

① 조립의 생산평준화, 인수 LOT를 결정하여 칸반을 만든다.
② 여기에 대응할 수 없는 기계가공라인은 STORE를 만든다.
③ STORE는 ABC분석을 하고, 적치방법은 TOOL교체 시간, LEAD TIME으로부터 도출한다.
④ 재공신호칸반을 만든다.

5) 칸반의 역할

① 과잉 생산의 낭비를 억제한다.
② 인수 정보, 생산지시정보를 표시한다.
③ 눈으로 보는 관리의 도구이다
④ 개선의 도구이다

6) 칸반 방식의 규칙

① 불량품은 절대로 후공정으로 옮겨져서는 안 된다.
② 후공정이 전 공정으로 가지러 간다.
③ 생산량은 인수량과 같아야만 한다.
④ 미세 조정 기능을 가져야만 한다.
⑤ 제품의 모델과 양은 평준화되어야만 한다.
⑥ 계획의 평준화가 이뤄져야 한다.
⑦ 칸반은 표준 상자에만 부착되어야 한다.
⑧ 칸반의 매수는 적을수록 좋다.
⑨ 표준 재고품은 정 위치에 있어야 한다.
⑩ 제조 활동에 안정성을 유지해야만 한다.

4. 창고설비

창고설비는 최소의 공간으로 최대의 적재효과를 가져올 수 있도록 공간 계획을 수립한다. 창고설비에 필요한 설비조건으로 방화, 침수방지 및 냉동 냉장장치(필요시)와 출입문 설치, 환기 및 채광설비 및 인화성 물질의 경우 특수시설을 한다.

창고설비에는 자재의 운반을 용이하게 하기 위한 운반설비, 보관설비(상자, 파렛트, 탱크 등)와 계량시설 그리고 조명시설 등이 기본요소이다.

1) 창고 저장공간

저장운용 총 공간 = 저장관리지원공간 + 순 저장공간 + 통로공간 + 손실공간
저장관리지원공간 = 보존공간 + 집결공간 + 포장공간 + 검사공간 + 사무실
저장총공간 = 저장운용총공간 − 저장관리지원공간
통로공간 = 화재통로 + 인원통로 + 운반장비통로 + 작업통로
구조상손실공간 = 화장실 + 승강기 + 난방기 + 기둥 + 경사로 + 방화벽 + 계단 + 출입문 전후지역
순저장공간 = 저장총공간 − 통로공간 − 구조상 손실공간
실저장공간 = 순저장공간 − 순유체공간

2) 위치표시

일반적인 회사에서 취급하는 자재에 대해 위치(Location)를 지정함으로써 자재보관과 품질유지를 용이하게 하고 자재의 입·출고 작업 및 관리의 효율성 증대와 공간 활용의 극대화를 이루는데 그 목적이 있다.

자재의 소재를 알 수 있도록 표시를 하는 것을 말한다. 위치표시는 빠른 시간 내에 자재를 찾고 창고공간을 최대한 활용할 수 있도록 하는데 목적이 있다.

위치표시 방법으로는 건물 및 층 번호, 열 번호, 추적관리번호 등을 부여한다. 위치표시 자리수가 길면 관리가 복잡하여지고 너무 짧으면 자리 수 부족에 따른 관리의 어려움이 발생할 수 있다.

LOCATION CODE는 아라비아 숫자 또는 영문자를 사용하여 대분류, 중분류, 소분류로 구분하여 여섯 자리로 표기한다.

① **대분류** : 공장내의 자재 저장위치에 따른 장소별로 분류하는 것을 원칙으로 하며 WAREHOUSE와 YARD에 적치하느냐에 따라 분류한다.
② **중분류** : 중분류는 대분류 지역 내에서 저장장소의 구조 및 배치위치에 따라 분류한다.
③ **소분류** : 소분류는 배치위치에 따라 횡과 열 그리고 구조물인 경우 '층'을 구분하여 표기한다.

[그림 6-13] 창고위치 번호부여

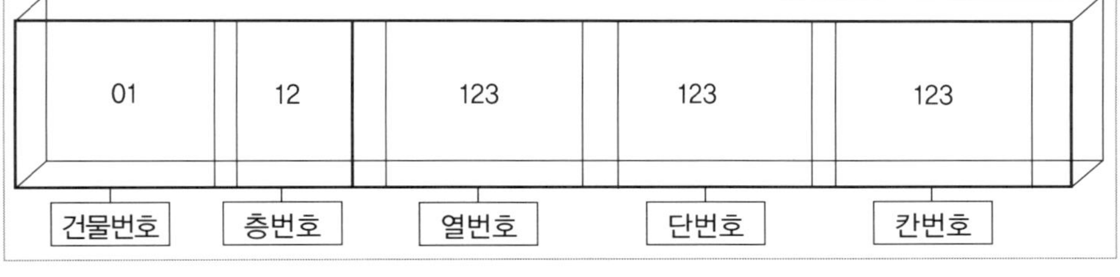

제4절 자재관리 시스템구축

1. 재고관리

1) 창고간 재고이동등록

동일한 사업장내의 다른 창고의 장소로 재고이동을 처리하는 프로그램이다.

작업방법은 출고기간을 입력하고 [조회]를 클릭한다. 이동일자, 출고창고, 출고장소, 입고창고, 입고장소, 품번, 요청수량, 출고수량을 입력한 다음 [조회]를 클릭하여 '이동번호'를 자동으로 부여하고 저장한다.

LOT NO는 품목등록의 [시스템관리]⇒[기초정보관리] 프로그램에서 LOT관리 품목으로 설정한 경우에 사용되며 출고창고, 출고장소에 대한 LOT 재고를 파악하여 입력한다.

■창고간 재고이동을 처리한다.

이동일자	사업장	출고창고	출고장소	입고창고	입고장소	이동데이터		
2009/04/20	(주)더존컴퓨터본사	부품창고	부품장소	제품창고	제품장소	CP01	1	1
						CP02	2	2

[구매/자재]➔[재고관리]➔[재고이동등록(창고)]➔[출고일자]➔[데이터입력]➔[조회(저장)]

[그림 6-14] 재고이동등록 화면

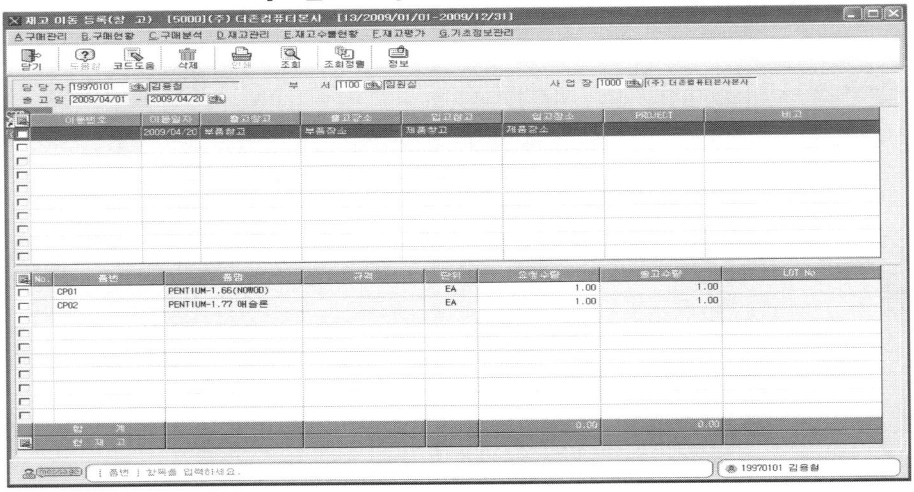

2) 사업장간 재고이동등록

자재를 다른 사업장의 창고의 장소로 이동하는 프로그램이다.

작업방법은 출고기간을 입력하고 [조회]를 클릭한다. 이동일자, 출고사업장, 출고창고, 출고장소, 입고사업장, 입고창고, 입고장소, 품번, 출고수량, 출고단가를 입력한 다음 [조회]를 클릭하여 '이동번호'를 자동으로 부여하고 저장한다.

자재마감 및 통제등록 마감일 이전일자로 이동시키지 못하며, 마감일 이전 일자로 기입력되어 있는 이동 내역은 수정이나 삭제가 불가능 하다.

■ 사업장간 재고 이동

이동일자	출고 사업장	출고 창고	출고 장소	입고 사업장	입고 창고	입고 장소	품번	출고 수량	출고단가	출고금액
2009/04/20	(주)더존컴퓨터본사	부품창고	부품장소	(주)더존컴퓨터 인천지사	부품창고	부품장소	HA01	1	140,000	140,000
							HA02	1	120,000	120,000

[구매/자재]→[재고관리]→[재고이동등록(사업장)]→[출고일자]→[조회]→[데이터입력]→[조회]→[이동번호자동부여]→[저장]

[그림 6-15] 사업장간 재고이동등록 화면

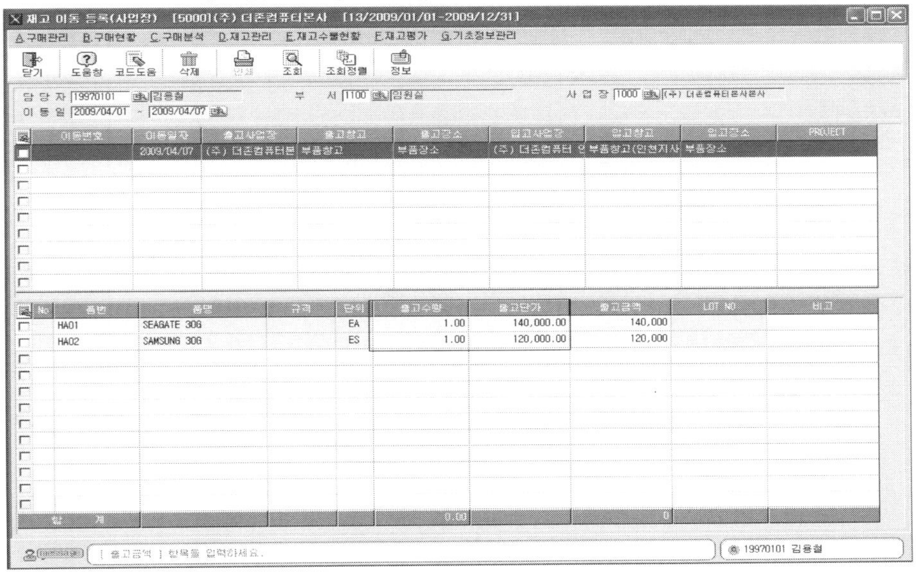

3) 재고실사등록

월별 또는 분기별, 반기별 등, 재고 조사를 실사하여 품목별로 조사된 수량을 입력하는 프로그램이다. 실사등록을 통하여 실제창고에 있는 수량과 장부상 등록되어진 수량의 차이를 확인할 수 있다.

작업방법은 실사기간을 입력하고 [조회]를 클릭한다. 실사일자, 실사창고, 실사구분을 입력하고 비고항목에서 ENTER 키를 누르면 화면하단의 FOCUS가 이동한 상태에서 2가지 방법으로 품목들을 입력할 수 있다.

직접입력 또는 [코드도움] 아이콘을 사용하거나 [F2] 키를 이용하여 입력하거나 [일괄전개] 버튼을 사용하여 입력한다.

현재고가 표시되면 실사수량을 입력하고 [조회]아이콘을 클릭하여 '실사번호'를 자동부여하고 저장한다.

[구매/자재]→[재고관리]→[재고실사등록]→[실사기간입력]→[조회]→[데이터입력]→[ENTER]→[직접입력/일괄전개 선택]→[재고데이터입력]→[조회]→[저장]

[그림 6-16] 재고실사등록 화면

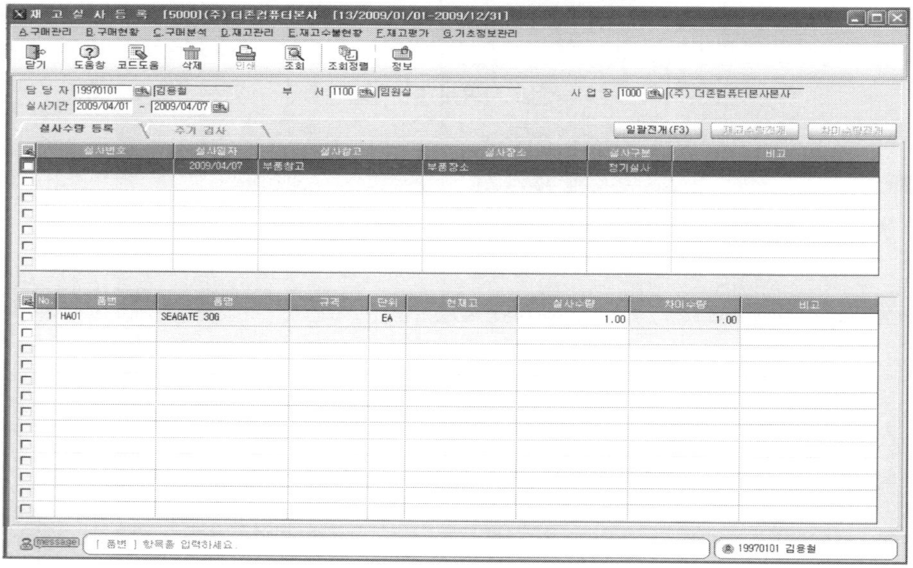

4) 기초재고/재고조정등록

[기초조정]은 시스템 도입시 시스템을 도입하기 전 품목의 재고수량을 기초수량으로 입력하는 기능이고 [출고조정]은 시스템 가동 중 전산(장부)재고와 실물재고의 재고수량을 일치시키기 위해 재고조정을 처리하는 프로그램이다. [입고조정]은 사용하지 않는 기능이다.

작업방법으로 조정기간을 입력하고 [조회]를 클릭 후 조정일자, 창고, 장소, 품번, 조정수량, 단가를 입력한다.

■ 기초재고등록

등록일자	창고	장소	품번	수량	단가
2009/01/01	제품창고	제품장소	PC01	50	1,580,000
2009/01/01	제품창고	제품장소	PC02	50	1,420,000
2009/01/01	제품창고	제품장소	PR01	50	260,000

[구매/자재]→[재고관리]→[기초재고/재고조정등록]→[조정기간입력]→[조회]→[데이터입력]→[조회]→[저장]

[그림 6-17] 기초재고(기초조정) 화면

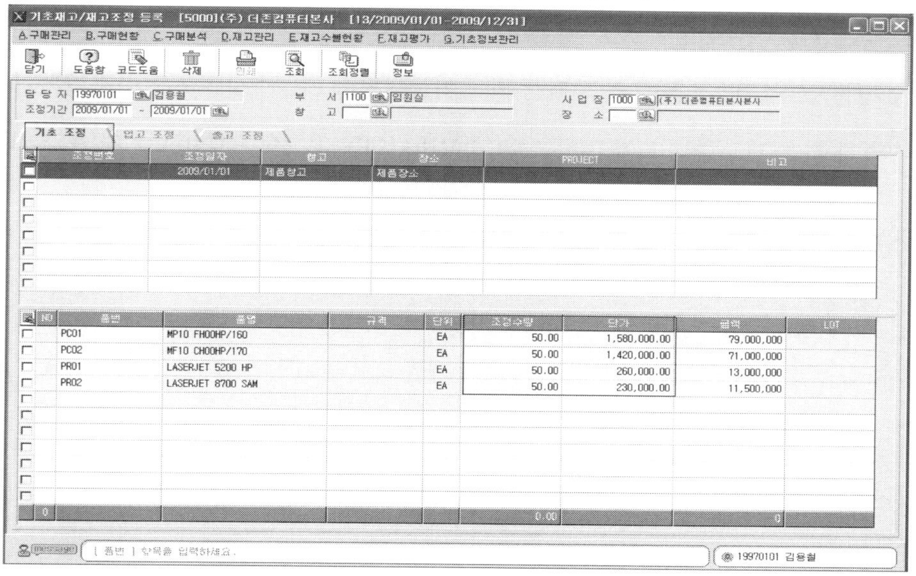

[그림 6-18] 기초재고(출고조정) 화면

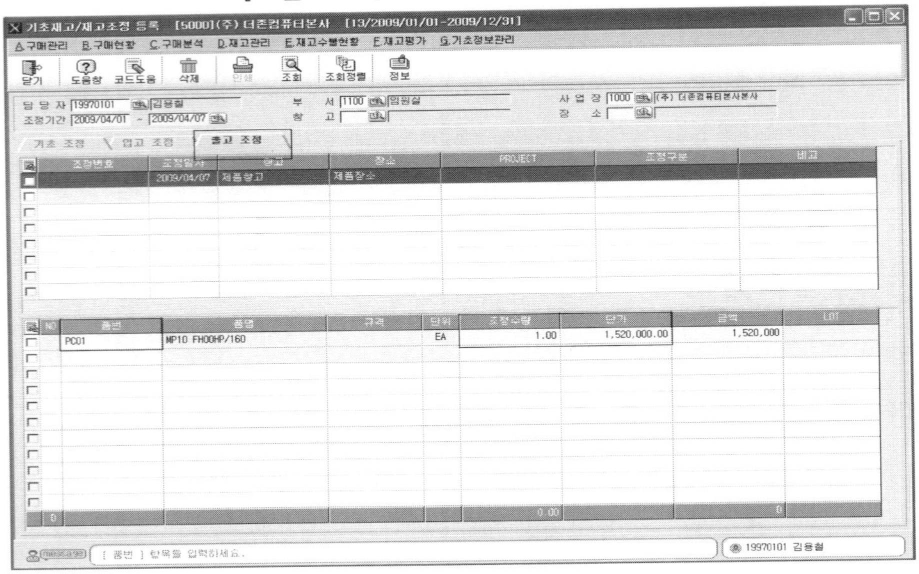

5) 창고간 재고이동현황

이동일별, 품목별, 창고별로 창고간 재고이동현황을 조회하기 위한 프로그램이다.

[구매/자재]→[재고관리]→[재고이동현황(창고)]→[이동일 선택]→[데이터입력]→[조회]

[그림 6-19] 재고이동현황(창고)조회 화면

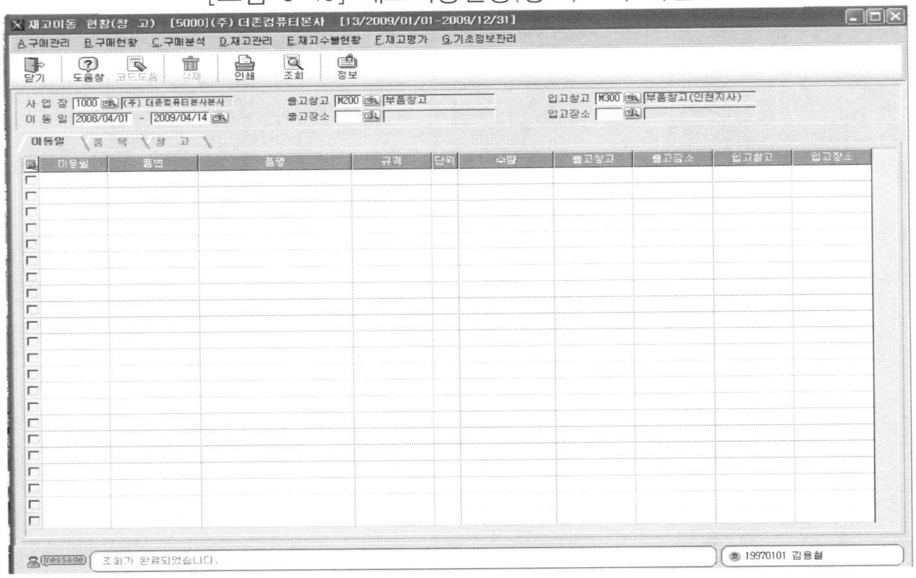

6) 사업장간 재고이동현황

사업장간 재고 이동현황을 조회하기 위한 프로그램이다.

[구매/자재]→[재고관리]→[재고이동현황(사업장)]→[창고 선택]→[데이터입력]→[조회]

[그림 6-20] 재고이동현황(사업장)조회 화면

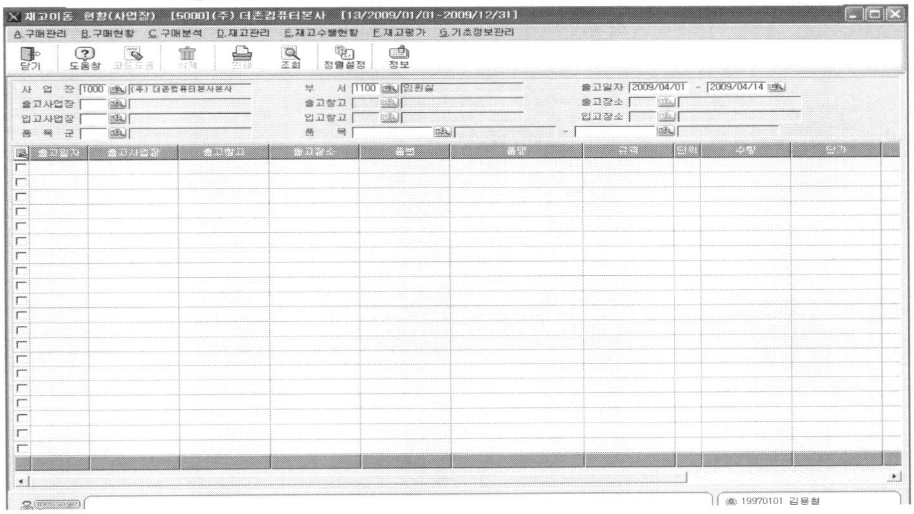

7) 재고실사현황

재고실사등록 프로그램에서 등록한 내역을 조회하기 위한 프로그램이다.

[구매/자재]→[재고관리]→[재고실사현황]→[창고 선택]→[조회데이터입력]→[조회]

[그림 6-21] 재고실사현황조회 화면

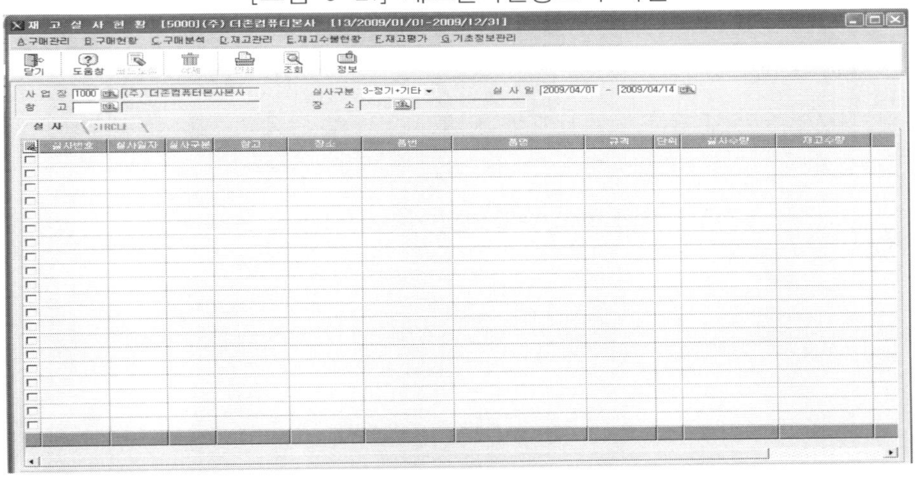

8) 기초재고/재고조정현황

기초재고 및 재고조정등록 프로그램에서 등록된 내역을 조회하는 프로그램이다.

[구매/자재]→[재고관리]→[기초재고/재고조정현황]→[기초조정/입고조정/출고조정 선택]→[조회데이터입력]→[조회]

[그림 6-22] 기초재고/재고조정현황조회 화면

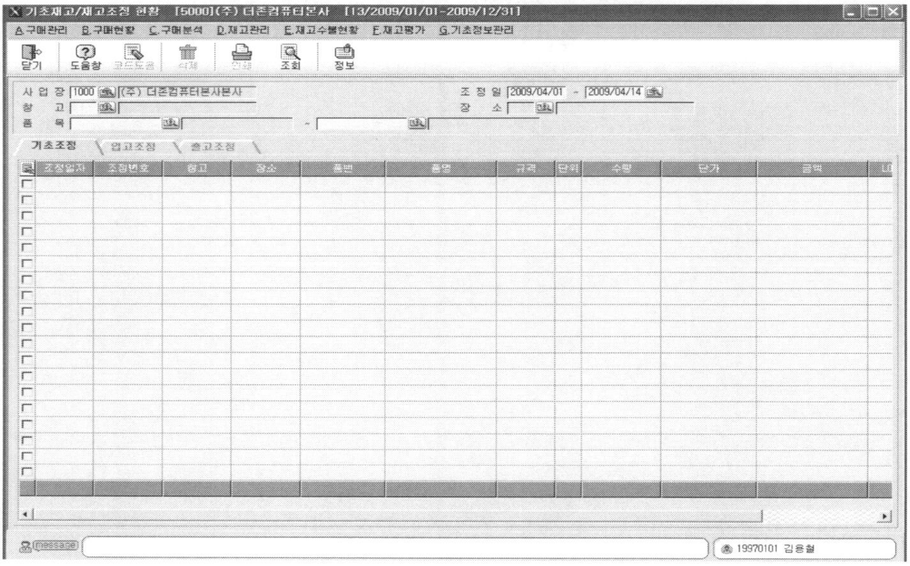

2. 재고 및 수불현황관리

1) 전사재고현황

복수의 사업장이 존재하는 회사에서 전체 사업장의 품목별 또는 품목군별로 현재고 현황을 조회하기 위한 프로그램으로 년도별로 관리할 수 있다.

[구매/자재]→[재고/수불현황]→[전사재고현황]→[조회]

[그림 6-23] 전사재고현황조회 화면

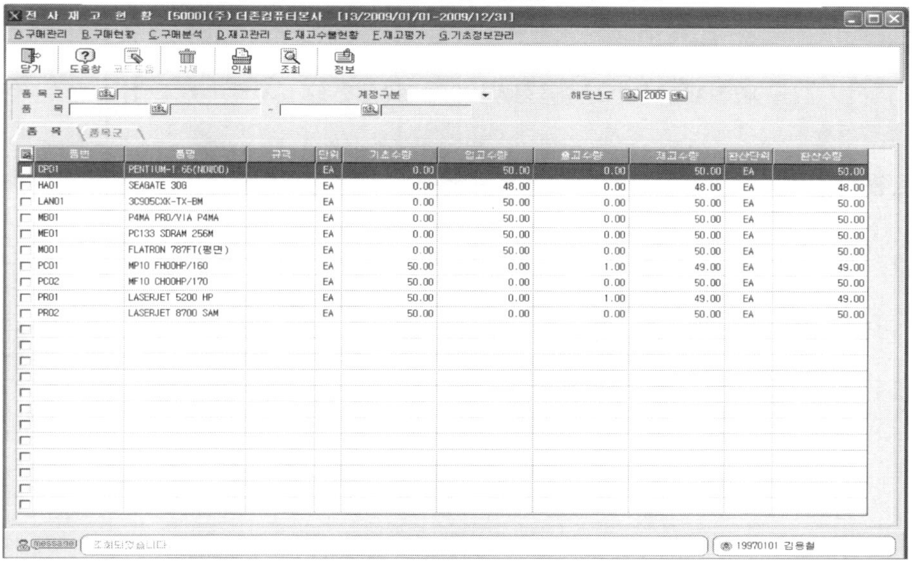

2) 현재고현황

사업장별 또는 창고별, 장소별로 현 재고현황을 조회하기 위한 프로그램으로 년도별로 관리할 수 있다.

[구매/자재]➔[재고/수불현황]➔[현재고현황]➔[조회]

[그림 6-24] 현재고현황조회 화면

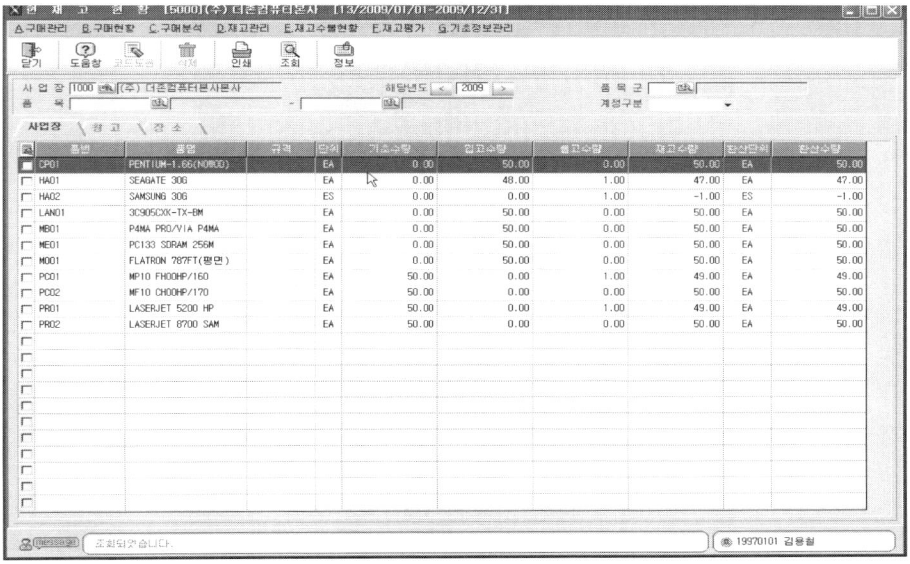

3) 재고수불현황(일자별)

특정기간 동안의 사업장별 수불현황을 일계와 누계로 조회하기 위한 프로그램이다.

[구매/자재]→[재고/수불현황]→[재고수불현황(일자별)]→[조회]

[그림 6-25] 재고수불현황(일자별)조회 화면

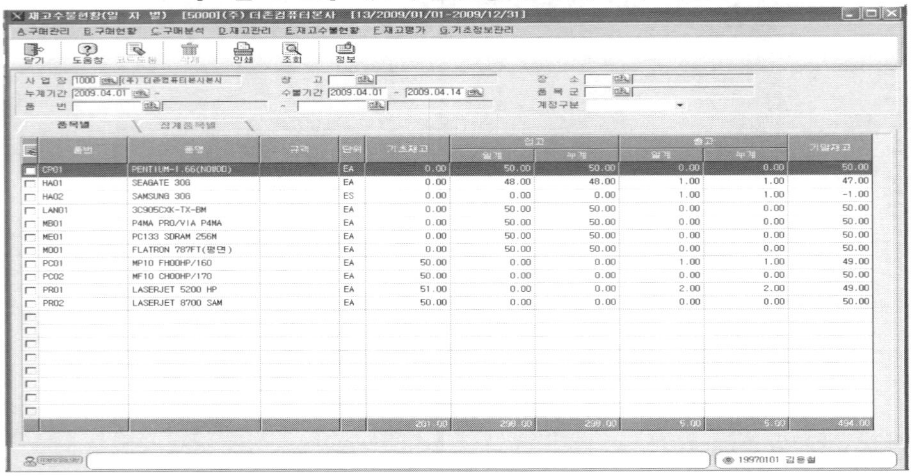

4) 재고수불현황(유형별)

일자별 모든 사업장의 수불현황을 유형별 또는 입고, 출고별로 조회하기 위한 프로그램이다.

[구매/자재]→[재고/수불현황]→[재고수불현황(유형별)]→[조회]

[그림 6-26] 재고수불현황(유형별)조회 화면

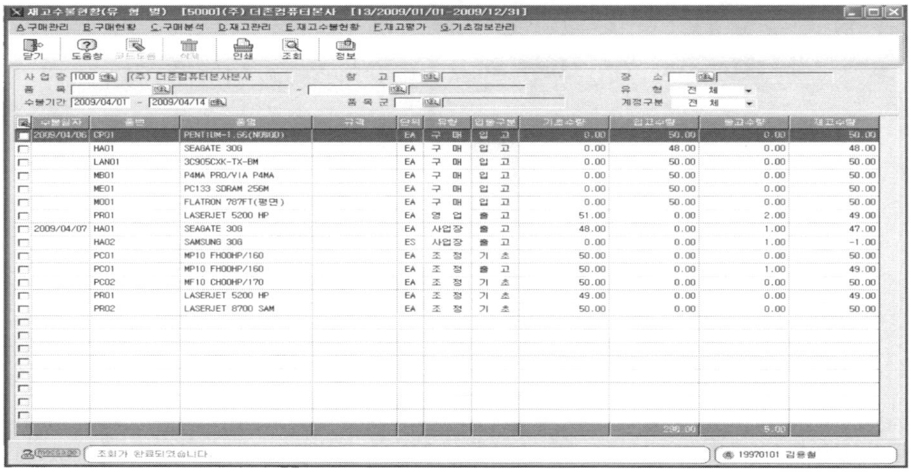

5) 재고수불상세현황

사업장별로 일자별 재고수불현황을 조회하기 위한 프로그램이다.

[구매/자재]➔[재고/수불현황]➔[재고수불상세현황(일자별)]➔[조회]

[그림 6-27] 재고수불상세현황(일자별)조회 화면

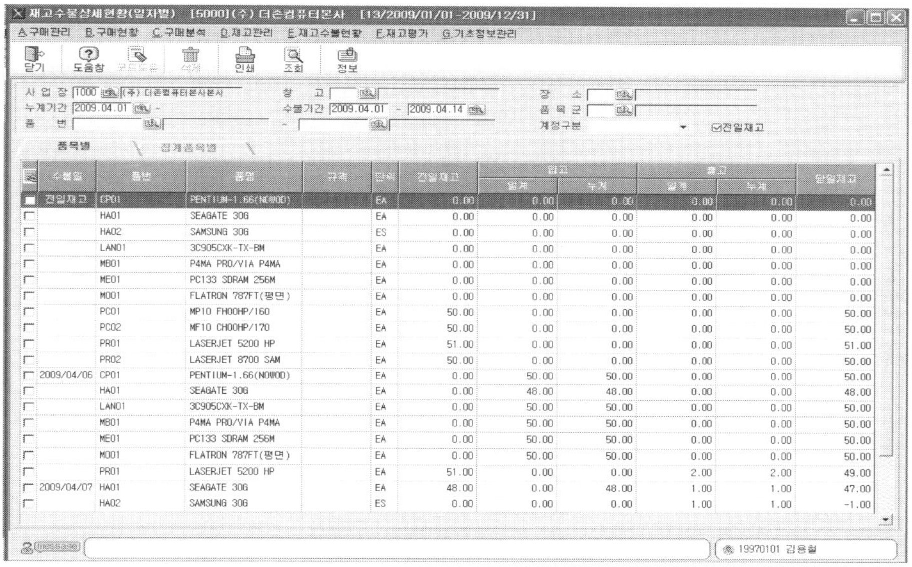

3. 재고평가

1) 생산품 표준원가등록

일반적으로 구매품의 경우는 거래처에 발주를 하고 물품을 입고 받을 때 반드시 매입금액이 있다. 그러나 생산품의 경우는 입고금액이 분명치 않다. 따라서 재고평가 작업시 생산품의 입고금액으로 활용할 단가를 등록하기 위한 프로그램이다. 또한 복수 사업장 간의 재고 이동이 있을 경우 입고되는 사업장의 매입원가로 사용한다.

■ 생산품 표준원가 등록

등록일자	품번	품명	표준단가
2009/04/14	PC01	MP10 FHOOHP/160	1,470,000
2009/04/14	PC01	MP10 CHOOHP/170	1,420,000

[구매/자재]➔[재고평가]➔[생산품 표준원가등록]➔[조회]

[그림 6-28] 생산품 표준원가 등록 화면

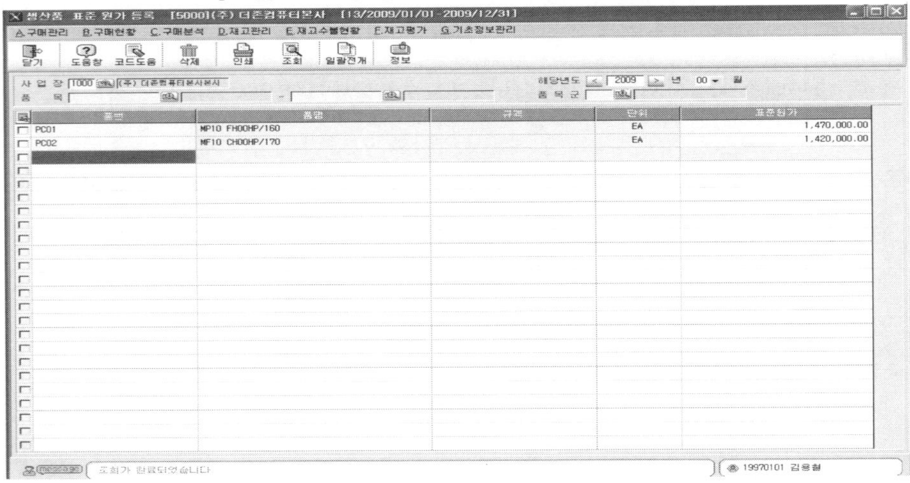

2) 재고평가 작업

재고자산에 대해서 재고평가를 하고 출고 원가를 평가방법(총평균법, 이동평균법, 선입선출법)에 따라 평가하기 위한 프로그램이다.

■ 재고평가 작업

재고평가기간	평가대상
2009/01월 - 3월까지	구매품

[구매/자재]→[재고평가]→[재고평가작업]→[기수입력]→[시작년월입력]→[종료년월입력]→[재고평가 클릭]

[그림 6-29] 재고평가작업 화면

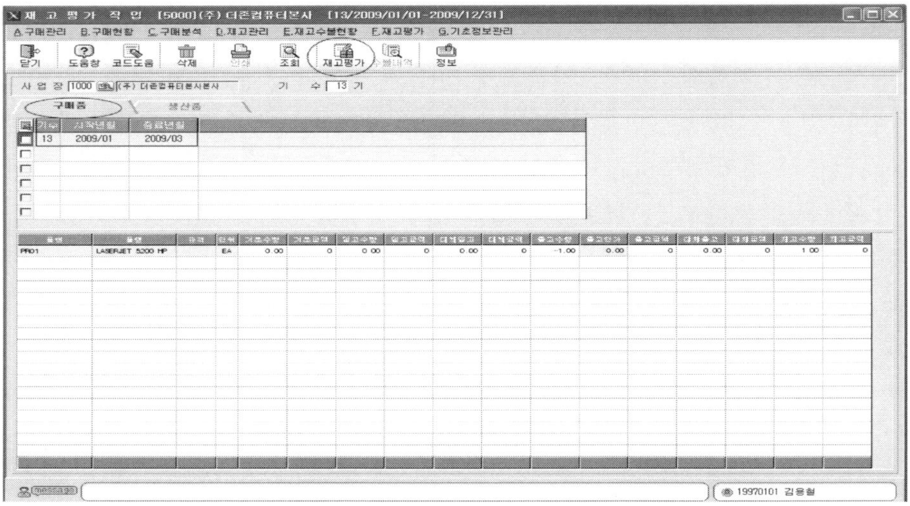

3) 재고평가 보고서

재고평가 작업 수행 후 재고평가내역을 조회하고 평가보고서로 출력하기 위한 프로그램이다.

[구매/자재]➔[재고평가]➔[재고평가보고서]➔[조건바에 데이터입력]➔[조회]

[그림 6-30] 재고평가보고서 화면

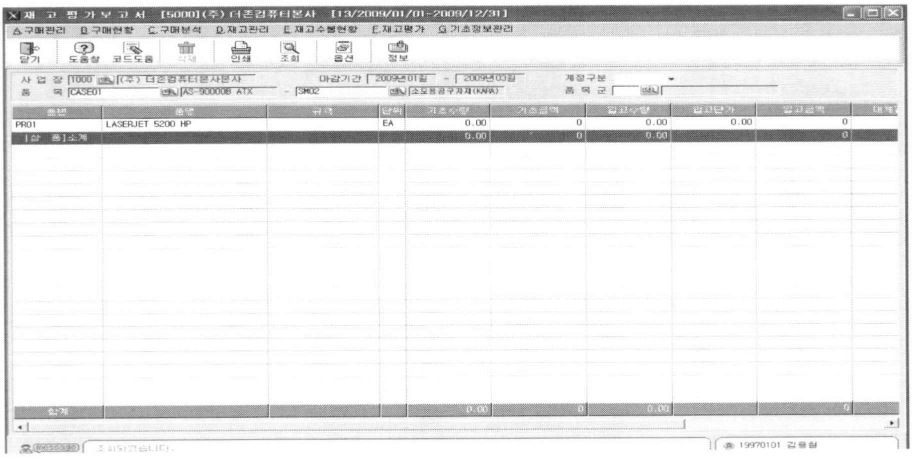

4) 재고자산명세서

재고평가 작업 수행 후 재고평가내역을 조회하고 재고자산명세서를 출력하기 위한 프로그램이다.

[구매/자재]➔[재고평가]➔[재고자산명세서]➔[조건바에 데이터입력]➔[조회]

[그림 6-31] 재고자산명세서 화면

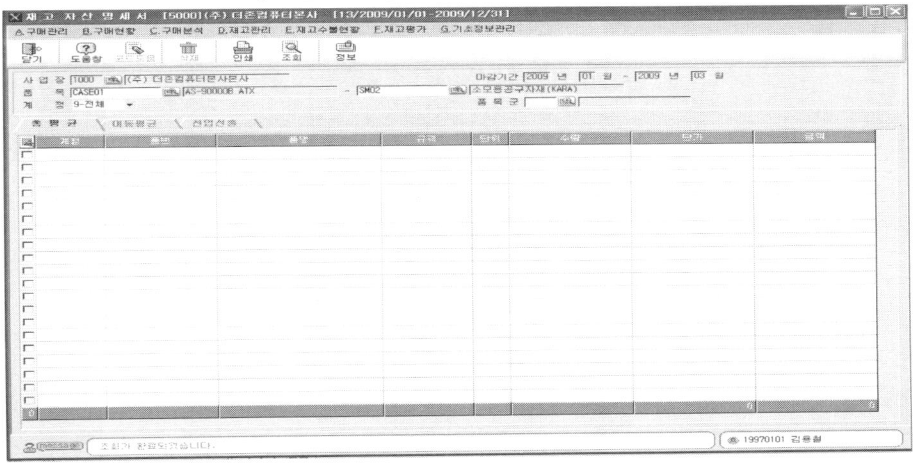

5) 재고자산 수불부

재고평가기간 내에 발생한 수불내역을 상세하게 조회하고 출력하기 위한 프로그램이다.

[구매/자재]→[재고평가]→[재고자산수불부]→[조건바에 데이터입력]→[조회]

[그림 6-32] 재고자산수불부 화면

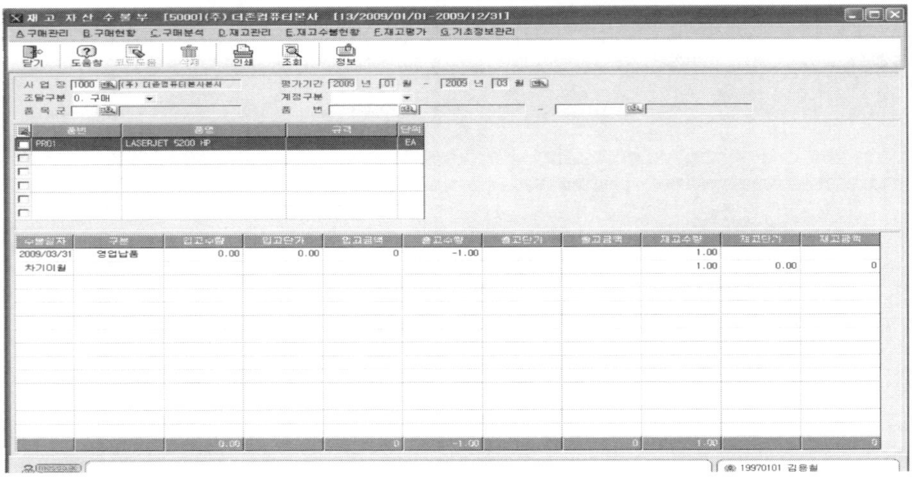

6) 대체출고내역현황

재고평가에 나타난 대체출고에 대한 내역을 조정대체, 사업장대체, 계정대체별로 조회하고 출력하기 위한 프로그램이다.

[구매/자재]→[재고평가]→[대체출고내역현황]→[조건바에 데이터입력]→[조회]

[그림 6-33] 대체출고내역현황 화면

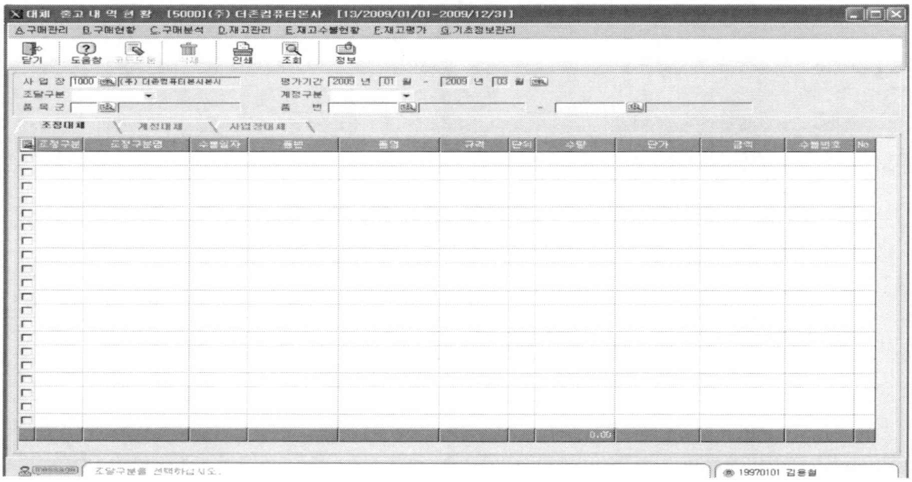

[연습문제]

1. 자재 소요량 산출방법에 대하여 연구한다.
2. 창고관리에 대하여 연구한다.
3. ERP 시스템에서 재고실사 및 평가방법을 숙지한다.
4. ERP 시스템에서 재고감소에 영향을 미치는 요인을 분석한다.
5. ERP 시스템의 재고실사 및 조정에 대하여 연구한다.
6. 경제적 주문량에 대하여 연구한다.
7. CRP에 대하여 연구한다.
8. ABC 분류에 대하여 연구한다.

흐릿한 날엔

▸ 김용철

흐릿한 날엔
조금은 그리움이 생기지
계절에 따라 찾아온 그리움은
어찌할까?
혼자서 쓸어버리기엔 아쉬운
그리움
에라... 모르겠다.
모든 것을 사랑해볼까
그러면 잊힐까?
그러할까?
아닐까?
아침이 되면 다시금 생각이
문득 문득
떠오르는 것은
무어라고 할까?
흐릿한 날의 그리움
그러기에 사랑하자
우리만의 소중한 약속

Chapter Ⅶ

수출입관리

【수출 프로세스】

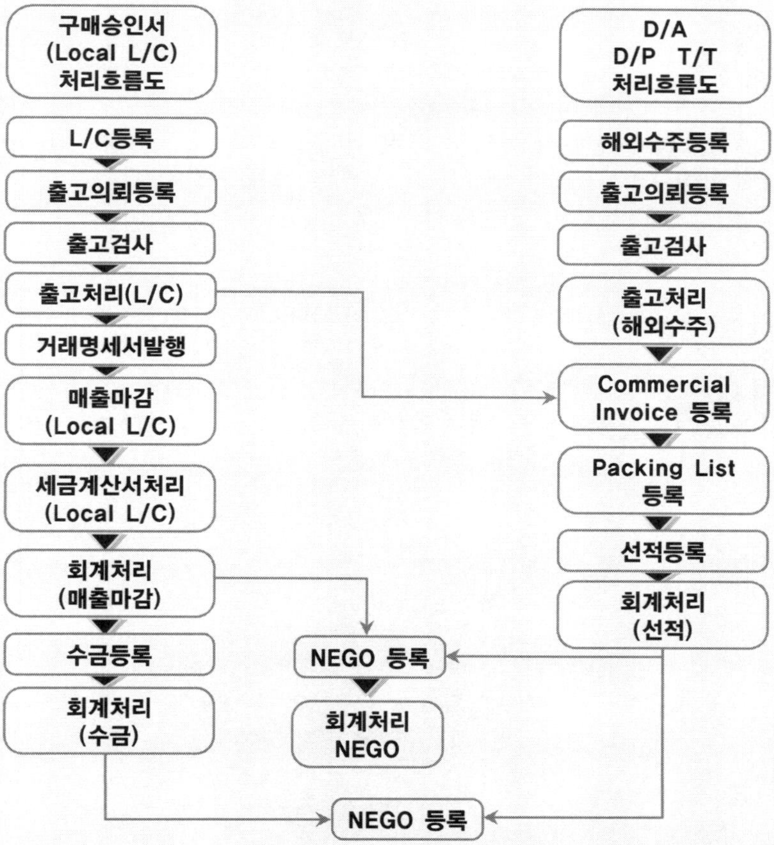

군대 가던 날

▸ 김용철

어머니
막내 자식 군대 가던 날 방문 잠그시고
잘 다녀 오라시던 때가 벌써 삼십년이 지났습니다.
막내아들 군대 가는 날 방문이라도 열어 보시지 그랬어요.
눈시울을 억지로 감추시려고 해도 전 알고 있습니다.

어머니
그런 막내아들의 아들이 군대를 갑니다.
나도 어머니처럼 방문을 잠그고 잘 다녀오라고 하려 했습니다.
억지로 차오르는 설움을 보여주지 않으려 했습니다.
어머니 같이 모질게 내 버려 두려 했습니다.
서녘 햇살도 받고 바람도 맞고 찬 기운 속에서
혼자 살아가도록 하려 했습니다.

어머니
아들 군대 가던 날
난 그놈을 따라갔습니다.
모질게 던져두질 못하겠네요.
이젠 버려두고 비와 바람의 세월로 보내야하는데
왜 이리 품에 감싸 안아야 하나요?
언제까지 기다려야 하나요?
이젠 방문을 잠글 시간인가 봅니다.

제1절 수출실무

1. 수출계약체결

1) 신청(Offer)과 승낙(Acceptance)

모든 계약은 매매당사자 간의 합의에 의하여 이루어진다. 무역거래에서 매수인에게 보낸 견적, 사양서 등을 근거로 품질, 수량, 가격, 인도 시기 등을 신청(Offer)하면 구매자가 무조건 승낙(Acceptance)했을 경우 매매계약으로 성립한다. 그러나 구매자가 매매조건 수정을 요구할 경우 판매자는 새로운 신청서 즉, 반대신청서(Counter Offer)를 제출하여 쌍방이 만족하면 계약이 체결된다.

2) 수출상품의 조달

수출계약이 체결되면 계약조건과 일치하는 수출하여야 한다. 수출업자는 수출상품을 재고로 가지고 있거나 자체생산을 하거나 외주를 통하여 수출상품을 조달하게 된다.

3) 수출보험

수출보험이란 무역거래에서 일어나는 위험을 보험에 가입하는 절차로서 해상보험, 전쟁, 내란 등의 비상보험, 수출업자의 수출차질에 따른 수출업자, 수출상품, 생산자 등을 보호하기 위하여 보험에 가입한다.

2. 신용장 개설

1) 신용장의 기능

신용장은 환어음의 인수 및 지급을 보장하는 기능을 하고 있다. 신용장은 수입업자의 신용불능 또는 지급거절의 위험을 제거하여 준다. 또한 환결제위험을 회피하여, 수출거래를 확정하는 기능이 있으며, 무역금융을 원활하게 하여 준다.

2) 신용장의 당사자

개설의뢰인(Applicant)은 매수인(Buyer)의 거래은행에 의뢰하여 개설한다.

개설은행(Opening bank of Issuing Bank)은 개설의뢰인의 의뢰를 받아 신용장을 개설하는데 개설은행(Opening Bank) 또는 발행은행(Issuing Bank)라고 한다.

수익자(Beneficiary)는 신용장의 수익을 받는 수출업자(Exporter)로 신용장의 사용자이므로 User라고도 한다.

3) 수출신용장 접수

수출은 반드시 대금회수가 전제되어야 한다. 이와 같은 대금 회수를 위하여 우리나라는 신용장원칙주의를 채택하고 있다. 따라서 매매계약이 체결되면 가능한 빨리 신용장을 접수하여야 한다.

4) 수출허가

물품을 수출입하고자 할 경우 허가를 얻어야 한다. 외국환은행장의 수출허가 범위를 살펴보면 ①대상물품, ②대상결재방법, ③거래가격, ④거래지역 등 금지된 규정에 저촉되어서는 안 된다.

3. 수출화물의 준비

1) 수출화물 검사

수출업자는 수입업자에게 사전에 제공한 견본과 동일한 상품은 정해진 기간 내에 선적하여야 하며, 선적하기 이전에 상품의 품질, 수량, 포장 등을 충분히 검사하여야 한다.

2) 수출화물의 포장

국내 판매제품의 경우 포장은 판매촉진을 중요시 하나 수출포장은 수송, 하역, 보관 등에서 상품을 보호하고 완전한 상태로 구매자에게 도착하도록 상품의 수송성, 하역성, 보관성 등을 감안하여야 한다.

4. 해상운송

1) 선박의 선정

수출화물이 준비되면 신용장의 선적기한 내에 선적이 가능하도록 선박회사와 계약을 체결한다. 선박회사와 계약의 종류는 개별운송계약과 용선운송계약 등이 있다.

2) 해상 컨테이너 운송

컨테이너는 상시 기계작업이 이루어지기 때문에 하역시간을 단축시킬 수 있다. 컨테이너의 종류는 드라이 컨테이너(Dry Container), 냉동 컨테이너(Reefer Container), 천정개방 컨테이너(Open Top Container), 탱크 컨테이너(Tank Container), 플랫트 랙 컨테이너(Flat Rack Container) 등이 있다.

5. 수출화물의 통관 및 결재

1) 수출 통관절차

통관절차란 수출입에 관하여 세관에 수출, 수입, 반송신고를 하고 법령규제사항에 대해 적법한지에 대해 확인 후 신고 수리하는 일련의 과정을 말한다.

수출통관절차는 [수출신고준비] ⇒ [수출신고] ⇒ [수출신고수리] ⇒ [수출심사] ⇒ [물품검사 및 감정] ⇒ [수출신고필증교부] ⇒ [물품의 반출 및 선적] ⇒ [수출신고의 정정, 취소, 취하, 각하] ⇒ [서류보관]의 과정이다.

2) 수출신고준비

수출신고준비는 HS에 의한 품목분류와 수출신고서, 수출승인서 등 수출신고시 필요한 서류를 준비한다. 수출신고는 화주, 수출업자, 관세사 및 관세사법인이하며 일반물품일 경우 수출자의 제조공장이나 제품창고 등 세관검사를 받고자하는 곳에 장치 후 신고한다. 이때 신속을 요하거나 물품 특성상 신고 수리 전에 선(기)적이 불가피할 경우 세관장에게 선(기)적 승인을 받아 수출신고 전에 선(기)적할 수 있다.

수출신고수리에서 세관장은 전송받은 신고 서류에 대해 적합여부를 심사 후에 신고를 수리한다.

3) 수출심사

수출심사는 수출승인사항과 수출신고서 사항이 일치하는가? 무역관계법령에 준한 구비를 했는가? 세 번 분류는 적절 한가? 등의 서류심사를 한다. 이때 서류신고에 의한 신고와 위조 상품수출 등 지적 재산권침해의 우려, 관세환급관련 위장수출우려, 불법수출 등의 우려 시에는 현품을 확인 후 수출신고를 수리한다.

4) 물품검사

물품검사 및 감정은 위조 상품수출, 위장수출, 불법수출품 등 세관장의 검사가 필요하다고 판단되는 물품에 대하여 수출품을 실제로 검사하고 수출신고수리를 한다.

5) 수출신고필증교부

세관장은 수출신고수리 후 수출신고필증을 교부한다. 물품의 반출과 선적으로 물품을 반출하고자하는 경우 수출신고필증을 첨부하여 세관장에게 신고하여야하며, 선적완료 후에는 수출신고필증, 적하목록, 본선수취증 등에 선적확인을 받고 수출신고필증에 '선적확인필'이라는 날인을 받으면 수출통관절차는 끝나게 된다.

〈표 7-1〉 수출절차

수출절차	내용 및 필요정보	관련기관
1. 무역업자	무역업 신고제도 폐지 무역업 고유번호 신청(사업자등록증)	– 한국무역협회 본부 및 각 지부
2. 품목선정	무역통계, 상품별 소비정보 각국별 유망품목 시장조사	– 각국 무역통계기관, 무역알선사이트, 한국무역협회, KOTRA, 상공회의소
3. 해외신용조사	국가별 무역통계, 상품정보, 잠재적 구매력, 시장조사서, 국가정보, 경제동향, 상품별 기호도 조사	– kotra.or.kr – e-market place D&B – 국제무역기구, 각국경제신문 – Journal of Commerce, Newspage – keip.go.kr(대외경제정책연구원)
4. 마케팅	무역포탈등록, 일반포탈등록 홈페이지제작, 배너광고 관련업체 e-mail, off line 마케팅, 웹사이트 박람회 참여	– 무역전문포탈, 일반포탈 – 홈페이지 제작서비스, 광고주선 out-posting, 각국상공회의소(지역) 종합상사, 무역공사 등의 해외지사
5. 거래선발굴	업체검색, off line 발굴, 전시회 e-mail, internet phone, fax e-market place 활용, 등록, 홍보circular letter (자기소개, 거래권유장) 송부 Inquiry(거래조회서)접수 Inqury에 대한 답신, 거래조건 협의	무역전문 및 일반포탈 종합상사, 무역공사 등의 지사, 이메일, 인터넷 폰, 인터넷 팩스, KOTRA, 무역협회, 상공회의소, 각국상공회의소, World Trade Center World Trade Centers Association, 전시회, 박람회
6. 거래제의 업체 신용조사	Character, capital, capacity, country, currency등에 관한 조사	KOMPASS, D&B등 전문기업, 수출보험공사 등의 지사, 신용보증기금, 무역진흥공사, 수출입은행

7.거래조건 협의	통신수단 활용 결제통화 및 환율, 환위험회피방안, 결제방식, 가격, 품질, 수량, 선적 등 정형거래 조건(Incoterms 2000) 물류비, 견본 송부, 관세, 시장가격, 해외출장 등	이메일, 인터넷폰, 팩스, 화상회의, 은행상담, 환리스크관리, 송금, 추심, 신용장, 채산성분석 거래조건의 결정 물류회사(해운사, 택배사 등)관세정보기관, 시장조사기관 등
8. 청약 및 승낙	Offer, counter offer, acceptance	이메일, 인터넷폰, 팩스, 텔렉스 등
9. 무역계약체결	거래조건 최종협의 후 양당사자 서명 계약서 내용 검토(개별조항, 일반조항), 전자서명	전자서명 또는 인증서비스
10. 수출신용장 수취 등	수출대금 회수의 안전성 검토, 계약내용과 일치 여부, 독소조항 여부, 개설은행 신용 상태	SWIFT, EDI등
11. 수출승인(필요시)	수출금지 또는 제한품목 여부 확인 수출입 공고, 통합공고상 제한품목에 해당하는 경우 수출승인(E/L)받음	관련부처나 단체에서 승인 (예)의류 : 한국의류사업협회 산업자원부, 한국무역협회
12. 수출상품 제조 및 확보	직접생산, 수출용 원자재 및 완제품 확보 원자재수입자금: 수입신용장 원자재 구매자금 : Local L/C. 구매확인서 생산자금	SWIFT, EDI등 은행정부기관의 수출지원 자금이용
13. 해상운송 및 보험	선박 수배 필요시 수출보험 가입 적화보험조건검토	해운사, 물류사, 보험회사
14. 통관 및 선적	수출물품을 보세구역의 CY또는 CFS로 반입, 통관절차 완료 후 수출 신고필증 발급, 본선 적재후 선화증권 발행	해운사, 물류사, 관세사 Freight Forwarder
15. 서류매입	운송서류(L/C상 요구서류)준비, 서류와 L/C의 조건일치 여부의 검토 필요시 원산지 증명서(시, 도, 상공회의소) EDI Nego 결제	은행, KTNET
16. 관세환급	수출용 원자재 관세환급	세관
17. 사후관리	제한품목과 특정거래형태의 사후관리 대금회수 사후관리	해당법규내용

[수입관리 프로세스]

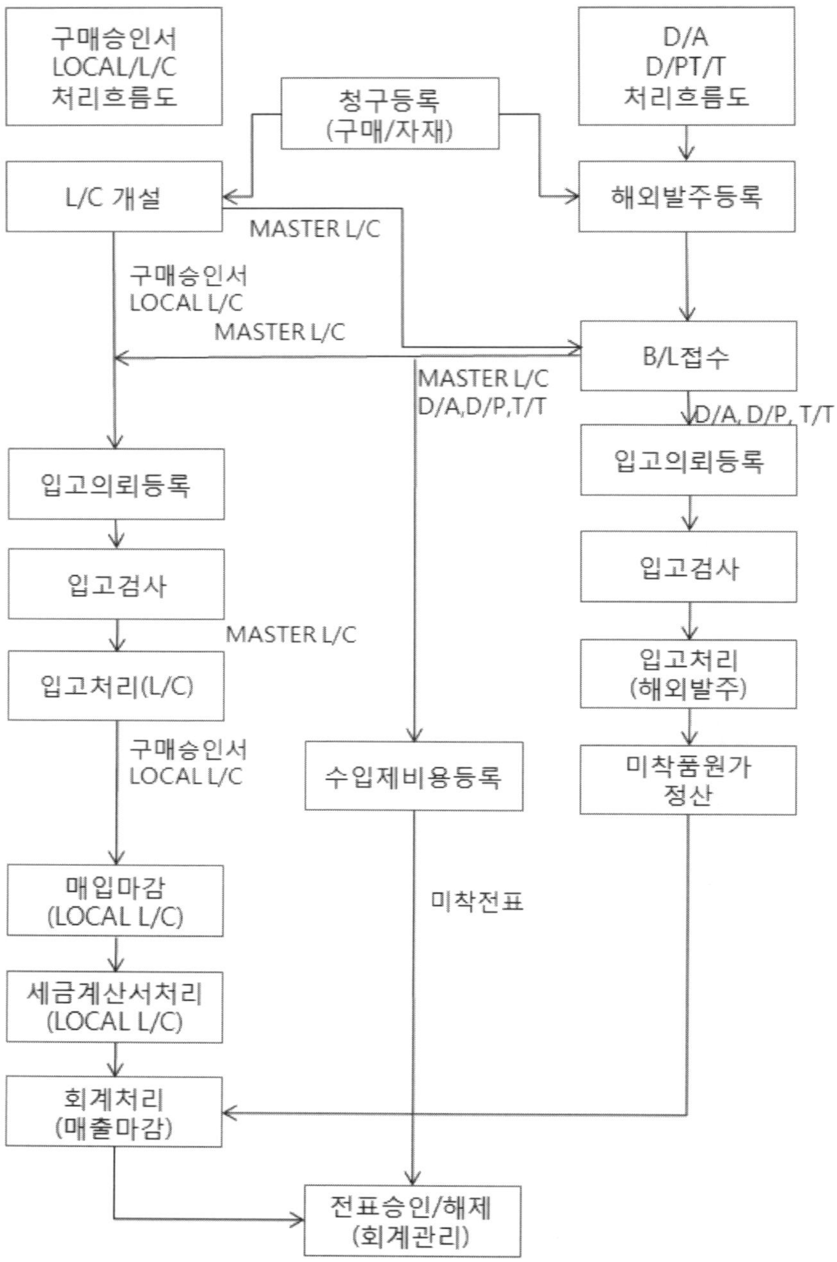
구매승인서
LOCAL/L/C
처리흐름도
D/A
D/PT/T
처리흐름도
청구등록
(구매/자재)
L/C 개설
해외발주등록
MASTER L/C
구매승인서
LOCAL L/C
MASTER L/C
B/L접수
MASTER L/C
D/A,D/P,T/T
D/A, D/P, T/T
입고의뢰등록
입고의뢰등록
입고검사
입고검사
MASTER L/C
입고처리(L/C)
입고처리
(해외발주)
구매승인서
LOCAL L/C
수입제비용등록
미착품원가
정산
매입마감
(LOCAL L/C)
미착전표
세금계산서처리
(LOCAL L/C)
회계처리
(매출마감)
전표승인/해제
(회계관리)

제2절 수입실무

1. 계약 및 신용장 개설

1) 수입계약 성립

해외 수출업자로부터 Selling Offer가 오면 정확한 수입타당성을 검토하여 수입업자의 독자적인 가격을 기초로 하여 Counter Offer를 제시하여 쌍방이 합의가 되면 계약을 체결한다.

2) 수입허가(승인)

수입허가는 수입업자의 허가를 얻고 일정한 요건을 충족한 업체에 허가하여 수입을 할 수 있도록 규정되어 있다. 이와 같은 수입허가 절차로 외국환은행장의 수입허가(승인)를 얻는다. 일반내수용 수입인가에 필요하다.

3) 신용장 개설

수입계약이 체결되면 구매계약조건에 따라 대금결제방법이 신용장에 의한 지급방법일 경우 수입업자는 신용장을 거래은행에 의뢰하여 개설하여야 한다.

4) 신용장 조건변경

이미 개설된 신용장의 조건이 변경될 경우 원래 신용장은 수출입계약자의 계약조건에 준수하여 개설하여야 하며 특히 취소불능신용장은 선적서류와 발행된 어음이 신용장 조건에 일치하는 한 변경할 수 없다.

신용장 조건을 변경하기 위하여 사전에 그 변경에 관하여 당사자 간에 합의가 있어야 한다.

2. 선적 및 화물인수

1) 보험

수입화물에 대한 부보(附保)는 당해 수입계약이 개별적이면 개별예정보험을 체결하고 동종 상품을 계속적으로 선적하면 포괄예정보험을 체결하여 수입품의 위험을 담보한다.

2) 화물의 인수

외항선이 입항하면 세관원의 검사가 끝나면 화물을 인수 할 수 있다.

3. 선적서류인도 및 대금결제

1) 선적서류 인수

자기자금에 의한 결제방법으로 수입업자는 자기자금으로 어음을 결제하면 된다.

T/R(trust receipt)에 의한 결제는 결제대금을 은행에서 수입무역어음으로 차용하여 결제하는 방법이다. 신용장이 개설되었을 경우 T/R에 의해 선적서류 인수가 가능하다. T/R은 수입담보화물 보관증 또는 화환(貨換)어음담보화물 보관증이라고도 한다. 화환어음의 조건이 어음대금지급도(documents against payment : D/P)인데도 수입자가 어음기일 전에 대금을 지급하지 않고 선적서류를 받고자 할 때, 개설은행이 요구하는 증서를 제출해야 하는데 별도의 담보제공, 보증인의 설정, 기타 의무를 진다는 서약이 포함된다.

2) 수입대금 결제

신용장에 의한 어음 지급인은 수입업자와 외국환은행이다. 신용장에 의한 결제방법은 Sight Bill의 경우와 Usance Bill 그리고 신용장 없는 결제방법으로 구분된다. Sight Bill(일람출금어음)은 제시출급(提示出給)어음이라고도 한다. 지급을 위하여 제시(提示)가 있었던 날을 만기(滿期)로 하는 어음이다. 일람출급어음은 만기의 도래가 어음소지인의 지급제시에 걸려 있으므로 어음채무자를 부당하게 장기간 구속하는 일이 없도록 하기 위하여 소지인은 발행일자로부터 1년 내에 지급을 위하여 제시하도록 하고 있다. 그러나 발행인은 이 기간을 단축 또는 연장할 수 있고 배서인도 이것을 단축할 수 있다. 지급자금(支給資金)의 준비를 위하여 일정한 기일 전에는 지급을 위한 제시를 금할 수 있고(確定日後一覽出給), 또는 발행일자에서 일정기간 내에는 지급을 위한 제시를 금지할 수 있다(一定期間經過後一覽出給). 일람출급(一覽出給)어음이 되기 위하여서는 어음의 기재상 지급제시의 날을 만기로 하는 뜻이 표시됨을 요하며 어음상에 만기의 기재가 없는 어음은 일람출급의 어음으로 본다. 지급증권(支給證券)인 수표는 법률상 당연한 일람출급이며 이 일람성(一覽性)에 반하는 모든 기재는 기재하지 아니한 것으로 본다. (어음법 제33조～제35조, 수표법 제28조 제1항). Usance Bill(기한부어음)은 일람(一覽)출급어음에 대칭되는 것으로 일람 후 30일, 60일, 90일, 120일과 같은 식으로 지불기간이 정해진 어음, 약속어음이든 환어음이든 지불기간이 정해져 있는 것은 기한부어음이다. 외환어음의 경우는 일람출급 환어음에 대해 외환은행이 신용을 공여한 뒤 일정 기간 지불을 연기해 주는 수가 있다. 이것을 유전스(Usance)라고 한다. 이 유전스가 붙은 외환어음의 시세는 일람출급 환어음 시세에 비해 기한까지의 이자 상당분만 다르다. 기한부 어음을 이용하면 사들인 상품을 팔아서 그 대금으로 어음의 결제를 할 수 있어 편리하다. 수입환에 유전스가 붙여지는 것을 수입유전스, 수출환에 유전스가 붙여지는 것을 수출유전스라고 한다.

4. 수입통관절차

1) 보세구역에서의 반입

수입화물의 수입통관을 위하여 보세구역에 반입하고 적치확인을 받아야 한다.

2) 수입신고서

반입된 물품은 세관장의 수입허가를 받아야 한다. 이와 같은 허가를 받기 위하여 수입신고서를 제출한다. 수입신고서를 제출하면 세관에서 물품검사에 필요한 심사를 한다.

3) 물품검사

수입신고서와 현품을 대조하여 수량, 품질, 가격 등에 대한 현품검사에 의하여 환율, 과세가격 등을 결정하고 통관여부를 결정한다.

4) 관세납부

통관절차가 이루어지면 관세를 확정하고 관세납부확인서를 발부받아 수입면장을 교부받는다.

5) 수입면장과 통관

관세를 납부하면 수입면장이 교부되는데 수입면장을 근거로 수입물품은 통관되어 국내물품이 된다.

제3절 수출 시스템 구축

1. 수출관리

1) 선행 작업 : 영업마감 및 통제등록

마감일자가 2008년 12월 31로 되어 있는지 확인하고 다른 날짜로 되어 있으면 2008년 12월 31일로 수정한다. 작업일자 이전 년도 말일자로 마감한다.

[시스템관리]→[마감/데이터관리]→[영업마감/통제등록]

[그림 7-1] 영업마감 / 통제등록 화면

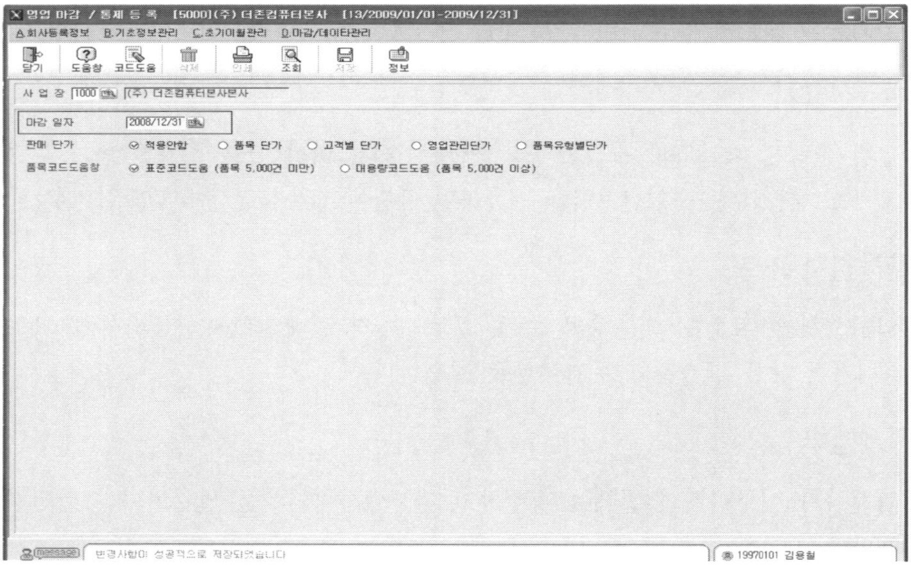

2) L/C 등록

L/C(Letter of Credit)를 등록하는 프로그램이다. L/C를 등록하기 위하여 수주기간을 입력하고 [L/C 추가] 아이콘을 클릭한다. L/C번호, L/C 접수일, 고객, 개설은행, 통지은행, 환종, 운송방법, L/C 구분, 인도장소, 선적항, 도착항, 최종목적지, S/D(Shipment Date), E/D(Expiry Date), 인도시기, 품번, 납기일, L/C 수량, 외화단가 등을 입력 후 [저장]아이콘을 클릭하고 주요필드를 확인하고 L/C 데이터를 입력한다.

프로젝트는 [시스템관리]⇒[기초 정보관리]⇒[프로젝트 등록] 프로그램에 등록한 프로젝트 중에서 선택한다.

관리구분은 [시스템관리]⇒[기초정보관리]⇒[물류관리내역] 프로그램의 '영업관리구분' 항목에 등록한 내용 중에서 선택한다.

환종은 [시스템관리]⇒[기초정보관리]⇒[관리내역] 프로그램의 '환종' 항목에 사용여부가 '여'인 환종만 조회 된다.

L/C 구분은 LOCAL L/C, 구매승인서, MASTER 중 선택한다.

S/D(Shipment date)는 선적일을 의미한다. E/D(Expiry date)는 유효기간을 의미한다.

단가는 기본적으로 [시스템관리]⇒[기초정보관리]⇒[영업마감/통제등록] 프로그램에서 선택한 단가 유형의 단가가 자동으로 반영된다. 만약 영업마감/통제등록 프로그램에서 단가를 '미적용'으로 선택하면 단가가 자동 반영되지 않기 때문에 직접 입력해야 한다.

■ (주)삼화 INC 주문내역 등록

L/C NO	L/C 접수일	고객	개설은행	통지은행	환종	L/C 구분
LC-0001	2009/04/17	(주)삼화 INC	국민보통	국민보통	USD	LOCAL
인도장소	선적항	도착항	최종목적지	S/D	E/D	인도기일
서울	부산	L.A	L.A	2009/04/18	2009/04/30	2009/04/20

품번	납기일	L/C 수량	외화단가	외화금액	검사
PC01	2009/04/18	20	1,360	27,200	무검사
PR01	2009/04/18	20	200	4,000	무검사

[무역관리]→[LOCAL L/C관리(수출)]→[L/C등록]→[데이터 입력]→[저장]

[그림 7-2] L/C 등록 화면

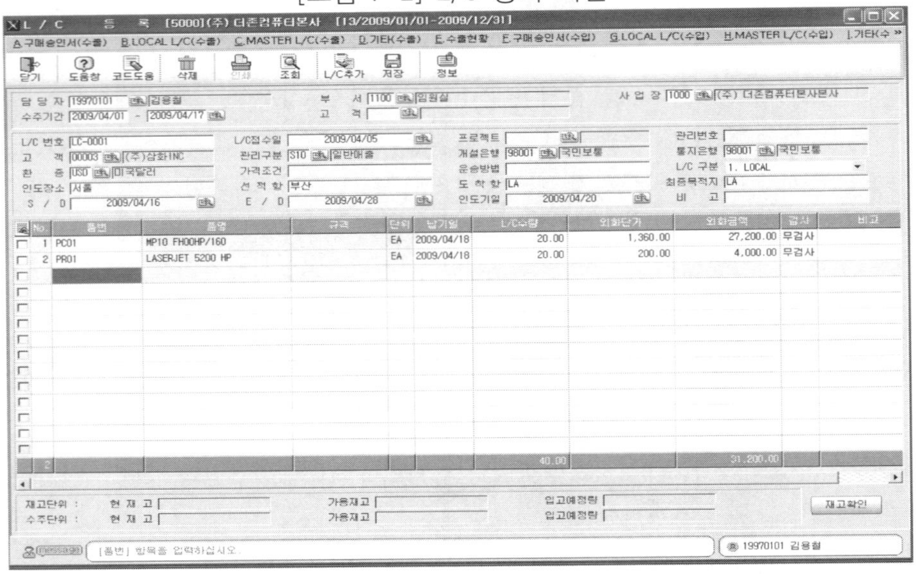

3) 출고의뢰 등록

LOCAL L/C로 주문 받은 물품에 대해 물류창고 담당자에게 출고 처리를 요청할 때 사용하는 프로그램이다.

L/C 개설 프로그램에서 등록한 내역을 적용받아 출고의뢰를 등록한다. 시스템 환경설정의 조회구분 [물류]에서 환경 요소명 [출고의뢰운영여부]의 사용여부가 [사용]으로 되어 있어야 한다.

■ (주)삼화 INC 주문내역 출고의뢰

의뢰일자	고객	출고창고	요청자	품번	납기	출고예정일	검사
2009/04/17	(주)삼화 INC	제품창고	영업1부	PC01	2009/04/28	2009/04/20	무검사
				PR01	2009/04/28	2009/04/20	무검사

[무역관리]→[LOCAL L/C관리(수출)]→[출고의뢰등록]→[의뢰기간 입력]→[조회]→[수주적용]→[수주기간입력]→[조회]→[데이터 확인]→[확인]→[체크박스 확인]→[조회]→[데이터입력]→[저장]

[그림 7-3] 출고의뢰 등록

[그림 7-4] 수주적용 팝업 화면

[그림 7-5] 출고의뢰 등록 완료 화면

4) 출고처리(L/C)

고객에게 물품납품 시 또는 반품 처리시 등록하는 프로그램이다. 물품이 창고에서 출고되는 시점 또는 출고 처리한 물품이 고객으로부터 반품되는 시점에 사용하며 재고에 실질적인 영향을 미친다.

[L/C TAB]은 거래유형이 구매승인서, LOCAL L/C, MASTER L/C를 처리하는 기능이고 [해외수주 TAB]은 거래유형이 D/A(인수인도방식 : Document Against Acceptance), D/P(지급인도방식 : Document Against Payment), T/T(전신환 : Telegraphic Transfer)를 처리하는 기능이다.

■ (주)삼화 INC 주문내역 출고처리

출고일자	창고	장소	고객	출고구분	환종	환율	과세구분	품번	수량	외화단가
2009/04/17	제품창고	제품장소	(주)삼화 INC	LOCAL L/C	USD	950원	수출과세	PC01	20	1,360
								PR01	20	200

[무역관리]→[LOCAL L/C관리(수출)]→[출고처리(L/C)]→[L/C TAB선택]→[창고, 장소, 출고기간입력]→[조회]→[의뢰적용 클릭]→[의뢰적용 화면]→[수주기간확인]→[조회]→[데이터 확인]→[확인버튼클릭]→[데이터 확인]→[조회]→[출고번호자동부여]

[그림 7-6] 출고처리 L/C 화면

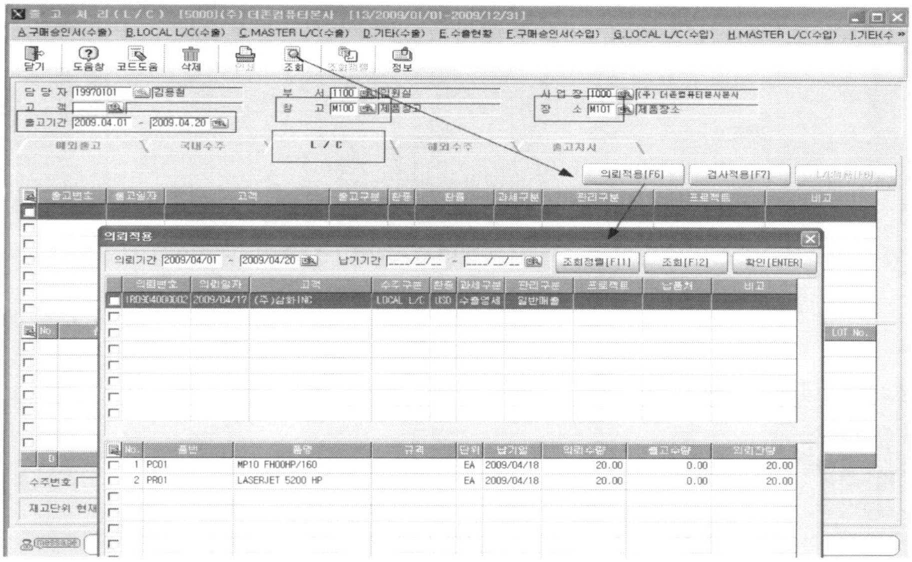

[그림 7-7] 출고처리 L/C완료 화면

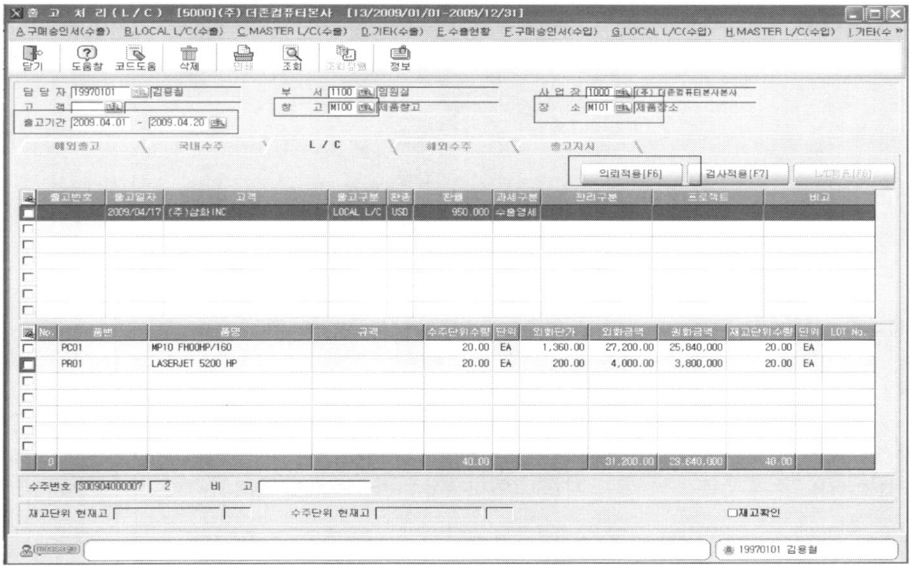

5) 거래명세서 발행

출고처리 또는 반품 처리된 내역에 대해 거래명세서를 발행하는 프로그램이다.

■ (주)삼화 INC 거래명세서 발행

출고일자	창고	장소	고객	출고구분	품번	수량
2009/04/17	제품창고	제품장소	(주)삼화 INC	LOCAL L/C	PC01	20
					PR01	20

[무역관리]→[LOCAL L/C관리(수출)]→[거래명세서발행]→[출고기간입력]→[조회]→[출고처리건 선택]→[인쇄 클릭]

[그림 7-8] 거래명세서 발행 화면

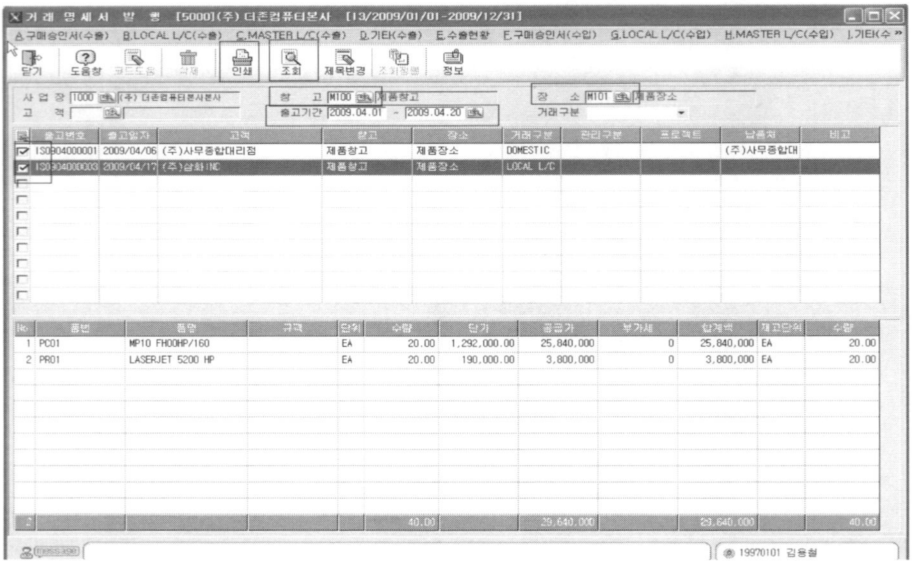

6) 매출마감

출고처리 또는 반품 처리된 내역을 근거로 매출 마감하는 프로그램이다.

[LOCAL L/C TAB]은 L/C를 등록 후 출고 처리한 내역을 적용 받아 처리하고 [국내처리 TAB]은 수주등록 후 출고처리내역을 적용받아 처리한다.

■ (주)삼화 INC 매출마감

마감일자	고객	거래구분	환종	환율	과세구분	품번	수량	단가
2009/04/17	(주)삼화 INC	LOCAL L/C	USD	950	수출과세	PC01	20	1,360
						PR01	20	200

[무역관리]➔[LOCAL L/C관리(수출)]➔[매출마감(LOCAL L/C)]➔[LOCAL L/C TAB]➔[마감기간입력]➔[조회]➔[출고적용 클릭]➔[출고기간 확인]➔[조회]➔[내용확인 및 선택]➔[확인]➔[데이터 확인]➔[조회]

[그림 7-9] 매출마감(L/C) 화면

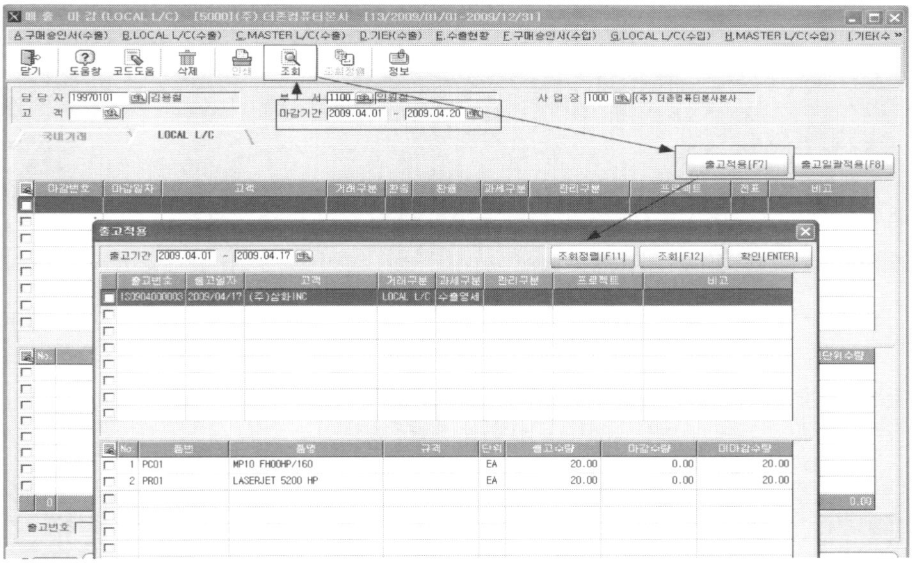

[그림 7-10] 매출마감(L/C)완료 화면

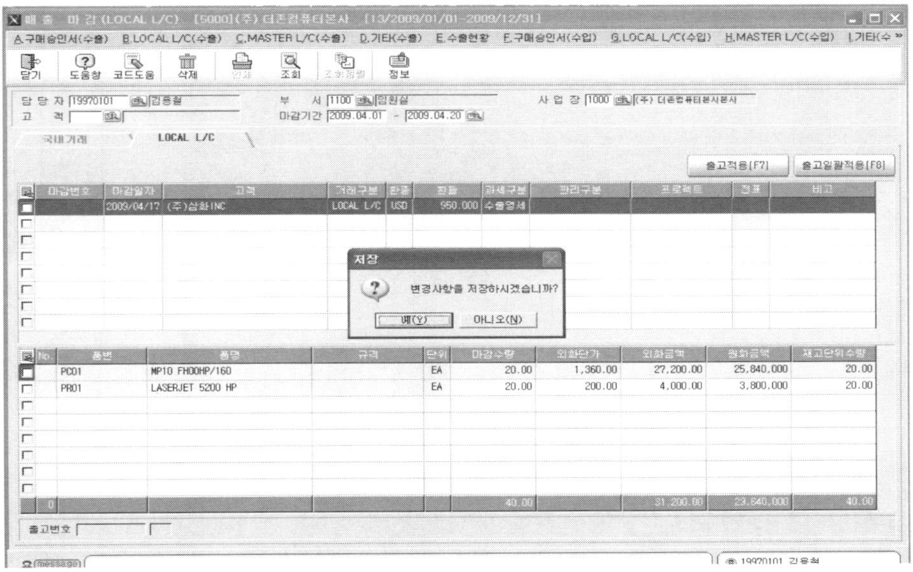

2. 수출품목 회계관리

1) 세금계산서 발행

매출 마감된 내역을 근거로 세금계산서 또는 계산서를 발행하기 위한 프로그램이다.

■ (주)삼화 INC 세금계산서발행

발행일자	고객	거래구분	권	호	구분	품번	수량	단가
2009/04/17	(주)삼화 INC	LOCAL L/C	4	3	청구	PC01	20	1,292,000
						PR01	20	190,000

[무역관리]➔[LOCAL L/C관리(수출)]➔[세금계산서 처리(LOCAL L/C)]➔[LOCAL L/C TAB]➔[발행기간 입력]➔[조회]➔[출고적용 클릭]➔[마감기간 확인]➔[조회]➔[내용확인 및 선택]➔[확인]➔[데이터 확인]➔[인쇄]

[그림 7-11] 세금계산서발행 LOCAL L/C 화면

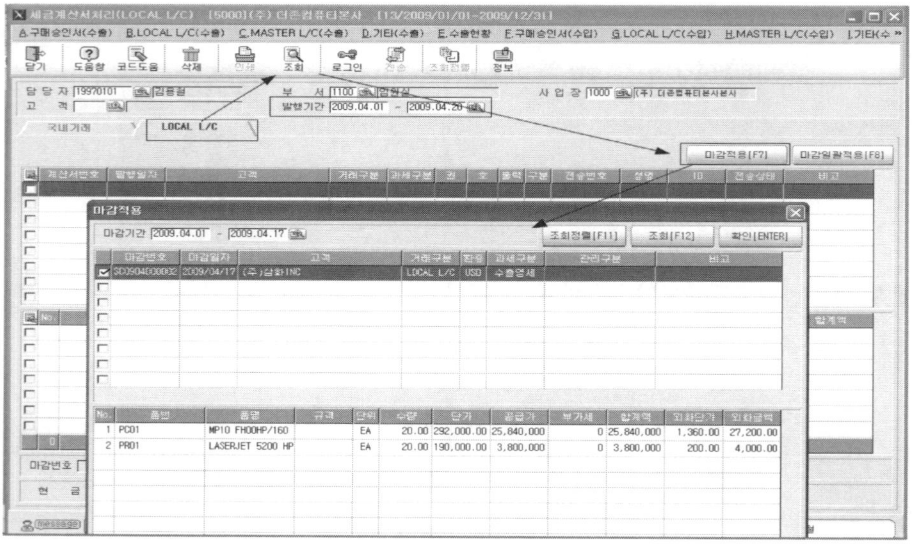

2) 매출정보 회계처리

매출 마감내역을 근거로 회계처리를 수행하여 전표를 생성하기 위한 프로그램이다. 회계연결계정이 선행되어 있어야 한다.

■ (주)삼화 INC 매출회계처리

마감일자	고객	거래구분	과세구분	품번	수량	단가
2009/04/17	(주)삼화 INC	LOCAL L/C	수출영세	PC01	20	1,292,000
				PR01	20	190,000

[무역관리]→[LOCAL L/C관리(수출)]→[회계처리(매출마감)]→[매출마감 TAB]→[처리일자 및 결의일자입력]→[조회]→[전표생성 클릭]→[부가세신고사업장 팝업화면]→[사업장 확인]→[확인]

[그림 7-12] 매출마감 화면

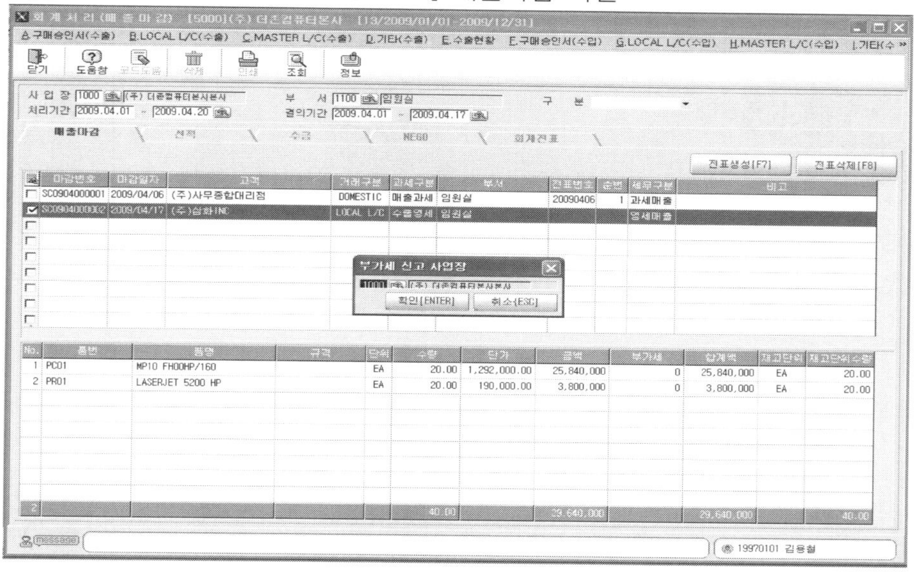

[그림 7-13] 세금계산서발행 LOCAL L/C완료 화면

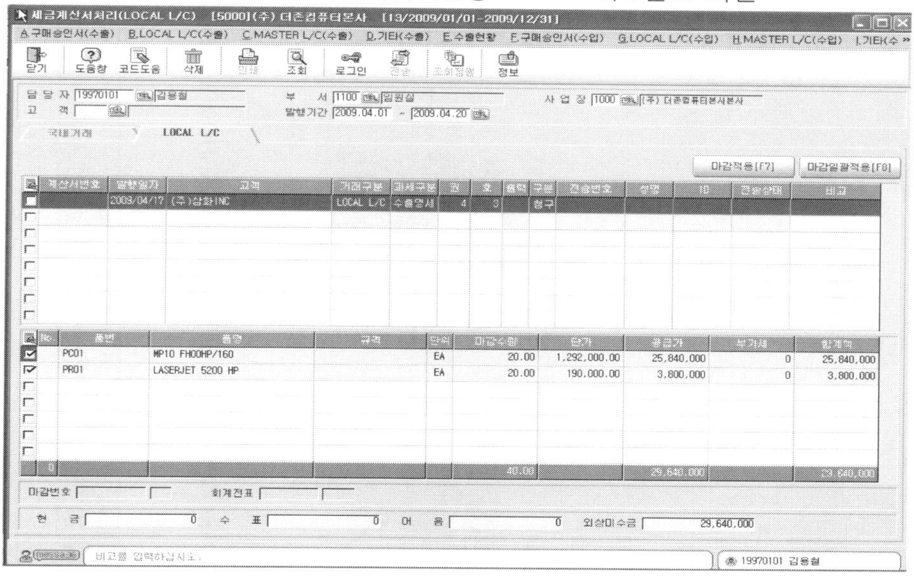

3) NEGO 등록

LOCAL L/C, MASTER L/C, D/A, D/P, T/T에서 NEGO한 내역을 처리하는 프로그램이다. NEGO(선적서류매입)이란 수출기업에서 환어음 및 선적서류를 거래 은행(매입은행)에 제시하고 결재하여 주는 절차를 말한다.

■ (주)삼화 INC NEGO 현황

NEGO일자	고객	환종	유형	형태	매입은행	적용환율	수수료
2009/04/17	(주)삼화 INC	USD	LOCAL L/C	원화 CONVERT	국민은행	950	50,000원

[무역관리]→[LOCAL L/C관리(수출)]→[NEGO 등록]→[NEGO 기간입력]→[조회]→[데이터입력]→[코드도움항목 클릭]→[마감번호 도움박스]→[조회]→[데이터입력]→[NEGO 등록 TAB]→[데이터입력]→[조회]→[NEGO번호 자동부여]→[조회]→[저장]

[그림 7-14] NEGO 등록 화면

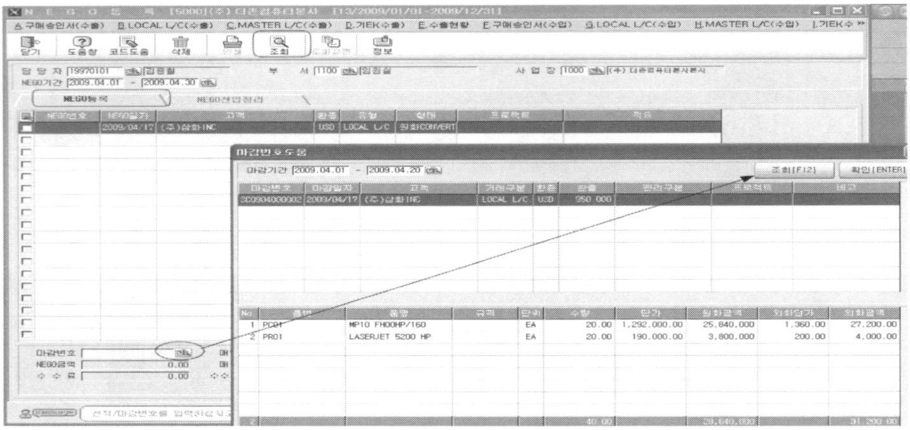

[그림 7-15] NEGO 등록완료 화면

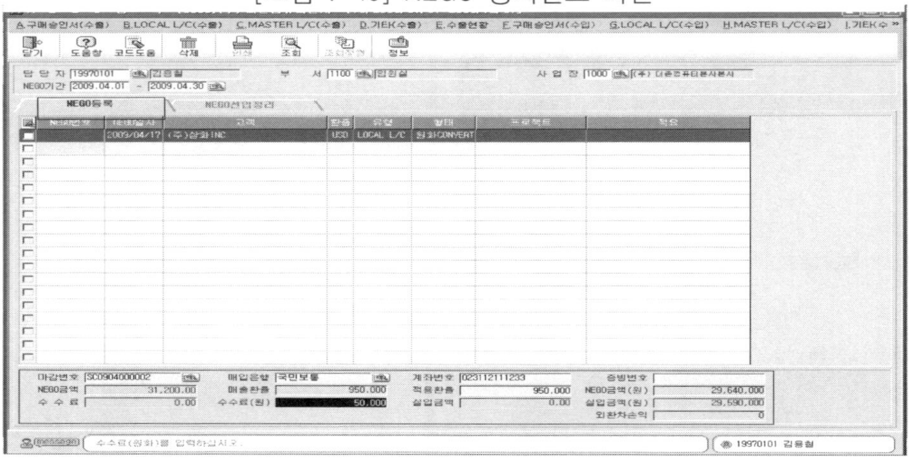

4) NEGO 정보 회계처리

NEGO 등록 내역을 근거로 회계처리를 수행하여 전표를 생성하기 위한 프로그램이다.

■ (주)삼화 INC NEGO 회계처리

NEGO일자	고객	유형	형태	NEGO 금액	NEGO 원화
2009/04/17	(주)삼화 INC	LOCAL L/C	원화 CONVERT	31,200	29,640,000

[무역관리]→[LOCAL L/C관리(수출)]→[회계처리(NEGO)]→[NEGO TAB]→[처리일자/결의일자 입력]→[조회]→[해당조건 클릭]→[전표생성]→[조회]

[그림 7-16] NEGO정보 회계처리 화면

3. 수출현황 조회관리

1) 해외수주현황

L/C 번호별, 고객별, 품목별, 지역별로 해외수주현황을 조회하기 위한 프로그램이다.

[무역관리]→[수출현황]→[해외수주현황]→[조회를 원하는 TAB 선정]→[조회]

[그림 7-17] 해외수주현황 조회 화면

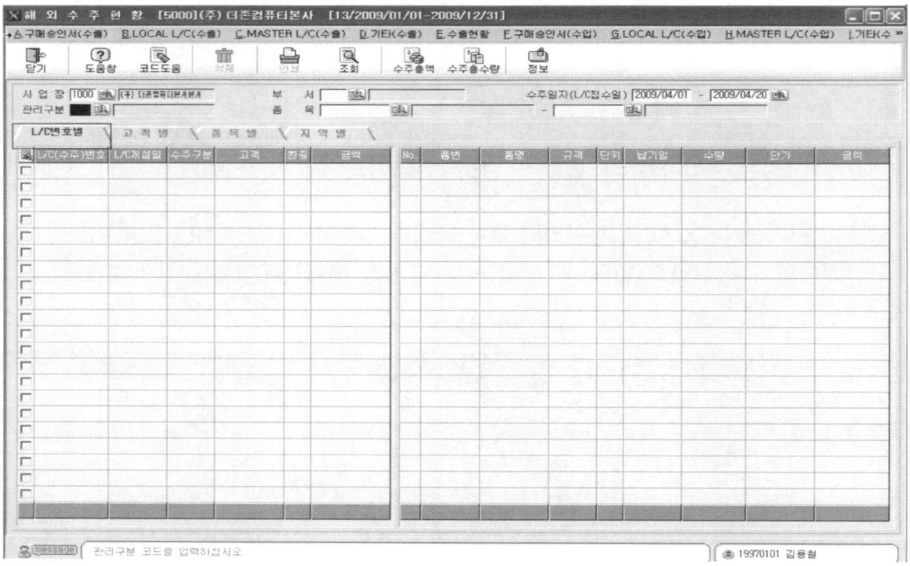

2) 선적현황

B/L(Bill of Landing)번호별, 고객별로 선적현황을 조회하기 위한 프로그램이다.

[무역관리]→[수출현황]→[선적현황]→[조회를 원하는 TAB 선정]→[조회]

[그림 7-18] 선적현황 조회 화면

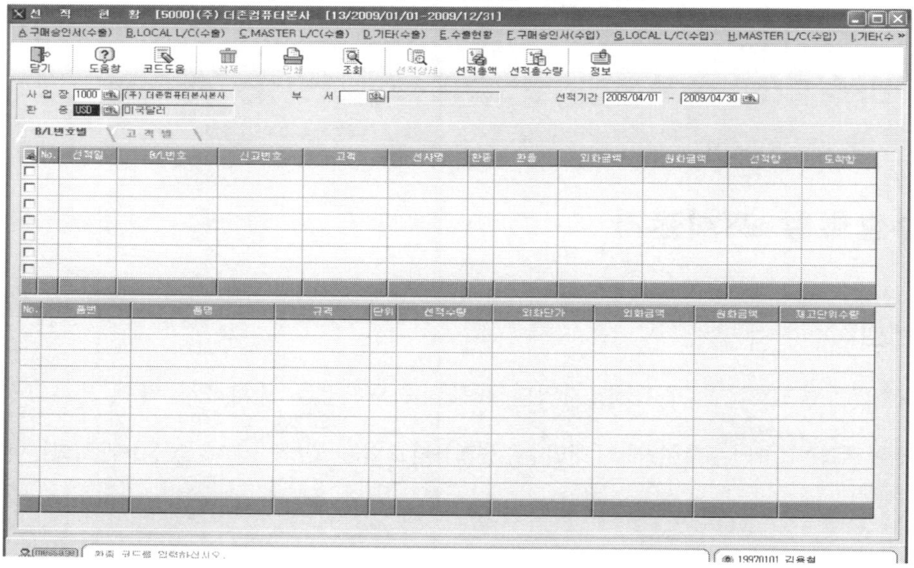

3) 수출 진행현황

L/C 번호별, 고객별, 품목별로 수주구분이 T/T, D/A, MASTER L/C인 거래에 대한 수출 진행현황을 상세하게 조회하기 위한 프로그램이다.

[무역관리]➜[수출현황]➜[수출 진행현황]➜[조회를 원하는 TAB 선정]➜[조회]

[그림 7-19] 수출 진행현황 조회 화면

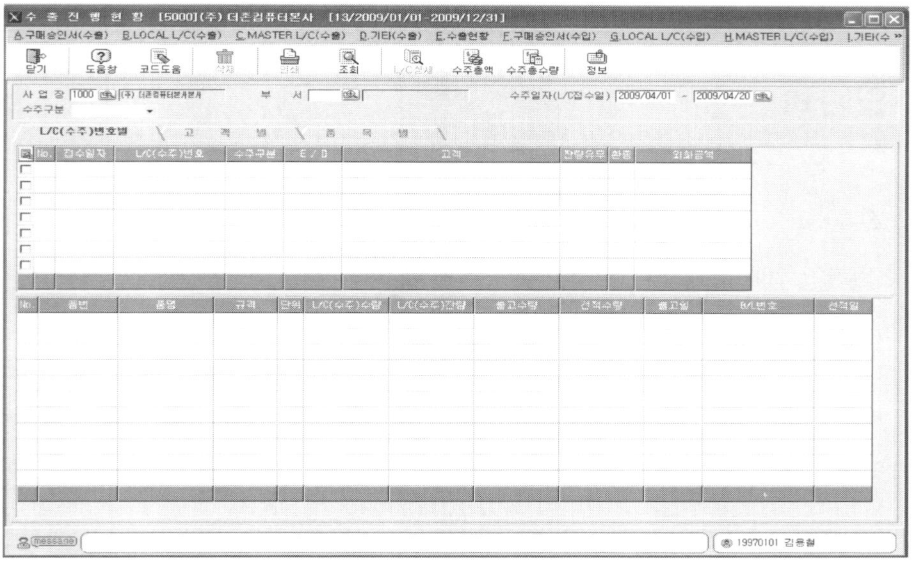

제4절 수입 시스템 구축

1. 수입관리

1) 선행 작업 : 자재마감/통제등록

마감일자가 2008년 12월 31일로 입력하고 반드시 [저장]을 한다. 마감일자는 기준년도 이전 년도 12월 31일로 한다.

[시스템관리]➔[마감/데이터관리]➔[자재마감/통제등록]➔[저장]

[그림 7-20] 자재마감/통제등록 화면

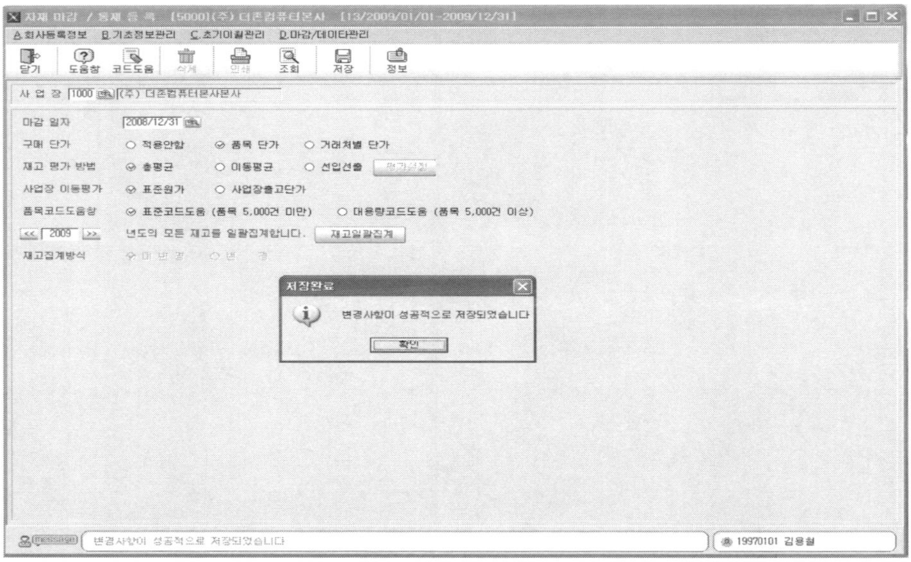

2) 해외발주등록

수입품의 구매를 위하여 해외업체에 발주 내역을 등록하여 발주서를 발행하는 프로그램이다.

구매품 청구정보를 적용하여 해외발주등록하거나 직접 해외발주 내역을 등록할 수 있다. 구매품 청구정보를 적용하여 발주등록하면 청구내역에 대한 잔량관리가 가능하다. 이 프로그램에서는 거래내역이 D/A, D/P, T/T인 것을 처리한다.

■ A&A COURSUL LTD.에 발주등록

발주일자	발주구분	거래처	환종	품번	납기	발주수량	외화단가	검사
2009/04/17	D/P	A&A	USD	ME01	2009/05/15	100	43	무검사
				ME02	2009/05/15	100	28	무검사

[무역관리]➜[기타관리(수입)]➜[해외발주등록]➜[해외발주 TAB]➜[발주일자 등 데이터입력]➜[조회]

또는

[청구내역 적용]➜[데이터 확인]➜[조회]

[그림 7-21] 해외발주등록 화면

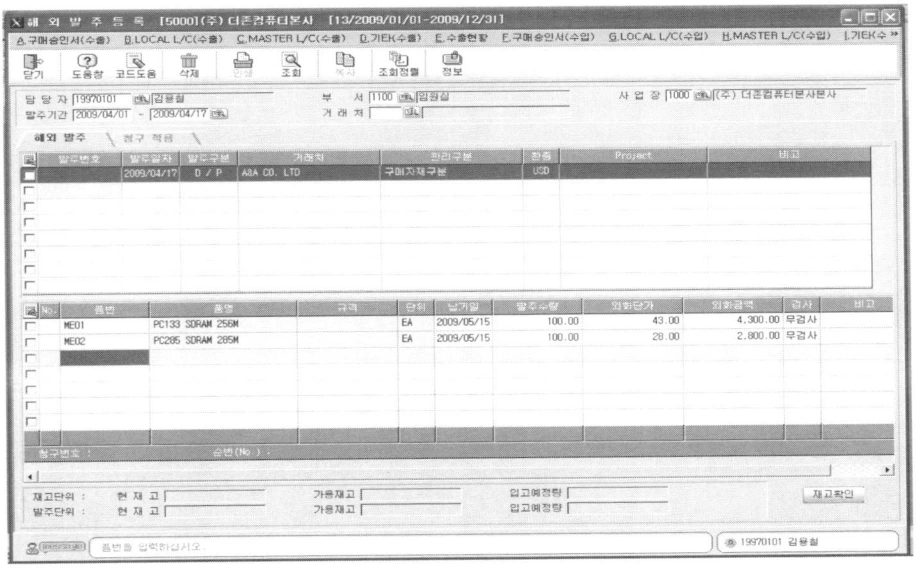

3) B/L(Bill of Landing : 선하증권) 접수

해외발주내역 중에 거래구분이 MASTER L/C, T/T, D/A, D/P 거래 중 선적이 완료되었다는 통보를 받으면 등록하는 프로그램이다.

■ B/L 정보

B/L 번호	선적일	거래도착일/결재일	환율	선사
BL-0001	2009/04/17	2009/04/17	950	THAI CHIN CO., LTD
품번	선적수량	외화단가	외화금액	원화금액
ME01	100	43	43,000	4,085,000
ME02	100	28	42,000	3,990,000

[무역관리]→[기타관리(수입)]→[B/L 접수]→[B/L 접수 TAB]→[선적기간입력]→[L/C 발주적용 TAB] →[개설기간입력]→[조회]→[데이터 입력]→[확인]→[해외발주내역 적용] →[B/L 번호 등 데이터 입력]→[저장]

[그림 7-22] B/L 접수화면

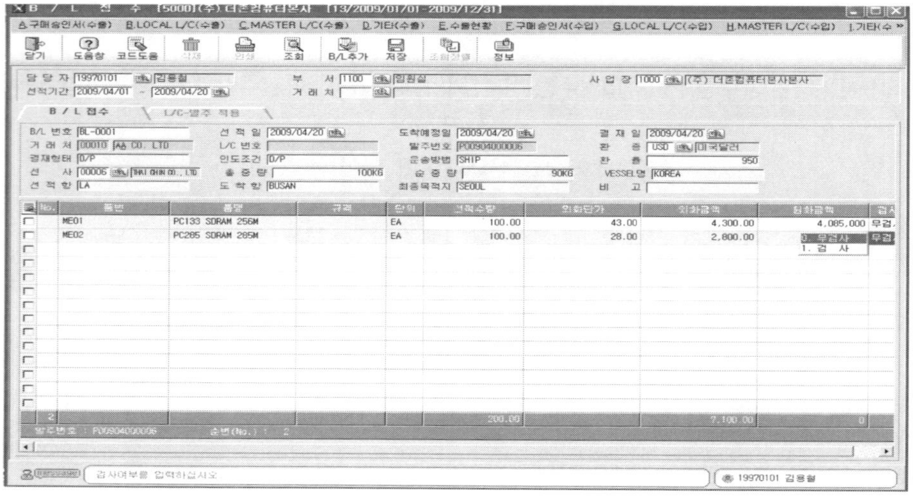

[그림 7-23] B/L 접수 (L/C 발주적용)화면

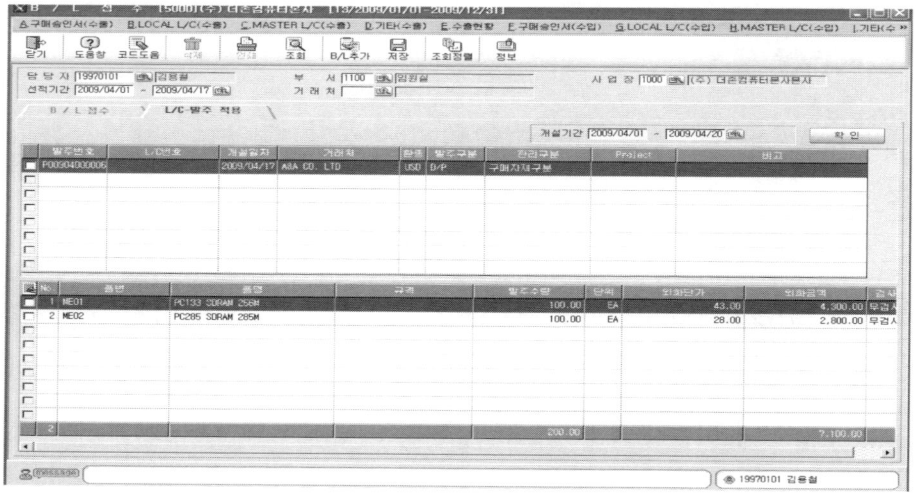

4) 수입제비용 등록 및 미착전표 생성

수입시 발생한 비용들을 입력하고 미착전표를 생성하는 프로그램이다. 생성된 미착전표는 자동 분개 처리되어 미결전표 상태로 회계로 이관된다.

수수료, 보관료, 통관료 등 제비용은 발생일자, 비용명, 금액, 부가세, 거래처를 직접 입력해야 한다. 수입제비용 항목은 [시스템관리]⇒[기초정보관리]⇒[물류관리내역등록] 프로그램에서 'LE 수입제비용 구분'에 등록한 다음 [코드도움] 아이콘이나 [F2] 키를 클릭하여 팝업화면에서 선택하여 입력할 수 있다.

■ B/L 정보를 이용하여 수입제비용 미착전표생성

등록일자	발주번호	B/L 번호	거래구분	배부여부
2009/04/17	PO0803000001	BL-0001	D/P	미배부

발생일자	비용명	금액	부가세	합계액	거래처
2009/04/17	B/L 결재대금	8,075,000		8,075,000	A&A
2009/04/17	수수료	100,000	10,000	110,000	신명중앙처리센터
2009/04/17	보관료	50,000	5,000	55,000	신명중앙처리센터
2009/04/17	통관료	600,000		600,000	

[무역관리]➜[기타관리(수입)]➜[수입제비용]➜[등록기간입력]➜[조회]➜[화면하단의 비용입력]➜[비고항목 엔터키 입력]➜[자동반영]➜[저장]➜[미착전표 클릭]➜[확인]

[그림 7-24] 수입 제비용 등록화면

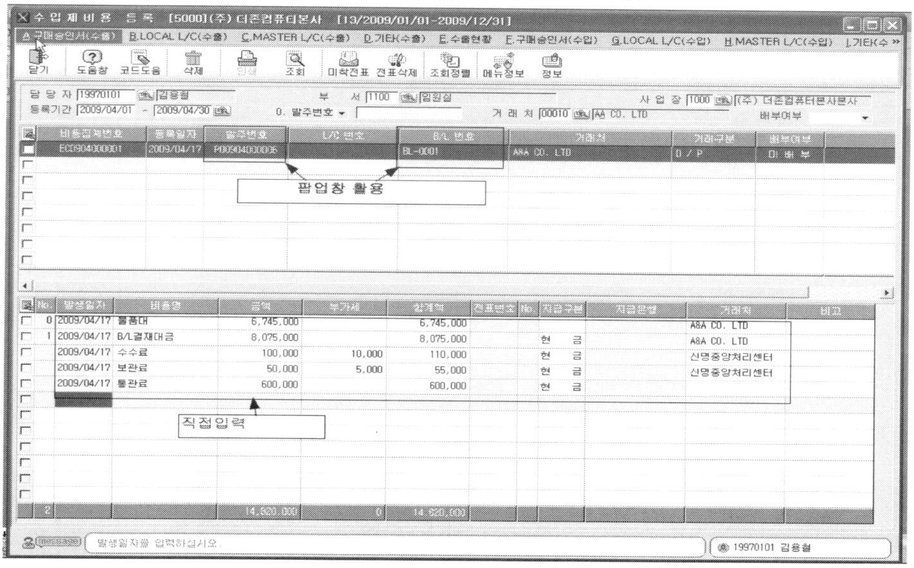

5) 입고의뢰 등록

거래처에 발주한 물품을 납품받아 창고에 입고시키기 위하여 물류창고 담당자에게 입고처리를 요청하는 프로그램이다. B/L 접수 프로그램에서 등록한 B/L 접수 내역을 적용받아 입고의뢰를 등록한다.

■ 입고의뢰등록

의뢰일자	거래구분	요청창고	요청자	품번	발주수량	검사
2009/04/17	D/P	부품창고	구매부	ME01	100	무검사
				ME02	100	무검사

[무역관리]→[기타관리(수입)]→[입고의뢰등록]→[입고기간입력]→[조회]→[발주기간입력]→[조회]→[등록내역 조회]→[데이터 확인]→[확인]

[그림 7-25] 입고 의뢰등록 화면

6) 입고처리

거래처에서 물품 납품 또는 반품처리 등록하는 프로그램이다.

■ 입고처리등록

입고일자	창고	장소	거래처	환종	환율	입고구분	과세구분	품번	수량	단가
2009/04/17	부품창고	부품장소	A&A	USD	950	D/P	수입영세	ME01	100	43
								ME02	100	28

[무역관리]→[기타관리(수입)]→[입고처리(해외발주)]→[입고내역 적용]→[데이터입력]→[조회]

[그림 7-26] 입고처리등록 화면

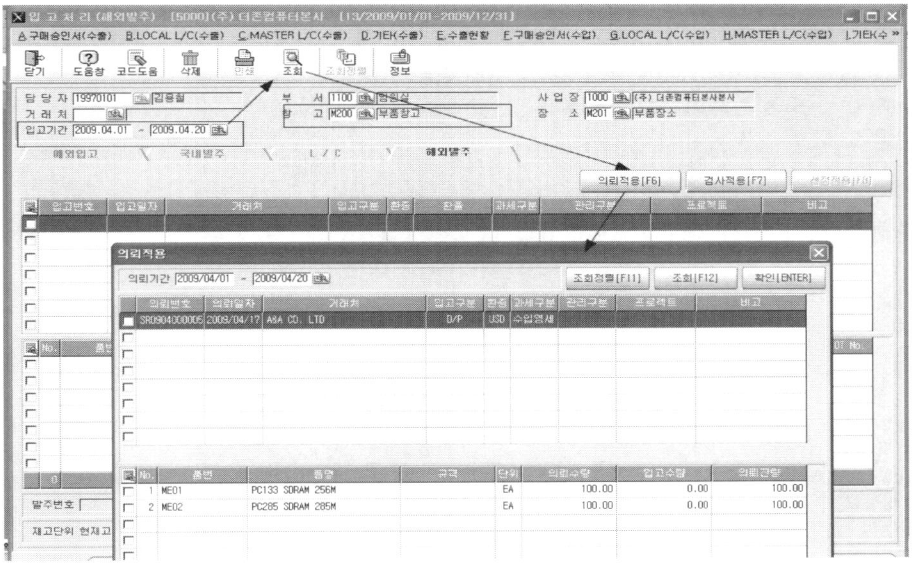

[그림 7-27] 입고처리완료 화면

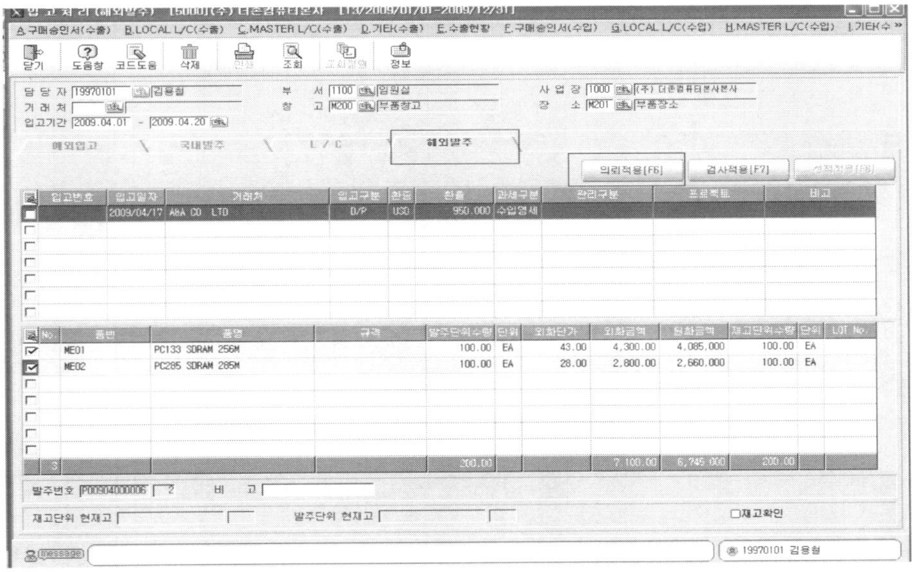

7) 미착품 원가산정

수입물품의 매입원가를 결정하며, 수입거래의 마감을 처리하는 프로그램이다.

■ 미착품 원가산정						
선적일자	B/L 번호	거래처	거래유형	배부처리	입고여부	정산일자
2009/04/17	BL-0001	A&A	D/P	미배부	입고	2009/04/17
B/L 번호	발주번호	발생일자	비용명	금액	배부여부	전표여부
BL-0001	P00703001	2009/04/17	수수료	100,000	미배부	처리
BL-0001	P00703001	2009/04/17	보관료	50,000	미배부	처리
BL-0001	P00703001	2009/04/17	통관료	600,000	미배부	처리

[무역관리]→[기타관리(수입)]→[미착품원가정산]→[입고기간입력]→[조회]→[정산일자입력]→[배부처리]→[조회]

[그림 7-28] 미착품원가 정산화면

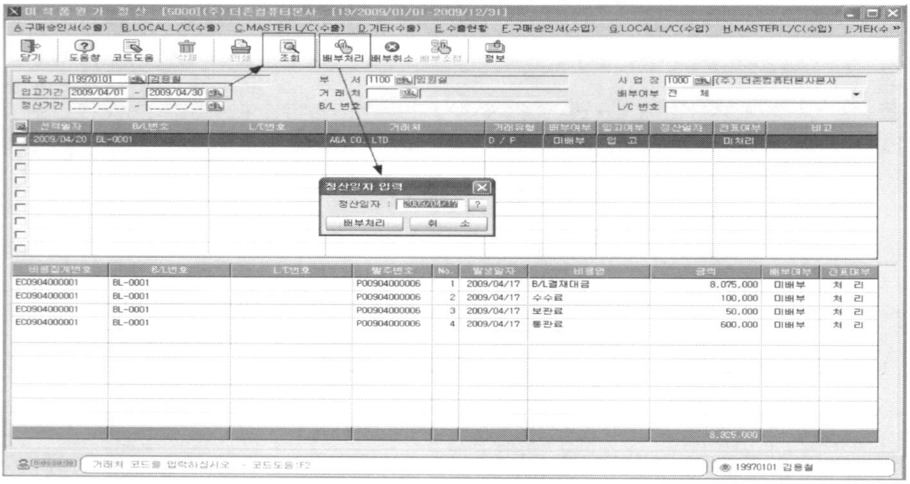

[그림 7-29] 미착품원가 정산 배부조정 화면

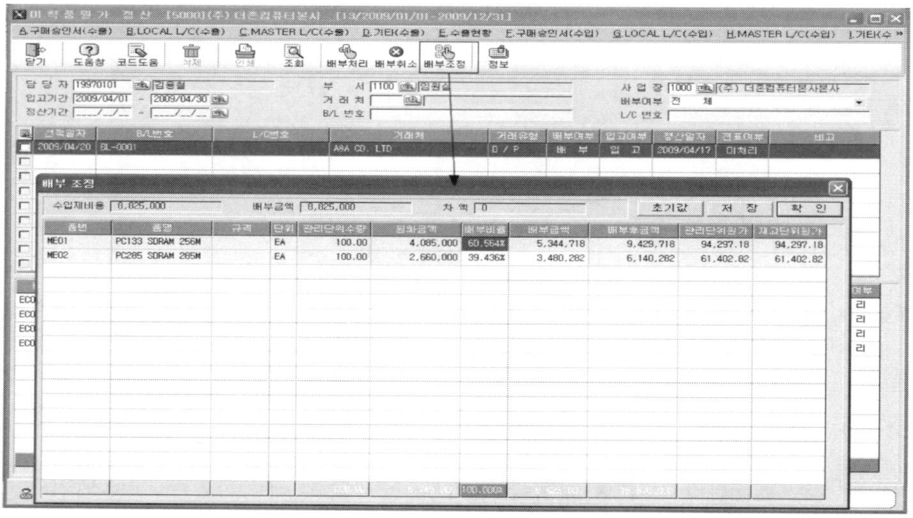

8) 매입정보 회계처리

미착품 원가산정 내역을 근거로 회계처리를 수행하여 전표를 생성하기 위한 프로그램이다.

■ 미착품 원가정산 내역을 매입마감 내역 회계처리						
마감일자	거래처	거래구분	과세구분	품번	수량	단가
2009/04/17	A&A	D/P	수입영세	ME01	100	43
				ME02	100	28

[무역관리]→[기타관리(수입)]→[회계처리(매입마감)]→[매입마감 TAB]→[처리일자 등 입력]→[조회]→[전표생성]→[처리일자 등 입력]→[저장]

[그림 7-30] 매입정보 회계처리 화면

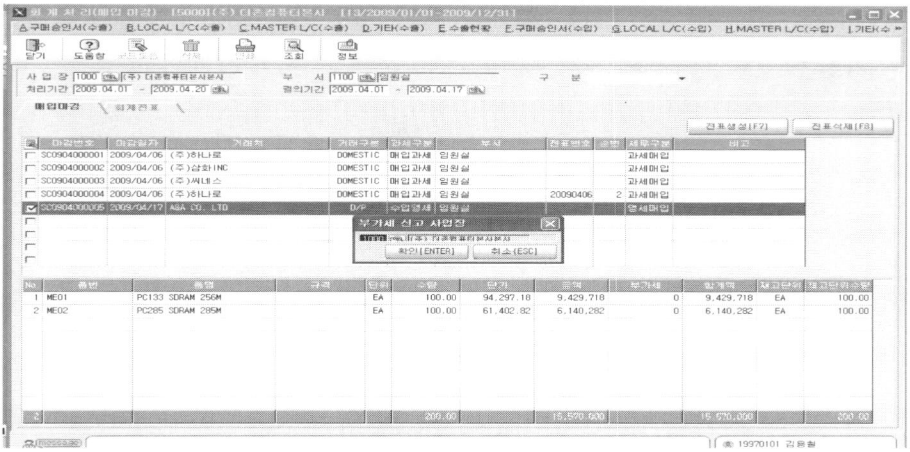

[그림 7-31] 매입정보 회계처리(회계전표 TAB) 화면

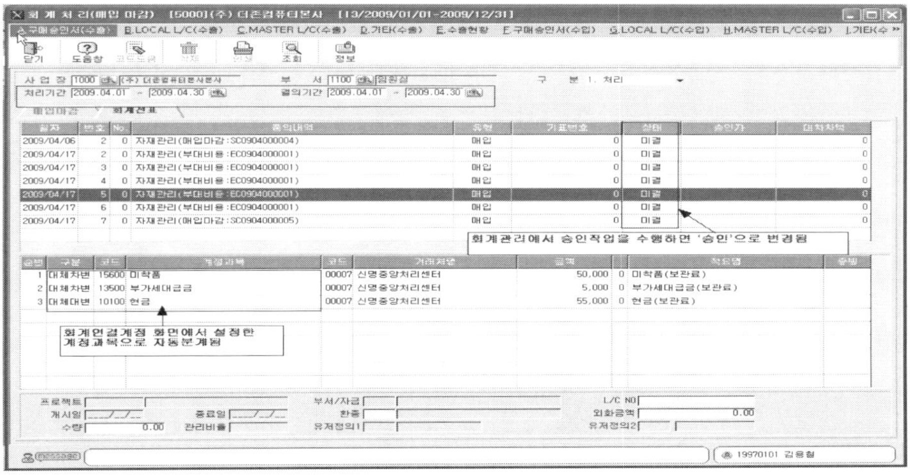

2. 수입현황 조회

1) L/C 개설현황 조회

L/C 번호별, 거래처별로 L/C 개설 건(MASTER L/C, LOCAL L/C, 구매승인서)에 대한 현황을 조회하기 위한 프로그램이다.

[무역관리]→[수입현황]→[L/C 개설현황]→[조회]

[그림 7-32] L/C 개설현황조회 화면

2) 해외발주현황 조회

L/C 번호별, 거래처별, 품목별로 해외발주현황을 조회하기 위한 프로그램이다.

[무역관리]→[수입현황]→[해외발주현황]→[조회]

[그림 7-33] 해외발주현황 조회 화면

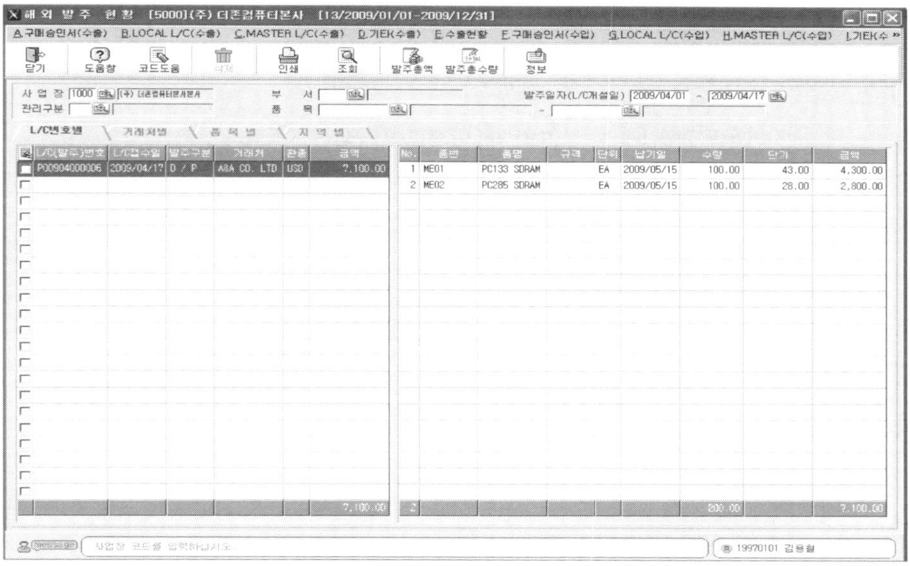

3) 수입선적현황 조회

B/L 번호별, 수출자별로 수입선적현황을 조회하기 위한 프로그램이다.

[무역관리]➜[수입현황]➜[수입선적현황]➜[조회]

[그림 7-34] 수입선적현황 조회 화면

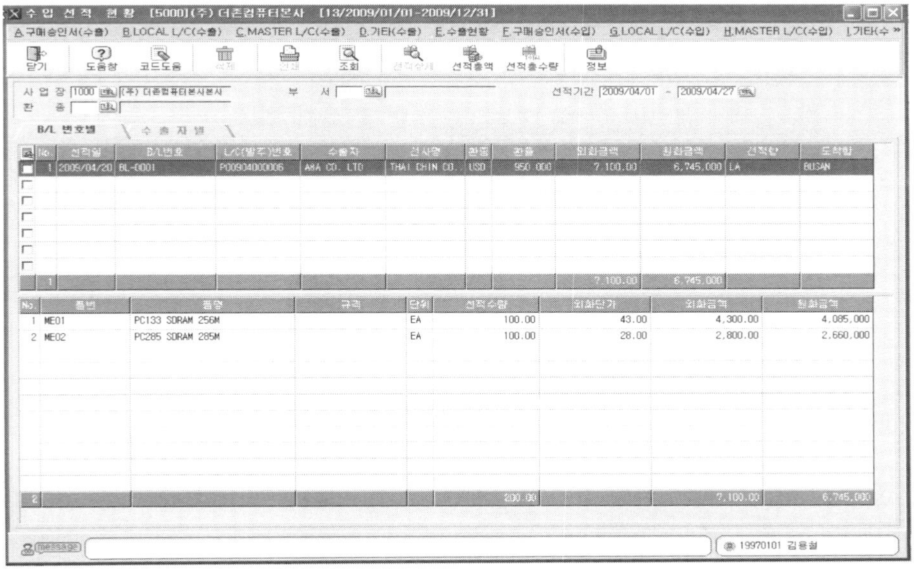

4) 미착품원가정산현황 조회

미착 배부한 수입 건에 대해서 각 B/L 별로 수입원가 및 배부금액, 발생 부대비용 등 거래처별로 상세하게 조회하기 위한 프로그램이다.

[무역관리]➜[수입현황]➜[미착품원가정산현황]➜[조회]

[그림 7-35] 미착품원가정산 조회 화면

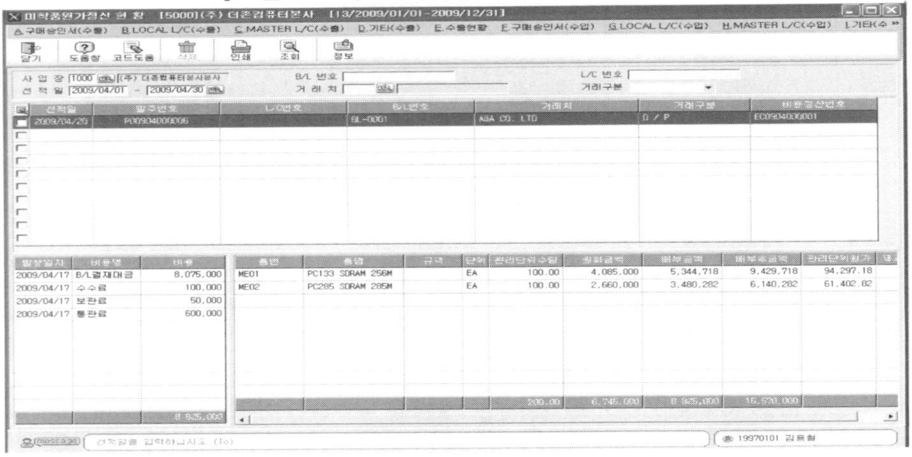

5) 품목별배부현황 조회

수입시 발생한 각종 비용을 배부한 수입 건에 대해서 각 B/L 별로 수입원가에 배부한 금액을 품목별로 상세하게 조회하기 위한 프로그램이다.

[무역관리]➜[수입현황]➜[품목별배부현황]➜[조회]

[그림 7-36] 품목별배부현황 조회 화면

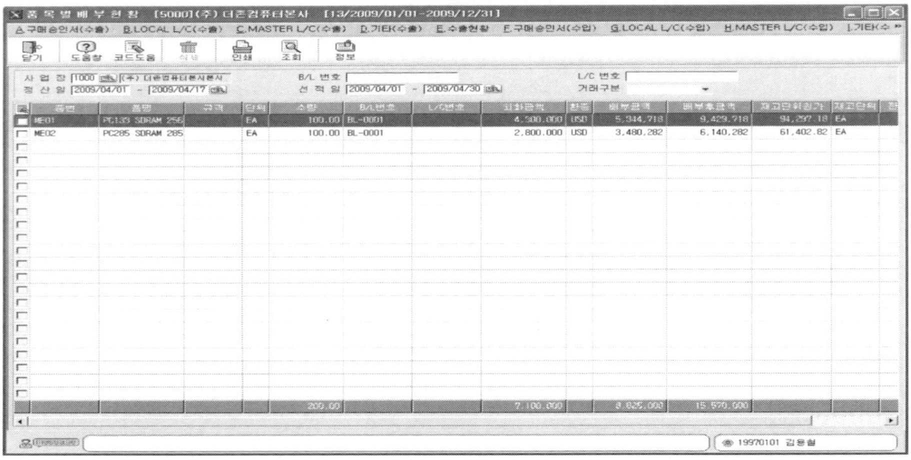

6) B/L 결재예정일별 조회

수입 건의 B/L 결재 예정일을 관리하는 프로그램이다.

[무역관리]→[수입현황]→[B/L 결재예정일별조회]→[조회]

[그림 7-37] B/L 결재예정일별 조회 화면

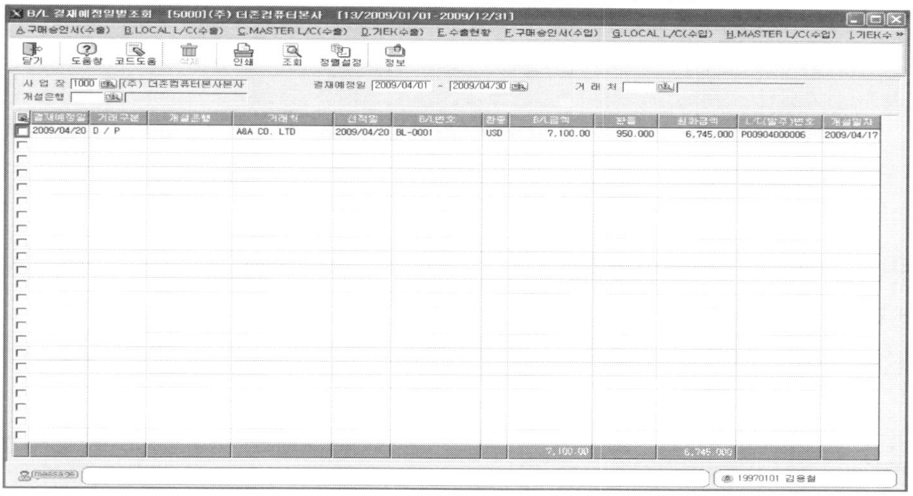

7) 수입 진행현황

수입 건에 대한 진행현황을 조회하기 위한 프로그램이다.

[무역관리]→[수입현황]→[수입 진행현황]→[조회]

[그림 7-38] 수입 진행현황조회 화면

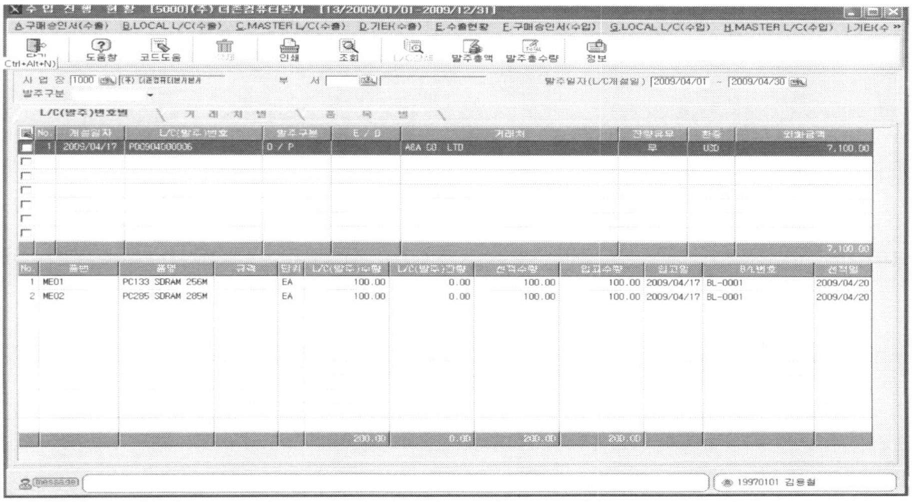

[연습문제]

1. D/A(인수도조건)에 대하여 조사한다.
2. 선적서류에 대하여 연구한다.
3. 신용장(L/C)의 종류와 특징을 연구한다.
4. 신용장에 의한 무역거래 절차를 연구한다.
5. 무역결재에 대하여 연구한다.
6. ERP 시스템에서 미착품에 대하여 연구하여 본다.
7. ERP 시스템에서 구매승인서 처리 흐름도를 분석한다.
8. ERP 시스템에서 T/T처리 흐름을 분석한다.

Chapter Ⅷ

생산관리

【생산관리 프로세스】

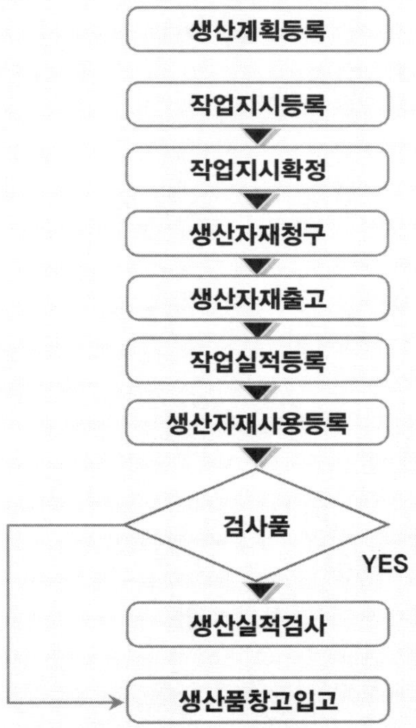

지울 수 없기에

▸ 김용철

처음이 있었기에
지우려고 하겠지만
지울 수 없는 소중한 사연
처음이 있었기에
묻어두려고 하겠지만
간직하려고 하겠지만
지울 수 없는 인연
지우려고 하는 것은
처음보다 더 많은 아픔이기에
초라하게 돌아서기 보다는
간직하는 것이 더 소중하기에
다시 처음으로 돌아가고 싶어 함은
지울 수 없는 소중한 사연이 있기에

제1절 생산관리의 체계

1. 생산관리의 의의

오늘날 격화된 기업 간의 경쟁으로 말미암아 각 기업들은 신기술개발에 박차를 가하고 새로운 기계를 도입하는 등 보다 품질이 우수한 제품이나 서비스를 생산하기 위해 많은 노력을 기울이고 있다. 최근에는 제조물책임법(PL)이 본격 시행되면서 종래 해당 부서에서만 관장하던 생산관리기능을 조직전체 차원으로 확대시켜 전사적으로 생산성과 품질을 향상시키기 위한 활동을 전개하기도 한다.

생산이란 무엇인가를 만들어 내는 일을 가리킨다. 따라서 생산관리(production management)는 그와 같은 만들어 내는 일, 즉 생산 활동을 계획하고 조직하고 통제하는 기능을 의미한다. 이때 생산 활동의 대상으로는 유형의 제품뿐만 아니라 우리가 일상생활에서 누리는 다양한 서비스까지 포함된다. 예를 들어 운수회사의 운송이나, 병원의 의료 활동, 연구소의 연구 활동, 보험회사의 보험 상품 개발 등도 모두 생산 활동이라고 부를 수 있는 것이다.

생산관리는 본래 제조업을 대상으로 하여 주로 제품의 제조공정에 초점이 두어졌었다. 이 때문에 생산관리는 1970년대 중반까지만 해도 공정관리 또는 협의의 생산관리로 불리어 왔다(신유근, 1996). 그러나 사회가 발전하면서 산업 내에서 서비스업이 차지하는 비중이 커짐에 따라 생산관리의 대상으로서 서비스가 주목을 받게 되었다. 따라서 1970년대 이후부터는 생산관리의 대상으로 무형의 서비스까지를 포함시키게 되었다. 다시 말하면, 현대의 경영학에서는 그것이 실체가 있는 제품이든 또는 무형의 서비스이든 간에 특정 자원으로부터 소비자를 위한 효용을 창출하는 활동이라면 모두 생산관리의 대상으로 본다는 것이다(Corman and Lussier, 1996). 최근에는 생산관리를 '생산 및 운영관리'(production and operation management)라고 부르기도 하는데, 이는 현대의 생산관리의 범위가 전통적인 제품생산의 영역으로부터 서비스의 창출을 대상으로 하는 운영 관리적 차원으로 확대되었음을 의미한다.

생산관리는 인사관리, 마케팅관리, 재무관리 등과 더불어 기업의 목표달성을 위해서 수행하는 주요 업무기능 중의 하나이다. 따라서 기업의 생산관리는 단순히 생산기능의 관점에만 치중하여서는 안 되고 다른 업무기능들과 서로 유기적인 관계를 유지하지 않으면 안 된다. 이를테면 전체 기업시스템의 하위시스템인 생산관리기능은 그 자체의 노력만으로는 고객이 요구하는 양질의 제품이나 서비스를 적정량을 생산하여 적기에 공급하는 것이 어렵게 된다. 이와 같은 목표는 인사·재무·마케팅 등과 같은 업무기능들과 유기적이고 협동적으로 결합되어야만 비로소 달성될 수 있다. 최근에 와서 생산관리의 고유영역이었던 품질관리의 대상을 기업 내 전 부문으로 확대시켜 이른바 '전사적 품질경영'을 강조하는 것도 바로 이와 같은 이유에서라고 할 수 있다.

2. 생산전략

기업을 포함한 어떤 조직이든 최고 경영자를 포함한 조직 구성원들은 조직의 미래를 위해 전략을 수립한다. 기업의 운영관리자는 고객 지향적인 생산전략을 수립하여야 한다. 고객 지향적인 생산전략은 급변하는 외부환경과 시장분석을 통해서 수립된 기업전략의 하위전략을 의미한다. 생산전략은 상위 개념인 기업전략에 따른 일관성을 유지하여야 한다. 기업은 시장에서 경쟁력 있는 제품과 서비스를 창출하기 위해서 가격(Price), 품질(Quality), 납기준수(Delivery), 유연성(Flexibility) 등 네 가지 전략에 초점을 둔다. 이것을 그림으로 나타내면 다음과 같다.

[그림 8-1] 기업전략과 생산전략

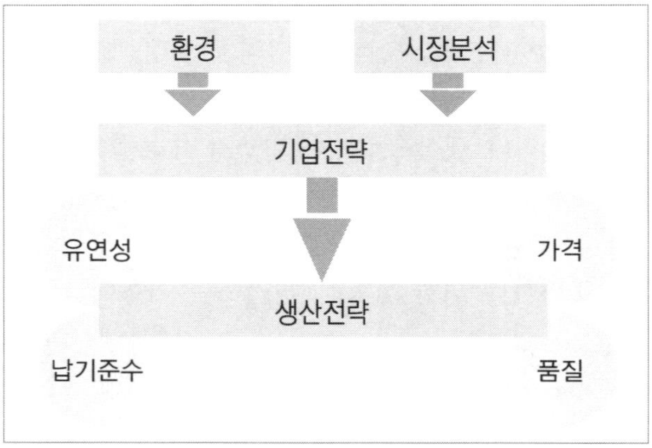

1) 가격

기업이 생존하기 위한 기업의 생존부등식은 다음과 같이 나타낼 수 있다(윤석철, 2001).

가치(Value) 〉 가격(Price) 〉 원가(cost)

위 식에서 보면 제품이나 서비스를 제공하는 기업은 투입된 원가보다 높은 가격(Price)을 받아야 생존이 가능하다. 기업은 원가를 기반으로 경쟁을 하기 위해서는 노무비, 원자재 원가, 불량률 최소화, 간접경비 등을 줄이려는 노력을 해야 한다. 또한, 고객들에게는 그들이 지불하는 가격보다 상대적으로 높은 가치를 제공하여야 한다.

2) 품질

최근 기업들은 가격뿐만 아니라 품질을 기업의 경쟁요소로 중요하게 생각하고 있다. 품질에 대한 정의는 학자마다 상이한 것이 사실이다. 일반적으로 품질(Quality)은 '사용의 적합성'이라고 한다. 생산자 입장에서는 우수한 성능, 엄격한 허용오차, 높은 내구성의 유지정도를 의미한다. 고객의 입장에서는 제품의 설명서나 서비스 계약서와 일치하는 품질의 일관성을 기대한다. 품질의 일관성을 확보하지 못한 기업은 경쟁에서 뒤쳐질 수밖에 없다.

3) 납기준수

납기준수와 관련한 경쟁우위요소는 세 가지가 있다.

첫째, 빠른 납기준수(fast delivery time)이다. 빠른 납기준수는 리드타임과 같은 개념의 단어이다. 리드타임(lead time)은 주문으로부터 제품이나 서비스를 전달하는데 걸리는 시간을 말한다. 기업은 리드타임을 줄이기 위해서 불필요한 프로세스를 없애거나 적정재고를 유지해야 한다.

둘째, 정시인도(on-time delivery)이다. 고객과의 약속된 시간에 제품과 서비스를 전달하는 것을 의미한다. 예를 들어, 도미노 피자가 30분 이내 배달, Fedex의 다음날 오전 10시까지 소포배달 약속 등이 해당된다.

셋째, 개발속도(development speed)로 제품개발 초기 아이디어 창출에서부터 최종적인 설계 및 생산까지의 시간, 즉 새로운 제품과 서비스가 얼마나 빨리 시장에 도입 되는가 측정하는 것이다. 새로운 제품과 서비스를 시장에 처음 도입하는 회사는 업계에서 표준이 될 가능성, 기업의 이미지 제고 등 경쟁우위를 확보할 수 있다. 예를 들어, 마이크로소프트사의 윈도우운영체제는 '개발속도'를 통해 경쟁우위를 확보한 대표적인 예라고 할 수 있다.

4) 유연성

기업들은 고객화와 수량 유연성(volume flexibility) 등 2가지 유연성의 경쟁우위요소를 경쟁하는 경우가 있다. 고객화(customization)는 개별적인 고객의 독특한 요구와 계속적으로 변하는 제품설계를 충족시킬 수 있는 기업능력이다. 고객의 수요에 맞는 제품과 서비스의 수명주기는 점차 짧아지고 있어 이에 대비하는 것도 기업의 생산전략이라고 할 수 있다.

수량 유연성(volume flexibility)은 고객이 요구하는 수량을 생산 공정에 반영하여 생산량을 줄이거나 늘릴 수 있는 능력을 말한다. 예를 들어, 갑작스러운 특별수요에 따라 수요량이 증가하는 경우 이에 맞게 생산할 수 있는 것은 수량 유연성을 확보한 예라고 할 수 있다.

3. 생산시스템의 기본구조와 유형

1) 생산시스템의 기본구조

기업의 생산 활동은 생산시스템을 통해 이루어지는 일련의 과정이다. 생산시스템은 생산목표를 달성하기 위해 각종 자원을 효율적으로 결합하여 제품이나 서비스를 만들어 낸다. 예를 들면 제조업의 경우에는 원자재·노동력·에너지·정보 등과 같은 투입물들을 변환과정에서 적절히 결합하여 제품을 생산하게 된다. 제조업에서의 변환과정은 생산 공정의 기계설비 또는 기술을 통해 이루어지는 가공이나 조립의 과정을 의미한다.

[그림 8-2] 생산시스템의 기본구조

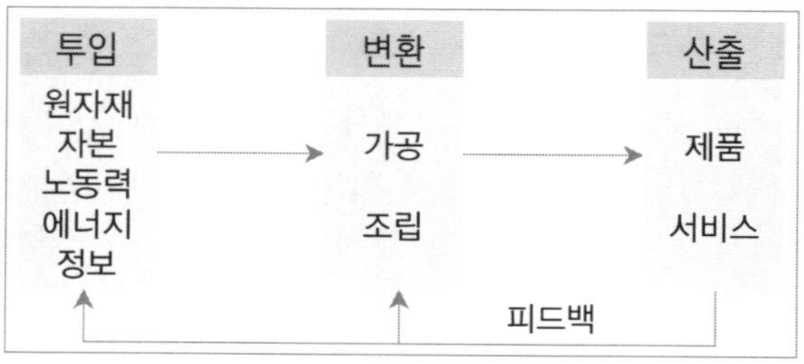

[그림 8-2]에서 보는 바와 같이, 생산시스템은 투입물을 산출물로 바꾸는 변환 기능뿐만 아니라 피드백(feedback) 기능도 함께 지니고 있다. 이는 일종의 통제기능으로서 결과를 측정하고 생산목표와 비교한 다음, 문제가 있는 경우에는 대책을 마련하는 역할을 하게 된다. 예컨대 생산된 제품의 품질이나 생산량이 원래의 목표에 미달될 때

에는 생산관리자는 원자재나 노동력과 같은 투입물을 교체하거나 생산 공정을 개선하여 생산시스템이 보다 효율적·효과적으로 운영되도록 조치를 취하게 된다.

2) 생산시스템의 유형

위에서 살펴본 바와 같이 생산시스템은 제품이나 서비스를 효율적으로 생산하기 위하여 여러 가지 자원을 투입하여 변환시키는 유기체이다. 기업에서 생산 활동을 보다 효율적으로 전개하기 위해서는 활동의 주체가 되는 이러한 생산시스템이 어떤 유형에 속하는지를 알 필요가 있다.

생산시스템은 분류기준에 따라 다양한 유형으로 나누어진다. 예를 들면 [그림 8-3]에서 보는 바와 같이 생산시스템은 제품의 주문형태에 따라 계획생산과 주문생산으로 나누기도 하며, 생산품종과 생산량에 따라 소품종대량생산, 다품종소량생산, 단일품종생산으로, 그리고 공정의 흐름에 따라서는 연속생산, 반복생산, 개별생산, 단속생산으로 분류하기도 한다. 이 중에서 비교적 많이 이용되는 분류방법은 공정의 흐름을 기준으로 하는 것인데, 이와 같은 기준에 의해 나누어지는 유형들에 대해 살펴보면 다음과 같다.

[그림 8-3] 생산시스템의 유형

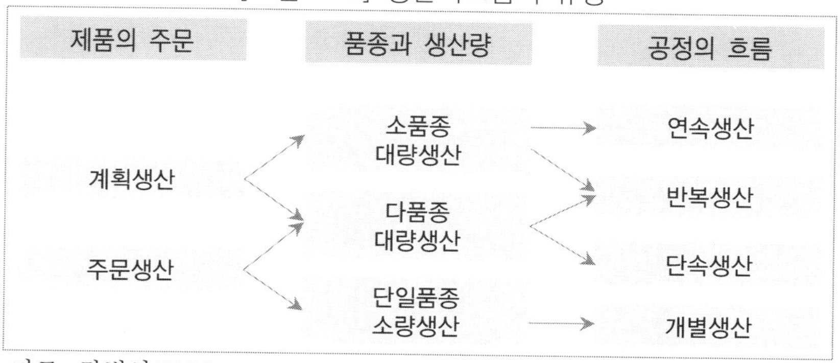

자료: 강병서(1996).

① **연속생산** : 연속생산(continuous production)은 표준화된 제품을 계획적으로 제조하는 생산시스템으로서 기술적으로 생산 공정의 흐름이 연속성을 지니게 된다는 특성이 있다. 이러한 공정 하에서는 품종이 적고 사전에 선정된 규격과 모양에 따라 생산함으로써 작업이 타 품목과 대체되거나 단절되지 않는다(김기영, 1994). 철강, 석유화학, 시멘트 등 산업의 생산 공정이 좋은 예가 된다.

② **반복생산** : 반복생산은 조립라인(assembly line)의 형태를 취하는 생산시스템이다.

이러한 생산시스템에서는 제품생산을 위한 공정이 순서에 따라 여러 단계로 나뉘어져 각 단계마다 하나의 작업장을 형성하게 된다. 자동차, TV, 에어컨 등의 조립라인이 그 좋은 예이다.

③ **개별생산** : 개별생산(job shop)은 우리나라의 소규모 제조기업에서 많이 볼 수 있는 생산시스템으로서 주로 고객의 주문에 따라 생산이 이루어진다. 이와 같은 생산시스템은 공작기계제조업, 기계 수리업, 조선업, 산업설비제조업 등에서 주로 채택된다.

④ **단속생산** : 단속생산(intermittent production)은 제품의 생산이 고객의 주문에 따라 이루어진다는 면에서는 개별생산과 비슷하다. 그러나 단속생산은 개별생산에서처럼 특정 품목의 생산이 1회에 그치지 않고 주기적으로 일정량만큼 혹은 뱃치(batch)로 생산한다는 점에 차이가 있다(김태웅, 1991). 대표적인 예로는 구두제조업, 가구제조업, 의료기기제조업 등을 들 수 있다.

3) 생산관리의 체계

생산관리는 생산시스템이라는 기초개념을 바탕으로 하여 이루어진다. 위에서 살펴본 바와 같이 생산시스템은 그 유형에 따라 생산관리활동을 제약하거나 변화시키는 주요 변수가 된다. 따라서 생산관리활동을 효율적·효과적으로 수행하기 위해서는 먼저 생산시스템에 대한 이해가 있어야 한다.

생산관리는 생산시스템을 바탕으로 한 몇 가지 주요 활동으로 이루어진다. [그림 8-4]에서 보는 바와 같이 생산관리는 제품설계로부터 시작하여 생산 공정의 설계, 생산계획, 재고관리 및 품질관리로 이어지면서 일체의 생산요소를 효과적으로 결합시키고 생산 활동이 효율적으로 유지되도록 함으로써 기업의 경쟁력을 향상시키는데 초점이 두어지게 된다. 아래에서는 이와 같은 생산관리활동에 대해 체계적으로 살펴보기로 한다.

[그림 8-4] 생산관리의 체계

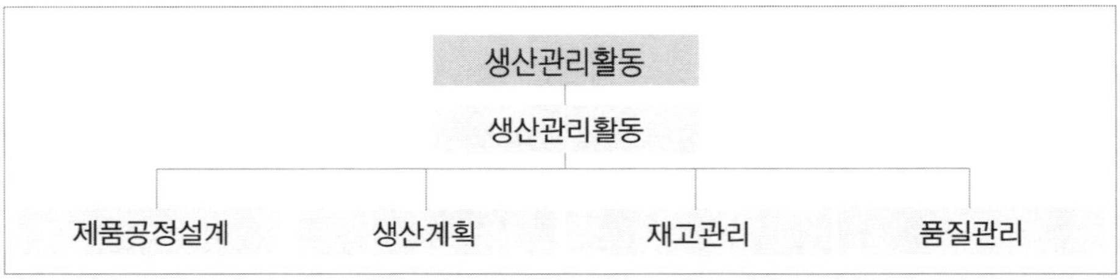

제2절 제품 및 공정설계와 생산계획

1. 제품 및 공정설계

1) 제품설계

제품설계(product design)는 생산관리에 있어서 가장 먼저 고려되어야 하는 활동으로서 기업의 생산시스템과 고객을 연결해 주는 중요한 역할을 담당한다. [그림 8-5]에서 보는 바와 같이, 제품설계는 광의로 해석하면 전단계로서 제품을 결정하기 위하여 제품에 대한 아이디어를 탐색· 개발하고 제품을 선정하는 일과 후단계인 공정설계까지가 포함되나, 통상적으로는 좁은 의미로 제품개념을 개발하고 제품특성을 설계하여 시험용 모형을 제조하고, 이 시험용 모형을 시장시험을 거쳐 재설계하는 과정까지를 일컫는다. 여기에서는 제품설계의 협의의 의미인 개발설계와 최종설계 및 시험에 대해 살펴보기로 한다.

[그림 8-5] 제품설계의 체계

제품결정	제품아이디어 ↓ 제품선정	아이디어의 수집·심사 사업성 및 타당성분석
제품설계	↓ 개발선정 ↓ 최종설계 및 시험	제품개념의 개발 제품특성의 설계 시험용제품의 제조
공정설계	↓ 공정설계	기술 분석 설비의 선택·배치 공정성분석

자료 : 김기영(1994). 일부수정

(1) 제품의 개발설계

제품의 개발설계는 다음의 두 단계를 거쳐 이루어진다. 즉, 개발설계의 첫 단계에서는 여러 가지 제품 아이디어 가운데 개발대상으로 선정된 제품에 대해 제품개념을 개발하여 제품에 어떠한 특성을 부여할 것인지를 결정한다. 그리고 두 번째 단계에서는 이 제품특성을 제품개념에 부각시키는 제품특성설계를 실시한다. 이들 두 단계에 대해 보다 상세히 설명하면 다음과 같다(김기영, 1994).

제품개념(product concept)은 구체적으로 기업이 어떤 특정의 제품 아이디어에 대해 고객에 초점을 맞추어 부여하고자 하는 주관적인 의미를 말한다. 고객은 제품의 아이디어를 사는 것이 아니라 바로 제품의 개념을 사는 것이기 때문에 제품개념을 어떻게 개발·설정할 것인가를 결정하는 문제는 매우 중요하다. 제품개념을 개발하는 데에는 일반적으로 다음과 같은 요인에 대한 검토가 요구된다. 예를 들어 '우유에 타먹는 가루제품'이라는 아이디어가 있다고 할 때 첫째, 누가 이 제품을 살 것인가(즉, 어린이·십대·청년층·중장년층 중 누구를 대상으로 할 것인가). 둘째, 이 제품의 제 1 차적 특성은 무엇으로 할 것인가(즉, 맛·영양·청량감 중 어떤 것을 선택할 것인가). 셋째, 이 제품을 어느 때 마시는 것으로 할 것인가(즉, 아침·점심·오후·저녁 중 어느 시간의 것으로 할 것인가)등의 요인들을 검토하여야 한다.

이상과 같은 여러 가지 요인들을 상호결합하면 몇 가지의 제품개념이 개발 될 수 있다. 예컨대 '아침식사 대용으로 출근하는 성인들이 마시는 것'으로 또는 '노인들의 영양을 위한 건강보조식품'으로, 아니면 '청소년들을 위한 청량음료'로 할 것인가 하는 여러 가지 대안이 마련될 수 있을 것이다.

이와 같이 제품개념이 결정되면 다음으로는 제품특성을 이 제품개념에 부각시키는 설계가 필요해진다. 즉 포장별 분량, 품질수준, 가격, 우유에 녹는 속도, 냉온의 정도, 칼로리의 함량, 향료의 정도 등과 같은 제품특성을 분석하여 제품개념이 부각되도록 하여야 하는데, 이 단계에서 중요한 것은 경쟁제품에 대한 상대적 위치를 파악하는 일이다. 예를 들면 [그림 8-6]에서 보는 바와 같이, 시장에 나와 있는 기존 제품 A는 고 칼로리-고가격제품이고, B는 저칼로리-저가격제품일 경우에 기업은 중 칼로리-중 가격을 제품특성으로 개발하여 시장경쟁력을 확보할 수 있을 것이다.

[그림 8-6] 제품특성의 분포

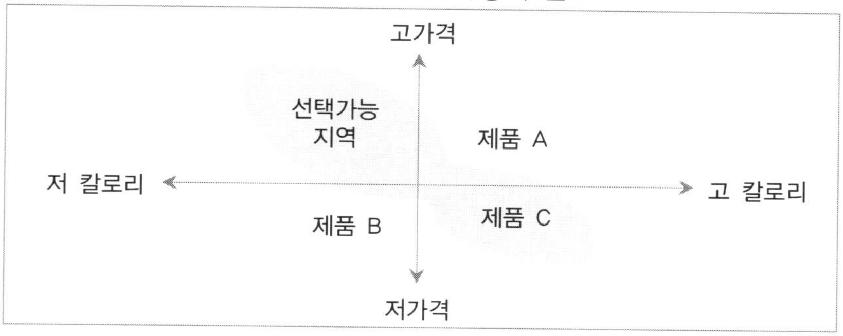

(2) 제품의 최종설계 및 시험

제품의 개념과 특성을 개발·설계한 다음에는 시험용 모형을 제조하고, 이 시험용 모형의 시장시험을 거쳐 재설계하는 단계로 들어간다. 이와 같은 제품의 최종설계와 시험은 이후 실제의 생산과정에서 사용될 원료의 종류와 양, 작업방법의 결정, 생산규모의 확정, 공정의 선택, 품질수준과 생산원가의 산정 등에 직접적으로 영향을 미친다.

시험용 모형, 즉 원형제품(prototype)의 개발과 제조는 연구개발부 또는 기술부에서 이루어지게 되며 다음과 같은 요건을 충족시켜야 한다.

첫째, 고객의 입장에서 분석된 핵심적 제품특성이 제품에 잘 반영되어야 한다.

둘째, 정상적인 사용조건 하에서 유지가능성(maintainability)과 신뢰성(reliability)이 큰 안전한 제품기능을 수행할 수 있어야 한다. 여기서 유지가능성이란 제품사용자가 제품을 항상 사용가능한 상태로 유지할 수 있는 여건을 말하고, 신뢰성은 주어진 사용 환경 하에서 설계된 수명까지 고장 없이 사용할 수 있는 정도를 일컫는다.

셋째, 원형제품은 생산비의 예산범위 내에서 생산될 수 있는 것이라야 한다. 생산비를 절감하는 방법으로 제품을 표준화하는 것이 있는데, 이는 호환성이 있는 부품을 만들어 여러 개의 같은 계열 제품에 공통으로 사용할 수 있도록 설계하거나 또는 중간조립품의 형태로 만들어 두었다가 마지막 단계만 변형시켜 사용하는 소위 표준설계방식(modular design)등을 의미한다.

한편, 원형제품의 개발이 끝나면 기능시험(functional tests)과 시장시험(market testing)을 실시하여 기능적 결함이나 고객의 반응 내지 수용성 여부 등을 파악한다. 그리고 미흡한 점이 발견되면 그것을 보완하는 재설계(redesign)를 실시하여야 한다. 시장시험은 고객을 표본으로 하여 실험실에서 원형제품에 대한 실험을 하는 고객시험과, 표본시장을 선정하여 원형제품을 실제로 판매해봄으로써 고객들의 반응을 조사하는 시장조사로 나누어 실시할 수 있다(김기영, 1994). 이와 같은 기능시험과 시장시험을 거쳐 제품의 최종설계가 끝나면 시판을 위한 생산과정에 들어가게 된다. 그런데 경우에 따라서는 본격적인 시판에 앞서 시험생산단계(pilot production)를 통해 시장의 반응과 대규모생산에 대한 사전결정을 위한 조사를 실시하기도 한다.

2) 공정설계

생산할 제품이 선정되고, 제품설계를 통해 원형제품이 만들어지고 그에 대한 시장시험이 끝나게 되면, 다음은 제품을 생산할 생산 공정을 설계하여야 한다. 이때 공정(process)이란 원료를 투입시켜 제품이 만들어지는 데 필요한 모든 작업의 유기적 집합체를 의미한다. 공정설계는 그 과정상 생산 공정을 선정하는 일과 기계 설비를 배치하는 일로 나누어서 생각할 수 있다.

(1) 생산 공정의 선정

공정설계에 있어 먼저 수행되어야 할 것은 생산 공정을 선택하는 일이다. 이때 생산 공정의 선정은 그 의사결정의 효과가 오랫동안 지속되는 것이므로 신중히 판단하여야 한다. 생산 공정을 선정할 때에는 원료의 특성, 기술, 제품의 특성 등과 같은 제조상의 요인뿐만 아니라 시장의 수요량과 품질 등과 같은 마케팅상의 요인도 고려하지 않으면 안 된다.

생산 공정은 분류하는 기준에 따라 다양하게 구분되는데 일반적으로 생산의 흐름에 따라 개별 생산 공정, 단속 생산 공정, 반복 생산 공정, 연속생산공정으로 나누어진다. 이들 각 공정들은 여러 가지 요인들에 의해 그 효율성이 달라지게 된다. 예를 들면 [그림 8-7]에서 보는 바와 같이 생산 공정의 효율성은 제품의 특성과 시장의 수요량에 의해 영향을 받는다. 즉, 개별 생산 공정은 주문생산을 위주로 하는 업종에서 효율성이 높다. 그리고 대각선을 따라 아래로 내려갈수록 표준화된 제품을 낮은 원가로 대량생산할 수 있는 업종에 적합하다. 따라서 주문에 의한 특수제품을 소량으로 생산하고자 하는 경우에는 개별 생산 공정을 도입하는 것이 바람직하고, 이와는 반대로 소수의 품목을 대량생산하고자 할 때에는 반복 생산 공정이나 연속생산공정을 도입하는 것을 고려해야 한다.

그러나 전략적으로 생산 공정의 위치를 대각선으로부터 아래로 떨어뜨려 타기업과의 경쟁에서 앞서 나가려고 하는 경우도 있다. 예를 들면 제품의 특성이나 시장수요의 패턴을 감안하면 단속 생산 공정이 적합함에도 불구하고 반복 생산 공정을 도입하여 가격을 낮추고 시장점유율을 증가시키려는 전략을 고려해 볼 수 있다. 그런데 이와 같은 경우에는 제품공급의 신축성을 요구하는 마케팅부서와 제조비용을 고려하는 생산부서 사이에 어느 정도의 마찰을 피할 수 없게 된다. 또한 시장수요가 급격히 감소되는 경우 생산시설의 유휴화 문제가 심각하게 대두될 수도 있다(김태웅, 1991).

한편, 생산 공정이 대각선상에 위치하지 않게 되는 경우에는 다음과 같은 문제가 발생한다. 즉, 생산 공정의 위치가 대각선으로부터 왼쪽으로 치우치게 되면 시장수요에 비하여 과잉설비를 가지게 되기 때문에 손실이 발생한다. 따라서 이러한 경우에는 생산설비를 축소하는 재설계가 요구된다. 그리고 생산 공정이 대각선으로부터 오른쪽에 위치하는 경우에는 생산력이 시장수요를 따라갈 수 없게 되기 때문에 기회손실이 발생한다. 따라서 이때에는 생산설비를 확충시키는 방안을 모색하여야 할 것이다(강병서, 1996).

[그림 8-7] 생산 공정의 유형과 효율성

생산 공정	제품특성 및 시장수요			
	소량주문	다품종 소량	소품종 대량	단품종 대량
개별생산	산업설비			
단속생산 (뱃치생산)		가구		
반복생산 (조립생산)			자전거	
연속생산				시멘트

(2) 기계설비의 배치

생산 공정이 선정되면 다음 단계는 필요한 기계 설비를 효과적으로 배치하는 일이다. 설비배치(layout)는 공장 내에 기계 설비를 공간적으로 적절히 배열하여 생산 활동의 흐름이 원활하게 되도록 하며 공간이용의 효율성을 높이려는 것을 말한다. 설비배치의 유형에는 생산 공정의 형태와 관련하여 제품별 배치, 기능별 배치, 고정형 배치의 세 종류가 있다.

① **제품별 배치** : 제품별 배치는 설비를 특정 제품을 생산하는 데 필요한 작업순서에 따라 고정적으로 배치하는 형태이다. [그림 8-8]에서 보는 바와 같이 이 배치방식은 직선적 전진형의 작업흐름이 이루어지기 때문에 라인(line) 배치라고도 부르며, 소품종 대량생산을 위한 반복 생산 공정(조립 생산 공정) 또는 연속생산공정에 적합하다. 이와 같은 배치 방식은 시장수요가 안정되어 있고 제품이 표준화되어 있어 규모의 경제를 가지는 제품에 유용하다. 대표적인 예로는 자전거조립공정과 시멘트 제조공정을 들 수 있다.

[그림 8-8] 제품별 배치

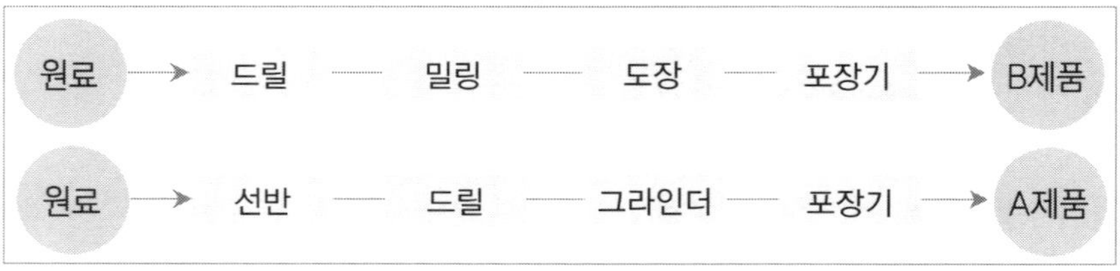

② **기능별배치** : 기능별 배치는 같은 기능을 가지고 있는 기계 설비를 한데 모아서 배치하는 형태이다. 이와 같은 배치형태는 다품종 소량생산에서 주로 도입되는 단속 생산 공정(뱃치 생산 공정)에 적합하다. 기능별 배치는 [그림 8-9]에서 보는 바와 같이 주문이 들어오면 작업절차에 따라 필요한 설비를 찾아가서 작업할 수 있도록 설계된다. 따라서 이 배치형태에서는 왕래가 빈번한 기술부서간의 거리와 위치를 선정하는 것이 중요한 문제가 된다. 가구제작공장, 공작기계제작공장, 병원, 자동차수리공장 등에서 이와 같은 배치 형태를 취하는 것이 일반적이다.

[그림 8-9] 기능별배치

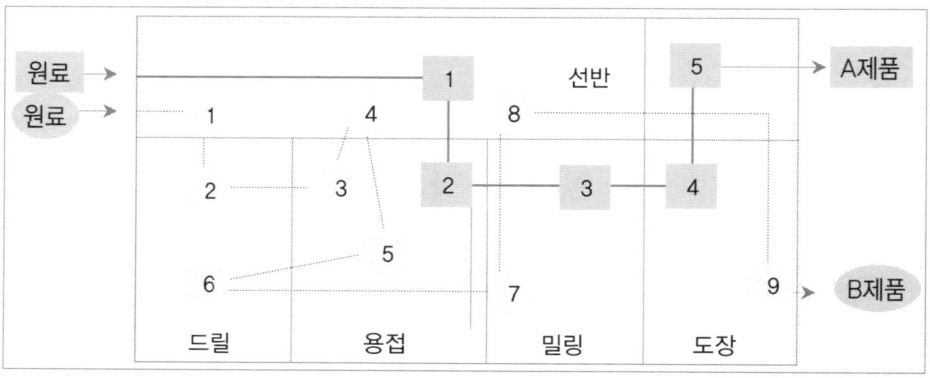

③ **고정형 배치** : 고정형 배치는 제품의 부피, 형태, 무게 및 기타의 특징 때문에 작업의 순서에 따라 이동하면서 제작 또는 조립을 행할 수 없는 경우에 취하는 배치형태이다. 따라서 이 배치형태에서는 제품을 특정 장소에 고정시켜 놓고 기계설비를 현장에 옮겨서 작업을 수행하게 된다. 항공기, 선박, 기관차 등을 생산하거나 또는 아파트를 건설하는 경우에 이와 같은 배치형태를 취하는 것이 보통이다.

이상에서 살펴본 세 가지의 배치형태는 각기 나름대로의 장점과 단점을 동시에 지니고 있다. 따라서 기업에서는 어느 한 가지 형태만을 선택할 것이 아니라 경우에 따라서는 각 형태의 장점을 살려 혼합하여 배치하는 것도 고려할 필요가 있다.

2. 생산계획

1) 생산계획의 의의와 절차

제품 및 공정설계에 의해 생산할 제품이 결정되고 이를 생산할 공정이 확정되고 나면 생산 활동에 대한 계획에 착수하게 된다. 생산계획(production planning)은 생산 활동에 필요한 자원을 효율적으로 배분함으로써 생산시스템의 능력을 시장수요에 적응시키는 과정을 말한다. 여기서 시장수요에 적응시킨다는 것은 생산시스템 자체의 능력을 시간 및 수량의 차원에서 조정하는 일을 의미한다. 따라서 생산계획은 고객이 요구하는 제품을 언제 그리고 얼마만큼 생산할 것인가를 결정하는 과정이라고도 할 수 있다.

생산계획은 수요예측과 직접적인 관계를 가지고 있다. 즉, 생산계획은 수요예측을 토대로 하여 수립되는 것이 일반적이다. 오늘날 대부분의 생산형태는 주문에 의한 생산보다는 계획에 의한 생산의 형태를 띠기 때문에 수요예측은 매우 중요한 의미로 받아들여지고 있다. 그러나 시장의 수요를 정확하게 예측한다는 것이 그렇게 쉬운 일이 아니다. 따라서 최근에 많은 기업들은 보다 과학적인 방법으로 수요를 예측하는 데 심혈을 기울이고 있다.

시장수요에 대한 예측을 토대로 하여 수립되는 생산계획은 몇 가지 단계로 나누어진다. 즉, [그림 8-10]에서 보는 바와 같이 생산계획은 총괄계획, 주 생산계획, 자재 소요계획, 일정계획의 순서로 이루어진다.

[그림 8-10] 생산계획의 절차

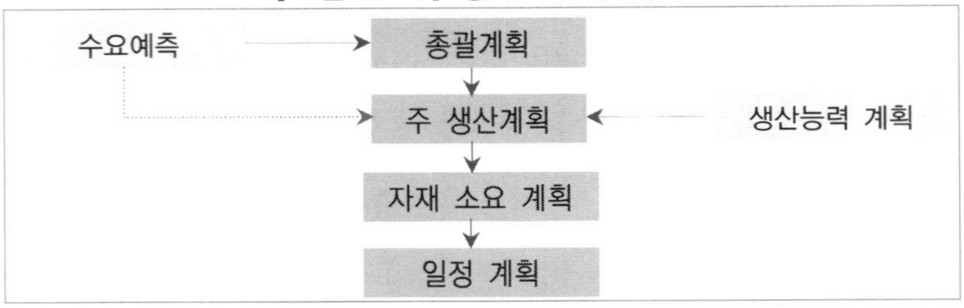

총괄계획은 보통 1년 단위로 수립하는 생산계획으로서 예측된 수요를 토대로 하여 생산량, 재고수준, 작업시간, 인력 등에 관한 사항을 총괄적으로 다룬다. 주 생산계획은 총괄계획을 기초로 하여 월별 또는 주별로 각 품목의 생산량과 생산시기를 정하는 것이다. 자재소요계획은 주 생산계획을 토대로 하여 완제품 생산에 필요한 원자재나 부품을 언제, 얼마나, 그리고 어떻게 조달할 것인가를 결정하는 것이다. 그리고 일정계획에서는 하루 내지 한 주일을 단위로 하여 작업순서를 정하고, 작업량과 작업인력 등을 배정하게 된다. 이와 같은 생산계획의 절차에 대해서는 아래에서 보다 구체적으로 살펴보기로 하겠다.

2) 총괄계획

총괄계획(Aggregate Production Planning : APP)에서는 통상 1년 단위로 수요예측에 근거하여 무슨 제품을, 언제, 얼마만큼 생산할 것인가를 결정한다. 그런데 총괄계획에서는 개별제품이 아닌 그룹제품을 대상으로 하여 생산계획을 세운다. 즉 개별제품들 중에서 제품특성이나 생산 공정이 비슷한 품목들을 한 데 묶어 이것을 하나의 그룹제품으로 분류하고, 그와 같은 그룹제품을 기본단위로 하여 생산수준, 인력수급, 재고수준, 납기 등을 결정한다. 예컨대 선풍기와 다리미를 만드는 가전제품회사에서는 제품의 특성이나 생산 공정이 확연하게 구분되는 제품들이기 때문에 두 그룹으로 나누어 총괄계획을 세우면 된다. 그러나 모자제조회사나 운동화제조회사에서는 생산품목이 제품의 용도나 대상고객에 따라 다양하겠지만 모든 품목을 하나의 그룹으로 묶어 총괄계획을 수립하는 것이 가능할 것이다.

총괄계획의 가장 중요한 목표는 수요의 변동을 기업 자체의 생산능력 안으로 흡수하여 수요와 공급을 일치시키는 것이라고 할 수 있다. 기업이 철저한 주문생산형태를 취한다면 큰 어려움은 없겠지만, 시장수요의 예측에 의한 계획생산형태인 경우에는 계획의 기초가 되는 요소들이 모두 불확실해지기 때문에 수요와 공급을 일치시키는 것이 어렵게 된다. 따라서 총괄계획에서는 변화하는 수요와 공급량을 맞추기 위한 전략적 대안들을 마련하는 것이 중요하게 되는데, 이에 대해 좀더 상세히 설명하면 다음과 같다(강병서, 1996).

[그림 8-11]에서 보는 바와 같이 시장수요가 감소하여 기업의 생산수준을 밑도는 경우에는 과잉재고와 그에 따른 손실이 발생하고, 반대로 시장수요가 증가하여 생산수준을 초과하게 되면 재고부족과 함께 기회손실도 생기게 된다.

[그림 8-11] 수요변동과 생산수준

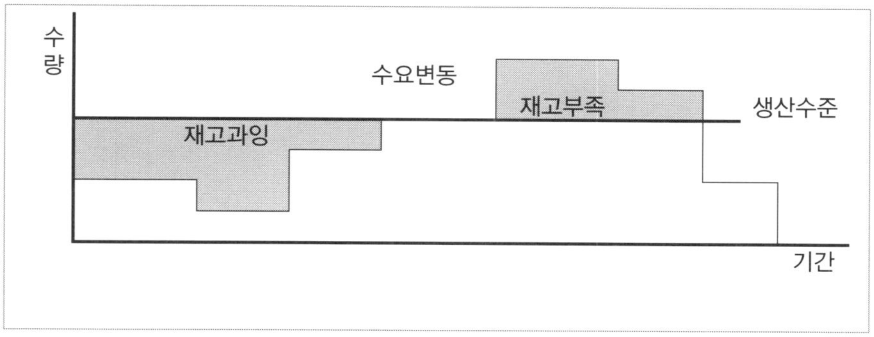

따라서 총괄계획에서는 이 같은 수요변화에 대응하기 위한 전략적 대안이 제시된다. 전략적 대안은 일반적으로 고용수준·생산수준·재고수준·납기 등을 시장수요에 맞추어 조정하는 방식으로 제시되는데, 이것을 요약하여 정리하면 <표 8-1>과 같다. 그런데 총괄계획의 전략적 대안은 고용·생산·재고·납기 등의 네 가지 차원 중에서 어느 하나에만 국한되는 것이 아니고, 실제로는 각 차원의 대안을 혼합하여 제시되는 것이 보통이다. 예를 들면, 시장수요가 증가하여 생산량을 늘려야 할 필요가 있는 경우에는 종업원을 약간만 더 고용하고 나머지 수요는 잔업시간을 증가시키든지 또는 하청을 주어 해결하는 대안을 모색할 수가 있을 것이다.

〈표 8-1〉 총괄계획의 전략적 대안

전략적 대안	수요		비용
	증가	감소	
고용수준 조정	추가고용	인원감축	총인건비, 퇴직비용
생산수준 조정	잔업, 하청 설비확장	조업단축	잔업수당, 하청비용 설비투자비용
재고수준 조정	재고확충	재고감축	재고유지비
납기 조정	납기지연	납기준수	납기지연에 따른 신용 손실

자료 : 강병서(1996). 수정.

3) 주 생산계획

총괄계획을 통해 그룹제품별 생산기간과 생산수준 그리고 고용수준 등이 결정되면 이 자료를 토대로 하여 주 생산계획(Master Production Schedule : MPS)을 수립하게 된다. 주 생산계획은 개별제품별로 생산기간과 생산수준을 결정하는 것을 말한다. 일반적으로 제조기업에서의 생산계획은 바로 이 주 생산계획을 의미하는 경우가 많다. 주 생산계획은 보통 1주일 단위로 수립되며, 이것은 개별제품의 생산에 필요한 부품이나 원자재의 소요량 및 소요시기 등을 결정하는 기반이 된다.

주 생산계획의 수립방법은 생산형태에 따라 달라진다. 예를 들면 주문생산인 경우에는 주 생산계획을 미리 세울 수 없고 주문을 받은 후에야 가능하게 된다. 계획생산의 경우에는 수요예측과 현재의 재고수준을 고려하여 주 생산계획을 수립하게 된다. 그리고 제품의 종류가 많지 않은 경우에는 각 제품별로 주 생산계획을 수립하게 되지만, 제품의 종류가 많을 때에는 우선 제품라인별로 주 생산계획을 수립한 다음에 매출액비율 등을 감안하여 개별제품에 대한 생산계획을 세우게 된다. 또한 조립생산과 같이 다수의 부품을 복잡하게 조립해야 하는 경우에는 주요 부품에 대해서만 주 생산계획을 세우는 것이 보통인데, 이것은 자동차와 같이 부품의 크기나 기능에 다양한 옵션이 있는 제품의 경우에는 완제품을 대상으로 주 생산계획을 세우는 것이 무리가 따르기 때문이다. 이밖에 주 생산계획을 수립하는 과정에서 유의해야 사항을 살펴보면 다음과 같다(Berry, Vollmann and Whybark, 1979).

첫째, 주 생산계획은 총괄계획과 일관성이 유지되도록 수립되어야 한다. 즉 주 생산계획은 총괄계획의 범위 내에서 세워져야 하며, 또한 총괄계획에서 결정된 사항이 가급적 모두 효율적으로 이행될 수 있도록 하여야 한다.

둘째, 주 생산계획은 완제품을 대상으로 하는 계획이기 때문에 완제품의 납기, 생산기간, 부품 및 원자재 조달기간 등을 고려하여 수립되어야 한다.

셋째, 일단 주 생산계획이 수립되면 이것을 임의로 정정하거나 무시해서는 안 된다. 주 생산계획에서 결정된 생산일정을 소홀히 하거나 자주 변경하게 되면 제조시간, 부품 및 원자재 조달기간, 납기준수 등에 큰 차질이 빚어져 결국에는 생산조직이 혼란에 빠지게 된다. 그러나 주 생산계획 자체에 어느 정도의 유연성을 부여함으로써 돌발적인 환경변화에 대처할 수 있도록 하는 것도 중요하다.

넷째, 주 생산계획은 고객에게 좋은 서비스를 제공할 수 있도록 수립되어야 한다. 따라서 주 생산계획 보고서에는 고객의 요구를 신속하고 정확하게 충족시키는 데 필요한 정보가 포함되어야 한다.

4) 자재소요계획

자재소요계획(Material Requirements Planning : MRP)은 주 생산계획을 토대로 하여 제품생산에 필요한 부품과 원자재의 종류, 수량, 주문시기 등을 결정하는 과정을 말한다. 주 생산계획에서 확정된 완제품과 수량은 자재소요계획을 통해 생산기간별(주 단위)로 부품 또는 원자재의 소요량으로 바뀌게 된다. 그리고 자재소요량이 결정되면 자재의 재고수준을 적절하게 유지하면서 제품이 제때에 생산되도록 추가로 소요되는 자재의 발주시기를 조정하게 된다.

자재소요계획을 효과적으로 수립하고 이것을 원활히 실행하기 위해서는 다음과 같은 자료들을 지속적으로 확보하고 검토하여야 한다.

① **주 생산계획**: 주 생산계획은 개별제품에 대한 주별 또는 월별 생산계획이다. 제품생산에 필요한 부품 및 원자재의 수급계획이 이를 토대로 수립되기 때문에 주 생산계획은 자재 소요계획(MRP)시스템을 움직이는 엔진과 같은 역할을 한다(김태웅, 1991).

② **자재명세서**: 자재명세서(Bill Of Materials : BOM)는 완제품 1단위를 생산하는 데 필요한 부품 및 원자재의 종류와 소요량을 명시한 자료이다. 따라서 자재명세서를 보면 어떤 자재가 얼마만큼 필요한지를 알 수 있다.

③ **재고기록철**: 재고기록철(inventory record file)은 자재의 재고현황을 기록한 자료이다. 자재명세서는 필요한 자재의 종류와 수량을 알려주지만, 재고기록철은 현재 보유하고 있는 자재의 종류와 수량에 대한 정보를 알려준다.

④ **조달기간**: 조달기간(lead time)은 필요한 부품이나 원자재를 외부에서 주문하거나 또는 자체적으로 생산하는 데 소요되는 시간을 의미한다. 이 같은 조달기간은 자재의 발주시기를 결정하는 데 필수적인 자료이다.

자재소요계획을 수립하는 데 있어서 무엇보다도 중요한 것은 시간적·수량적인 측면에서 정확성을 기하는 일이다. 즉, 필요한 자재의 확인·재고·주문이 정확한 수량과 시간으로 이루어질 수 있도록 하는 것이다. 따라서 자재소요계획을 성공적으로 수립하고 실행하기 위해서는 주 생산계획, 자재명세, 재고기록, 리드타임 등에 대한 정확한 정보를 확보하고 이들 정보를 유기적으로 결합하여 효과적으로 활용할 수 있는 방안을 마련하여야 한다. 그러나 자재소요계획은 생산 공정이 어느 정도 안정적으로 운영되어 생산이나 품질수준에 큰 변화가 없을 때 제 기능을 발휘할 수 있게 된다. 따라서 만약 이러한 상태가 못 되거나 적용자체가 곤란할 경우라면 구태여 자재소요계획을 고집할 필요는 없을 것이다.

5) 일정계획

생산계획에서 총괄계획, 주 생산계획, 자재소요계획이 수립된 다음에는 일정계획을 세워야 한다. 일정계획은 매일매일 수행해야 할 작업들을 선정하고, 이들 작업의 우선순위를 정하여 생산이 정해진 시간에 이루어지도록 하는 데 주안점을 둔다. 따라서 일정계획에서는 작업선정과 작업순서결정을 토대로 하여 작업명령, 기계설비, 인력 등을 작업장별로 효율적으로 할당하는 것이 중요하게 된다.

일정계획은 총괄계획이나 주 생산계획에서 보다도 생산설비의 능력에 따라 그에 대한 중요성이 크게 달라진다. 즉 생산설비능력이 무한하다면 재고를 전혀 보유할 필요가 없고 납기도 지연시킬 염려가 없기 때문에 일정계획을 세우지 않아도 된다. 또한 생산설비가 제한되어 있다고 할지라도 생산품목이 단 하나라면 역시 일정계획을 수립할 필요가 없을 것이다. 일정계획이 생산관리에서 중요하게 되는 것은 한정된 생산설비를 이용하여 여러 종류의 제품을 생산하는 경우이다(김태웅, 1991). 따라서 연속생산공정이나 반복 생산 공정(조립 생산 공정)에서 보다는 한정된 설비로 여러 품목을 생산하는 데 적합한 개별 생산 공정이나 단속 생산 공정(뱃치 생산 공정)의 경우에 일정계획을 세우는 일이 중요하게 된다고 할 수 있다.

[그림 8-12] 일정계획의 범위

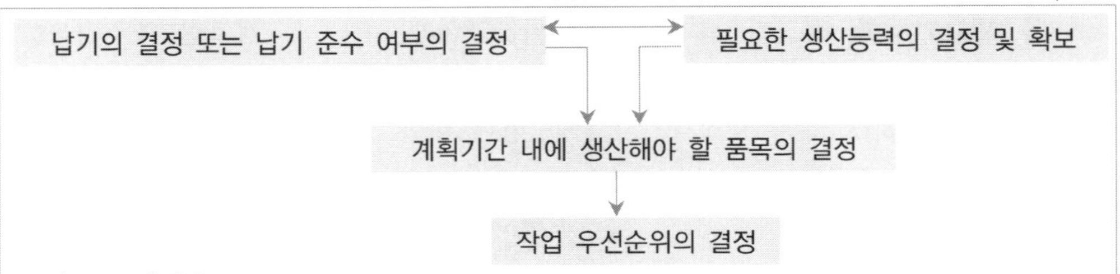

자료 : 김태웅(1991).

일정계획을 단순히 작업의 우선순위만을 결정하는 과정으로 이해하는 경향이 있으나 사실은 그렇지 않다. [그림 8-12]에서 보는 바와 같이, 일정계획은 먼저 납기 및 그 납기의 준수여부를 결정하는 일로부터 시작된다. 주문생산이나 계획생산이나를 막론하고 그 의미는 다소 다르지만 납기는 반드시 있게 된다. 주문생산의 경우에 납기지연은 곧 계약위반으로 이어지고, 계획생산에서의 납기지연은 생산계획에 차질을 빚는 결과를 초래한다. 납기에 대한 결정이 이루어지면 납기를 준수하는 데 요구되는 생산능력을 결정하거나 확보해야 한다. 그리고 그 다음으로는 계획기간 내에 생산해야 할 품목과 작업의 우선순위를 결정해야 하는데, 이 같은 생산품목과 작업우선순위를 결정하는 방법은 생산시스템의 형태가 개별 생산 공정인지 또는 단속 생산 공정인지에 따라 달라진다.

제3절 생산관리 시스템 구축

1. 생산관리 시스템

1) 수주등록

고객의 수주를 접수하고 등록하는 프로그램으로 견적을 근거로 수주를 하였을 경우 [견적적용]을 받아 등록하고 견적없이 수주를 하였을 경우 [수주등록]에서 등록한다. 생산관리의 시작은 영업에서 수주한 내역을 근거로 생산이 시작된다. 수주등록은 영업관리에서 상세히 설명되어 있다.

■ 수주등록

수주일자	고객	과세구분	품번	납기	수주수량	단가
2009/04/14	(주)사무종합대리점	매출과세	PC01	2009/04/25	5	1,900,000

[영업관리]➔[영업관리]➔[수주등록]

[그림 8-13] 수주등록화면

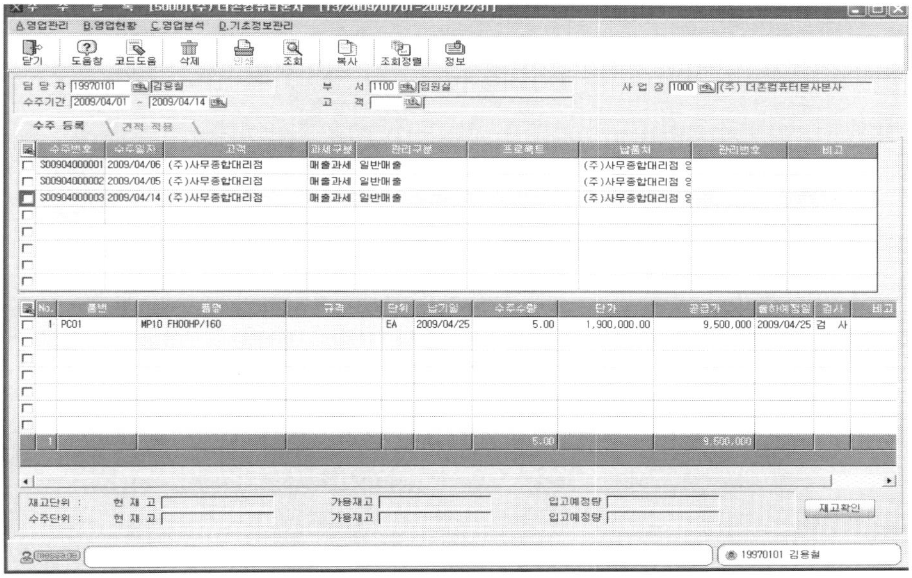

2) 생산계획등록

생산 할 제품 또는 반제품에 대한 생산계획을 등록하는 프로그램이다. 생산계획은 수주수량을 근거로 수립할 수도 있고, 수주와 상관없이 자체 생산계획을 수립할 수도 있다.

■ 생산계획 등록

작업일자	품번	수량
2009/04/15	PC01	5

[생산관리]→[생산관리]→[생산계획등록]→[데이터입력]→[저장]

[그림 8-14] 생산계획등록 화면

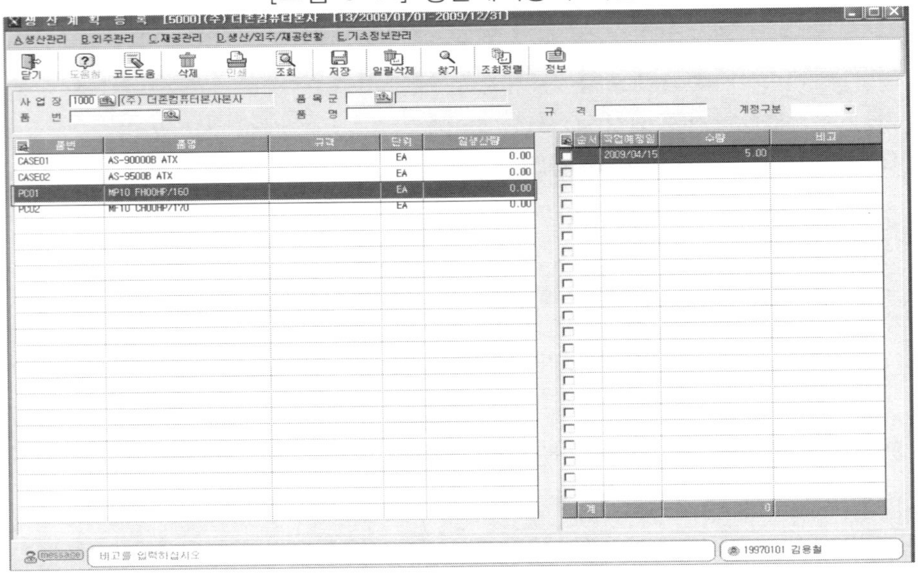

3) 소요량전개

주생산계획을 통하여 각 품목의 발주예정 수량 및 발주예정 시기를 산출하는 프로그램이다. [구매/자재] 프로그램에서 전개된다.

■ 소요량전개(MRP) 등록

계획일자	품번	수량
2009/04/01-2009/04/30	PC01	5

[구매/자재]→[구매관리]→[소요량전재(MRP)]→[데이터입력]→[저장]

[그림 8-15] 소요량전개(MRP) 화면

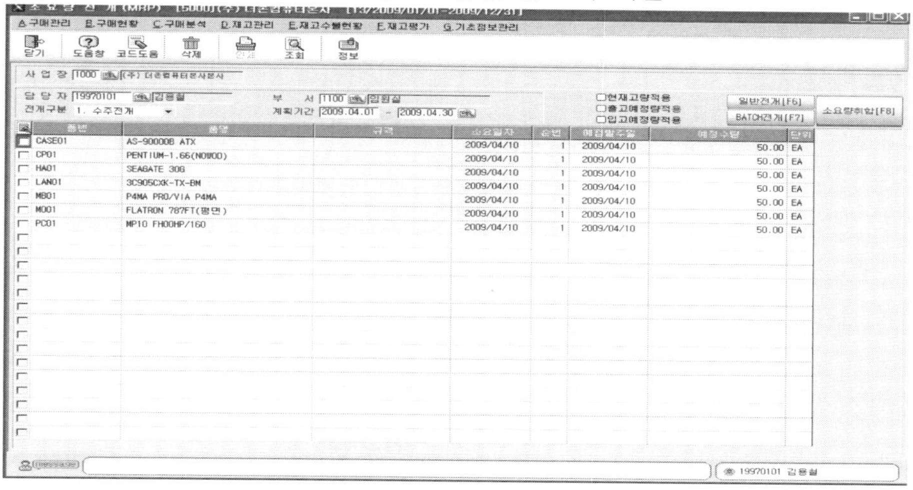

4) 생산품 청구등록

수급하고자 하는 품목을 생산지시나 구매발주 전에 청구하는 프로그램이다. 소요량 적용을 통해 데이터(data)를 적용받아 입력할 수도 있고 직접 입력할 수도 있다.

■ 생산용 자재 청구내역등록

계획일자	청구구분	품번	수량	납기일자
2009/04/15	생산	CASE01	5	2009/04/14
		PC01	1	2009/04/14

[구매/자재]➜[구매관리]➜[청구등록]➜[소요량적용]➜[데이터입력]➜[조회]

[그림 8-16] 청구등록 화면

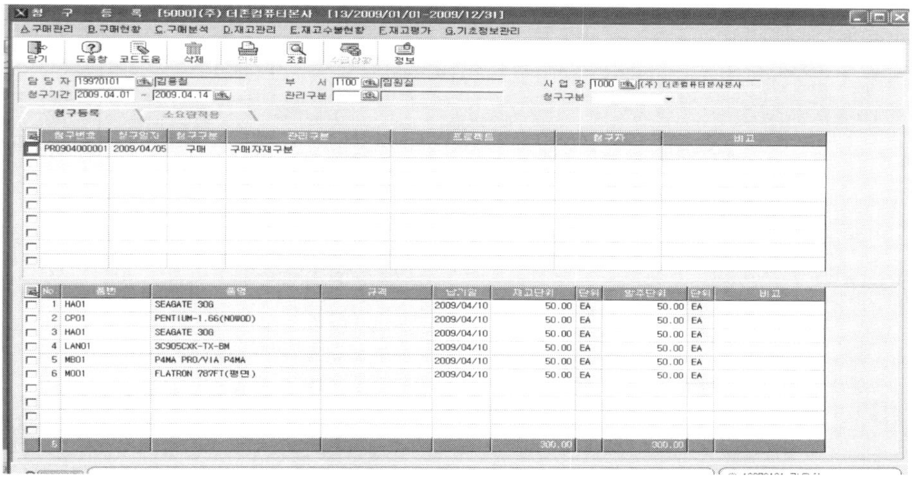

2. 생산현장관리

1) 작업지시

영업에서 등록한 수주와 자재에서 생산청구에 의해 계획된 수량을 작업지시에 적용하여 생산하도록 지시하는 프로그램이다. 소요량전개에서 생산계획을 기초로 자재소요량을 산출하고 청구등록을 통해 작업지시가 내려오면 작업지시를 등록한다.

작업지시등록방법은 지시일이 포함된 기간을 설정 후 공정을 선택하고 확인(계획)을 선택한다. [조회]아이콘을 클릭하고 지시일, 완료일, 품명, 수량 등을 입력한다. 이때 [청구등록]아이콘을 클릭하면 청구등록 프로그램에서 등록한 생산품의 청구내역을 가지고 올 수 있다.

또한 계획/확정/마감 단계가 있으면 작업지시 등록 시 '계획'으로 저장된다. LOT번호는 LOT 품목으로 등록 시 지시품목의 LOT번호를 입력한다. [청구조회]나 [수주조회]를 이용하지 않고 직접 작업지시를 등록할 수도 있다. [청구조회]나 [수주조회]를 이용한 작업지시등록을 원한다면 미리 생산품청구와 수주에 내역이 등록되어야 한다. 작업지시등록에서 상태는 확정하지 않고 계획만 하면 작업지시 내역은 수주나 청구를 적용받지 않고 직접 입력하는 것도 가능하다.

■ 청구등록화면에서 입력한 정보를 받아 작업지시를 한다.

지시일	완료일	품번	지시수량	상태	검사
2009/04/16	2009/04/20	CASE01	5	계획	검사
2009/04/16	2009/04/20	PC01	5	계획	검사

[생산관리]→[생산관리]→[작업지시등록]→[일자, 공정, 상태 EDM 데이터입력]→[조회]→[청구조회]→[청구기간입력]→[납기일입력]→[조회]→[확인]

[그림 8-17] 작업지시등록 화면

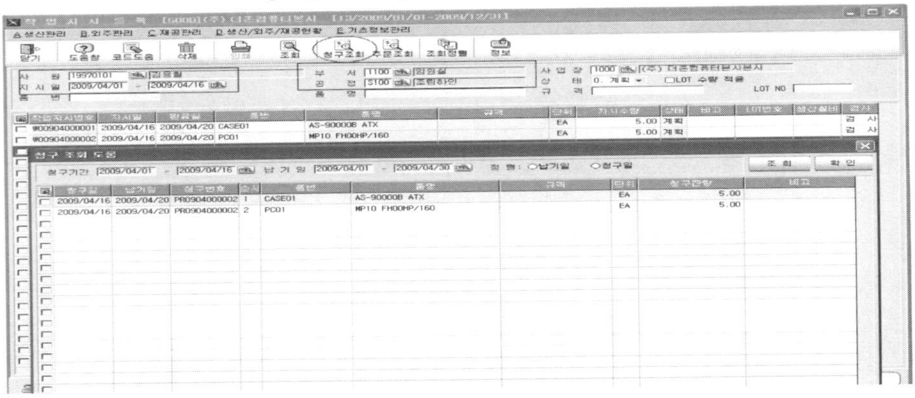

2) 작업지시 확정

작업지시 건 중에 상태가 계획인 작업지시를 확정으로 전환시켜주거나 확정된 작업지시 건을 계획으로 전환 시켜주는 프로그램이다. 사전에 계획된 작업지시에 대해 문제가 없다면 여기서 작업을 확정 지울 수 없다. 작업 확정이 되면 동시에 BOM에 의해서 자재 소요량에 따른 수불목록이 나타난다. 조회 후 계획인 상태에서 작업 지시를 확정할 때는 해당 작업지시를 선택 후 [확정]아이콘을 클릭하면 해당품목에 대한 BOM이 전개된다.

계획이 확정으로 바뀌면 계획된 작업들은 이미 작업을 끝낸 것으로 인식하므로 후에 작업에 들어간 원자재나 반제품 등을 창고에서 출고 후 사용 처리를 내릴 수 있는 판단의 기준점이 된다. 그러므로 프로세스 상에서 변동이 발생하면 확정을 취소하고 다시 등록을 해야 한다. 프로세스 상에서 선 작업을 취소하기 위해서 그에 종속된 모든 후 작업을 역순으로 취소해야 한다. 작업지시발행 방법은 다음과 같다.

[생산관리]→[생산관리]→[작업지시확정]→[공정선택]→[데이터입력]→[조회]→[체크박스클릭]→[확정]→[인쇄]

[그림 8-18] 작업지시확정 화면

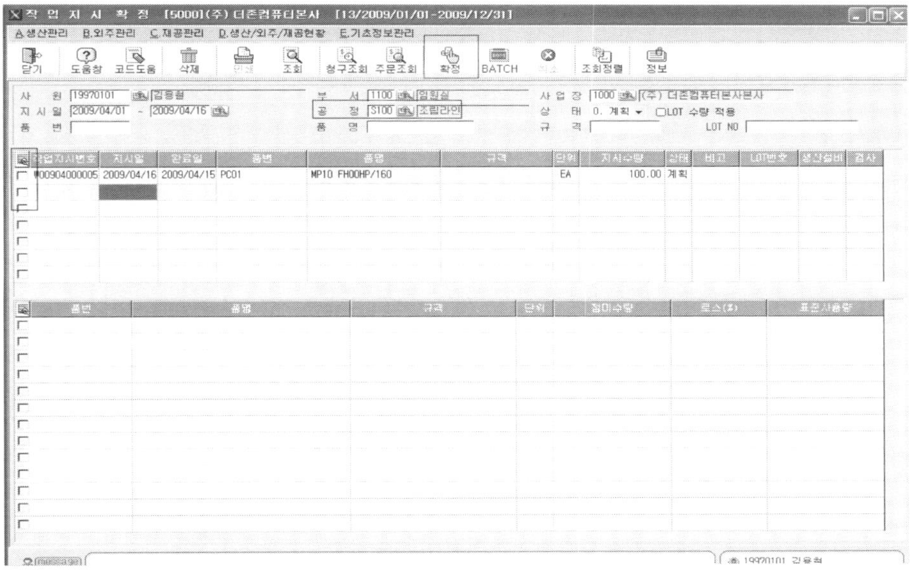

작업지시확정이 완료되면 다음과 같이 작업지시 내역을 조회할 수 있다.

[생산관리]➜[생산관리]➜[작업지시확정]➜[상태 : 확정]➜[조회]

[그림 8-19] 작업지시확정 조회 화면

3) 생산자재청구

확정된 작업지시 건으로 자재를 청구하는 프로그램이다. 생산 재공을 관리하는 형태의 사업장에서는 완제품이 만들어지는데 소요되는 자재의 흐름을 추적하고자 할 것이다. 화면에서는 자재 수불과 관련된 창고를 입력할 것을 요구하고 자재가 사용될 작업장을 입력하도록 되어 있다. 자재청구에서 입력된 자재가 생산 자재출고를 통해 출고되면 현재고에서 차감된다.

청구방법은 조회 후 청구가 미청구인 자재를 청구할 때는 해당 작업지시를 선택한다. [청구] 아이콘을 선택하여 클릭하면 해당 작업지시에 대한 자재들이 청구된다.

또한 특정 작업을 위해 청구된 품목은 이후 창고에서 출고를 할 수 있는 판단 자료가 된다. 청구일은 생산 프로세스상 작업지시일 혹은 그 이후이어야 한다. [삭제]아이콘을 이용해 청구에 대한 삭제를 수행하면 [청구]적용을 다시 받을 수 없으므로 변경을 원한다면 반드시 [취소]아이콘을 이용한다.

■ 자재청구 요청서 등록

지시일	모품번	지시수량	청구일	청구품목	공정	청구수량	창고
2009/04/16	CASE01	5	2009/04/16	CP01	작업공정	5	부품창고
				HA01	작업공정	5	부품창고
				MB01	작업공정	5	부품창고
				ME01	작업공정	5	부품창고
2009/04/16	PC01	5	2009/04/16	CASE01	작업공정	5	부품창고
				LAN01	작업공정	5	부품창고
				MO01	작업공정	5	부품창고

[생산관리]➜[생산관리]➜[생산자재청구서]➜[지시일 입력]➜[공정 등 데이터입력]➜[조회]➜[청구]➜[체크박스클릭]➜[청구]➜[인쇄]

[그림 8-20] 생산자재청구화면

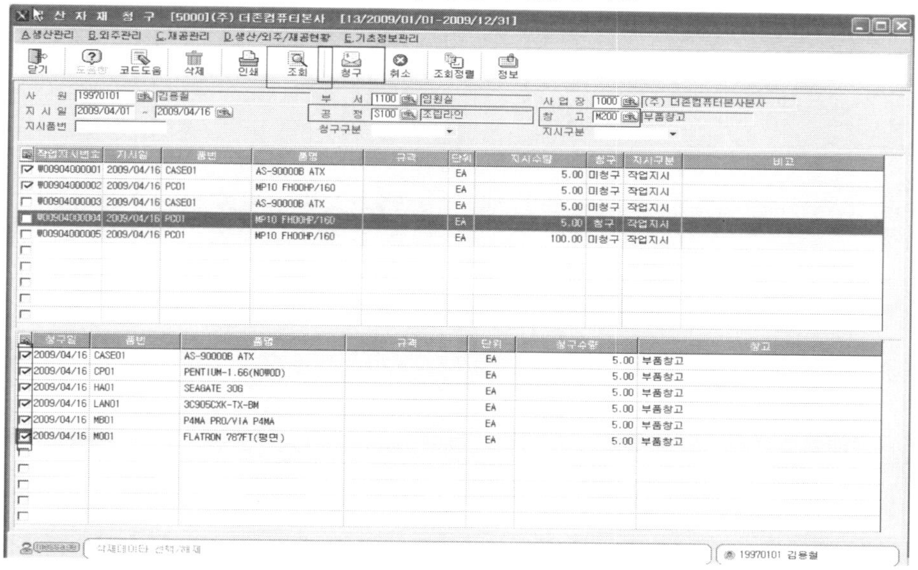

4) 생산자재 출고

제품을 생산하기 위해 자재를 공정으로 출고시키는 프로그램이다. 창고재고의 감소가 일어난다. 출고를 하기 전에 자재의 유무를 확인하여 [구매자재]⇒[자재/수불현황]⇒[현재고현황]에서 확인하고 필요한 수량이 출고될 수 있는지 확인한다.

■ 생산자재 출고

출고일자	출고창고	출고장소	공정	공정장소	모품목	요청수량	출고수량
2009/04/16	부품창고	부품장소	작업공정	반제품작업장	PC01	5	5

[생산관리]➔[생산관리]➔[생산자재출고]➔[지시일입력]➔[조회]➔[헤드데이터입력]➔[요청조회]➔[체크박스클릭]➔[적용(F8)]➔[조회]

[그림 8-21] 생산자재 출고 메인화면

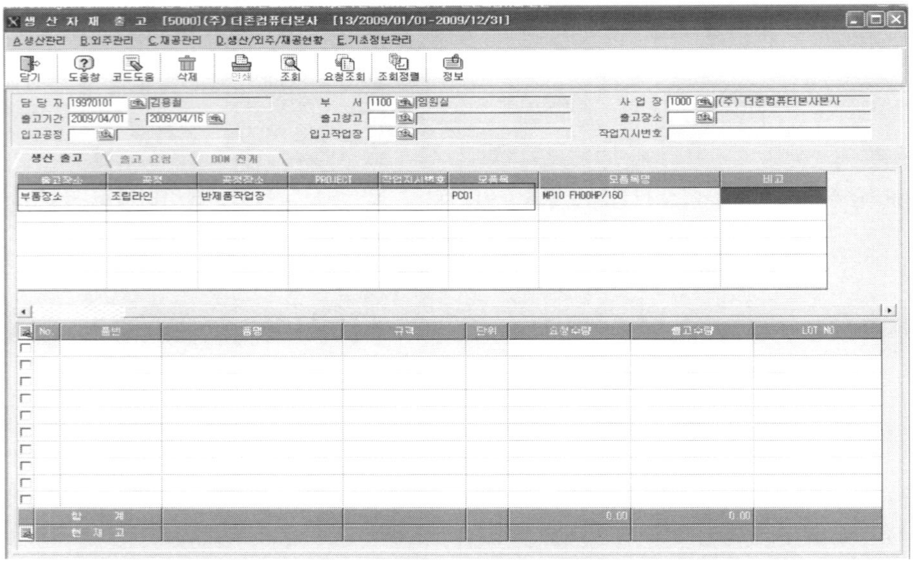

[그림 8-22] 생산자재 출고 요청조회 팝업 화면

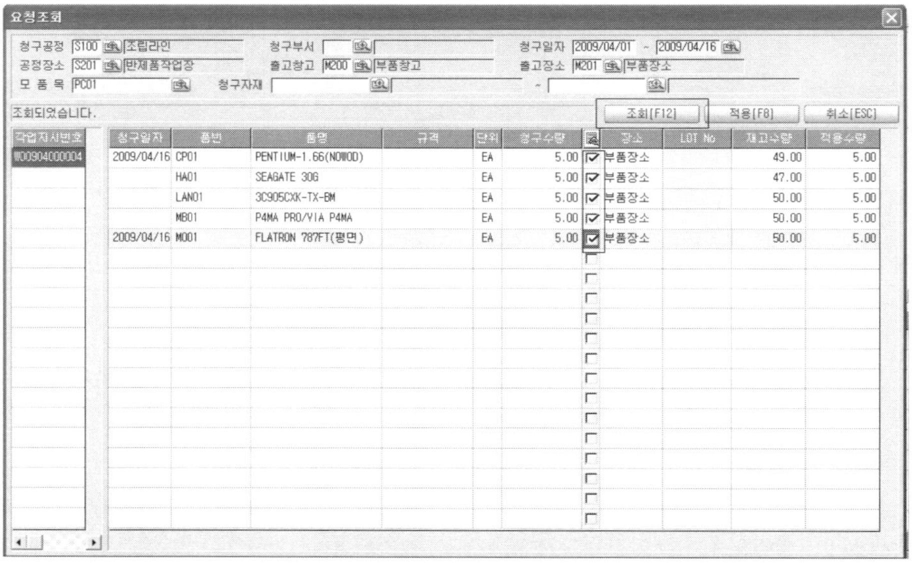

5) 작업 실적등록

작업지시 확정된 내용을 실적 처리하는 프로그램이다. 실적처리가 되면 지시된 작업이 완료 된다. 생산된 반제품(CASE01)은 아직 창고에 입고되지 않았기 때문에 재공으로 인식된다. 재공이란 제품이나 반제품이 완성되기 전에 미완성상태로 공정상에 머물러 있는 상태이다. [현재고현황]에서 확인하고 필요한 수량이 출고될 수 있는지 확인한다.

■ 생산실적 입력

품번	지시공정	실적일	실적구분	실적공정	작업장	실적수량	검사
CASE01	작업공정	2009/04/16	양품	작업공정	반제품작업장	5	검사

[생산관리]➔[생산관리]➔[작업실적등록]➔[지시일입력]➔[지시공정입력]➔[조회]➔[품번클릭]➔[생산데이터입력]➔[조회]

[그림 8-23] 작업 실적등록 화면

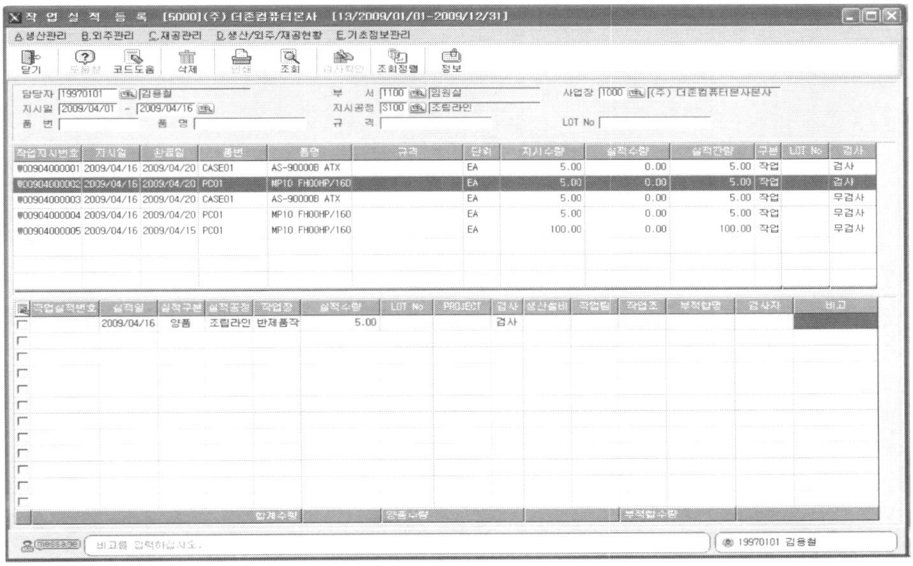

6) 생산자재 사용등록

생산 자재출고를 통해 출고된 자재들은 아직 공정에서 재공으로 남아 있다. 생산자재 사용등록을 통해 재공을 사용한 것으로 처리하여 재공을 감소시키는 프로그램이다.

■ 생산자재 사용등록

실적일	지시공정	품번	실적수량	품번	사용일	사용수량
2009/04/16	작업공정	CASE01	5	CASE01	2009/04/16	5
				LAN01	2009/04/16	5
				MO01	2009/04/16	5

[생산관리]➜[생산관리]➜[생산자재등록]➜[지시공정]➜[일괄사용]➜[조회]➜[데이터입력]➜[조회]

[그림 8-24] 생산자재 사용등록 화면

7) 생산실적 검사

실적품에 대한 실적검사결과를 입력하는 프로그램이다. 작업지시등록에서 검사여부에 '검사'로 선택한 품목들을 대상으로 한다. 생산재공을 운영하는 경우에 적용할 수 있는 검사처리 화면이다.

■ 생산실적 검사

품번	지시공정	작업장	검사일	검사구분	검사유형	시료수	결과
CASE01	작업공정	반제품작업장	2009/04/16	Q20:기능검사	전수검사	5	합격

[생산관리]→[생산관리]→[생산실적 검사]→[조회데이터입력]→[조회]→[데이터입력]→[조회]

[그림 8-25] 생산실적 검사 화면

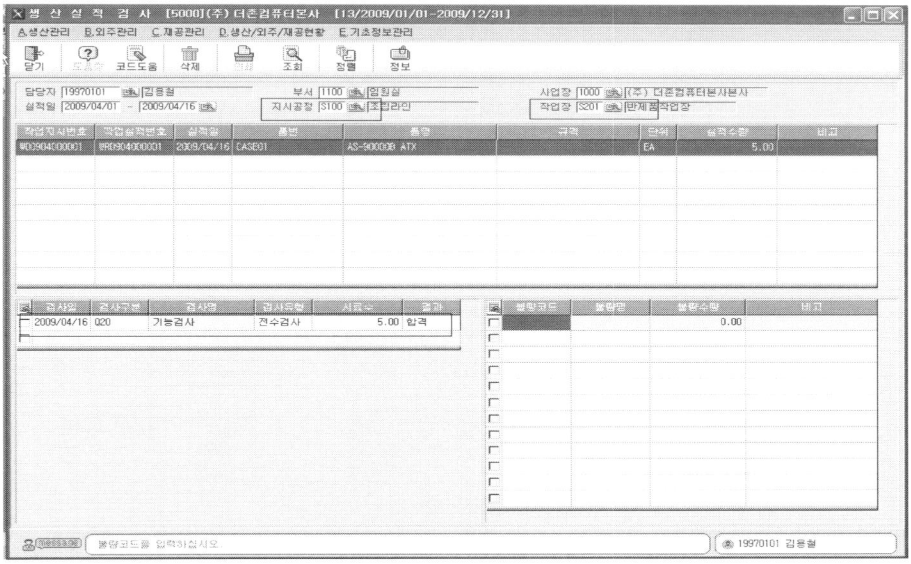

8) 생산품 창고입고

재공을 운영하는 경우 생산실적에 대해 입고 처리하는 프로그램이다. 실적은 바로 창고로 입고 처리되고 재공으로 인식되는 반제품 또는 완제품은 창고로 입고됨으로써 재고로 바뀌게 된다.

■ 생산품 창고입고

품번	입고일자	출고공정	작업장	입고창고	입고장소	입고수량
CASE01	2009/04/16	작업공정	반제품작업장	부품창고	부품장소	5

[생산관리]→[생산관리]→[생산품 창고입고]→[실적일, 출고공정, 작업장 입력]→[조회]→[검사확인]→[실적검사확인 도움창 팝업]→[데이터입력]→[확인]→[데이터 확인]→[조회]

[그림 8-26] 생산품 창고입고 화면

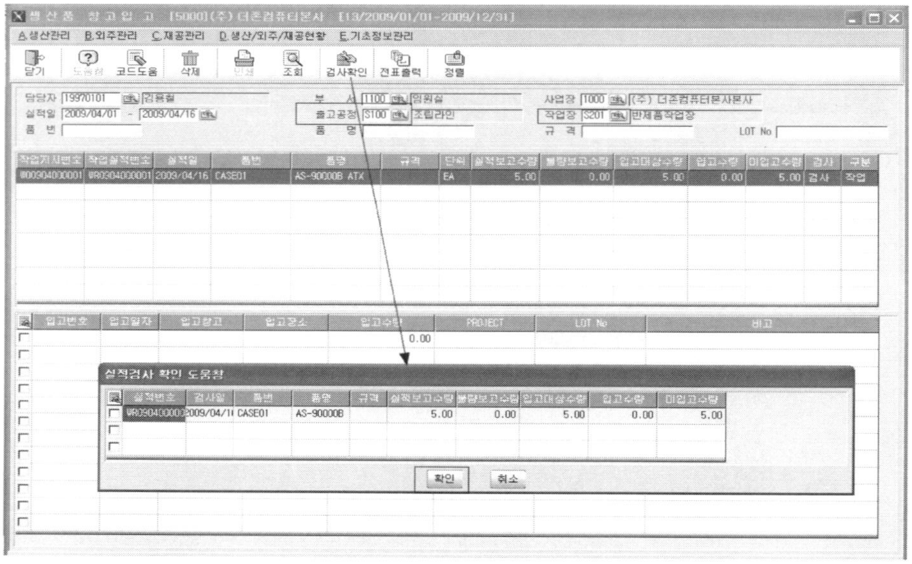

3. 완제품 생산관리

1) 생산자재 출고

작업지시에 의해 생산이 이루어지면 생산자재청구를 통해 작업에 쓰일 자재가 출고되어 창고에 보관중인 재고를 감소하게 해주는 프로그램이다.

■ 생산자재 청구(PC01)에 대한 자재출고

출고일자	출고창고	출고장소	공정	공정장소	모품목	요청수량	출고수량
2009/04/16	부품창고	부품장소	작업공정	반제품작업장	PC01	5	5

[생산관리]➜[생산관리]➜[생산자재 출고]➜[출고기간입력]➜[조회]➜[데이터입력]➜[요청조회]➜[체크박스체크]➜[적용]➜[데이터 확인]➜[조회]

[그림 8-27] 생산자재 출고화면

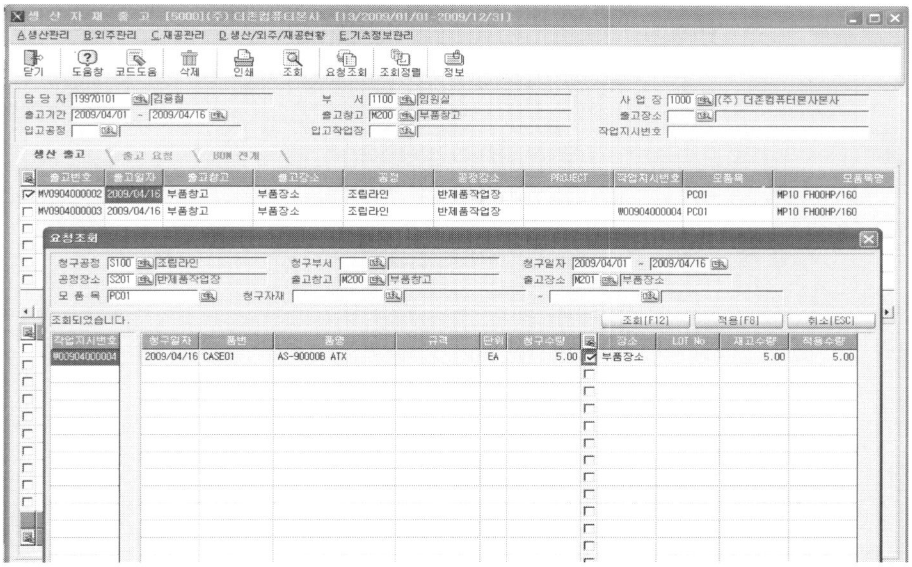

2) 작업 실적등록

작업지시가 확정된 내역을 실적 처리하는 프로그램이다. 실적 처리가 되면 지시된 작업이 완료된다. 생산된 제품(PC01)은 아직 창고에 입고되지 않았기 때문에 재공으로 확인된다.

■ 작업 실적등록(PC01)

품번	실적일	지시공정	실적구분	실적공정	작업장	실적수량	검사
PC01	2009/04/16	작업공정	양품	작업공정	제품작업장	5	검사

[생산관리]→[생산관리]→[작업 실적등록]→[지시일 입력]→[지시공정입력]→[조회]→[세부실적입력]→[조회]

[그림 8-28] 작업 실적등록(완제품) 화면

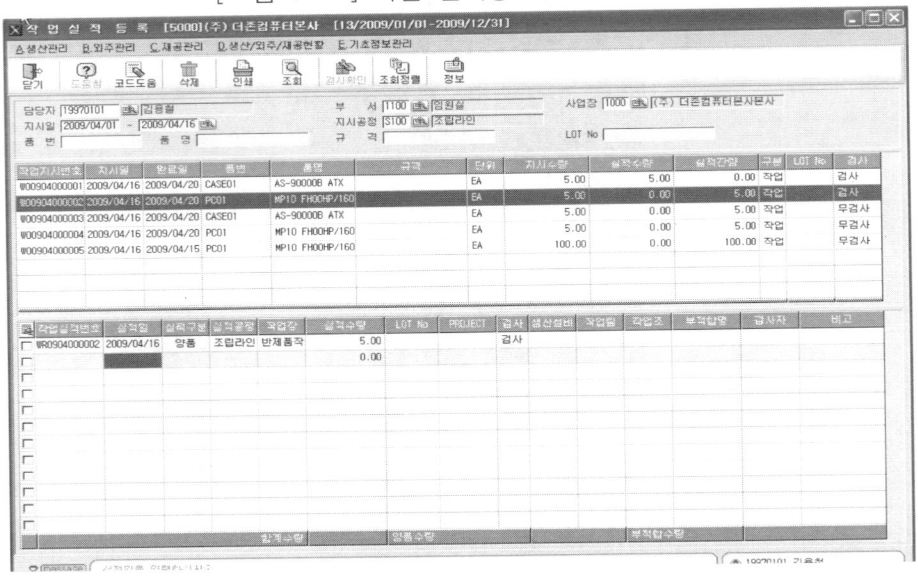

3) 생산자재 사용등록

생산 자재출고를 통해 출고된 자재들은 아직 공정에서 재공으로 남아 있다. 생산자재 사용등록을 통해 재공을 사용한 것으로 처리하여 재공을 감소시키는 프로그램이다.

■ 생산자재 사용등록

실적일	지시공정	품번	실적수량	품번	사용일	사용수량
2009/04/16	작업공정	PC01	5	CASE01	2009/04/16	5
				LAN01	2009/04/16	5
				MO01	2009/04/16	5

[생산관리]➔[생산관리]➔[생산자재등록]➔[지시공정]➔[일괄사용]➔[조회]➔[데이터입력]➔[조회]

[그림 8-29] 생산자재 사용등록 화면

4) 생산실적 검사(완제품)

실적품에 대한 실적검사결과를 입력하는 프로그램이다. 작업지시등록에서 검사여부에 '검사'로 선택한 품목들을 대상으로 한다. 생산재공을 운영하는 경우에 적용할 수 있는 검사처리 화면이다.

■ 생산실적 검사

품번	지시공정	작업장	검사일	검사구분	검사유형	시료 수	결과
PC01	작업공정	반제품작업장	2009/04/16	Q20:기능검사	전수검사	5	합격

[생산관리]→[생산관리]→[생산실적 검사]→[조회데이터입력]→[조회]→[데이터입력]→[조회]

[그림 8-30] 생산실적 검사 화면

5) 생산품 창고입고(완제품)

재공을 운영하는 경우 생산실적에 대해 입고 처리하는 프로그램이다. 실적은 바로 창고로 입고 처리되고 재공으로 인식되는 반제품 또는 완제품은 창고로 입고됨으로써 재고로 바뀌게 된다.

■ 생산품 창고입고

품번	입고일자	출고공정	작업장	입고창고	입고장소	입고수량
PC01	2009/04/16	작업공정	제품작업장	제품창고	제품장소	5

[생산관리]➔[생산관리]➔[생산품 창고입고]➔[실적일, 출고공정, 작업장 입력]➔[조회]➔[검사확인]➔[실적검사확인 도움창 팝업]➔[데이터입력]➔[확인]➔[데이터 확인]➔[조회]

[그림 8-31] 생산품(완제품) 창고입고 화면

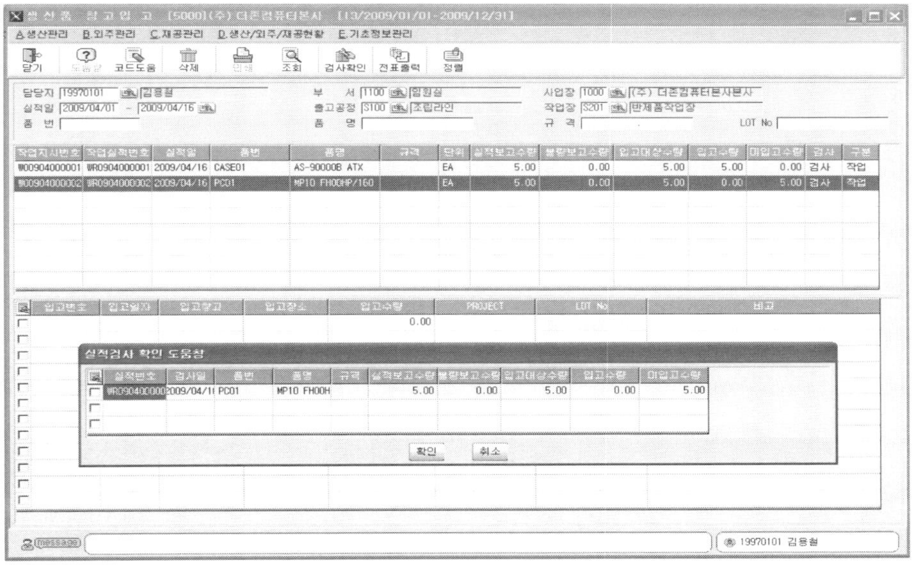

6) 작업지시마감처리

작업지시 확정 후 작업지시잔량이 남아 있는 상태에서 작업을 더 이상 진행하지 않을 경우 작업지시 마감처리 작업을 수행하면 작업 대상으로 관리되지 않는다.

[생산관리]→[생산관리]→[작업지시 마감처리]→[지시공정입력]→[조회]→[상태란에 (마감)으로 입력]→[데이터 확인]→[조회]

[그림 8-32] 작업지시 마감처리 화면

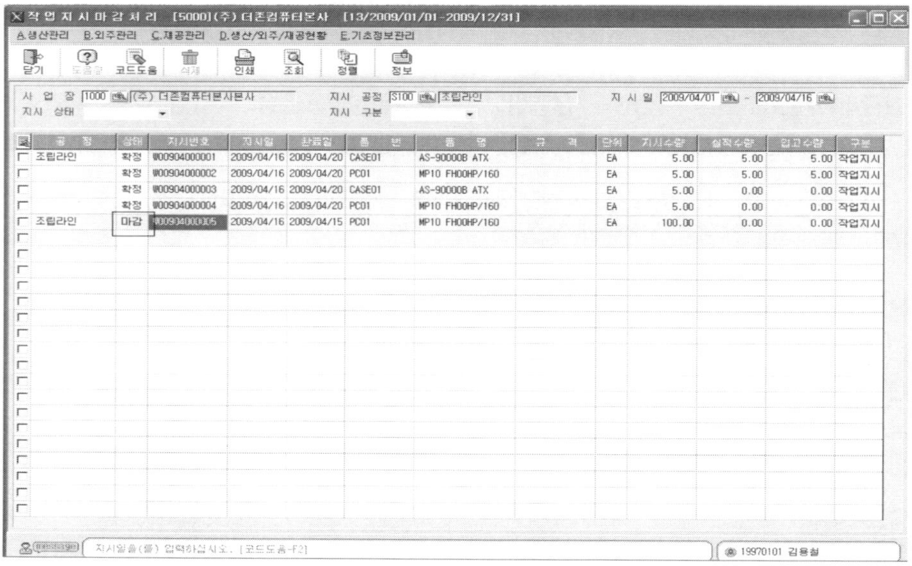

4. 재공관리

1) 기초재공등록

시스템 도입 초기 혹은 기말에서 기초로 넘어가는 시기에 공정내부에 남아 있는 재공이나 외주처에 남아 있는 재공의 기초 수량을 입력하는 프로그램이다.

■ 기초재공등록 PC01

등록일자	공정/외주	장소/외주처	품번	기초수량	단가
2009/04/16	작업공정	제품작업장	PC01	2	850,000

[생산관리]→[재공관리]→[기초재공등록]→[조정일 입력]→[헤드에 데이터 입력]→[조회]

[그림 8-33] 기초재공등록 화면

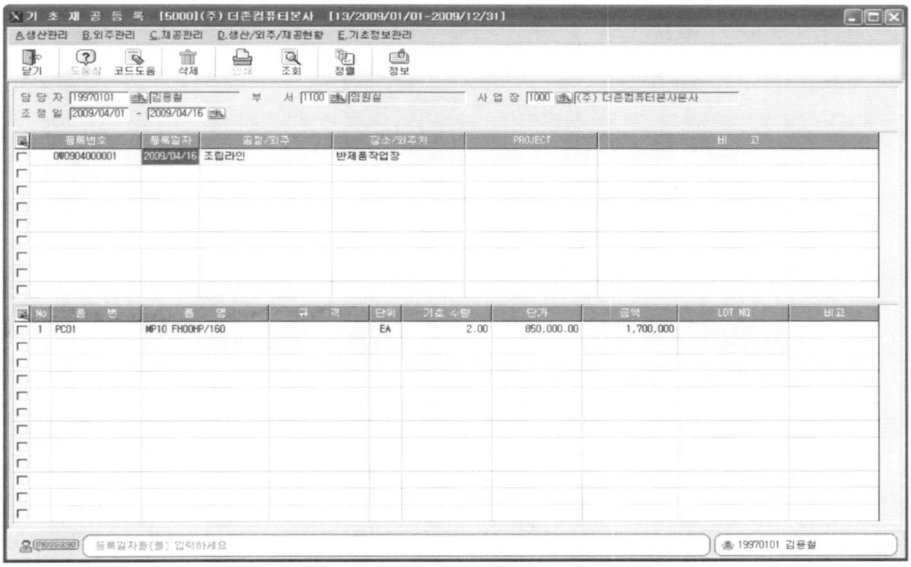

2) 재공이동등록

공정에서 공정으로 재고를 이동시킬 때 사용하는 프로그램이다.

■ 반제품작업장(CASE02)의 재고이동

출고공정	출고장소	이동일	입고공정	입고장소	품번	이동수량
작업공정	반제품작업장	2009/04/16	작업공정	제품작업	CASE02	10

[생산관리]→[재공관리]→[재공이동]→[조정일 입력]→[헤드에 데이터 입력]→[조회]

[그림 8-34] 재고이동등록 화면

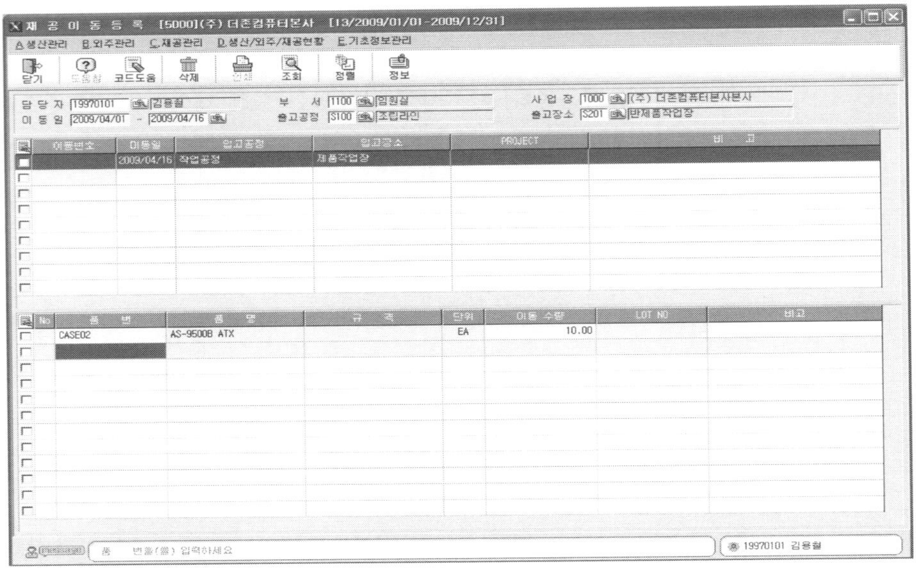

3) 재공품 창고입고

공정에 있는 재고를 창고로 입고시키는 프로그램이다.

■ 제품 PC01의 창고입고

출고공정	작업장	이동일	입고창고	입고장소	품번	이동수량
작업공정	제품작업장	2009/04/16	제품창고	제품장소	PC01	10

[생산관리]→[재공관리]→[재공이동]→[조정일 입력]→[헤드에 데이터 입력]→[조회]

[그림 8-35] 재공품 창고입고 화면

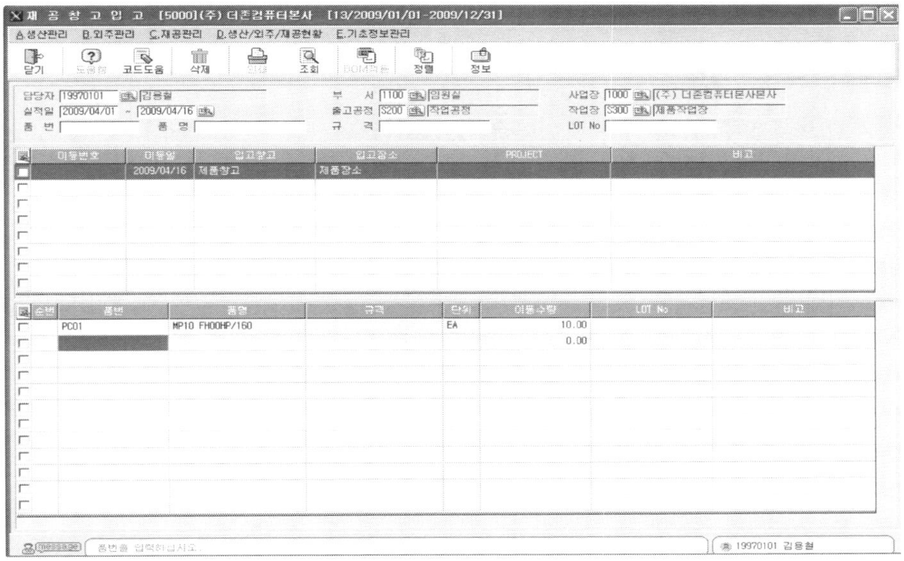

4) 재고조정

자사내의 생산공정 또는 외주처의 외주재공 수량을 조정하는 프로그램이다.

[생산관리]➔[재공관리]➔[재공조정]➔[조정일 입력]➔[헤드에 데이터 입력]➔[조회]

[그림 8-36] 재공조정 화면

5. 생산관리 조회

1) 작업지시/외주발주현황 조회

작업지시/외주발주에 따른 진행현황을 조회하기 위한 프로그램이다.

[생산관리]→[생산/외주/재공확인]→[조건입력]→[조회]

[그림 8-37] 작업지시/외주발주 현황

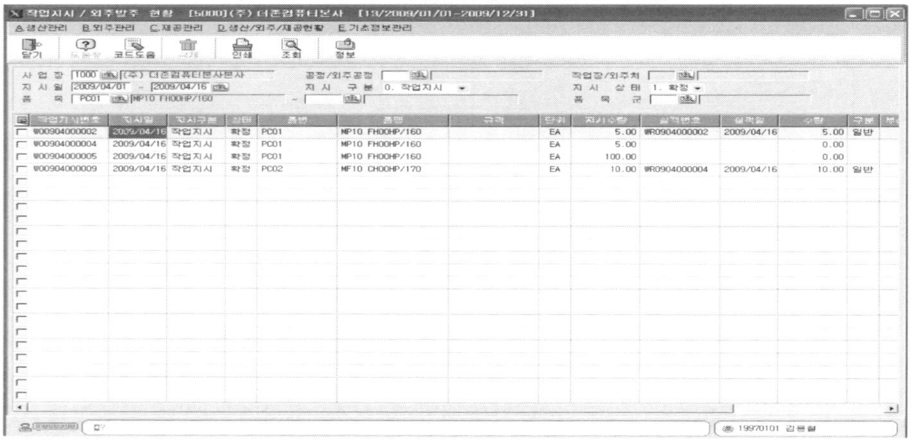

2) 수주대비지시/발주현황 조회

수주대비 작업지시 현황을 조회하기 위한 프로그램이다.

[생산관리]→[생산/외주/재공확인]→[수주대비지시/발주현황]→[조건입력]→[조회]

[그림 8-38] 수주대비지시/발주현황 조회화면

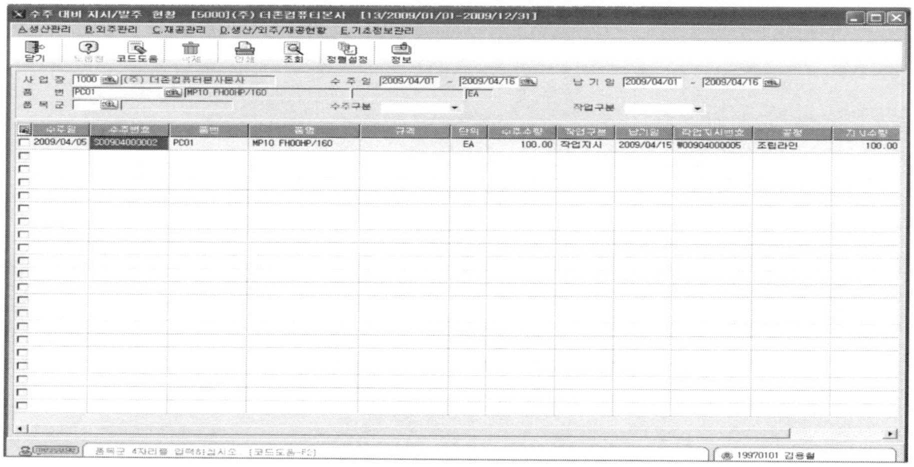

3) 청구대비지시/발주현황

생산품에 대한 청구내역대비 작업지시 또는 외주발주 현황을 조회하기 위한 프로그램이다.

[생산관리]→[생산/외주/재공확인]→[청구대비지시/발주현황]→[조건입력]→[조회]

[그림 8-39] 청구대비지시/발주현황 조회화면

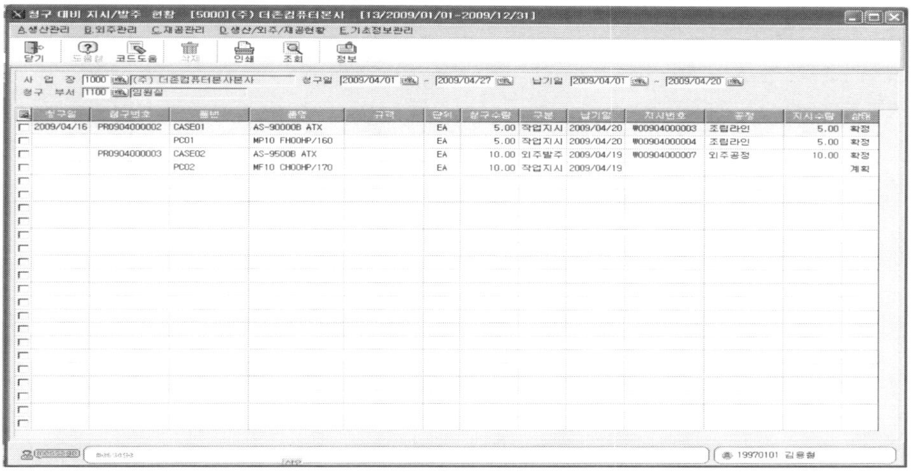

4) 작업 실적/외주실적 현황 조회

작업 실적/외주실적 현황을 조회하기 위한 프로그램이다.

[생산관리]→[생산/외주/재공확인]→[작업 실적/외주실적 현황]→[조건입력]→[조회]

[그림 8-40] 작업 실적/외주실적 조회화면

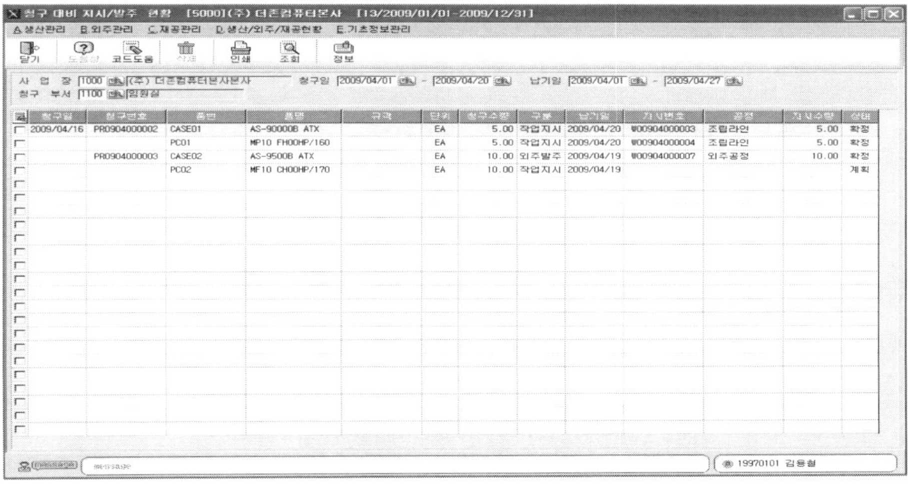

5) 작업실적 대비 입고현황 조회

입고일자별/입고창고별/입고공정별/작업 실적별/입고번호별로 작업 실적등록 후 입고 내역을 조회하는 프로그램이다.

[생산관리]➔[생산/외주/재공확인]➔[작업 실적대비 입고현황]➔[조건입력]➔[조회]

[그림 8-41] 작업 실적대비 입고현황 조회화면

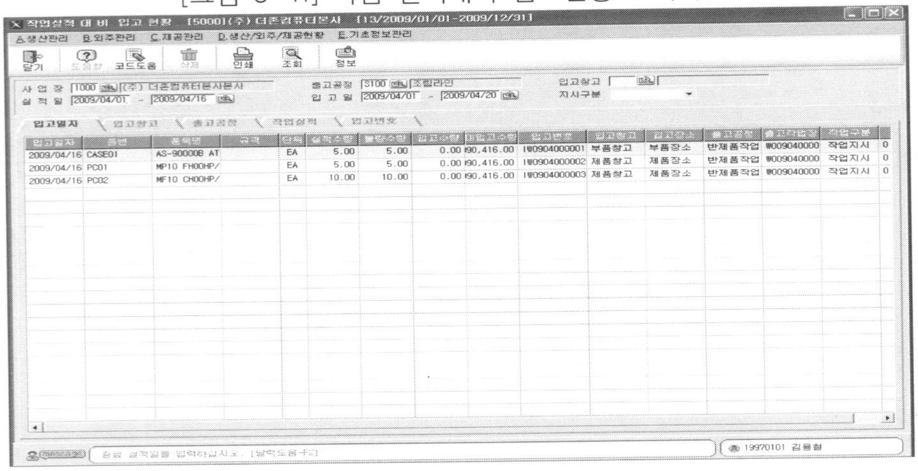

6) 자재사용현황(작업별) 조회

작업지시 또는 외주발주를 근거로 생산에 필요한 자재를 출고 받아서 생산품 생산 시 사용한 내역을 작업지시별로 조회하는 프로그램이다.

[생산관리]➔[생산/외주/재공확인]➔[자재사용현황(작업별)]➔[조건입력]➔[조회]

[그림 8-42] 자재사용현황(작업별) 조회화면

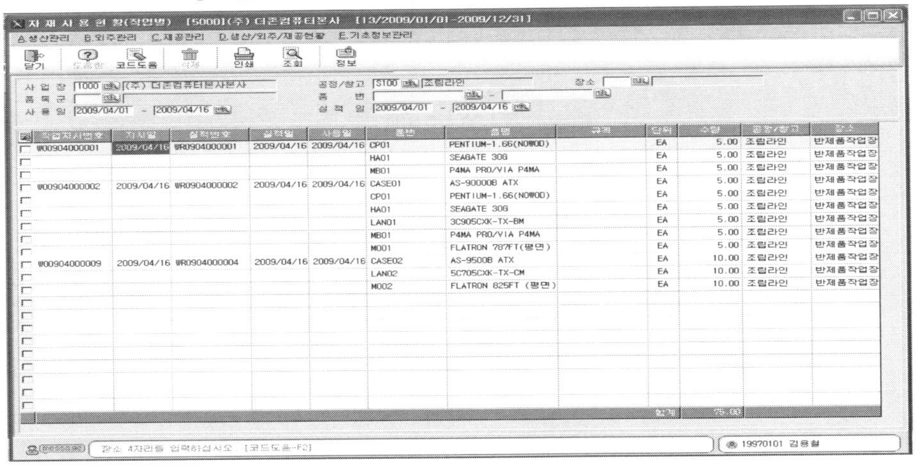

7) 자재사용현황(제품별) 조회

작업지시 또는 외주발주를 근거로 생산에 필요한 자재를 출고 받아서 생산품 생산시 사용한 내역을 생산품별로 조회하는 프로그램이다.

[생산관리]→[생산/외주/재공확인]→[자재사용현황(제품별)]→[조건입력]→[조회]

[그림 8-43] 자재사용현황(제품별) 조회화면

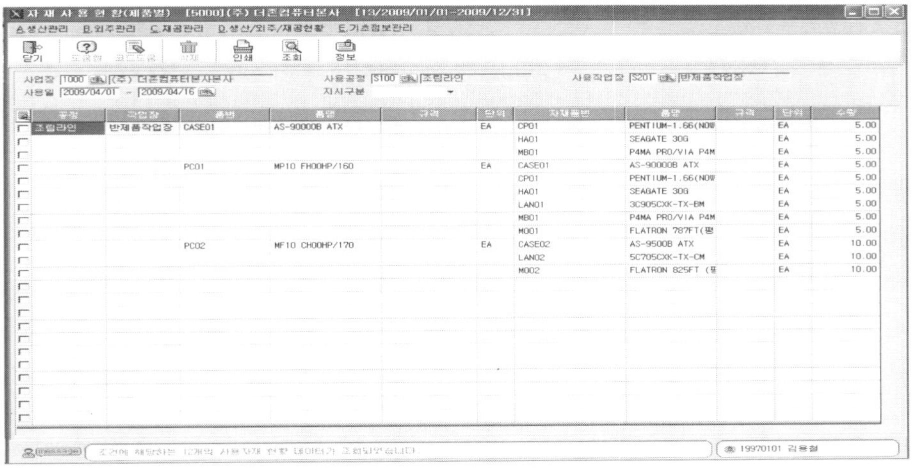

8) 자재사용현황(품목별) 조회

특정기간 동안에 생산 완료된 내역을 품목별로 집계하여 조회하는 프로그램이다.

[생산관리]→[생산/외주/재공확인]→[생산일보(품목별)]→[조건입력]→[조회]

[그림 8-44] 생산일보(품목별) 조회화면

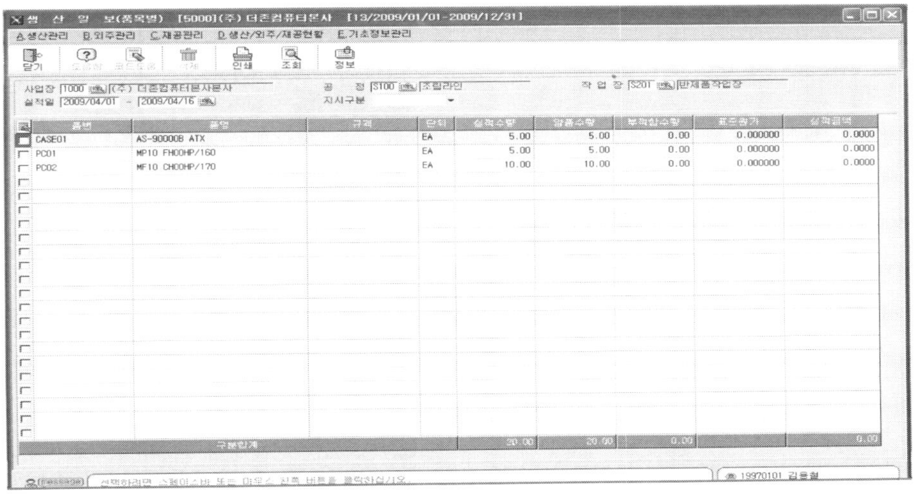

8) 자재사용현황(작업별) 조회

특정기간 동안에 생산 완료된 내역을 작업지시별로 집계하여 조회하는 프로그램이다.

[생산관리]➔[생산/외주/재공확인]➔[생산일보(작업별)]➔[조건입력]➔[조회]

[그림 8-45] 생산일보(작업별) 조회화면

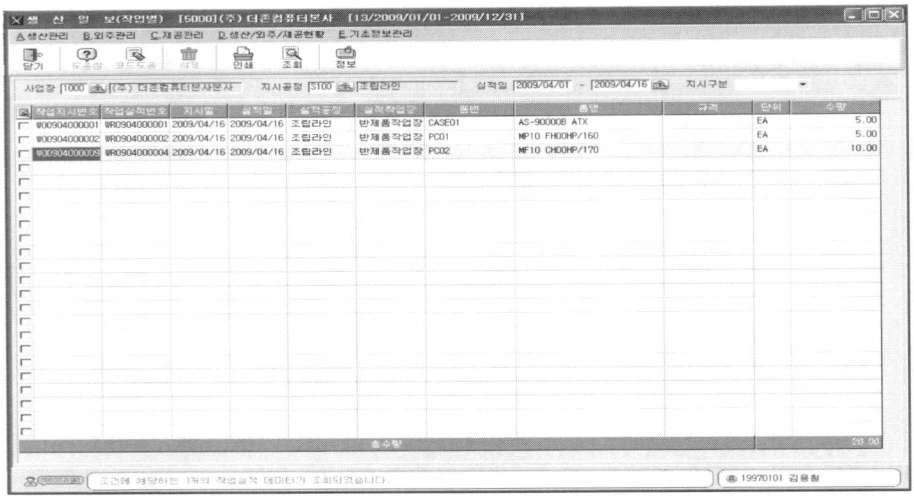

9) 재공현황 조회

생산 재공을 인정할 경우 재공현황을 조회하는 프로그램이다.

[생산관리]➔[생산/외주/재공확인]➔[재공현황]➔[조건입력]➔[조회]

[그림 8-46] 재공현황 조회화면

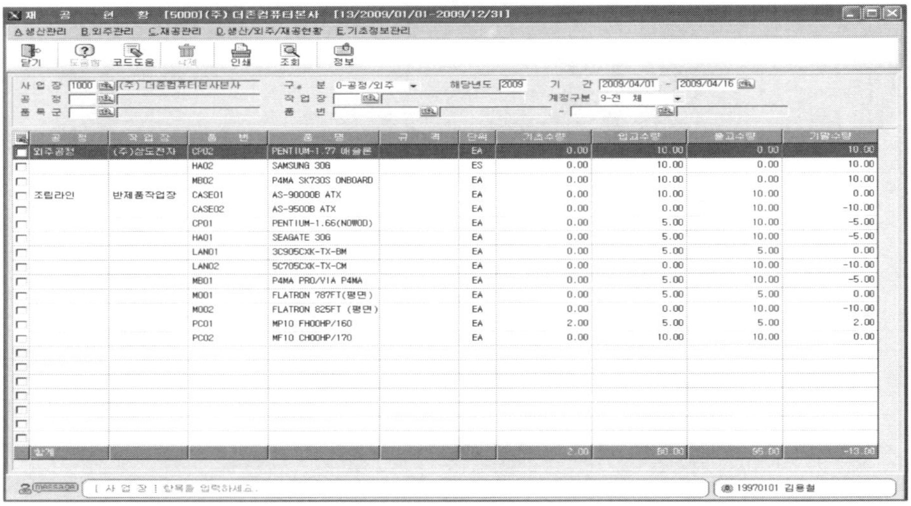

10) 외주자재 재공현황 조회

생산 재공을 인정할 경우 외주자재 재공현황을 조회하는 프로그램이다.

[생산관리]➔[생산/외주/재공확인]➔[외주자재 재공현황]➔[조건입력]➔[조회]

[그림 8-47] 외주자재 재공현황 조회화면

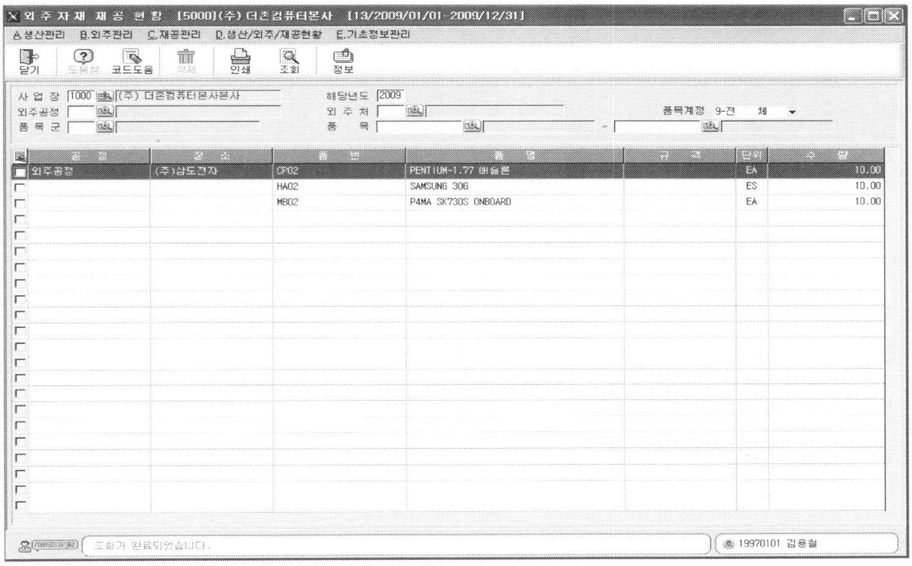

[연습문제]

1. ERP의 시스템의 생산계획메뉴를 숙지한다.
2. ERP 시스템의 생산실적검사를 연구한다.
3. ERP 시스템의 자재청구 절차를 연구한다.
4. ERP 시스템의 작업지시 방법에 대하여 연구한다.
5. 제품수명주기에 대하여 연구한다.
6. 칸반 시스템에 대하여 연구한다.
7. JIT 시스템에 대하여 연구한다.
8. 품질경영에 대하여 연구한다.

Chapter Ⅸ

외주관리

【외주관리 프로세스】

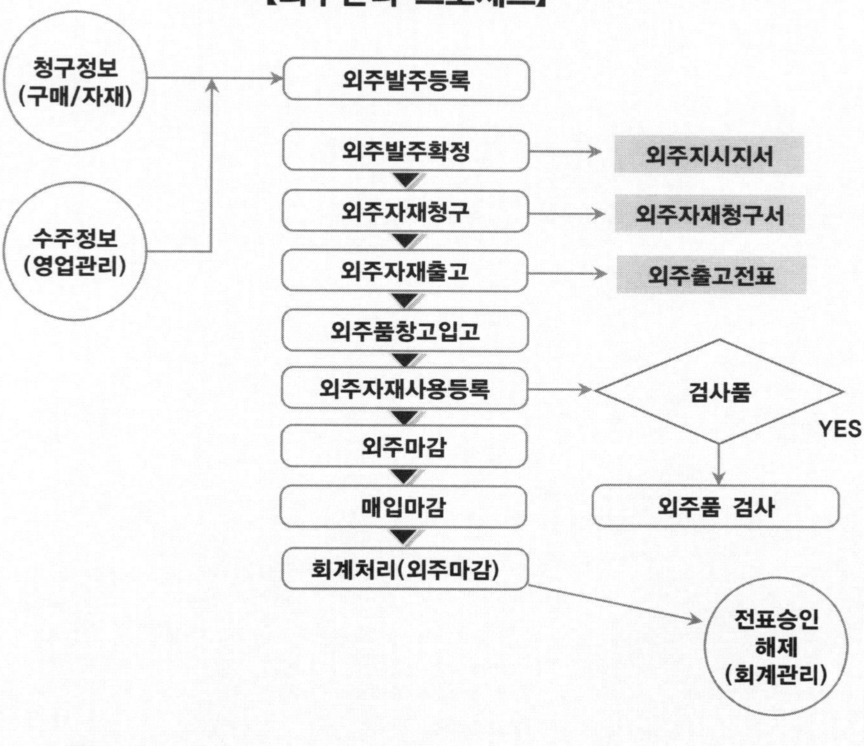

비가온 뒤에는

▸ 김용철

되돌아가야 할 길은 보지 않고
여기까지 온 것은
너무 먼 길을 온 것은 아닌가?
이리도 먼 길을 왔으니 어찌
돌아갈까?
혼자 왔으면 돌아가 버리면 되건만
혼자 왔으면 마냥 걸어가면 되건만
무작정 따라 온 사람은 어찌 할까?
함께 갈까? 아님 돌아갈까?
어디로 갈까? 여기에서
무어라고 말할까?
혼자가라고 할까?
비가 온 뒤에 다시 생각해야지
비가 오면 그리움이 더하기에

제1절 외주관리

1. 외주관리의 고찰

1) 외주의 정의

외주관리란 제조위탁과 수리위탁으로 구분되며, 제조위탁이란 다른 사업자가 제품 등의 제조를 발주기업이 제시하는 사양에 충실하게 제조하여 납품하는 것을 말한다.

외주란 자신의 생산 공정의 일부분을 외부기업의 기술과 능력에 의존하는 것을 의미한다. 외주방법으로 사내 외주는 본사의 공정일부를 외주기업에 의뢰하는 경우 이며, 사외외주는 제조공정을 보유한 외부기업에 제품생산을 의뢰하는 방법이다.

2) 외주의 활용성

비용절감을 위하여 외주를 활용하기도 한다. 비용절감은 발주기업과 외주기업의 규모, 제품에 따라 차이가 있으므로 원가를 분석하여 판단하여야 한다. 또한 외주는 발주기업에 없는 설비나 전문가를 확보한 외부기업에 의뢰하여 기술력을 확보할 수 있다. 외주는 발주기업의 사내 능력과 위험을 분산시킬 수 있다. 특히 제품이 계절적 수요가 발생하는 경우 최대 수요기에 외주를 활용하여 능력을 분산 시킬 수 있다.

2. 외주의 조직화

1) 경영의 동반자로서 외주기업

외주기업은 단순히 제품을 하청 받아서 생산하고 납품하는 역할을 하는 기업이 아니라 경영의 동반자 역할을 한다. 따라서 외주기업과 본사는 동반 성장을 요구한다. 그러므로 본사는 외주기업에게 자금, 기술, 경영기법 등 다양한 기술을 이전하고 함께 연구하여야 한다.

2) 외주조직운영

외주규모에 따라 외주관리 조직의 운영방법이나 규모는 달라질 수 있다. 일반적으로 외주를 담당하는 업무는 구매부서나 외주관리팀, 부품조달팀 등에서 전담하기도 한다.

3. 외주담당자의 주요업무

1) 가격결정

발주단가 결정방법으로 입찰지정가, 견적실적 또는 조합으로 양자가 협의하여 정하는 방법과 가공과 같은 경우는 가공공정의 비용을 분석하여 단가를 산정하는 방법이 있다.

2) 발주업무

외주를 요구하는 자재를 발주한다. 발주에 앞서 가격이 적정한가를 위하여 원가를 분석하고 납기와 품질을 확보할 수 있는 기업을 선정하여 발주한다.

3) 기술과 관리지도

외주담당자는 동반성장을 위하여 사내의 전문가가 팀을 이루어 외주기업에 기술을 지도하거나 외부의 전문가에게 위탁하여 경영기술 및 생산기술 등을 지도한다. 또한 영세한 기업을 위하여 자금을 지원한다거나 새로운 경영기술을 전수하기도 한다.

4) 정책 수립

경영방침과 연관된 외주관리방침과 정책을 수립한다. 외주처와의 문제를 사전에 예방하기 위하여 정책을 명료화 한다.

5) 자기개발

외주담당자는 외주처와의 신뢰와 협력을 증진하기 위하여 지속적인 자기개발을 수행한다.

제2절 외주관리 절차

1. 외주계획 수립

1) 경영방침과 외주계획의 연계

외주계획은 생산관리의 일부분이 아니라 경영전반에 속하여야 한다. 따라서 외주계획은 이익추구 수단 보다는 서로가 상생하는 동반자의 개념으로 경영계획을 수립하여야 한다.

2) 외주방침

외주기업에게 지속적인 일정한 물량을 발주하기 위한 방침을 수립한다. 따라서 향후 전망을 분석하고 능력계획을 분석하여 미래방침을 개발한다.

2. 발주

1) 견적 분석

시방서, 도면 등을 외주기업에 보내어 견적서를 접수한다. 견적을 근거로 외주담당자는 품질과 납기를 준수하고 지속적으로 신뢰를 유지할 수 있는 기업을 선정한다.

2) 발주

견적에서와 같이 재료를 외주처에서 구매하는 경우와 사급을 통하여 조달하는 방법이 있다. 이와 같이 원재료의 조달방법 등과 도면, 시방서, 검사기준서 등과 함께 발주서를 통지한다. 외주처는 발주서를 근거로 제작하여 납품한다.

3) 치공구 및 설비 대여

제품을 제작하는 필요한 치공구나 설비가 외주처에서 필요할 경우 설비의 가격이 높고 조달이 어려운 기계들을 본사에서 임대하여 줄 수 있다.

4) 납기결정

외주계약에서 납기는 개개의 주문에 따라 다르나 공정외주(사내외주)의 경우 후 공정의 요구수량과 필요시점이 납기가 되며, 사외 외주는 납기일, 납기시간, 납기기한 등 계약서에 정하여진 시간을 준수한다.

3. 납품

1) 납품서 또는 거래명세서

외주품이 완성되면 발주번호, 수량, 납기, 금액을 확인할 수 있는 납품서나 거래명세서와 함께 지정한 장소 및 시간에 납품한다.

2) 품질검사

품질검사는 미리 정해진 방법에 따라서 수행한다. 품질검사가 무검사인 경우 자체품질검사에서 합격한 제품을 납품하면 된다. 그러나 품질검사가 유검사인 경우 발주처의 기준에 따라 품질검사를 의뢰한다. 품질검사 방법은 검사요원이 생산현장을 방문하여 검사하는 방법과 지정된 장소에 제품을 입고하여 검사를 받는 방법 등이 있다.

4. 결제

1) 대금지불

외주계약서에 명시된 결재기준에 따라 품질검사에서 합격한 제품의 대금을 결제한다. 대금결제에 필요한 납품서, 거래명세서 등과 발주처에서 요구하는 문서를 작성하여 대금을 결제 받는다.

2) 분납방법

발주서 하나에 납기가 분납으로 될 수도 있다. 이와 같이 분납일 경우 발주품에 대한 납품내역과 검사결과 등 대금결제 시에 분납사항을 확인하여야 한다.

5. 예외사항

1) 예상되는 문제해결

외주품 제작에 따른 예상되는 문제점을 세밀히 분석하여 생산을 진행하면서 체크한다. 이와 같은 예상문제점을 사전에 예방함으로써 품질향상과 고객만족을 추구할 수 있다.

2) 설계변경

설계변경에 따른 새로운 도면으로 제작할 경우 수량, 납기 등 거래의 일반적 내역도 변경될 수 있다. 이와 같은 설계변경은 작업도중에 일어날 수 있으므로 신속하게 대처하여야 한다. 특히 원자재가 사급일 경우 원자재의 사양이 변경되었는가를 확인하여 재 사급을 요청하여야 한다.

3) 검사합격 후 불량품 발생

검사에 합격한 제품이라도 검사자의 소홀로 인하여 생산에서 불합격될 수 있다. 이와 같은 예상문제점은 사전에 협의하여 처리절차를 결정하여야 한다.

제3절 외주관리 시스템 구축

1. 선행정보관리 시스템

1) 수주등록

고객의 수주를 접수하고 등록하는 프로그램으로 견적을 근거로 수주를 하였을 경우 [견적적용]을 받아 등록하고 견적없이 수주를 하였을 경우 [수주등록]에서 등록한다. 생산관리의 시작은 영업에서 수주한 내역을 근거로 생산이 시작된다. 수주등록은 영업관리에서 상세히 설명되어 있다.

■ 수주등록

수주일자	고객	과세구분	품번	납기	수주수량	단가
2009/04/16	(주)서울컴택	매출과세	PC02	2009/04/20	10	1,700,000

[영업관리]➜[영업관리]➜[수주등록]

[그림 9-1] 수주등록 화면

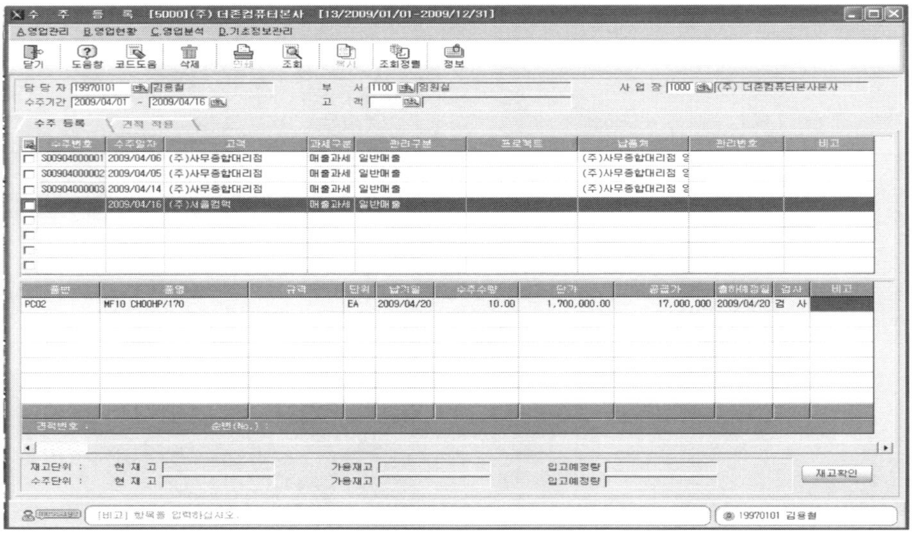

2) 생산계획등록

생산할 제품 또는 반제품에 대한 생산계획을 등록하는 프로그램이다. 생산계획은 수주수량을 근거로 수립할 수도 있고, 수주와 상관없이 자체 생산계획을 수립할 수도 있다.

■ 생산계획 등록

작업일자	품번	수량
2009/04/15	PC02	10

[생산관리]➜[생산관리]➜[생산계획등록]➜[데이터입력]➜[저장]

[그림 9-2] 생산계획등록 화면

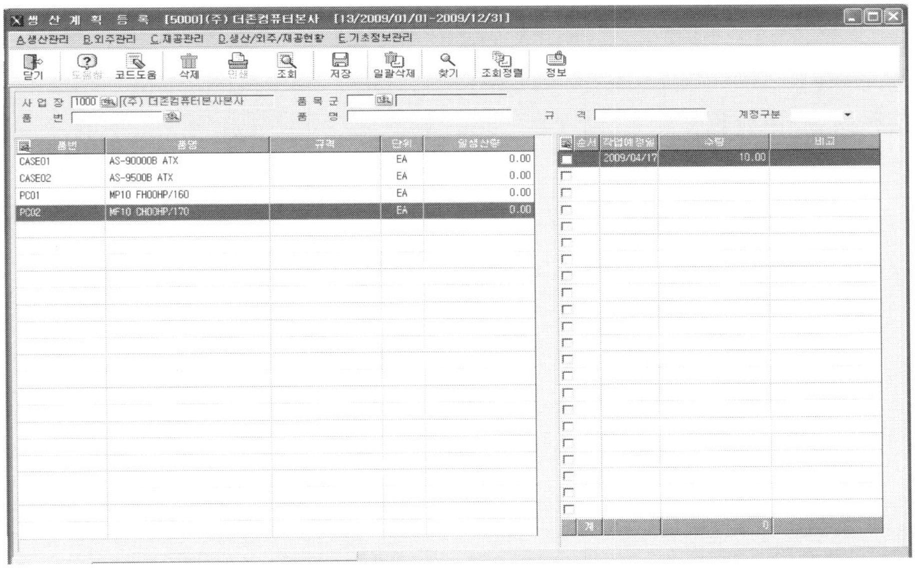

3) 소요량전개

주생산계획을 통하여 각 품목의 발주예정 수량 및 발주예정 시기를 산출하는 프로그램이다. [구매/자재] 프로그램에서 전개된다.

■ 소요량전개(MRP) 등록

계획일자	품번	수량
2009/04/01-2009/04/30	PC02	10

[구매/자재]➜[구매관리]➜[소요량전개(MRP)]➜[데이터입력]➜[저장]

[그림 9-3] 소요량전개(MRP) 화면

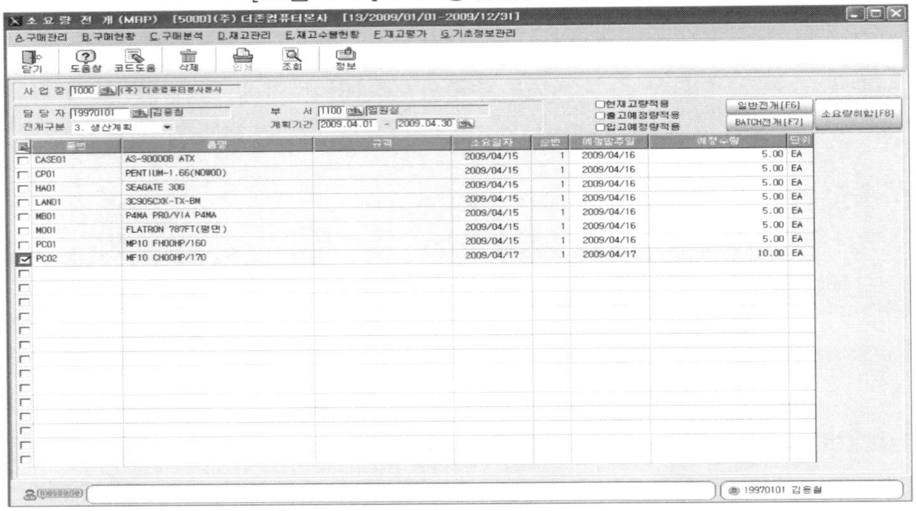

4) 생산품 청구등록

수급하고자 하는 품목을 생산지시나 구매발주 전에 청구하는 프로그램이다. 소요량 적용을 통해 데이터(data)를 적용받아 입력할 수도 있고 직접 입력할 수도 있다.

■ 생산용 자재 청구내역등록

계획일자	청구구분	품번	수량	납기일자
2009/04/16	생산	CASE02	10	2009/04/19
		PC02	10	2009/04/19

[구매/자재]→[구매관리]→[청구등록]→[소요량적용]→[데이터입력]→[조회]

[그림 9-4] 생산품청구등록 화면

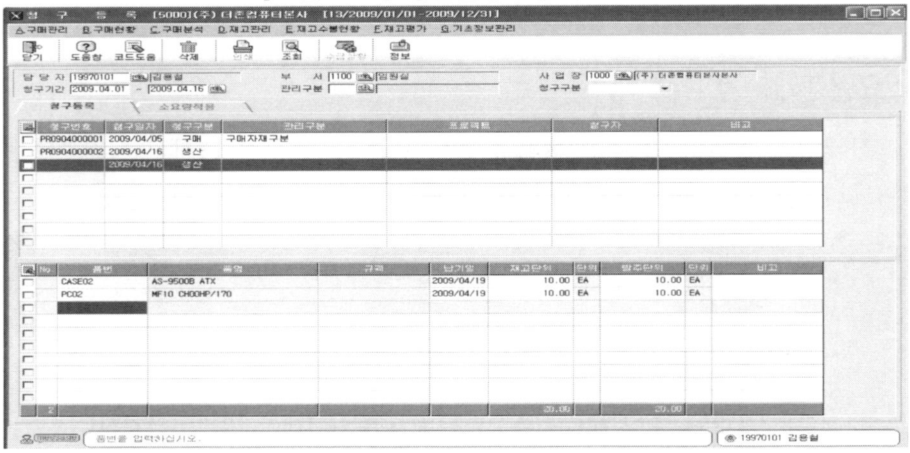

2. 외주정보관리 시스템

1) 외주발주등록

외부 업체에 재료를 주고 가공된 자재를 구입하는 경우 발주하는 프로그램이다. 영업에서 수주 받은 정보를 적용하여 생산계획을 등록 후 소요량전개를 적용받아 생산품 청구등록 내역 중 외주업체로 발주 할 반제품을 등록한다.

■ 외주발주등록

발주일자	납기일	공정	외주처	품번	지시수량	단가	검사
2009/04/16	2009/04/16	외주공정	(주)삼도전자	CASE02	10	85,000	무검사

[생산관리]→[외주관리]→[외주발주등록]→[외주처 입력]→[발주일 입력]→[조회]→[공정, 외주처, 발주일 등 데이터입력]→[조회]→[청구조회]→[조회]→[데이터입력]→[납기일 등 데이터입력]→[조회]

[그림 9-5] 외주발주등록 화면

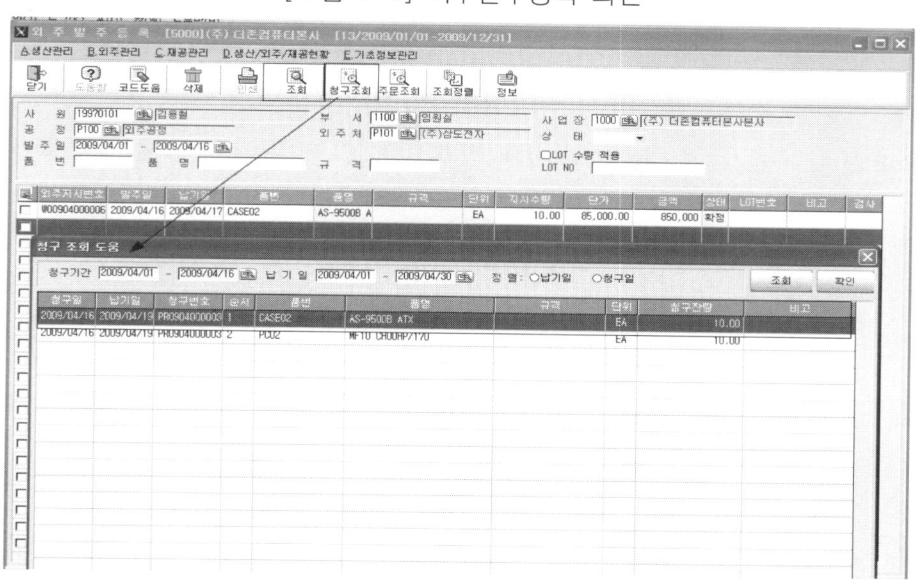

2) 외주발주 확정

외주발주 건 중에 상태가 계획인 외주발주를 확정으로 전환시켜주거나 또는 확정된 작업지시 건을 계획으로 전환시켜 주는 프로그램이다.

[생산관리]➔[외주관리]➔[외주발주확정]➔[데이터 확인]➔[확정]➔[조회]

[그림 9-6] 외주발주 확정 화면

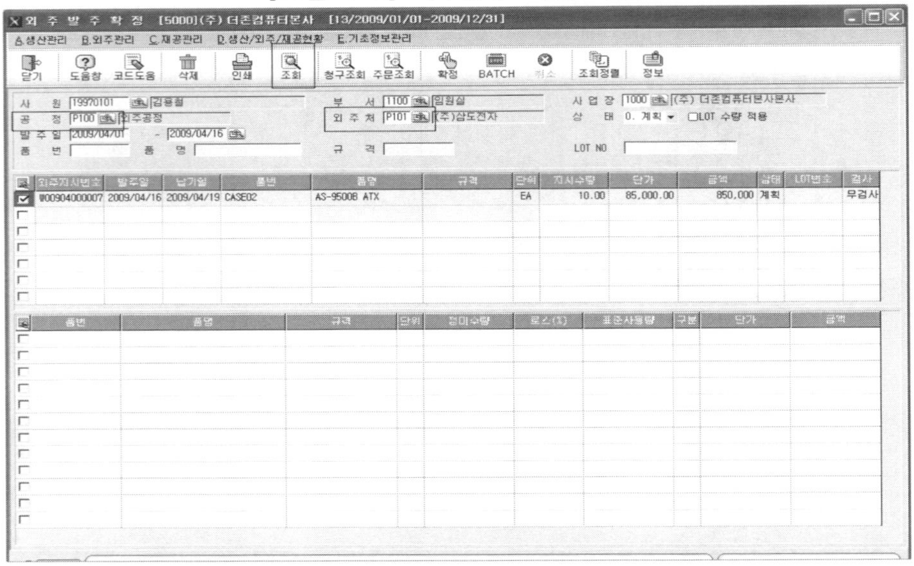

3) 외주자재 청구

확정된 외주발주 건으로 자재를 청구하는 프로그램이다. 외주자재를 청구하면 유상사급자재와 무상사급자재는 따로 출고 시킨다.

■ 확정된 외주발주에 필요한 자재사급

발주일	납기일	외주공정	외주처	창고	품번	지시수량
2009/04/16	2009/04/20	외주공정	(주)삼도전자	부품창고	CASE02	10

■ 자재사급 LIST

청구일	품번	청구수량	창고	구분
2009/04/16	CP02	10	부품창고	무상사급
2009/04/16	HA02	10	부품창고	무상사급
2009/04/16	MB02	10	부품창고	무상사급
2009/04/16	ME02	10	부품창고	무상사급

[생산관리]→[외주관리]→[외주자재청구]→[조회필드에 데이터입력]→[조회]→[청구]→[데이터 확인]→[조회]

[그림 9-7] 외주자재 청구 화면

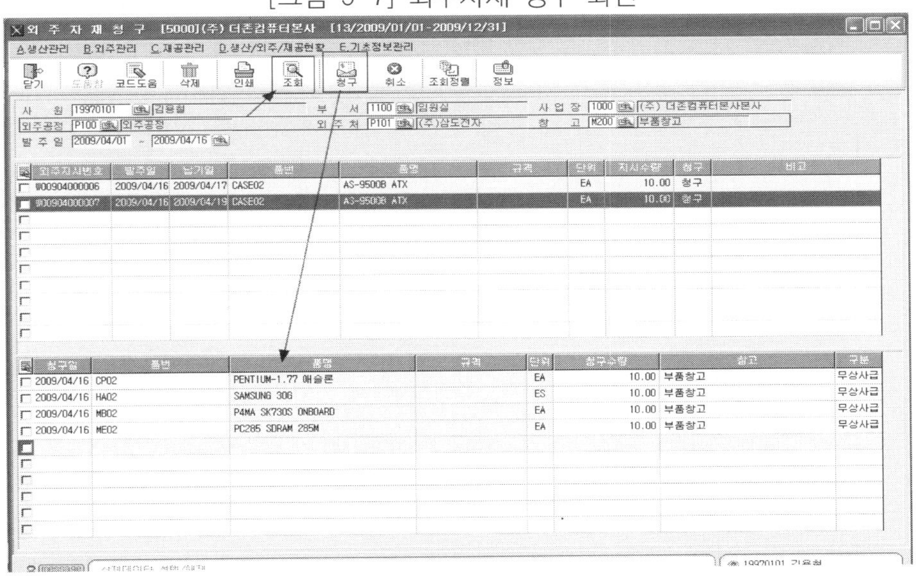

4) 외주자재 출고

외주처에 지시한 제품을 생산하기 위하여 자재(무상사급인 경우)를 외주 공정으로 출고시키는 프로그램이다.

■ 외주발주품목(CASE02) 자재출고 지시서

출고일자	출고창고	출고장소	외주공정	외주처	모품목
2009/04/16	2009/04/20	외주공정	(주)삼도전자	부품창고	CASE02

■ 자재출고 LIST

품번	요청수량	출고수량
CP02	10	10
HA02	10	10
MB02	10	10

[생산관리]➜[외주관리]➜[외주자재출고]➜[조회필드에 데이터입력]➜[조회]➜[외주출고 TAB]➜[데이터입력]➜[출고요청 버튼 클릭]➜[요청조회]➜[적용]➜[데이터 확인]➜[조회]

[그림 9-8] 외주자재 청구 화면

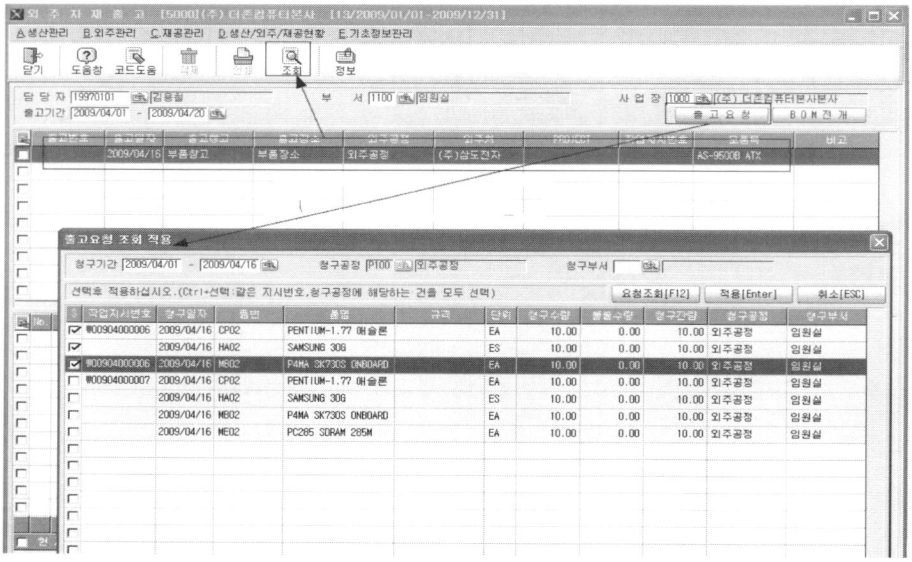

5) 수주등록(유상사급)

외주자재청구 내역 중 유상사급자재를 적용받아 등록하는 프로그램이다.

■ 유상사급자재 출고지시서

지시일자	외주처	출고창고	품번	수주수량	단가	사급금액
2009/04/16	(주)삼도전자	부품창고	ME02	10	40,000	400,000

[영업관리]→[영업관리]→[수주등록(유상사급)]→[조회]

[그림 9-9] 외주자재 청구 화면

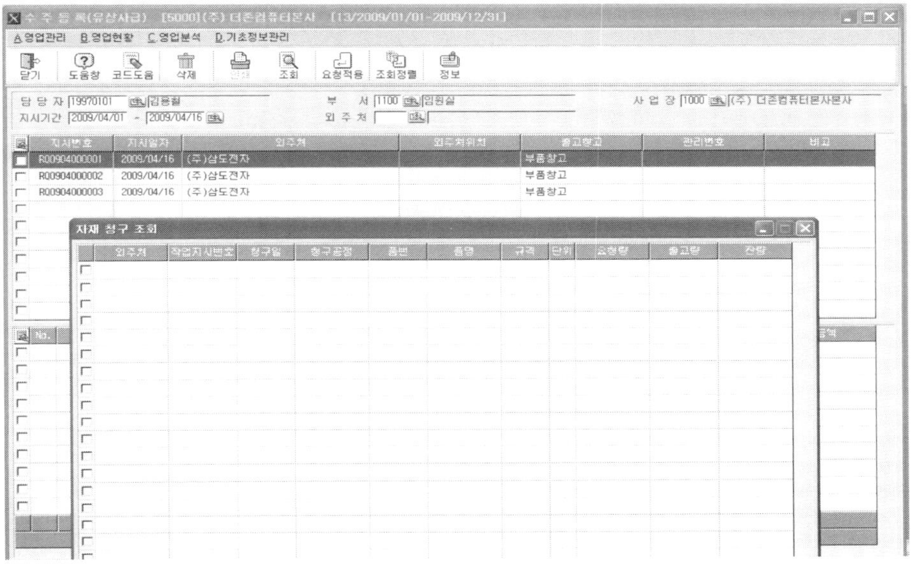

6) 출고처리(출고지시 : 유상사급)

외주자재청구 내역 중 유상사급자재를 적용받아 등록하는 프로그램이다.

■ 유상사급자재 출고

출고일자	창고	장소	외주처	과세구분	품번	수량	단가	공급가
2009/04/16	부품창고	부품장소	(주)삼도전자	매출과세	ME02	10	40,000	400,000

출고지시 : [영업관리]➔[영업관리]➔[출고처리(국내수주)]➔[출고지시 TAB]➔[조회]➔[지시적용]➔[체크박스 체크]➔[조회]

예외출고 : [영업관리]➔[영업관리]➔[출고처리(국내수주)]➔[예외출고 TAB]➔[조회]➔[데이터입력]➔[조회]

[그림 9-10] 유상사급자재 출고 화면

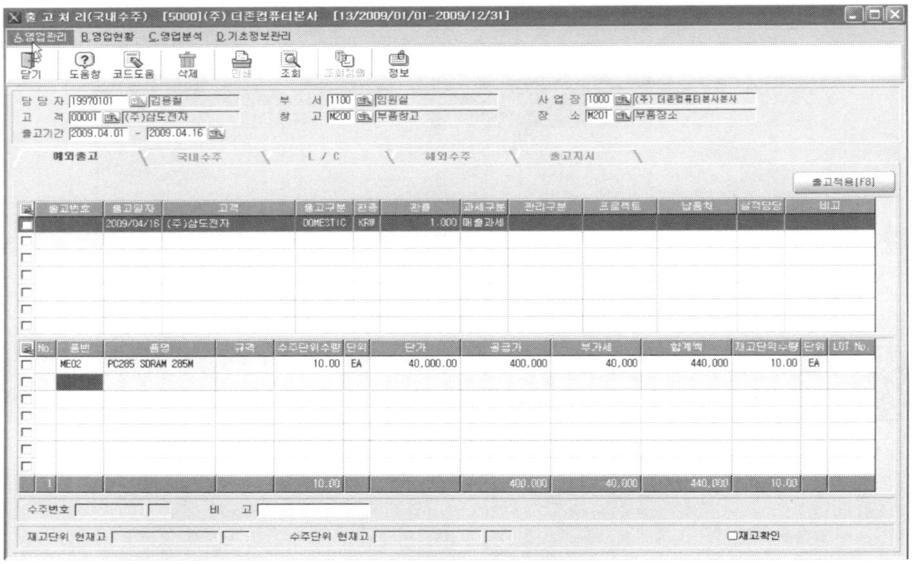

7) 외주품 창고입고

외주처의 생산실적을 입고 처리하는 프로그램이다. 실적은 바로 창고로 입고 처리한다.

■ 외주품 납품입고

품번	실적일	외주공정	외주처	실적구분	입고창고	입고장소	실적수량	검사
CASE02	2009/04/16	외주공정	(주)삼도전자	양품	부품창고	부품장소	10	무검사

[생산관리]→[외주관리]→[외주품 창고입고]→[조회필드 입력]→[조회]→[입고데이터입력]→[조회]

[그림 9-11] 외주품 창고입고 화면

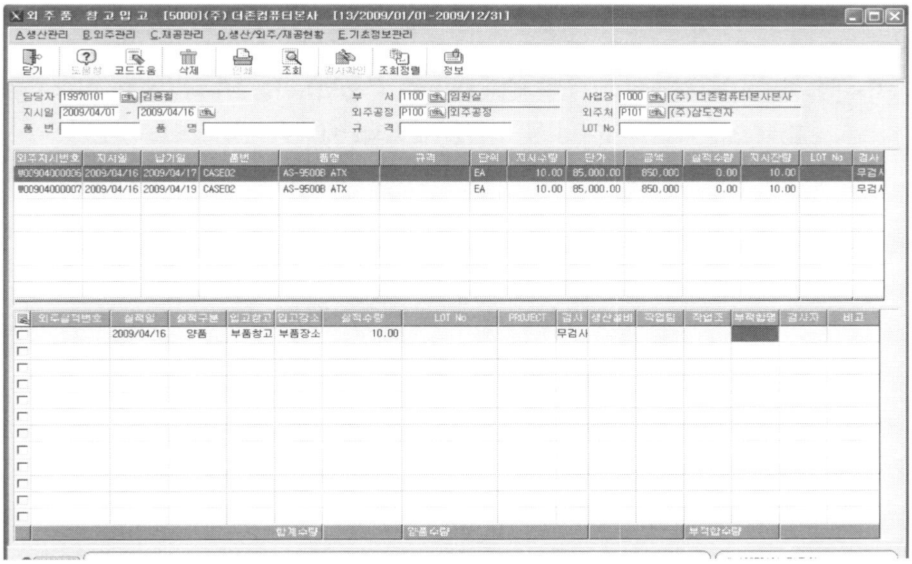

8) 외주자재 사용등록

외주실적을 위하여 외주처에서 사용한 무상사급자재를 입력하는 프로그램이다.

■ 외주발주품 생산을 위한 CASE02의 자품목 사용현황

실적일	품번	실적수량
2009/04/16	CASE02	10

사용일	품번	사용수량	외주공정	외주처	유/무상
2009/04/16	CP02	10	외주공정	(주)삼도전자	무상
2009/04/16	HA02	10	외주공정	(주)삼도전자	무상
2009/04/16	MB02	10	외주공정	(주)삼도전자	무상

[생산관리]→[외주관리]→[외주자재사용등록]→[조회필드 입력]→[조회]→[사용일 마우스클릭]→[일괄사용]→[일괄자재 사용 도움창 활성화]→[데이터입력]→[조회]

[그림 9-12] 외주자재사용등록 화면

3. 외주마감 정보관리

1) 외주마감

외주발주 실적을 마감 처리하는 프로그램이다. 외주작업에 대해 발주된 것과 입고된 것에 문제가 없으면 외주처의 송장(거래명세서 등)에 명시된 내역에 대한 비용지불을 위해 회계부서로 해당정보를 이관시켜주어야 한다.

■ 외주실적 마감 데이터

마감일자	외주공정	외주처	품번	수량	단가
2009/04/16	외주공정	(주)삼도전자	CASE02	10	85,000

[생산관리]→[외주관리]→[외주마감]→[조회필드입력]→[조회]→[실적조회]→[실적조회 팝업]→[확인]→[마감일자 입력]→[조회]→[저장]

[그림 9-13] 외주마감 화면

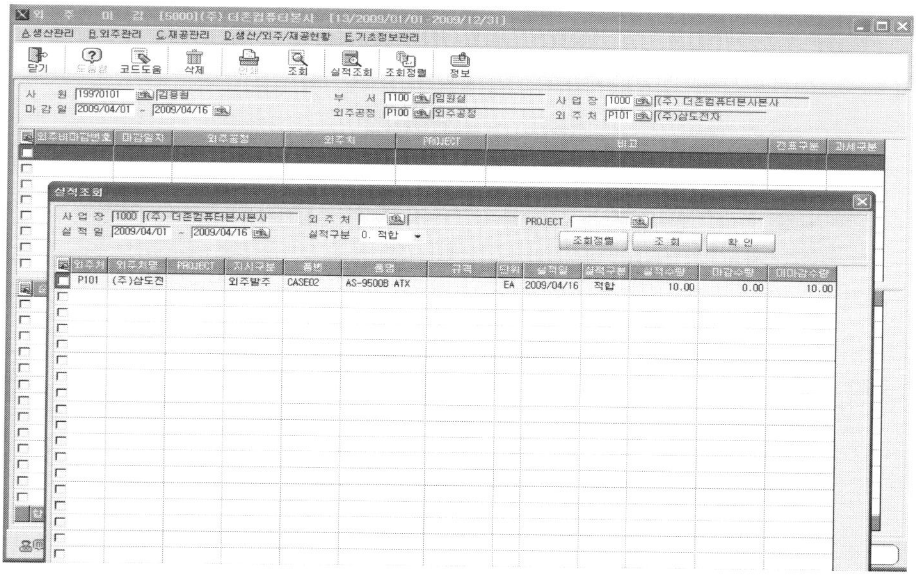

2) 외주 회계처리

전표발행을 위해 외주마감 내역의 회계처리를 위한 프로그램이다. 외주발주건에 대한 회계처리는 외상매입금으로 회계로 반영될 것이다.

■ 외주마감 CASE02 전표생성 데이터

마감일자	외주공정	외주처	품번	수량	단가
2009/04/16	외주공정	(주)삼도전자	CASE02	10	85,000

[생산관리]➜[외주관리]➜[회계처리(외주마감)]➜[조회필드입력]➜[조회]➜[전표생성]➜[부가세신고사업장]➜[확인]➜[데이터 확인]➜[조회]➜[저장]

[그림 9-14] 외주마감(회계처리) 화면

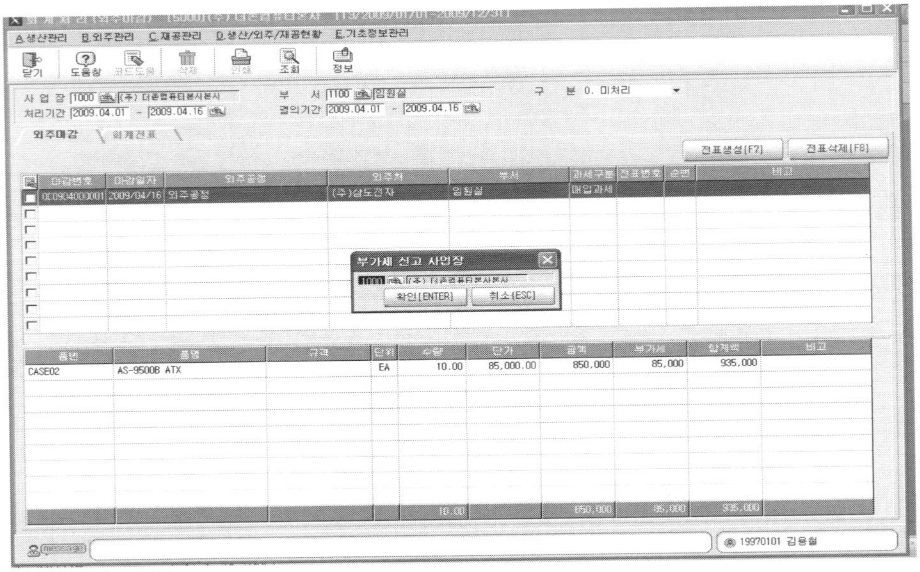

4) 작업지시 등록(외주품)

영업에서 등록된 수주와 자재에서 생산청구에 의해 계획된 수량을 작업지시에 적용하여 생산하도록 지시하는 프로그램이다. 소요량전개에서 생산계획을 기초로 자재소요량을 산출하고 청구등록을 통해 작업지시가 내려오면 작업지시를 등록한다.

■ 청구등록화면에서 입력한 정보를 받아 작업지시를 한다.

지시일	완료일	품번	공정	지시수량	상태	검사
2009/04/16	2009/04/20	CASE02	작업공정	10	계획	검사

[생산관리]➜[생산관리]➜[작업지시등록]➜[일자, 공정, 상태 등 데이터입력]➜[조회]➜[청구조회]➜[청구기간입력]➜[납기일입력]➜[조회]➜[확인]

[그림 9-15] 작업지시등록 화면

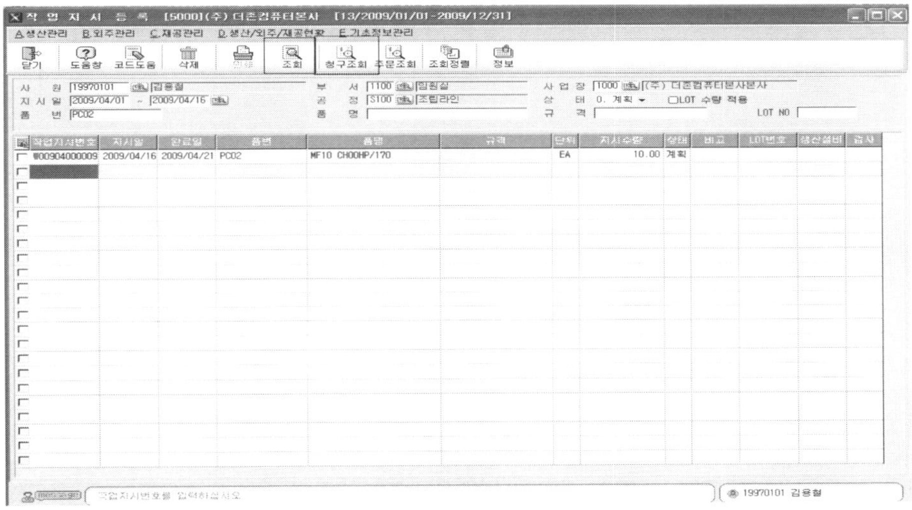

5) 작업지시(외주품) 확정

작업지시 건 중에 상태가 계획인 작업지시를 확정으로 전환시켜주거나 확정된 작업지시 건을 계획으로 전환 시켜주는 프로그램이다. 사전에 계획된 작업지시에 대해 문제가 없다면 여기서 작업을 확정 지울 수 없다. 작업 확정이 되면 동시에 BOM에 의해서 자재 소요량에 따른 수불목록이 나타난다.

[생산관리]→[생산관리]→[작업지시확정]→[조회필드 입력]→[체크박스 확인]→[확정]→[상태 : 확정으로 변경]→[조회]

[그림 9-16] 작업지시확정 화면

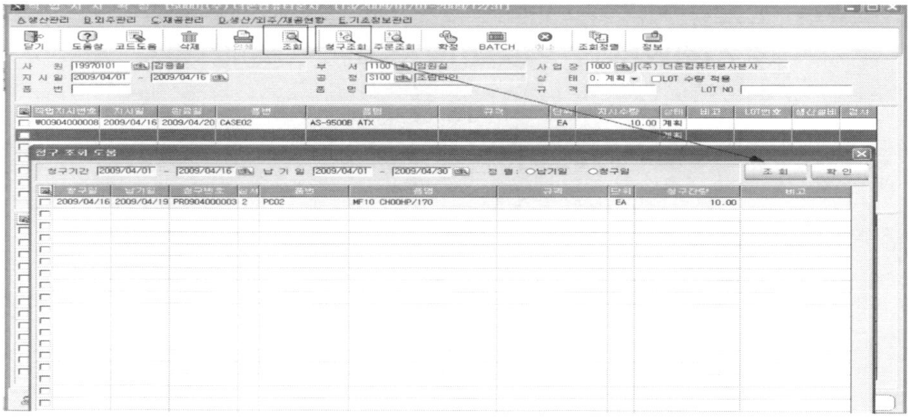

작업지시확정이 완료되면 다음과 같이 작업지시 내역을 조회할 수 있다.

[생산관리]→[생산관리]→[작업지시확정]→[상태 : 확정]→[조회]

[그림 9-17] 작업지시확정 조회 화면

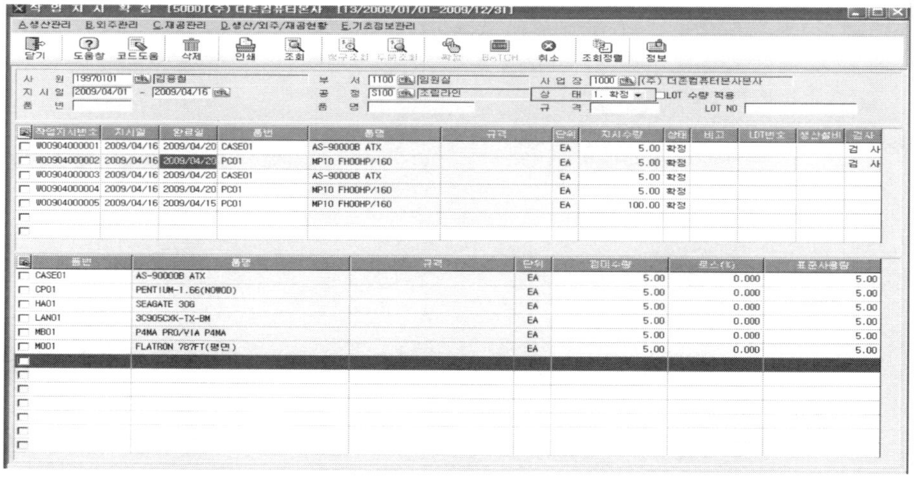

6) 생산자재청구

확정된 작업지시 건으로 자재를 청구하는 프로그램이다. 생산 재공을 관리하는 형태의 사업장에서는 완제품이 만들어지는데 소요되는 자재의 흐름을 추적하고자 할 것이다.

■ 자재청구 요청서 등록

지시일	공정	창고	모품번	지시수량	청구일	청구품목	청구수량	창고
2009/04/16	CASE01	5	2009/04016	10	2009/04/16	CASE02	10	부품창고
					2009/04/16	LAN02	10	부품창고
					2009/04/16	MO02	10	부품창고

[생산관리]➔[생산관리]➔[생산자재청구서]➔[지시일 입력]➔[공정 등 데이터입력]➔[조회]➔[청구]➔[체크박스클릭]➔[청구]➔[인쇄]

[그림 9-18] 생산자재청구화면

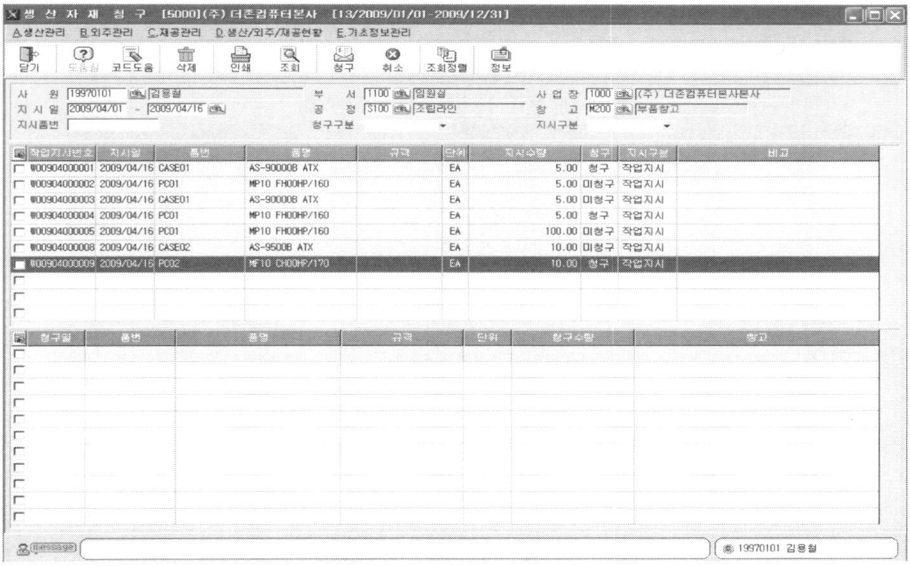

7) 생산 자재출고

제품을 생산하기 위해 자재를 공정으로 출고시키는 프로그램이다. 창고재고의 감소가 일어난다. 출고를 하기 전에 자재의 유·무를 확인하여 [구매자재]⇒[자재/수불현황]⇒[현재고현황]에서 확인하고 필요한 수량이 출고될 수 있는지 확인한다.

■ 생산자재 출고

출고일자	출고창고	출고장소	공정	공정장소	모품목	요청수량	출고수량
2009/04/16	부품창고	부품장소	작업공정	반제품작업장	PC02	10	10

품번	요청수량	출고수량
CASE02	10	10
LAN02	10	10
MO02	10	10

[생산관리]➔[생산관리]➔[생산 자재출고]➔[지시일 입력]➔[조회]➔[헤드데이터 입력]➔[요청조회]➔[체크박스클릭]➔[적용(F8)]➔[조회]

[그림 9-19] 생산 자재출고 화면

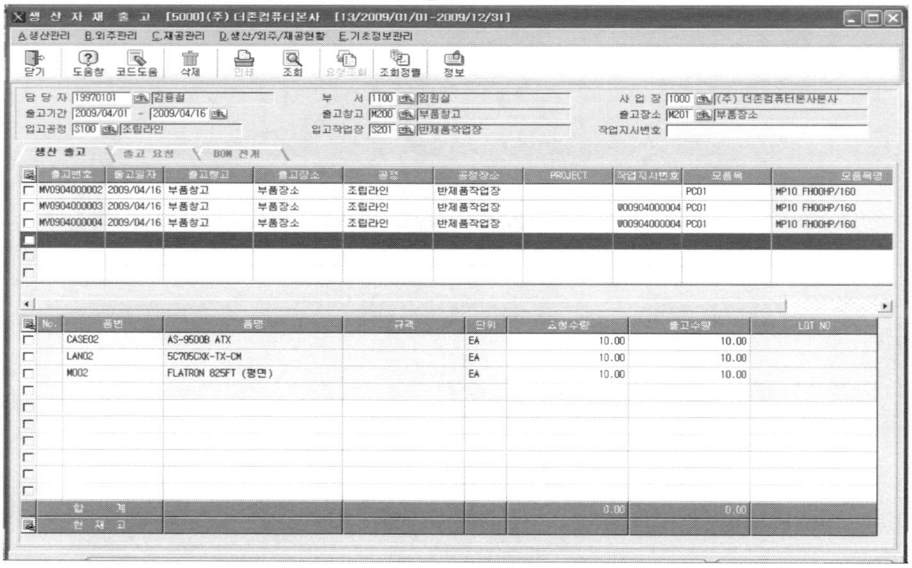

8) 작업 실적등록

작업지시 확정된 내용을 실적 처리하는 프로그램이다. 실적처리가 되면 지시된 작업이 완료 된다. 생산된 제품(PC02)은 아직 창고에 입고되지 않았기 때문에 재공으로 인식된다.

■ 생산실적 입력

품번	지시공정	실적일	실적구분	실적공정	작업장	실적수량	검사
PC02	작업공정	2009/04/16	양품	작업공정	반제품작업장	10	검사

[생산관리]→[생산관리]→[작업 실적등록]→[지시일 입력]→[지시공정입력]→[조회]→[품번 클릭]→[생산데이터입력]→[조회]

[그림 9-20] 작업 실적등록 화면

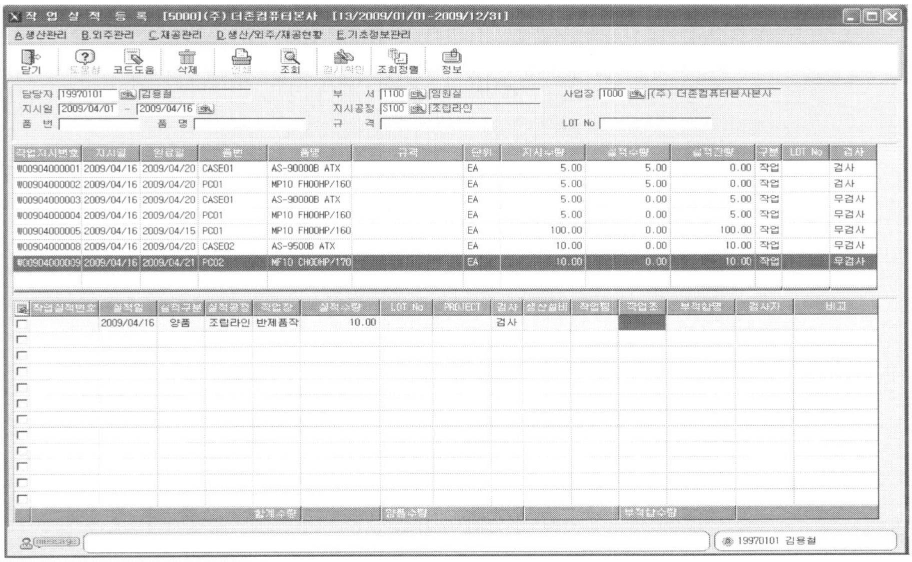

9) 생산자재 사용등록

생산 자재출고를 통해 출고된 자재들은 아직 공정에서 재공으로 남아 있다. 생산자재 사용등록을 통해 재공을 사용한 것으로 처리하여 재공을 감소시키는 프로그램이다.

■ 생산자재 사용등록

실적일	지시공정	품번	실적수량	품번	사용일	사용수량
2009/04/16	작업공정	PC02	10	CASE02	2009/04/16	10
				LAN02	2009/04/16	10
				MO02	2009/04/16	10

[생산관리]➔[생산관리]➔[생산자재등록]➔[지시공정]➔[일괄사용]➔[조회]➔[데이터입력]➔[조회]

[그림 9-21] 생산자재 사용등록 화면

10) 생산실적 검사

실적품에 대한 실적검사결과를 입력하는 프로그램이다. 작업지시등록에서 검사여부에 '검사'로 선택한 품목들을 대상으로 한다. 생산재공을 운영하는 경우에 적용할 수 있는 검사처리 화면이다.

■ 생산실적 검사

품번	지시공정	작업장	검사일	검사구분	검사유형	시료수	결과
PC02	작업공정	반제품작업장	2009/04/16	Q20:기능검사	전수검사	10	합격

[생산관리]➔[생산관리]➔[생산실적 검사]➔[조회데이터입력]➔[조회]➔[데이터입력]➔[조회]

[그림 9-22] 생산실적 검사 화면

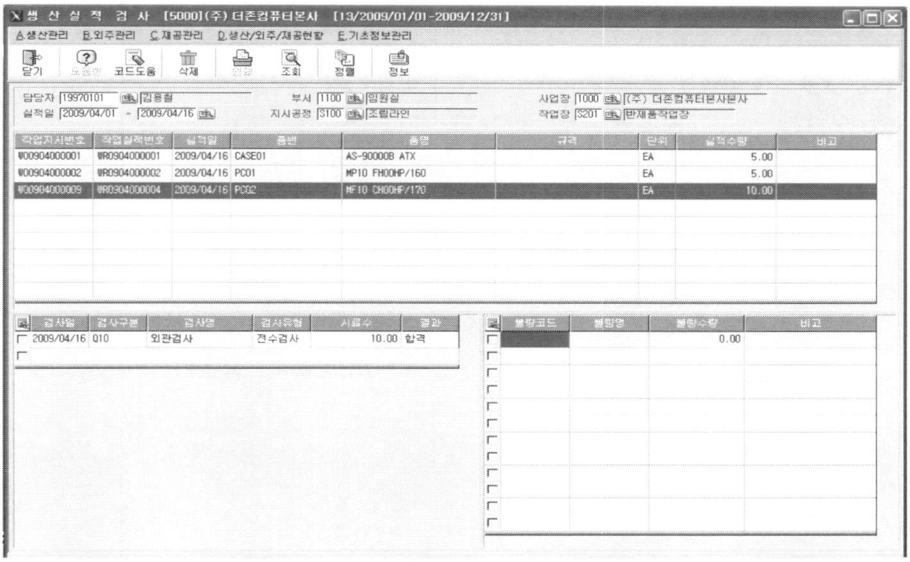

11) 생산품 창고입고

재공을 운영하는 경우 생산실적에 대해 입고 처리하는 프로그램이다. 실적은 바로 창고로 입고 처리되고 재공으로 인식되는 반제품 또는 완제품은 창고로 입고됨으로써 재고로 바뀌게 된다.

■ 생산품 창고입고

품번	입고일자	출고공정	작업장	입고창고	입고장소	입고수량
PC02	2009/04/16	작업공정	반제품작업장	제품창고	제품장소	10

[생산관리]➔[생산관리]➔[생산품 창고입고]➔[실적일, 출고공정, 작업장 입력]➔[조회]➔[검사확인]➔[실적 검사확인 도움창 팝업]➔[데이터입력]➔[확인]➔[데이터 확인]➔[조회]

[그림 9-23] 생산품 창고입고 화면

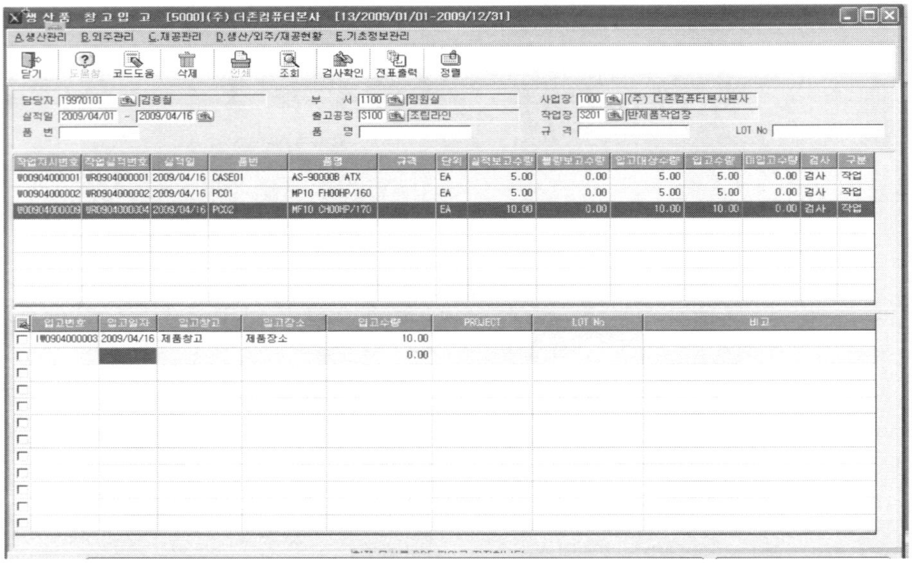

[연습문제]

1. 외주관리의 중요성에 대하여 연구한다.
2. 외주관리 절차를 분석한다.
3. ERP 시스템에서 외주발주를 분석한다.
4. ERP 시스템의 외주자재출고를 분석한다.
5. ERP 시스템의 사급에 대하여 연구한다.
6. ERP 시스템의 외주마감에 대하여 연구한다.

사랑한다는 것

▸ 김용철

사랑한다기엔 너무도 애절하였기에
처음인가 했었지만 끝이 보이는
사랑이었으면 처음부터 시작하질 말 것을
짧고도 긴 생에 가장 소중했다고 말할까
처절하고도 애절하게 사랑한다고 말할까
처음이었다고 아니 마지막이라고
사랑이란 나 혼자만으로는 안 된다는 것을
처음으로 내가 처음 느낄 때 이미 끝이란
길을 갈 때면 긴 시간의 흐름인 것 같아
그래도 가슴에 조그만 기억을 남겨줘
사랑한다긴엔 아쉬운 만남이지만
사랑을 말한다는 것이 너무도 어려웠기에
내가 보내준 사랑은 무엇이었을까?
나도 모르고 누구도 모르는 오직 주님만이
알 수 있는 그런 사랑이었을까?
아무것도 줄 것도 남길 것도 없는
무아의 나는 누구일까?
하지만
그래도
사랑하였다는 흔적을 남기고 싶어서
그동안
너무도 소중한 시간을 나에게 남겨주었기에
짧은 삶에 조그만 기억을 남길 수 있었기에
처음 인줄 알았기에 끝이 없는 줄 알았는데
처음보다도 더 많이 오는 아픔은 마지막이라고
별을 보며 맞아보고 싶은 처절한 가슴을
누구에 줄까?
사랑한다는 말보다는
더 사랑했다는 말이 있었으면
그 말을 전하고 갈까하지만
남길 말은 하나의 애절함 뿐
그래도 하고픈 말이 있었기에
오직 가슴속에 흔적을 남겨준
사람을 위하여

Chapter X

회계관리

【회계관리 프로세스】

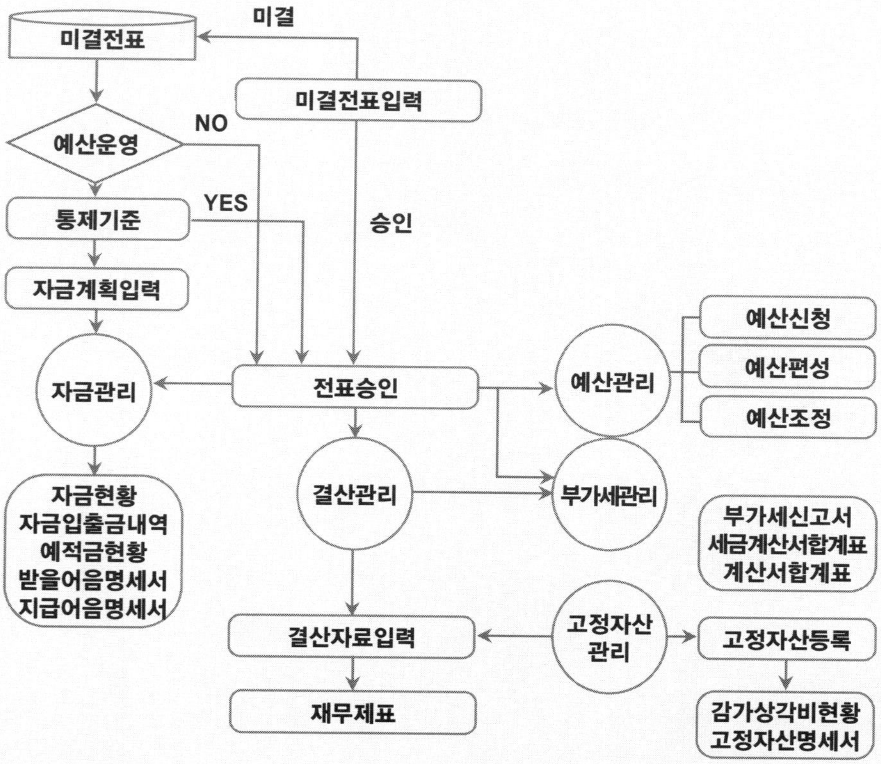

제1절 재무관리의 의의와 체계

1. 재무관리의 의의

오늘날 우리나라의 기업들에 있어서 필요한 자금을 어떻게 조달하고, 조달된 자금을 어떻게 운용할 것인가 하는 것은 매우 중요한 과제가 되고 있다. 또한 기업은 급변하는 환경 속에서 다양한 위험에 노출되어 예상하지 못한 큰 손실을 입는 경우도 허다하게 발생한다. 따라서 기업의 경영자들은 재무관리 능력을 갖추어 금융환경의 불확실성에 적절히 대처해 나가야 함은 물론이고, 위험관리에 대한 중요성을 인식하고 기업 스스로 각종 위험에서 벗어나려는 노력을 기울일 필요가 있다.

재무관리(financial management)는 크게 협의의 재무관리와 광의의 재무관리로 나누어 생각해 볼 수 있다. 협의의 재무관리는 기업재무(corporate finance)라고도 하며 기업의 여러 가지 활동 중에서 자금과 관련된 활동을 어떻게 효율적으로 수행하는가에 관한 분야를 말한다(박정식, 1993). 즉 이는 기업경영에서의 인사관리·생산관리·마케팅관리 등과 같은 업무기능의 하나로, 자금의 조달과 운용에 관한 제반활동을 계획·집행·통제함으로써 기업목표를 달성하려는 관리 분야이다. 반면에 광의의 재무관리는 이와 같은 기업재무뿐만 아니라 투자론, 화폐금융론, 금융제도 등과 같은 보다 거시적이고 정책적인 연구 분야를 포함한다.

여기에서는 협의의 재무관리를 기초로 하여 기업이 효율적인 운영에 필요한 자금을 어떻게 조달하고, 조달된 자금을 어떻게 운용할 것인가 하는 보다 실무적인 과제를 다루기로 한다. 모든 기업은 그 규모의 크기에 관계없이 자금관리를 통하여 궁극적으로 추구하는 목적은 소유자산의 가치를 극대화하는 것에 있다. 일반적으로 기업이 소유한 자산의 가치를 기업가치(corporate wealth)라고 한다. 여기서 자산이란 기업이 통제하고 있는 기업 내 모든 자원을 가리키는데, 이 같은 자산은 기업의 외부채권자로부터 차입한 부채(타인자본)와 주식발행 등으로부터 조달한 자본(자기자본)의 운용 및 투자의 결과로써 구성된다(신유근, 1996). 따라서 기업이 기업 가치를 극대화시키는 것은 결국 타인자본과 자기자본을 어떻게 확보·운용해야 할 것인가에 달려 있다고 할 수 있다.

특히 중소기업의 경우에는 대부분 소요자금을 확보하고 그것을 운용하는 데 큰 어려움을 겪고 있다. 이는 근본적으로 소유와 경영이 분리되지 않은 경영체제가 원인이 되겠지만, 다른 한편으로는 많은 중소기업들이 재무관리의 지식이 부족하거나 그것의 중요성을 인식하지 못하고 있기 때문이기도 하다. 더구나 중소기업이 다루는 자금의 규모가 이전에 비해 크게 증가하고 있음에도 불구하고 중소기업의 재무관리 능력은 그에 미치지 못함으로써 흑자도산이라는 최악의 결과를 가져오는 경우도 허다하다. 재무관리의 실패는 곧 기업재무상태의 악화로 이어지고, 극단적인 경우 도산으로까지 이어질 수 있는 것이다. 따라서 중소기업의 경영자는 재무관리 능력을 갖추어 기업자금을 효과적으로 운용하고 활용함으로써 기업 가치를 극대화시키는 동시에 갈수록 증가하는 금융환경의 불확실성에 적절히 대처해 나가야 할 것이다.

인터넷과 전자상거래는 금융과 자본시장에 큰 변화를 가져다주고 있다. 각 금융관련 기업들은 보다 많은 고객을 확보하기 위해서 경쟁하고 다양한 금융관련 서비스들은 인터넷상에서 처리가 되어가고 있다.

■ **재무관리 정의**

협의의 정의: 자금의 조달과 운용에 관한 제반활동을 계획 · 집행 · 통제하여 기업의 목표를 달성하려는 분야를 말한다.

광의의 정의: 기업재무 뿐만 아니라 투자론, 화폐금융론, 금융제도 등의 거시적이고 정책적인 연구분야를 포함한다.

2. 재무관리의 체계

앞에서 언급한 바와 같이 재무관리의 궁극적인 목표는 자금을 효과적으로 관리함으로써 기업의 이익과 기업 가치를 극대화하는 데 있다. 그리고 이와 같은 목표를 달성하기 위해서는 투자결정, 자본조달, 재무 분석 등의 세 가지 기능이 요구된다. 재무관리의 체계는 [그림 10-1]에서 보는 바와 같이 바로 이들 재무관리기능을 토대로 하여 구성된다.

그런데 재무관리기능을 효과적으로 수행하기 위해서는 먼저 자본시장과 재무제표를 이해하는 것이 중요하다. 자본시장은 기업이 필요로 하는 자금의 수요와 공급을 연결시켜주는 시장으로서 넓게는 증권시장, 금융시장 및 보험시장을 모두 포함한다. 그리고 재무제표는 기업의 재무상태를 총괄적으로 정리한 보고서로서, 주로 이용되는 재무제표는 대차대조표와 손익계산서가 있다(신유근, 1996).

여기에서는 이 중에서 비교적 중요한 재무관리기능이 되고 있는 자본의 조달과 운용을 중심으로 살펴보기로 하겠다. 그 밖의 사항에 관하여는 재무관리나 회계학과 같은 전문서적을 참고하기 바란다.

■ **재무관리의 목표**

자금을 효과적으로 관리함으로써 기업의 이익과 기업 가치를 극대화하는 데 있다.

[그림 10-1] 재무관리의 체계

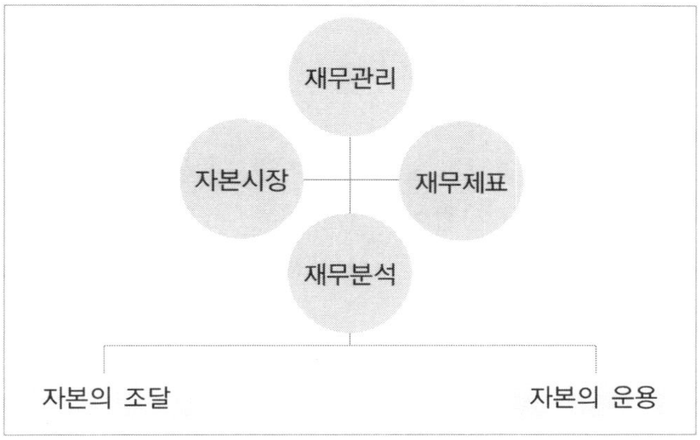

3. 자본조달의 의의 및 원천

기업을 창설하거나 현재의 사업을 확장하는 데 있어서 가장 큰 어려움의 하나는 필요한 자금의 조달이라는 것은 잘 알려진 사실이다. 창업자금을 구하기는 우리나라에서 뿐만 아니라 선진 외국에서도 마찬가지로 어려운 일이다.

그런데 자금을 구하기가 어렵다는 것이 자금이 아주 희귀하기 때문이라는 뜻으로만 생각해서는 안 된다. 사실 요즈음은 옛날과 비교하면 자금이 상당히 많다고 말할 수 있다. 예를 들면, 유망한 창업기업에 투자하기 위하여 대상을 찾고 있는 창업투자회사가 수십 개나 되며, 금융기관의 여신활동도 전과는 비교가 안 될 정도로 적극적이다.

그러나 막상 자금을 찾아 나서면 자금을 확보하기란 현실적으로 대단히 어려운 일임을 실감하게 된다. 이때 좌절하거나 불평해서는 안 된다. 자금을 구하기가 어려운 데는 그만한 이유가 있다. 먼저 투자자의 입장을 생각해 보자. 투자자는 투자한 사업이 손해를 보면 자신도 손해를 보게 된다. 그러므로 투자자는 투자 결심을 하기 전에 숙고하게 되며 쉬이 행동하지 않는다.

융자의 경우도 간단하지는 않다. 융자를 얻으려면 물적 또는 인적 담보가 필요한 경우가 많다. 기업이 담보를 소유하고 있지 못하면 불확실한 사업에 대하여 담보를 제공해 줄 다른 사람을 찾기가 쉽지 않다. 그러므로 자금은 많다 하더라도 자금을 확보하기란 쉽지 않은 것이다.

그런데 요즈음에는 장래성이 있어 보이는 우수한 사업에 대하여 투자하려고 하는 기관이나 개인이 많아졌다. 특히 창업투자회사는 창업기업에 대한 투자가 그들의 업이므로 투자할만한 유망한 사업거리를 찾고 있다는 점을 알아야 한다. 결론적으로 말하자면 자금을 구하기는 쉬운 일은 아니되, 사업내용과 기업이 인정받을 수 있는 우수한 경우라면 자금을 구하는 일이 쉽게 해결될 수도 있다.

자금을 조달하는 원천 내지 경로는 크게 두 가지로 분류된다. 하나는 자기자본을 이용하는 것이고 다른 하나는 다른 사람이나 금융기관으로부터 차입하는 타인자본을 활용하는 것인데, 이에 대해 좀 더 상세히 알아보면 다음과 같다.

1) 자기자본

자기자본은 기업의 소유권을 가지는 사람들이 기업에 투입한 돈이다. 기업이 자기자본을 조달하는 방안으로는 창업자의 자기자본, 이윤의 재투자, 기업 소유자들의 추가투자, 외부인으로 하여금 투자하게 하는 방안 등이 있다.

신용이 적은 창업 초기의 중소기업에 있어서는 자본을 증가시키는 방안이 자기자본의 증액일 수밖에 없는 경우가 있다. 왜냐하면 창업 초기의 기업으로서 아직 위험이 많다고 생각되는 경우에는 은행 및 다른 금융기관들이 담보 없는 여신을 제공하려 하지 않기 때문이다.

필요한 자금을 내부에서 자체적으로 조달할 수 없으면 투자자를 유치하여 자금을 조달할 수 있다. 이때에는 기업의 기존 소유자들의 기업소유지분의 비율이 감소된다. 그러나 이런 방안은 외부로부터 차입해 온 자금을 약속대로 상환하지 못하여 기업이 송두리째 채권자에게로 넘어 가는 것보다는 낫다.

2) 타인자본

타인자본의 원천으로는 개인, 기업, 은행, 비 은행 금융기관, 정부 및 정부업무 대행기관 등이 있다. 타인자본은 일정 기간이 경과한 후에는 이자와 함께 환불하여야 하고, 환불을 보증하는 장치가 있는 것이 보통이며, 환불 능력이 없을 때는 상응하는 조처가 있게 된다.

돈을 비는 조건은 담보의 유무에 따라 두 가지로 나누어 볼 수 있는데 한 가지는 담보를 제공하고 돈을 비는 방법이고, 다른 한 가지는 담보를 제공하지 아니하고 비는 방법이다. 금융기관에서는 보통 담보를 요구하여 왔으나 최근에는 담보를 요구하지 않는 신용대출도 증가하고 있다.

4. 자본조달의 방법

기업이 자본을 조달하는 방법은 다양하다. 여기에서는 그 중에서도 자금의 차입을 용이하게 하거나, 자금 수요를 감소시키는 효과를 주는 방법들을 알아본다. 특히 매입채무, 리스, 신용보증, 지급보증, 팩토링 등에 대해 중점적으로 살펴보도록 하겠다.

1) 매입채무

매입채무(trade credit)란 기업이 구입한 제품, 원료, 장비, 용역 등에 대하여 대금을 지불하지 않음으로써 발생하는 부채를 말한다. 산업이 발달하고 신용거래가 확대됨에 따라 매입채무는 널리 이용되는 타인자본의 한 형태이다. 한 조사에 따르면 우리나라 기업들은 매입채무를 많이 이용하고 있는데 원료나 제품에 대한 매입채무는 단기성인 것이 많다. 매입채무를 이용할 때는 가격, 공급선의 변경 등에 있어서 자율성을 잃지 않도록 유의하여야 한다.

2) 리스

리스(lease)란 일정한 자산(주로 시설재)을 구입하여 이용자에게 대여하고 사용료를 받는 제도를 말한다. 리스를 이용하면 고가의 장비를 직접 구입하지 아니하고서도 그 것을 사용할 수 있게 된다.

사업자금의 측면에서 본다면 리스는 사업자금을 직접 조달하는 방법은 아니지만 사업자금의 수요를 줄임으로서 소요자금을 조달한 것과 같은 효과를 준다는 측면에서 창업자 또는 기업가가 알아두면 좋은 제도이다. 리스는 이와 같은 효과 외에도 여러 가지 유익한 점이 있다. 우리나라에도 최근에 많은 리스회사가 설립되고 있다.

3) 신용보증

신용보증(credit guarantee)이란 문자 그대로 신용을 보증해 주는 것이다. 그러므로 신용보증이란 자금을 직접 지원해 주는 것은 아니지만 타인자본의 동원을 보조해 주는 제도이다.

우리나라에는 담보력이 미약한 기업의 채무를 보증하기 위해서 설립된 기관으로 신용보증기금과 기술신용보증기금이 있다. 담보력이 부족한 창업자 또는 중소기업자에게는 큰 도움이 될 수 있는 제도이다.

4) 은행의 지급보증

은행의 지급보증제도란 은행이 거래처의 요청에 따라 거래처가 제3자에게 부담하고 있는 채무나 장래 발생하게 될지도 모르는 채무에 대하여 그 지급을 보증하는 제도이다. 거래처는 지급보증의 대가로 보증료를 받는다. 지급 보증도 자금을 조달하는 직접적인 방법은 아니지만 자금을 조달하는 것과 같은 효과를 주는 보조 방법이다.

5) 팩토링

팩토링(factoring)이란 은행 등 금융기관이 기업의 외상매출금, 받을 어음 등 매출채권을 매입함으로써 자금을 공급하는 제도이다. 기업은 이 제도를 이용함으로써 고객에 대한 신용조사, 대금회수 및 채권관리 등의 부담이 경감되는 이점이 있다.

6) 보증보험

보증보험이란 담보제공능력이 부족하여 대출수혜, 입찰참가, 사채발생 등이 곤란한 자에게 보증보험회사에서 보증료를 받고 보증을 해주는 제도이다. 이를 통해 채무자(보험 계약자)는 동 보증에 따른 대출 등의 해택을 받을 수 있다. 한편, 금융기관 등 채권자(피보험자)는 동 보증보험증권을 담보로 취득하기 때문에 대출 등에 따르는 리스크 부담을 해소할 수 있게 된다.

7) 은행융자

은행은 가장 기본적인 자금원이다. 은행으로부터 돈을 비는 방법은 담보의 유무에 따라 담보대출과 신용대출로 나눌 수 있다. 은행의 융자제도는 은행에 따라 다르고 그 절차와 구비서류도 다르다. 그러나 은행융자의 절차는 거래은행과 융자의 종류, 금액에 따라 다소 차이가 있을 수 있다.

5. 재무제표 종류

기업의 경영상태는 재무제표 상에 나타난다. 재무제표(Financial Statements)는 조직 내부와 외부에서 발생한 거래행위를 나타낸 여러 가지 표를 말한다. 재무제표의 종류로는 대차대조표, 손익계산서, 이익잉여금처분계산서, 현금 흐름표 등이 있다.

■ **대차대조표(balance sheet)** : 기업의 특정시점에서의 재무상태(자산, 부채, 자본의 상태)를 나타낸 표로 특정일 기업이 보유하고 있는 경제적 자원과 이 자원에 대한 청구권이라고 생각하면 됨.

$$자산 = 부채 + 자본$$

■ **손익계산서(income statement)** : 기업의 영업결과로서 기업이 보유하고 있는 자원의 주요변화를 나타내는 표로 기업이 이익을 전제로 하기 때문에 이익계산서라고도 함.

$$수익 - 비용 = 순(손)익$$

■ **이익잉여처분계산서(statement of appropriation of retained earnings)** : 일정기간의 사업연도에서 발생한 이익잉여금의 처분사항을 나타내기 위해서 작성하는 흐름(flow)개념의 재무제표

■ **현금흐름표(statement of flows)** : 일정기간 동안의 기업 현금의 원천과 현금의 운용 등 해당 회계기간 중의 현금 변동 상태를 나타내는 보고서

6. 재무제표 분석

기업의 재무제표가 어떻게 작성되었는지 분석하고 이용하는 것은 재무기능을 효율적으로 수행하는데 도움을 준다. 재무제표의 분석방법에는 여러 가지가 있으나 일반적으로 비율분석방법을 주로 이용한다. 재무제표 분석은 유동성비율, 활동성비율, 수익성 비율, 안전성비율 등으로 구분한다.

■ **유동성비율(Liquidity Ratio)** : 단기채무의 지불능력을 나타내는 판단비율

$$유동비율 = \frac{유동자산}{유동부채} \times 100(\%) \qquad 표준)\ 200\%\ 이상$$

$$당좌비율 = \frac{유동자산 - 재고자산}{유동부채} \times 100(\%) \qquad 표준)\ 100\%\ 이상$$

$$현금비율 = \frac{현금 \cdot 예금}{유동부채} \times 100(\%) \qquad 표준)\ 200\%\ 이상$$

■ **활동성비율(Activity Ratios)** : 기업이 보유하고 있는 모든 자원의 효율적인 활용도측정비율로서 매출액에 대한 중요자산의 회전율

$$\text{자산 총 회전율} = \frac{\text{매출액}}{\text{총자산}} \times 100(\%)$$ 높을수록 양호

$$\text{고정자산 회전율} = \frac{\text{매출액}}{\text{고정자산}} \times 100(\%)$$ 높을수록 양호

$$\text{총 자본 회전율} = \frac{\text{매출액}}{\text{총자본}} \times 100(\%)$$ 높을수록 양호

$$\text{재고자산 회전율} = \frac{\text{매출액}}{\text{재고자산}} \times 100(\%)$$ 높을수록 양호

$$\text{자기자본 회전율} = \frac{\text{매출액}}{\text{자기자본}} \times 100(\%)$$ 높을수록 양호

$$\text{타인자본 회전율} = \frac{\text{매출액}}{\text{타인자본}} \times 100(\%)$$ 높을수록 양호

■ **수익성비율(Profitability Ratios)** : 기업의 경쟁력을 나타내는 기본적인 지표

$$\text{총 자본 이익률} = \frac{\text{순이익}}{\text{총자산}} \times 100(\%)$$ 높을수록 양호

$$\text{자본 이익률} = \frac{\text{순이익}}{\text{자기자산}} \times 100(\%)$$ 높을수록 양호

$$\text{매출액 총 이익률} = \frac{\text{매출총이익}}{\text{매출액}} \times 100(\%)$$ 높을수록 양호

■ **안정성비율(Stability Ratios)** : 기업의 장기적인 지불능력과 재무구조의 건실성 여부 판단하는 지표

$$\text{부채비율} = \frac{\text{부채}}{\text{자기자본}} \times 100(\%)$$ 표준) 100% 이하

$$\text{유동부채비율} = \frac{\text{유동부채}}{\text{자기자본}} \times 100(\%)$$

제2절 자본의 운용

1. 자본 운용의 의의

우리는 일반적으로 여유자금이 생기면 은행에 예치시킨다든가 또는 가격이 오를만한 부동산을 구입하든가 해서 자금을 불려나가려고 한다. 그러나 단기자금을 불리려고 하는 데만 그 목적이 있는 것은 아니다. 화폐가치가 떨어질 가능성이 있으면 부동산에 투자를 해서 화폐가치의 하락에서 올 수 있는 손실을 막으려고 한다. 반면에 보유하고 있는 부동산의 가격이 하락하고 있으면 주식이나 채권 등에 투자를 해서 그 이익으로 부동산에서 오는 손실을 보충하려고 한다(신유근, 1996).

기업도 이와 마찬가지로 다양한 방법을 통해 조달한 자본을 효과적으로 운용하게 된다. 자본의 운용이란 곧 투자를 말하는 것으로서 기업이 미래의 불확실한 수익을 위해서 현재의 확실한 자금을 지출하는 행위를 의미한다. 따라서 자본투자결정이란 기업이 조달한 자금을 어느 자산에 어느 정도로 투자할 것인가를 결정하는 것을 가리킨다. 기업은 자본투자결정을 통해서 미래의 현금흐름, 즉 수익을 기대하게 된다. 일반적으로 투자에는 생산시설·부동산 등과 같은 실물자산에 대한 투자와, 주식·채권 등과 같은 금융자산에 대한 투자가 있다. 과거에는 실물자산에 대한 투자가 중점적으로 연구되어 왔으나, 현대에 와서는 금융자산에 대한 투자가 재무관리에서 그 중요성을 더해가고 있다(이성순, 1991).

기업은 이익가치와 기업 가치를 극대화시키기 위해서 실물자산투자와 같이 비교적 장기적인 안목으로 자본을 운용하기도 하고, 금융자산투자와 같이 단기적인 안목으로 자본을 운용하기도 한다. 전자와 같은 장기적 안목의 자본운용을 일명 자본예산이라 하고, 후자와 같은 단기적 안목의 자본운용을 운전자본관리하고 한다.

2. 자본예산의 편성과 투자의 유형

1) 자본예산의 편성

기업을 창설할 때에나 기존 기업을 확장할 때에는 많은 자산을 취득하게 된다. 자산의 취득은 기업의 수익성을 결정할 뿐만 아니라 장래 기업의 위험에도 영향을 미쳐서 기업의 가치를 결정짓게 된다. 자산의 취득행위란 곧 기업의 투자를 의미하는데, 기업의 투자결정은 미래의 기업성장에 직접적인 영향을 준다. 특히 투자의 결과 그 효과가 1년 이상 장기적으로 지속되는 투자는 더욱 큰 중요성을 갖는데, 이러한 투자에 대한 총괄적인 계획을 일컬어서 자본예산(capital budgeting)이라고 한다.

① **투자대상의 선정**: 자본예상편성의 첫 번째 단계는 투자의 대상이 될 만한 투자기회를 찾는 것이다. 투자기회에는 여러 가지가 있을 수 있다. 예를 들면 기존 설비를 확장하거나 또는 교체할 필요도 있을 것이고, 신제품개발을 위한 연구개발이 필요할 수도 있을 것이다. 그리고 투자대상이 선정되면 이를 투자의 목적에 따라 분류하여 향후에 그에 대한 평가에 대비하여야 한다. 투자의 분류에 대해서는 아래에서 상세히 살펴보기로 한다.

② **예상현금흐름의 추정**: 투자대상이 선정되면 각 투자안으로부터 예상되는 현금의 흐름, 즉 현금유입과 현금유출을 추정해야 한다. 현금흐름을 추정하기 위해서는 시장분석을 통한 수요예측과 제품가격예측에 근거한 현금유출의 추정이 이루어져야 한다.

③ **경제성의 평가**: 이 단계에서는 추정된 현금흐름에 근거하여 투자안들의 경제성, 즉 투자가치를 평가하게 된다. 투자가치의 평가는 곧바로 투자여부의 결정으로 이어진다. 투자안의 경제성을 분석하는 것을 투자분석이라고 하는데, 여기에는 회수기간법, 순현가법, 내부수익률법 등의 기법이 많이 사용된다.

④ **자금조달계획의 수립**: 경제성의 평가에서 특정 투자안이 투자가치가 있다고 판단되면 투자에 필요한 자금을 마련하는 자금조달계획을 수립하고, 이에 의해 자금을 조달하여 선택된 투자안에 투자하게 되며, 이로써 자본예산편성은 종결된다.

2) 투자의 유형

투자는 그 목적에 따라 대체투자, 확장투자, 제품투자, 전략적 투자 등 네 가지로 분류할 수 있다(지청 · 장하성, 1995).

① **대체투자** : 대체투자(replacement investment)는 기존의 설비를 새로운 설비로 바꾸는 투자를 뜻하며, 이는 동종대체(like-for-like replacement)와 진부화대체로 나누어 생각할 수 있다. 동종대체는 기존설비의 물리적 노후화로 인하여 기존설비와 동일한 설비에 새로 투자하는 경우이며, 진부화대체는 새로운 생산기술의 출현으로 인한 기존설비의 기술적 진부화(technical obso- lescence)로 인하여 필요한 투자이다.

② **확장투자** : 확장투자(expansion investment)는 제품에 대한 총수요의 증가나 자사제품의 시장점유율의 증가로 인한 수요의 증가를 충족시키기 위한 생산설비의 증설을 위해 필요한 투자이다. 이러한 확장투자는 유년기 또는 성장기에 속하는 기업에서 흔히 볼 수 있다.

③ **제품투자** : 제품투자(product investment)는 기존제품의 개량 또는 신제품개발에 필요한 투자이다. 제품개량투자(product-improvement investment)는 방어적 제품개량과 공격적 제품개량으로 나눌 수 있는데, 방어적 제품개량은 자사제품을 경쟁사의 제품수준으로 개량하는 것이며, 공격적 제품개량은 경쟁사의 제품을 앞서가기 위한 것이다. 신제품투자(new product investment)도 기존제품추가와 신제품추가의 두 가지로 구분할 수 있는데, 기존제품추가(mature-product addition)는 이미 시장에서 판매되고 있으나 자사에서 생산하지 않는 제품을 생산하기 위한 것이며, 신제품추가는 전혀 새로운 제품을 개발하는 것이다.

④ **전략적 투자** : 전략적 투자(strategic investment)는 위험경감투자와 복리후생투자로 나눌 수 있다. 위험경감투자(risk-reducing investment)는 원재료나 부품 등의 확보를 위하여 수직적 결합을 하거나 연구개발을 통해서 신제품을 개발하여 새로운 사업에 진출함으로써 기업의 위험을 줄이기 위한 것이다. 복리후생투자(welfare investment)는 종업원복지나 지역사회복지를 위한 것이다.

3. 운전자본 관리

1) 운전자본 관리의 개념 및 중요성

운전자본(working capital)은 설비자본과 더불어 기업자본의 기본적 운용형태이다. 그러나 운전자본은 설비자본과는 달리 단기적으로 생산량 또는 판매량의 변동에 의해서 그 증감의 폭이 매우 크다. 이러한 운전자본은 많은 학자 및 실무자에 의하여 서로 다른 의미로 사용되는 경우가 있는데, 보통 다음과 같이 세 가지로 나누어 볼 수 있다(심병구 등, 1994).

첫째, 현금을 중심으로 하여 환금성이 가장 높은 당좌예금·받을 어음·외상매출금과 같이 판매 및 구매활동에서 발생하는 화폐자산을 의미한다. 이러한 의미에서의 운전자본은 당좌자산(quick assert)의 의미를 포함하고 있기 때문에 현금자산과 동일하며 운전자금이라고 말할 수 있다.

둘째, 대차대조표상에 나타나 있는 모든 유동자산을 의미한다. 이러한 의미에서의 운전자본을 총 운전자본(gross working capital)이라고 한다.

셋째, 유동자산에서 유동부채를 차감한 금액을 의미한다. 이러한 의미에서의 운전자본을 순 운전자본(net working capital)이라 하는데, 가장 일반적으로 사용되는 운전자본의 정의이다. 순 운전자본을 이렇게 정의하면 순 운전자본 관리는 유동자산 관리뿐만 아니라 유동부채 관리도 포함한다.

구미지역의 기업에서는 운전자본 관리의 중요성이 오래 전부터 강조되어 왔으며, 근래에 와서는 우리나라의 기업에서도 그 중요성이 차차 인식되어 가고 있다. 운전자본 관리의 중요성이 강조되는 이유는 다음과 같다.

첫째, 유동자산이 총자산에서 차지하는 비율은 거의 절반에 가까우며 운전자본 관리의 문제는 고정자산에 대한 투자결정처럼 간헐적으로 나타나는 것이 아니라 기업이 유지되는 한 계속적으로 발생하는 것이기 때문에 재무관리 담당자의 보다 세심한 주의를 필요로 하고 있다.

둘째, 중소기업의 중요성이 사회적으로 대두되고 있는 오늘날 중소기업에 있어서 운전자본 관리의 중요성은 더욱 강조된다. 왜냐하면, 대기업의 경우에는 자본시장을 통하여 자금을 조달하는 것이 비교적 용이하나 중소기업의 경우에는 이것이 어렵기 때문에 효율적인 운전자본 관리를 통해 기업의 유동성을 유지하면서 수익성을 높이는 것이 중요한 관심사가 된다.

셋째, 유동자산은 매출액이 증가할 때 특히 중요성이 더해진다. 대체로 매출액이 증가하면 매출채권·재고자산·현금 등이 증가하게 되어 이에 소요되는 자금을 추가로 조달해야 하므로 자금조달의 측면에서 운전자본관리가 중요하게 된다.

2) 포트폴리오

(1) 포트폴리오의 개념

포트폴리오(portfolio)는 두 개 또는 그 이상의 서로 다른 것을 한데 묶은 것을 의미한다. 여러 가지 다른 종류의 꽃으로 만들어진 꽃다발은 꽃의 포트폴리오라 할 수 있으며, 여러 가지 종류의 과일로 만들어진 과일바구니는 과일의 포트폴리오라

할 수 있다. 또한, 서류를 묶어 놓은 서류철이나 여러 종류의 그림을 묶어 놓은 화첩을 포트폴리오라고 부르기도 한다.

재무관리에서 포트폴리오란 두 개 또는 그 이상의 자산의 묶음, 또는 자산의 조합을 뜻한다. 일반적으로 포트폴리오는 둘 이상의 증권 또는 금융자산의 조합으로 이해되고 있으나, 넓게는 증권뿐만 아니라 모든 자산의 배합(assert mix)을 의미한다.

투자자가 여러 가지의 서로 다른 자산에 동시에 투자하고 있다면 이는 포트폴리오를 구성하고 있는 것과 같다. 예를 들어 어떤 투자자가 집을 소유하고 있고, 동시에 저축하여 모은 돈의 일부를 은행에 예금하고 나머지를 주식에 투자하고 있다면, 이 투자자는 부동산, 은행예금, 주식의 세 가지 자산으로 포트폴리오를 구성하고 있는 것이다. 이와 같이 포트폴리오에 투자한다는 것은 투자자가 여러 가지의 자산을 소유하는 개념이다.

그러나 증권시장이나 금융시장과 같은 자본시장이 발달되어 있는 경우에는 투자자가 직접 여러 가지의 자산에 투자하여 포트폴리오를 구성하기보다는, 증권기관이나 금융기관이 여러 가지의 서로 다른 금융자산으로 포트폴리오 금융상품을 구성하여 판매하는 것이 일반적이다. 이 경우에 투자자는 금융기관이 판매하는 포트폴리오 상품에 투자함으로써 자신이 직접 포트폴리오를 구성하여 투자하는 것과 같은 결과를 얻게 된다. 이러한 포트폴리오 금융상품의 대표적인 예로는 투자신탁회사가 판매하는 수익증권이나, 은행이 판매하는 신탁상품을 들 수 있다. 일반적으로 자본시장에서의 포트폴리오란 주식·채권·선물 등과 같이 증권화되어 있는 금융자산으로 구성된 포트폴리오를 의미한다(지청·장하성, 1995).

(2) 포트폴리오 구성의 목적

투자자들은 여러 가지 투자 가능한 자산들 중에서 특정 자산에 선택적으로 투자를 한다. 이 경우에 투자자에게 '왜 그 자산을 선택하였느냐'고 묻는다면, 가장 평범한 대답은 자신이 선택한 자산이 '가장 큰 수익을 줄 것으로 생각했기 때문이다'라고 할 것이다. 그러나 투자로부터 미래에 얻게 될 수익이 확실하게 확정된 경우가 아니면 이 대답은 잘못된 것이다.

정부가 발행한 국채와 같이 파산의 위험이 없는 무위험자산(risk-free asset)에 투자한 경우가 아니라면, 모든 자산은 미래의 수익이 불확실한 위험자산(risky asset)이다. 회사채와 같이 이자와 원금의 지급이 확정적으로 계약서상에 약정된 증권이라 할지라도, 모든 기업은 부도가능성을 가지고 있기 때문에 위험한 자산이다. 이렇게 미래수익이 불확실한 자산은 반드시 위험(risk)을 수반하며, 따라서 위험한 자산에 투자

할 경우에는 예상되는 수익뿐만 아니라 그 수익에 수반되는 위험을 함께 고려하여 투자결정이 이루어져야 한다.

따라서 '왜 그 자산을 선택하였느냐'는 질문에 대한 합리적인 대답은 단순하게 가장 큰 수익률을 얻기 위해서가 될 수 없다. 위험을 싫어하는 합리적인 투자자라면 이 질문에 대한 최소한의 대답은 '위험이 같은 자산들 중에서는 이 자산이 가장 큰 수익을 가져다 줄 것으로 생각했다'거나 또는 '같은 수익을 갖는 자산들 중에서 이 자산이 위험이 가장 작다고 생각했다'가 되어야 할 것이다. 또한, 한걸음 더 나아가서 '이 자산이 나의 투자목적에 부합하는 자산 중에서 위험이 가장 작을 뿐만 아니라 수익률도 가장 큰 자산으로 생각했다'고 하였다면 가장 합리적인 대답이 될 것이다.

불확실성하에서의 합리적인 행태인 위험회피형 투자자의 투자결정의 궁극적인 목적은 기대효용의 극대화(maxing expected utility)이며, 기대효용의 극대화를 성취하는 방법의 하나가 기대수익률을 극대화하고 위험을 극소화 하는 투자를 하는 것이다.

포트폴리오를 구성하는 목적은 바로 가장 큰 기대수익률과 가장 작은 위험을 갖는 투자를 함으로써 기대효용을 극대화하기 위한 것이다. 포트폴리오를 구성함으로써 얻는 기대효용의 증가는 주어진 자산을 결합하여 새로운 투자기회를 창출하며, 서로 다른 자산에 분산투자를 함으로써 위험분산효과를 얻기 때문에 가능해진다(지청 · 장하성, 1995).

첫째, 기존의 주어진 자산을 이용하여 포트폴리오를 구성하는 것은 새로운 투자대상을 만들어 내는 것이므로, 이는 투자기회가 확대되는 것을 의미한다. 이러한 투자기회의 확대는 투자자에게 선택의 여지를 넓혀주는 것이므로 효용의 증가를 가져온다.

둘째, 여러 가지의 서로 다른 자산에 분산하여 투자함으로써 특정한 개별증권에 투자하는 경우와 비교하여 동일한 수준의 수익률을 달성하면서도 위험을 낮출 수도 있으며, 동일한 위험수준에서 더 높은 수익률을 얻을 수도 있는 위험분산효과를 얻음으로써 효용의 증가를 기할 수 있는 것이다.

제3절 회계관리 시스템 구축

1. 시스템 관리

1) 관리내역등록

관리내역이란 각 계정과목별로 처리대상이 되는 관리항목을 종류별로 구분하여 등록해 놓은 것이다.

코드 및 관리항목명은 공통코드(A1－K8), 회계(L1－K9), 인사(B1－TE)로 구성되어 이미 등록되어 있다.

구분은 SYSTEM 설계상 화면우측의 관리내역을 추가등록하거나 수정이 가능한 항목은 '변경가능'으로 되어 있고 관리내역의 추가등록이나 수정불가한 항목은 '변경불가'로 표시되어 있다.

■ 관리내역등록

관리내역등록	전표입력
	회계초기이월
	관리항목원장
	관리내역현황

■ 입금표와 지로용지 추가 등록

(주)더존컴퓨터는 지출증빙 종류중 '입금표'와 '지로용지'를 추가로 등록한다.

[시스템관리]➔[기초정보관리]➔[관리내역등록]➔[조회구분 : 1.회계선택]➔[좌측에 나타나는 11.증빙구분 선택]➔[화면우측 관리내역 명 : 10. 입금표, 11.지로용지 입력]➔[저장]

[그림 10-2] 관리내역등록 화면

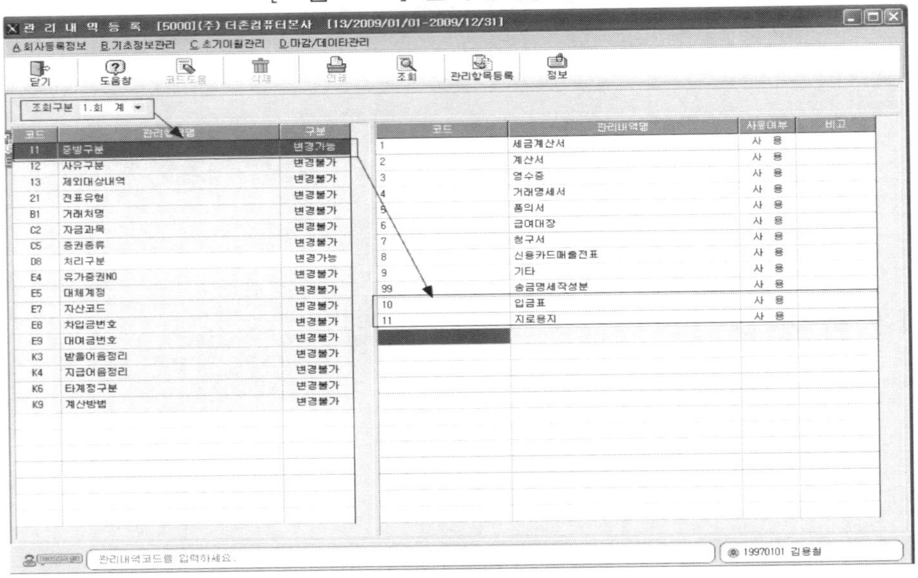

2) 회계연결계정설정

회계연결계정은 [영업관리] [자재관리] [생산관리] [인사관리] 각 모듈에서 발생되는 회계적인 사건을 ERP의 중심에 있는 회계모듈에 연결하는 작업이다.

■ 회계모듈연결

영업관리	회계처리	전표입력(미결전표)
자재관리		
생산관리		
인사관리		

[시스템관리]→[기초정보관리]→[회계연결계정설정]→[영업관리 선택]→[툴바 (조회) 클릭]→[초기설정 키 클릭]→[연결계정초기화]

[그림 10-3] 회계연결계정설정 화면

3) 계정과목등록

계정과목 등록은 회계프로그램 전반에 영향을 미치므로 프로그램을 처음 사용하는 시점에서 정확하게 설정하여야 한다. 시스템에서 기업회계기준에 따라 일반적인 계정과목은 이미 등록되어 있다. 따라서 기업의 특성에 따라 체계 및 코드를 수정할 수 있다.

■ 계정과목 등록

조건1) 판매비와 관리비부분의 급여관련계정을 제외한 비용계정에 대하여 사무직 사원의 사원별 지출현황을 파악하고자 한다.

조건2) 복리후생비를 중식비, 야근식대, 회식비, 피복비, 경조사비, 건강보험, 기타의 세목으로 관리한다.

조건 1) 등록방법

[회계관리]→[기초정보관리]→[계정과목등록]→[계정코드파악]→[화면상단의 (일괄설정)키 클릭]→[1.관리항목변경]→[관리항목 : D4, 사원]→[확인]

[그림 10-4] 계정과목등록 (조건 1) 설정 화면

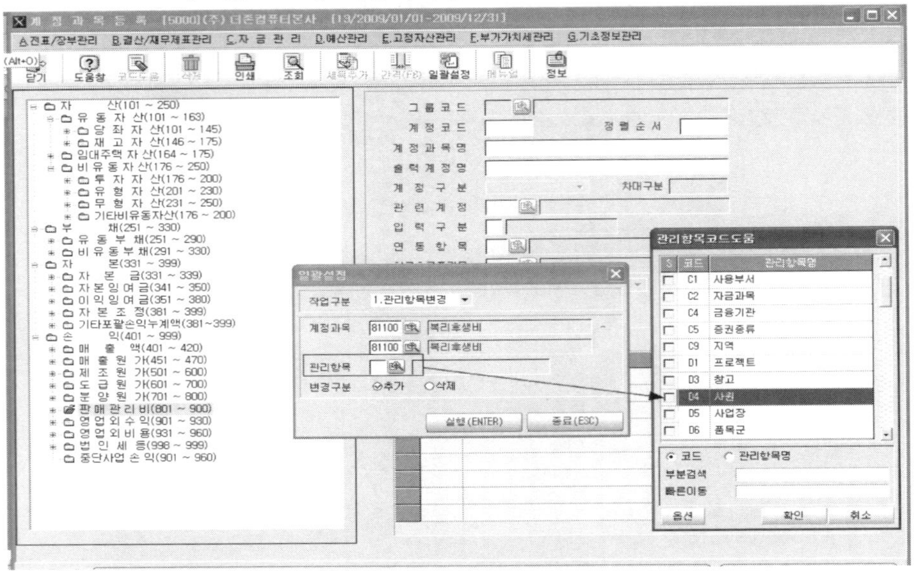

[그림 10-5] 계정과목등록 (조건 1) 팝업 화면

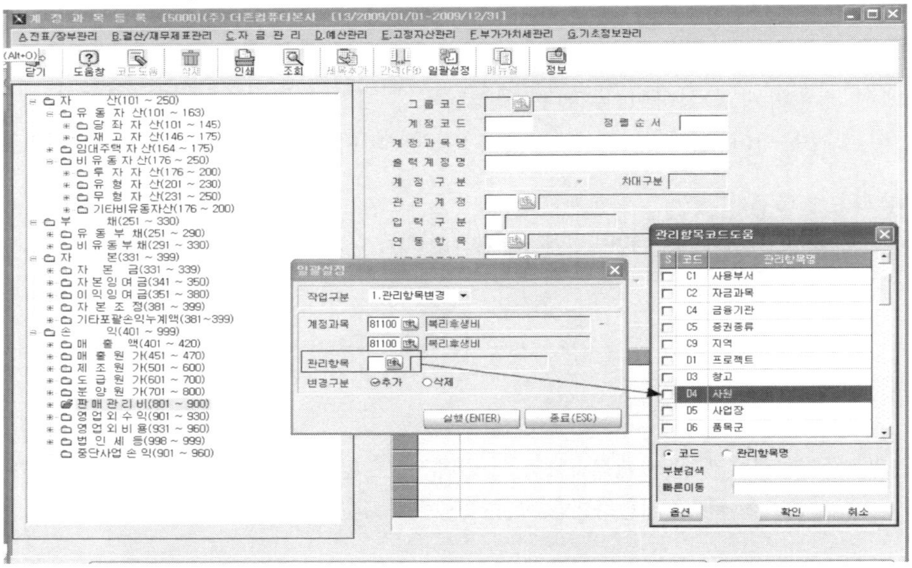

조건 2) 등록방법

[회계관리]→[기초정보관리]→[계정과목등록]→[(세목추가)키 클릭]→[우측에 81101코드 생성]→ [복리후생비/중식비 입력]→[ENTER 종료]→[동일한 방법으로 81107코드까지 입력]

[그림 10-6] 계정과목등록 (조건 2) 설정 화면

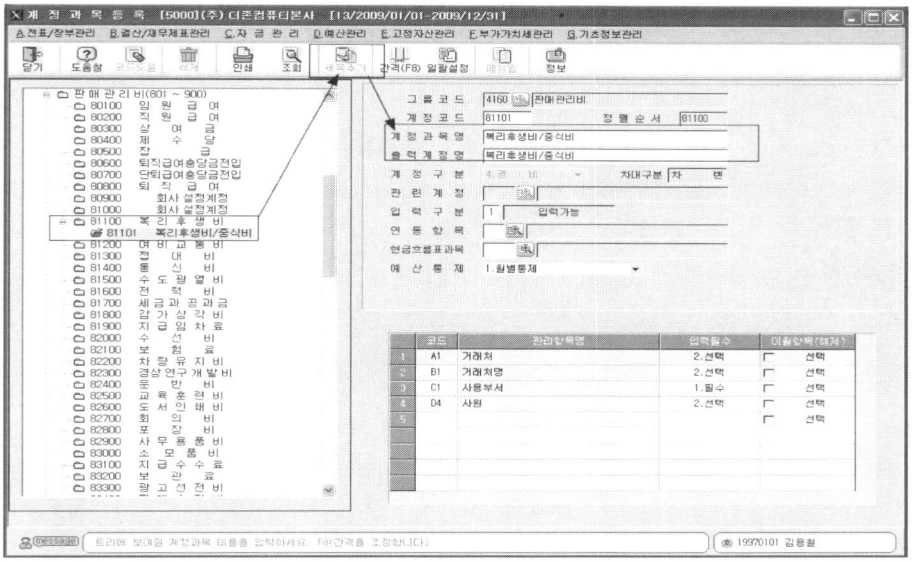

4) 회계초기이월등록

사업장별로 전기분 대차대조표, 손익계산서, 제조원가보고서 및 계정에 따른 거래처별 초기이월금액을 입력 및 조회하는 프로그램이다. 프로그램을 설치한 당기의 자료는 차기로 이월되지만 전기의 자료는 프로그램에 반영이 되지 않으므로 초기이월관리에서 입력하여야 한다.

구분란에서 1. 대차대조표를 선택하면 '전기분대차대조표'를 입력할 수 있는 화면이 표시되고, 2. 손익계산서를 선택하면 '전기분손익계산서'를 입력할 수 있는 화면이 표시된다.

원가명세서는 3.500번대 원가, 4.600번대원가, 5.700번대원가 중 선택할 수 있으나 ERP의 시험범위가 제조업을 기준으로 하고 있으므로 3.500번대원가를 선택하여 '전기분원가명세서'를 작성할 수 있다.

■ 전기분대차대조표 등록

과목	제 4 (당)기		과목	제 4 (당)기	
자 산	금액		부 채	금액	
유동자산		84,700,000	**유동부채**		29,500,000
당좌자산		72,700,000	외상매입금		13,000,000
현금		3,050,000	미지급금		16,500,000
보통예금		20,000,000			
당좌예금		30,000,000			
단기매매증권		7,700,000	**비유동 부채**		37,500,000
외상매출금	5,000,000		퇴직급여충당금		37,500,000
대손충당금	50,000	4,950,000			
받을어음		7,000,000			
재 고 자 산		12,000,000	**부 채 총 계**		67,000,000
상 품		4,000,000			
제 품		5,000,000			
원 재 료		2,000,000	**자 본**		
재 공 품		1,000,000	자 본 금		300,000,000
비유동자산		358,000,000	자 본 금		300,000,000
투자자산		0	**자본잉여금**		0
유형자산		342,000,000	**이익잉여금**		75,700,000
토지		300,000,000	이익준비금		3,000,000
기계장치	20,000,000		미처분이익잉여금		72,700,000
감가상각누계	5,000,000	15,000,000	당기순이익		26,000,000
차량운반구	29,000,000		**자 본 조 정**		0
감가상각누계	3,500,000	25,500,000	기타포괄손익누계액		0
비 품	3,000,000		자본총계		375,700,000
감가상각누계	1,500,000	1,500,000			
무 형 자 산		5,000,000			
개발비		5,000,000			
기타유동자산		11,000,000			
기타보조금		11,000,000			
자산총계		442,700,000	**부채와자본총계**		442,700,000

■ 전기분대차대조표 참고자료

계정과목	거래처명	금액	비고
당좌자산	국민당좌	30,000,000	0231-91-3212-1
보통예금	국민보통	20,000,000	0231-12-1112-33
외상매출금	(주)사무종합	3,000,000	
	(주)서울컴텍	2,000,000	
받을어음	(주)사무종합	3,000,000	NO : 자가51251225 발행일 : 2008.09.30 만기일 : 2009.04.30
	(주)하나로	4,000,000	NO : 다라10223216 발행일 : 2008.12.16 만기일 : 2009.02.20
외상매입금	(주)씨네스	3,500,000	
	(주)삼도전자	9,500,000	
미지급금	(주)삼도전자	16,500,000	

[시스템관리]→[초기이월관리]→[회계초기이월등록]→[조회클릭]→[1.대차대조표선택]→[데이터입력]→[ENTER 저장]→[확인]

[그림 10-7] 회계초기이월등록 화면

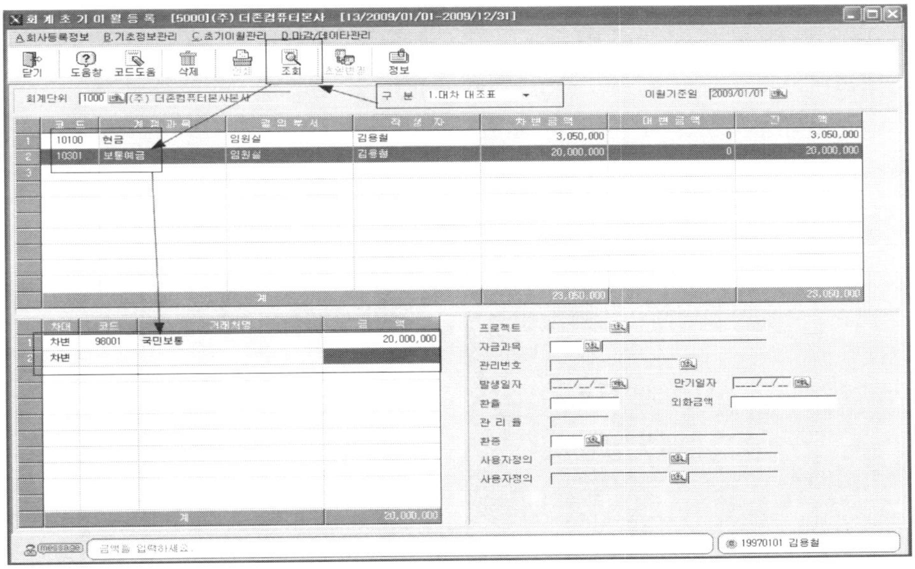

5) 전분기 손익계산서

전년도 손익계산서를 입력하는 프로그램이다. [회계초기이월등록] 메뉴의 구분 2.손익계산서를 선택한다.

■ 전기분손익계산서

과 목	금 액		과 목	금 액	
매 출 액		220,000,000	**영업이익**		27,890,000
상품매출	12,000,000				
제품매출	208,000,000		**영업외수익**		
매출원가		96,000,000	**영업외비용**		1,200,000
상품매출원가		10,000,000	이자비용	1,200,000	
기초상품재고	3,000,000				
당기상품매입액	11,000,000				
기말제품재고	4,000,000				
제품매출원가		86,000,000			
기초제품재고액	4,500,000				
당기제품제조원가	86,500,000		**법인세차감전순이익**		26,690,000
기말제품재고원가	5,000,000		**법인세등**		690,000
매출총이익		124,000,000	법인세등		690,000
판매및관리비		96,110,000	**당기순이익**		26,000,000
직원급여	46,000,000				
복리후생비	12,000,000				
여비교통비	4,500,000				
접대비	9,250,000				
통신비	3,560,000				
세금과공과금	13,500,000				
소모품비	4,800,000				
보험료	2,450,000				
대손상각비	50,000				

[시스템관리]→[초기이월관리]→[회계초기이월등록]→[조회 클릭]→[2.손익계산서 선택]→[데이터입력]→[ENTER 저장]→[확인]

[그림 10-8] 전분기 손익계산서등록 화면

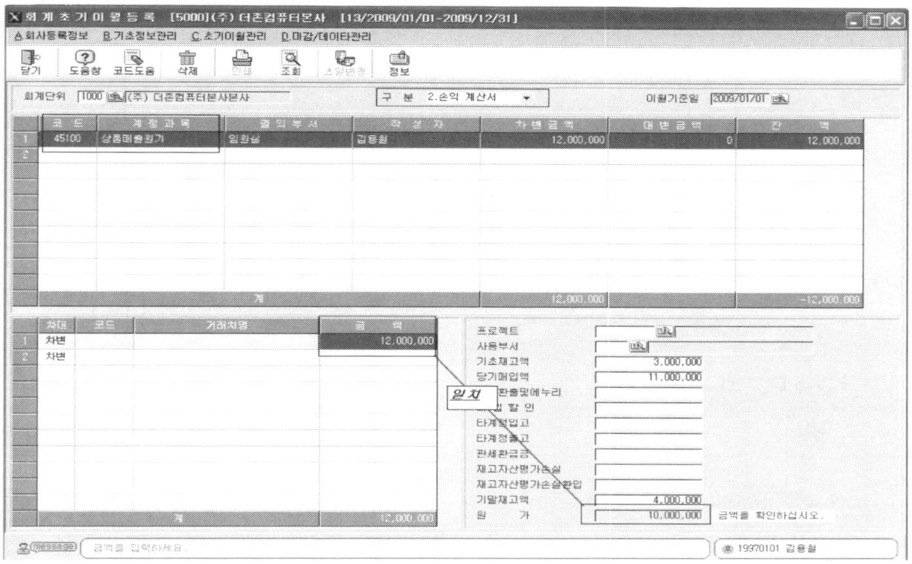

6) 전분기 원가명세서

전기 원가명세서를 입력하는 화면이다.

■ 전기 원가명세서

과 목	금 액	
원 재 료 비		29,000,000
기초원재료재고액	1,000,000	
당기원재료매입액	30,000,000	
계	31,000,000	
기말원재료재고액	2,000,000	
노 무 비		30,500,000
임 금	30,500,000	
경 비		26,000,000
복리후생비	5,600,000	
가스수도료	1,650,000	
전력비	3,200,000	
세금과공과금	1,680,000	
감가상각비	4,230,000	
수선비	2,956,000	
보험료	1,320,000	
차량유지비	2,200,000	
소모품비	3,164,000	
당기총제조비용		85,500,000
기초재공품재고액		2,000,000
합 계		87,500,000
기말재공품재고액		1,000,000
타계정으로대체액		0
당기제품제조원가		86,500,000

[시스템관리]➔[초기이월관리]➔[회계초기이월등록]➔[조회 클릭]➔[원재료비 : 50100 선택]➔[데이터입력]➔[ENTER 저장]➔[확인]

[그림 10-9] 전분기 원가명세서등록 화면

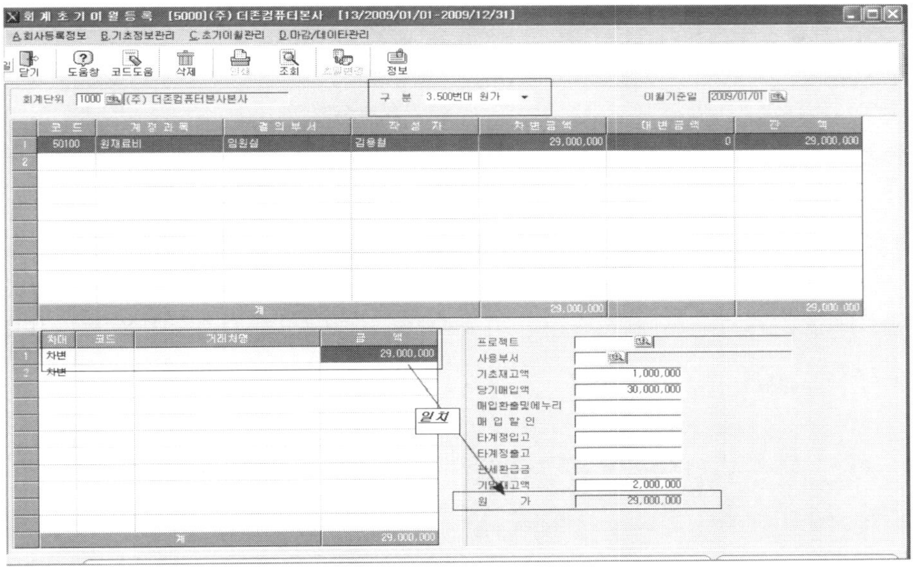

2. 전표입력

1) 전표입력

회사에서 발생하는 모든 거래 자료를 입력 및 수정하는 프로그램이다. 사원등록에서 입력방식이 '1.승인' 또는 '2.수정'으로 되어 있는 경우 사용자가 전표를 입력 할 경우 저장과 동시에 승인이 된다. 입력방식이 '0.미결'로 선택된 사용자가 전표를 입력하면 저장 후 [전표승인/해제] 프로그램에서 '승인' 권한이 있는 사원이 승인을 하여야 각종 장부에 반영된다.

2) 일반거래 자료입력(출금)

4월 17일 영업1부 사원 이성우가 외근시 중식대 6,000원(김포식당)을 청구하여 현금으로 지급하였다. (증빙 : 영수증)

■ 일반거래의 입력(출금)

[헤드부분] ; 유형 – 일반
[분개부분] : (차)복리후생비 6,000 (대) 현금 6,000
- 1.출금.81101.복리후생비/중식비
- 거래처 : 김포식당
- 금액 : 6,000
- 적요 : 외근중식대
- 증빙 : 영수증

[관리항목]
- 사원 : 이성우
- 사용부서 : 영업1부

[회계관리]➔[전표/장부관리]➔[전표입력]➔[헤드부분 데이터입력]➔[전표자료입력]➔[ENTER 저장]➔[확인]

[그림 10-10] 일반거래 입력(출금)등록 화면

3) 일반거래 자료입력(출금 : 구매품의)

4월 18일 인천공장 자재부 사원 박철영이 구매품의서(품의번호 : 1.생산소모품 구입건)에 의해 인천공장 생산부에서 사용할 소모성 부품을 대신상점에서 구입하고 대금 70,000원은 현금으로 지급하였다. (비용으로 처리, 증빙 : 영수증)

■ 일반거래의 입력(출금 – 품의등록)

[헤드부분] : 품의등록 : 1.소모품구입 건 유형 : 일반
[분개부분] : (차)소모품비 70,000 (대) 현금 70,000
　　– 1.출금.53000.소모품비 적요: 11.기타소모품비 지급
　　– 증빙 : 3.영수증
[관리항목]
　　– 사용부서 : 6100.생산부

[회계관리]➜[전표/장부관리]➜[전표입력]➜[헤드부분 데이터입력]➜[전표자료입력]➜[ENTER 저장]➜[확인]

[그림 10-11] 일반거래 입력(출금 – 품의등록)등록 화면

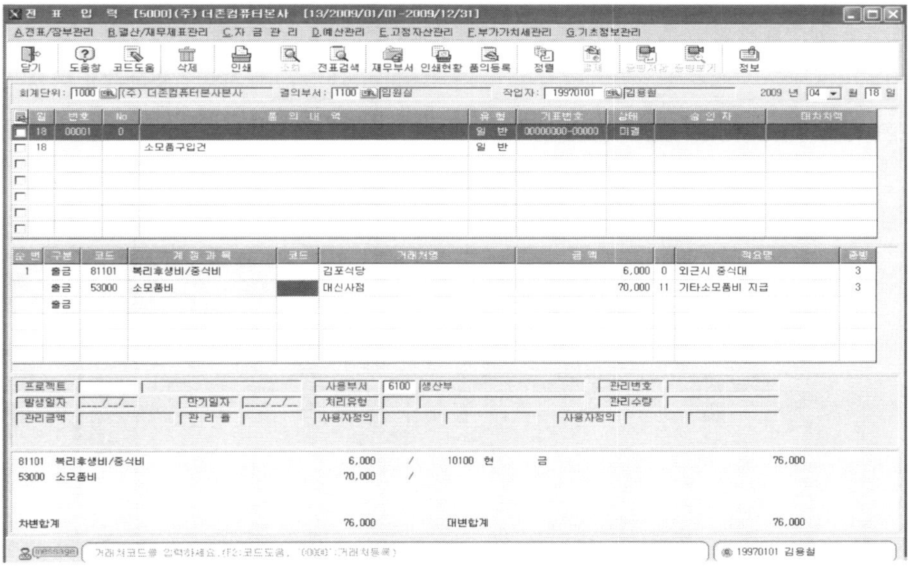

4) 일반거래 입금(구매품의)

4월 18일 매출처 (주)사무종합대리점의 외상대금 3,000,000원을 동점발행 당좌수표로 회수하고 입금표를 발행하였다. 수금사원 : 관리부 이호재

■ 일반거래의 입금(품의등록)

[헤드부분] : 유형 : 일반
[분개부분] : (차)현금 3,000,000 (대) 외상매출금 3,000,000
　　- 2.입금 : 10800.외상매출금
　　- 적요 : 화면상단의 [품의등록키]클릭 적용등록
　　- 증빙 : 10.입금표
[관리항목]
　　- 사용부서 : 1200.관리부

[회계관리]➜[전표/장부관리]➜[전표입력]➜[헤드부분 데이터입력]➜[입금전표자료입력]➜[ENTER 저장]➜[확인]

[그림 10-12] 일반거래 입금(품의등록)등록 화면

5) 일반거래 입력(대체)

4월 18일 관리부 이호재는 공단주요소에서 관리부용 승용차에 주유하고 주유대금 30,000원을 당사의 소유 법인카드(국민카드)로 결재하였다. (증빙 : 신용카드매출발행 전표)

■ 일반거래의 입력(대체)

[헤드부분] : 유형 : 일반
[분개부분] : (차)차량유지비 30,000 (대) 미지급금 30,000
- 3.차변.82200
- 적요 : 화면상단의 [품의등록키]클릭 적용등록
- 증빙 : 8.신용카드매출전표
- 4. 대변 25300.미지급금(거래처 : 98210.국민카드(법인)
- 금액 : 30,000

[회계관리]→[전표/장부관리]→[전표입력]→[헤드부분 데이터입력]→[출금전표자료입력]→[구분:3차변 입력]→[4.대변입력]→[ENTER 저장]

[그림 10-13] 일반거래 입력(대체)등록 화면

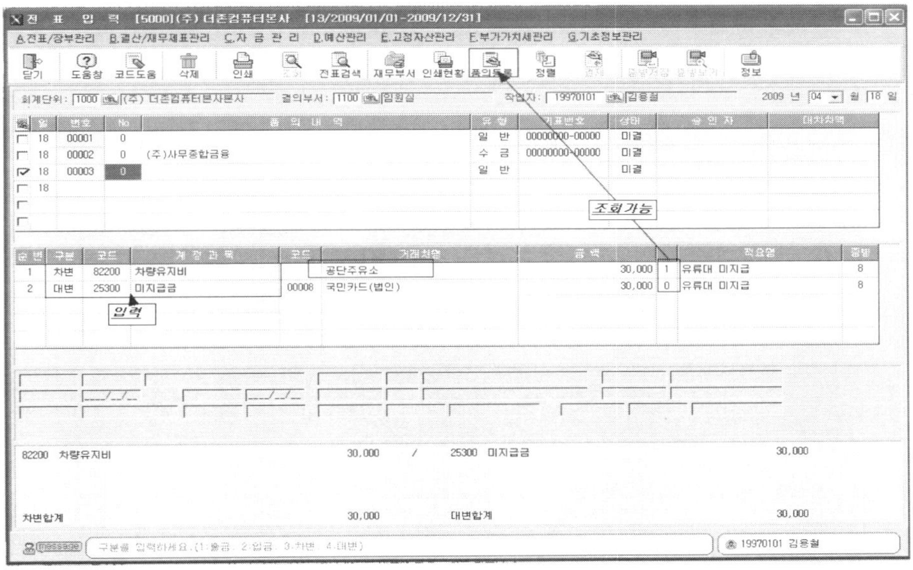

3. 어음입력

1) 받을어음 (보유)입력

4월 18일 매출처 (주)서울컴텍의 외상매출금 2,000,000원을 동점발행의 약속어음(NO : 자가 21352778, 만기 : 2009년 07월 16일, 신한은행영등포 지점)으로 받고 입금표를 발행하였다. (수금사원 : 관리부 이호재)

■ 받을어음(보유)

[헤드부분] : 유형 : 일반
[분개부분](차)받을어음 2,000,000 (대)외상매출금 2,000,000
- 3.차변 : 11000.받을어음 적요 : 1.외상매출금어음회수
- 증빙 : 10.입금표

[관리항목]
- 어음번호 : 자가 21352778
- 만기일 : 2009.07.16(필수항목)
- 지급장소 : 260.신한은행
- 발행일 : 2008.04.18
- 수금사원 : 이호재

- 4. 대변 : 10800.외상매출금(거래처 : 서울컴텍)
- 금액 : 2,000,000
- 적요 : 0.외상매출금 회수
- 증빙 : 10.입금표

[관리항목]
- 사용부서 : 관리부

[회계관리]→[전표/장부관리]→[전표입력]→[헤드부분 데이터입력]→[입금전표자료입력]→[구분:3차변 입력]→[4.대변입력]→[ENTER 저장]

[그림 10-14] 받을어음(보유)등록 화면

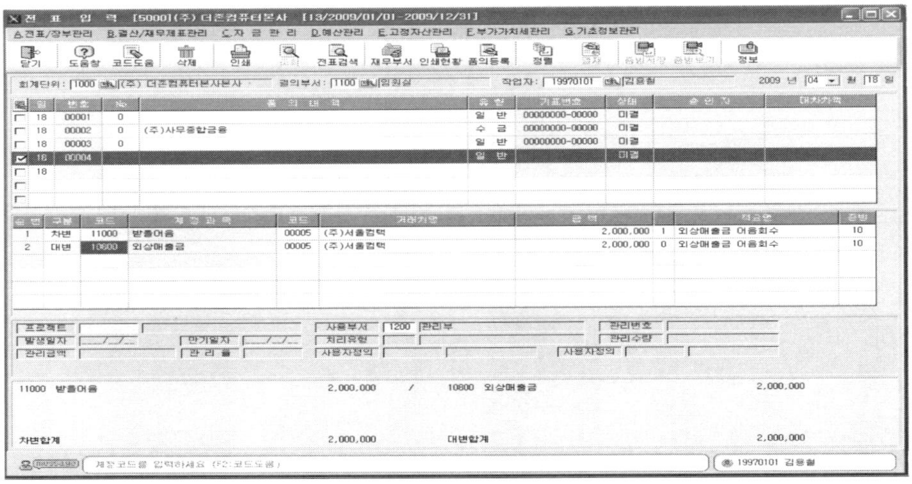

2) 받을어음 (배서)입력

4월 19일 원재료매입처 (주)씨네스의 외상매입금 3,000,000원을 (주)사무종합으로부터 받은 약속어음(NO : 자가 51251225, 발행일:2009년 1월 30일, 만기 : 2009년 04월 30일, 3,000,000원)을 배서하여 주고 입금표를 받았다.(수금사원 : 관리부 이호재)

■ 받을어음(배서)

[헤드부분] : 유형 : 일반
[분개부분](차)외상매입금 3,000,000 (대)받을어음 3,000,000
- 3.차변 : 25100.외상매입금(거래처:씨네스)
- 적요 : 7.외상매입금반제 어음양도
- 증빙 : 10.입금표
[관리항목]
- 사용부서 : 관리부

- 4. 대변 : 11000.받을어음
- 입력하면 받을어음 반제화면이 나타난다.

[회계관리]➔[전표/장부관리]➔[전표입력]➔[헤드부분 데이터입력]➔[차변항목입력]➔[4.대변항목입력 : 받을어음 변제화면 팝업]➔[기간입력]➔[조회]➔[해당어음 클릭]➔[처리구분 팝업창]➔[지급업체선택]➔[처리구분:배서 선택]➔[ENTER 저장]

[그림 10-15] 받을어음(배서)등록 화면

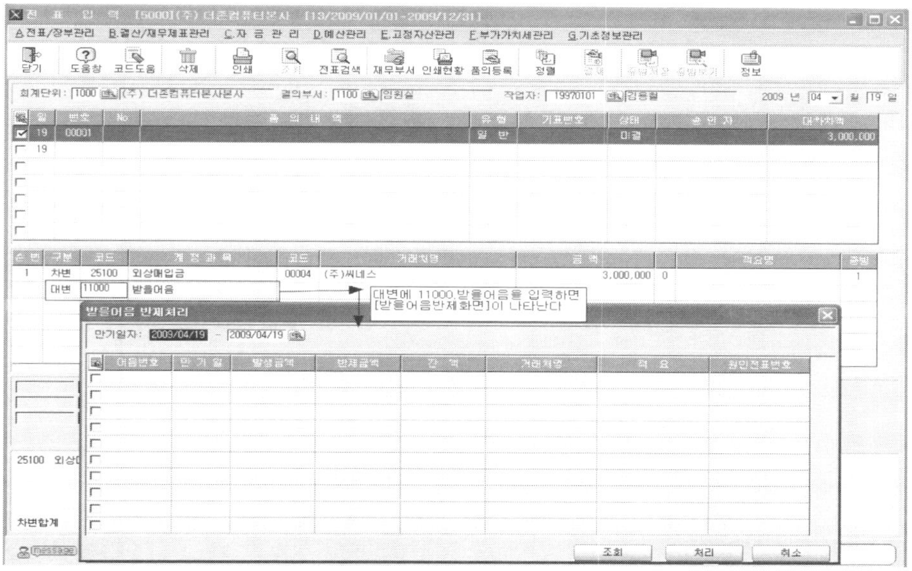

3) 받을어음 (만기결제)입력

4월 19일 매출처 (주)하나로에서 받아 보관중인 약속어음(4,000,000원, N0.다라 10223216, 만기일 2009년 4월20일)이 만기되어 추심한 결과 결제되어 당사 국민은행 당좌 계좌에 입금되었다. (관리부 이호재)

■ 받을어음(만기)

[헤드부분] : 유형 : 일반
[분개부분](차)당좌예금 4,000,000 (대)받을어음 4,000,000
- 3.차변 : 10200.당좌예금
- 거래처 : 98002.국민당좌
- 금액 : 4,000,000원
- 적요 : 2.받을어음
- 증빙 : 9.기타

- 4. 대변 : 11000.받을어음
- 입력하면 받을어음 만기결제화면이 나타난다.

[회계관리]→[전표/장부관리]→[전표입력]→[헤드부분 데이터입력]→[차변항목입력]→[4.대변항목입력 : 받을어음 만기화면 팝업]→[기간입력]→[조회]→[해당어음 클릭]→[처리구분 팝업창]→[지급업체선택]→[처리구분:배서 선택]→[ENTER 저장]

[그림 10-16] 받을어음(만기결제)등록 화면

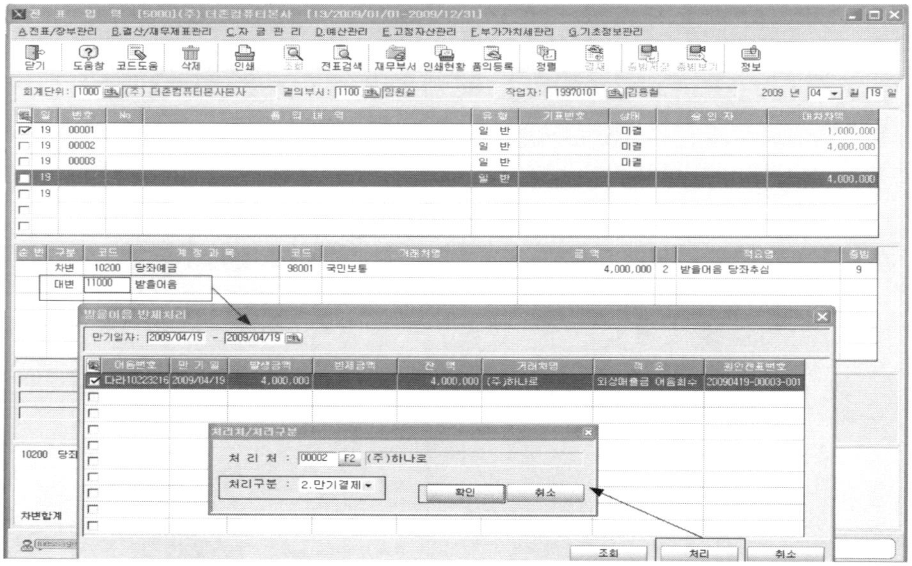

4) 지급어음 입력

기업이 약속어음을 발행하려면 먼저 은행으로부터 약속어음용지를 수령한 다음 약속어음의 관리번호별로 수불부를 작성하여 보관하였다가 물품대금의 지급시 발행한다.

[계정과목등록] 프로그램에서 '지급어음'계정의 연동항목이 '지급어음'으로 등록되어 지급어음의 발행과 결제시 [지급어음명세서] 등에 반영한다.

입력방법으로 '공통사항'의 입력방법과 같으며, 계정과목설정에서 지급어음 계정이 연동항목 '05번 지급어음'으로 설정되어 있어야 한다.

4월 19일 국민은행(국민당좌)으로부터 약속어음 10매(다가31121001 - 31121010)를 수령하였다.

[회계관리]→[자금관리]→[지급어음명세서]→[어음등록]→[어음등록 팝업창 활성화]→[어음내역 등록]→[등록]→[조회]

[그림 10-17] 지급어음 수령과 입력 화면

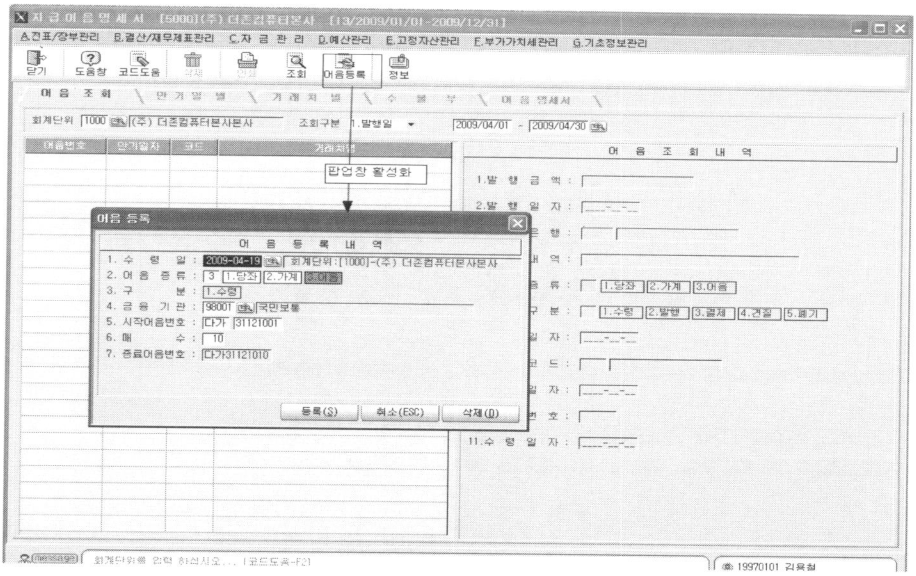

4) 지급어음 발행

4월 19일 (주)삼도전자의 외상매입금 3,5000,000을 약속어음을 발행하여 지급하였다.(어음 NO : 다가 31121001, 만기일 : 2009년 5월 31일, 증빙 : 입금표)

■ 지급어음발행

[헤드부분] : 유형 : 일반
[분개부분](차)외상매입금 3,500,000 (대)지급어음 3,500,000
- 3.차변 : 25100.외상매입금(거래처 : (주)삼도전자)
- 금액 : 3,500,000
- 적요 : 2.외상매입금반제 어음발행
- 증빙 :10.입금표

[관리항목]
- 사용부서 : 관리부

- 4. 대변 : 252100.외상매입금(거리처 : (주)삼도전자)
- 금액 : 3,500,000
- 적요 : 2.외상매입금반제 어음발행
- 증빙 : 10.입금표

[관리항목]
- 어음번호란에 [조회]아이콘을 클릭하면 보관된다.

[회계관리]➔[전표/장부관리]➔[전표입력]➔[헤드부분 데이터입력]➔[3.차변항목 : 25100 외상매입금 입력]➔[차변 데이터입력]➔[4.대변 : 25200.지급어음]➔[대변항목입력]➔[해당어음 클릭]➔[처리구분 팝업창]➔[데이터 확인]➔[ENTER 저장]

[그림 10-18] 지급어음 발행 화면

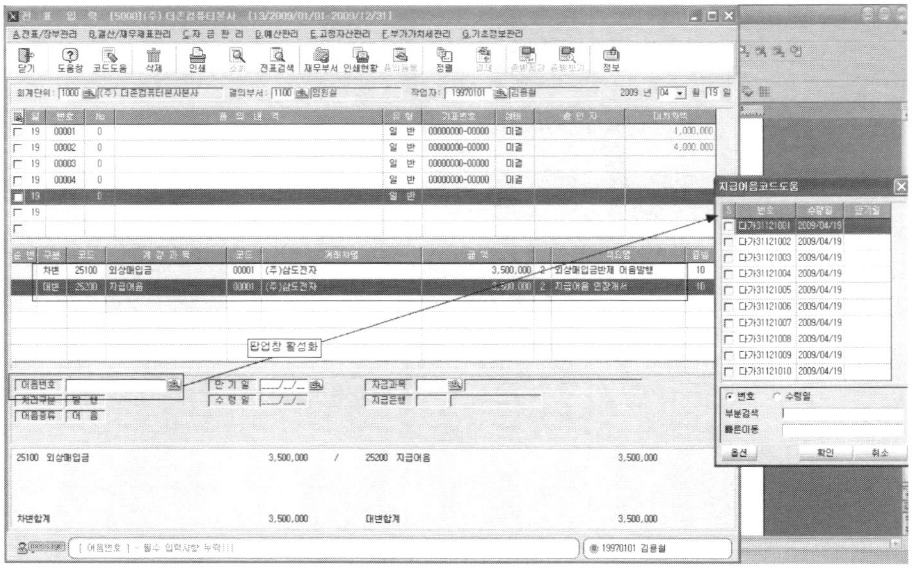

5) 지급어음 만기결제

5월 30일 (주)삼도전자에 발행하였던 약속어음(NO : 다가 31121001)만기되어 당시 국민은행 당좌예금계좌에서 자동 지급처리 되었다. (관리부, 이호재)

■ 지급어음만기결제

[헤드부분] : 유형 : 일반 [분개부분](차)지급어음 3,500,000 (대)당좌예금 3,500,000 - 3.차변 : 25200.지급어음 - 금액 : 3,500,000
4. 대변 : 10200.당좌예금(거래처:국민은행) - 금액 : 3,500,000

[회계관리]➔[전표/장부관리]➔[전표입력]➔[헤드부분 데이터입력]➔[3.차변항목 : 25200 지급어음 입력]➔[차변 데이터입력]➔[4.대변 : 10200.당좌예금]➔[대변항목 입력]➔[해당어음 클릭]➔[처리구분 팝업창]➔[데이터 확인]➔[ENTER 저장]

[그림 10-19] 지급어음 만기결제 화면

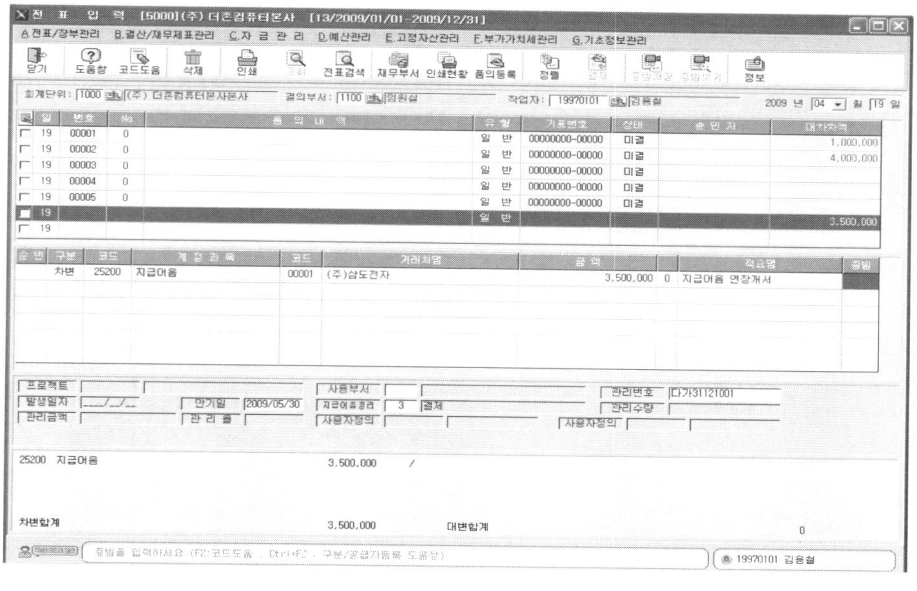

6) 유가증권입력

유가증권에는 단기매매증권과 만기보유증권, 매도가능증권 및 지분법투자주식 등이 있다. 이들은 모두 주식과 채권의 형태로 되어 있으며 실물의 형태로 관리하다가 매매시 원본이 제시되어야 한다.

[계정과목등록] 프로그램에서 10700 : 유가증권, 17800 : 투자유가증권계정의 연동항목이 '유가증권'으로 등록되어 [유가증권명세서]가 자동 작성된다.

4월 20일 단기보유목적으로 (주)해피콤의 주식 300주(NO : 10011001 -10011300)액면가 10,000원, 매입가 9,000원에 매입하면서 증권거래 수수료 등 30,000을 포함하여 현금으로 지급하였다. (관리부 이호재)

■ 유가증권 입력

[헤드부분] : 유형 : 일반
[분개부분](차)유가증권 2,73,000 (대)현금 2,730,000
- 1.출금.10700.유가증권 (거래처명 : (주)해피콤)
- 금액 : 2,730,000
- 적요 10.유가증권(NO : 10011001 -10011300)
[관리항목] 증권종류 : 2.주식
- 만기일 : 2009년4월20일(제시되지 않은 단기 투자목적주식이므로 임의 표기함)
- 평가방법 : 1.시가법, 수량 : 300, 액면가 : 10,000

[회계관리]➜[전표/장부관리]➜[전표입력]➜[헤드부분 데이터입력]➜[1.출금 항목 : 10700 유가증권 입력]➜[데이터입력]➜[데이터 확인]➜[ENTER 저장]

[그림 10-20] 유가증권 입력 화면

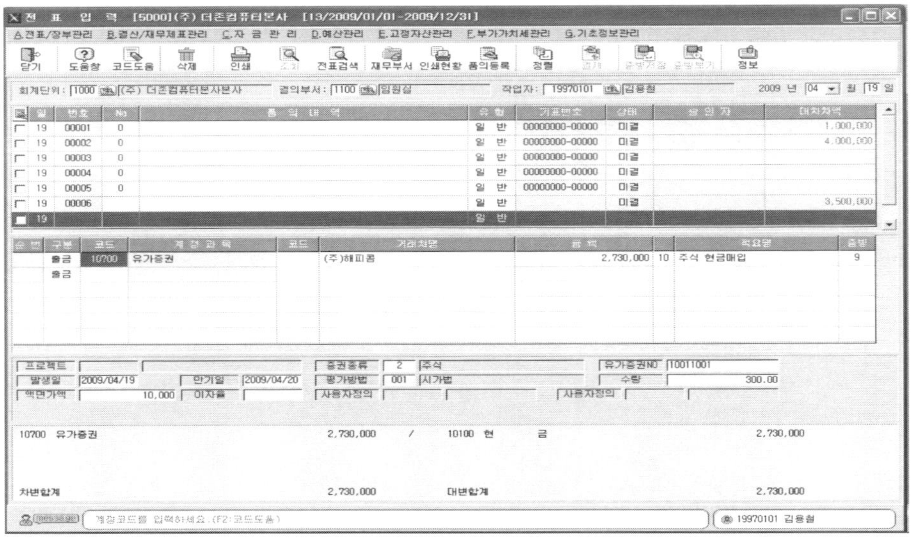

7) 기간비용입력

보험료, 이자 등의 비용들은 발생주의 원칙에 의해 당해연도분만 비용 처리되어야 하나 실제로는 차년도분까지 비용 처리되는 경우가 있다. 기간이 있는 비용들은 납부시 '선급비용'으로 처리하였다가 결산시 당해연도 기간경과분에 대해서 보험료, 이자비용 등의 계정으로 대체하는 것이 실무적이라 할 수 있다.

작업방법으로 계정과목등록에서 코드번호 [13300 : 선급비용계정]과 [26300 : 선수수익계정]의 연동항목 [09 : 기간비용]으로 설정되어 있다.

양편넣기란 기간계산시 초일과 말일을 모두 포함하며, 보험료 계산시 적용한다.

초일산입은 기간계산시 초일은 산입하고 말일은 불산입하는 방법으로 적수계산시 적용한다.

말일산입은 일반적으로 기간계산방법으로 기간의 초일을 불산입하고 말일을 포함한다.

4월 19일 영업1부 차량의 보험료 1,200,000원을 현대화재보험(주)에 현금으로 납부하고 보험에 가입(보험기간 : 2009년 4월 20일 - 2010년 4월 19일) 하였다. 처리자는 관리부, 이호재, 증빙자료 : 지로용지이다.

■ 기간비용 입력

[헤드부분] : 유형 : 일반
[분개부분](차)선급비용 1,200,000 (대)현금 1,200,000
- 1.출금.13300.선급비용 (거래처명 : 현대해상화재보험(주))
- 금액 : 1,200,000
- 적요 0.영업부 차량보험료납부
- 증빙 : 11.지로용지

[관리항목]
- 사용부서 : 2100.영업1부
- 대체계정 : 82100 : 판매관리비의 보험료
- 시작일 : 2009년 4월 20일
- 종료일 : 2010년 4월 19일
- 계산방법 : 1.양편넣기(보험료 초일산입 말일산입으로 총일수계산)

[회계관리]➔[전표/장부관리]➔[전표입력]➔[헤드부분 데이터입력]➔[1.출금 항목 : 13300 선급비용 입력]➔[데이터입력]➔[데이터 확인]➔[ENTER 저장]

[그림 10-21] 기간비용입력 화면

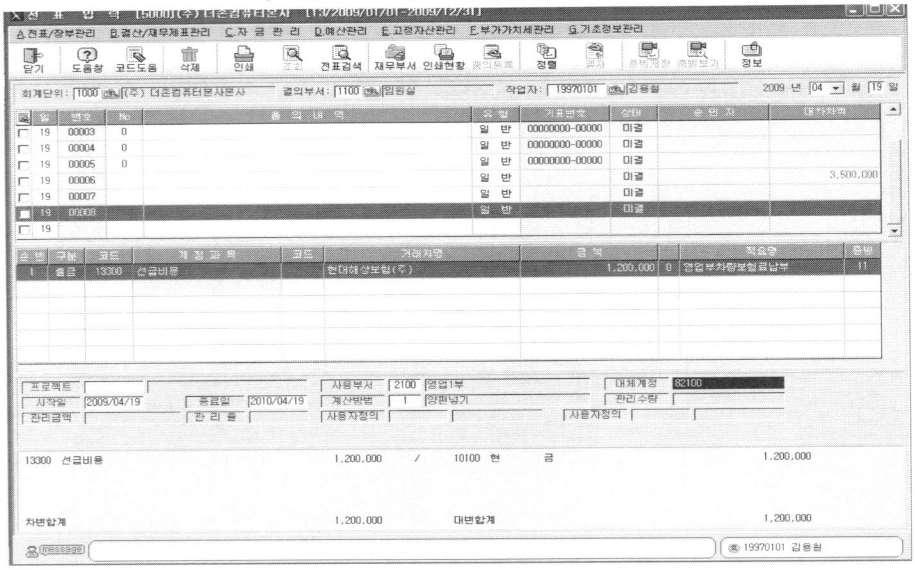

입력된 기간비용현황은 [회계관리]⇒[전표/장부관리]⇒[기간비용현황]에서 조회할 수 있다.

[그림 10-22] 기간비용현황 조회 화면

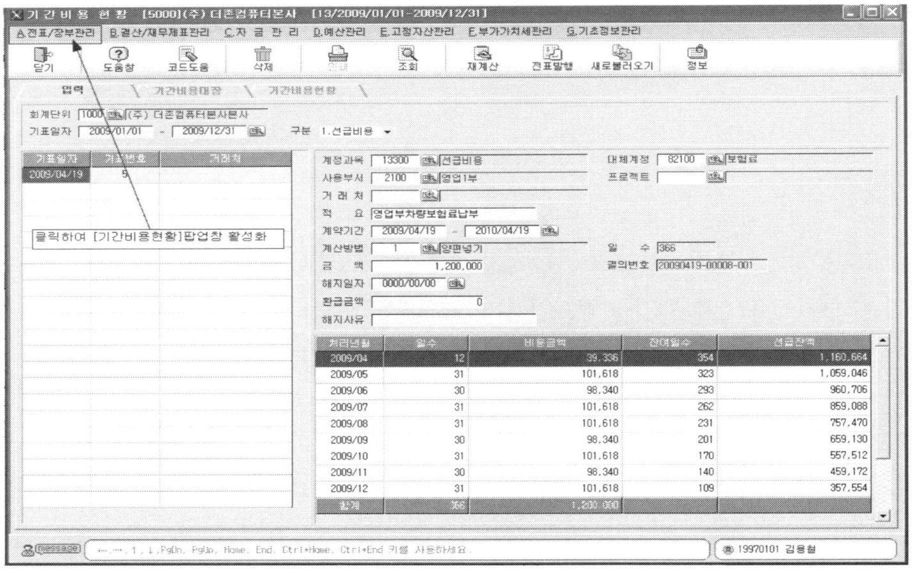

4. 매출부가세 관리

1) 매출부가세

부가가치세관련 자료 중 매출과 관련된 자료를 구분하여 '매출부가세'로 관리한다.

입력방법으로 계정과목설정에서 부가세예수금 계정에 연동항목으로 '01.매출부가세'로 설정되어 있어야 한다.

면세매출이나 영세매출처럼 부가세가 없이 공급가액만 있는 경우에도 부가세 연동항목계정의 분개를 입력해야만 신고서에 반영되며 이때 부가세금액은 금액란 '0'으로 입력하고 사업장, 세무서구분, 신고기준일, 공급가액만 정확히 입력한다.

직수출인 경우 매출부가세 발생이 없으나 신고를 위해 매출부가세 계정을 분개하여야하며 금액은 '0'으로 세무구분은 '16 - 수출'로 선택하고 공급가액만 입력한다.

4월 19일 영업1부 박수현이 (주)사무종합에 제품(컴퓨터 10대, 10,000,000, VAT 별도)을 판매하고 본사를 공급자로 세금계산서를 발행하였다. 대금은 전액 현금으로 받았다. (처리자 : 관리부 이호재)

■ 매출부가세 과세매출 입력

[헤드부분] : 유형 : 일반(또는 매출)
[분개부분](차)현금 11,000,000 (대)제품매출 11,000,000
(세목은 40401:국내매출)
- 2.입금.40401.국내매출
- 거래처 : (주)사무종합
- 금액 : 10,000,000
- 2.입금 : 25500.부가세예수금
- 거래처 : (주)사무종합증빙
- 세액 : 1,000,000
- 증빙 : 세금계산서

[관리항목]
- 사업장 : (주)더존컴퓨터 본사
- 세무구분 : 11.과세매출

신고기준일 : 2009.04월 19일
- 공급가액 : 10,000,000
- 세액 : 1,000,000

[회계관리]→[전표/장부관리]→[전표입력]→[헤드부분 데이터입력]→[2.입금 항목 : 40401 국내매출액 입력]→[데이터입력]→[2. 입금 : 25500.부가세예수금 입력]→[데이터입력]→ [ENTER]

[그림 10-23] 매출부가세 과세매출 중 (현금매출) 화면

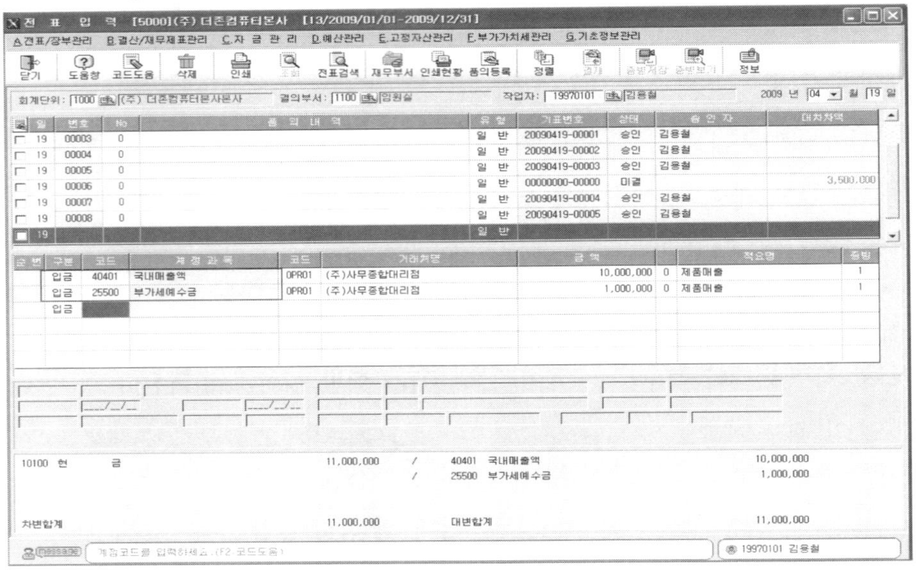

2) 매출부가세(외상매출용)

4월 19일 영업1부 박수현은 (주)하나로에 제품(컴퓨터 10대, 9,000,000원 부가세별도)을 판매하였다. 대금은 전액 외상으로 하여 본사를 공급자로 세금계산서를 발행하였다. (처리자 : 관리부 이호재)

■ 매출부가세 외상매출금 입력

[헤드부분] : 유형 : 일반(또는 매출)
[분개부분](차)외상매출금 9,000,000(대)제품매출 9,000,000
부가세 900,000

- 4.대변.40401.국내매출
- 거래처 : (주)하나로
- 금액 : 9,000,000
- 증빙 : 1.세금계산서

[관리항목]

- 사용부서 : 영업1부

- 4.대변 : 25500.부가세예수금
- 거래처 : (주)하나로
- 금액 : 900,000
- 증빙 : 세금계선서

[관리항목]

- 사업장 : (주)더존컴퓨터 본사
- 세무구분 : 11.과세매출
- 신고기준일 : 2009년 4월 19일
- 공급가액 : 9,000,000 세액 : 900,000

- 3.차변 : 10800.외상매출금
- 거래처 : (주)하나로
- 금액 : 9,900,000

[관리항목]
- 사용부서 : 영업1부

[회계관리]→[전표/장부관리]→[전표입력]→[헤드부분 데이터입력]→[4.대변 항목 : 40401 국내매출액 입력]→[데이터입력]→[4.대변 : 25500.부가세예수금 입력]→[3.차변 : 10800.외상매출금 입력]→[ENTER]

[그림 10-24] 매출부가세 외상매출 입력 화면

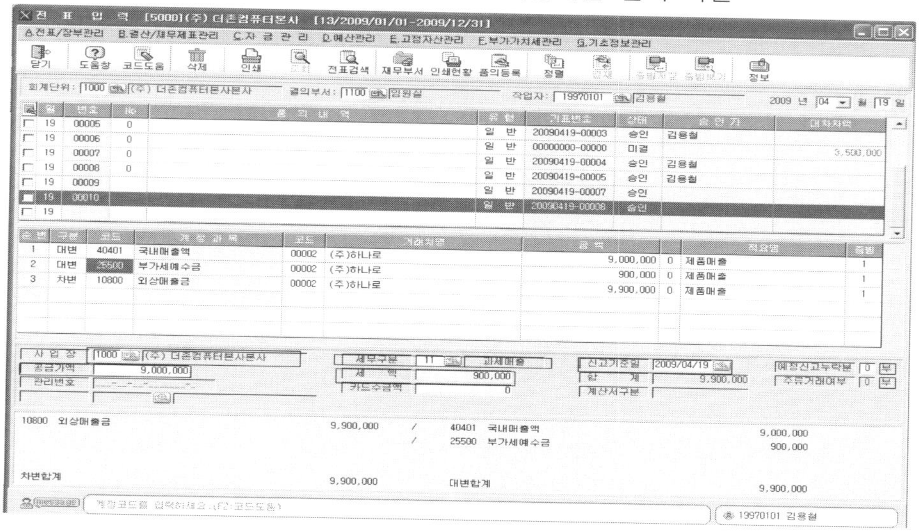

3) 매출부가세(어음수금용)

4월 19일 영업1부 박수현이 (주)서울컴텍에 제품(컴퓨터 5대, 4,000,000원 부가세별도)을 판매하였다. 대금은 전액 동점발행 약속어음(어음번호 : 아자32123122, 만기일 : 2009. 05. 30, 지급처 : 하나은행 광명지점)으로 전액 결재 받았다. (처리자 : 관리부 이호재)

■ 매출부가세 어음수금 입력

[헤드부분] : 유형 : 일반(또는 매출)
[분개부분](차)받을어음 4,000,000(대)제품매출 4,000,000
부가세예수금 400,000
- 4.대변.40401.국내매출
- 거래처 : (주)서울컴텍
- 금액 : 4,000,000
- 증빙 : 1.세금계산서

[관리항목]
- 사용부서 : 영업1부

	– 4.대변 : 25500.부가세예수금 – 거래처 : (주)서울컴텍 – 금액 : 400,000 – 증빙 : 세금계선서
[관리항목]	
	– 사업장 : (주)더존컴퓨터 본사 – 세무구분 : 11.과세매출 – 신고기준일 : 2009년 4월 19일 – 공급가액 : 4,000,000 세액 : 400,000
	– 3.차변 : 11000.받을어음 – 거래처 : (주)서울컴텍 – 금액 : 4,400,000 – 적요 : 3.제품매출시 어음수취 – 증빙 : 1.세금계산서
[관리항목]	
	– 사용부서 : 영업1부

[회계관리]→[전표/장부관리]→[전표입력]→[헤드부분 데이터입력]→[4.대변 항목 : 40401 국내매출액 입력]→[데이터입력]→[4.대변 : 25500.부가세예수금 입력]→[3.차변 : 1100.받을어음 입력]→[ENTER]

[그림 10-25] 매출부가세 어음수금 입력 화면

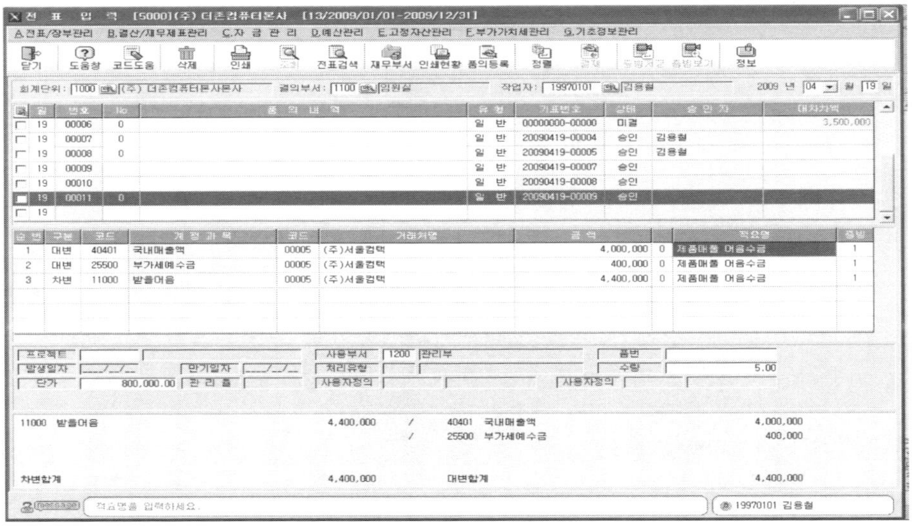

4) 매출부가세(반품용)

4월 19일 영업1부 박수현이 (주)하나로에 매출했던 제품(컴퓨터 2대, 1,800,000원 부가세별도)이 파손되어 반품되었다. 반품세금계산서를 발행해주면서 대금은 외상매출금 잔액과 상계하기로 하였다.(처리자 : 관리부 이호재)

■ 매출부가세 어음수금 입력

[헤드부분] : 유형 : 일반(또는 매출)
[분개부분]
(차)외상매출금 -1,800,000 (대)제품매출 -1,800,000
부가세예수금 -180,000

- 4.대변.40401.국내매출
- 거래처 : (주)하나로
- 금액 : -1,800,000
- 증빙 : 1.세금계산서

[관리항목]

- 사용부서 : 영업1부

- 4.대변 : 25500.부가세예수금
- 거래처 : (주)하나로
- 금액 : -180,000
- 증빙 : 세금계선서

[관리항목]

- 사업장 : (주)더존컴퓨터 본사
- 세무구분 : 11.과세매출
- 신고기준일 : 2009년 4월 19일
- 공급가액 : -1,800,000 세액 : -180,000

- 3.차변 : 11000.받을어음
- 거래처 : (주)서울컴텍
- 금액 : -1,980,000
- 적요 : 3.제품매출시 어음수취
- 증빙 : 1.세금계산서

[관리항목]

- 사용부서 : 영업1부

[회계관리]→[전표/장부관리]→[전표입력]→[헤드부분 데이터입력]→[4.대변 항목 : 40401 국내매출액 입력]→[데이터입력]→[4.대변 : 25500.부가세예수금 입력]→[3.차변 : 10800.외상매출금 입력]→[ENTER]

[그림 10-26] 매출부가세 반품 입력 화면

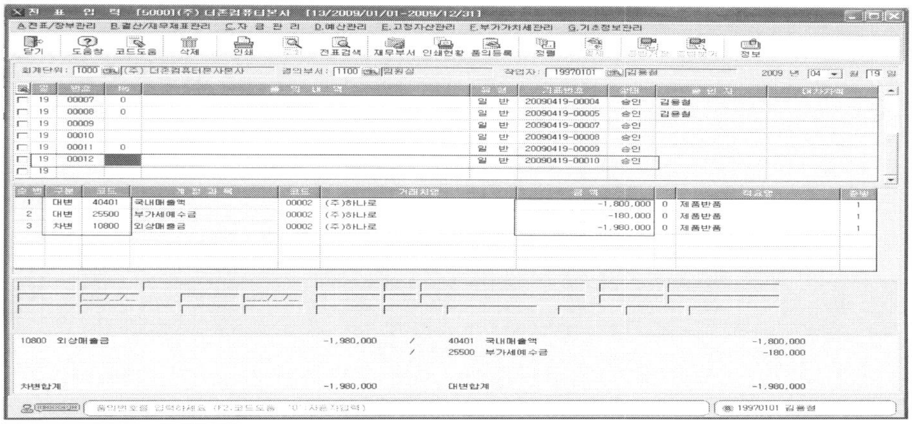

5) 매출부가세(영세율)

4월 19일 영업2부 박현동은 수출대행업체인 경상무역(주) Local L/C 에 의하여 제품(컴퓨터 5대, 단가 : 1,000,000원, 영세율 적용)을 납품하고 세금계산서를 발행 하였다. 대금은 전액 외상으로 하였다.

[경상무역(주), 사업자번호 : 123-81-12341, 대표 : 김경수, 업태 : 도매·서비스, 종목 : 컴퓨터, 무역]. (처리자 : 관리부 이호재)

■ 매출부가세 영세율 입력

[헤드부분] : 유형 : 일반(또는 매출)
[분개부분]
(차)외상매출금 5,000,000 (대)제품매출 5,000,000
부가세예수금 0

- 4.대변.40401.국내매출
- 거래처 : 경상무역(주)
- 금액 : 5,000,000
- 증빙 : 1.세금계산서

[관리항목]
- 사용부서 : 영업2부

- 4.대변 : 25500.부가세예수금
- 거래처 : 경상무역(주)
- 금액 : 0
- 증빙 : 1.세금계산서

[관리항목]
- 사업장 : (주)더존컴퓨터 본사
- 세무구분 : 12.영세매출
- 신고기준일 : 2009년 4월 19일
- 공급가액 : 5,000,000 세액 : 0

- 3.차변 : 10800.외상매출금
- 거래처 : 경상무역(주)
- 금액 : 5,000,000
- 증빙 : 1.세금계산서

[관리항목]
- 사용부서 : 영업2부

[회계관리]→[전표/장부관리]→[전표입력]→[헤드부분 데이터입력]→[4.대변 항목 : 40401 국내매출액 입력]→[데이터입력]→[4.대변 : 25500.부가세예수금 입력]→[3.차변 : 10800.외상매출금 입력]→[ENTER]

[그림 10-27] 매출부가세 영세율 입력 화면

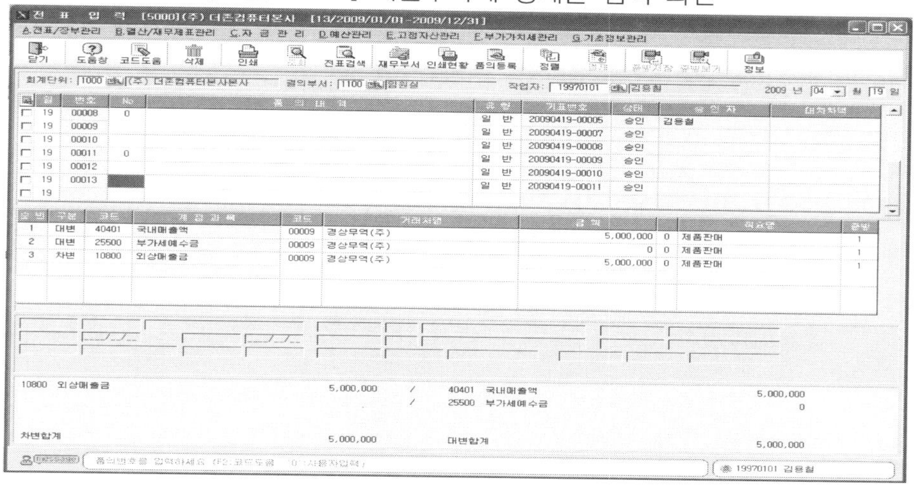

6) 매출부가세(면세율)

4월 19일 영업3부 조현일은 상품으로 판매하고 있는 컴퓨터관련 도서 10권(단가 : 12,000)을 (주)사무종합에 판매하고 계산서를 발행하였다. 대금은 전액 현금으로 받았다. (처리자 : 관리부 이호재)

■ 매출부가세 면세매출 입력

[헤드부분] : 유형 : 일반(또는 매출)
[분개부분]
(차)외상매출금 현금 120,000 (대)상품매출 120,000
부가세예수금 0
- 2.입금.40401.국내매출
- 거래처 : (주)사무종합
- 금액 : 120,000
- 증빙 : 2.계산서
[관리항목]
- 사용부서 : 영업3부

- 2.입금 : 25500.부가세예수금
- 거래처 : (주)사무종합
- 금액 : 0
- 증빙 : 2.계산서
[관리항목]
- 사업장 : (주)더존컴퓨터 본사
- 세무구분 : 13.면세매출
- 신고기준일 : 2009년 4월 19일
- 공급가액 : 120,000 세액 : 0

[회계관리]→[전표/장부관리]→[전표입력]→[헤드부분 데이터입력]→[2.현입금 항목 : 40401 국내매출액 입력]→[데이터입력]→[2.입금 : 25500.부가세예수금 입력]→[ENTER]

[그림 10-28] 매출부가세 면세율 입력 화면

7) 매출부가세(수출용)

4월 19일 영업2부 박현동은 A&A CO.LTD.,에 제품(컴퓨터 : 20대, 단가 $1,000)을 수출신고서(신고번호 : 040-10-07-111111-7)에 의해서 수출하고 대금은 미화($20,000)을 외화로 받아 신한보통 외화예금 통장으로 입금 받았다.(1$당 환율 : 1,200원 적용)

■ 매출부가세 수출매출 입력

[헤드부분] : 유형 : 일반(또는 매출)
[분개부분]
(차)외화예금 24,000,000 (대)제품매출 24,000,000
부가세예수금 0

- 4.대변.40402.해외매출액
- 거래처 : A&A
- 금액 : 24,000,000
- 증빙 : 1.세금계산서

[관리항목]

- 사용부서 : 영업2부

- 4.대변 : 25500.부가세예수금
- 거래처 : A&A
- 금액 : 0
- 증빙 : 2.계산서

[관리항목]

- 사업장 : (주)더존컴퓨터 본사
- 세무구분 : 16.수출매출
- 신고기준일 : 2009년 4월 19일
- 공급가액 : 24,000,000 세액 : 0
- 환종 : USD
- 수출신고번호 : 040-10-07-111111-7
- 외화금액 : $20,000 (환율 : 1,200원)

- 3.차변 : 10302.외화예금
- 거래처 : 98003.신한보통
- 금액 : 24,000,000

[관리종목]

- 환종 : USD, 외화금액 : $20,000, 환율 :1,200원

[회계관리]→[전표/장부관리]→[전표입력]→[헤드부분데이터입력]→[4.대변 항목 : 40402 해외매출액 입력]→[데이터입력]→[4.대변 : 25500.부가세예수금 입력]→[데이터입력]→[3.차변항목 : 10302.외화예금 입력]→[데이터입력]→[ENTER]

[그림 10-29] 매출부가세 수출매출 입력 화면

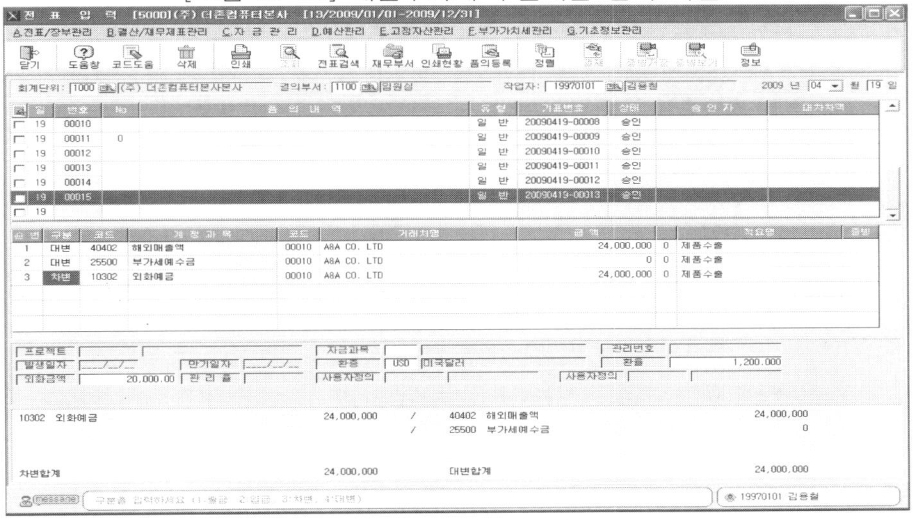

8) 매출부가세(카드매출용)

4월 19일 영업3부 조현일은 강남 OA 교육센타에 제품(컴퓨터 5대, 단가 1,000,000원, 부가세별도)을 판매하고 대금은 비씨카드로 결재하였다.(본 예제에 한하여 영수증 발행대상자로 함)

■ 매출부가세 카드매출 입력

[헤드부분] : 유형 : 일반(또는 매출)

[분개부분]

(차)미수금 5,500,000 (대)제품매출 5,000,000

부가세예수금 500,000

- 4.대변.40401.국내매출액
- 거래처 : 강남 OA 교육센터
- 금액 : 5,000,000
- 증빙 : 8.신용카드매출전표

[관리항목]

- 사용부서 : 영업2부

[관리항목]	- 4.대변 : 25500.부가세예수금 - 거래처 : 강남 OA 교육센터 - 금액 : 500,000 - 사업장 : (주)더존컴퓨터 본사 - 세무구분 : 17.카드매출 - 신고기준일 : 2009년 4월 19일 - 공급가액 : 5,000,000 세액 : 500,000
	- 3.차변 : 12000.미수금 - 거래처 : 비씨카드 - 금액 : 5,500,000

[회계관리]→[전표/장부관리]→[전표입력]→[헤드부분 데이터입력]→[4.대변 항목 : 40401 국내매출 입력]→[데이터입력]→[4.대변 : 25500.부가세예수금 입력]→[데이터입력]→[3.차변항목 : 12000.미수금입력]→[데이터입력]→[ENTER]

[그림 10-30] 매출부가세 카드매출 입력 화면

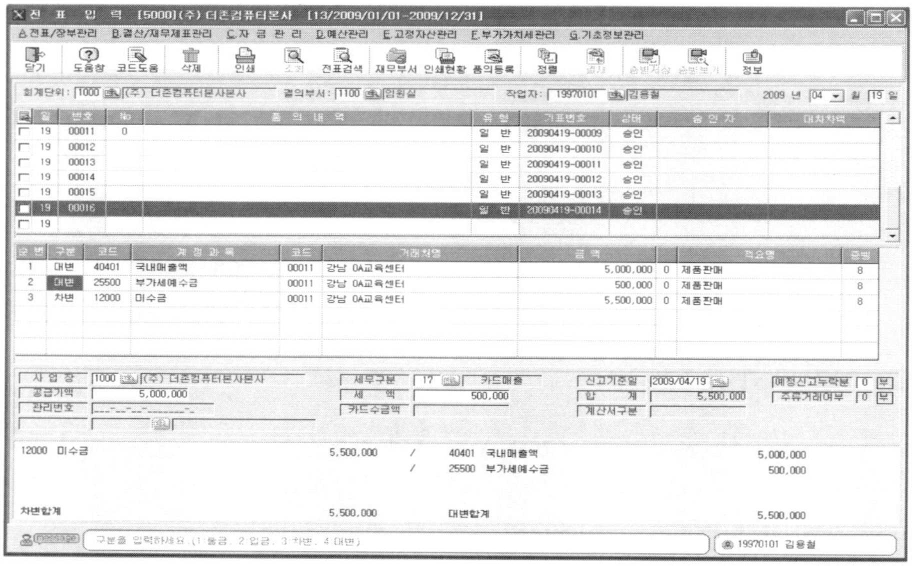

5. 매입부가세 관리

1) 매입부가세

입력방법은 '공통사항'의 입력방법과 같으며 계정과목설정에서 부가세대급금 계정에 연동항목으로 '02.매입부가세'로 설정되어 있어야 한다.

연동항목 계정(13500.부가세대급금)의 금액란에 부가세를 입력하면 보조화면의 세액란에 자동으로 반영된다.

면세매입이나 영세율처럼 부가세가 없이 공급가액만 있는 경우 부가세연동항목 계정의 분개를 입력하여야만 신고서에 반영되며 이때 부가세 금액은 금액란 '0'으로 입력하고 사업장, 세무구분, 신고기준일, 공급가액 등을 정확히 입력한다.

매입세액 불공제는 분개상에 매입부가세 연동계정(13500.부가세대급금)의 금액은 '0'으로 처리하고 세무구분을 '24.매입불공제'를 선택 후 공급가액과 세액을 보조화면상에 입력한다.

2) 매입부가세 과세매입 현금결제

4월 20일 인천지사 자재부, 박영철은 인천공장에서 사용할 원재료 2,000,000원(부가세별도)를 (주)씨네스로부터 구입하고 대금은 전액 현금으로 지급하였다. 세금계산서는 인천지사를 공급받는자로 발행하여 교부받았다.

■ 매입부가세 과세매입 현금결제

[헤드부분] : 유형 : 일반(또는 매입)
[분개부분]
(차)원재료 2,000,000 (대)현금 2,000,000
부가세대급금 200,000
- 1.출금.14900. 원재료
- 거래처 : (주)씨네스
- 금액 : 2,000,000
- 증빙 : 1.세금계산서

- 1.출금 : 13500.부가세대급금
- 거래처 : (주)씨네스
- 금액 : 200,000
- 증빙 : 1.세금계산서

[관리항목]
- 사업장 : (주)더존컴퓨터 인천지사
- 세무구분 : 2.과세매입
- 신고기준일 : 2009년 4월 20일
- 공급가액 : 2,000,000 세액 : 200,000

[회계관리]→[전표/장부관리]→[전표입력]→[헤드부분 데이터입력]→[1.출금 항목 :

14900.원재료 매입입력]➔[데이터입력]➔[1.대변 : 13500.부가세대급금 입력]➔[데이터입력]➔ [관리항목입력]➔[ENTER]

[그림 10-31] 매입부가세 과세매입 현금 지급 입력 화면

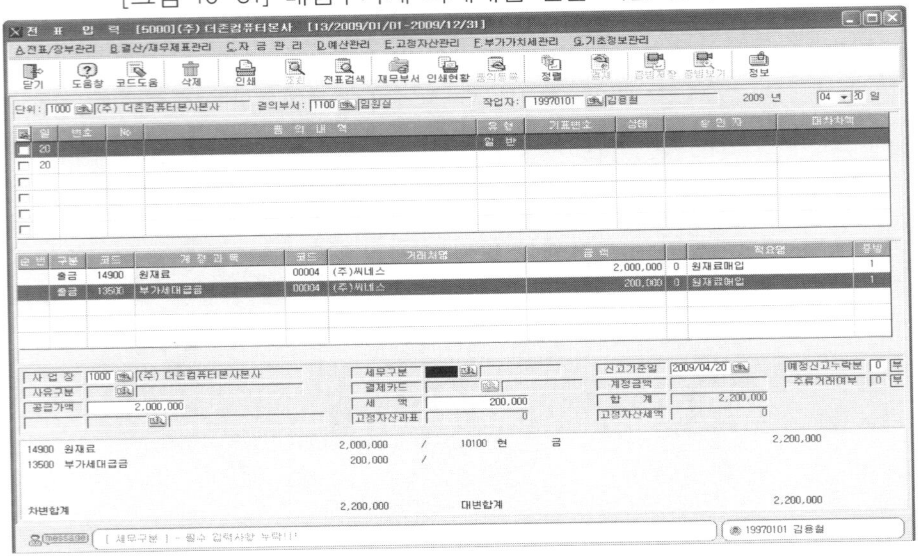

3) 매입부가세 과세매입 외상결제

4월 20일 인천지사 자재부, 박영철은 인천공장에서 사용할 원재료 3,000,000원(부가세별도)를 (주)삼화 INC 로부터 구입하고 대금은 전액 외상으로 지급하였다. 세금계산서는 인천지사를 공급받는자로 발행하여 교부받았다.

■ 매입부가세 과세매입 외상결제

[헤드부분] : 유형 : 일반(또는 매입)
[분개부분]
(차)원재료 3,000,000 (대)외상매입금 3,000,000
부가세대급금 300,000

- 1.출금.14900. 원재료
- 거래처 : (주)삼화 INC
- 금액 : 3,000,000
- 증빙 : 1.세금계산서

- 1.출금 : 13500.부가세대급금
- 거래처 : (주)삼화 INC
- 금액 : 300,000
- 증빙 : 1.세금계산서

[관리항목]

- 사업장 : (주)더존컴퓨터 인천지사
- 세무구분 : 21.과세매입
- 신고기준일 : 2009년 4월 20일
- 공급가액 : 3,000,000 세액 : 300,000

- 4.대변 : 25100.외상매입금
- 금액 : 3,300,000
- 증빙 : 1.세금계산서

[관리항목]

- 사용부서 : 자재부

[회계관리]→[전표/장부관리]→[전표입력]→[헤드부분 데이터입력]→[3.차변 항목 : 14900. 원재료 매입입력]→[데이터입력]→[3.차변 : 13500. 부가세대급금 입력]→[데이터입력]→[관리항목입력]→[4.대변 : 25100. 외상매입금]→[외상매입금데이터입력]→[ENTER]

[그림 10-32] 매입부가세 과세매입 외상결제 입력 화면

4) 매입부가세 과세매입 어음결제

4월 20일 인천지사 자재부, 박영철은 인천공장에서 사용할 원재료 1,000,000원(부가세별도)를 (주)삼화 INC로부터 구입하고 대금은 전액 약속어음으로 지급하였다. 세금계산서는 인천지사를 공급받는자로 발행하여 교부받았다.

■ 매입부가세 과세매입 어음결제

[헤드부분] : 유형 : 일반(또는 매입)
[분개부분]
(차)원재료 1,000,000 (대)외상매입금 1,000,000
부가세대급금 100,000

- 3.차변.14900. 원재료
- 거래처 : (주)삼화 INC
- 금액 : 1,000,000
- 증빙 : 1.세금계산서

[관리항목]	- 3.차변 : 13500.부가세대급금 - 거래처 : (주)삼화 INC - 금액 : 100,000 - 증빙 : 1.세금계산서 - 사업장 : (주)더존컴퓨터 인천지사 - 세무구분 : 21.과세매입 - 신고기준일 : 2009년 4월 20일 - 공급가액 : 1,000,000 세액 : 100,000
[관리항목]	- 4.대변 : 25200.지급어음 - 금액 : 1,100,000 - 증빙 : 1.세금계산서 - 어음 NO : 다가31121002, 만기일 : 2009년 6월 20일 - 지급처 : 국민은행 - 사용부서 : 자재부

[회계관리]➜[전표/장부관리]➜[전표입력]➜[헤드부분 데이터입력]➜[3.차변 항목 : 14900.원재료 매입입력]➜[데이터입력]➜[3.차변 : 13500.부가세대급금 입력]➜[데이터입력]➜[관리항목입력]➜[4.대변 : 25200.지급어음]➜[외상매입금데이터입력]➜[ENTER]

[그림 10-33] 매입부가세 과세매입 어음결제 입력 화면

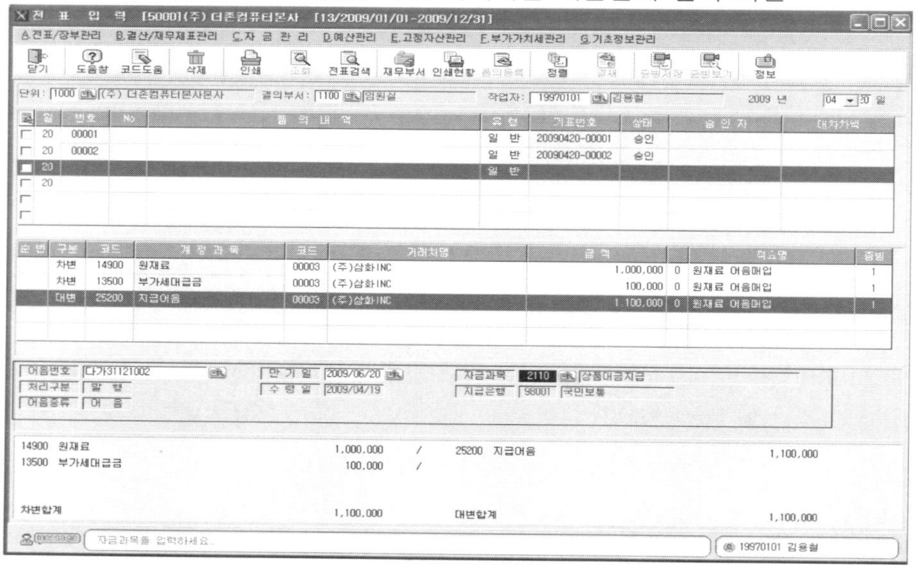

5) 매입부가세 과세매입 반품

4월 20일 인천지사 자재부, 박영철은 인천공장에서 사용할 원재료 구입분 중 100개, 개당 3,000원, 300,000원(부가세별도)을 반품하였다. (주)삼화 INC 로부터 반품계산서를 교부받고 외상대금과 상계처리하기로 하였다.

■ 매입부가세 과세매입 반품

[헤드부분] : 유형 : 일반(또는 매입)
[분개부분]
(차)원재료 -300,000 (대)외상매입금 -300,000
부가세대급금 -30,000
- 3.차변.14900. 원재료
- 거래처 : (주)삼화 INC
- 금액 : -300,000
- 증빙 : 1.세금계산서

- 3.차변 : 13500.부가세대급금
- 거래처 : (주)삼화 INC
- 금액 : -30,000
- 증빙 : 1.세금계산서

[관리항목]
- 사업장 : (주)더존컴퓨터 인천지사
- 세무구분 : 21.과세매입
- 신고기준일 : 2009년 4월 20일
- 공급가액 : -300,000 세액 : -30,000

- 4.대변 : 25100.외상매입금
- 금액 : -330,000
- 증빙 : 1.세금계산서

[관리항목]
- 사용부서 : 자재부

[회계관리]➔[전표/장부관리]➔[전표입력]➔[헤드부분 데이터입력]➔[3.차변 항목 : 14900.원재료 매입입력]➔[데이터입력]➔[3.차변 : 13500.부가세대급금 입력]➔[데이터입력]➔[관리항목입력]➔[4.대변 : 25100.외상매입금]➔[외상매입금데이터입력]➔[ENTER]

[그림 10-34] 매입부가세 과세매입 반품 입력 화면

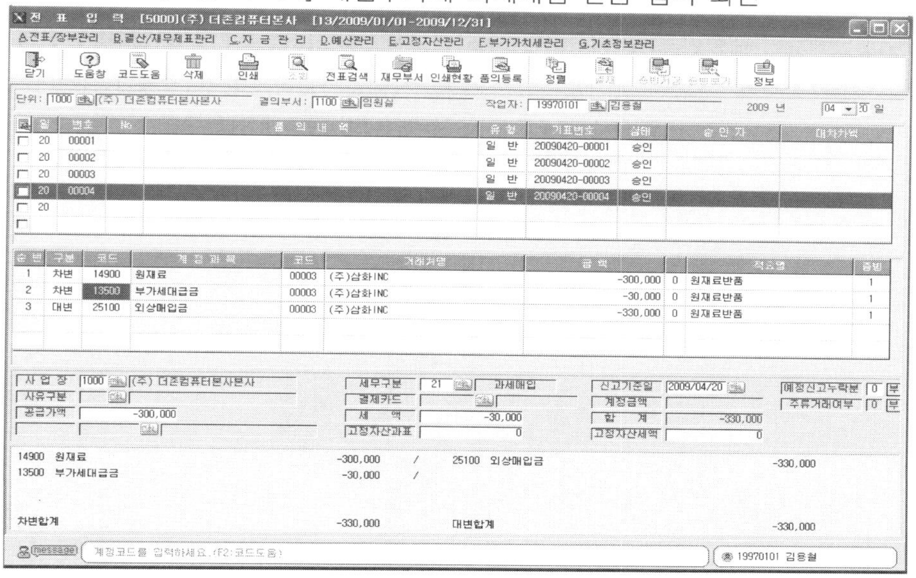

6) 매입부가세 고정자산 취득

4월 20일 본사 이호재는 생산부에서 사용할 기계장치(품의번호 2호, 생산용기계 구입 건, 품명:제어장치, 1대, 공급가액 12,000,000원 부가세별도, 전액 외상)를 (주)INC으로부터 1년간 무상 A/S 조건으로 구입하고 세금계산서를 교부받았다.

■ 매입부가세 과세매입 고정자산취득

[헤드부분] : 유형 : 일반
[분개부분]
(차)기계장치 12,000,000 (대)미지급금 12,000,000
부가세대급금 1,200,000

- 3.차변.20600.기계장치
- 거래처 : (주)삼화 INC
- 금액 : 12,000,000
- 증빙 : 1.세금계산서

- 3.차변 : 13500.부가세대급금
- 거래처 : (주)삼화 INC
- 금액 : 1,200,000
- 증빙 : 1.세금계산서

[관리항목]

- 사업장 : (주)더존컴퓨터
- 세무구분 : 21.과세매입
- 신고기준일 : 2009년 4월 20일
- 공급가액 : 12,000,000 세액 : 1,200,000

- 4.대변 : 25300.미지급금
- 금액 : 13,200,000
- 증빙 : 1.세금계산서

[회계관리]→[전표/장부관리]→[전표입력]→[헤드부분 데이터입력]→[3.차변 항목 : 20600.기계장치 매입입력]→[데이터입력]→[감가상각취득내역 팝업창 활성화]→[팝업창 데이터입력]→[3.차변 : 13500.부가세대급금 입력]→[데이터입력]→[관리항목입력]→[4.대변 : 25300.미지급금]→[미지급금데이터입력]→[ENTER]

[그림 10-35] 매입부가세 과세매입 고정자산취득 입력 화면

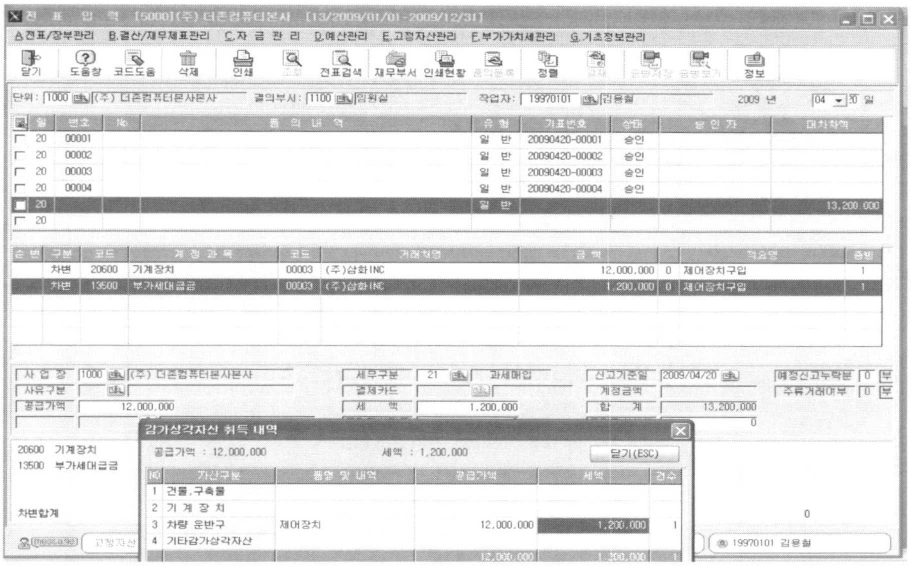

7) 매입부가세 영세매입

4월 20일 본사 이호재는 구매요구서에 의해 수출품 제작에 필요한 원재료 600,000원을 영세율로 (주)씨네스로부터 외상으로 구입하였다.

■ 매입부가세 영세매입

[헤드부분] : 유형 : 일반
[분개부분]
(차)원재료 600,000 (대)미지급금 600,000
부가세대급금 0
- 3.차변.14900.원재료
- 거래처 : (주)씨네스
- 금액 : 600,000
- 증빙 : 2.계산서

- 3.차변 : 13500.부가세대급금
- 거래처 : (주)삼화 INC
- 금액 : 0
- 증빙 : 2.계산서

[관리항목]
- 사업장 : (주)더존컴퓨터
- 세무구분 : 22.영세매입
- 신고기준일 : 2009년 4월 20일
- 공급가액 : 600,000 세액 : 0

- 4.대변 : 25100.외상매입금
- 금액 : 600,000
- 증빙 : 2.계산서

[회계관리]➔[전표/장부관리]➔[전표입력]➔[헤드부분 데이터입력]➔[3.차변 항목 : 14900.원재료 매입입력]➔[데이터입력]➔[3.차변 : 13500.부가세대급금 입력]➔[데이터입력]➔[관리항목입력]➔[4.대변 : 25100.외상매입금]➔[ENTER]

[그림 10-36] 매입부가세 과세매입 영세매입 입력 화면

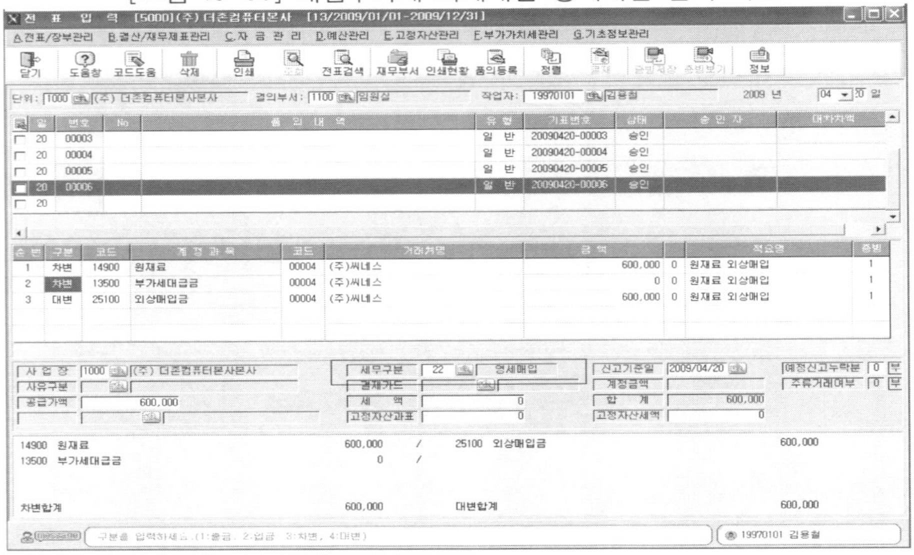

8) 매입부가세 면세매입

4월 20일 본사 이호재는 관리부용 도서 3권 60,000원을 도서출판 ENECO로부터 현금으로 매입하였다. (도서출판 ENECO : 120-93-54950, 고우용, 업태 : 도소매, 종목 : 출판사)

■ 매입부가세 면세매입

[헤드부분] : 유형 : 일반
[분개부분]
(차)도서인쇄비 60,000 (대)현금 60,000
부가세대급금 0
- 1.출금.82600.도서인쇄비
- 거래처 : 도서출판 ENECO
- 금액 : 60,000
- 증빙 : 2.계산서

- 1.출금 : 13500.부가세대급금
- 거래처 : 도서출판 ENECO
- 금액 : 0
- 증빙 : 2.계산서

[관리항목]
- 사업장 : (주)더존컴퓨터
- 세무구분 : 23.면세매입
- 신고기준일 : 2009년 4월 20일
- 공급가액 : 60,000 세액 : 0

[회계관리]➔[전표/장부관리]➔[전표입력]➔[헤드부분 데이터입력]➔[1.출금 항목 : 82600.도서인쇄비입력]➔[데이터입력]➔[1.차변 : 13500.부가세대급금 입력]➔[데이터입력]➔[관리항목입력]➔[ENTER]

[그림 10-37] 매입부가세 과세매입 영세매입 입력 화면

6. 전표 승인 및 전표출력

1) 전표승인해제

전표승인해제란 전표입력메뉴에 미결상태로 있는 전표를 승인함으로써 제장부 및 재무제표 등에 반영하게 된다. 사원등록에서 입력방식이 '미결'로 등록된 사원은 전표를 입력하면 미결로 남게 된다. 이와 같은 전표는 승인권자가 일괄 또는 건별로 승인하여야 한다.

[회계관리]➔[전표/장부관리]➔[전표승인해제]➔[조건조회]➔[승인하고자하는 전표 좌측의 체크박스 체크]➔[전표승인 팝업창 활성화]➔[승인]

[전표해제]➔[승인과 동일방법]

[그림 10-38] 전표승인해제 입력 화면

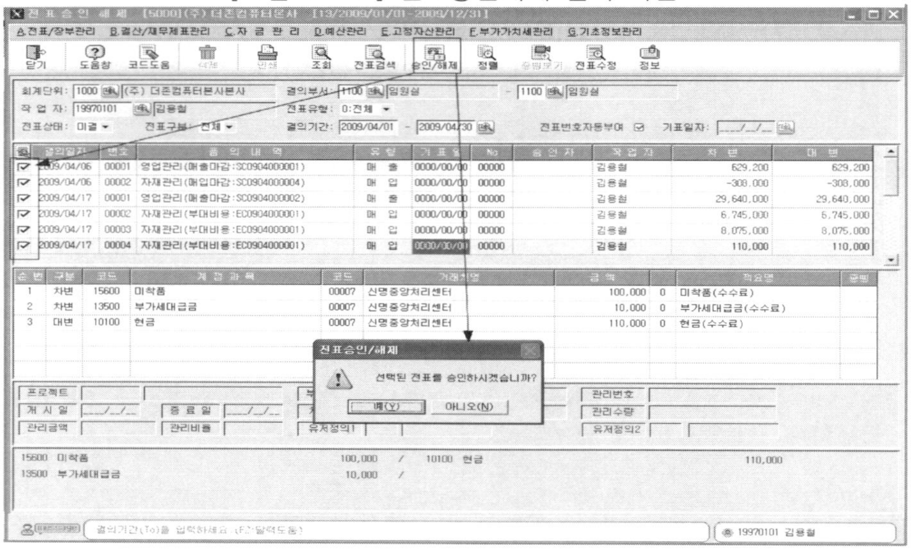

2) 전표출력

거래자료의 입력에서 입력된 내용을 전표로 발행해주는 작업으로 (입금전표, 출금전표, 대체전표)로 발행된다.

[회계관리]→[전표/장부관리]→[전표출력]→[전표구분 클릭]→[출력하고자하는 조건입력]→[조회]→[인쇄]

[그림 10-39] 전표출력 화면

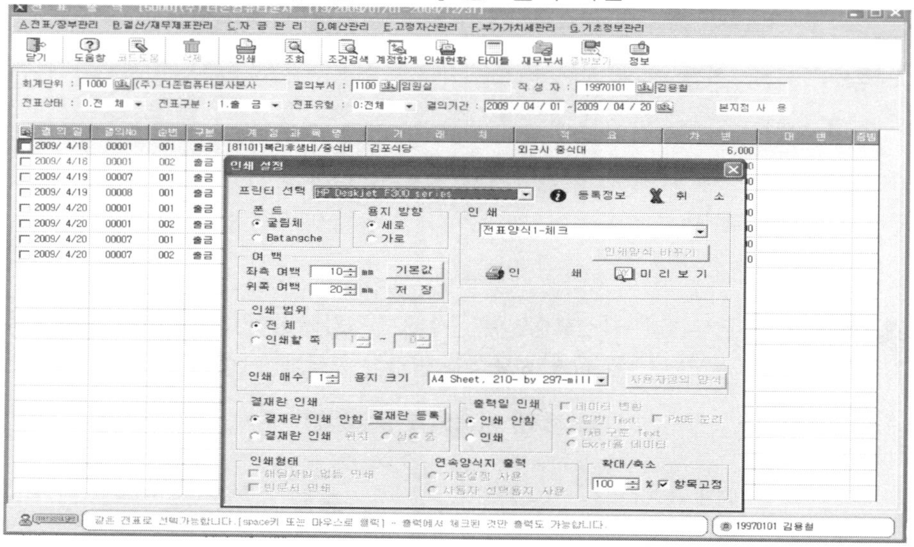

3) 일월계표

일월계표는 매일거래내역의 분개를 계정과목별로 집계한 분개표이다. 차변은 현금이 출금된 것을 의미하고 대변은 현금이 입금된 것을 의미한다.

[회계관리]→[전표/장부관리]→[일월계표]→[조회조건입력]→[조회]→[인쇄]

[그림 10-40] 일월계표 화면

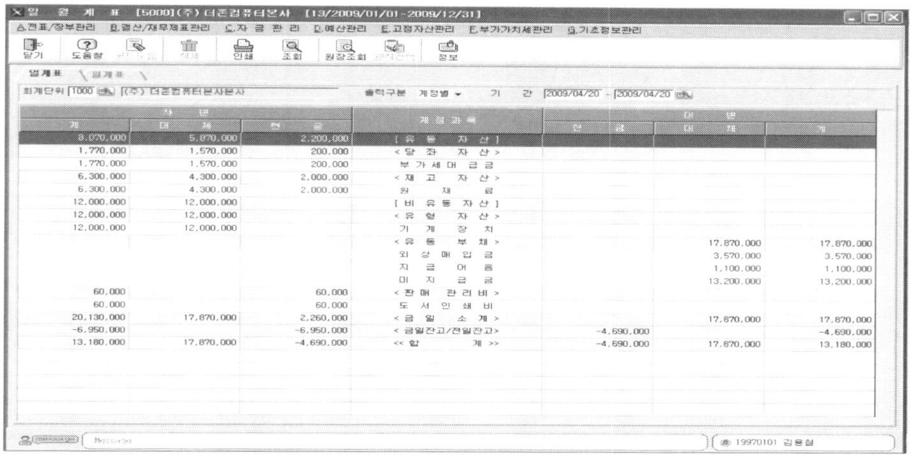

4) 총계정원장

총계정원장은 결산의 기초가 되는 주요부로서 기업에서 사용하는 모든 계정과목의 일일 대·차합계, 잔액현황이 집계되어 기록되는 장부이다.

[회계관리]→[전표/장부관리]→[총계정원장]→[조회조건입력]→[조회]→[인쇄]

[그림 10-41] 총계정원장 조회화면

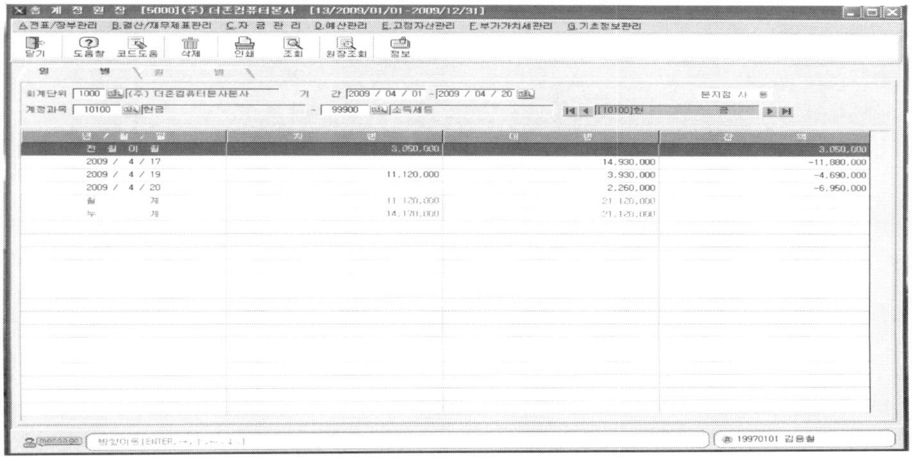

5) 현금출납장

현금의 수입과 지출의 내용을 상세히 기록, 계산하는 보조장부로서 입금과 출금 거래내역을 조회 또는 출력한다.

[회계관리]→[전표/장부관리]→[현금출납장]→[조회조건입력]→[조회]→[인쇄]

[그림 10-42] 현금출납장 조회화면

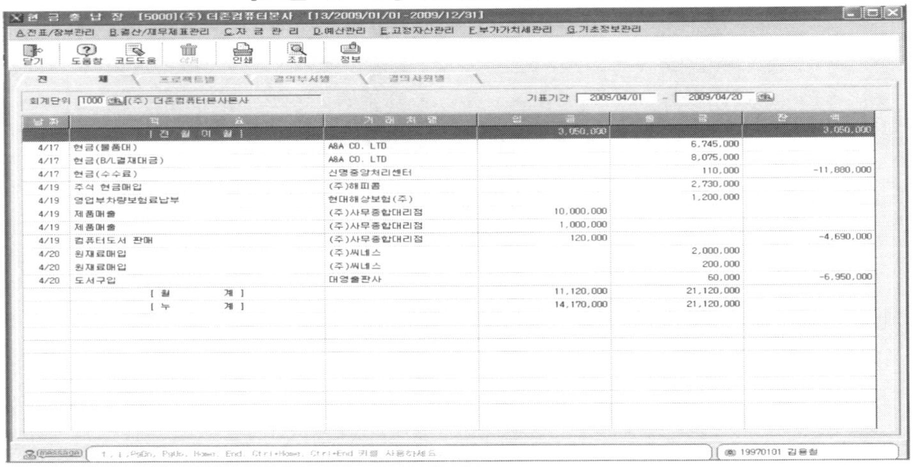

6) 계정별원장

각 계정의 거래내역을 상세히 기록한 장부로서 총계정원장의 보조장부이다.

[회계관리]→[전표/장부관리]→[계정별원장]→[조회조건입력]→[조회]→[인쇄]

[그림 10-43] 계정별원장 조회화면

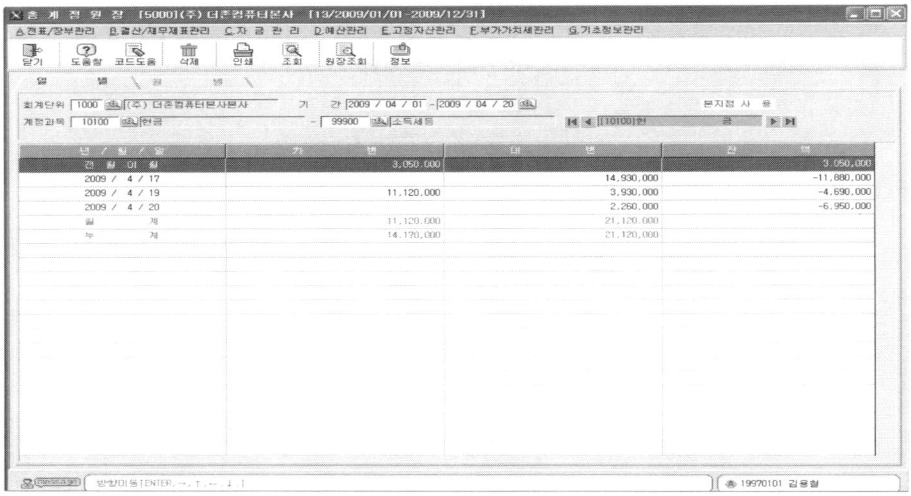

7) 거래처원장

각 계정과목별 일정기간의 거래처별 반액이나 거래내용을 기록한 보조기장으로 거래자료 입력시 입력된 거래처 코드에 의해 자동으로 작성된다.

[회계관리]➜[전표/장부관리]➜[거래처원장]➜[조회조건입력]➜[조회] ➜[인쇄]

[그림 10-44] 거래처원장 조회화면

8) 관리항목 원장

전표입력시 [관리항목부분]에서 입력된 관리사항을 전표단위로 조회하는 프로그램이다. 거래처별 잔액, 원장, 총괄잔액, 총괄내용 형식으로 구성되어 있다.

[회계관리]➜[전표/장부관리]➜[관리항목원장]➜[조회조건입력]➜[조회]➜[인쇄]

[그림 10-45] 관리항목원장 조회화면

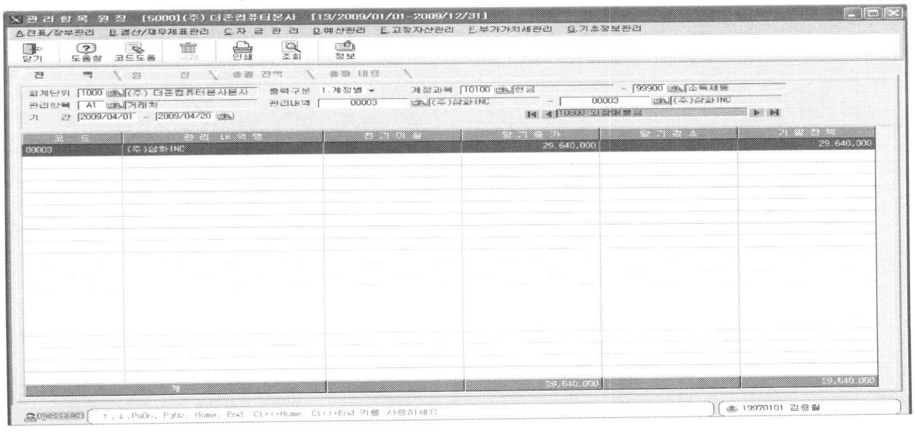

9) 관리내역현황

관리항목의 내역별 사용현황을 계정과목별로 파악하는 현황메뉴로 발생기준, 전년대비, 내역현황, 잔액, 원장으로 구분하여 비교분석할 수 있으며, 차트나 그래프를 이용하여 현황을 파악할 수 있다.

[회계관리]→[전표/장부관리]→[관리내역현황]→[조회조건입력]→[조회]→[인쇄]

[그림 10-46] 관리내역현황 조회화면

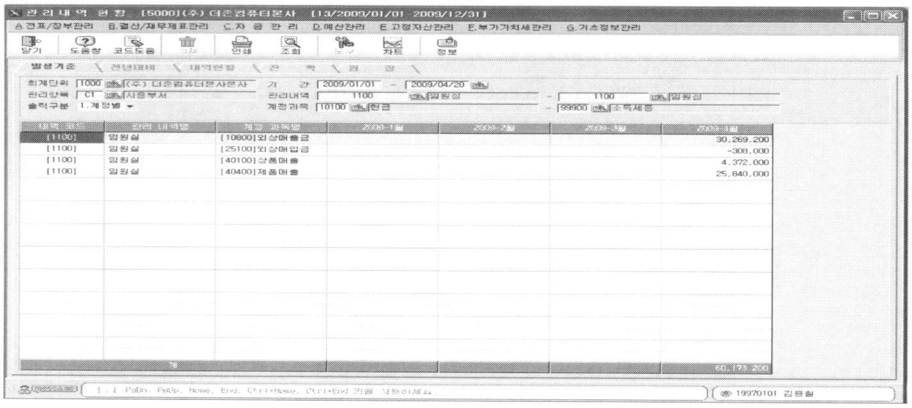

9) 매입매출장

세무와 관련하여 아주 중요한 의미를 갖는 장부로 매입, 매출장은 부가가치세와 관련된 제반 거래내역을 상세히 기록, 계산한 보조장부이며, 본 프로그램에서 매출매입전표입력에서 입력된 자료에 의해 자동 작성된다.

[회계관리]→[전표/장부관리]→[매입매출장]→[조회조건입력]→[조회]→[인쇄]

[그림 10-47] 매입매출장 조회화면

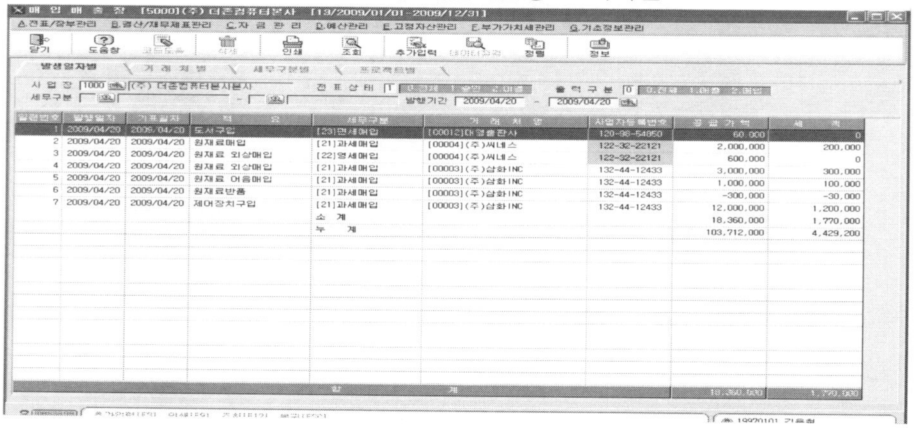

10) 기간비용현황

기간비용대장을 조회하는 화면으로 조회기간별 비용 산입현황을 보여준다. 계정과목의 연동항목을 기간비용으로 설정해 놓았을 때 전표에 입력한 내용이 반영된다.

[회계관리]→[전표/장부관리]→[기간비용현황]→[조회조건입력]→[조회]→[인쇄]

[그림 10-48] 기간비용현황 조회화면

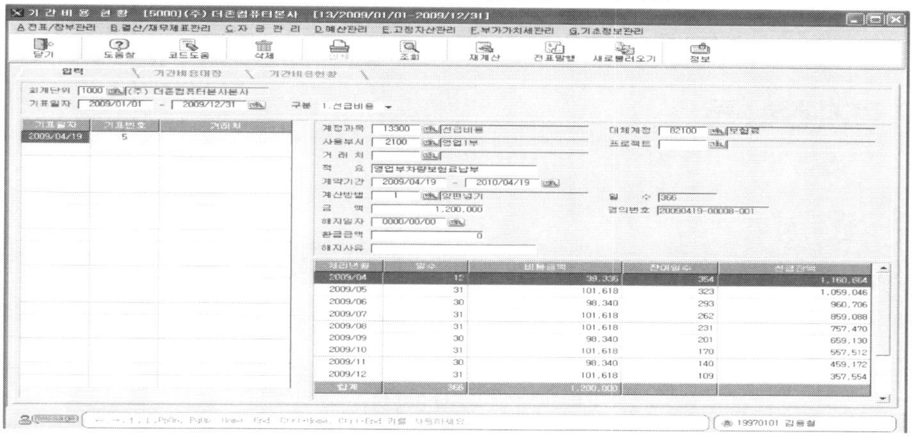

11) 외화명세서

외화자산으로 설정된 계정과목에 대하여 이월월차(외화) 금액 및 발생원화(외화)금액, 반제원화(외화)금액, 잔액을 조회하는 프로그램이다.

[회계관리]→[전표/장부관리]→[외화명세서]→[조회조건입력]→[조회]→[인쇄]

[그림 10-49] 외화명세서 조회화면

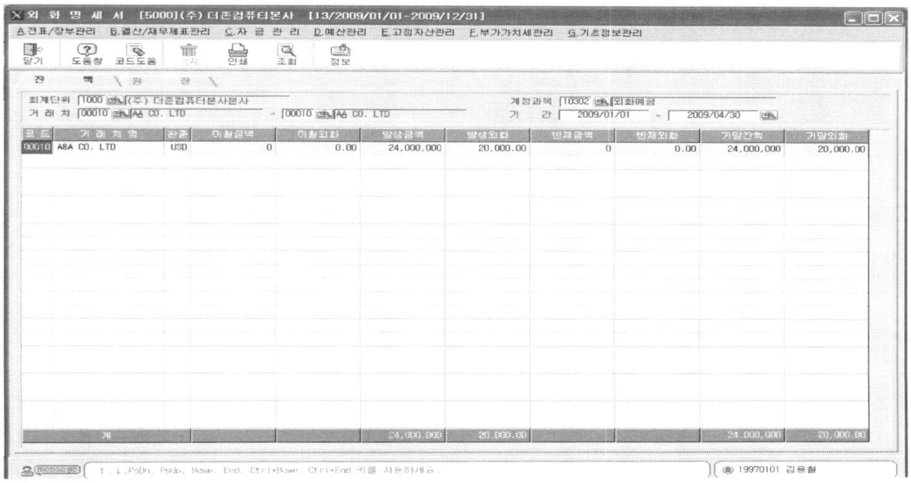

제4절 고정자산관리 시스템 구축

1. 고정자산등록

1) 주요등록사항

자산취득과 관련된 기본사항을 등록하여 당기상각비를 계산한다.

[회계관리]→[고정자산관리]→[초기화면]→[조회]

[그림 10-50] 고정자산관리 초기화면

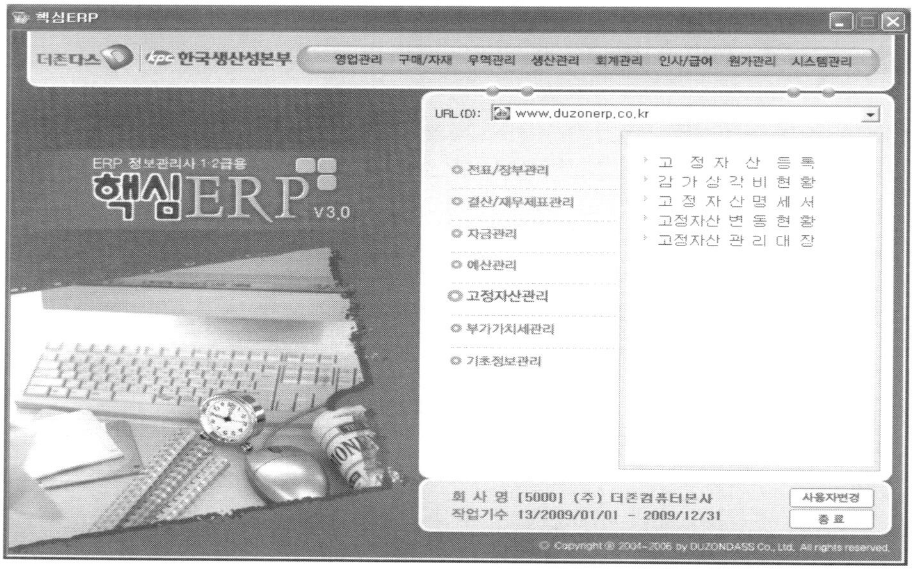

2) 고정자산등록

(주)더존컴퓨터의 2009년도 현재 자산내역은 다음과 같다. 고정자산등록 메뉴에 입력하여 당기 상각액을 계산하시오.

■ 자산명세서

자산유형	자산코드	취득일	감가상각누계액	내용연수	구입처
	자산명	취득원가	상각법	관리부서	용도
기계장치	AC10001	2007.6.30	5,000,000	8	대신기계
	절단기	20,000,000	정률법	생산부	생산용
차량운반구	BA20001	2007.2.20	3,000,000	5	우리자동차
	화물차3235	15,000,000	정률법	자재부	자재운반용
비품	CD40211	2007.7.15	500,000	5	서울전자
	컴퓨터	1,000,000	정률법	영업1부	영업1부용

[회계관리]➔[고정자산 관리]➔[고정자산 등록]➔[자산유형 선택]➔[자산명 및 취득일자 입력]➔[우측화면 데이터입력]➔[ENTER 저장]

[그림 10-51] 고정자산 관리 초기화면

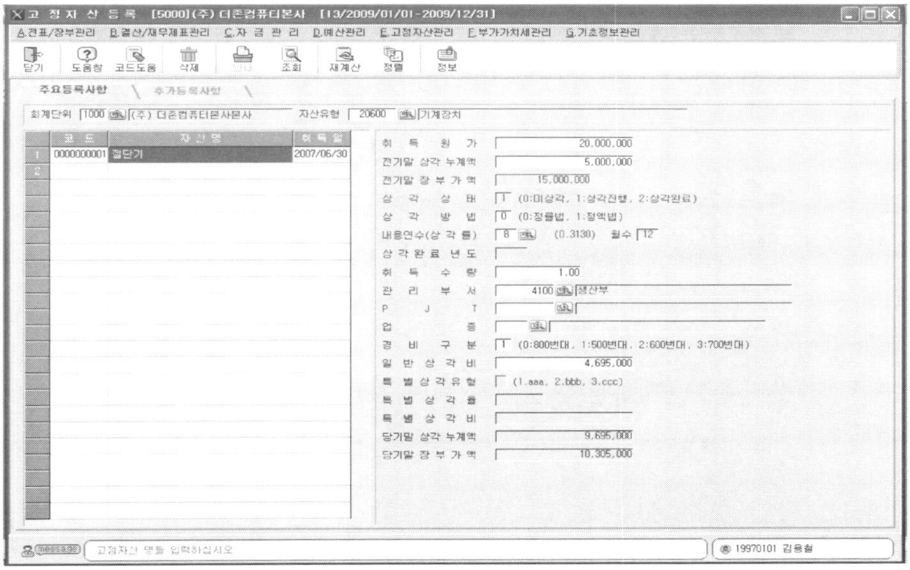

2. 감가상각비현황관리

1) 감가상각비 현황

[고정자산등록]에 입력된 고정자산의 감가상각사항을 총괄, 부서별, 프로젝트별로 조회하는 화면이다.

■ 감가상각법

정률법:	당해 감가상각자산의 취득가액에서 이미 감가상각비로 필요한 경비에 산입한 금액을 공제한 잔액에 당해 자산의 내용연수에 따른 상각율을 곱하여 계산한 각 연도의 상각범위액이 매년 차감되도록 하는 상각방법이다.
정액법:	감가상각자산의 취득가액에 당해 자산의 내용연수에 따른 상각률을 적용하여 계산한 각 과세기간의 상각범위액이 매년 균등하게 되는 상각방법이다.

[회계관리]➔[고정자산관리]➔[감가상각비현황]➔[조회데이터입력]➔[조회]

[그림 10-52] 감가상각비현황 조회화면

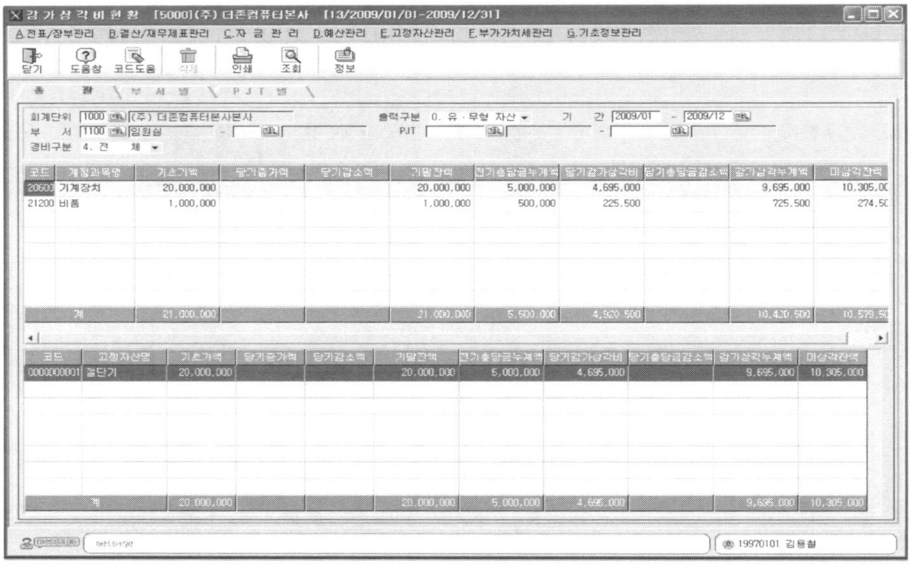

2) 고정자산 명세서

고정자산의 감가상각현황을 취득기간별로 조회할 수 있는 프로그램이다.

[회계관리]→[고정자산관리]→[고정자산 명세서]→[조회데이터입력]→[조회]

[그림 10-53] 고정자산명세서 조회화면

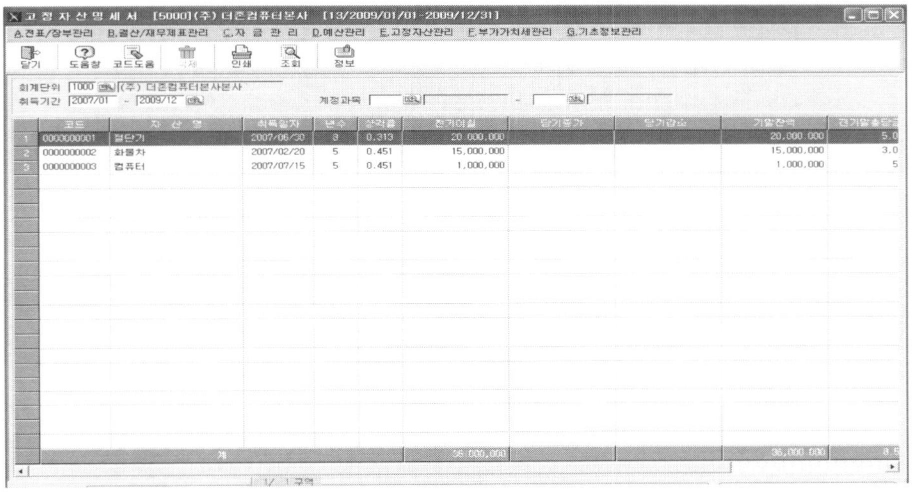

3) 고정자산 변동현황

고정자산등록의 추가등록사항에서 각각의 자산별로 자산변동관리를 했던 사항을 전체적으로 조회할 수 있는 화면이다.

[회계관리]→[고정자산관리]→[고정자산변동현황]→[조회데이터입력]→[조회]

[그림 10-54] 고정자산 변동현황 조회화면

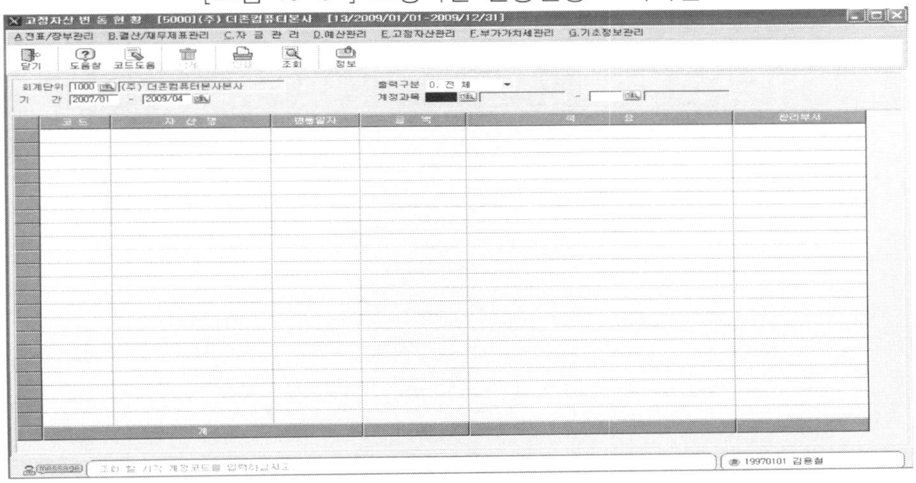

4) 고정자산 관리대장

[고정자산등록]에 등록된 모든 사항을 조회할 수 있는 프로그램이다.

[회계관리]➔[고정자산관리]➔[고정자산관리대장]➔[조회데이터입력]➔[조회]

[그림 10-55] 고정자산 관리대장 조회화면

제5절 결산 및 재무제표관리 시스템구축

1. 결산관리

1) 결산자료입력

결산자료입력은 기중에 입력된 전표자료에 의거, 본 항에서 입력하는 기말 정리사항만으로 '당기순손익 검토 및 결산분개의 자동대체'등의 일련의 결산작업을 하는 프로그램이다.

■ 결산분개 계정생성

-. 계정과목 : 45500 : 제품매출원가
-. 원가구분 : 1.제조
-. 원가경비 : 1.500번 제조

[회계관리]→[결산/재무제표]→[결산자료입력]→[계정설정]→[계정생성 클릭]→[팝업화면 활성화]→[팝업창 데이터입력]→[선택]→[확인]

[그림 10-56] 결산자료입력 화면

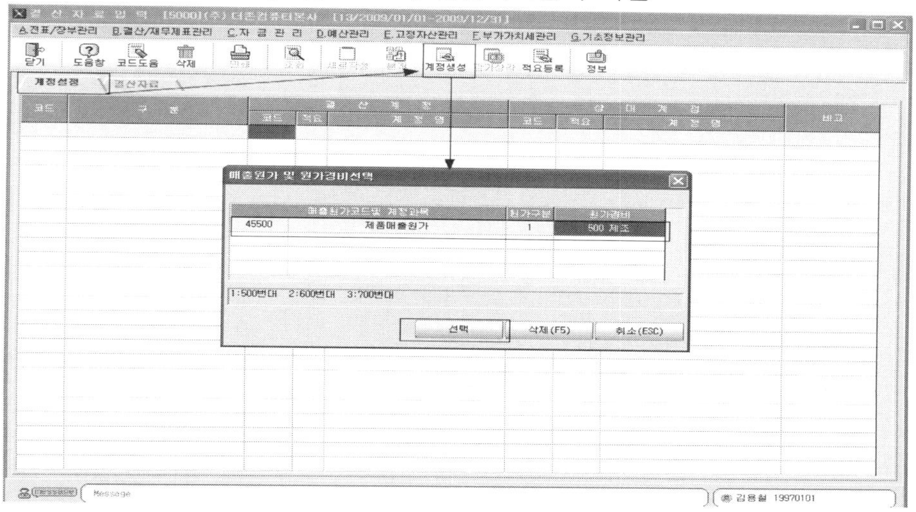

2) 결산자료입력

결산정리사항을 입력하고 전표를 발생하는 메뉴이다.

[회계관리]→[결산/재무제표]→[결산자료입력]→[계정생성 클릭]→[팝업화면 활성화]→[팝업창 데이터입력]→[선택]→[확인]

[그림 10-57] 결산자료입력 화면

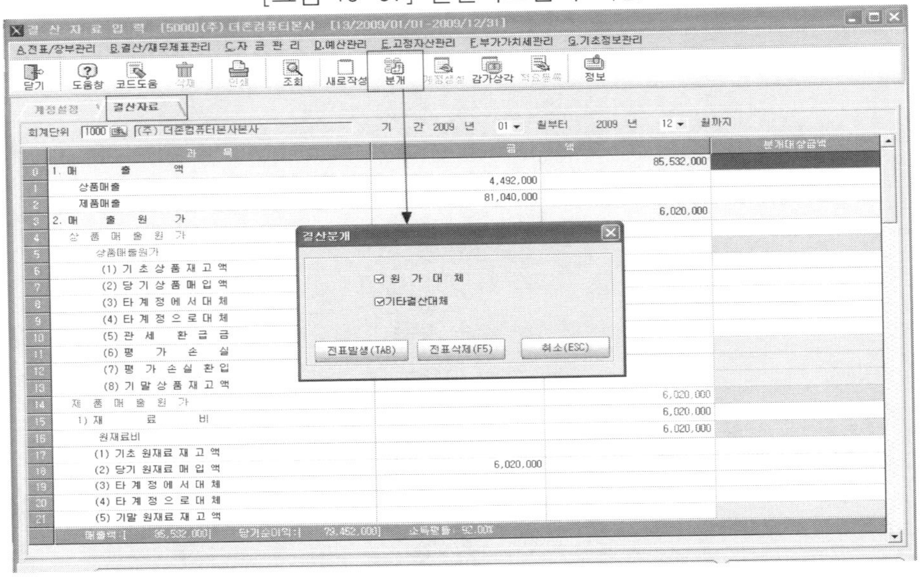

2. 결산사례

1) 유가증권 평가

(주)더존컴퓨터가 보유하고 있는 단기매매증권가액은 기말현재 고정가액은 9,580,000원이다.

유가증권 평가 : 단기매매증권 장부가액 : 10,430,000원

단기매매증권의 기말공정가액 : 9,580,000원

유가증권 평가손실 : 10,430,000 - 9,580,000 = 850,000

■ 유가증권 평가

[헤드부분] : 유형 : 일반
[분개부분](차)단기매매증권평가손실 850,000
(대)단기매매증권 850,000
(계정과목등록에서 영업외비용 93700.회사설정계정을 수정하여 등록한다) ⇒ [회계관리] ⇒ [기초정보관리] ⇒ [계정과목등록]

- 3.차변 : 93700.단기매매증권평가손실 850,000
- 4.대변 : 10700.단기매매증권 850,000
- 증권종류 : 2.주식
  (증권번호 : 10011001 – 10011300)
- 만기일 : 2009.04.20
- 평가법 : 시가법
- 수량 : 300주

[회계관리]➜[전표/장부관리]➜[전표입력]➜[유형 : 8.결산 선택]➜[3.차변 : 93700.단기매매증권평가손실]➜[데이터입력]➜[4.대변 : 10700.단기매매증권]➜[데이터입력]➜[확인]

[그림 10-58] 유가증권평가 입력 화면

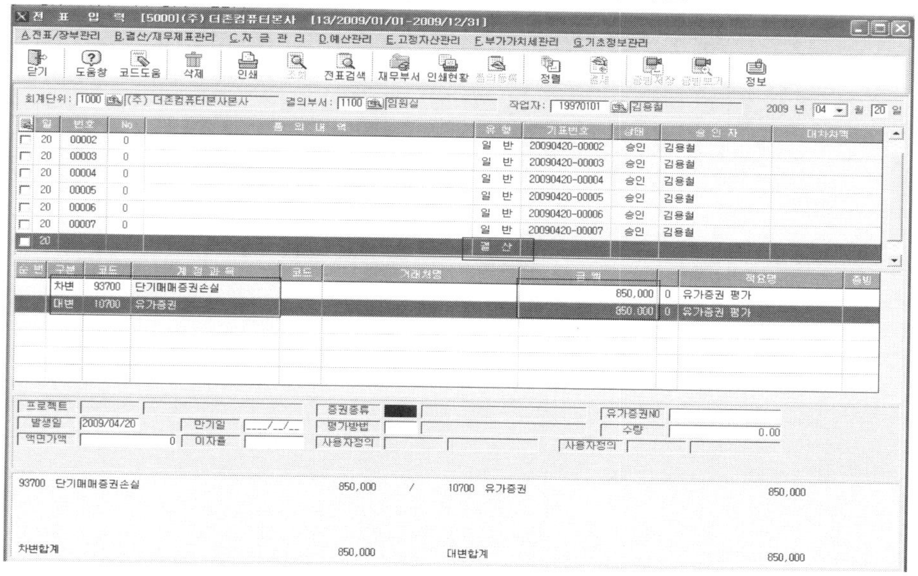

2) 선급비용대체

5월 2일 납부한 보험료 중 당기비용 해당액을 계상한다.

■ 유가증권 평가

[헤드부분] : 유형 : 일반
[분개부분](차)단기매매증권평가손실 850,000
(대)단기매매증권 850,000
(계정과목등록에서 영업외비용 93700.회사설정계정을 수정하여 등록한다)⇒[회계관리]⇒[기초정보관리]⇒[계정과목등록]

- 3.차변 : 93700.단기매매증권평가손실 850,000
- 4.대변 : 10700.단기매매증권 850,000
- 증권종류 : 2.주식
  (증권번호 : 10011001 – 10011300)
- 만기일 : 2009.04.20
- 평가법 : 시가법
- 수량 : 300주

[회계관리]➔[전표/장부관리]➔[기간비용현황 조회]➔[당기비용 대체분개(802028)]

[그림 10-59] 보험료당기비용 대체분개 입력 화면

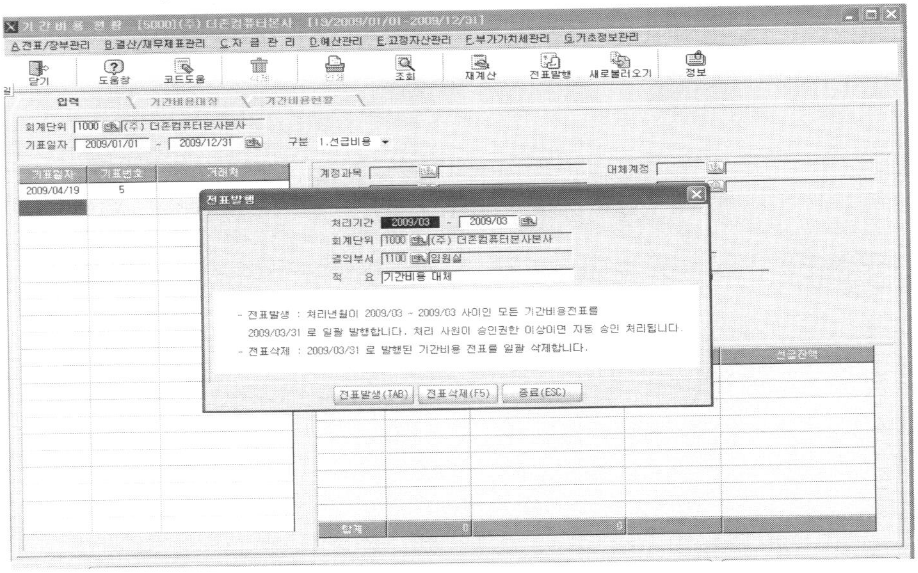

[회계관리]➔[전표/장부관리]➔[전표입력]➔[3차변 : 72100.선급비용]➔[4.대변 : 82100.보험료]➔[저장]

[그림 10-60] 선급보험료 분개 화면

3) 기말재고실사 및 매출원가계산

■ 기말재고

-. 상 품 : 3,900,000
-. 원재료 : 3,500,000
-. 제품재고 : 3,000,000

[회계관리]➜[결산/재무제표관리]➜[결산자료입력]➜[결산자료]➜[조회]➜[기초상품재고액 클릭]➜[데이터입력]➜[해당항목선택]➜[데이터입력]

[그림 10-61] 기말재고실사 등록 화면

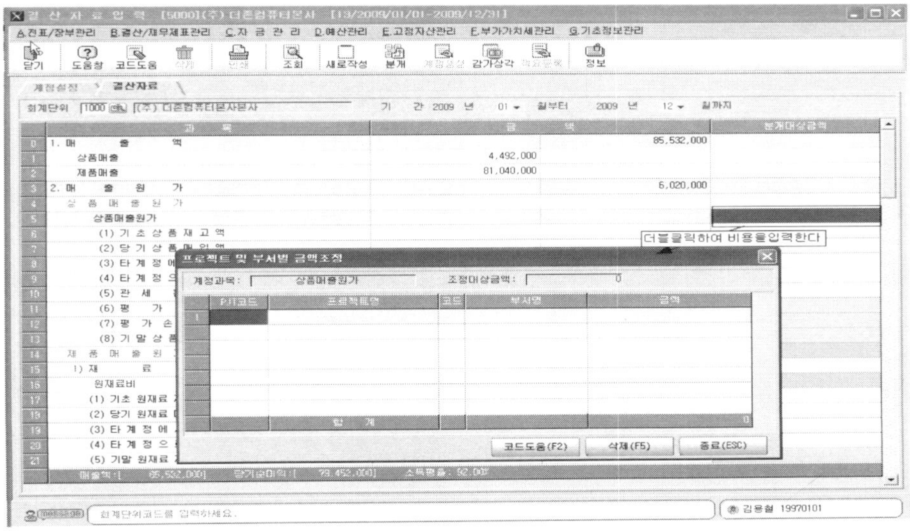

4) 결산자료 입력확인

입력이 완료되면 전체화면을 조회한다.

[회계관리]→[결산/재무제표관리]→[결산자료입력]→[조회]

[그림 10-62] 결산자료입력 완료 화면

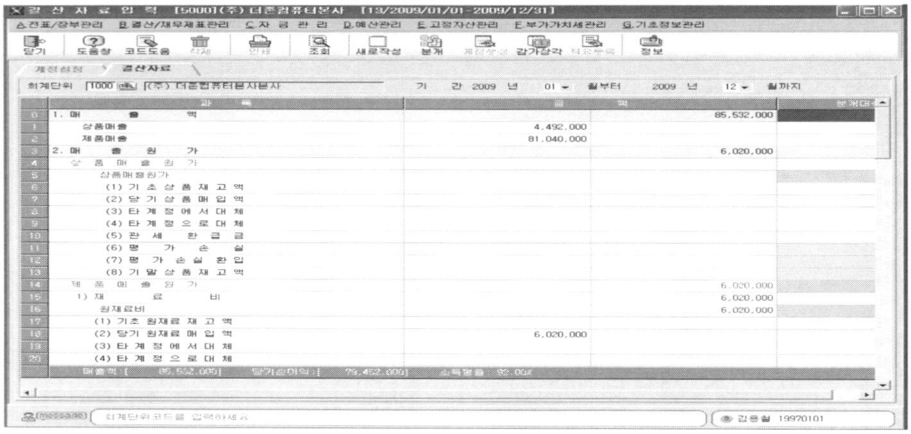

3. 결산자료 관리

1) 합계잔액시산표

입력된 자료가 대차차액없이 정확히 처리하였는지를 검증하는 기능이다.

[회계관리]→[결산/재무제표관리]→[합계잔액시산표]→[조회]

[그림 10-63] 합계잔액시산표 화면

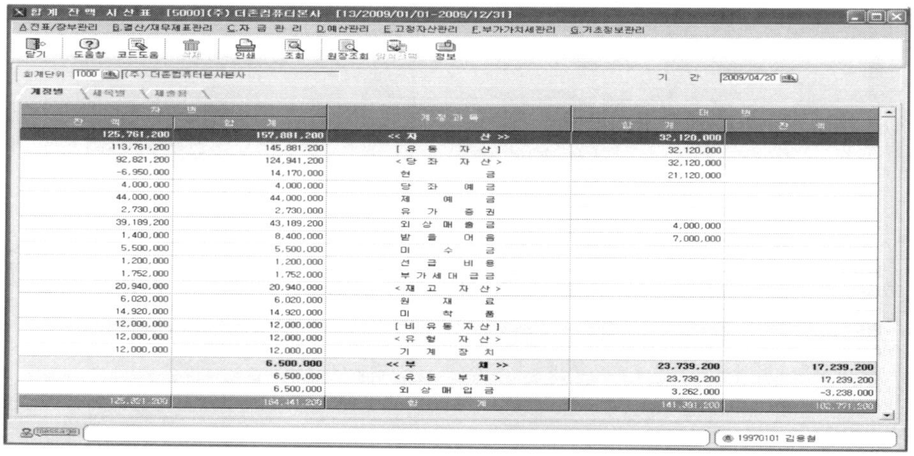

2) 원가보고서

원가명세서는 손익계산서의 매출원가가 어떻게 산출된 것인지 그 내역을 기록한 재무제표 부속명세서로서 제조업인 경우 제조원가명세서를 건설업인 경우 건설형태에 따라 도급공사원가명세서, 분양공사원가명세서 등으로 구분되다.

[회계관리]➔[결산/재무제표관리]➔[원가보고서]➔[조회]

[그림 10-64] 원가보고서 화면

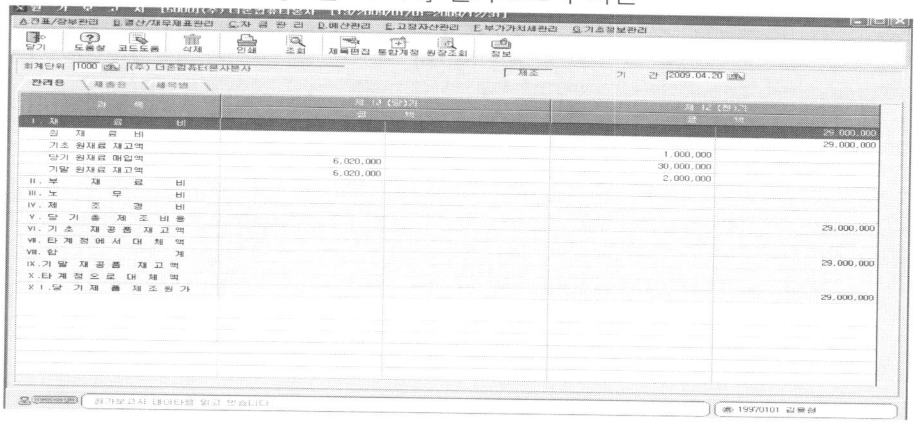

3) 손익계산서

손익계산서는 일정기간 경영성과를 나타내는 보고서로서 특별한 작업 없이 조회할 수 있다.

[회계관리]➔[결산/재무제표관리]➔[손익계산서]➔[조회]

[그림 10-65] 손익계산서 화면

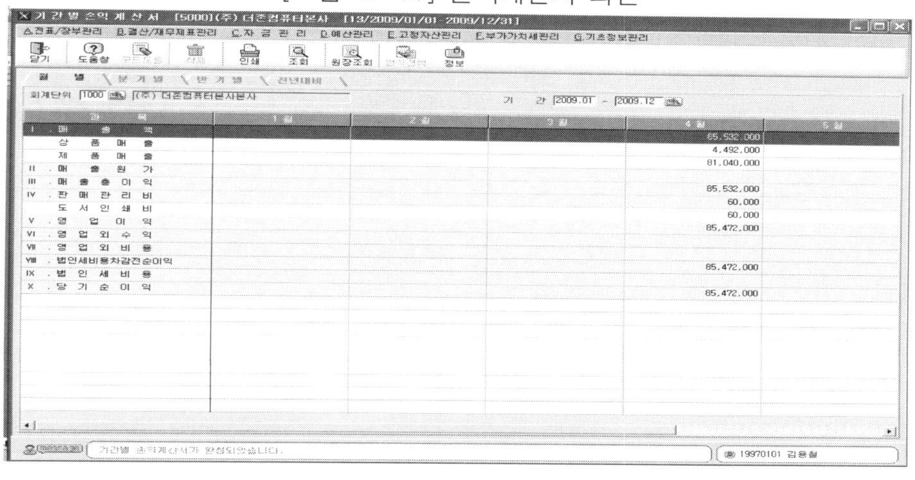

4. 부가가치세 시스템

1) 사업장명세서

사업장명세는 사업장의 기본현황 및 월 기본경비를 기재하는 항목이다.

[회계관리]➔[부가가치세관리]➔[부가세신고서]➔[구분 : 1.사업장명세서]➔[데이터 입력]➔[조회]

[그림 10-66] 부가가치세신고서 사업장등록 화면

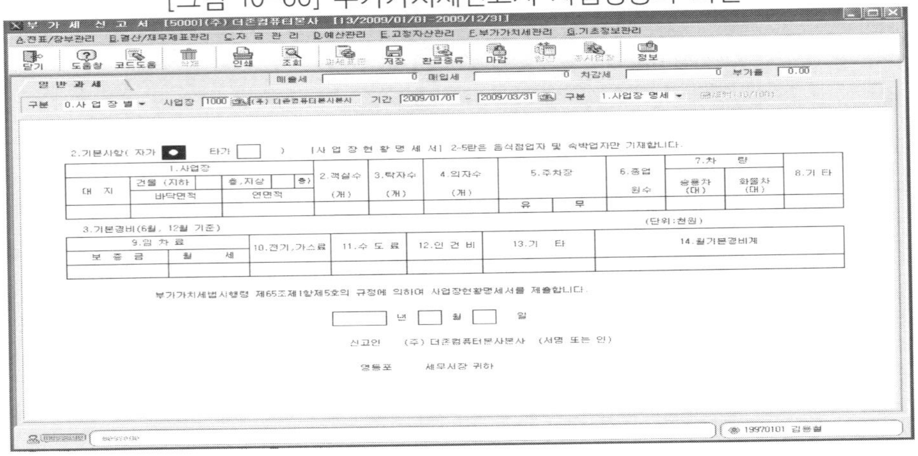

2) 신고내용

입력구분에서 2.신고내용을 선택한다. 화면의 구성을 이해하여야 한다.

[회계관리]➔[부가가치세관리]➔[부가세신고서]➔[구분 : 2.신고내용]➔[데이터 입력]➔[저장]

[그림 10-67] 부가가치세신고서 신고내용등록 화면

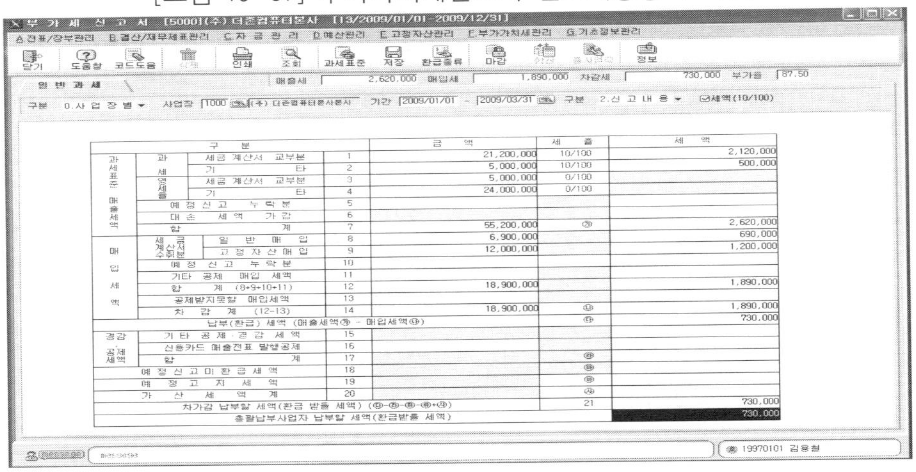

3) 세금계산서/계산서 합계표

매출처별 세금계산서 합계표, 매입처별 세금계산서 합계표로 구분된다.

[회계관리]➜[부가가치세관리]➜[세금계산서/계산서합계표]➜[조회]

[그림 10-68] 세금계산서 합계표 화면

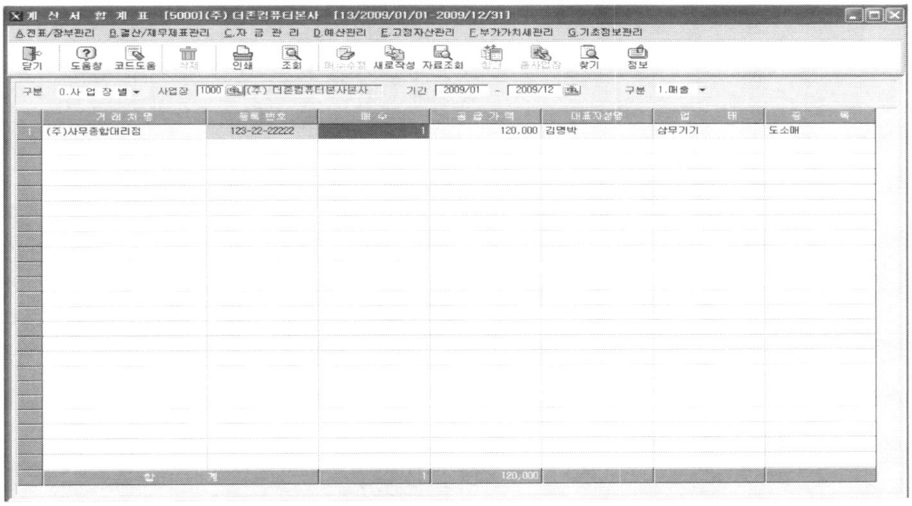

4) 신용카드 발행집계표/수취명세서

신용카드, 발행집계표, 신용카드 등 수취명세서, 현금영수증 수취명세서로 구성되어 있다.

[회계관리]➜[부가가치세관리]➜[신용카드 발행집계표/수취명세서]➜[조회]

[그림 10-69] 신용카드매출발행 집계표

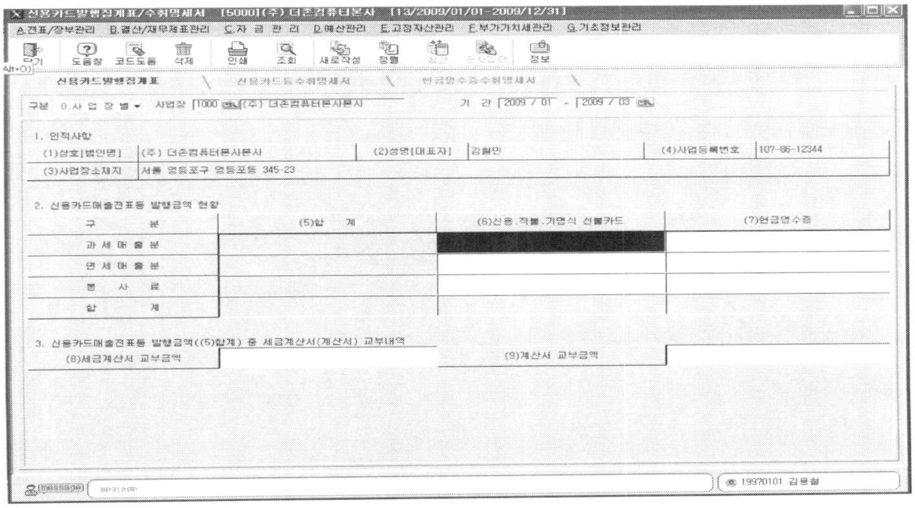

5) 공제받지못할 매입세액

매입세액은 부가가치세 신고시 매입세액불공제 대상 세금계산서의 내역을 작성하는 프로그램이다.

[회계관리]➔[부가가치세관리]➔[공제받지 못할 매입세액]➔[조회]

[그림 10-70] 공제받지 못할 매입세액

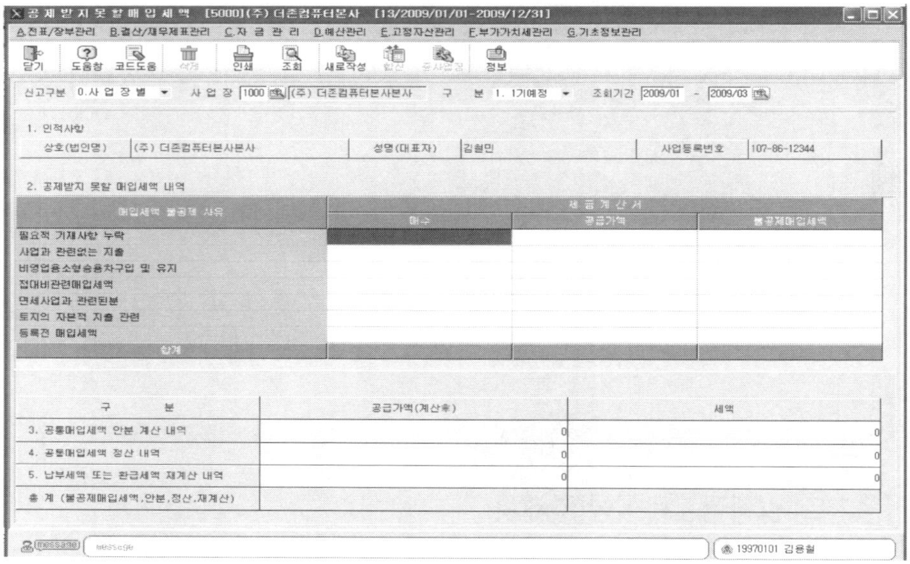

[연습문제]

1. 기업회계기준을 연구한다.
2. 주식발행 회계처리에 대하여 연구한다.
3. 대손충당금에 대하여 연구한다.
4. 고정자산 매각에 대하여 연구한다.
5. 재고자산의 원가흐름에 대하여 연구한다.
6. 법인세의 개념에 대하여 연구한다.
7. 세무조정에 대하여 연구한다.
8. 부가가치세법에 대하여 연구한다.

향기

▸ 김용철

돌아서기가 너무 무거워
돌아서기가 너무 아쉬워
돌아보면 아쉬움만 가득한
별빛 잠긴 밤하늘 속에서
한 사람의 향기 흩뿌려 있어
그 향기에 취해 따라가면
아무것도 없는 초라한
내 그림자만이 남아 있는 것은
사랑했기 때문인 가봐
아무리 천천히 오라고 해도
그리할 수 없는 것은
사랑했기 때문인 가봐 다시금
향기를 찾아가고 싶은 것은
향기 속에 나를 묻어 두고 싶기
때문이겠지

Chapter XI

원가관리

【원가관리 프로세스】

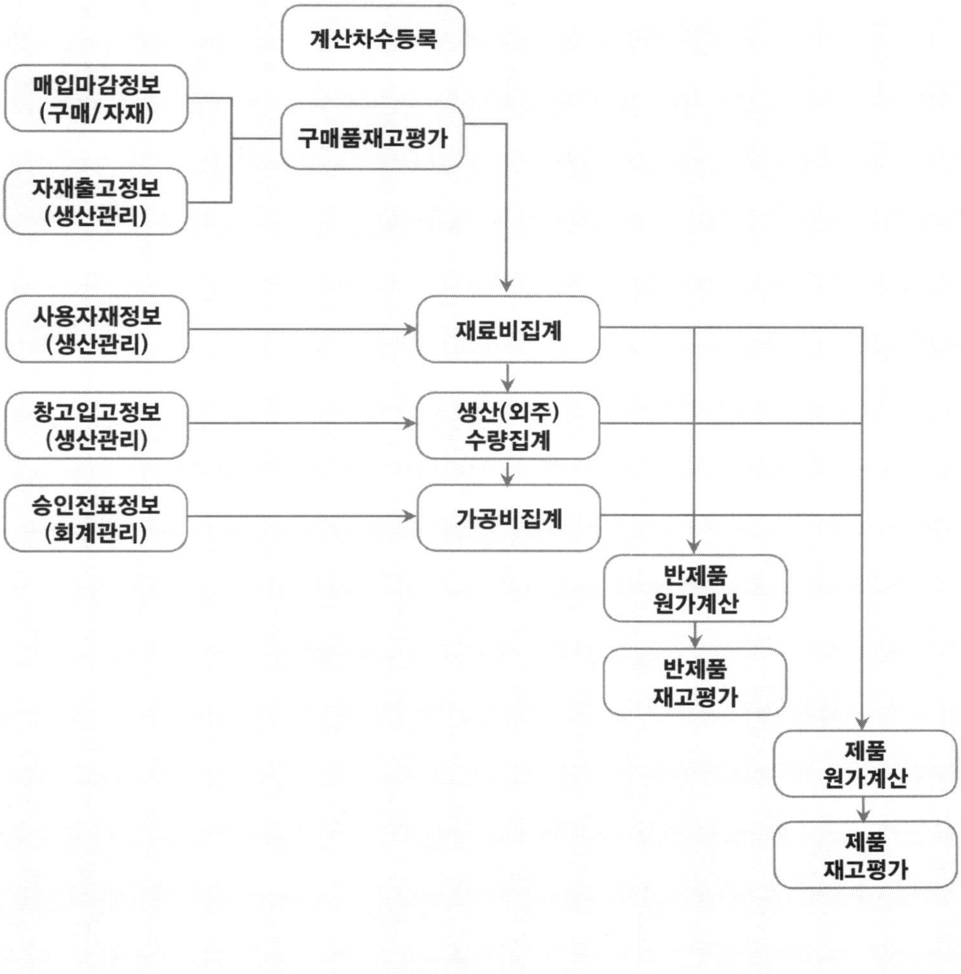

제1절 관리회계 일반

1. 관리회계의 의의

1) 관리회계의 의의

내부계획과 통제 그리고 특수 의사결정을 위한 정보를 제공하기 위하여 원가자료를 처리하고 평가하는 정보 시스템으로서 경영자의 관리 활동과정에 필요한 각종 정보의 수집, 분류, 계산, 요약, 분석을 통하여 경영자가 의사결정을 할 수 있도록 유용한 정보를 제공하는 회계이다.

또한 관리회계는 예산편성 및 예산통제에 필요한 원가자료를 제공하고 경영의 기본계획 설정에 필요한 원가정보를 제공한다.

2) 원가관리의 정의

기업의 목표는 이익을 실현하면서 고객에게 최대의 만족과 가치를 제공하는 것으로 이러한 기업의 이익과 고객만족을 위하여 원가를 고려하여야 한다. 따라서 기업이 추구하는 목적을 달성하기 위하여 기업이 제공하는 제품과 서비스의 원가를 정확히 파악하여야만 한다. 이처럼 원가에 초점을 두는 원가관리(Cost management)는 '원가를 기술적으로 다루거나 지휘하는 것' 또는 '기업의 발전에 필요한 원가절감목표를 정하고 그 실시를 위한 계획을 수립하고 이의 실행을 유도하는 일체의 관리활동, 즉 이익관리의 일부'로 정의 내릴 수 있다. 따라서 원가관리는 원가의 기록, 분류, 검증 및 보고체계를 의미하는 '원가계산'과 다르며 그 이상을 의미하는데 기업이 경쟁상의 우위를 확보하기 위한 목적으로 채택하는 다양한 경영수단 중의 하나로 핵심적인 역할을 담당한다(신홍철, 1993).

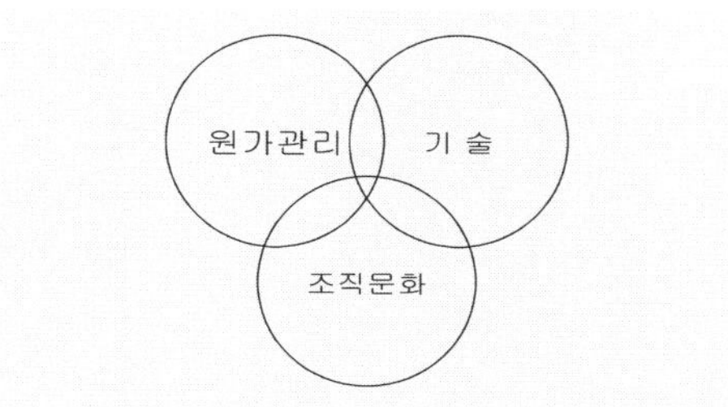

자료 : 신홍철, 1993.

[그림 11-1] 원가관리에 필수요소

2. 관리 통제시스템

관리통제 시스템이란 기업의 경영관리활동을 통제하는 시스템으로 기업의 목적을 효율적으로 달성하기 위하여 기업의 계획, 지휘, 통제, 조정을 조직적으로 하는 과정이다.

원가통제는 계획된 원가와 실적이 일치되도록 하기위한 원가관리 활동으로서 원가통제 만으로는 이를 달성할 수 없다. 따라서 원가관리는 목표관리, VE(가치공학 : value engineering), 원가절감 기법, 공정개선, 품질관리, 6 Sigma 등 기업에서 행할 수 있는 절감 방법을 통하여 목표를 달성 할 수 있다.

〈표 11-1〉 원가계산 형태

형태	산출방법	적용범위
개별원가	실제원가	전부원가
종합원가	표준원가	부분원가

〈표 11-2〉 재무회계와 원가회계의 차이점

구분 / 비교	재무회계	원가회계
목적	기업의 외부이해관계자인 주주, 채권자 등에게 재무정보를 제공하는데 있다	기업의 내부정보이용자에게 유용한 제품원가 계산의 정보제공에 있다
회계기간	1 년	제품(건설 등) 완성과정(1개월, 1년 등)
자금의 성격	수익을 얻기 위하여 소비된 재화를 비용으로 계산한다.	제품(건설 등) 제조과정에서 투입된 재화의 소비액은 제품원가로 계산한다.
시간적 관점	과거 지향적	미래 지향적
보고수단	재무제표	제조원가명세서등

3. 제품생산형태에 따른 분류

1) 개별원가

(1) 개별원가의 의의

개별 작업별로 원가를 구분하여 계산하는 방법으로 개별원가 계산은 각 작업을 수행하는데 투입되는 노력을 서로 구분하여 인식하는 것이 바람직한 경우에 이용되는 원가계산방법으로서 기본적으로 직접재료비, 직접노무비 및 제조 간접비를 설정하여 집계되고, 개별 작업에 추적할 수 없는 제조 간접비는 특정의 배부율에 의하여 개별 작업에 배부하는 원가계산방법이다.

(2) 개별원가의 목적

각 개별 작업에 직접재료원가, 직접노무원가 및 제조 간접원가를 보다 정확하게 관련시킴으로써 정확한 원가계산을 하며, 수익과 비용을 적절히 대응시켜 경영자의 관리계획과 의사결정에 유용한 정보를 제공하는데 목적이 있다. 주로 제조업, 건설업, 자동차 산업 등에서 활용한다.

(3) 원가의 3요소

경제가치의 존재에 따라 재료비, 노무비, 경비로 분류한다.

2) 종합원가계산

일정한 원가계산 기간 동안 제조 활동에서 투입한 총원가를 일정기간의 완성품 수량으로 나누어 제품의 단위당 원가를 계산하는 방법을 말한다. 주로 정유업, 제지업, 제분업, 제당업 등에서 활용한다.

- **종합 원가 계산** : 일정한 원가계산 기간 동안 제조 활동에서 발생한 총원가를 같은 기간의 완성품 수량으로 나누어 제품의 단위당 원가를 계산하는 방법이다.
- **사용 분야** : 정유업, 제지업, 제분업, 제당업 화학공업 등(성능, 규격 등이 동일한 특정 종류의 제품을 연속적으로 대량 생산하는 기업).
- **원가계산** : 모든 원가가 추적 가능한 직접비이므로 제조 직접비와 제조 간접비로 구분할 필요가 없다.
- **원가 계산식**

  제품의 단위당 원가 = 일정 기간의 총 제조원가 ÷ 동기간의 완성품 수량

4. 원가계산 형태

1) 제품원가와 기간원가

① 제품원가(PRODUCT COST)

일정한 생산단위에 관련된 것으로 재고자산의 평가 측면에서 재고화 가능원가라고 한다.

② 기간원가(PERIOD COST)

일정기간의 수익에 대응하여 발생한 것으로 제품원가 이외의 원가를 말하며 판매비와 일반관리비 및 영업외 비용 등이다.

2) 직접원가와 간접원가

① 직접원가(DIRECT COST)

원가의 물량추적이 가능한 원가를 말한다.

② 간접원가(INDIRECT COST)

물량추적이 어렵고 개별적이며 구체적인 인과관계의 식별이 불가능한 원가를 말한다.

〈표 11-3〉 직접비와 간접비의 변화

구 분	전통적인 환경	JIT 환경
직접노무비	직 접 비	직 접 비
재료 취급비	간 접 비	직 접 비
수선 및 유지	직 접 비	직 접 비
동 력 비	간 접 비	직 접 비
소 모 품	간 접 비	직 접 비
감 독 비	간 접 비	직 접 비
생산지원서비스	간 접 비	주로 직 접 비
임 차 료	간 접 비	간 접 비
보험료와 세금	간 접 비	직 접 비
감가상각비	간 접 비	직 접 비

자료 : 신홍철, 1993

3) 총원가와 단위원가

① 총원가

특정 원가대상에 집계된 원가의 합계액을 말한다.

② 단위원가(UNIT COST)

총원가를 특정기준으로 평준화 한 것을 말한다.

4) 고정비와 변동비

① 고정비

조업이 중단되어도 발생되는 비용을 말한다.

② 변동비

생산량이 증가 될수록 늘어나는 비용을 말한다.

5) 실제원가와 표준원가

① 실제원가(ACTUAL COST)

투입된 인적, 물적 자원이 실제로 발생한 원가를 뜻한다.

② 표준원가(STANDARD COST)

예산편성 및 그 피드백(Feed-back) 시스템의 기초를 제공하는 것으로 실제원가에 비해 다양한 경영의사 결정에 유용하다. 예를 들면 제품평가의 목적이나 원가부서에서 가격결정, 예산통제 및 기장의 간소화에 적합하다.

5. 특수원가 계산

1) 차액원가

특정항목에 관한 경영자의 의사결정에 의하여 증감이 발생하는 원가를 말한다.

2) 증분원가(INCREMENTAL COST)

증분원가는 차액원가와 거의 동일한 의미로 차액원가 중 증가분만을 뜻한다.

3) 회피 가능원가(AVOIDABLE COST)

주어진 대안을 선택하지 않음으로써 절약될 수 있는 원가를 의미한다. 예를 들어 새로운 생산라인을 선택하지 않음으로써 추가적인 직접재료비, 직접노무비 및 제조간접비를 회피 할 수 있다.

4) 매몰원가(SUNK COST)

어떤 의사결정이 내려져도 변경될 수 없기 때문에 회피 할 수 없는 과거 원가를 말한다.

[그림 11-2] 원가구성도

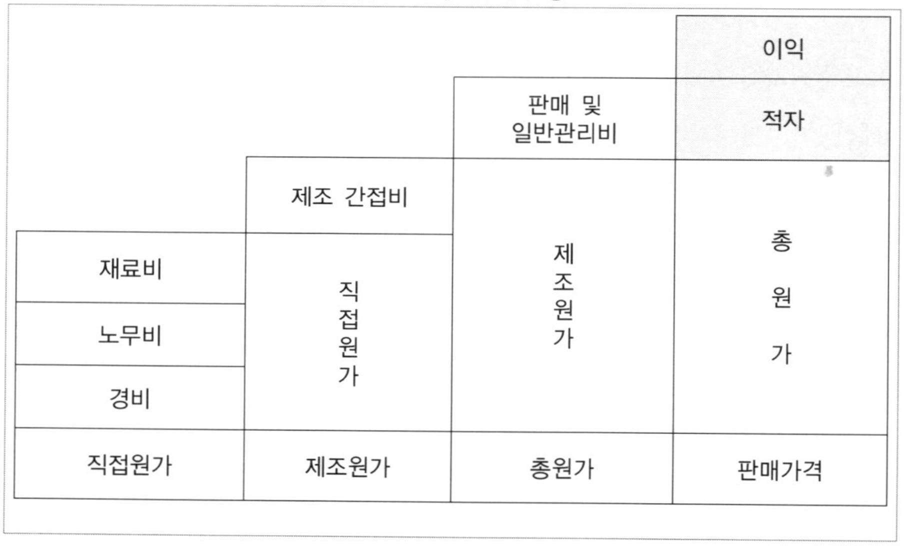

제2절 개별원가 계산방법

1. 매출액

제품매출액: 제품 또는 서비스의 판매대금이다.

상품매출액: 수리용 부품 판매대금(A/S)이다.

2. 직접비

1) 재료비

제품 및 서비스를 생산하는데 필요한 자재 및 부품구입비용이다.

① 원재료 : 철판, 유류 등 공통으로 사용되는 재료
② 부품 : 단품별 완성된 제품
③ 부재료 : 소모되어 없어지거나 타 부품에 부가되는 재료.
예) 용접봉
④ 소모품 : 1회 사용 후 폐기되는 재료
예) PAPER ROOL(종이걸래) 등

2) 직접 노무비

생산에 직접 투입되는 작업인원의 인건비를 말한다.

① 직접공 : 생산에 직접 투입되어 생산하는 인원의 인건비
② M/H : MAN-HOUR로서 한 사람이 1시간 작업시간
③ 임율 : 1 M-H당 발생되는 인건비
④ 노무비 : 발생 M-H × 임율
⑤ 표준 임율 : $\frac{\text{총 투입 인건비}}{\text{총 발생시간 - 비생산시간}}$

⑥ 비생산시간 : 대기시간, 교육시간, 이동시간, 청소시간, 노사단결시간, 결근, 연·월차 등

3) 직접경비

생산에 직접 투입되는 경비로서 자재 구입 시 필요한 부대비용, 직접 인원을 유지하는데 필요한 부대비용 등이 있다.

① 도장비 : 부품 및 완성도장에 필요한 PAINT , 소모품비용
② 수입부대비 : 외국에서 수입되는 부품 또는 재료에 부가되는 운반비, 통관비, 수수료 등

3. 제조 간접경비

1) 제조 간접노무비

생산을 간접적으로 지원하는 인원에 대한 인건비(사무직, 연구소, 기술직)를 말한다.

2) 제조 간접경비

(1) 복리후생비 : 식대, 회의비, 인화 단결비, 식당운영비, 피복대, 안전보호구, 행사비
(2) 여비교통비 : 시내교통비, 출장비
(3) 통신비 : 전화료, 우편료, DATA통신료, 수선비(통신장애 수리비)
(4) 수도광열비 : 연료비, 수도료
(5) 조세공과금 : 재산세, 면허세, 인·증지비용, 회비
(6) 임차료 : 부지사용료, LEASE료, 장비임차료, 도로점용료, 국유지사용료
(7) 지급수수료 : APT관리비, 소독 방역비, 폐기물처리비, 송금수수료, 기타수수료
(8) 보험료 : 가스배상보험료, 화재보험료, 산재보험료
(9) 광고 선전비 : TV광고, 신문광고, 잡지, 홍보물, 판촉물, 전시회
(10) 유지보수비 : 건물, 구축물, 기계장치, 공기구, 비품, 영선, 선박
(11) 접대비 : 접대비
(12) 운반비 : 고철운반비, 매출운반비, 기타운반비
(13) 소모품비 : 생산용 소모 잡자재, 계측공구, 절삭공구, 소모공구
(14) 차량유지비 : 연료비, 수선비, 보험료, 통항료, 자동차세
(15) 도서인쇄비 : 도서대, 인쇄대, 복사대, 인장대, 신문대, 사진대, 청사진대

(16) 사무용품비 : 일반사무용품, 설계용품, 전산용품
(17) 교육훈련비 : 사외파견교육, 집체교육, 해외교육
(18) 검사비 : 일반검사, 성능검사
(19) 전력비 : 전력비
(20) 경상시험연구비 : 기술개발, ROYALTY
(21) 회비 : 일반회비
(22) 중기유지비 : 보험료, 부품 및 유류, 조세공과
(23) 전산비 : 전산기보수, 항온·항습기, P/C 유지비, CAD/CAE/CAM
(24) 보증수리비 : A/S비용
(25) 해외지점 : 해외지점유지비

3) 감가상각비

건물, 기계장치, 차량 운반구 등 구입된 비용을 구입년도 손익에 전액 반영치 않고 일정액, 또는 일정기간동안 균등 상각하여 손익에 반영한다.

4. 상품원가

완제품을 판매 후 구매자에게 추가로 필요한 부품을 판매할 때의 부품원가를 말한다.

5. 일반관리비

일반관리비는 영업활동을 하는데 발생되는 비용을 총칭한다.

1) 인건비 : 판매활동(영업활동)에 전담하는 인원에 대한 인건비
2) 경　비 : 판매활동(영업활동)에 필요한 경비
　　제조 간접비의 경비항목과 동일

6. 영업외 수익

영업외 수익은 영업활동을 하지 않고도 발생되는 수익을 말한다.

1) 할부 매출이자 : 제품을 할부로 판매하여 발생되는 이자수익.
2) 자산 매각 이익금 : 고철 매각대금, 고정자산 매각대금

7. 영업외 비용

1) 운영자금 이자 : 단기 사업기간 내 총수입 자금보다 총지출자금이 많을 시 부족 자금을 차입할 경우 지급되는 이자
2) 시설자금 이자 : 시설투자에 투입된 비용을 차입할 경우 지급되는 이자
3) LEASE료 : 기계장치, 설비 등 자기자본이 아닌 LEASE회사의 자금을 사용 할 경우 지급되는 비용
4) 기타 : 적자가 지속적으로 발생시 전년 적자 자금의 부족분 충당 이자 또는 앞의 항목에서 나타나지 않는 비용.

8. 간접비 배부기준

1) 간접비 배부의의

직접 생산에 투입되지 않은 비용, 즉 생산을 지원해준 비용을 직접원가에 산정할 때 일정기준을 설정하여 공통 배부함을 말한다.

2) 배부기준 사례

① 인건비 배부방법

구분	A 공장	B 공장	C 공장	관리지원	배부기준
관리지원인건비	●	●	●	○ ←	생산액

② 항목별 배부 기준사례

대상	배부기준
- 총무	생산액
- 관리	생산액
- 자재	재료비

〈표 11-3〉 손익계산서 작성사례

구분		표 준		실 적		비 고
			비율		비율	
매 출 액		1				- 판매된 금액
	-제 품	1-1				- 제품 및 서비스 판매금액
	-상 품	1-2				- 부품 판매금액(A/S금액)
직접비	-재 료 비					- 생산에 직접 투입된 인원의 인건비
	-노 무 비					-생산을 지원하는 인원의 인건비
	-경 비					-생산을 위하여 투입된 비용
소 계		2				
간접경비	-노 무 비					- 관리직의 인건비
	. 부문비					.공장내에서 발생하는비용
	. 공통비					.공장외에서 발생하는 비용
	-경 비					-관리부문에서의 발생비용
	. 부문비					.공장내에서 발생하는비용
	. 공통비					.공장외에서 발생하는 비용
	-감가상각비					
	. 부문비					
	. 공통비					
소 계		3				
상 품 원 가		4				-부품구매원가(A/S용 부품)
일반관리비	-노 무 비					-판매활동 인원의 인건비
	. 부문비					-직접 영업활동에 참여하는 인건비
	. 공통비					-영업을 지원하는 인원의 인건비
	-경 비					-영업부문에서 발생경비
	. 부문비					
	. 공통비					
소 계		5				
영업외수익	-할부매출이자					-할부 판매 이자수익
	-잡 수 익					-고철매각 등 판매활동이외 수익
소 계		6				
영업외비용	-운전자금이자					총수입금액-총발생금액=과부족
	-시설자금이자					-시설투자에 투입된 자금의 이자
	-리 스 료					
	-기 타					
소 계		7				
총 원 가		8				8=2+3+4+5-6+7
총 손 익		9				9=1-8

제3절 특수 원가계산

1. 특수의사 결정과 원가계산

특수의사 결정이란 경영의사를 결정하기 위해 필요로 하는 특별한 원가자료를 제공하기 위해 임시적으로 행해지는 의사결정 방법을 말한다.

특수 의사결정을 위하여 여러 가지 문제에 당면하게 된다. 이와 같은 문제를 놓고 경영의사를 결정하고 또 계획을 수립하여야 한다.

먼저 문제해결을 위한 여러 가지 대체적인 방안이 강구되게 마련이다. 이들 대체적인 방안 중에서 기업목적에 가장 적합한 방법을 채택 결정해야만 한다.

이와 같은 선택 및 결정에 앞서 가령 이들 방안을 채택했을 경우 가져올 수 있을 것으로 예상되는 수익과 원가를 측정, 그 결과를 비교 또는 평가해야만 한다.

절차로는 경영계획 설정을 함에 있어 구체적으로 전개된다. 그러므로 경영계획이 장래 기업이 걸어야 할 과정을 선택, 결정하는 것을 뜻하게 되는 것이다. 따라서 경영계획 설정에는 여러 가지 대체 안을 선택 결정해야 하며 경영의사 결정이 중요한 내용을 차지하게 된다.

이와 같은 의사결정을 함에 있어서는 숫자로써 표현할 수 있는 내용의 것과 그렇지 못한 것이 있다. 이중 숫자로 나타낼 수 있는 원가를 특수 의사결정에 의해 제공하는 것이다.

특수의사결정은 일반가정에서도 마찬가지다. 예를 들어 부평에 있는 자택에서 서울에 있는 회사에 통근할 경우 자동차를 구입해서 통근한다고 하자. 이 경우 전철에 의한 통근비용이 월 1만 6천원이라고 하자. 그러나 자동차를 구입하면 감가상각비를 포함한 여러 가지 세금, 이에 덧붙여 휘발유대가 월 8만원이 소요된다고 하자.

다음과 같은 원가정보를 임의로 계산할 수 있다.

구분	금액
자동차 구입 시	₩80,000
전철 이용 시	₩16,000
자동차 구입 시 추가비용	₩64,000

이는 숫자로 나태 낼 수 있는 것이다. 이밖에 숫자로 표시할 수 없는 내용으로서 혼잡한 전철을 타지 않아도 좋은 점과 정신적인 만족감이 있다. 이들 내용을 비교 평가하는 것으로써 자동차 구입으로 통근할 것이냐의 의사결정을 하게 한다.

이와 같이 숫자로 나타낼 수 있는 원가정보를 계산하는 것이 기업에서 특수의사결정인 것이다.

2. 특수원가계산의 특징

① 특수원가는 특수의사결정시 따르는 원가개념이다. 그러므로 원가계산제도에 있어서 원칙적으로 이용되지 않는다.

② 특수원가는 특수의사결정에서 계산목적과 차이에 따라 그 적합한 원가개념이 이용된다. 즉, 특수의사결정은 임시적으로 계산되는 것이어서 특수한 원가개념이 갖는 의의 면에서 그 적용이 달라진다.

③ 특수원가는 특수의사결정에 적용될 경우 원가개념이 한 가지로 한정된다고 볼 수 없다. 때로는 두 가지 이상의 특수원가가 병용된다. 즉, 특정한 계획 설계를 위해 특수의사결정을 함에 있어 항상 특정된 한 가지 특수원가로 한정지을 수 없는 것이다. 계획내용에 따라서는 두 가지 이상의 특수 원가개념이 필요한 것이다.

④ 특수원가는 특수의사결정으로서 필요에 따라 수시로 계산되는 것이므로 부분원가인 것이다. 부분원가란 계산목적에 따라 일부의 원가를 집계한 원가이다.

⑤ 특수원가개념은 미래원가개념과 차액원가개념이 중심이 된다. 즉, 특수의사결정으로서 장래의 계획 설정의 선택 및 결정을 위한 계산에 활용되는 것이므로 미래원가를 형성하는 것으로서, 또는 차액원가를 형성하는 것으로서 활용된다.

3. 원가절감

1) 원가절감의 정보

원가(재화 및 용역을 얻기 위하여 지급되는 화폐가치)에서

① 원가의 발생은 어느 부분이 큰가?

② 어떠한 원가의 발생이 많은가?

③ 원가발생이 시간에 따라 일정한가? 등의 정보를 입수한다.

2) 원가절감과 수익성의 관계

$$※ \text{ 수익성} = \frac{\text{연간수익}}{\text{총 자본}} = \frac{\text{연간 매출액}}{\text{총 자본}} * \frac{\text{연간이익}}{\text{연간 매출액}}$$

B/S의 의미 = 총자본 회전율

P/L의 의미 = 매출액 이익률

① 작업방법 개선, 생산량 증가(설비 가동율 증대, 노동생산성 향상)

② 작업방법 개선, 불량감소, SPEC DOWN 제조원가 인하

③ 생산성 증가는 단위당 고정율 인하

④ 생산성 증가는 자본회전율 증가

3) 원가절감의 원칙

① 원가절감 계획의 필요성을 명확히 하여야 한다.

② 원가절감의 분위기를 조성하여야 한다.

③ 원가절감 목표를 설정하여야 한다.

④ 원가절감 목표를 달성하기 위한 계획을 설정하여야 한다.

⑤ 원가절감의 책임을 부여하여 전원의 공감대를 형성해야 한다.

⑥ 원가절감 시간표를 작성해야 한다.

⑦ 원가절감 계획을 통제하여야 한다.

⑧ 원가절감의 성과를 측정하고 이에 따른 보상이 있어야 한다.

⑨ 원가절감은 지속적인 계획으로 추진하여야 한다.

4) 간접비의 원가절감

① 전통적 사무의 한계 : 사무를 위한 사무가 아니라 경영관리목적에 필요한 사무.

② 사무개선 추진

- 제3의 이익원 : 고정비용 감소(사무자동화, 전산기기 활용)
- 사무능률의 제고
  - ◆ 직무배분을 통한 효율적 인원관리
    - 관리범위의 확대.
    - 하급자에 권한의 이양.
    - INPUT의 절감 및 OUTPUT의 증대.
    - 일을 없애라.
    - 문제점을 기술하라.
    - 필요로 하는 요소를 적절하게 작성하라(빠르게, 쉽게, 간단하게).
    - 컴퓨터화 하자.

제4절 원가관리 시스템 구축

1. 원가계산실행

1) 계산차수등록

구하고자 하는 원가의 시점을 등록하는 화면이다. 먼저 해당 계산차수는 1차로하고 2009/01/01 - 2009/03/31까지의 생산된 제품에 대해 원가를 산출한다.

[원가관리]→[기초정보관리]→[계산차수등록]→[데이터입력]→[조회]

[그림11-3] 계산차수등록 화면

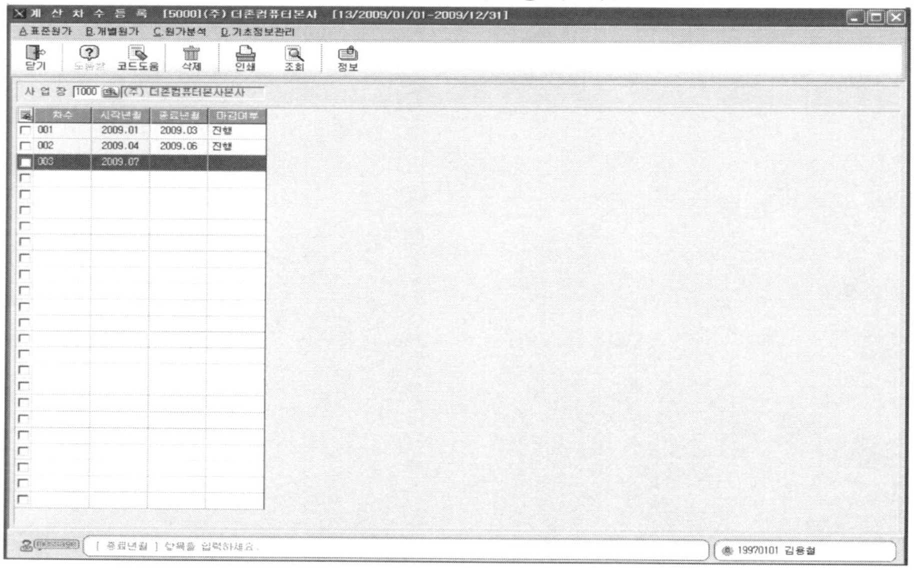

2) 구매품 재고평가

해당 계산차수 기간 내의 원재료 입고금액을 기준으로 생산에 투입된 재료비와 재고금액을 산출한다.

[원가관리]➔[개별원가]➔[구매품 재고평가]➔[데이터입력]➔[조회]

[그림11-4] 구매품 재고평가 화면

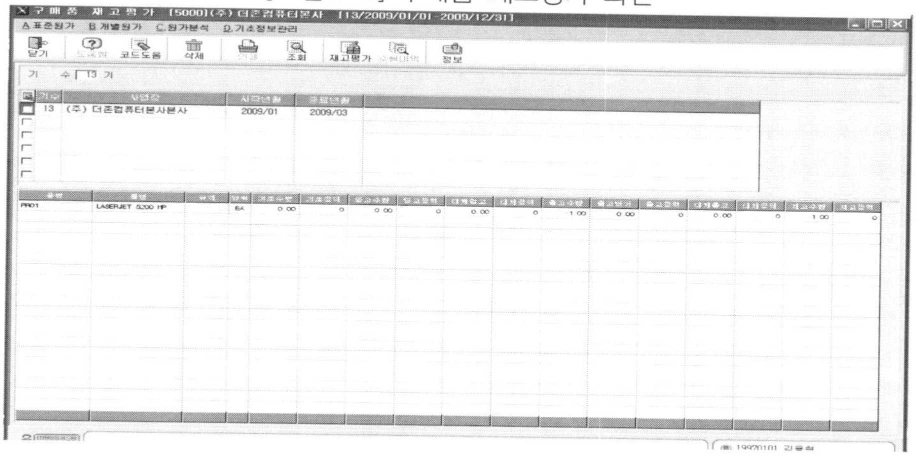

3) 생산수량 집계

해당 계산차수 기간 내의 생산된 제품 수량을 집계한다. 이는 원가의 대상이 되는 품목에 대한 집계이다.

[원가관리]➔[개별원가]➔[생산수량집계]➔[데이터입력]➔[조회]

[그림11-5] 생산수량집계 화면

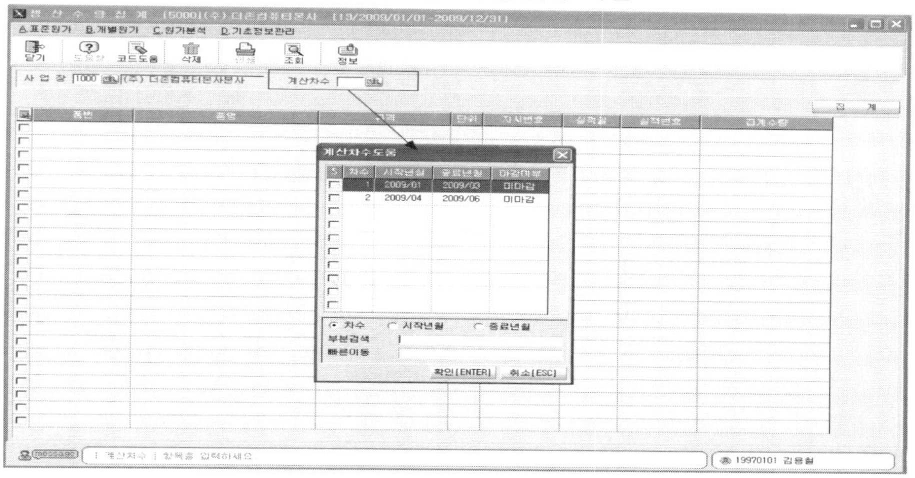

5) 가공비집계

해당 계산차수 기간 내의 발생된 50000번대 제조경비에 대한 집계이다.

[원가관리]➔[개별원가]➔[가공비집계]➔[데이터입력]➔[조회]

[그림11-6] 가공비집계 화면

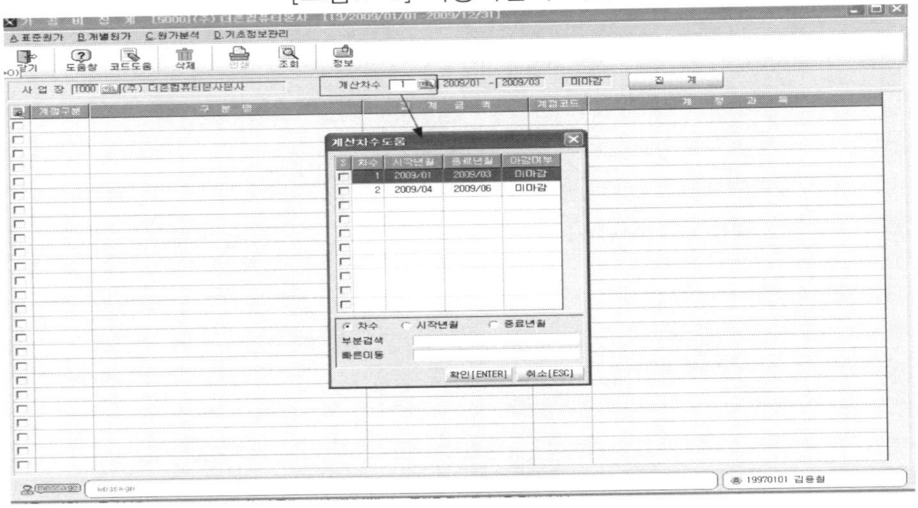

6) 재료비집계

제품을 생산하는데 소요된 재료에 대한 집계를 산정한다.

[원가관리]➔[개별원가]➔[재료비 집계]➔[데이터입력]➔[조회]

[그림11-7] 재료비집계 화면

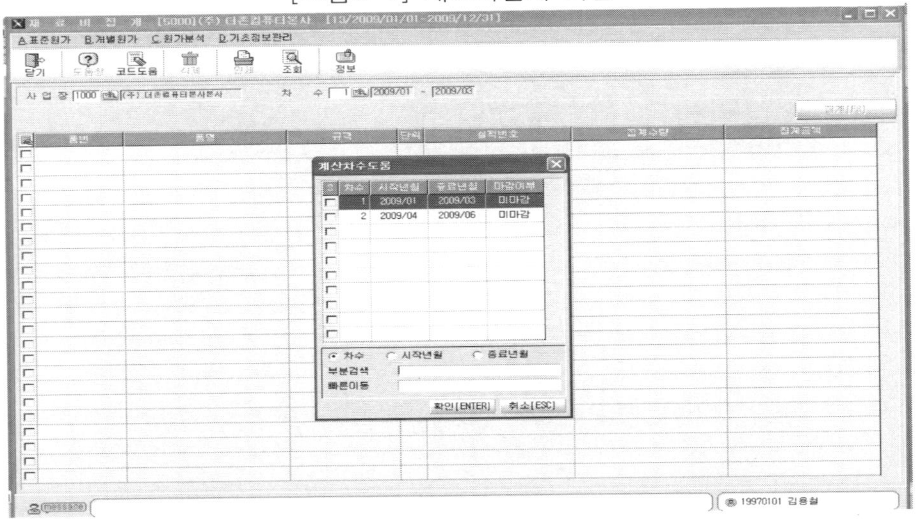

7) 반제품원가계산

생산수량집계(계정이 반제품), 재료비 집계(계정이 반제품), 가공비집계의 반제품 원가를 계산한다.

[원가관리]➔[개별원가]➔[반제품 원가계산]➔[데이터입력]➔[조회]

[그림11-8] 반제품원가계산 화면

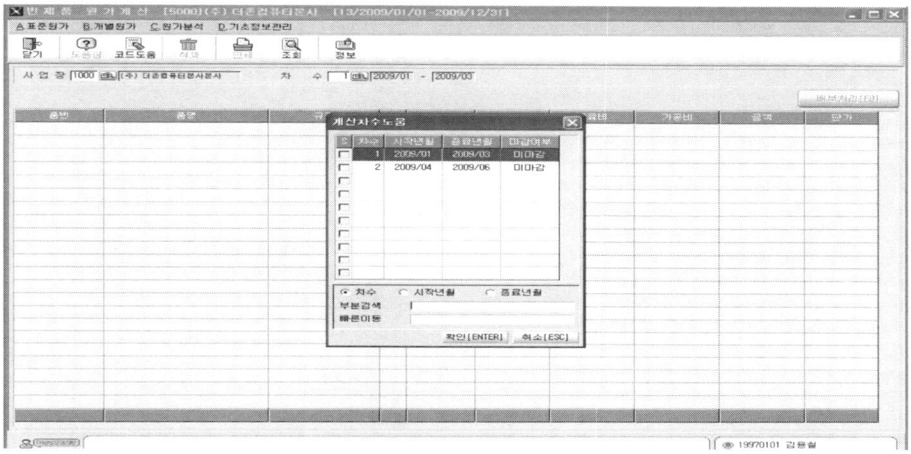

8) 반제품 재고평가

반제품 원가를 기준으로 실제 제품에 반영된 반제품과 재고로 남아있는 반제품으로 평가를 실시한다.

[원가관리]➔[개별원가]➔[반제품 재고평가]➔[데이터입력]➔[조회]

[그림11-9] 반제품 재고평가 화면

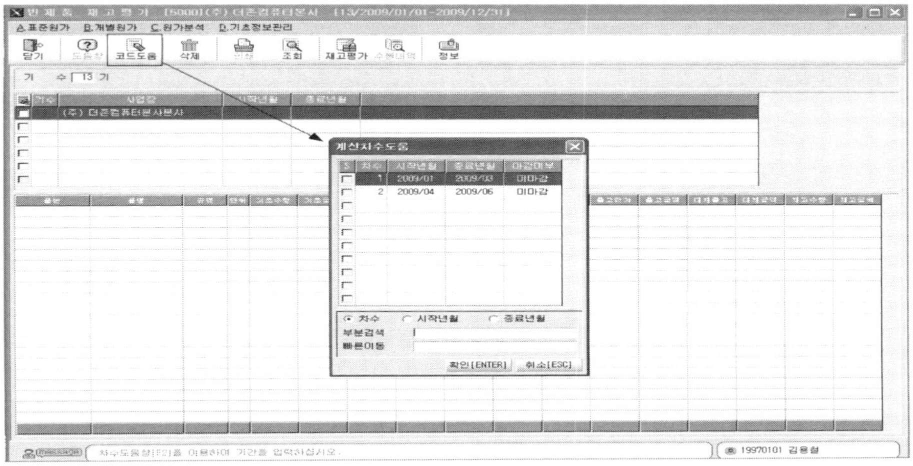

9) 제품원가 계산

산출된 생산수량집계, 재료비집계 등의 제품원가를 실행하는 프로그램이다.

[원가관리]→[개별원가]→[제품원가 계산]→[데이터입력]→[조회]

[그림11-10] 제품원가계산 화면

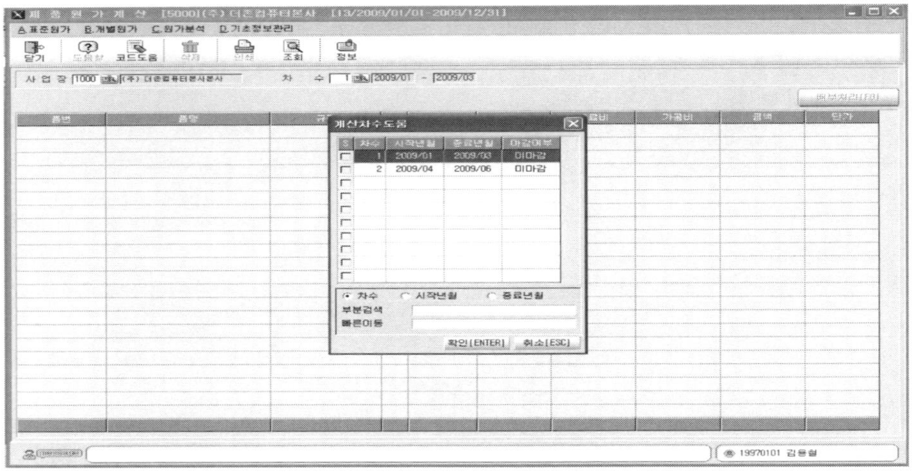

10) 제품 재고평가

제품원가를 기준으로 입고된 수량과 출고된 수량을 감안하여 재고로 남아있는 제품의 재고평가를 실시한다.

[원가관리]→[개별원가]→[제품재고 평가]→[데이터입력]→[조회]

[그림11-11] 제품 재고평가 화면

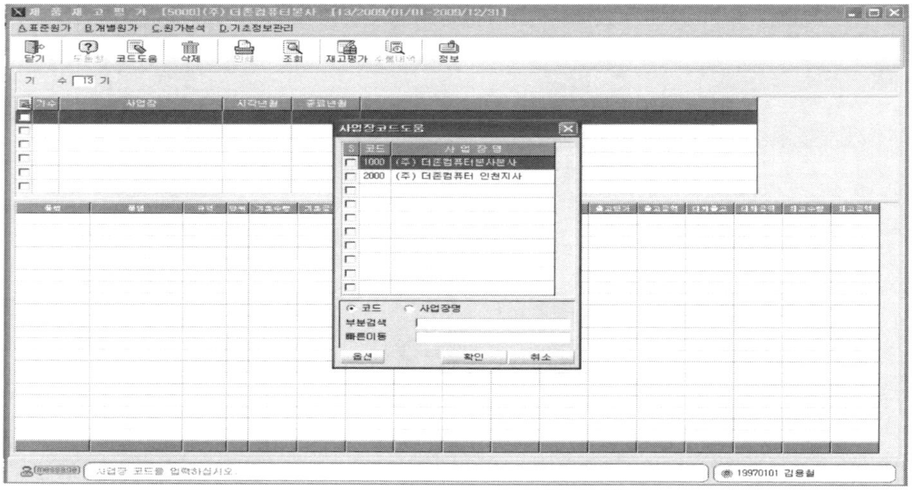

2. 표준원가관리

1) 표준작업공수

제품을 생산하는데 표준이 되는 작업공수를 입력하는 프로그램이다.

[원가관리]➔[표준원가]➔[표준작업공수등록]➔[데이터입력]➔[조회]

[그림11-12] 표준작업공수등록 화면

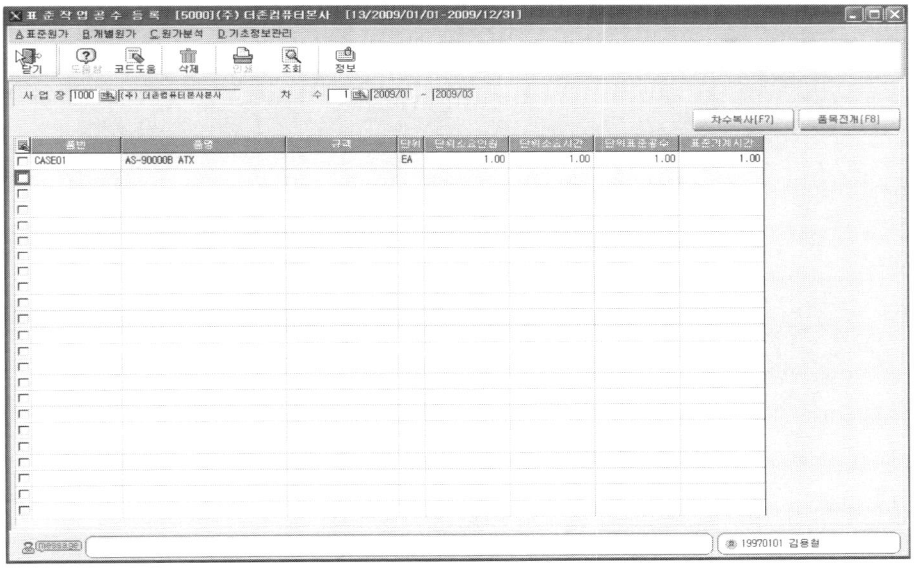

2) 표준 원단위 재료비 등록

제품을 생산하는데 표준이 되는 재료비의 원단위를 입력하는 프로그램이다.

[원가관리]→[표준원가]→[표준원단위재료비등록]→[데이터입력]→[조회]

[그림11-13] 표준원단위 재료비등록 화면

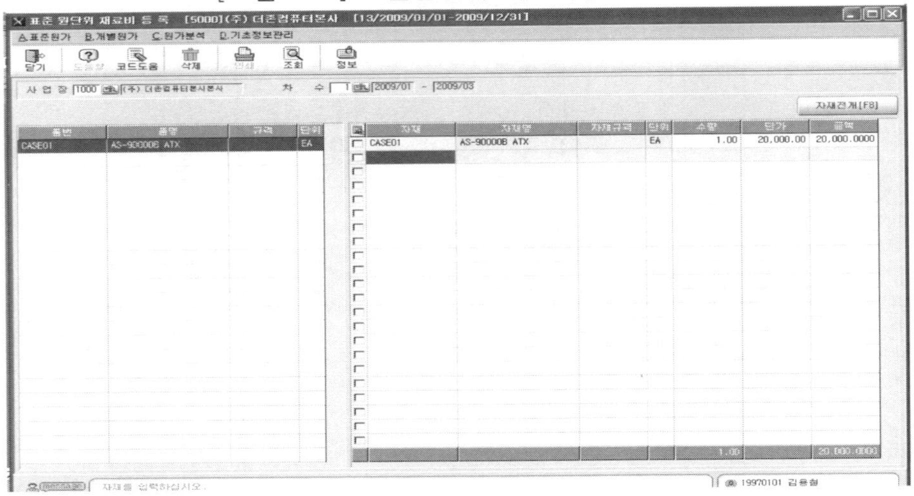

3) 표준원가계산

제품을 생산하는데 표준이 되는 원가를 산정하여 생산제품의 원가와 비교하여 차이를 분석한다.

[원가관리]→[표준원가]→[표준원가계산]→[데이터입력]→[조회]

[그림11-14] 표준원가계산 화면

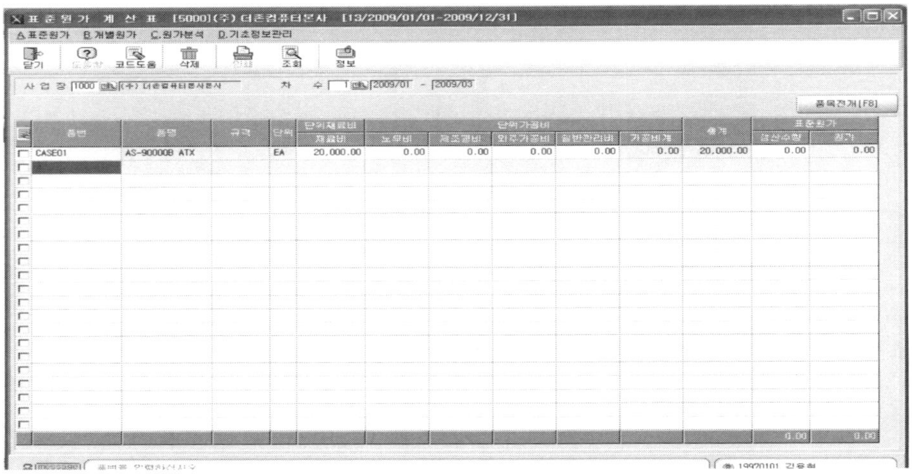

[연습문제]

1. 원가계산방법에 대하여 연구한다.
2. 발생비용 항목을 분류하고 설명한다.
3. 표준원가 제도에 대하여 연구한다.
4. 종합원가에 대하여 연구한다.

전 쟁

▸ 김용철

처음엔 나는 너를 미워하지 않았으며
너도 나를 이토록 미워하지 않았다.
산이 변하고 강이 다른 길로 흐르면서
너는 나를 미워하게 되었고 그래서 나도 너를
그토록 미워하게 되었기에 나는 너를 빼앗아야 했고
나는 너를 미워하고 너는 나를 미워하고
나는 너를 죽여야 하고 너는 나를 죽여야 하며
내가 죽지 않으면 네가 죽어야 하고
내가 살아가기 위하여 난 너를 죽도록 미워하고
네가 살아가 위하여 나를 그리도 미워하여야 하며
너로 하여금 나는 너만을 미워하게 된 것이 아니고
너의 추종자 네 가족 네 이웃도 미워하게 되었으니
너 또한 나를 이웃한 모든 것이 미워하게 되었을 것이고
너로 하여금 난 죽도록 너를 미워하게 되어
너도 죽고 네 이웃도 죽고 네 벗도 죽고
네 주위의 모든 것을 죽여주고 싶도록 미워하니
너 또한 나로 하여금 나를 그토록 미워함은
말이 같아도 뜻이 같아도 흐르는 피가 같아도
미워함은 모든 것을 죽음으로 번져가는 것이
너로 하여금 미움만이 또 번져가게 한다.
네로 하여금 시작된 미움이 이제는 끝이려나. 함은
나만의 추상이요 나만의 사랑 이였을 것이고
세월의 흐름이 한 흐름 두 흐름 흘러도 너와 나는
너로 하여금 미움만이 가득할 뿐
나와 네가 만나 나와 내 가족을 어느 먼 곳으로
흩 뿌려놓게 하고 뿌려진 내 가족 너의 가족은
미움이 미움으로 또 미움으로 죽음으로
끝없는 미움의 전쟁은 계속되고 또 되고
너로 하여금 시작된 미움은 네가 이곳을 떠나도
너로 하여금 시작된 전쟁은 네가 이곳을 떠나도
너의 흔적은 미움으로 흩트려져 너도 나도 이젠
미움만이 가득할 뿐 너와 내가 잉태한 것은 미움뿐

Chapter XII

인사관리

【원가관리 프로세스】

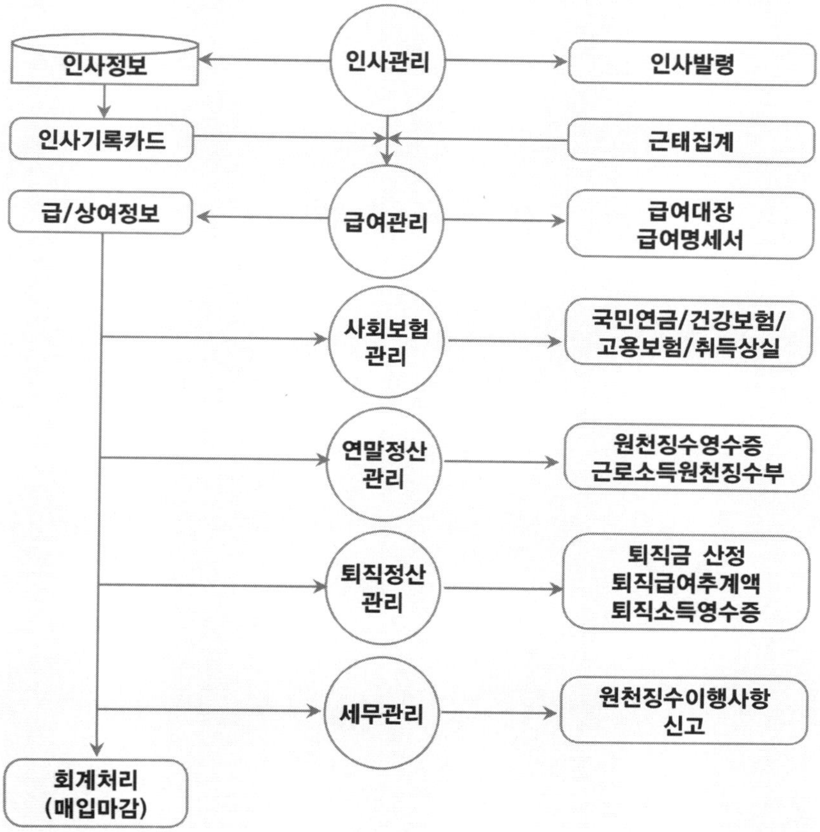

굴 밥집 아줌마

▸ 김용철

부자 집 막내아들로만 알았고
큰 대학에서 공부 잘 하는 아이로 생각했고.
큰 회사 잘 다니는 모범사원일 것이라 생각했고.
간부사원 사모님 될까하여 믿고 기다렸고.
사장님 부인되어 치마폭을 끌며 다니려 했고.
그래서 믿고 기다렸는데.
교수한다고 하기에 그러라 하여 기다리길 수년
사랑하는 사람 박사 만들어 사모님 되길
그리며 기다린 20년 그리고 또 한 해되니
어느 날 사장님 만들어 준다고 하기에
그러라 했더니만
굴밥집 식당 차려주고 사장님이라고 하네요.
굴밥집 식당아줌마 만들어 놓고서…

제1절 조직기능의 의의와 성격

1. 조직화의 의의와 기본단계

1) 조직화의 의의

조직화(organizing)는 경영관리의 두 번째 기능으로서 조직의 내부구조를 설계하고 과업·구성원·권한·책임 사이에 적절한 분업과 협력관계가 이루어지도록 하여 여러 업무와 관리행위가 효과적으로 실행될 수 있도록 하는 일련의 과정을 일컫는다. 즉 조직화란 조직에서 수행되어야 할 과업들은 무엇인가, 과업들을 어떠한 방법으로 한 데 묶을 것인가, 그러한 과업의 수행을 누구에게 맡길 것인가, 과업수행에 필요한 권한과 책임은 어떻게 할당할 것인가, 누가 누구에게 무엇을 보고할 것인가, 특정의 의사결정이 어느 위치에서 이루어지게 할 것인가, 그리고 이와 같은 일련의 행위를 어떠한 조직구조를 통하여 실행할 것인가 등을 선택하는 데 관련된 경영관리의 기능이라고 할 수 있다.

조직화는 조직구조(organizational structure)내지 조직(organization)이라는 개념과 구분되어야 한다. 전자는 동태적인 표현으로서 조직을 형성·유지하기 위한 과정을 말하며, 후자는 정태적인 표현으로서 그러한 조직화의 결과로 형성된 실체라고 할 수 있다. 따라서 조직화는 경영자가 수행하는 기능인데 반하여, 조직구조 내지 조직은 경영자를 포함한 모든 조직구성원들이 활동하는 배경인 것이다.

이와 같은 일련의 과정으로서의 조직화가 경영관리활동에 있어서 중요한 이유는, 효과적인 조직화가 이루어질 경우 다음과 같은 효과 내지 이익을 얻을 수 있기 때문이다(Charlisle, 1982 ; 박내회, 1991).

첫째, 업무의 흐름이 명확하게 된다.
둘째, 개인별 직무에 대한 지침을 제공해 준다.
셋째, 각 업무를 성공적으로 수행하는 데 요구되는 행동체계가 마련되기 때문에 계획수립과 통제화에 도움이 된다.

넷째, 의사소통과 의사결정을 위한 경로가 설정된다.

다섯째, 직무의 중복과 과업에 관련된 갈등을 막아준다.

여섯째, 각 구성원의 활동을 조직목표에 연결시킴으로써 직무수행성과를 증대시켜 준다.

2) 조직화의 기본단계

동태적인 과정인 조직화는 일반적으로 다음과 같은 4 단계로 이루어진다. 즉, 하나의 실체로서의 조직 내지 조직구조는 다음과 같은 단계로 이루어진 조직화의 과정을 통하여 형성되는 것이다(한희영, 1987).

① **제1단계** : 조직화의 첫 단계는 '조직목표를 달성하기 위해 해야 할 일(the work to be done)'을 찾아내는 데서부터 시작한다. 그것은 조직의 목표 내지 계획을 달성하기 위한 수단이 곧 조직이기 때문이다. 그런데 조직목표의 달성을 위해 해야 할 일 내지 활동은 주로 직무분석을 통하여 결정된다. 직무분석(job analysis)이란 어느 직무에 포함되어 있는 일의 내용과, 그러한 일을 수행하는 개인에게 요구되는 능력, 기능 또는 숙련도, 지식과 경험, 자격, 책임 등과 같은 요건을 분석·결정하는 일을 의미한다.

② **제2단계** : 여기에서는 먼저 결정된 일 내지 활동을 그 양과 질을 감안하여 하나하나의 직위(position)를 설정한다. 그리고 이렇게 설정된 직위들은 다시 그 동질성과 유사성을 고려하여 하나의 직무(job)로 편성된다. 여기서 유의해야 할 것은 직위와 직무는 결코 동일개념이 아니하는 점이다. 즉 직위는 한 개인에게 할당된 과업의 집합으로서, 여기에는 과업을 수행하는 데 요구되는 권한과 책임이 주어진다. 그리고 직무는 작업의 종류와 수준이 비슷한 직위들을 집약종합하여 하나의 관리단위로 편성한 것을 말한다.

③ **제3단계** : 여기에서는 제2단계에서 결정된 직위들 사이에 체계적인 관계를 설정하게 된다. 그러한 관계의 기본적인 요소가 되는 권한(authority) · 책임(responsibility) · 의무(accountability)의 세 가지이다. 이 세 가지 요소는 서로 밀접한 상호관계에 놓여 있으며, 경영관리에 있어서의 조직기능은 바로 이 세 가지 요소의 상호관계가 체계적으로 설정될 때 보다 효율적인 것이 될 수 있다. 한편, 이들 권한·책임·의무 사이의 상호관계는 여러 가지의 규정·절차·제도·조직도 등에 의해 규정되는데, 이때 이들 요소간의 관계설정을 위한 골격 내지 틀을 정하게 되는 것이 부문화(departmentation)의 문제라 할 수 있다. 그리고 이렇게 해서 각 직위간의 관계의 기본적인 유형을 나타내는 것이 여러 가지의 조직형태인 것이다.

④ **제4단계** : 이 단계는 각 직위에 대해 구체적·특정적인 개인을 배치하게 되는 단계이다. 이 단계는 흔히 충원(staffing)의 단계로 불리어지며, 주로 인사 관계가 그 대상이 된다. 따라서 이 단계에서는 직무가 기준이 되어 그에 적합한 사람을 충당하게 된다. 만일 직무수행에 요구되는 자질을 갖춘 사람이 없는 경우에는 적합한 자를 조직의 밖에서 널리 탐색하는 일과, 조직구성원들을 교육·훈련시켜 적합자로 양성하는 일도 이 단계에서 시도된다.

조직화는 대략 이상과 같은 네 단계를 거치면서 그 결과로서 정태적인 조직 내지 조직구조를 만들어 낸다. 그러나 경우에 따라서는 여러 가지 원인에 의해서 이와 같이 형성된 조직의 유효성이 낮아지게 되는 일이 있기 때문에 '재 조직화'가 필요하게 된다. 이렇게 재조직화가 필요해지는 원인은 매우 다양하겠지만, 비교적 일반적인 것으로는 조직목표의 변경, 직무분석기법의 보완, 직무의 개편 또는 폐지, 조직형태나 권한관계의 변경, 인사이동 등을 들 수 있다.

2. 조직구조의 개념과 구성요소

1) 조직구조의 개념

조직구조에 대하여 살펴보기 전에 우리는 먼저 '구조(structure)'에 대해 이해해야 할 필요가 있다. '구조'에 대한 가장 간단한 하나의 정의는 이것이 "하나의 조직을 구성하는 각 부문들의 특정한 관계형식"을 말한다는 것이다(Kast and Rosenzweig, 1970). 예를 들면, 해부학(anatomy)에서 연구하는 것은 인체의 각 구성부분, 즉 골격·기관·신경 등의 형성관계라고 할 수 있다. 이러한 '구조'는 항상 '과정(process)'과는 상대적인 개념으로 받아들여진다. 여기서 과정이란 "하나의 시스템에서 에너지 또는 정보가 동태적으로 변화하는 방식"을 나타낸다. 예를 들면 해부학과 상대적인 것으로 생리학(physiology)이 있는데, 이것은 생물체의 활동기능에 관한 문제를 연구하는 학문이라고 할 수 있다. 따라서 조직과정의 상대적 개념인 조직구조는 '조직 내의 직무 또는 부문 사이에 형성된 비교적 고정적인 관계'라고 할 수 있다.

조직구조는 매우 간단한 것이라고도 할 수 있고 또 매우 복잡한 것이라고도 할 수 있다. 예를 들면, 기업조직의 경우에 있어서 가장 간단한 상황 하에서는 사장과 몇 명의 종업원만이 있을 수도 있고, 심지어는 그 종업원들이 사장의 가족으로만 이루어질 수도 있다. 이러한 상황 하에서 과업과 권한의 할당 및 협조관계는 상당히 단순해진다고 할 수 있다. 그러나 기업의 업무가 점차 다양해짐에 따라 종업원의 수가 증가하게 되면 사장은 더 이상 혼자의 힘으로는 종업원들을 지휘할 수도 없고 또 그들 간의 협조를 이끌어 낼 수 없다는 것을 느끼게 되어 기업 내에 몇 개의 필요한 경영계층을 증설하고 그것을 관리할 수 있는 단위책임자를 두게 된다. 그리고 이때부터 기업에는 점차 비교적 복잡한 조직구조가 형성되게 된다.

만일 기업의 사업이 계속 확대되면 그와 같은 조직구조는 분업의 필요성에 따라 부문을 수평적으로 증가시켜야 될 뿐만 아니라 수직적인 계층 역시 증가시켜야 할 필요가 있게 된다. 그렇게 되면 조직구조는 보다 복잡해지고 부문간·계층간의 협조 역시 점차 곤란하게 된다. 그리고 이러한 상황이 계속되어 어느 수준에 도달하게 되면 조직은 반드시 그 구조를 새롭게 변화시켜야만 실제의 수요에 적응할 수 있게 된다. 예컨대 기업이 다각화경영을 위해서 사업부제(divisionalization)조직을 채택한다든지, 신제품개발을 위해서 프로젝트(project)조직을 채택한다든지 하는 것이다.

2) 조직구조의 구성요소

조직구조는 보통 복잡성·공식화·집권화의 세 가지 요소로 구성된다. 이들 구성요소는 조직특성변수라고도 불리는 것으로서 조직을 설계하는 데 직접적으로 영향을 미친다. 이들 구성요소에 대해 구체적으로 살펴보면 다음과 같다.

(1) 복잡성

복잡성(complexity)은 조직에서 과업의 분화가 이루어지는 정도를 말한다. 이 복잡성은 기본적으로 세 가지 방향에서 일어난다. 수평적 분화와 수직적 분화 그리고 지역적 분산 등이 그것인데, 이들은 조직의 복잡성을 증가시키는 원인이 되는 것이다.

① **수평적 분화** : 수평적 분화(horizontal differentiation)는 조직이 여러 서로 다른 부서나 전문화된 하위단위를 가지는 정도를 말한다. 일반적으로 조직 내에 전문적인 지식이나 기술을 필요로 하는 직무와 직종의 수가 많으면 많을수록 조직은 수평적으로 복잡해진다고 할 수 있다. 왜냐하면 조직 내에 전문영역별로 단위가 형성되고 부서의 수가 많아지면 조직구성원들의 다양한 목표지향성으로 말미암아 그들 간의 의사소통이 더욱 어려워질 뿐만 아니라 경영계층에서 구성원들의 활동을 조정하는 일도 점점 더 어려워지기 때문이다(김남현, 1985). 이와 같이 수평적 분화는 직무전문화(job specialization) 및 부문화(departmentation)와 밀접한 관계가 있다.

② **수직적 분화** : 수직적 분화(vertical differentiation)는 조직 내의 계층의 수, 즉 조직계층의 깊이를 가리키는 말로서 과업의 분화가 상하관계를 가지고 이루

어지는 것을 말한다. 수직적 분화는 조직 내의 명령계통과 관련되는 개념으로서 위계(hierarchy)라고도 한다. 최고경영층과 최하위계층 사이에 계층의 수가 많아지면 많아질수록 조직은 수직적으로 더욱 복잡하게 되어 의사소통의 왜곡가능성이 그만큼 더 커지며 경영자들의 의사결정을 조정하는 것 또한 점점 더 어려워지게 된다. 그리고 조직 내에 계층의 수가 많아지면 최고경영자가 종업원들의 작업 활동을 감독하는 것이 더욱 어려워지게 된다.

③ **지역적 분산** : 지역적 분산(spatial differentiation)은 조직의 물리적인 시설과 인력이 지역적 또는 지리적으로 분산되어 있는 정도를 말한다. 조직의 사무실, 공장 또는 종업원들이 지역적으로 분산되어 있을수록 의사소통, 조정 및 통제가 더 어려워지기 때문에 복잡성 역시 증가하게 된다.

(2) 공식화

공식화(formalization)란 조직 내의 직무가 표준화되어 있는 정도를 말한다. 다시 말하면, 종업원의 행위나 태도가 문서화된 규칙이나 절차 등에 명시되어 있는 정도를 의미한다. 고도로 공식화되어 있는 조직은 구성원들이 언제, 무엇을, 어떻게 해야 하는지를 미리 규정해 놓은 많은 규칙, 직무기술서, 규정, 절차 등이 존재한다. 반면에 공식화의 수준이 낮은 조직은 사전에 규정된 절차나 규칙이 상대적으로 적어 구성원들이 직무를 수행하는 데 있어서 자신들의 의사대로 상당한 재량권을 발휘할 수 있다. 직무수행에 관한 개인의 재량권은 사전에 조직에 의해 정형화된 활동의 총량과 반비례한다. 따라서 표준화의 정도가 크면 클수록 구성원 개인의 직무수행에 대한 재량권은 그만큼 적어진다. 이는 표준화가 조직구성원들이 대안적 행위를 취할 가능성뿐만 아니라 그것을 고려할 필요성을 제거시키기 때문이다.

공식화의 정도는 조직마다 다르며 같은 조직 내에서도 직무의 성격에 따라 매우 상이하게 나타난다. 일반적으로 단순하고 반복적인 직무일수록 공식화의 정도가 높으며, 고도로 전문화된 직무일수록 공식화될 가능성은 그만큼 줄어들게 된다. 또한 조직 내의 계층이나 기능부문에 따라서도 공식화의 정도는 다르게 나타난다. 즉, 조직의 상위계층으로 올라갈수록 공식화의 정도는 줄어들게 된다. 왜냐하면 상위계층에 속하는 사람일수록 비반복적이며 독특한 해결책이 요구되는 활동과 관계되므로 많은 재량권을 필요로 하기 때문이다. 그리고 생산부문의 직무는 판매부문이나 연구개발부문의 직무보다는 일반적으로 더 공식화되어 있다. 그 이유는 생산부문의 직무는 비교적 안정적·반복적이기 때문에 일반적으로 표준화되어 있는 반면에, 판매부문은 고객의 욕구변화에 대응하기 위해 유동적이어야 하며, 연구개발부문의 경우도 기술변화에 대하여 항상 창의적으로 대처해 나가야 하기 때문이다.

(3) 집권화

집권화(centralization) 또는 분권화(decentralization)는 의사결정권이 조직 내의 어느 한 곳에 집중되어 있는 정도를 말한다. 즉, 이는 조직 내에서의 권한이 위에서 아래로 어떻게 배분 또는 분포되어 있는가 하는 정도와 양태를 가리키는 것이다. 만일 조직 내의 권한위양의 정도가 매우 낮아서 의사결정권이 대부분 최고경영층에 집중되어 있다면 그 조직은 집권적 조직에 속한다고 할 수 있다. 반대로 각 계층의 경영자들이 모두 비교적 높은 정도의 권한위양을 단행하여 의사결정권의 많은 부분이 하부계층으로 이양되어 있다면 그 조직은 분권적 조직에 속한다고 할 수 있다. 이와 같이 분권화 또는 집권화는 어느 특정 경영자의 권한위양 정도만을 말하는 것이 아니라 전체 조직의 관점에서 일컫는 것으로써 그 조직의 기본적인 경영철학을 나타낸다.

권한위양이 '있다' 또는 '없다'와 같이 권한의 절대적인 성질을 나타내지 않는 것처럼 분권화와 집권화 역시 권한의 절대적인 성질이 아닌 정도상의 문제를 말하는 것이다. 따라서 절대적인 집권화를 채택하고 있는 조직은 없는 것처럼 절대적인 분권화를 채택하고 있는 조직도 없다. 모든 조직들은 일반적으로 이 양극단의 사이에 위치한다고 볼 수 있다.

순수한 이론적 관점에서 분권화를 채택하는 것이 유리한지 또는 집권화를 채택하는 것이 유리한지를 결정한다는 것은 매우 어려운 일이다. 왜냐하면 분권화 또는 집권화의 채택은 반드시 특정 조직이 직면하고 있는 상황과 환경특성 등 여러 가지의 요인들을 고려하여 결정해야 하기 때문이다. 분권화 또는 집권화에 영향을 미치는 요인으로 비교적 대표적인 것을 들면 다음과 같다.

① **조직의 규모** : 이것은 가장 기본적으로 고려해야 할 요인이라고 할 수 있다. 왜냐하면 분권화의 발전은 원래 대규모조직의 경영상의 필요성에 의하여 이루어졌기 때문이다. 따라서 작은 규모의 조직은 자연적으로 집권적 조직에 속한다고 할 수 있다. 그러나 예외적인 경우가 있다. 연구에 의하면 매우 큰 규모의 철강 및 제지기업은 여전히 기능식의 집권화조직의 형태를 취하는 것으로 나타났다. 학자들은 이러한 기업들이 중시하는 것이 조직의 탄력성보다는 생산과 제조의 효율성이기 때문에 집권적인 경영방식을 채택하게 된다고 말한다(許士軍, 1985).

② **제품조합** : 제품라인이 많거나 다각화 정도가 비교적 높은 기업은 제품에 따라 시장과 생산 및 판매의 특성 그리고 나타나는 문제가 각기 다르기 때문에

집권적인 경영방식은 부적합하게 된다.

③ **시장의 분포** : 기업의 시장이 널리 분포되어 있거나 시장구조가 복잡하면 중앙집권적 경영방식은 부적합하게 된다. 왜냐하면 집권적 경영방식을 통해서는 의사소통이 효과적으로 이루어지지 않고 현지의 환경이나 수요의 특수한 성질에 적응할 수 없기 때문이다. 이러한 상황은 지리적으로 분산되어 있는 기업에 대하여도 똑같이 적용된다.

④ **업무기능의 성질** : 같은 조직 내라고 할지라도 업무기능에 따라 필요한 분권화 또는 집권화의 정도가 다르다고 할 수 있다. 일반적으로 마케팅과 생산기능에는 분권화가 적합하다고 할 수 있으며, 재무기능에는 오히려 집권화가 보다 적합하다고 할 수 있다.

⑤ **직무의 성질** : 일반적으로 직무의 성질이 비교적 일상적이고 규칙적인 경우에는 집권적 방식으로 의사결정을 하는 것이 적합하며, 그 범위가 일정하지 않거나 규칙적이 아닌 직무에 대한 의사결정은 그 권한을 하부계층에 위양하는 것이 적합하다고 할 수 있다(Hage and Aiken, 1969).

⑥ **구성원의 특성** : 앞의 직무의 성질은 구성원의 특성과 밀접한 관계가 있다. 일반적으로 비일상적인 직무는 대부분 동시에 전문성(professional)을 필요로 하는 직무에 속한다고 할 수 있다. 그리고 이러한 직무를 담당하는 구성원들은 교육수준이 비교적 높고 독자적인 판단과 의사결정을 선호하는 경향이 있다. 따라서 주로 이러한 사람들로 구성된 조직은 분권화의 경향이 두드러지게 나타난다. 반대로 구성원들이 비전문적이고 교육수준이 비교적 낮은 조직은 집권화가 더욱 적합하다고 할 수 있다.

⑦ **외부환경** : 만일 기업이 비교적 불안정하고 예측하기 어려운 환경에 직면해 있으면 분권화 경향이 강하게 나타난다. 그리고 기업의 생존이 정부나 노동조합 또는 원료공급자와 같은 외부의 특정 집단의 영향을 크게 받는다면 집권화의 경향이 비교적 두드러지게 나타난다(Inkson, Pugh and Hickson, 1973).

이상의 내용을 종합해 보면 분권화에 적합한 상황은 일반적으로 공통점이 있음을 발견할 수 있다. 즉 조직의 경영이 비교적 큰 탄력성을 필요로 하고, 비교적 신속한 반응과 창의성 및 능동성을 필요로 하는 경우에는 분권화가 적합하다고 할 수 있다. 또한 규모가 비교적 크고, 제품라인이 비교적 많으며, 시장구조가 복잡하고, 직무상의 변화가 많고, 외부환경을 예측하기 힘든 경우에도 분권화 조직을 채택하는 것이 적합하다고 할 수 있다.

제2절 조직구조의 설계

1. 조직설계의 기본요소

여기에서는 조직설계, 즉 조직구조를 설계하는 데 있어서 반드시 고려해야 할 중요한 네 가지 기본요소인 분업, 부문화, 권한위양, 통제 폭에 대하여 살펴보도록 하겠다.

1) 분업

조직구조를 설계하는 데 있어서 가장 먼저 고려해야 할 것은 '분업(division of labor)'에 관한 문제이다. 전체 조직이 수행하여야 할 직무를 어느 한 사람이 전부 도맡아서 처리할 수는 없고 반드시 여러 사람이 분담하여 수행하여야 한다. 또한 직무는 어떤 원칙에 의하여 세분한 후 작업자로 하여금 비교적 작은 부분을 담당할 수 있게 해야만 나름대로의 소질을 발휘하고 기술을 숙련시킬 수 있으며 조직은 소위 말하는 '전문화(specialization)'의 이익을 창출할 수 있게 된다. 이러한 분업과 전문화의 원칙은 고전경제학으로부터 전통적 경영이론에 이르기까지 매우 중시되어온 개념이다.

분업의 원칙으로부터 조직구조를 본다면, 한 조직의 전체적 과업은 각종 성질이 다른 구체적인 작업으로 구분해야 할 뿐만 아니라, 이들 작업을 다시 특정의 단위나 부문으로 조합하여야 한다. 그리고 동시에 일정한 권한과 책임을 그러한 단위나 부문의 경영자들에게 부여하여 주어진 과업을 책임지고 달성할 수 있도록 하여야 한다. 따라서 분업과 전문화의 개념에 이어서 요구되는 것이 '부문화'에 관한 문제라고 할 수 있다.

2) 부문화

시스템(system)의 관점에서 보면, 조직 내 작업의 조합을 단순히 같은 성질의 작업만을 한 곳에 모아 놓은 것으로 생각해서는 안 된다. 왜냐하면 그러한 생각은 순수하게 기술적인 관점에 속하는 것이기 때문에 종종 그것이 달성해야 할 목적을 무시하게 되거나 조직의 전체적 과업과의 연관성을 소홀히 하기 쉽다. 즉, 나무만 보고 숲을 보지 못하는 것과 같이 효율을 증대시킴으로써 오히려 효과는 잃어버리는 결과를 초래하기 쉽다는 것이다.

부문화(departmentation)는 구체적으로 어떤 구상이나 원칙을 근거로 하여 개별적인 작업 또는 직무를 조합하는 과정이라고 정의할 수 있다. 기본적으로 부문화는 제품·고객·지역·경영관리기능·생산과정 등에 따라 이루어지게 되며, 일반적으로는 [그림 12-1]에서 보는 바와 같이 이들 요소들을 혼합하는 방식으로 조직구조가 형성된다.

[그림 12-1] 혼합형 부문화

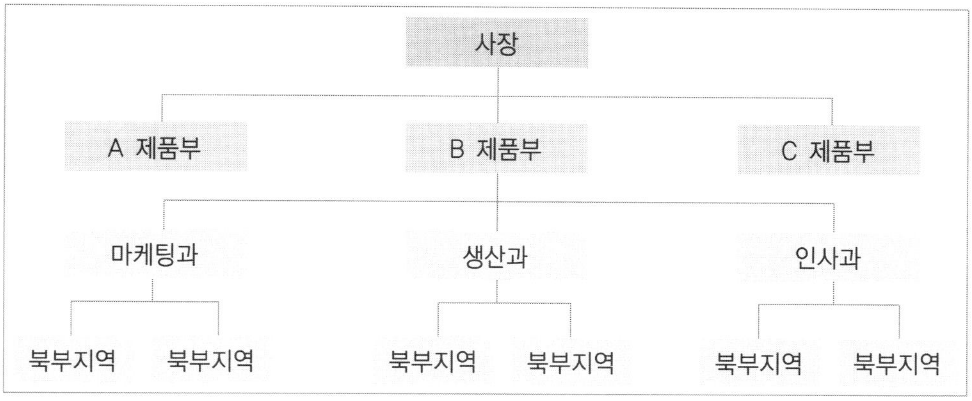

3) 권한위양

(1) 권한위양의 개념과 중요성

'권한위양(delegation of authority)'은 하급자들이 상급자를 대표하여 필요한 직무를 수행할 수 있도록 상급자가 하급자를 지정하여 어떤 권한과 책임을 부여하는 것을 말한다. 권한위양은 권한이 있다 또는 없다의 차이를 말하는 것이 아니라 권한을 얼마만큼 가지느냐 하는 정도상의 문제를 말한다. 예를 들면, 권한위양 정도가 낮다는 것은 모든 일을 상급자의 직접적인 명령에 의해서 수행하거나 하급자들은 반드시 모든 일을 상급자의 지시에 따라 수행하여야 한다는 것을 말한다. 또한 권한위양 정도가 높다는 것은 상급자가 많은 과업을 하급자에게 맡겨 스스로 처리할 수 있도록 하는 것을 말한다. 물론 많은 경영자들은 권한위양의 정도에 있어서 이와 같은 양극단의 사이에 위치하며, 우리나라의 경우에는 많은 조직들이 일반적으로 권한위양 정도가 낮은 쪽에 속한다고 볼 수 있다.

상급자들은 하급자에 대하여 권한을 위양하는 동시에 그것에 상당하는 책임을 부여한다. 따라서 하급자는 반드시 상급자에 대하여 주어진 만큼의 책임을 부담해야 한다. 그러나 여기서 주의해야 할 것은 부하들이 그러한 책임을 부담한다고 해서 상급자가 그 자신이 부담해야 할 책임에서 벗어난다는 것을 의미하지 않는다는 것이다. 왜냐하면 상급자는 부하가 그에게 책임을 부담하는 것과 마찬가지로 그 부분의 책임을 다시 그의 상사에 대하여 부담해야 하기 때문이다. 따라서 권한위양은 단순히 한 사람의 경영자가 다른 경영자를 대신하여 책임을 부담하는 관계가 아닌 한 계층 더 증가된 책임부담의 관계를 가져오게 된다.

권한위양의 이점은 명확하다. 권한위양은 경영자(특히 최고경영층)의 직무부담을 경감시킨다. 따라서 경영자는 권한위양을 통하여 일상적이고 잡다한 직무를 처리하는데 소요되는 시간과 노력을 절약할 수 있게 된다. 또한 권한위양은 불필요한 의사소통을 감소시킨다. 즉, 경영자는 결정권을 상황을 가장 잘 이해하는 하급자에게 부여하여 행사할 수 있도록 한다. 그러면 하급자는 상급자에게 보고할 필요가 없으며 상급자는 또한 그 자신이 결정해야 할 필요가 없게 된다. 특히 많은 경우에 있어서 책임지고 실행해야 할 사람으로 하여금 결정할 수 있도록 함으로써 실제의 상황과 필요성에 부합할 수 있게 된다. 권한위양의 또 한 가지 이점은 하급자들로 하여금 비교적 큰 책임을 부담할 수 있도록 함으로써 미래의 경영자를 양성할 수 있다는 것이다.

초기의 행동과학자들은 보편적으로 권한위양을 통하여 부하들에게 비교적 많은 책임을 부여하면 그들의 성취감을 만족시킬 수 있음으로 해서 큰 동기부여의 효과를 얻을 수 있다고 생각했다. 그러나 최근의 연구결과는 반드시 그렇지만은 않다는 것을 보여준다. 즉, 사람에 따라서는 상급자의 상세한 명령에 따라서 직무를 수행함으로써 오히려 큰 안전감을 느낀다는 것이다. 따라서 그런 사람은 권한위양을 증가시킬수록 곤혹감과 스트레스를 느낀다고 할 수 있다. 그러나 그런 사람은 일반적으로 관리적 책임을 담당하기에는 부적합한 사람이라고 할 수 있다.

(2) 권한위양의 장애요인

조직에서의 권한위양은 그것의 필요성과 여러 가지 이점에도 불구하고 종종 부족하게 이루어지는 경우가 있는데, 그것은 다음과 같은 장애요인 때문이라고 할 수 있다.

① 하급자의 능력이나 경험이 중대한 직책을 담당하기에는 부족함에도 불구하고 그에게 일체의 권한과 책임을 부여한다면, 그 결과는 상급자가 하급자에게 같은 명령이나 지시를 여러 번 되풀이해야 한다거나 중대한 착오를 범하는 결과를 가져오게 된다. 이러한 상황 하에서는 우선 하급자를 훈련시키거나 직무를 이동시킨 후에 권한위양을 단행해야 할 것이다.

② 직무의 중요성이나 긴급성으로 인하여 경영자 자신이 직접 처리해야만 하는 경우에는 하급자에 대한 진정한 권한위양이 이루어질 수 없게 된다.

③ 상급자 자신이 '경영자는 그가 담당하는 직무를 직접 처리해야만 하고, 하급자들은 상급자가 제시하는 문제에 대해서만 대답할 수 있어야 한다'고 믿는 사람이라면 자신의 직무수행에 대한 권한을 하급자에게 위양할 수 없게 된다.

④ 부하의 일에 대하여 세세하게 간여하면 할수록 자신의 중요성이 그만큼 부각된다고 생각하는 경영자는 일체의 직무를 자기가 직접 처리하고 어떠한 문제든지 간에 모두 자신이 해결하려고 할 것이다.

⑤ 자기의 지위에 대하여 안전감이 부족하다고 느끼는 경영자는 권한위양이 너무 많이 이루어지게 되면 조직 내 자신의 지위가 불리하게 된다고 생각한다. 이러한 경우에 있어서 하급자들이 모든 일을 상사에 의지하여 처리하려고 하면 중대한 착오는 범하지 않게 된다. 그리고 하급자들은 조직에 도움이 된다고 할지라도 그들의 상사에 대하여 불리한 행위는 하지 않으려고 할 것이다.

⑥ 또한 경영자에 따라서는 자기 자신이 직접 명령 또는 지시를 내림으로써 권력 욕구를 충족시킨다. 따라서 이러한 상급자는 권한위양을 충분히 하지 않으려는 경향이 있다.

⑦ 하급자가 과거의 경험을 통하여 진정한 권한을 획득할 수 없다는 사실을 발견하게 되면 사실상 효과적인 권한위양은 이루어지지 않게 된다. 다시 말하면, 권한위양의 여부에 관계없이 모든 일이 사실상 상급자로부터 결정된다면, 하급자들은 그러한 유명무실한 권한위양에 대하여 관심을 보이지도 않을 뿐더러 심지어는 그들에게 주어지는 권한을 거절하는 상황이 발생하기도 한다.

⑧ 하급자가 과오를 범하는 것을 두려워하게 되면 진정한 권한위양이 이루어지기 어렵다. 다시 말하면, 자신의 과오나 좋지 못한 성과에 대해 처벌받는 것을 두려워한다면 하급자는 될 수 있는 한 상급자의 명령에 따라서만 일을 처리하려고 하기 때문에 그와 같은 하급자들에 대한 권한위양은 큰 효과를 기대하기가 어렵다.

⑨ 조직 내에 필요한 자원이나 정보가 부족하면 하급자들은 자신에게 위양된 권한을 행사하기가 어렵게 된다.

⑩ 또한 권한이 위양되면 하급자들이 수행해야 할 과업이 증가하게 된다. 따라서 하급자들이 그러한 증가된 과업을 완성하는 데 따른 적당한 동기부여가 이루어지지 않는다면 효과적인 권한위양을 기대하기가 어렵게 된다.

4) 통제 폭

통제 폭(span of control)은 관리 폭(span of management) 또는 감독 폭이라고도 하며 조직구조를 설계하는 데 있어서 반드시 고려해야 할 중요한 개념이다. 통제 폭은 한 사람의 경영자가 통제 또는 관리·감독할 수 있는 부하의 수를 말한다. 고전조직이론에 의하면 경영자 한 사람의 통제 폭이 너무 크면 부하들을 효과적으로 감독할 수 없다고 말한다. 왜냐하면 모든 부하들의 활동은 경영자를 통하여 통합되는 것이기 때문에 부하의 수가 너무 많게 되면 경영자는 효과적인 협조를 이끌어 낼 수 없다는 것이다. 그러나 이러한 생각은 당시의 이론이 규정이나 과정 또는 부하들의 자발적인 협조 등과 같은 경영자 이외의 또 다른 협조방법에 대해서는 전혀 고려하지 않았음을 보여준다.

데이비스(K. Davis)는 최고경영자가 감독해야 할 부하는 그와 마찬가지로 경영층에 속하는 사람들이므로 그 통제 폭은 비교적 작아야 하기 때문에 3~9명 사이가 적당하며, 하부계층의 경영자가 감독해야 할 부하는 일선작업자들이기 때문에 통제 폭을 30명까지 증가시킬 수 있다고 말한다(Davis, 1968). 그의 이러한 주장은 통제 폭의 크기는 사실상 다른 요인들에 의하여 결정되는 것이지 결코 고정적으로 설정하여 보편적으로 적용할 수 있는 것이 아니라는 것을 의미한다. 따라서 오늘날의 관점에서 보면 한 사람의 경영자가 효과적으로 감독할 수 있는 통제 폭의 크기는 최소한 다음과 같이 세 가지 측면의 요인들을 고려하여야 한다.

(1) 개인적 요인

① **경영자 개인의 선호** : 만일 경영자가 강력한 '권력욕구'를 가지고 있다면 그가 원하는 통제 폭은 비교적 클 것이다. 그러나 경영자가 강한 '관계욕구'를 가지고 있다면 그는 너무 많은 수의 부하들을 원치 않을 것이다. 왜냐하면 부하의 수가 적을수록 그들과 의견을 교환하고 이해할 수 있는 기회가 더욱 많아지기 때문이다.

② **경영자의 능력** : 능력이 많은 경영자의 통제 폭은 역시 커진다고 할 수가 있다.

③ **부하의 능력** : 만일 부하들의 능력이 많으면 경영자의 통제 폭은 역시 증가하게 된다.

(2) 직무적 요인

① **경영자의 직무특성** : 만일 경영자가 많은 시간을 계획이나 다른 부서와의 의사소통 또는 비관리적인 직무를 수행하는 데 소비하여야 한다면, 부하를 감독하는 데 필요한 시간은 자연적으로 감소하므로 그 통제 폭 역시 작아질 수밖에 없을 것이다.

② **부하의 직무특성** : 만일 부하의 직무가 항상 상사와 협의하여야 하는 성질의 것이라면 경영자의 통제 폭은 자연히 감소하게 된다.

③ **부하 직무의 유사성과와 표준화 정도** : 직무의 유사정도와 표준화정도가 높을수록 경영자의 통제 폭은 커지게 된다.

④ **부하 간 직무의 관련성** : 직무의 관련성이 클수록 경영자를 필요로 하는 감독과 협조의 시간이 많아지므로 통제 폭은 상대적으로 감소하게 된다.

(3) 환경적 요인

① **기술적 요인** : 인터넷과 정보기술의 이용정도가 높아짐에 따라 통제 폭이 상당히 증가하게 된다. 그러나 정보기술 사용 전 운영방식 하에서는 통제 폭이 상당히 작게 된다.

② **지리적 요인** : 부하들의 작업장소가 분산되어 있으며 통제 폭은 자연히 감소하게 된다.

2. 라인과 스텝

기업의 규모가 증대되고 그 업무가 다양해지게 되면 반드시 각종 기능과 기술을 보유한 전문가들을 이용하여 경영관리직무를 수행하여야 한다. 그러한 역할의 직위를 어떻게 조직시스템 속에 도입하느냐 하는 것은 기업에 있어서 하나의 중대한 문제라 할 수 있다. 왜냐하면 일단 그러한 직위를 조직구조 속에 도입하게 되면 기업은 반드시 조직의 권한 및 책임체계를 조정하지 않으면 안 되기 때문이다. 이것이 바로 모든 조직에 있어서의 '라인(line)과 스텝(staff)'에 관한 문제라고 할 수 있다.

1) 라인과 스텝의 개념

조직에 있어서 기본적인 문제의 하나는 라인과 스텝에 대하여 명확한 정의를 내리기가 매우 어렵다는 것이다. 그러면 도대체 라인과 스텝은 무엇을 말하는 것인가?

어떤 사람은 라인과 스텝의 구별은 반드시 그들이 담당하는 업무기능이 조직과업과 조직목표에 대하여 어떤 관계에 있으며 또 어떤 역할을 수행하느냐에 따라 결정되어야 한다고 강조한다. 만일 업무기능이 조직과업에 직접 관련되는 것이라면 그것은 라인의 활동 또는 기능에 속한다고 할 수 있다. 반대로 업무기능이 라인의 활동을 지원하는 것이라면 조직과업에는 간접적으로 관련되기 때문에 스텝의 활동 또는 기능에 속한다고 할 수 있다. 따라서 조직의 과업과 목표가 달라짐에 따라서 활동이나 기능이 라인에 속하는 것인지 또는 스텝에 속하는 것인지가 역시 달라진다. 예를 들면, 제조업에 있어서 일반적으로 생산 및 제조 그리고 마케팅과 같은 활동은 라인의 성질에 속한다. 그리고 인사와 재무 및 연구개발 등의 활동은 모두 생산과 마케팅 활동을 지원하기 위한 것으로써 스텝의 성질에 속한다고 할 수 있으며 따라서 이들 부문은 역시 스텝부문이라고 할 수 있다. 그러나 엔지니어링 자문회사의 연구개발과 서비스활동은 라인의 성질에 속한다고 할 수 있다. 따라서 여기서 반드시 강조해야 할 것은 라인활동과 스텝활동을 구분하는 것은 어느 것이 더 중요하다는 것을 말하는 것이 아니고 이 두 가지가 모두 똑같이 중요하다는 사실을 의미한다는 것이다.

사실상 많은 경우에 있어서 이상과 같은 기준을 사용하여 라인부문과 스텝부문을 구분한다는 것은 매우 어려운 일이다. 어느 학자는 이러한 분류방식이 성장의 초기단계에 있는 기업에나 적합하다고 말한다. 왜냐하면 기업의 규모가 나날이 커지고, 업무의 내용 역시 갈수록 복잡해짐에 따라 어떤 기능이 조직목표와 직접적으로 관계가 있고 또 어떤 기능이 간접적으로 관계가 있는지를 판단하는 것이 사실상 매우 곤란해졌기 때문이라는 것이다(Logan, 1966).

또 많은 학자들은 라인과 스텝의 구별은 바로 권한관계에 따라 결정된다고 주장한다. 즉 명령계통의 일환으로 부하에 대하여 명령이나 지시를 하달할 수 있는 사람은 라인에 속하며, 반대로 명령이나 지시를 하달할 수 없는 경우에는 스텝에 속한다고 할 수 있다.

2) 라인과 스텝의 관계

라인과 스텝은 각자의 책임과 권한이 모두 다르기 때문에 종종 어떤 관점에 대하여 중대한 견해차가 발생하거나 상호간의 협조가 곤란해지는 경우가 있다. 스텝은 특정 방면에 대하여 전문적 지식이나 풍부한 경험을 가지고 있다. 따라서 자기가 제시하는 의견이 가장 정확하다고 믿기 때문에 상대편에게 그의 의견을 반드시 받아들이도록 강력하게 요구하는 경향이 있다. 그러나 스텝은 라인이 고려하고 있는 다른 방면의 요인들과 반드시 져야 할 책임에 대한 압력은 이해하지 못하는 경우가 많다. 그리고 스텝은 심리적으로 자기의 주장을 직접 하부경영자들에게 명령할 수 없다는 사실이 자신의 조직내 지위와 중요성에 좋지 않은 영향을 미친다고 생각하기 때문에 종종 의식적·무의식적으로 라인경영자의 권한을 침범하는 경우가 있다. 이러한 경우에는 라인과 스텝간에 갈등이나 마찰이 발생하기 쉽다.

일반적으로 스텝이 라인경영자와 양호한 협력관계를 유지하기 위해서는 다음과 같은 점에 유의하여야 한다(Whyte, 1969).

① 항상 접촉하고 의사소통을 통하여 상호간에 의견을 교환한다.
② 스텝은 건의나 조언을 제시하기 전에 될 수 있는 한 라인부문이 직면하고 있는 특수한 상황을 찾아내고 이해하여야 한다.
③ 스텝은 라인경영자와 일종의 상호보완적인 협조관계를 이루어야 한다.
④ 스텝은 자신보다는 라인경영자가 성과를 얻을 수 있도록 적극적으로 노력하여야 한다.

3. 조직의 기본형태

1) 라인조직

라인조직(line organization)은 일명 직계조직 또는 군대식 조직이라고도 불리우는 것으로서 과업의 분화라든가 부문화가 진전되지 않은 매우 단순하고 초보적인 조직형태이다. 이러한 라인조직은 산업화의 초기시대에 많이 볼 수 있었던 조직형태인데, 오늘날에도 창업단계에 있는 극히 작은 규모의 기업이나 중소기업에서 많이 찾아볼 수 있다.

보통 라인조직의 목표는 비용절감과 같은 효율성과 생산성의 제고에 두게 된다. 라인조직은 위계질서 및 분업의 원리에 따라 부서가 분화되며 동시에 동일하거나 유사한 기능들을 한데 모아 통합 관리하는 부문화가 이루어져 좀 더 효율적으로 일하기 위해 생산부, 영업부 등의 기능별로 조직이 짜여진 형태가 나타난다. 일반적으로 라인조직에서는 구성원들이 직접적인 접촉관계 속에서 일을 하는 경우가 많아 비공식적이며 비관료적인 성격을 띠게 되고 커뮤니케이션도 비공식적인 경로가 많이 이용된다. 그러나 점차 몇몇 부서들 간에 커뮤니케이션이 공식화되기 시작한다. 또한 거의 모든 조직구성원들이 경영자와 개인적인 접촉을 가질 수 있을 정도로 관계가 밀접하기 때문에 구성원들은 경영자의 개인적 통제를 받게 된다. 라인조직은 특히 명령통일의 원칙, 전문화의 원칙, 통제 폭의 원칙, 권한위양의 원칙, 권한과 책임 대응의 원칙 등과 같은 전통적인 조직원칙이 충실히 지켜지는 조직이다.

라인조직은 신속한 기동성을 가지고 있으며 강력한 추진력을 가지고 있다는 점, 경영자에게 개인능력 발휘의 기회가 제공된다는 점, 일사불란한 지휘가 가능하여 개별부서의 조정이 용이하다는 점 등이 장점이다. 그러나 경영환경변화를 탐지하는 능력과, 혁신적인 태도를 촉진하는 데 한계가 있다는 점, 대규모 조직이 갖출 수 있는 시너지 효과를 기대하기 힘들다는 점 등의 단점이 있다. 이런 장단점을 고려해 볼 때, 라인조직은 경영환경이 불안전하여 불확실성이 높은 상황, 규모가 큰 상황에서는 그렇지 않은 상황에서보다 덜 효과적이다(신유근, 1996).

2) 라인스텝조직

시장점유율이 커지고 조직의 구성원도 많아지게 되면 경영자가 혼자서 조직내부의 일들을 관여하기가 어려워진다. 즉, 조직의 규모가 더 커지고 제품계열의 수가 많아지면서 기존의 라인기능만으로는 모든 업무수행이 불가능하기 때문에 라인 업무를 지원할 수 있도록 스텝 기능이 분화되어 발달하게 된다. 규모가 비교적 작은 기업에서는 흔히 최고경영자가 개인 스텝을 두거나, 규모가 큰 기업의 경우에는 최고경영자가 경영정책을 수립하고 주요 결정을 행하는 데 도움이 되도록 하기 위해 종합 조정실·경영기획실·비서실 등과 같은 스텝 부서를 두기도 하고 아예 경영연구소·기업문화연구소 등과 같은 방식으로 독립성을 강화하기도 한다. 이와 같은 라인 스텝 조직의 주요 목표는 효율성과 생산성을 제고하는 데 두어진다(신유근, 1996).

앞에서 살펴본 바와 같이 라인은 기업에서 경영목표를 달성하기 위해 필요한 업무를 수행하는 데 있어서 직접적인 권한과 책임을 갖고 있는 부서나 직위를 말하는 것으로서, 일반적으로 제조업의 경우 조직도상에서 제품을 제조하는 생산부문, 제품을 판매하는 영업부문 등을 라인이라 하고, 구매부서나 자금부서, 인사부서 등을 스텝이라고 한다([Bateman and Zeithamal, 1991). 그러나 점차 조직의 규모가 커지면 이들 인사·자금·구매 부서들도 라인으로서의 성격을 갖게 되어 다시 이들 부서 내에 라인권한과 스텝 권한을 가진 직위들이 나타나게 된다(Robbins, 1991).

라인스텝 조직의 특징은 명령통일의 원칙과 전문화의 원칙을 조화시켜 경영의 대규모화, 즉 경영관리기능의 복잡화에 대응할 수 있도록 만들어졌다는 점이다. 또한 많은 부문들을 효과적으로 조정·통합하기 위해서 개인적 통제가 아닌 공식적인 통제가 실시된다. 예를 들어, 최고경영층과 현장부문들 간에 조정과 통제를 위한 정보시스템이 설치·사용되며, 커뮤니케이션이 문서를 통해 이루어지는 등 공식화된다. 이런 공식화와 함께 전략적인 조직운영 및 업무와 일상적인 조직운영 및 업무 간에 과업의 분화가 정착되는데, 최고경영자는 계획과 전략만을 담당하고, 운영에 관계되는 것은 중간경영자에게 위임한다.

이러한 라인스텝 조직은 종합적인 의사결정을 위한 정보의 축적과 활용이 가능하며, 라인은 스텝으로부터 유익한 조언과 권고를 받을 수 있고, 자기의 업무에 전념할 수 있다는 장점이 있다. 그러나 라인과 스텝 간에는 대립이나 갈등이 발생할 가능성이 높고, 효율성과 생산성을 증대시키기 위해 많은 부문과 계층이 생겨나면서 조직이 비대해지고 이른바 관료제화(bureaucracy)가 촉진된다. 이런 관료제화가 과도하게 진전되면 조직이 경직되어 조직구성원의 창의성이 억제되고 결과적으로 조직발전의 원동력이라 할 수 있는 혁신이 위축되는 '관료제의 비능률(red tape)'의 상황에 봉착하는 것이 일반적이다. 라인스텝 조직은 조직이 대규모화되는 초기상황, 경영환경이 안정적이고 확실성이 높은 상황에서 효과적인 조직형태이다.

3) 사업부제조직

라인조직이나 라인스텝 조직은 그 자체의 한계점 때문에 비교적 큰 분권화를 실시하기가 어렵게 된다. 따라서 기업의 규모가 증대하고 제품과 시장이 복잡하게 된 후에는 분권화의 필요성에 부응하기 위하여 제품이나 시장 또는 지역을 기초로 하는 부문화의 경향이 나타나게 되었다. 이러한 부문화에 의해서 형성된 부문을 사업부(devisions)라고 하는데, 이것은 오늘날 세계의 대형기업들이 가장 보편적으로 채택하고 있는 조직형태라고 할 수 있다.

사업부제 조직(divisionalized organization)은 다음과 같은 두 가지의 기본적 특색을 지니고 있다.

첫째, 특정 제품에 관련되는 경영활동은 대부분 해당 사업부문의 책임자에 의해 장악된다. 따라서 사업부문의 책임자는 비교적 완전한 권한을 보유하고 행사할 수 있다.

둘째, 사업부문은 상당히 자주적이고 독립적인 지위를 가진다. 따라서 사업부문은 경우에 따라서는 하나의 독립적인 기업과 마찬가지로 많은 일을 주어진 권한 내에서 스스로 결정하고 처리할 수 있다.

모든 사업부는 각기 나름대로의 공정설계·제조·마케팅 등의 부문을 가지고 있다. 그러나 기업본부(본사) 역시 일련의 중요한 권한을 보유한다. 예를 들면 전체 기업목표, 전략적 계획, 기본경영정책, 재무정책, 회계제도, 기업합병, 중대한 자본지출계획, 최고경영층의 인사·노사관계 및 공공관계 등에 관한 권한은 대부분 기업본부에서 보유하게 된다. 기업본부의 이러한 방면에 있어서의 의사결정은 각 사업부 경영의 선결조건과 골격을 이루게 된다. 즉, 사업부는 각기 기업본부의 지도 하에 자신의 업무를 독립적으로 진행하게 된다. [그림 12-2]는 이러한 사업부제조직의 기본적인 틀을 보여준다. 사업부 자체에서 분권화를 채택할 것인가 또는 집권화를 채택할 것인가 하는 문제는 역시 상황에 따라서 달라진다고 할 수 있다. 어떤 사업부는 기능적 조직과 같이 매우 집권적 경영방식을 채택하기도 한다(Whisler, 1964). 그러나 대부분의 사업부는 한번 이익분권화의 과정을 거쳤기 때문에 복잡정도가 전에 비하여 상당히 감소하게 되고, 의사소통과 협조가 필요한 구성원의 수와 정보유통량 역시 크게 감소하게 된다. 따라서 중대한 의사결정과 행동이 전에 비하여 상대적으로 신속하게 이루어진다.

[그림 12-2] 사업부제 조직

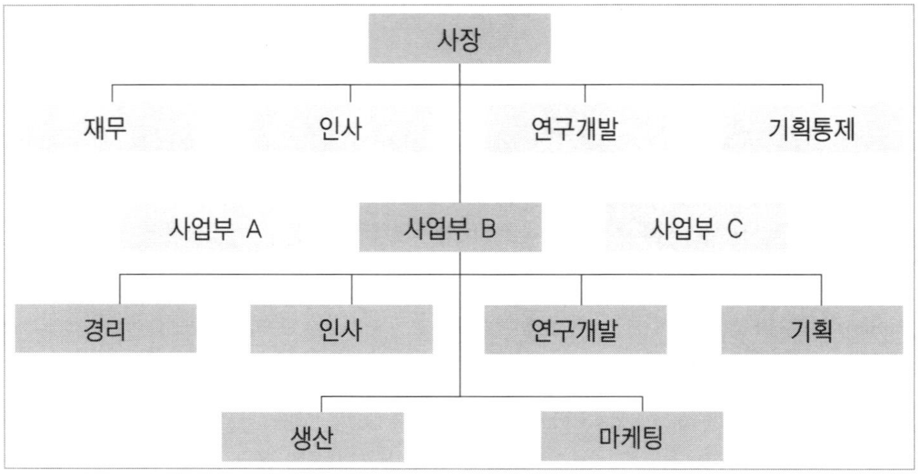

사업부제조직의 가장 큰 이점은 역시 경영통제가 용이하고도 효과적으로 이루어진다는 데 있다. 왜냐하면 이익과 투자회수율과 같은 재무목표 하에서 각 사업부의 성과와 기여도가 모두 명확하게 나타나기 때문이다. 그리고 이러한 각 사업부의 성과와 기여도의 명확성은 또한 사업부의 구성원 특히 경영자들에 대하여 중요한 동기부여의 요인으로 작용하게 된다. 그러면 대형조직이라면 모두 이러한 사업부제조직을 채택하여야만 하는가? 그에 대한 대답은 부정적이다. 왜냐하면 다음과 같은 많은 원인들이 부정적으로 작용하기 때문이다.

첫째, 사업부제조직은 기업의 업무를 자연적으로 서로 다른 사업부문으로 분할할 수 있고 또 각 사업부는 독자적인 사업단위로서의 역할을 담당하며 이익중심점(profit center)의 구실을 할 수 있어야만 의의가 있게 된다. 그러나 많은 기업의 업무성질은 그렇게 분할하기가 부적합하기 때문에 이러한 조직방식을 채택할 수 없게 된다.

둘째, 사업부제조직에서 이익이나 투자 회수율과 같은 표준을 각 사업부분을 통제하기 위한 기업본부의 주요 수단으로 삼는다면 역시 문제가 있게 된다. 예를 들면, 기업이 장기적 이익을 달성하기 위하여 어떤 지출을 증가시킴으로 해서 사업단위의 이익이 오히려 감소하는 결과를 가져오는 경우가 있다. 이러한 경우에는 사업단위의 불만이 증가하게 된다. 또한 어떤 사업단위는 이익의 증대를 꾀하기 위하여 삭감해서는 안 될 지출까지도 삭감하는 경우가 있는데, 이러한 행위는 모든 사업부 또는 전체 기업에 대하여 불리한 영향을 미치게 된다.

셋째, 사업부제조직하에서는 종종 기업본부에서 각 사업부문에 대하여 구매나 공정

설계와 같은 공통적인 업무를 지원하면서 사업부문들을 반드시 그러한 지원을 받아들여야 한다고 강제적으로 규정한다. 따라서 만일 각 사업부문들이 외부로부터 보다 저렴하고 양호한 서비스를 발견하고서도 기업본부의 규정 때문에 그것을 이용할 수 없는 경우에는 각종 문제가 발생하게 된다. 또한 기업본부의 경우에도 만일 그러한 지원에 대한 강제규정을 행사하지 않으면 어떤 중요한 정책을 집행하는 데 없어서는 안 될 지원 단위를 유지할 수 없게 된다.

넷째, 사업부제조직하에서의 가장 큰 문제점은 본사의 최고경영층과 사업부문 책임자 또는 경영자의 태도에 관한 문제라고 할 수 있다. 즉, 사업부문의 경영자는 본사의 최고경영자의 의사에 따라서 수동적으로 행동하거나 눈앞의 이해관계만을 고려해서는 안 되고 반드시 책임지고 있는 업무를 능동적으로 수행하거나 장기적인 이익에 대하여 전반적으로 고려해야 한다. 또한 본사의 최고경영층은 사업부문경영자를 충분히 신뢰하고 지지하며 불필요한 간섭은 하지 말아야만 이익분권화제도가 효과적으로 운용될 수 있다.

4) 프로젝트조직

2차 세계대전 이후에 정부와 기업을 포함하여 많은 대형조직들은 앞에서 설명한 각종 조직형태를 가지고는 구체적이고 중대한 과업을 효과적으로 완성할 수 없다는 것을 깨닫기 시작하였다. 다시 말하면, 앞에서 설명한 기능이나 과정을 기초로 부문화한 조직 하에서는 커뮤니케이션과 협조가 힘들거나 완만하게 이루어질 뿐만 아니라 그러한 기능부문이나 과정부문을 계속적으로 유지해야 할 것인가 하는 것도 문제가 된다. 또한 어떤 특수한 과업을 수행하기 위하여 조직 내에 장기적으로 유지할 필요가 없는 공식부문을 특별히 설치해야 할 경우에도 그때마다 전체의 조직부문을 대대적으로 개편하게 되어 인력과 재력을 증대시켜야 하는 부담이 따르게 된다. 따라서 이러한 문제점들을 해결하기 위하여 '프로젝트 팀(project team)' 또는 '태스크 포오스(task force)'라 불리는 조직구조가 나타나게 되었다.

미국에서는 이러한 프로젝트 팀의 조직형태가 국방과 우주개발계획에 처음으로 응용되었다. 그리고 그 후에 이러한 조직형태는 기타의 특정 목적과 시간적 제한이 필요한 중대한 계획상에도 응용할 수 있게 되었다. 예를 들면, 기업의 신제품개발·연구개발·시장개발 등과 같은 성질의 계획에 있어서 프로젝트 팀은 효과적으로 응용될 수 있다. 프로젝트 팀은 일반적으로 다른 부문들과는 독립적으로 최고경영자의 밑에 설치되어 한 사람의 전문적인 프로젝트 경영자의 책임 하에 관리된다. 그리고 팀은 주어진 과업을 달성하는 데 필요한 각종 전문 인력으로 구성된다. 이러한 팀의 가장 큰 특색은 그 지위가 독립되어 있고 과업이 매우 구체적이라는 것이다.

프로젝트조직의 가장 큰 장점은 다음과 같다(Hopkins, 1975).

첫째, 상당한 신축성이 부여되기 때문에 과업의 상황과 필요성에 따라서 설치와 해산 그리고 확충과 긴축이 비교적 자유롭다. 따라서 전체 조직의 구조와 업무에 영향을 미치지 않는다.

둘째, 구성원들은 일상 업무의 영향을 받지 않기 때문에 주어진 과업을 완성하는 데 온 힘을 집중할 수 있다.

셋째, 필요에 따라서 여러 방면의 인재와 전문가를 흡수하여 그들의 지식을 충분히 활용할 수 있다. 따라서 창의적이고 과학적인 계획에 가장 적합하게 응용할 수 있다.

넷째, 주어진 과업이 구체적이고 명확하기 때문에 팀의 구성원들은 비교적 큰 성취감과 만족감을 가진다.

그러나 이러한 조직방식을 채택하는 것이 문제가 없는 것은 아니다. 예를 들면 다음과 같은 사항은 특별히 주의하여야 한다.

첫째, 프로젝트 팀과 조직의 공식부문들 사이에 충돌이 발생하기 쉽다. 특히 팀의 구성원들이 공식부문에서 파견되는 경우에는 공식부문이 계획과 직무를 수행하는 데 지장을 받게 된다.

둘째, 프로젝트 팀의 구성원들은 주어진 과업을 달성하는 데에만 너무 열성적으로 온갖 노력을 기울임으로써 그의 조직에 대한 영향이나 대가가 가치가 있는지 하는 것에 대해서는 무관심하기 쉽다. 다시 말하면, 구성원들은 자신의 직무에 대하여 감정적으로 되기 때문에 객관성을 잃어버리기 쉽다.

셋째, 프로젝트 팀은 반드시 최고경영층의 지지를 받을 수 있어야 한다. 그러나 최고경영자가 프로젝트 팀의 활동에 대한 관심이 과도하여 사사건건 간섭하게 되면 조직의 신축성과 창의성의 장점을 해치게 된다.

넷째, 프로젝트 팀이 일정한 성과를 달성한 후에는 조직 자체가 해체됨으로써 원래의 성과와 노력이 계속적으로 지지받지 못한다. 따라서 모처럼 이룬 성과를 그르치게 되거나 용두사미의 결과를 가져올 수 있다. 이러한 현상은 특히 신제품을 개발하기 위한 과업에서 빈번히 발생한다.

이러한 프로젝트조직은 전체 조직 내에서 여러 가지의 지위를 가질 수 있다. 극단적인 예로 프로젝트 팀은 다만 최고경영자의 스텝에 불과하여 명령이나 지휘의 권한이 주어지지 않고 모든 일을 최고경영자나 원래의 기능부문을 통하여 실행해야 하는 경우가 있다. 그러나 또 어떤 경우에 있어서는 프로젝트조직의 책임자는 자체의 인원과 설비를 가지고 모든 직무를 나름대로 수행할 수 있는 완전한 권한을 부여받기도 한다.

5) 매트릭스조직

라인조직이나 라인스텝 조직과 같은 효율성 지향의 조직과, 사업부제조직과 프로젝트조직과 같은 유연성 지향의 조직 사이에서 기업은 효율성 목표와 유연성 목표를 동시에 달성할 수 있는 조직형태에 관심을 갖게 된다. 이러한 의도를 최초로 담고 만들어진 경영조직의 기본형태가 매트릭스조직이라고 할 수 있다.

매트릭스조직(matrix organization)은 한편으로는 생산·재무·마케팅·인사·공정·자재·노무 등과 같은 전통적인 기능부문 또는 과정부문이 있고, 또 한편으로는 최고경영자에 직접 속해 있는 프로젝트 팀이 있다. 프로젝트 팀의 구성원들은 대부분 원래의 기능부문으로부터 파견된다. 그러나 프로젝트가 진행되는 기간 동안에는 프로젝트 팀의 경영자에게 귀속된다. 이러한 조직방식 하에서 원래의 기능부문경영자는 종적인 권한을 행사하게 되고, 프로젝트 팀의 경영자는 각 기능부문을 초월하여 횡적인 권한을 행사하게 된다.

6) 자유형조직

자유형조직(free-form organization)은 생존하기 위해서 필요하면 끊임없이 형태를 변화시키는 아메바와 같은 조직구조이다. 이 자유형조직은 위계, 엄격한 권한규칙, 명령계통, 상하관계의 공식화 등을 크게 강조하지 않는다. 따라서 전통적인 기능부문 대신에 이익중심점이 이용된다. 이익중심점들은 결과 지향적이고 목표달성을 위한 하나의 전체적인 팀으로 관리된다. 또 참여, 팀웍, 자기통제, 자율성을 통한 유효성이 강조된다. 다시 말하면, 각 이익중심점은 상이한 방식으로 설계될 수 있다. 그런 점에서 이러한 조직구조에서는 구성원의 행위적 측면에 비중을 많이 둔다(신유근, 1985).

자유형조직은 급격한 시장요구의 변화에 신축성 있고 창의적으로 대처할 수 있다는 것을 큰 장점으로 들 수 있다. 그러나 그러한 고도의 신축성과 빠른 적응속도는 오히려 조직으로 하여금 효율적인 변화를 불가능하게 하거나 심지어는 적응방향을 상실케 할 수도 있다는 위험도 함께 지니고 있다. 이러한 형태의 조직은 전체적으로는 집권화된 통제를 하고자 하고 또 실제의 활동은 분권화를 시키고자 하기 때문에 컴퓨터에 의한 정보시스템을 구축하는 것이 필수적이라 할 것이다.

7) 가상조직

가상조직(Virtural Organization)은 첨단 정보기술을 통해서 종업원, 팀, 부서 등을 통합하고 외부적으로는 특정목표를 달성하기 위해서 협력 업자를 통합하는 조직을 말한다. 가상조직은 전통적인 조직에 비해 필요로 하는 경영계층의 수가 훨씬 적기 때문에 평면(flat) 조직의 형태를 보인다.

가상조직이 반드시 첨단의 정보기술을 갖추어야 하는 것은 아니다. 최근 정보기술의 발달은 유연하고 이음새 없는 가상조직의 구축에 기여하고 있다. 예를 들어, 전자메일, 호스트네트워킹, 인터넷, 인트라넷, 그룹웨어 등을 들 수 있다.

① **전자메일** : 인터넷 서비스 중에 가장 일반적인 서비스를 말하며 실시간으로 우편과 파일을 전송할 수 있다.

② **호스트네트워킹** : 호스트 네트워킹은 다양한 응용정보를 계속적으로 사용할 수 있도록 구축된 가상조직이다. 기업은 일반적으로 호스트 시스템에 의해서 제공되는 기업관련 거래 자료와 운용 자료를 획득할 수 있다.

③ **인터넷** : 인터넷은 네트워크와 네트워크를 연결한 망으로 기업의 업무 효율을 높이는데 없어서는 안 될 도구이다.

④ **인트라넷** : 인트라넷은 인터넷 기술을 기업 내부의 컴퓨터 네트워크에 적용한 것으로 이를 통해서 각 조직구성원은 손쉽게 조직의 모든 정보를 공유할 수 있다(예, 규정집, 사내 전화번호부, 가격리스트 관련 정보 등).

⑤ **그룹웨어** : 그룹웨어는 그룹의 공동작업을 지원하기 위한 소프트웨어를 말한다. 공동작업은 화상회의 등을 통하여 서로 멀리 떨어져 있더라도 공동으로 동시에 작업을 하거나 전자우편이나 전자게시판 등을 이용하여 작업 내용을 주고받으며 업무를 수행하는 것을 말한다.

가상조직은 몇 가지 장점을 제공함에도 불구하고 한계점을 가지고 있다. 가상조직은 비용절감 및 신속하고 자동적인 의사소통과 의사결정 프로세스 제공의 장점이 있다. 그러나 가상조직에서는 인터넷이 주요 역할을 하기 때문에 보안과 사생활 침해의 위험에 노출되는 한계점이 있다. 보안과 사생활 보호를 효율적으로 하기 위해서는 암호기술과 인증 등의 도입은 물론 시스템 보안을 강화하여야 한다.

제3절 인사관리 시스템

1. 조직구조

1) 직급등록

시스템 사용에 필요한 모든 정보는 코드화하여 [인사기초코드등록]에 등록하여야 한다. 인사급여시스템에서 사용되는 코드는 [1.인사H.R] [2.근태] [3.급여] [4.사회보험] [5.사원그룹] [6.사업/기타소득] [7.기타] [8.시스템설정]으로 되어있다.

■ (주)더존의 직급과 직책구조

구분	조직구조
직급	대표이사-부사장-전무-상무-부장-차장-과장-대리-생산주임-생산사원
직책	대표이사-부사장-전무-상무-부장-차장-과장-대리-주임-사원

[인사급여]➔[기초환경설정]➔[인사기초코드등록]➔[출력구분 : 5.사원그룹 선택]➔[왼쪽화면 : G4직급선택]➔[오른쪽화면 : 데이터입력]➔[ENTER]

[그림12-3] 직급등록 화면

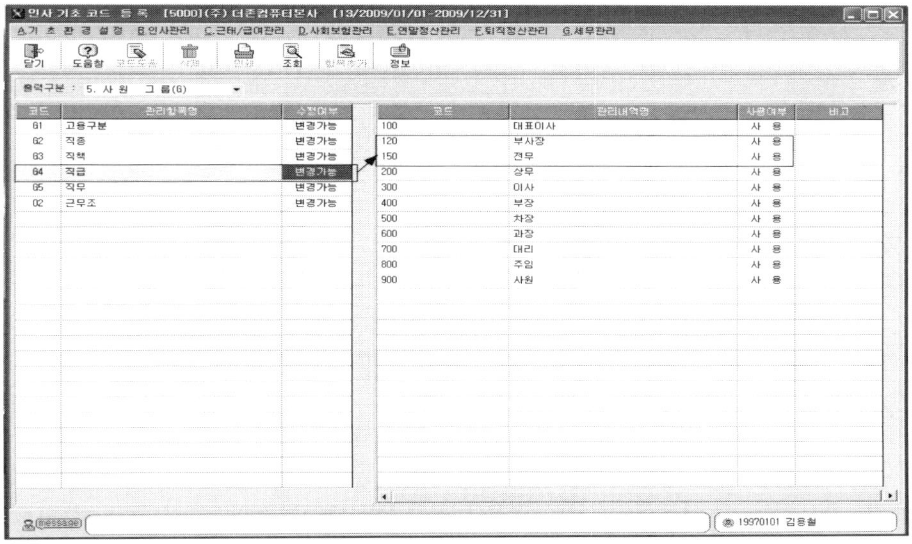

2) 호봉테이블등록

급여관리를 연공 및 연령에 의한 호봉체계에 맞추어 관리하는 회사는 직급별 호봉 테이블을 등록하여 인사정보등록/급여계산 등에 이용한다.

■ (주)더존의 직급과 직책구조

구분	부장	차장	과장	대리	주임	사원
1호봉	2,000	1,700	1,400	1,100	820	560
2호봉	2,020	1,720	1,420	1,120	840	580
3호봉	2,040	1,740	1,440	1,140	860	600
4호봉	2,060	1,760	1,460	1,160	880	620
5호봉	2,080	1,780	1,480	1,180	900	640
6호봉	2,100	1,800	1,500	1,200	920	660
7호봉	2,120	1,820	1,520	1,220	940	680

【1단계】

[인사급여]➔[기초환경설정]➔[인사기초코드등록]➔[출력구분 : 3.급여]➔[PA.호봉코드]➔ [오른쪽화면 : 데이터입력]➔[ENTER]

[그림12-4] 급여기초화면 설정 화면

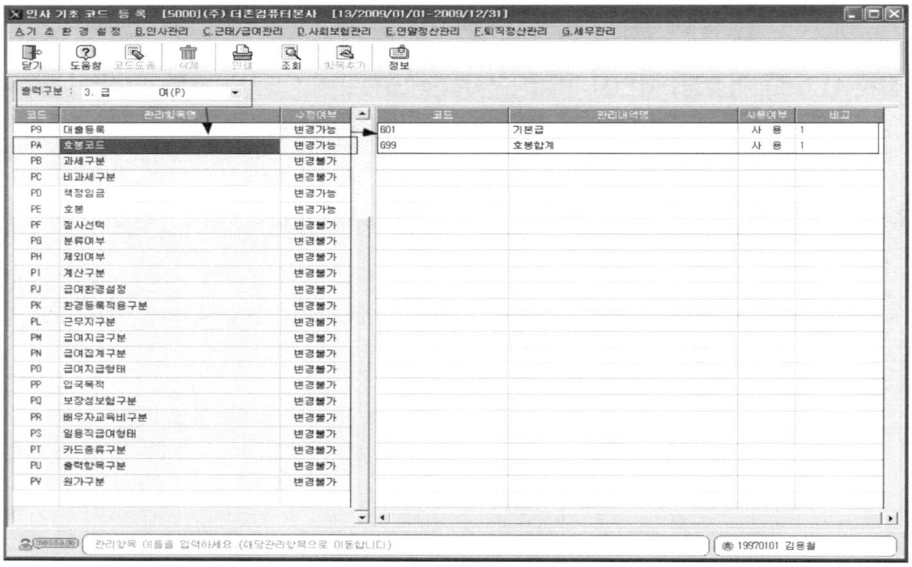

【2단계】

[인사급여]➔[기초환경설정]➔[인사기초코드등록]➔[출력구분 : 3.급여]➔[PE.호봉 선택]➔ [오른쪽화면 : 호봉 데이터입력]➔[ENTER]

[그림12-5] 호봉 체계입력 화면

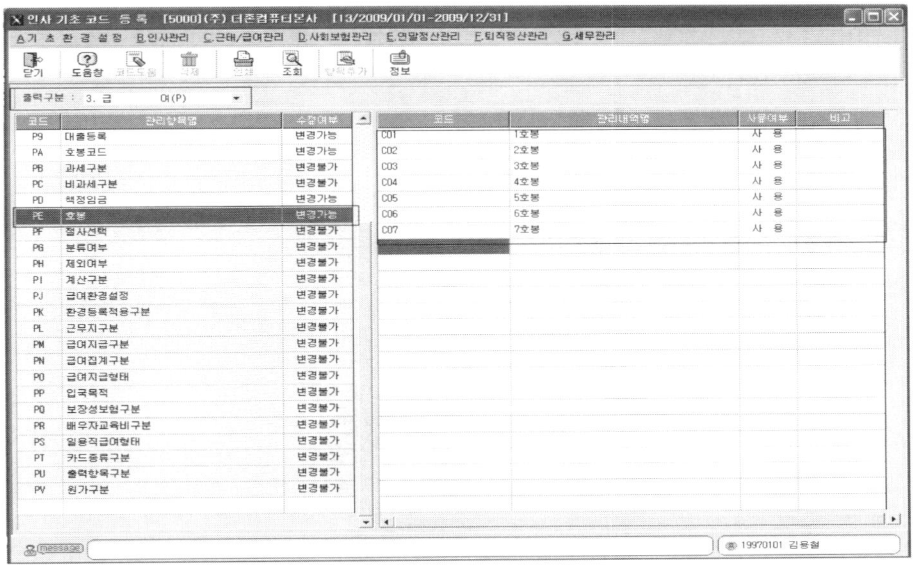

【3단계】 : 부장호봉 테이블입력

[인사급여]→[기초환경설정]→[호봉테이블등록]→[대상직급선택 : 부장]→[호봉이력 : 대상연월일입력]→[일괄등록 클릭]→[초기치와 증가액 입력]→[적용]→[ENTER]

[그림12-6] 호봉일괄등록 화면

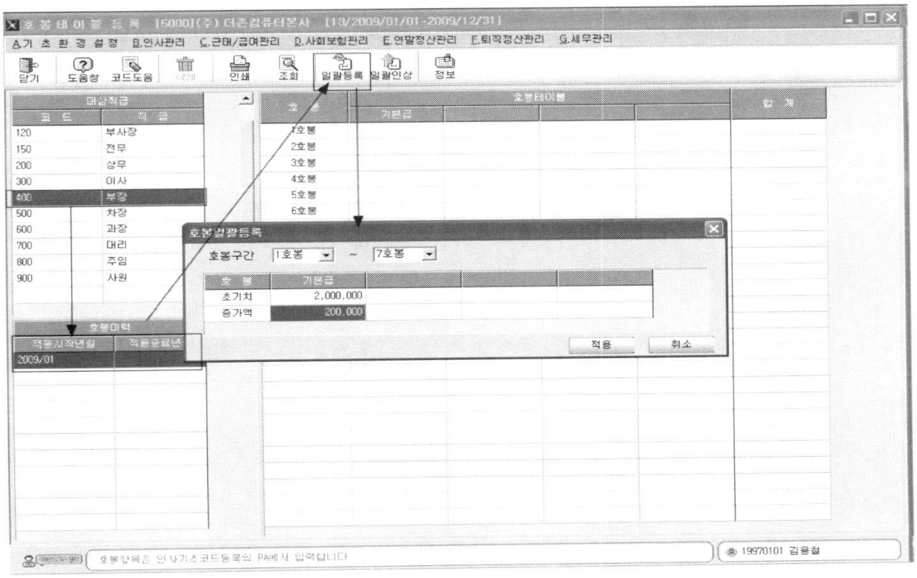

3) 사회보험환경 등록

4대보험(건강보험, 국민연금, 고용보험, 산재보험)의 기본요율과 사업장 정보를 등록하는 프로그램이다.

■ 사회보험요율표

구분	건강보험	국민연금	고용보험				산재보험	
			고용보험	실업급여	고용안정	직업능력	산재보험	임금채권
요율	5.08%	9%	0.45%	1%	0.15%	0.1%	6/1000	0.5/1000

■ 사회보험정보

구분	사업장 번호	관할지사명칭	관계성립일
건강보험	7-0018821	건강보험공단 영등포지사	2009.01.01
국민연금	05-23884-2	국민연금공단 영등포지사	2009.01.01
고용보험	05-6746-1-2394	근로복지공단 영등포지사	2009.01.01
산재보험	05-3293-3-3994	근로복지공단 영등포지사	2009.01.01

[인사급여]→[기초환경설정]→[사회보험환경등록]→[귀속년도 선택]→[사업장별 클릭]→[데이터입력]→[ENTER]

[그림12-7] 사회보험정보입력 화면

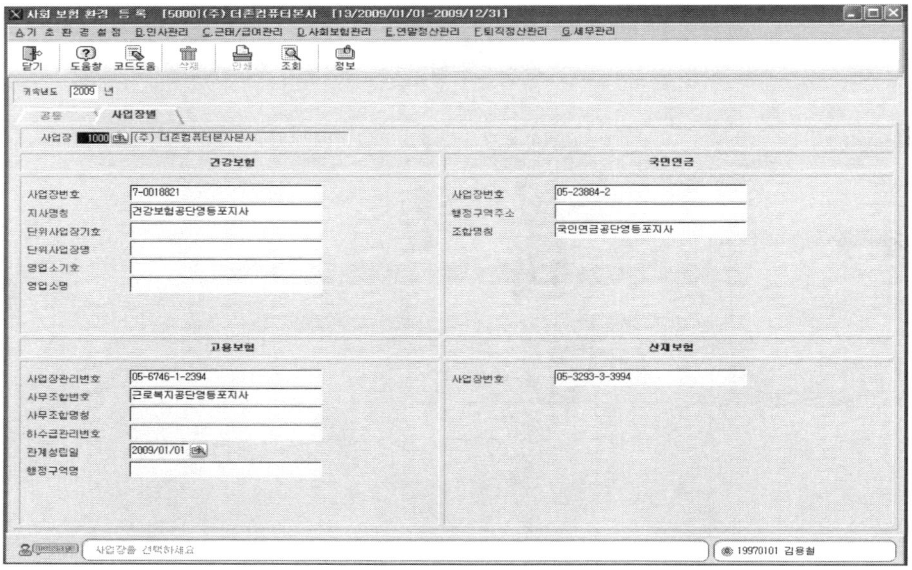

2. 인사정보관리

1) 인사정보 기초정보등록

시스템관리의 [사원등록]메뉴에서 입력된 사원이 조회되면 인사관리 및 근태, 급여관리를 위한 기초정보를 등록한다.

[인사급여]→[인사관리]→[인사정보등록]→[데이터입력]→[ENTER]

[그림12-8] 사원등록정보 화면

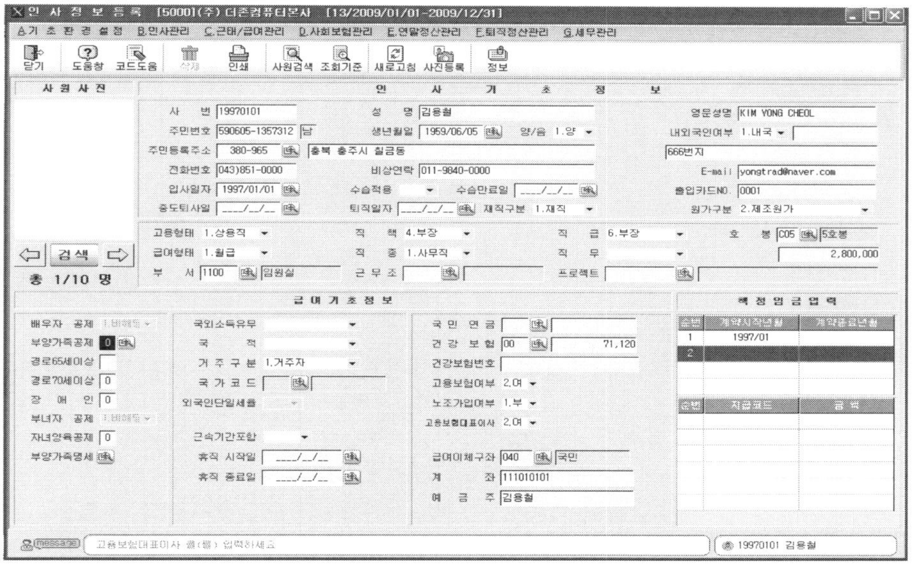

2) 인사기록카드등록

인사정보등록에서 등록한 사원에 대한 인사관리를 기타정보를 등록하는 부분으로서 직접적인 인사정보는 인사정보등록 메뉴에서 등록하지만 기타 인사정보는 인사기록카드 메뉴에서 등록한다.

[인사급여]→[인사관리]→[인사기록카드]→[데이터입력]→[ENTER]

[그림 12-9] 인사기록카드등록 화면

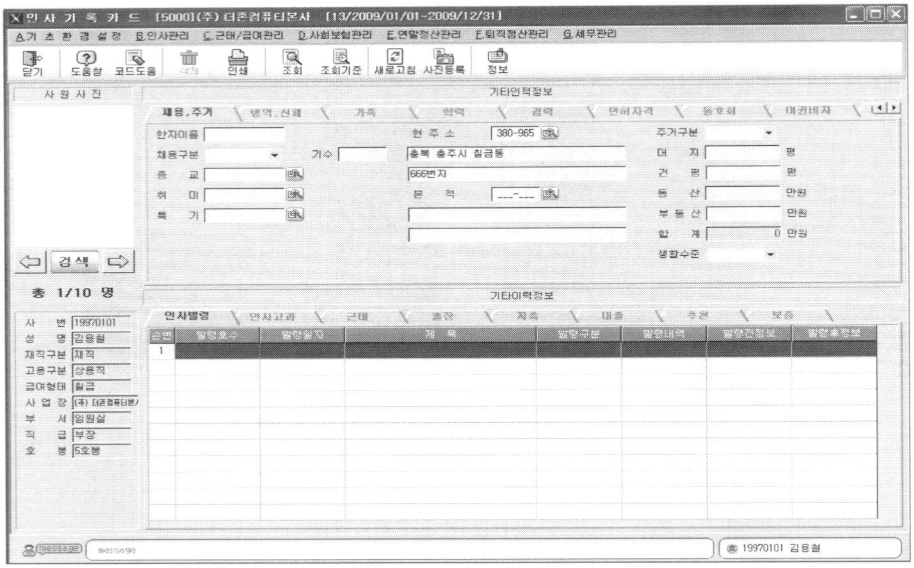

3) 인사발령

인사발령은 인사정보등록에 등록된 현 인사정보 데이터를 가져와서 채용, 승진, 승급, 부서이동 등의 발령을 위한 기본정보를 구성 후 발령적용을 하면 발령내역이 변경된다.

■ 인사발령

인 사 발 령

인사명령 : 2009-001호 2009년 01월 01일

1. 정기승진

부서 : 영업 3부 성명 : 조현일

현직책 : 차장 4호

발령 후 직책 : 부장 1호 시행일자 : 2009년 01월 01일

(이상 1명)

상기와 같이 발령되었음을 공고합니다. 끝.

2009.01.01

[인사급여]→[인사관리]→[인사발령]→[데이터입력]→[발령적용]

[그림 12-10] 인사발령등록 화면

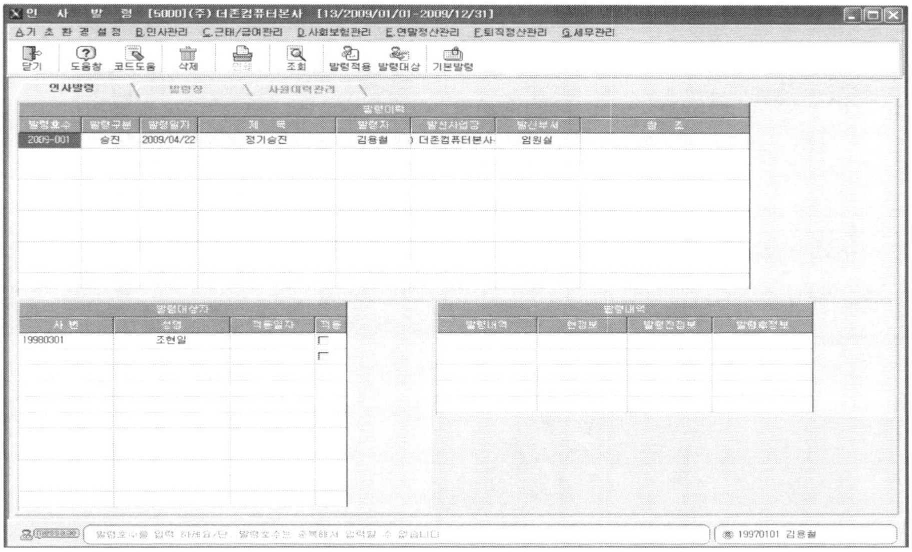

4) 사원정보현황

인사정보등록과 인사기록카드 메뉴에서 입력된 각종 인사데이터를 토대로 효율적인 인사관리 업무를 이해하고 필요한 사원들의 각종 인사관련 현황을 조회, 출력할 수 있다.

[인사급여]➜[인사관리]➜[사원정보현황]➜[조회데이터입력]➜[조회]

[그림 12-11] 인사발령등록 화면

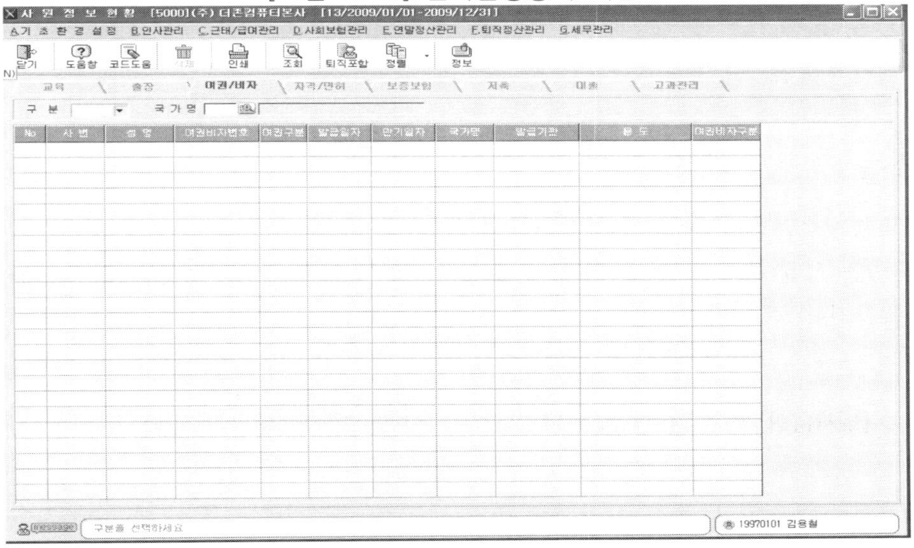

5) 사원이력 현황

인사정보등록 메뉴에서 입력된 각 사원들의 인사정보를 토대로 책정금액, 근속년수, 입·퇴사자에 대한 현황을 조회, 출력할 수 있다.

[인사급여]→[인사관리]→[사원이력현황]→[조회데이터입력]→[조회]

[그림 12-12] 사원이력조회 화면

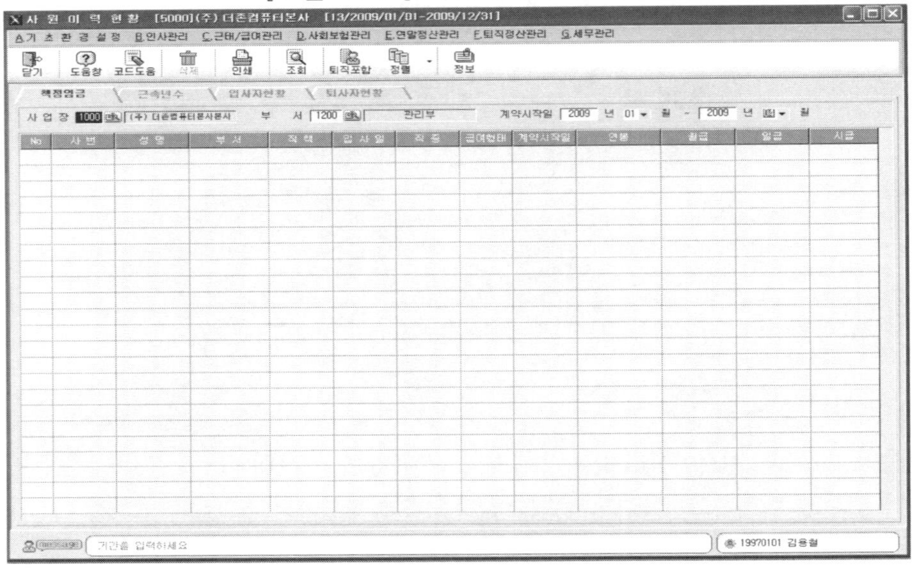

3. 인사관리 기초 환경설정

1) 소득세액공제 환경설정

소득세공제환경설정은 원천징수 및 연말정산과 관련된 과세기준 및 세율 등이 설정되어 있는 부분으로 근로 및 퇴직 소득세를 자동으로 산출하기 위한 기초 데이터들이 회사등록과 함께 자동 생성되며, 정확한 데이터의 산정을 위해서 임의수정은 불가능하다.

[인사급여]→[기초환경설정]→[소득/세액공제환경]→[데이터입력]→[ENTER]

[그림12-13] 근로소득공제환경설정 화면

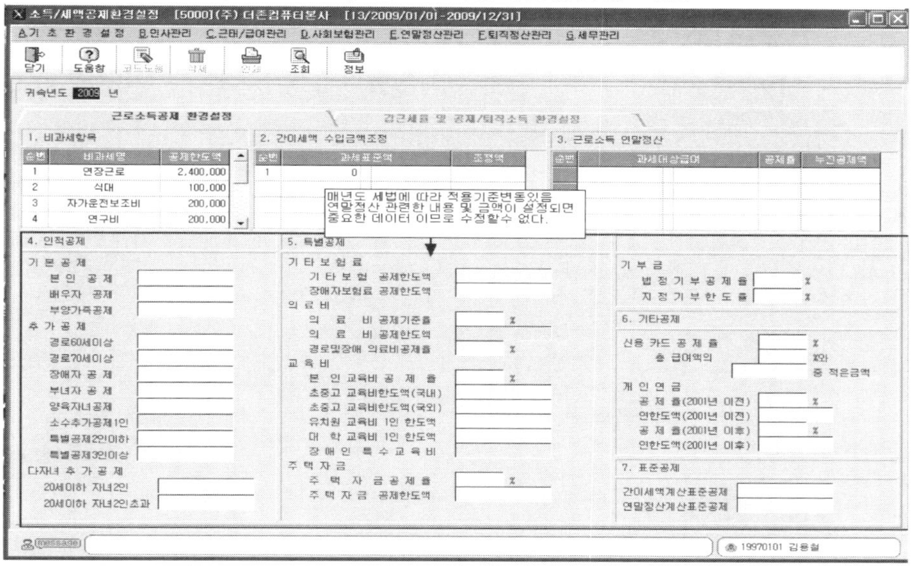

[그림12-14] 소득 및 세액환경 화면

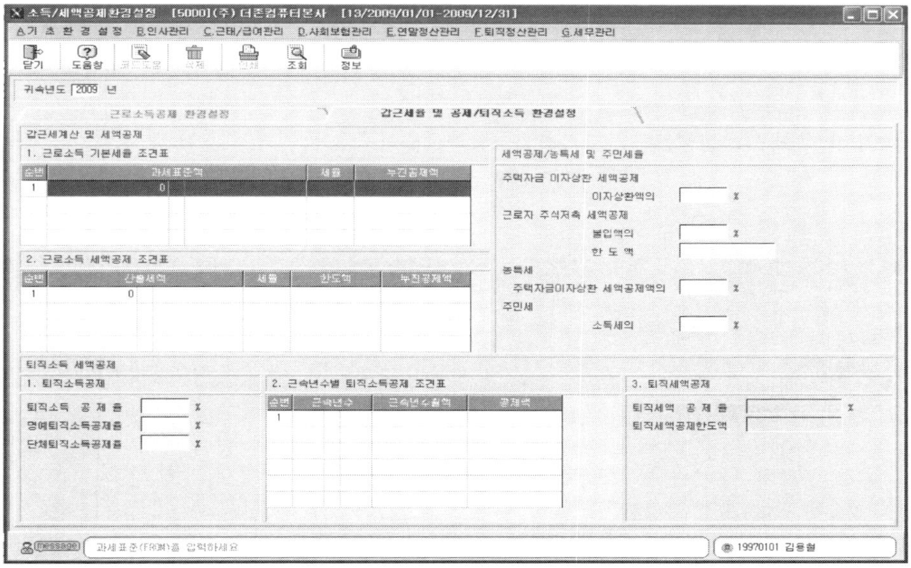

2) 인사기초코드등록

급여와 상여에서 지급되는 수당항목과 공제되는 공제항목을 등록하는 부분으로 일정한 규칙에 따라 등록해 주어야만 급여와 상여가 정확히 산출되고 급여와 상여 계산 이후의 데이터가 집계되는 부분에 정확히 반영된다.

■ 급여코드

지급코드	수당항목명	공제코드	공제항목명
P00	기본급	S00	국민연금
P10	연장근무수당	S10	건강보험
P15	심야근무수당	S20	고용보험
P20	직책수당	S30	노동조합비
P25	직무수당	S40	사우회비
P30	가족수당	S50	저축공제
P35	근속수당	S60	대출금공제
P40	식대보조비	T00	소득세
		T10	주민세

■ 상여코드

지급코드	수당항목명	공제코드	공제항목명
V00	상여금	S20	고용보험
		T00	소득세
		T10	주민세

[인사급여]➔[기초환경설정]➔[인사기초코드등록]➔[출력구분:급여 선택]➔[P2:지급코드선택]➔[데이터입력]➔[ENTER]

[그림12-15] 인사기초코드등록 화면

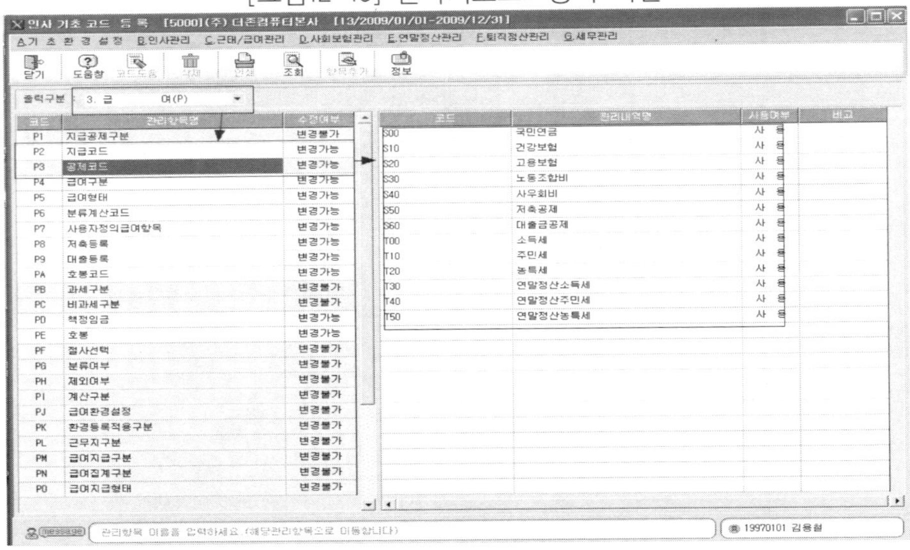

3) 인사급여환경설정

급여작업에 적용될 인사규정을 등록하는 메뉴로 회사의 중도 입사 및 퇴사 그리고 수습사원에 대한 지급방법과 지급률을 등록하는 프로그램이다.

■ 회사의 취업규칙

제12조 [급여지급을 위한 한달 일수의 산정]
　우리 회사의 급여지급을 위한 기간산정의 기산일은 전 직종에 대해 매월 1일부터 말일까지의 기간으로 한다.
제13조 [중도 입·퇴사자의 급여지급]
　1. 제12조의 급여산정을 위한 한달 기간의 중간에 입사한 신규 입사자의 경우 입사일로부터 일할 계산하여 급여를 산정한다.
　2. 제12조의 급여산정을 위한 한달 기간의 중간에 퇴사한 퇴사자의 경우 20일 이상 근무할 경우 월할 계산하고 20일 미만으로 근무하였을 경우 일할 계산하여 급여를 지급한다.
제26조 [수습기간 및 급여지급방식]
　1. 신규 입사자는 3개월간의 수습기간을 두고 그 기간 동안에는 발생급여의 75%만 지급한다.
　2. 수습시작과 종료되는 월의 급여지급은'일할계산'하여 지급한다.

[인사급여]➔[기초환경설정]➔[인사/급여환경설정]➔[근태/급여환경]➔[데이터입력]➔[ENTER]

[그림12-16] 인사급여환경설정 화면

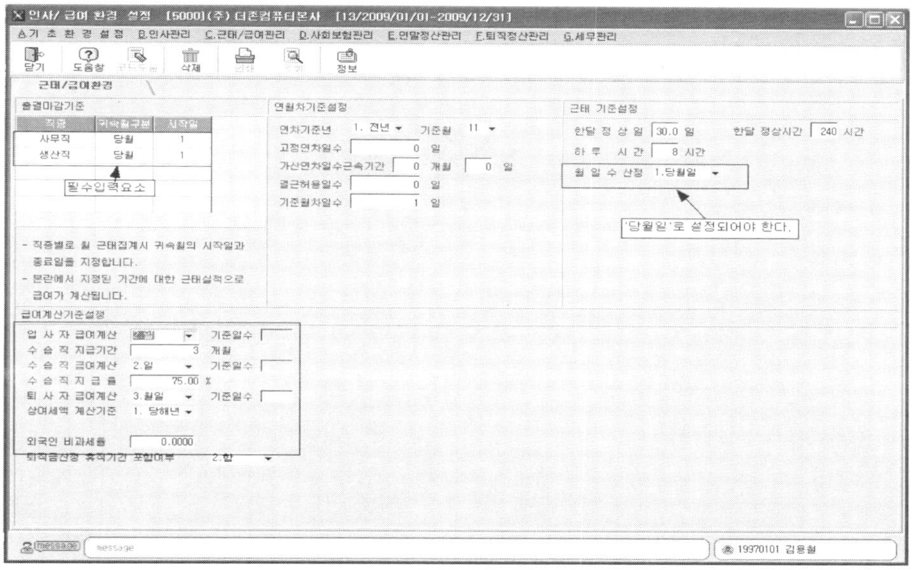

4) 급여 및 상여지급일자 등록정보

급여와 상여는 일정기간 근무분에 대하여 규정에 따라 특정 일자에 지급하여야 한다. 지급은 전 직종이 동일한 일자에 지급하지 않아도 된다. 관리 편의상 직종별로 달리 할 수 있다. 그러나 근로기준법 제42조 2항에 의해 매월 1회 이상 일정 기일에 지급하여야 한다.

■ 회사의 취업규칙

제22조 [급여지급일]
제23조 [상여지급방식 및 지급일]
1. 상여지급방식
   중도 입사자의 경우 일할 계산하여 지급하고, 퇴사자의 경우에는 지급하지 않는다.
2. 상여지급일
   3월 귀속분 : 1월1일 – 3월31일 – 매년 3월 31일 전직종
   6월 귀속분 : 4월1일 – 6월30일 – 매년 6월 30일 전직종
   9월 귀속분 : 7월1일 – 9월30일 – 매년 9월 30일 전직종
   12월 귀속분 : 10월1일 – 12월31일 – 매년 12월 31일 전직종

[인사급여]➔[기초환경설정]➔[급/상여지급일자등록]➔[귀속년월선택]➔[데이터입력]➔[ENTER]

[그림12–17] 급여 및 상여지급일자 등록화면

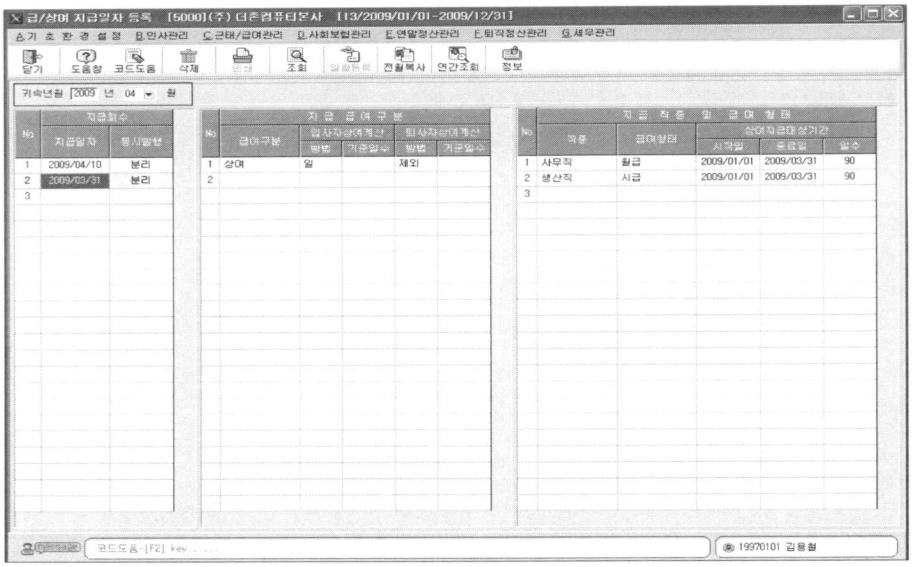

5) 지급공제항목 등록(급여 및 상여 계산식 설정)

급여와 상여는 각종 수당과 공제항목으로 이루어지며, 계산방식 또한 정형화되어 있는 것이 아니고 매우 다양하게 산정된다. 따라서 PACKAGE 형태에서는 USER가 다양하게 계산식을 자사의 환경에 맞추어 설정할 수 있다.

[인사급여]➔[기초환경설정]➔[지급공제항목 등록]➔[마감해제(마감시)]➔ [급여구분 / 지급공제구분 / 귀속년도선택]➔[지급/공제항목 설정]➔[일괄등록]➔[2.분류계산]➔[F2 조회, 선택]

[그림12-18] 기본급설정 화면

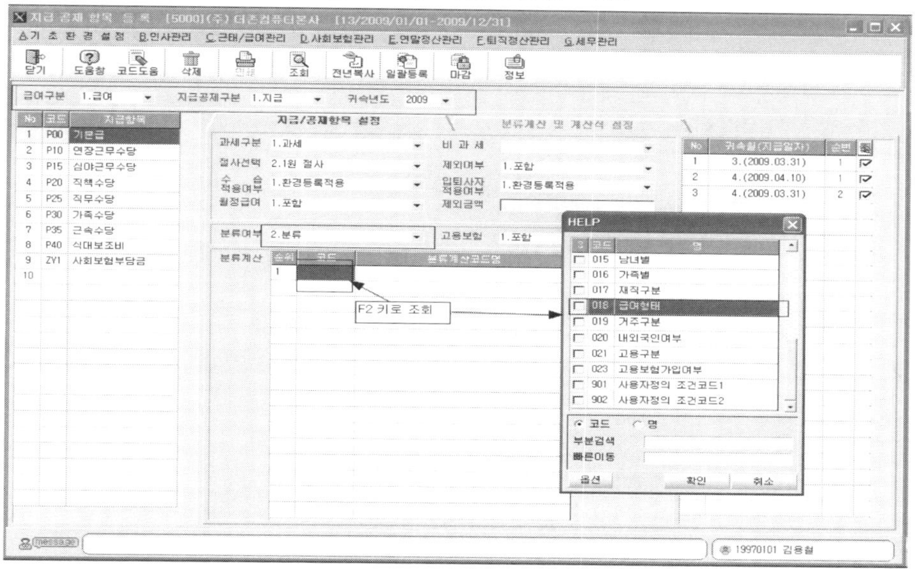

[인사급여]➔[기초환경설정]➔[지급공제항목 등록]➔[마감해제(마감시)]➔[분류계산 및 계산식 설정]➔[코드 및 책정임금명 선택]➔[화면우측상단 : 코드, 내역명 계산식(계산)]➔[금액/계산식 클릭]➔[화면하단 : 계산식 입력창에 계산식 입력]

- 분류계산 : 018.급여형태
- 분류계산식 : 002.[연봉] - 계산 : [F02]인사정보등록의 책정월급부분

  001.[월급] - 계산 : 기본급(G01)호봉테이블의 기본급

  003.[시급] - 계산 : (총정상근무시간[T01TTT] X 기본급[G01]

[그림12-19] 계산식입력 화면

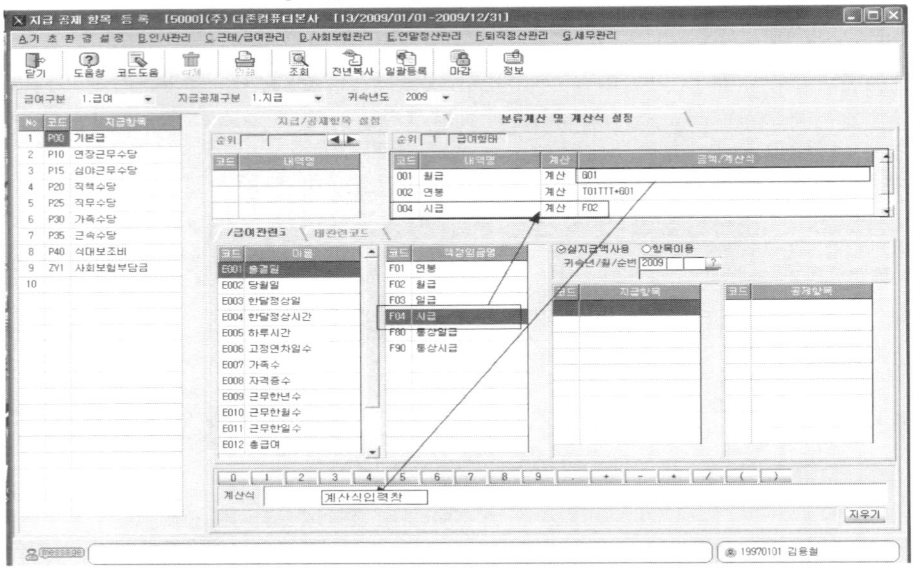

[그림12-20] 계산식 코드 조회 화면

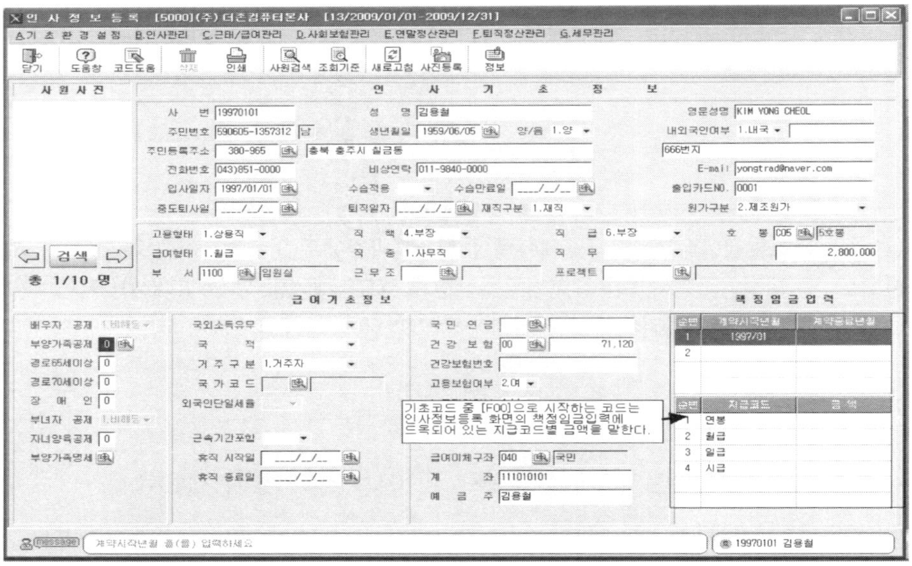

6) 연장근무수당 입력

[인사급여]➔[기초환경 설정]➔[지급공제항목 등록]➔[연장근무수당 선택]➔[과세구분 : 비과세선택]➔[분류계산 : 018.급여선택]➔[2.분류계산]➔[F2 조회, 급여선택]➔[분류계산 및 계산식 화면으로 전환]

■ 연장근무수당(P01)

사무직월급제:	호봉테이블의 기본급을 1개월 근무 시간인 226으로 나눈 후, 연장근무시간에 50%를 가산한다.
생산직 시급제:	연장근무시간에 호봉테이블의 기본급을 곱한 후 50%를 가산한다.

[그림12-21] 연장근무수당(P01)등록 화면

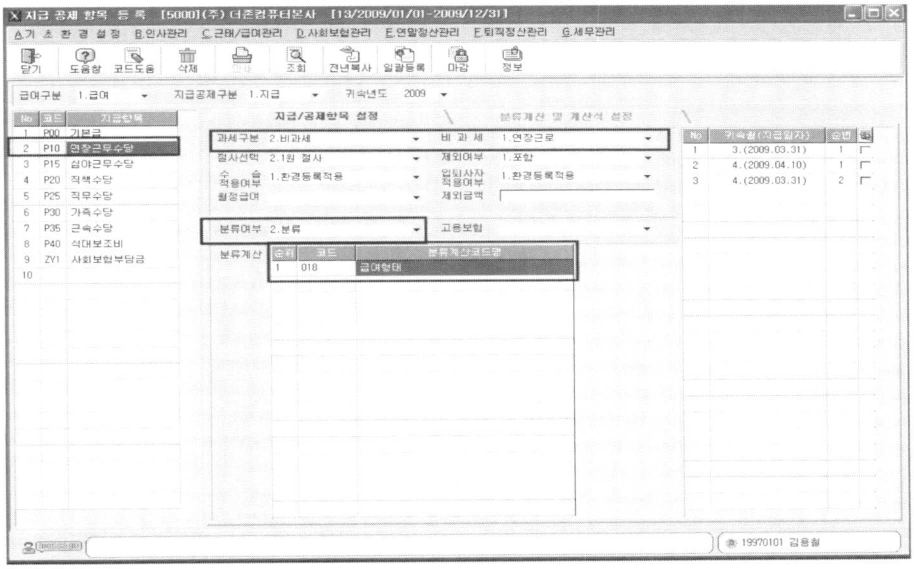

[분류계산 및 계산식 화면으로 전환]➔[기본급선택]➔[코드 : 월급, 계산식 선택]➔[계산식입력 : G01/226×T02TTT)×1.5]

계산식: 001.기본급(G01/226(1개월 근무시간)×총연장근무시간(T02TTT)×1.5(연장근로 50%)

[그림12-22] 연장근무수당 계산식등록 화면

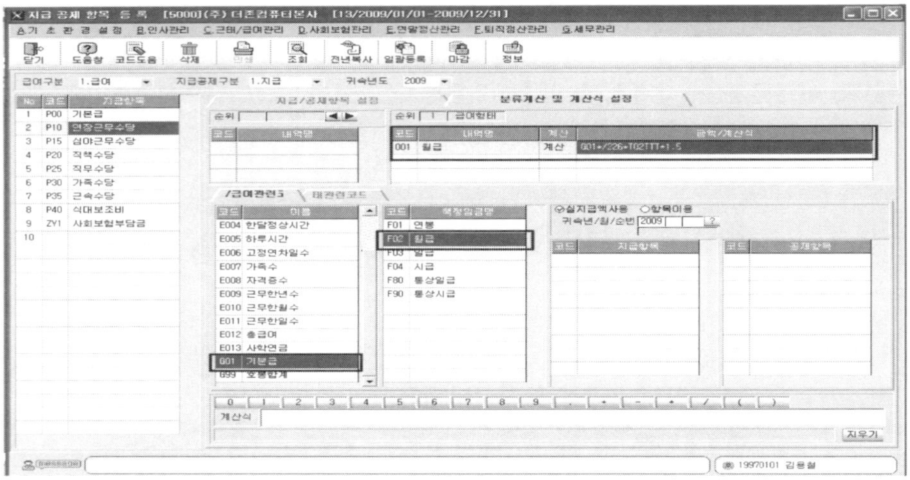

7) 지급수당 입력

[인사급여]→[기초환경설정]→[지급공제항목 등록]→[직급수당 항목(직책수당, 직무수당 등) 선택]→[과세구분 : 과세선택]→[분류계산 : 006.직책별(직급수당 경우)]→[귀속일자 클릭]→[지급 및 공제항목선택]→[데이터입력]

이와 동일한 방법으로 가족수당, 식대보조비, 노동조합비, 사우회비 등을 설정한다.

■ 직책수당(P02)

직 책	대표이사	전무	상무	부장
금액	200,000	150,000	100,000	70,000

[그림12-23] 직책수당(P02)등록 화면

[그림12-24] 직책수당 계산식 화면

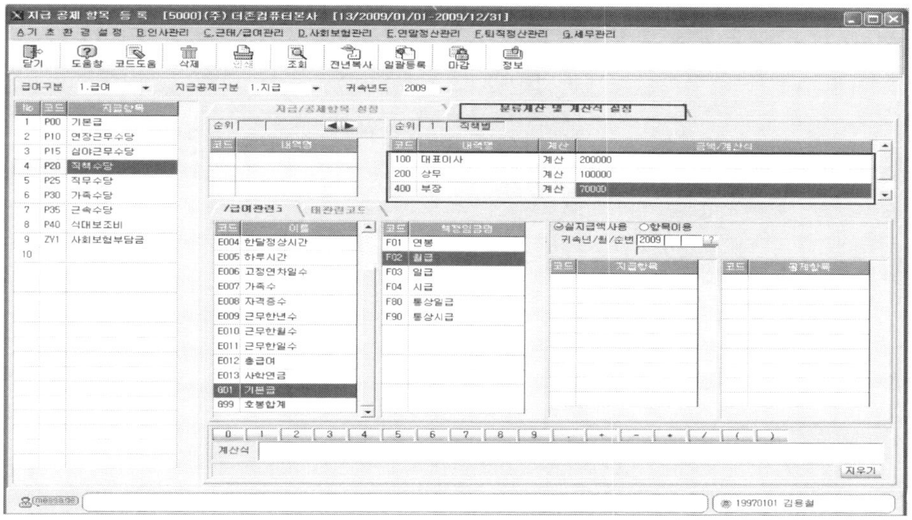

8) 근속수당 입력

[인사급여]→[기초환경설정]→[지급공제항목 등록]→[직급수당 항목(근속수당) 선택]→[과세구분 : 과세선택]→[분류계산 : 009.근속기간]→[근속기간입력창 활성화]→[기간입력]→[계산식 입력]

■ 근속수당(P02)

근속기간	2년	4년	6년	8년
금액	20,000	40,000	60,000	80,000

[그림12-25] 근속수당등록 화면

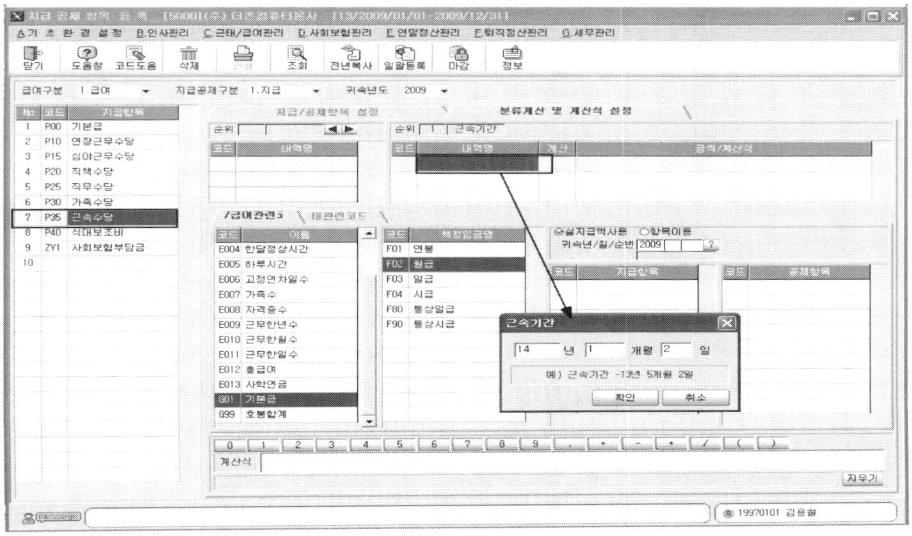

8) 지급공제항목 등록

[인사급여]→[기초환경설정]→[인사기초코드등록]→[출력구분 : 3.급여]→[저축공제 선택]→[신규코드등록]

[그림12-26] 저축공제를 위한 신규코드등록 화면

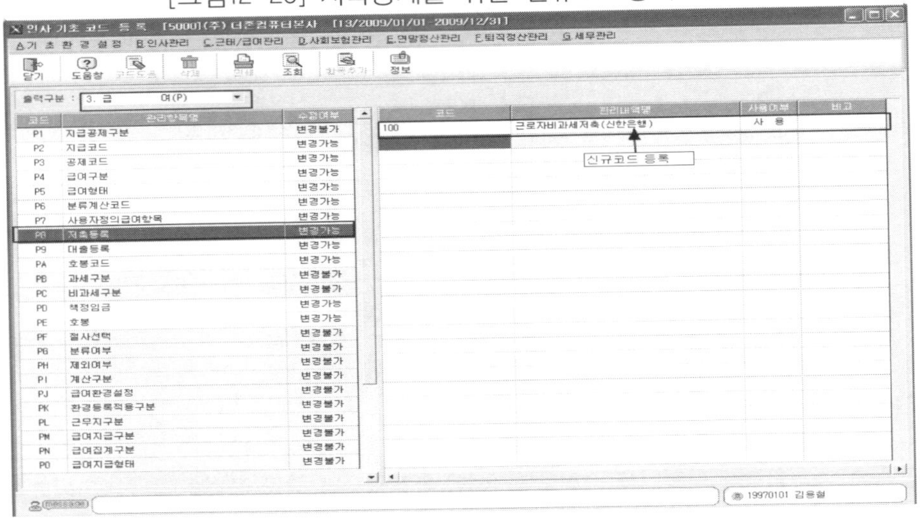

[인사급여]→[기초환경설정]→[지급공제항목 등록]→[저축공제 선택]→[기본급]→[100.근로자비과세저축]→[H100]→[선택]

[인사급여]→[인사관리]→[인사기록카드]→[저축]→[데이터등록]

[그림12-27] 저축공제를 위한 신규코드등록 화면

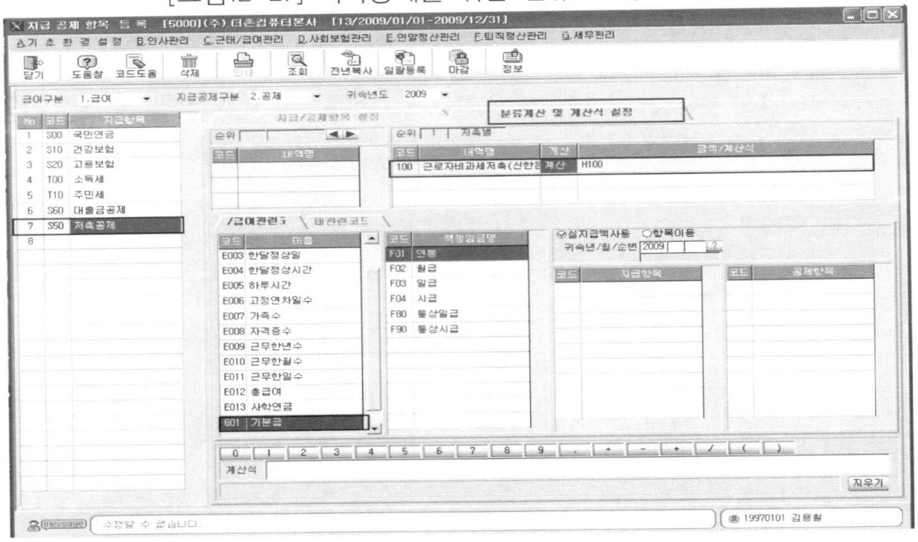

4. 인사관리

1) 인사정보 등록

사원의 신상기록을 기초정보에서 입력하였으며 인사관리를 위하여 인사정보를 확인하고 입력하여야 한다.

[인사급여]➜[인사관리]➜[인사정보등록]➜[데이터입력]➜[ENTER]

[그림12-28] 인사정보등록 화면

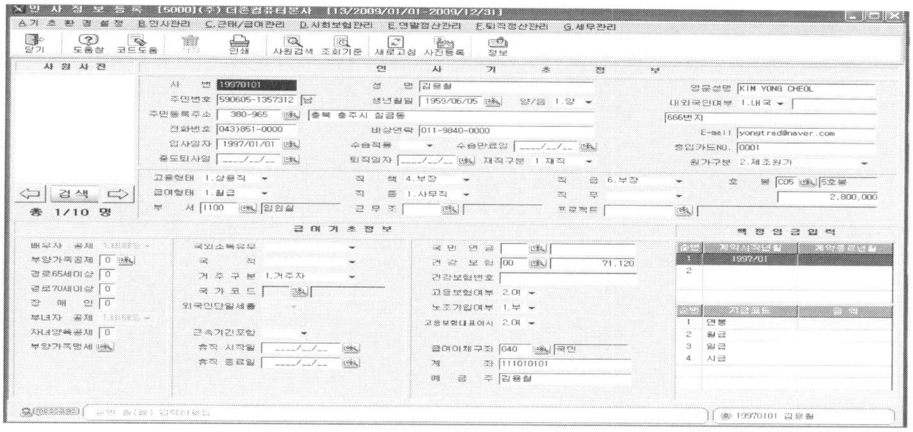

2) 인사기록 카드 등록

모든 직원의 신상을 기록하는 프로그램이다.

[인사급여]➜[인사관리]➜[인사기록카드등록]➜[데이터입력]➜[ENTER]

[그림12-29] 인사기록카드등록 화면

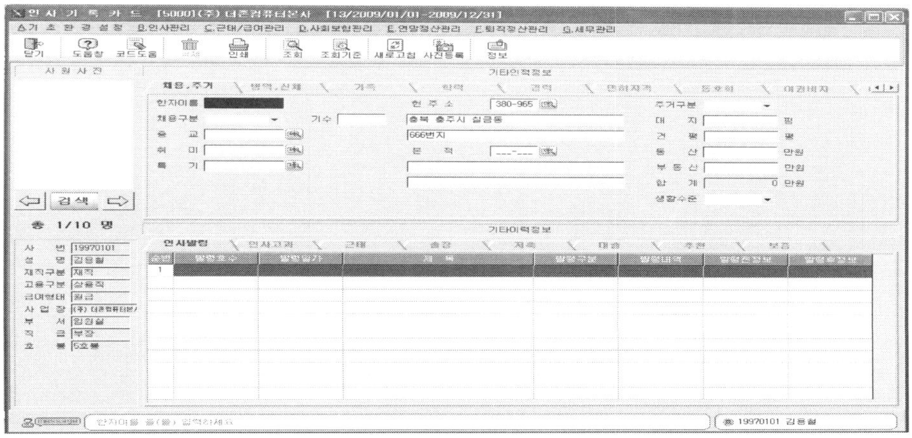

3) 부양가족관리

[인사급여]→[인사관리]→[부양가족관리]→[데이터입력]→[ENTER]

[그림12-30] 부양가족관리등록 화면

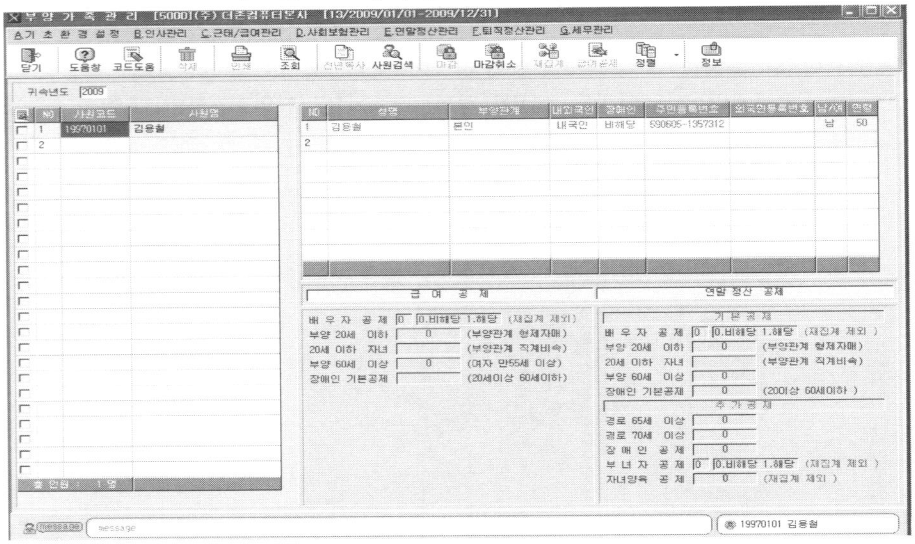

4) 인사발령

[인사급여]→[인사관리]→[인사발령]→[데이터입력]→[ENTER]

[그림12-31] 인사발령등록 화면

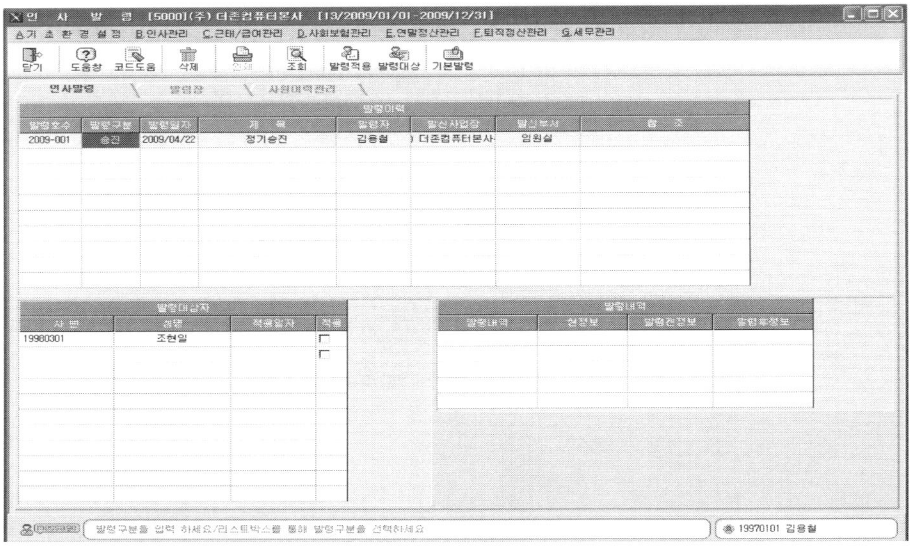

제4절 근태 및 급여 시스템

1. 근태관리 및 급여관리

1) 근태집계 데이터 관리

개인별 급여를 산정하기 위한 기간 동안 근태를 집계하여 입력하면 [지급공제항목 등록] 등록한 급여계산식에 따라 급여가 산출되는 프로그램이다.

[인사급여]→[인사관리]→[근태/급여관리]→[근태집계 및 급여계산]→[데이터입력]→[ENTER]

■ 이호재의 근태현황

평일정상 근무	평일연장 근무	평일심야 근무	토요정상 근무	토요연장 근무	토요심야 근무
20일	3일	2일	4일		
평일정상 근무시간	평일연장 근무시간	평일심야 근무시간	토요정상 근무시간	토요연장 근무시간	토요심야 근무시간
160시간	6시간	2시간	16시간		

[그림12-32] 근태입력 화면

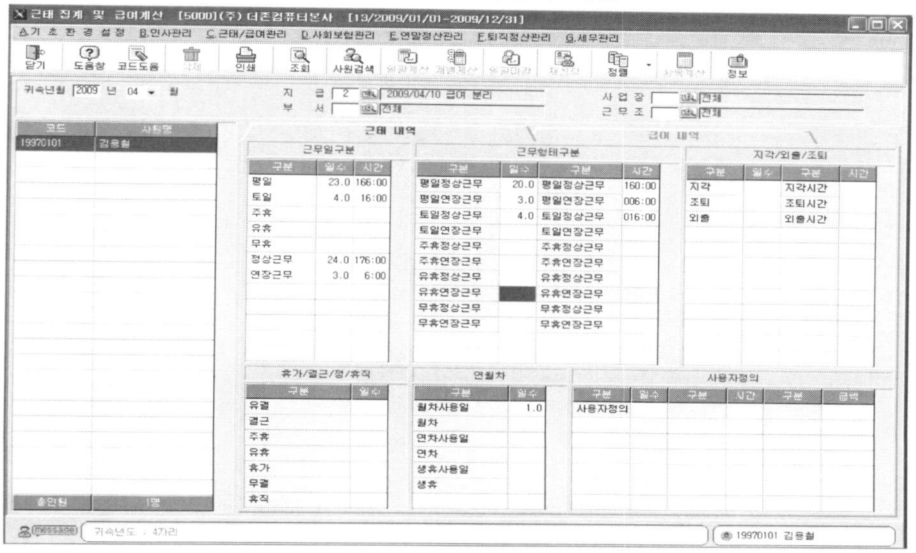

2) 급여계산

근태집계 결과를 토대로 소득세와 주민세를 제외한 1차적인 급여계산을 하는 부분이다. 급여계산은 지급공제항목등록에서 등록된 계산식에 의해 산정되며 급여계산 후 마감된 급여데이터는 상용직급 급여입력 메뉴에서 소득세와 주민세가 산출되고 확정된 급여로 반영된다.

[인사급여]→[인사관리]→[근태/급여관리]→[근태집계 및 급여계산]→[급여계산]→[데이터입력]→[ENTER]

[그림12-33] 급여계산 화면

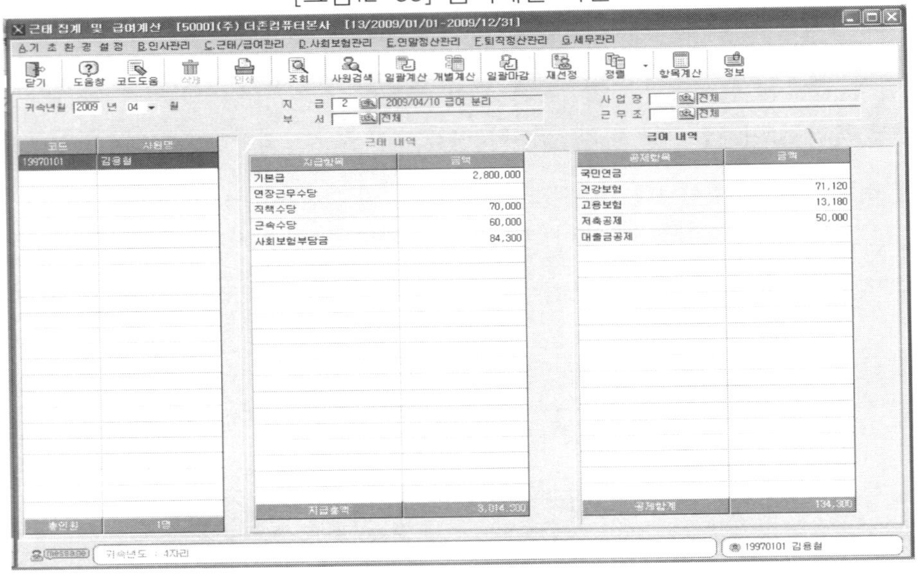

3) 일용직 급여계산

[인사급여]→[인사관리]→[근태/급여관리]→[일용직 급여관리]→[급여계산]→[데이터입력]→[ENTER]

[그림12-34] 일용직 급여관리 화면

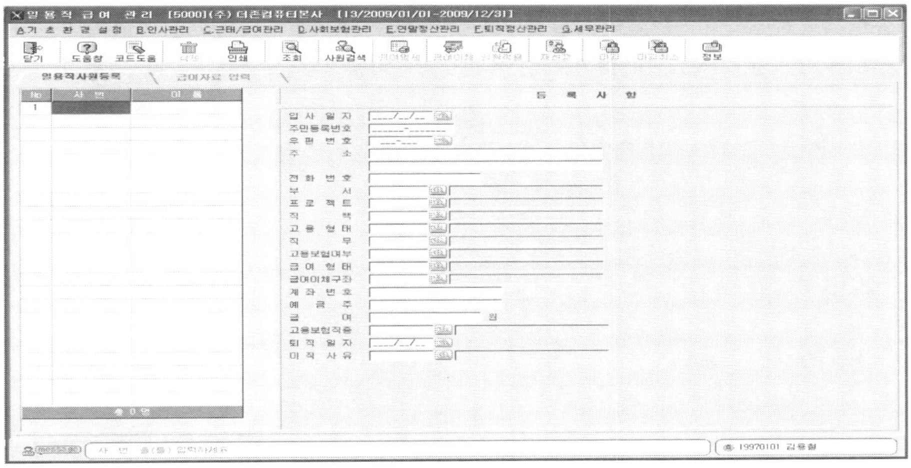

4) 급여대장 및 명세서 출력

상용직급 급여입력에서 확정된 급여 및 상여 데이터로 급여 및 상여 대장 및 명세서를 조회하거나 출력하는 프로그램이다.

[인사급여]→[인사관리]→[근태/급여관리]→[급여대장 및 명세서]→[조회조건 입력]→[조회]→[출력항목 선택]→[인쇄]

[그림12-35] 급여대장 화면

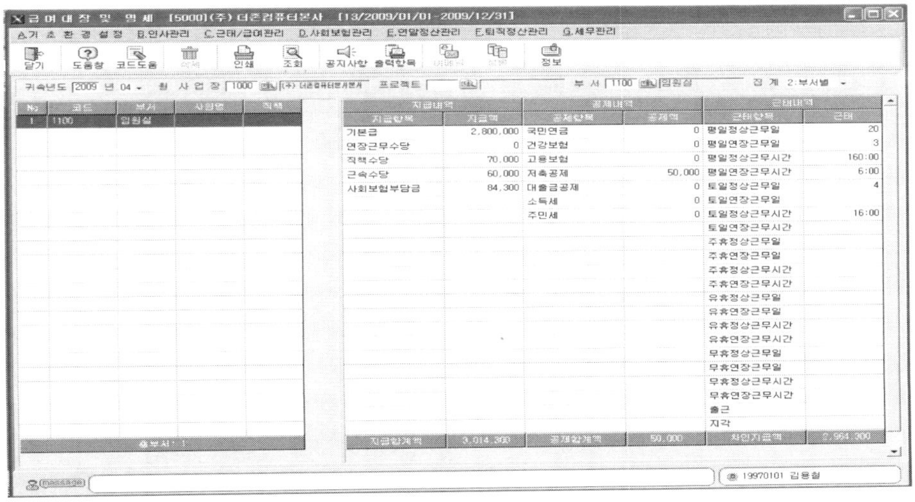

5) 원천징수이행상황신고

각종 소득별 원천징수세액을 집계하여 신고서를 작성하고 출력한다. 급여 및 상여에서는 근로소득세가 발생하고 퇴직금에서는 퇴직소득세가 발생하여 각 소득 구분별로 해당소득세 원천징수정보를 자동으로 생성시켜준다.

[인사급여]→[인사관리]→[근태/급여관리]→[원천징수이행상황 신고서]→[데이터입력]→[인쇄]

[그림12-36] 원천징수이행상황 신고서 화면

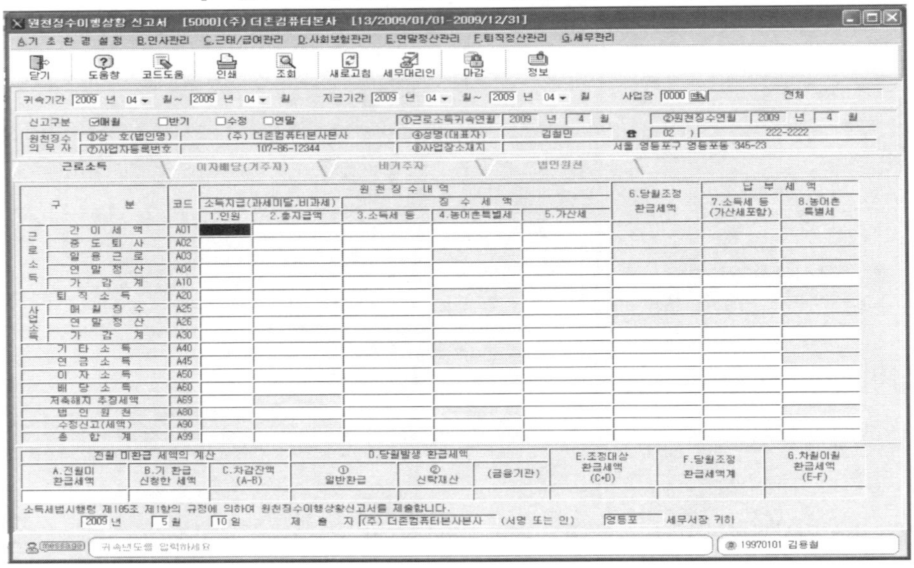

2. 소득세관리

1) 소득세 납부서 조회

[인사급여]➔[세무관리]➔[소득세납부서]➔[조회조건입력]➔[인쇄]

[그림12-37] 소득세 납부서 화면

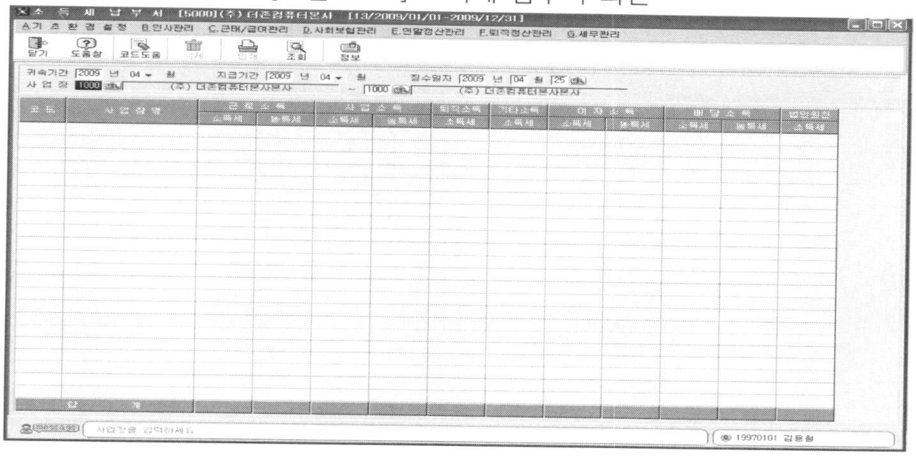

2) 주민세납부서

급여와 상여에서 발생된 소득세액의 10%는 주민세액으로서 [주민세특별징수명세서/계산작업]을 통해 납부서가 조회되고 출력할 수 있다.

[인사급여]➔[세무관리]➔[주민세특별징수명세서/계산]➔[조건입력]➔[인쇄]

[그림12-38] 주민세특별징수명세서/계산서 화면

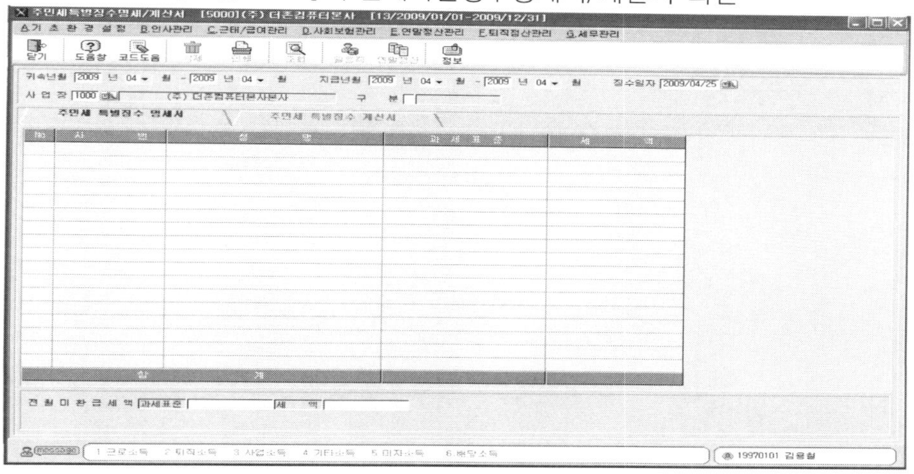

3) 회계전표처리

산정된 급여와 상여데이터를 회계처리 하기 위하여 자동으로 전표를 발생시키는 부분으로서 발생된 전표는 회계모듈의 전표입력에서 확인할 수 있다.

(1) 회계연결계정 설정

[시스템관리]→[기초정보관리]→[회계연결계정설정]

[그림12-39] 회계연결계정설정 화면

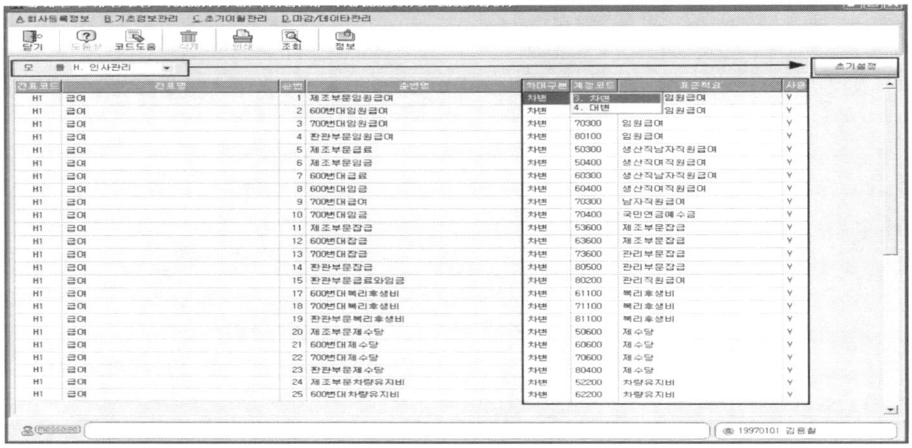

(2) 항목별 계정연결

[인사관리]→[근태/급여관리]→[회계전표처리(계정연결)]→[계정설정]→[구분 및 항목 선택]

[그림12-40] 항목별 계정연결 화면

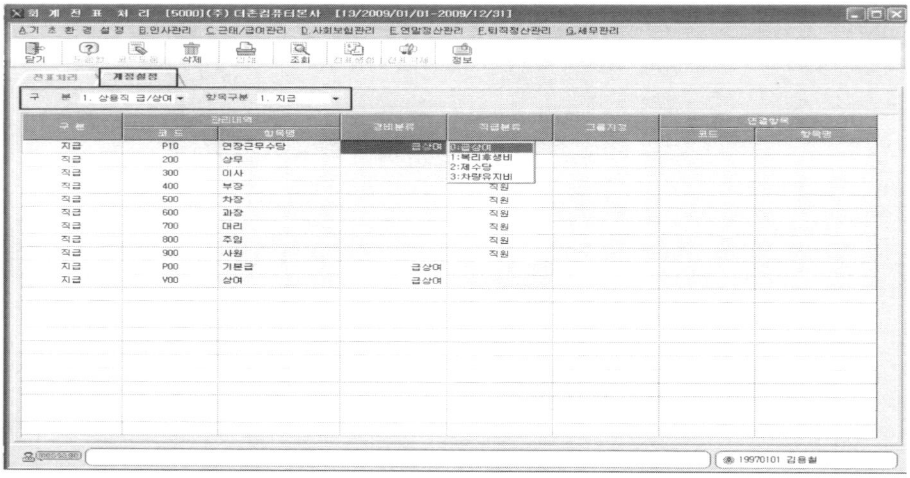

(3) 회계전표 처리

[인사관리]→[근태/급여관리]→[회계전표처리]→[전표처리]→[조회데이터 입력]→[조회]→[전표생성]

[그림12-41] 항목별 계정연결 화면

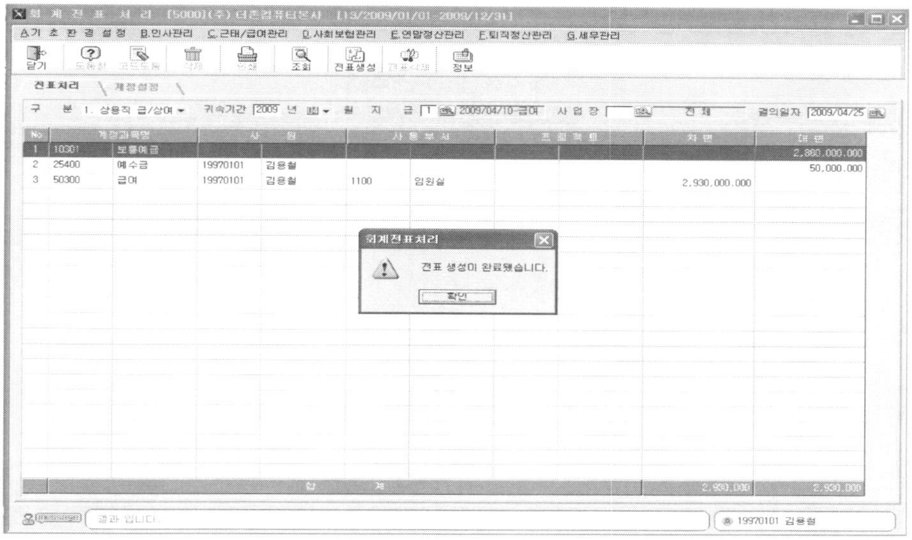

(4) 전표입력

[회계관리]→[전표장부관리]→[전표입력]→[조회]→[체크박스클릭]→[조회]→[전표생성]→[인쇄]

[그림12-42] 전표입력 화면

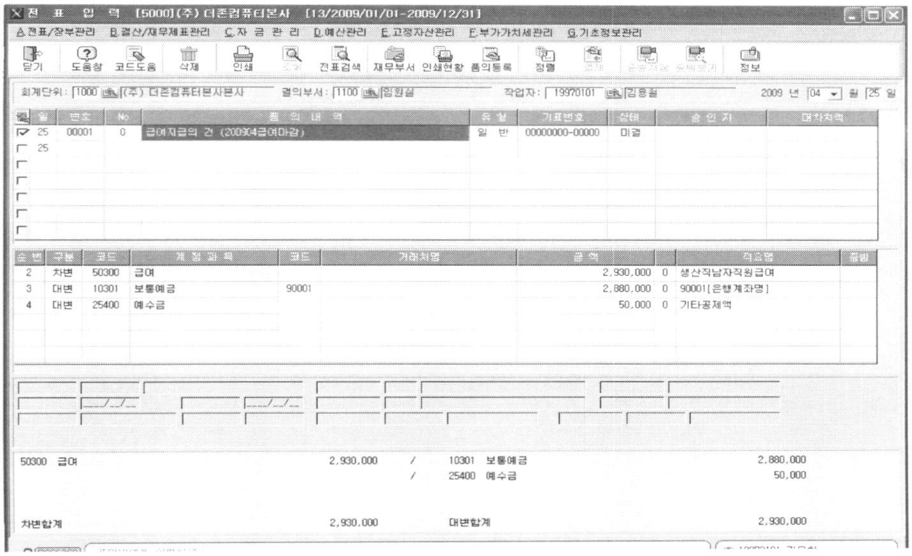

4) 급여 및 상여 이체

은행, 사번, 성명, 계좌번호, 예금주명은 인사정보에서 입력한 데이터가 조회되게 되고 실지금액은 지급항목에서 공제되는 부분을 제외한 실제로 사원들에게 지급되는 금액이다.

[인사급여]➔[근태/급여관리]➔[급여/상여이체현황]➔[조회데이터입력]➔ [조회]➔[인쇄]

[그림12-43] 이체현황 화면

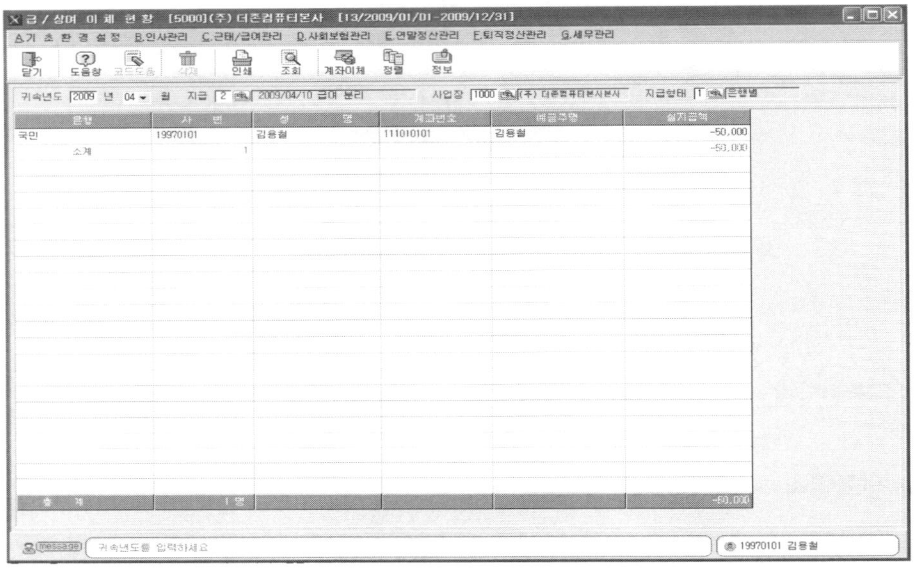

3. 사회보험관리

1) 사회보험 취득관리

사회보험 통합신고 대상인 국민연금, 건강보험, 고용보험 취득신고를 위해 해당 사원의 정보를 등록하는 프로그램이다.

[인사급여]➔[사회보험관리]➔[사회보험취득관리]➔[데이터입력]➔[인쇄]

[그림12-44] 사회보험취득관리 화면

2) 사회보험 상실관리

퇴사한 사원에 대해서는 퇴사 후 일정기간 이내에 사회보험 상실신고를 하여야하며 회사의 특별한 사유에 의해 이직하면 신고하여야 한다.

[인사급여]→[사회보험관리]→[사회보험취득관리]→[데이터입력]→[인쇄]

[그림12-45] 사회보험상실관리 화면

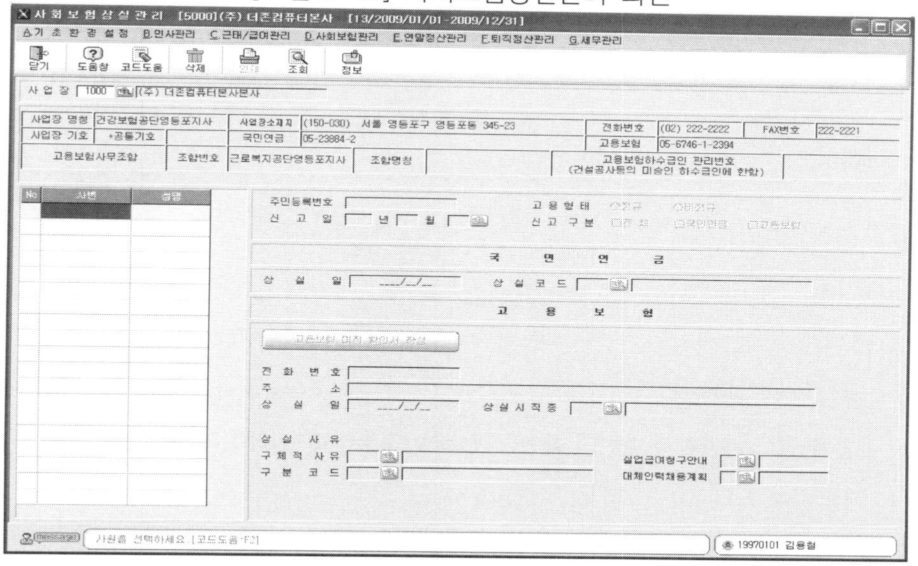

4. 연말정산관리

1) 근로소득자 소득공제신고서

연말정산 대상자에 대하여 소득공제신고서를 배포하고 관련증빙서류를 첨부하여 접수 한다. 이는 연말정산 추가자료 입력을 위한 기본 데이터로 활용된다. 연말정산 프로그램을 수행하기 전에 [인사급여]⇒[기초환경설정]⇒[소득/세액공제환경설정]에서 데이터를 확인한다.

[인사급여]→[연말정산관리]→[근로소득자 소득공제신고서]→[데이터입력]→[인쇄]→[사원에게 배포하여 작성]

[그림12-46] 근로소득자 소득공제신고서 화면

2) 연말정산 추가자료 입력

연말정산에 필요한 사항 중 [인사정보등록]과 [상용직 급여입력] 메뉴에서 입력한 데이터는 자동으로 반영되며 기 입력받지 않은 특별공제, 기타소득공제 등의 자료를 추가로 입력하는 프로그램이다.

[인사급여]→[연말정산관리]→[연말정산추가자료입력]→[데이터입력]→[인쇄]

[그림12-47] 연말정산 추가자료입력 화면

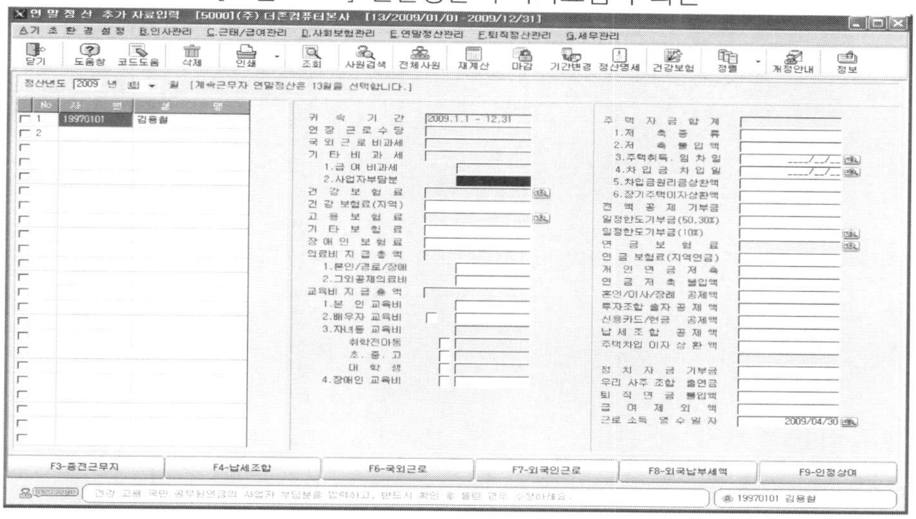

3) 소득자별 근로소득원천징수부

인사정보등록에 설정된 사원별 인적공제내용을 보여주고 상용직 급여입력에서 발생된 급여 및 상여 데이터와 과세 또는 비과세별로 처리된 급여내역도 조회할 수 있으며, 연말정산이 완료된 결과 데이터까지 조회할 수 있다.

[인사급여]➔[연말정산관리]➔[소득자별 근로소득원천징수부(조회 : 지급명세, 소득자별, 연말정산)]➔[조회데이터입력]➔[조회]➔[인쇄]

[그림12-48] 소득자별 근로소득원천징수부 화면

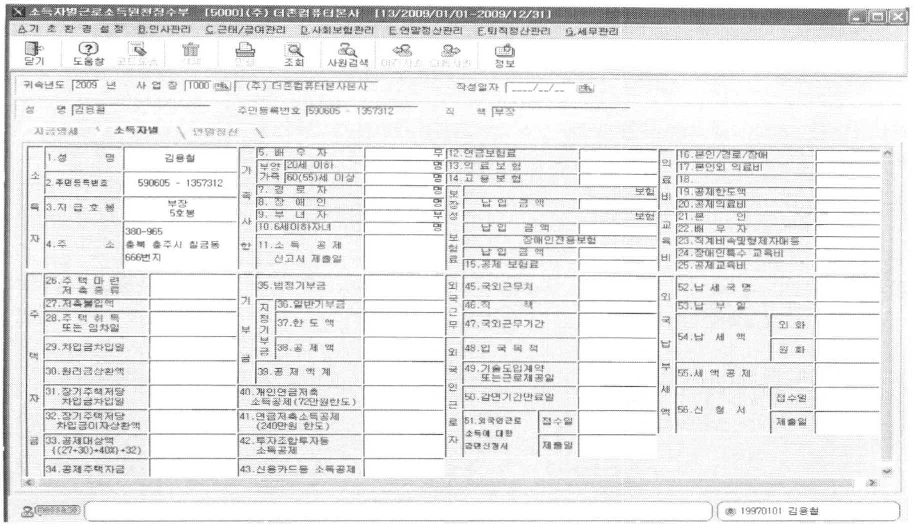

5. 퇴직자정산관리

1) 퇴직기준설정

퇴직금을 산출하기 위한 계산 기준을 설정한다. 회사의 규정에 의한 퇴직금 산정 계산식을 등록하여 평균임금(일할/월할)에 의해 퇴직금을 산정하고 지급한다.

[인사급여]→[퇴직정산금관리]→[퇴직기준설정]→[데이터입력]→[저장]→[사원에게 배포하여 작성]

■ 퇴직금계산 기준

퇴직금 계산방식	일 평균임금 × 30 × 근무일수 / 365 --- 1원미만 절사
일 평균임금 계산방식	(3개월급여 + 3개월연차수당) / 3개월 근무일수
퇴직금누진제여부	누진제 적용 안함
퇴직금 지급항목	[100.퇴직금]
퇴직금 공제항목	[100.퇴직소득세] [200.퇴직주민세]
기타	근속기간 산정시 퇴사일은 포함하지 않음 1개월 미만의 기간은 1개월로 올림

[그림12-49] 퇴직기준설정 화면

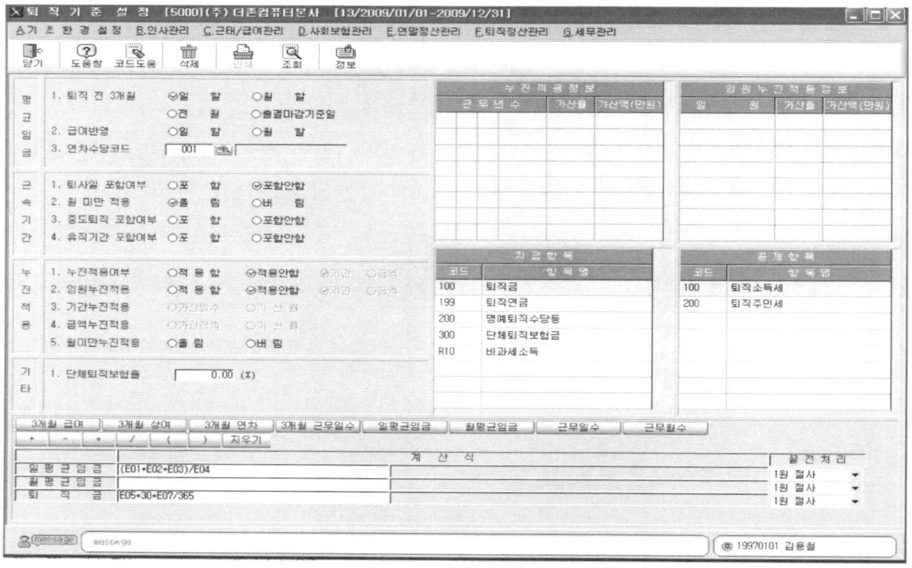

2) 퇴직소득/세액공제환경

[소득세액공제환경설정]에서 '갑근세율 및 공제/퇴직소득환경설정'탭에서 퇴직소득에 대한 조견표 및 퇴직소득세액공제율 등이 설정되어 있는지 확인한다.

이는 퇴직금 산정 시 퇴직소득세 계산에 반영되고 산출된 퇴직소득세와 퇴직주민세는 또 다시 원천징수이행상황신고서상의 퇴직소득부분에 반영된다.

[인사급여]→[기초환경설정]→[소득/세액공제환경설정]

2) 퇴직금 산정

[퇴직기준설정]에서 등록한 항목과 계산 기준에 맞춰 산출된 퇴직금의 정산내역이 조회된다.

1단계	**[인사급여]→[인사관리]→[인사기록카드]→[퇴직]→[일자 설정]**
2단계	**[인사급여]→[퇴직정산관리]→[퇴직금산정]→[사번조회 : 퇴직자설정]→[퇴직금 입력]→[마감]**

[그림12-50] 퇴직금 산정

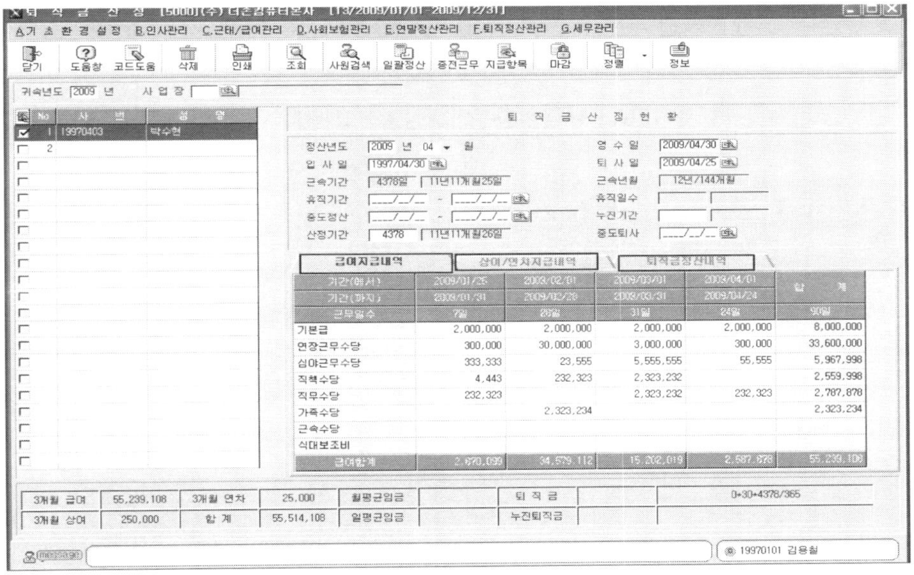

3) 퇴직소득원천징수영수증의 조회/출력

[인사급여]→[퇴직정산관리]→[퇴직소득영수증]→[조건입력]→[조회]→[마감]

[그림12-51] 퇴직소득영수증 화면

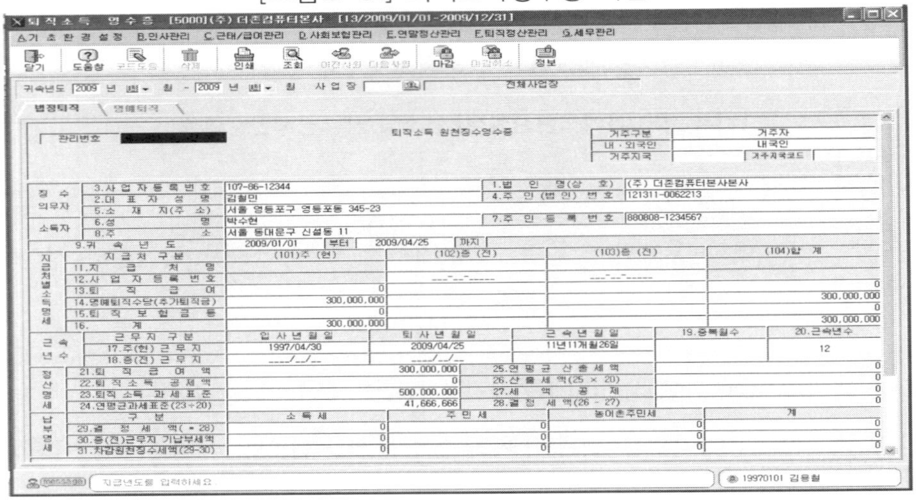

4) 원천징수이행상황신고

산정된 퇴직소득금액과 퇴직소득세 및 주민세를 근로소득과 동일하게 원천징수이행상황신고서에 반영하여 지급월의 다음달 10일까지 세무서에 신고하여야 한다.

[인사급여]→[근태/급여관리]→[원천징수이행상황신고]→[조건입력]→[조회]→[마감]

[그림12-52] 원천징수이행신고서 화면

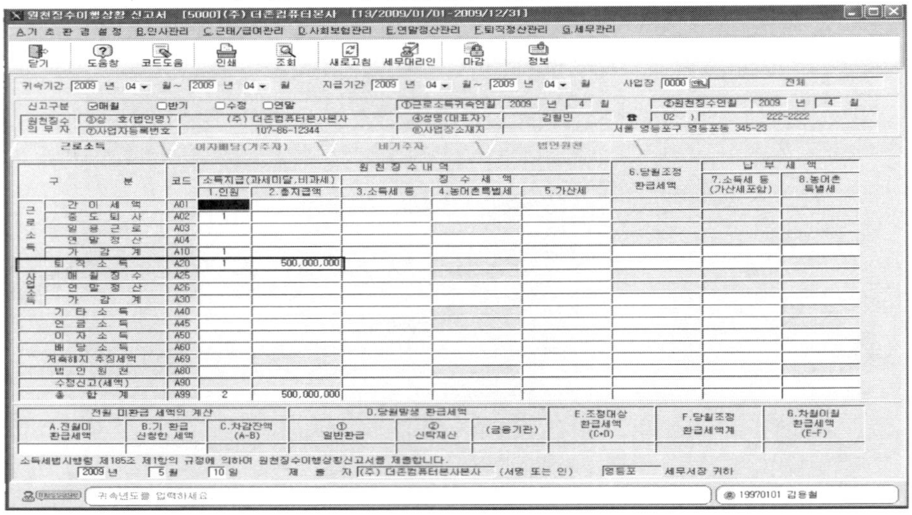

[연습문제]

1. 직무분석에 대하여 연구한다.
2. 채용방법에 대하여 연구한다.
3. 직무배치 방법을 분석한다.
4. 선발방법을 연구한다.
5. 경력개발 방법을 연구한다.
6. 복리후생을 통한 종업원 사기증진방법을 연구한다.
7. 퇴직소득 금액의 과세와 비과세를 분류한다.
8. 노사관계개선방안을 연구한다.
9. 보험제도(4대보험 중심)에 대하여 연구한다.

Chapter XIII

경영예산

【예산관리 프로세스】

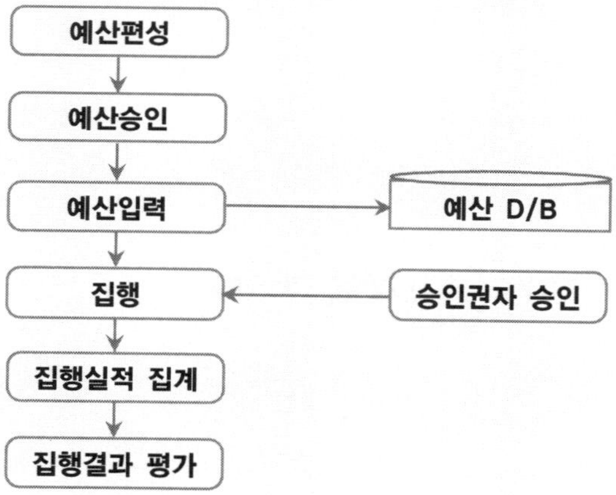

기다림 속에서

▸ 김용철

오래도록 기다렸던 세월이지만
기다림 속에서 우린 살고 또 살고
누구를 위하여 기다리는 것인가?
무엇을 위하여 기다렸던가?
살아도 또 살아도 기다림은
오고 또 가고 그리고 또 오는 것
공허한 하늘 끝까지 기다림 속에서
그 속에서 만나고 기다리고 만나고
헤어짐은 기다림 그 아스라함 만이
우리 가까이에서 기다리고 있음은
내가 살아있다는 내가 기다린다는
내 삶이 뭉클 거리며 움직이는 것은
기다림이 있기 때문에.

제1절 경영계획의 이해

1. 경영계획의 의의

사업계획서는 기업의 살아있는 목표를 설정하는 것이다. 전혀 생소한 나라를 여행할 때 지도를 가지고 여행을 하면 목적지를 찾기가 쉽고, 항해를 하는 배는 항해도를 보면서 항해하듯이 기업을 창립하고 유지하고 발전시켜 나가는 것은 사업계획서를 중심으로 운영하는 것으로 기업의 방향과 목표를 정하는 중요한 기준이 된다.

개인은 개인의 목표를 가지고 삶을 살아가듯 기업은 기업의 목표를 설정하고 그 목표를 달성하기 위하여 상세한 계획을 수립하는 것이다. 또한 특정기간에 전 조직원이 통일된 목표에 의하여 고객만족을 기본 바탕으로 하며 전년도 경영실적 분석 및 대·내외 환경 분석, 중장기 방침 등을 고려하여 차기 년도 경영계획을 설정하고 이를 달성함에 있어 경영혁신의 사고와 체질개선 및 조직문화를 개선하여 적극적이며 도전적인 개선활동을 주도하여 목표를 달성해 나아가는 경영관리의 방식이다.

2. 경영계획의 추진효과

경영계획은 회사가 나아가야 할 방향과 달성해야 할 목표를 설정하여 기업의 목표와 개인의 목표를 일치시키고, 기업이 보유하고 있는 자원을 통합, 조정함으로써 기업의 목표를 효과적으로 달성할 수 있게 한다.

또한 방침계획 및 전개 단계에서의 참여과정과 실시단계에서의 자율관리를 통하여 개인의 성취감을 고취시켜 업무의욕이 증진되고, 주기별, 단계별 관리를 체계적으로 수행함으로서 관리능력이 향상되고 기업이 발전하는 효과를 얻을 수 있다.

1) 업무능력 향상

① 경영계획에 의한 체계적인 관리로 업무능력을 향상시켜준다.

② 업무의욕을 증진시켜준다.

- 참여적 목표설정으로 성취동기를 강화시켜준다.
- 부서 및 개인의 역할을 명확히 하여준다.
- 통제의 폭을 줄이고 자율성을 증대하여 의욕을 증가하여 준다.
- 경영목표 달성을 위하여 창의적인 사고로 지식경영을 할 수 있다.

2) 기업의 목표와 개인의 목표 일치

기업과 각 개인이 나아가야 할 방향 및 목표가 명확히 제시되고 달성 수단이 분명해지며, 경영계획은 기업 목표와 개인 목표를 일치함으로 개인의 목표달성이 곧 기업의 목표달성으로 통일된 전 직원의 집중으로 시너지 효과를 유발시켜주며 책임과 권한이 명확하여 업무의 질적 향상이 증대된다.

3) 경영능력 개발

경영계획은 개인의 능력개발 및 교육계획으로 연결되어 인재양성의 기초가 되며, 조직의 활성화로 계층간, 부문간 업무협조가 증진된다. 또한 모든 업무의 효율적 프로세스로 신속한 의사결정이 이루어진다. 이러한 경영계획은 다음과 같은 효과를 가져다준다.

① 사업계획서는 사업의 시행착오를 줄여준다.
② 창업초기에 사업의 지침서가 된다.
③ 투자자나 금융기관에 대한 유용한 자료로서의 활용가치가 있다.
④ 인·허가기관에 대한 제출서류로서의 필요성이다.
⑤ 유능한 인재를 영입할 수 있다.
⑥ 사업과 관련된 모든 이해관계자에게 활용도가 높다.

3. 경영계획서 주의 사항

1) 살아있는 경영계획

경영계획서는 한번 만들면 그만인 것이 아니라 (설령 그것이 엄청난 노력을 통해 탄생된 것이라 할지라도) 상황에 따라서 새로운 요소가 발견되면 그때그때 고쳐서 써야 한다. 그리고 계획 사업에 잠재되어 있는 문제점에 대해 항상 열린 마음을 가지고 점검, 작성되어야 한다. 따라서 경영계획은 전사원의 의지가 반영되어야 한다. 따라서 전사원의 '하려고 하는 의욕'과 '할 마음'이 중요하지만 최고경영자 및 중역의 적극적인 참여와 지속적인 후원이 있어야 한다.

2) 충분성과 자신감

경영자가 가지고 있는 목표 아이템을 제3자에게 설득력 있게 납득시키는 것이 경영계획서의 제1의 목표이다. 따라서 결과를 쫓는 것 보다는 프로세스를 평가하고 목표달성의 저해요인을 제거하여 경영 방법을 바꾸는 것이다.

매년 보다 높은 도전 목표를 성취하기 위해서는 일상유지 관리업무가 제대로 실시되지 않고서는 계획된 도전목표는 달성하기 어렵다. 따라서 개선과 일상 관리에 의한 유지라는 두 활동을 적절히 이용함이 성공의 열쇠가 된다.

3) 객관적 편성

자신감이 너무 지나쳐 자만심이 되거나 자신의 의견에 몰입되어 갇혀버린 다면 경영계획서의 신뢰성에 큰 타격을 미칠 수 있다. 경영계획서는 정확한 자료에 의거한 객관적인 것이어야 한다.

경영계획은 책임감과 성취의욕을 바탕으로 비전과 변혁을 수반하는 경영활동으로 보다 좋은 방식을 끊임없이 추구하고 매너리즘으로 부터 타파가 요구된다.

4) 핵심내용 표출

경영의 핵심내용을 부각시켜야 하며 전문용어의 사용을 피하고 보편적으로 설득력 있게 작성되어야 한다. 남들과는 다른 자신의 아이템의 핵심을 중점 부각시키고 그것이 기술적 내용일 경우라도 투자자 및 관련 당사자가 알기 쉽게 작성되어야 한다.

5) 데이터에 의한 관리

모든 경영계획은 수치화하여 관리한다. 수치화가 곤란한 경우도 있지만 주요 원인은 업무의 성격, 관리해 온 데이터의 부족에서 오는 수치적 관리의 개발 부족에서 발생한다고 볼 수 있다. 마지막으로 경영계획서를 작성할 때 주의할 점으로 다음의 10가지가 있다.

① 사업의 목적이 개인적인 이익을 추구하는 것이 아니고 공공의 이익을 위한 것이어야 한다. 이것에 대해서는 논란이 있다.
② 사업 내용이 차별화가 되도록 노력한다. 특징이 없으면 성공할 수 없다.
③ 틈새시장을 집중적으로 공략할 전략을 제시한다.
④ 구체적인 숫자의 예측으로부터 사업이 성공할 것이라는 객관적인 자료를 보인다.
⑤ 제품의 가격, 이윤, 판매량, 시장점유율 등을 예측할 때는 지나치게 낙관적인 자세로 임하지 않는다.

⑥ 유능한 사람들이 모여 균형 잡힌 경영진이 되도록 인력을 구성한다.
⑦ 회사의 소요자본이나 운영비를 너무 적게 예측하지 않는다.
⑧ 예상되는 경쟁관계를 과소평가하지 않는다.
⑨ 일회용 히트 기술로는 회사가 지속될 수 없다. 지속적인 기술진보와 제품향상이 이루어질 수 있는 것이어야 한다.
⑩ 투자자를 찾을 때는 어떤 형태(경영에 관여할 사람 또는 단순히 투자에 만 관심이 있는 전문 투자자)의 투자자를 원하는지 명확히 정의하여야 한다.

4. 경영계획 작성절차

경영계획은 그 목적, 용도에 따라서 작성 전에 미리 기본계획과 작성방향 그리고 순서를 정하여야 시간과 노력을 절약할 수 있으며 내용도 충실해 질 수 있다. 본인이 직접 작성하느냐 전문가에게 의뢰하여 작성할 것인가도 미리 정하여야 한다.

1) 기본목표와 방향설정

용도별로 작성목적과 방향을 설정하지 않으면 상대방을 설득하기 위한 초점이 흐려지기 쉽다. 따라서 사업의 목표와 사업영역을 명확히 설정하고 사업의 차별성과 독창성을 설정하여야 한다.

2) 충분한 데이터

경영계획은 데이터에 의한 관리로서 충분한 데이터를 분석하여야 한다. 데이터는 전년도 경영실적을 분석하여 미래의 경영에 반영하고 환경 분석과 같은 데이터는 전문가의 분석데이터를 이용할 수도 있다. 이와 같이 요건이 있는 경우 요건에 해당하는지 여부와 소정양식이 있는 경우 양식의 요구 내용을 사전에 검토하여 준비해야 한다.

3) 작성계획 수립

작성일정 및 작성주관자를 정하여야 한다. 외부 전문가에게 위탁할 경우 사업내용 설명 및 자료를 제공할 보조자를 정하여야 한다.

4) 자료준비

필요한 자료를 충분히 숙지하고 가능한 한 객관적인 자료를 폭넓게 수집해야 한다. 특히, 필수 첨부자료에 대한 점검도 필요하다.

5) 계획서 양식결정

양식이 있는 경우에는 별문제가 없지만, 그렇지 않은 경우 작성 목적에 따라서 목차를 구성하고 작성 양식을 정하여야 한다. 인터넷 등에서 잘 만들어진 자료를 참고하여 작성 가능한 모델로 삼을 수도 있다.

6) 사업계획서 작성

양식이 있는 경우는 작성방법을 간단히 제시하고 있으므로 제시한 사항을 기준으로 작성하여야 하며 지나치게 과장되게 작성하지 말아야 한다. 특히, 수치의 전후가 일치하도록 작성되어야 하며, 산출 근거가 객관적으로 제시되어야 한다. 사업계획서 제출 시에는 경영자가 그 내용을 충분히 숙지하여 설명과 응답에 부족함이 없어야 한다.

〈표 13-1〉 경영계획 수립조직 및 역할

조 직	역 할
최고경영자	• 전사적인 중장기 방침 및 계획 승인 • 해당년도 방침 및 경영계획 승인 책정 • 전사 진단 실시 • 방침 달성 실적의 종합 • 경영검토의 실시
기획실(총무)	• 내·외 경영환경 분석에 의한 목표 도출 및 제약 조건의 설정 • 전사 경영방침의 입안 • 전사 경영목표의 부문별 조정 • 부문별 예산의 종합 정리 및 전사 경영계획의 입안 • 전사 방침 보고회 및 실적 발표회 주관 • 전사 최고경영자 진단 준비 및 진단 평가 • 방침 및 계획 달성도의 평가, 분석 보고 및 사후 관리
부문 책임자(임원)	• 부문별 방침의 승인 책정 • 부문 내 예산, 경영 계획서의 종합 정리 및 승인 • 부문 내 진단 실시 • 부문 내 방침 실시의 총괄 및 달성 실적의 종합 점검
각 부문장	• 부서(팀)별 방침의 입안, 확정 • 부서(팀)별 목표 전개, 할당 및 부서 계획의 종합 정리 • 부서(팀)내 방침 및 계획 달성도의 평가, 분석 및 보고 • 이상상태 및 진단 시 지적사항의 수정 조치 • 부서 예산의 편성 운영
과장 담당자	• 과별 업무계획의 입안 • 과별 예산 편성 입안 • 과별, 개인별 실시 계획의 수립, 추진 • 이상상태 및 진단 지적사항의 수정 조치 • 계획의 진척도 및 목표 달성도의 파악 보고

제2절 경영계획 수립

1. 경영방침

1) 주요연혁

회사의 연혁은 일반인이면 누구나 쉽게 알아볼 수 있도록 회사연혁과 사업연혁으로 나누어 기술하는 것이 좋다. 회사연혁은 설립 및 이사관계 그리고 등기부변경사항과 수상실적 등이며, 사업연혁은 주요 재무현황과 영업현황 그리고 신기술 개발현황 등 회사의 성장과 관련된 사항을 기술한다. 다음의 표는 주요연혁의 사례이다.

〈표 13-2〉 주요연혁 사례

회사의 프로필		대표이사 프로필	
회 사 명		출 생 년 도	
설 립 일		주 요 학 력	
대 표 이 사		주 요 경 력	
자 본 금		주 요 자 격	
매 출 액		수 상 경 력	
종 업 원 수		보유지적재산권	
본 사		주요 사회활동	
사 업 영 역			

〈표 13-3〉 주주 현황

회사 연혁		사업 연혁	
2001.12	(주) 세명 설립	2002.01	매출액 200억 달성
2002.01	대표이사 피선	2002.08	신상품 출시
2003.05	자본금 20억 증자	2002.12	인터넷 쇼핑몰 개설
2004.01	코스닥 등록	2003.02	홈쇼핑사와 전략적 제휴
2005.04	영국현지 법인설립	2004.12	산업훈장 수상
2007.09	미국현지 법인설립	2007.12	식스 시그마품질 경영정착

(1) 자본금 현황

일자	원인	주식변동 현황				자산	신주배정	증자비율
		종류	수량	액면가	발행가			
2001.01.03	유상증자	보통주	10,000	5,000	5,000	50,000,000		설립자본
2002.01.15	유상증자	보통주	5,000	5,000	10,000	75,000,000	구주주	50%
2004.01.03	공모증자	보통주	10,000	5,000	10,000	125,000,000	일반공모	67%

(2) 주주 구성

구분	성명	주식수	지분율	관계
대표이사	김용철	10,000	53%	본인
이사	김현중	3,000	16%	
이사	김성연	2,000	11%	
이사	이정직	2,000	11%	
이사	김순진	2,000	11%	
합계		19,000	100%	

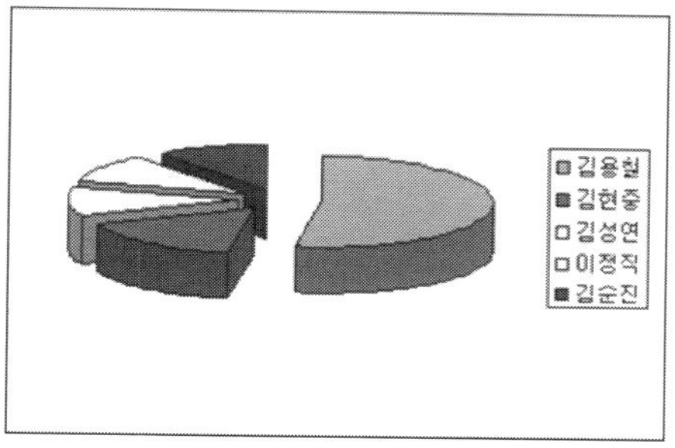

2) 비전경영 이념

경영방침은 회사의 목표를 정하는 것으로 누구나 이해하기 쉽고 그 목표를 따르기 쉽게 정한다. 또한 전년도의 경영 실적 및 환경을 반영하여 차기년도의 목표를 설정한다. 최고 경영자는 회사 전반에 걸친 목표를 간략하고 명확하게 수립한다.

3) 경영방침 수립 대상

경영방침은 최고 경영자가 차기년도 목표를 하달하고 그 목표에 따라서 단위 공장 또는 계열사 별로 최고 책임자가 목표를 설정한다.

단위공장장 또는 계열사 최고 책임자의 목표를 중심으로 각 부서별로 부서운영방침을 부서장이 수립한다.

4) 수립절차

최고 경영자의 목표를 단위 공장장 혹은 사업부장은 대단위로 분류하여 수치화된 큰 목표를 각 부서장에게 하달한다.

각 부서장은 하달 받은 목표를 부서 단위별로 세분화된 방침을 수립한다. 단, 모든 계획은 수치화하여 그 목표 달성가능여부를 평가 할 수 있도록 한다.

5) 하부단위의 목표 설정

각 부서는 최고 경영자의 목표를 중심으로 계층별로 점차 구체적 목표를 설정하고 최종 부서의 목표 및 개인의 목표를 설정하여 추진한다.

개인의 목표와 부서의 목표는 월간단위로 작성하되 구체적으로 수치화를 하여 평가 가능토록 작성한다. 또한 매월 초 개인 및 부서의 목표 대비 성과를 발표하고 발표자는 합리적이고 타당하게 발표한다. 경영자는 발표내용을 검토하고 새로운 월간방침 하달과 그달에 우수한 부서 및 우수사원, 목표달성 사원을 포상한다.

[그림 13-1] 최고경영자의 경영방침 사례

2009년 경영방침

"2009년은 대화합·대도약의 해"

1. 각 부문별 경쟁력 제고
2. 지속적인 경영개선 추진
3. 팀웍크로 조직력 강화
4. 국제화 인재육성

회장방침

Slogan : "3Q 2010"

- Q1 : 개선의식 고취(Question)
  1. 공장 합리화
  2. 사무 합리화
  3. 책임경영
- Q2 : 품질 경쟁력강화(Quality)
  1. 품질보증 효율적인 실천
  2. 고품질, 고기능화로 부가가치 제고
  3. 자체 기술력 향상
- Q3 : 생산·매출의 확대(Quantity)
  1. 효율적인 생산 시스템의 정착
  2. 다양한 판매 전략으로 세계시장 우위 확보
  3. 효율적인 원가 절감

〈표 13-4〉 계열사 및 단위 공장의 책임자의 방침사례

공 장 방 침			
중점관리	주요관리항목		
	주요항목	목표	관련본부
1. 생산체제확립 및 증산체제 돌입 2. 영업조직 정비 및 수주신장 확대 3. 이익극대화 및 특화제품 개발 – 영업부문 • 목표관리 • 전문화 • 성력화 • 개선화 • 합리화 – 설계/관리부문 • 목표관리 • 전문화 • 개선화 • 합리화	1) Marketing 전략 – 시장점유율 향상 – 가격 경쟁력 확보	제품 모델별	영업본부
	2) 품질 향상	(합격률)	품질관리부
	– 일반검사 – R/T – U/T	100% 98% 98%	
	3) 안전관리	(지수)	생산본부
	– 빈도율 – 강도율	1% 0.05	
	4) 품셈다운	(전년대비)	생산본부
	– 조선 – 산업설비 – 중장비	16% 16% 50%	
	5) 설계		연구소
	– 제품 특성화 계획 – Loss율 Down – 정도관리		
	6) 정리정돈 철저		전부문
	7) 구매관리		구매부
	– 예산범위내 구매 – 입고율 관리 철저 – 구매단위 Unit화 – 협력업체 우위향상		
	8) 자재관리		자재관리
	– 적정재고 수준유지 – Scrap율 감소추진	20%	

[그림 13-2] 중소기업의 경영방침 사례

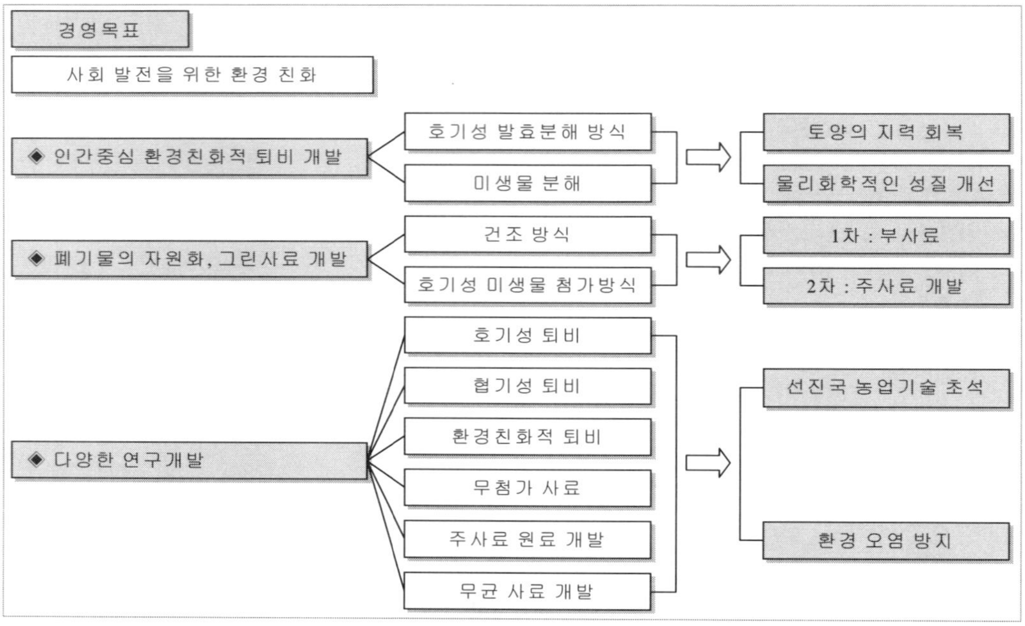

2. 기본계획수립

1) 환경분석

사업계획을 수립하기 이전에 기획실 혹은 경제 연구소 등에서 차기년도 경제 동향 및 주변상황을 분석하여 구체적인 환경자료를 제공하여 준다. 이를 기초로 하여 전 부서에서는 부서 상황에 맞게 환경분석을 하여 사업계획에 반영한다.

[그림13-3] 21C 환경 변화의 패턴

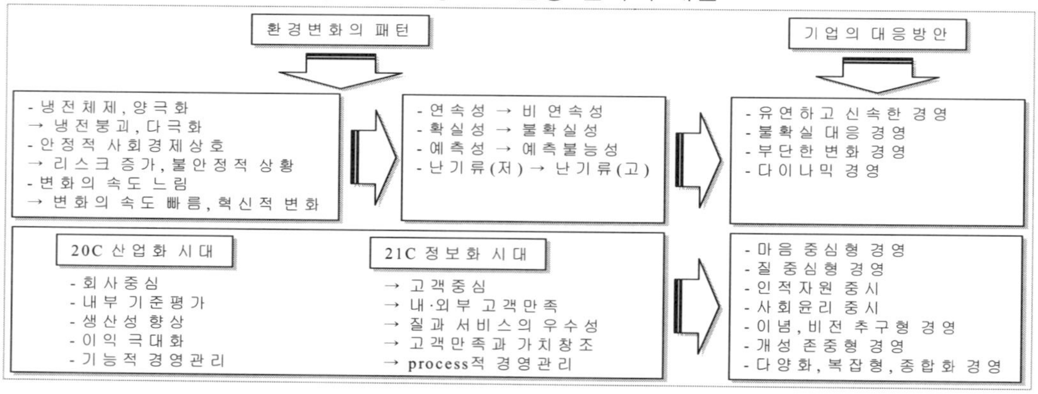

[그림 13-4] 중소기업의 환경 분석사례

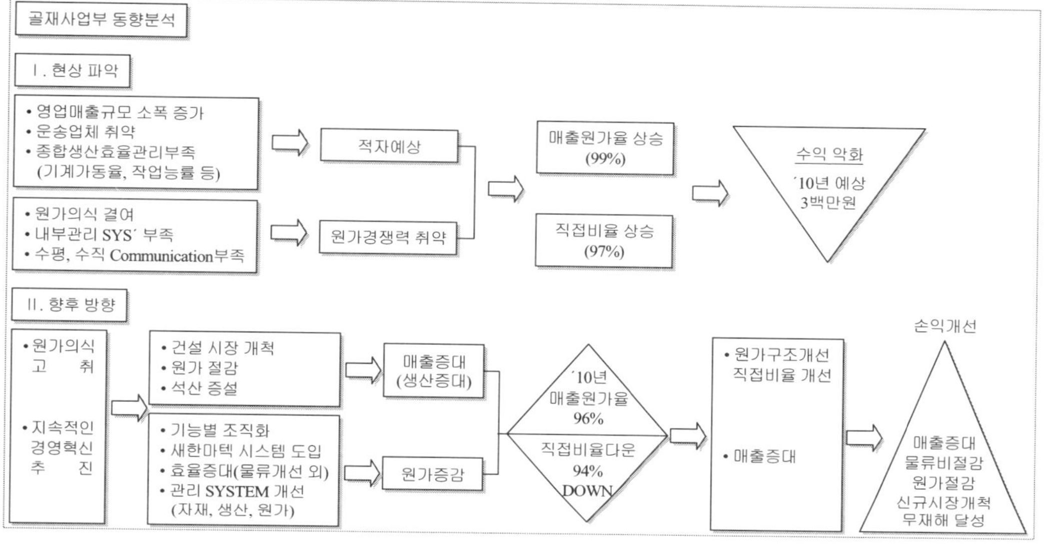

2) 수주계획

수주계획은 각 영업사원별로 차기 년도 수주 가능계획을 수립한다. 영업사원은 긍정적인 사고로 계획을 수립하고 그동안 영업활동 환경을 분석하여 판매가능 수량 또는 금액보다 상위하여 목표를 설정한다. 상사의 눈치만 보고 목표를 과대하게 잡고 달성치 못하는 경우가 간혹 있으나 달성가능 목표를 설정하되 도전적인 목표를 설정하고 개인별 판매 전략을 수립한다.

각 영업사원별 판매계획을 영업본부에서 집계하여 사업계획 총괄부서로 이관하여 사업부별 또는 계열사별 총괄 목표를 결정하고 이를 요약한다. 또한 수주계획은 전년도 대비 혹은 차기년도 전체목표를 달성 가능토록 수립하며, Top-down 방식과 Bottom up 방식이 있다. 전자는 최고 경영자가 전년도 대비 금년도 총괄 판매계획 수량 혹은 금액을 각 부서별로 하달하여 각 부서에서는 영업사원 개인별로 목표를 설정하는 방법이나 이는 과대한 목표를 설정할 수 있고 달성하지 못하는 경우 책임 전가가 최고 경영자에게로 돌아갈 우려가 있다. 후자는 영업사원 개인별로 목표를 설정하고 이를 총괄 집계하여 전사 판매 계획을 수립하는 방식으로 개인별 의사가 최대한 반영되는 방식으로 목표달성과 책임 추궁이 가능하나 개인별로 목표를 하향 조정하는 경우가 있어 전체적으로 판매목표가 회사가 추구하는 수치보다 적을 수 있다.

〈표 13-5〉 수주계획 작성사례

[단위 : 억원]

구분		수주계획												합계
		1월	2월	3월	4월	5월	6월	7월	8월	9월	10월	11월	12월	
HDF	수량	550	600	570	610	580	650	660	580	700	660	650	700	7,510
	금액	1,375	1,500	1,425	1,525	1,450	1,625	1,650	1,480	1,750	1,825	1,625	1,750	18,980
T/C	대수	320	320	350	330	310	352	340	315	360	360	340	310	4,007
	금액	394	394	420	386	372	422	408	378	432	420	409	372	4,807
BAT	대수	1,500	1,550	1,600	1,590	1,760	1,646	1,500	1,540	1,650	1,700	1,650	1,750	19,436
	금액	3,150	3,255	3,360	3,318	3,675	3,454	3,750	3,794	3,466	3,570	3,455	3,675	41,922
EXC	대수	2,500	2,660	2,450	2,600	2,400	2,750	2,600	2,750	2,800	2,750	2,680	2,700	31,640
	금액	31,250	39,125	30,625	33,500	31,000	34,375	33,500	34,375	35,000	34,375	38,600	33,750	409,475
W/L	대수	1,500	1,650	1,680	1,750	1,880	1,560	1,750	1,760	1,600	1,670	1,700	1,650	20,150
	금액	26,260	28,875	27,650	30,825	28,400	27,300	30,625	30,630	27,825	29,225	29,750	28,875	346,240
합계	대수	6,370	6,780	6,650	6,880	6,930	6,958	6,850	6,945	7,110	7,140	7,020	7,110	82,743
	금액	62,429	73,149	63,480	69,554	64,897	67,176	69,933	70,657	68,473	69,415	73,839	68,422	821,424

3) 수금계획

수금계획은 전년도 말 미수금 상황을 기간별로 수금일자를 분석하여 차기년도에 반영한다. 차기년도의 매출계획을 기준으로 수금계획을 편성하되 전년도 미수금을 합산하고 매출에 따른 수금일자를 예측하여 수립한다.

어음결재와 현금결재를 통계에 의하여 그 비율을 반영한다. 수출의 경우 현금 결재로 계산하고 환율은 예상환율로 하되 연간 계획에는 일정 고정 환율로 정한다. 수금계획은 사업부별 또는 계열사별로 하되 영업사원 개개인의 매출계획을 근거로 세부적으로 작성한 것을 취합한다.

〈표 13-6〉 수금계획 작성사례

[단위 : 억원]

구분		수금계획												합계
		1월	2월	3월	4월	5월	6월	7월	8월	9월	10월	11월	12월	
HDF	어음	550	600	570	610	580	650	660	580	700	660	650	700	7,510
	현금	830	800	925	925	950	1,025	1,050	980	1,050	1,225	1,025	1,050	11,835
T/C	어음	320	320	350	330	310	352	340	315	360	360	340	310	4,007
	현금	94	94	120	86	72	122	108	78	132	120	109	72	1,207
BAT	어음	1,500	1,550	1,600	1,590	1,760	1,646	1,500	1,540	1,650	1,700	1,650	1,750	19,436
	현금	2,150	2,255	2,360	2,318	2,675	2,454	2,750	2,794	2,466	2,570	2,455	2,675	29,922
EXC	어음	2,500	2,660	2,450	2,600	2,400	2,750	2,600	2,750	2,800	2,750	2,680	2,700	31,640
	현금	21,250	29,125	20,625	23,500	21,000	24,375	23,500	24,375	25,000	24,375	28,600	23,750	289,475
W/L	어음	1,500	1,650	1,680	1,750	1,880	1,560	1,750	1,760	1,600	1,670	1,700	1,650	20,150
	현금	24,260	24,875	24,650	35,825	25,400	25,300	25,625	25,630	25,825	25,225	25,750	25,875	314,240
합계	어음	6,370	6,780	6,650	6,880	6,930	6,958	6,850	6,945	7,110	7,140	7,020	7,110	82,743

	현금	48,584	57,149	48,680	62,654	50,097	53,276	53,033	53,857	54,473	53,515	57,939	53,422	646,679
	소계	54,954	63,929	55,330	69,534	57,027	60,234	59,883	60,802	61,583	60,655	64,959	60,532	729,422

4) 생산계획

생산계획은 모델별 판매 계획대비 모델별 Lead Time을 적용하여 편성하고 각 사업장별 특성에 맞게 설정한다. 경영계획상에는 생산대수 표기가 가능한 것은 대수와 금액을 표기하고 총괄 계획을 수립한다. 생산계획도 판매계획을 기준으로 모델별 구체적으로 수립하되 다른 생산요소, 예로 M/H(Man Hour), 설비 등 연계되는 조건이 일치하는지 파악한 후 결정한다.

생산계획 수립에서 특별사양이나 옵션, 긴급수주, 전년도 미 작업된 공정 지연작업 등 우선순위를 결정하여 반영한다. 생산금액 산출은 모델별 표준 생산원가를 기준으로 산정한다.

〈표 13-7〉 생산계획 작성 사례

[단위 : 억원]

구분		생산계획												합계
		1월	2월	3월	4월	5월	6월	7월	8월	9월	10월	11월	12월	
HDF	대수	650	650	670	660	680	750	760	680	750	760	700	720	8,430
	금액	1,175	1,400	1,325	1,325	1,350	1,325	1,350	1,280	1,550	1,625	1,425	1,550	16,680
T/C	대수	330	330	360	340	320	362	350	325	370	370	350	320	4,127
	금액	384	384	410	376	362	412	388	358	412	400	389	352	4,627
BAT	대수	1,550	1,600	1,650	1,640	1,700	1,650	1,550	1,590	1,690	1,730	1,690	1,790	19,830
	금액	3,050	3,155	3,260	3,218	3,575	3,354	3,650	3,694	3,366	3,470	3,355	3,575	40,722
EXC	대수	2,550	2,690	2,480	2,630	2,430	2,780	2,630	2,780	2,830	2,780	2,690	2,730	32,000
	금액	31,150	39,025	30,525	33,400	30,900	34,275	33,400	34,275	34,900	34,275	38,500	33,650	408,275
W/L	대수	1,510	1,660	1,690	1,760	1,890	1,570	1,760	1,770	1,610	1,680	1,710	1,660	20,270
	금액	26,160	28,775	27,550	30,725	28,300	27,200	30,525	30,530	27,725	29,125	29,650	28,775	345,040
합계	대수	6,590	6,930	6,850	7,030	7,020	7,112	7,050	7,145	7,250	7,320	7,140	7,220	84,657
	금액	61,919	72,739	63,070	69,044	64,487	66,566	69,313	70,137	67,953	68,895	73,319	67,902	815,344

5) 매출계획

영업부에서는 차기년도 수주계획과 생산계획을 반영하여 매출계획을 수립한다. 영업부문과 생산부문은 사업계획을 확정하기 전에 협의하여 생산이 가능한지를 확인 후 확정한다. 매출계획은 수량으로 표시가능한 제품은 수량과 금액을 함께 표기하고 매출계획 상의 단가는 사업계획 수립 시 확정한 개별 판매 예상 단가로 산출한다. 또한 수출인 경우에는 수출단가에 연간 예정환율을 곱하여 산정한다.

매출계획도 영업부문 개별 사원이 수주에서 매출로 이어지는 계획을 개별적으로 작성하여 총괄 부서에서 취합한다. 매출계획 수립 시 매월 혹은 주별, 일별로 계획 대비 실적 분석이 가능토록 세부적으로 수립하고 분석 시 매출 차이가 매출단가 차이인지, 수량차이인지 명확하도록 그 기준을 사전에 확정한 이후 수립한다.

〈표 13-8〉 월별 매출계획 작성사례

[단위 : 억원]

구분		매출계획												합계
		1월	2월	3월	4월	5월	6월	7월	8월	9월	10월	11월	12월	
HDF	대수	640	640	650	650	670	740	750	670	740	750	690	710	8,300
	금액	1,275	1,500	1,425	1,425	1,450	1,425	1,450	1,380	1,650	1,725	1,525	1,650	17,880
T/C	대수	320	320	350	330	310	352	340	315	360	360	340	310	4,007
	금액	394	394	420	386	372	422	398	368	422	410	399	362	4,747
BAT	대수	1,560	1,610	1,660	1,650	1,710	1,660	1,560	1,600	1,700	1,740	1,700	1,800	19,950
	금액	3,150	3,255	3,360	3,318	3,675	3,454	3,750	3,794	3,466	3,570	3,455	3,675	41,922
EXC	대수	2,560	2,695	2,485	2,635	2,435	2,785	2,635	2,785	2,835	2,785	2,695	2,735	32,065
	금액	31,250	39,225	30,225	33,500	30,950	34,285	33,450	34,375	34,950	34,375	38,550	33,750	408,885
W/L	대수	1,520	1,670	1,695	1,765	1,895	1,575	1,765	1,775	1,615	1,685	1,715	1,665	20,340
	금액	26,260	28,875	27,650	30,825	28,900	27,300	30,625	30,630	27,825	29,225	29,750	28,875	346,740
합계	대수	6,600	6,935	6,840	7,030	7,020	7,112	7,050	7,145	7,250	7,320	7,140	7,220	84,662
	금액	62,329	73,249	63,080	69,454	65,347	66,886	69,673	70,547	68,313	69,305	73,679	68,312	820,174

6) 재고계획

재고계획은 전년도 기말재고에 금년도 총 구매예산액에서 생산액을 차감한 금액을 월별로 작성한다. 간혹 자재관리부문에서는 입고, 출고가 정해진 타부서에서 이루어진다고 판단하나 이는 잘못된 생각이다. 예로 입고는 구매 부문에 구매한 수량이고 출고는 생산에 투입된 자재로서 자재관리 부문은 통제기능이 없는 것처럼 보이나 이는 잘못된 생각이다.

목표 재고 회전율을 기준으로 최소의 재고와 백퍼센트 결품없이 생산에 공급하여 주는 것이 자재관리의 기본목표이다. 여기에 진부화 된다거나 손실 혹은 망실되고 악성재고로 남아 있지 않도록 관리하여주는 것이다.

자재관리부문에서는 목표 재고 금액과 회전율을 설정하고 그 달성 방법을 수립하여야 한다. 자재를 보유한다는 것은 그 만큼의 비용을 부담하는 것으로 재고 금액의 30%가 연간 재고 유지비용으로 추정하면 된다. 자재관리부문은 재고계획 수립은 아래와 같은 방법으로 분리하여 수립한다.

① **재료재고** : 생산에 직접 필요한 생산용 재고

② **재공재고** : 생산에 투입된 자재로 현재 조립 혹은 제작중인 반제품재고

③ **제품재고** : 생산이 완성되어서 출하대기 창고에 적치된 재고 혹은 출하하여 운송중인 재고

④ **미착재고** : 수입품과 같은 품목으로 자재대금 결재는 완료되었으나 운송기간이 길어서 운송중인 재고, 항해중인 수입품 등

⑤ **부품재고** : 애프터서비스에 필요한 서비스용 부품으로 애프터서비스를 위하여 각 지점 또는 애프터서비스 센터 창고에 보관중인 부품재고

〈표 13-9〉 재고계획 작성 사례

[단위 : 백만원]

구분	재 고 계 획													기말
	기말	1월	2월	3월	4월	5월	6월	7월	8월	9월	10월	11월	12월	
재료	275	265	500	425	425	450	425	450	380	650	725	525	650	650
재공	8,553	8,342	8,567	8,901	8,765	8,234	8,345	8,236	8,934	8,534	8,523	8,546	8,214	8,214
제품	5,552	6,235	7,256	6,983	6,256	7,943	7,365	6,932	6,367	6,382	6,653	6,235	6,367	6,367
미착	3,257	3,456	3,673	3,468	3,984	3,894	3,290	3,900	3,670	3,932	3,782	3,279	3,190	3,190
부품	2,353	2,457	2,389	2,474	2,489	2,578	2,932	2,890	2,357	2,478	2,369	2,460	2,100	2,100
합계	19,990	20,755	22,385	22,251	21,919	23,099	22,357	22,408	21,708	21,976	22,052	21,045	20,521	20,521

7) 인원계획

인원계획은 금년도 현재인원을 기준으로 차기년도 추가되는 사업 혹은 신규사업과 생산량증가에 따른 보충인원으로 구분하여 계획한다. 인원은 단시일에 모집하여 업무에 투입될 수 없고 수습기간과 교육기간이 필요하므로 일정기간 필요 시점보다 먼저 채용하여야 한다.

통상 기업에서는 1년에 1-2회 일괄 모집하였지만 점차 필요한 시점에 필요한 인원을 보충하는 채용방법으로 전환되고 있으므로 사전에 필요한 인원을 정확히 분석하여야 한다.

기업에서 인원 즉 사람은 기업의 승패를 좌우하는 가장 중요한 부문이므로 신중을 기하여야 한다. 또한 인원이 과잉되었을 때 해고할 수 없는 점을 감안하여 인원계획에 반영하여야 한다. 특히 생산에 관련된 직접 생산직은 부족한 인원을 보충하는 것보다는 숙련된 인원을 유지하면서 외주인원으로 보충하여 생산하는 것이 유리한 산업이 많다. 인원은 과거 직접공(직접 생산직)대 간접공(간접 생산직 : 생산을 지원하여 주는 인원) 비율을 8대2 비율로 조정하였으나 설비의 자동화와 생산 기술의 발달로 간접인원을 점차 줄이는 추세로 어떤 특정한 비율로 인원을 채용한다고 규정할 수 없다.

(1) 인원의 분류

인원분류 방법은 생산직, 관리직으로 대 분류 한다. 생산직이란 직접 생산현장에서 생산을 담당하는 인원을 말한다. 생산직에는 1) 직영인원 2) 외주인원 3) 간접인원으로 분류한다.

여기서 직영인원이란 생산에 직접 참가하는 본사 직원을 말하며, 외주인원이란 생산에 직접 참가하는 협력업체 인원으로 공장의 일부분을 외주 주었을 때 협력업체에서 투입하는 인원 혹은 공장의 일부분에 협력업체의 인원만을 투입하여 직영인원과 동일한 작업을 수행하는 인원을 말한다. 또한 간접인원은 생산현장에서 생산을 직접 지원하여주는 인원으로 예로 운반 작업인원, 자재공급인원 등을 들 수 있다.

관리직은 사무지원 등과 같이 생산을 간접적으로 지원하는 부서 인원을 말한다. 예로 자재구매, 경리, 총무 등의 담당 인원을 말한다. 관리직에는 제조 간접인원, 일반관리 인원, 연구개발 인원으로 대분류 할 수 있다.

제조간접인원은 생산을 일부 지원하는 인원으로 사무업무를 하되 생산과 밀접한 인원을 말한다. 예로 공무부의 공무 인원, 생산 기술부의 인원 등을 들 수 있다. 또한 일반관리 인원은 순수 사무실 인원을 말하며 그 예로 경리직, 총무직, 구매부 등을 들 수 있다. 연구인원은 연구소 등에서 연구 개발에 참여하는 인원을 말한다.

(2) 계획절차

인원계획은 전사 공개일괄 채용의 경우 채용 시점을 기준으로 충원 계획을 편성하고, 결원시 수시 충원의 경우 신입사원의 경우 졸업기준으로 계획하고 경력사원의 경우 회사의 채용 기준일정을 미리정하여 그 시점에서 채용가능토록 계획한다.

〈표 13-10〉 인원계획 작성 사례

[단위 : 명]

구분		인 원 계 획					기말
		전년기말	1/4분기	2/4분기	3/4분기	4/4분기	
생산직	직영	472	520	530	530	550	550
	외주	1,444	1,656	1,655	1,750	1,760	1,760
	간접	195	205	205	210	210	210
	소계	2,111	2,381	2,390	2,490	2,520	2,520
관리직	관리	385	395	395	410	410	410
	영업	145	145	150	150	160	160
	간접	120	120	120	120	120	120
	소계	650	660	665	680	690	690
합계		2,761	3,041	3,055	3,170	3,210	3,210

8) 인건비 계획

인건비는 인원계획에 근거하여 산출하되 직급별 급여 테이블이 정하여진 경우는 직급별 평균 인건비를 인원계획에 곱하고 연봉제도의 경우 경력의 평균 연봉을 산정하여 월별 인원계획에 의거하여 산출한다.

〈표 13-11〉 인건비 계획 작성 사례

[단위 : 백만원]

구분		전년도 인건비	인 건 비 계 획				합계
			1/4분기	2/4분기	3/4분기	4/4분기	
생산직	직영	4,953	1,300	1,300	1,375	1,400	5,375
	외주	16,444	4,148	4,148	4,375	4,450	17,121
	간접	1,894	488	513	513	538	2,052
	소계	23,291	5,936	5,961	6,263	6,388	24,548
관리직	관리	4,320	973	988	1,234	1,234	4,429
	영업	1,145	358	358	388	388	1,492
	간접	3,120	818	818	818	859	3,313
	소계	8,585	2,149	2,164	2,440	2,481	9,234
합계		31,876	8,085	8,125	8,703	8,869	33,782

9) 시설투자계획

시설투자계획은 월별로 구입 또는 건축해야할 시설계획을 부서별로 작성한다. 부서별 투자 계획 작성 시 구체적인 투자와 규모 등을 미리 파악하여 작성한다. 총 투자계획이 완성되면 전체회의 등을 통하여 우선투자와 계획투자 등을 분류하고 부서별 중복 투자가 없는지 확인한다. 회사의 이전이나 공장의 이전, 신축의 경우 별도의 팀을 구축하여 검토하기도 한다.

〈표 13-12〉 시설투자계획 작성 사례

[단위 : 백만원]

구분		전년도 투자비용	시 설 투 자 계 획				합계
			1/4분기	2/4분기	3/4분기	4/4분기	
기존사업	1공장	55,340	20,750	36,450	27,535	45,780	130,515
	2공장	4,500	2,100	3,500	2,500	1,500	9,600
	3공장	2,345	2,542	2,350	1,245	2,350	8,487
	소 계	62,185	25,392	42,300	31,280	49,630	148,602
신규사업	우주항공	93,000	45,000	43,750	47,500	57,980	194,230
	환경사업	7,903	35,000	33,750	42,780	47,820	159,350
	공 통	5,302	7,850	875	1,200	984	10,909
	소 계	106,205	87,850	78,375	91,480	106,784	364,489
합계		168,390	113,242	120,675	122,760	156,414	513,091

10) 연구개발 계획

연구개발비는 신제품개발 및 기존 제품의 성능향상 등에 관련된 비용으로 연구소가 설립된 회사는 연구소의 개발비용을 예산으로 편성하고 연구소가 설립되지 않는 회사는 제품개발에 투자되는 비용을 편성한다.

〈표 13-13〉 연구개발 계획수립 사례

[단위 : 백만원]

구분		전년도 개발비용	연구개발비 총괄				합계
			1/4분기	2/4분기	3/4분기	4/4분기	
연구개발	1사업부	115,340	20,110	36,452	27,452	45,200	129,214
	2사업부	24,500	7,560	5,890	6,500	4,253	24,203
	3사업부	8,345	2,458	2,460	2,350	2,670	9,938
	소 계	148,185	30,128	44,802	36,302	52,123	163,355
경상시험연구	우주항공	193,000	47,820	43,562	42,578	54,632	188,592
	환경사업	127,903	35,620	33,254	42,500	45,000	156,374
	공 통	15,302	3,425	2,536	3,872	4,452	14,285
	소 계	336,205	86,865	79,352	88,950	104,084	359,251
합계		484,390	116,993	124,154	125,252	156,207	522,606

3. 손익계산서

조그만 상점을 운영하더라도 머릿속에는 손익계산서가 있다. 얼마를 팔면 얼마가 남고 매월매출이 어느 정도까지가 올라야지 유지가 되고 적자인지, 흑자인지를 누구나 구상하고 있다. 이런 손익계산서는 항상 유리한 흑자방향으로만 계산한다. 최악의 경우는 상상하고 싶지 않기 때문이다.

매출액과 이익을 추정하는 것은 4개년을 추정하기가 그리 쉽지 않다. 따라서 손익계산서를 양식에 따라 작성한다면 불확실성을 추정하고 미래를 예측 할 수가 있다. 기업은 이와 같은 손익계산서를 작성하여 이를 목표로 하여 목표관리와 원가절감 예산제도를 운영하여 최적의 비용을 지출한다.

1) 단순 손익계산서

단순손익 계산서는 가장 기초적인 손익계산서로서 매출에서 매출원가를 차감하는 방식을 말한다.

매 출	매 출
- 매 출 원 가	- 원 가
매출 총이익	마 진
- 경 비	
손실 또는 이익	

〈표 13-14〉 손익계산서 작성 사례

구 분		2009년도	비 율	2010년도	비 율	비 고
매 출 액		50,000,000		60,000,000		
-제품		40,000,000	80%	45,000,000	75.0%	
-상품		10,000,000	20%	15,000,000	25.0%	
직접비	-재료비	20,000,000	40.0%	17,000,000	28.3%	
	-노무비	5,000,000	10.0%	2,000,000	3.3%	
	-경비	1,000,000	52.0%	1,500,000	2.5%	
소 계		26,000,000	52.0%	20,500,000	34.2%	
간접경비	-인건비	15,454,545	30.9%	14,454,455	24.2%	
	· 부문비	15,000,000	30.0%	14,000,000	23.3%	
	· 공통비	454,545	0.9%	545,455	0.9%	-매출액배분
	-경비	1,581,081	3.2%	1,518,919	2.5%	
	· 부문비	500,000	1.0%	600,000	1.0%	
	· 공통비	1,081,081	2.2%	918,919	1.5%	재료비대비 배분
	-감가상각비	840,541	1.7%	4,794,595	7.7%	
	· 부문비	300,000	0.6%	200,000	0.3%	
	· 공통비	540,541	1.1%	4,594,595	7.7%	재료비대비 배분
소 계		17,876,167	35.8%	20,858,968	34.8%	
상품원가		5,000,000	10.0%	7,500,000	12.5%	
일반관리비	-인건비	390,909	0.8%	309,091	0.5%	
	· 부문비	300,000	0.6%	200,000	0.3%	
	· 공통비	90,909	0.2%	109,091	0.2%	
	-경비	236,364	0.5%	313,636	0.5%	
	· 부문비	100,000	0.2%	150,000	0.3%	
	· 공통비	136,364	0.3%	163,636	0.3%	
소 계		627,273	1.3%	622,727	1.0%	
영업외수익	할부매출이자	2,000,000	4.0%	3,000,000	5.0%	
	-잡수익	5,000,000	10.0%	3,000,000	5.0%	
소 계		7,000,000	14.0%	6,000,000	10.0%	
영업외비용	-운전자금이자	2,000,000	4.0%	1,000,000	1.7%	
	-시설자금이자	500,000	1.0%	1,000,000	1.7%	
	-리스료	1,000,000	2.0%	1,000,000	1.7%	
	-기타		0.0%		0.0%	
소 계		3,500,000	7.0%	3,000,000	5.0%	
총 원 가		46,003,440	92.0%	46,481,695	77.5%	
총 손 익		3,996,560	8.0%	13,518,305	22.5%	

2) 원가 흐름도

앞에서와 같이 손익계산서가 작성되면 총 매출에서 비용을 차감하면 총원가율이 산출된다. 이 총원가율의 흐름을 년도 별도 도표화하면 이익 또는 원가구성의 흐름을 볼 수 있다.

4. 예산관리

예산이란 본래 화폐액으로 표시되는 공식적 활동계획이라고 할 수 있다. 그런데 이 개념은 성과평가 및 원가통제 목적으로 표준과 함께 가장 많이 이용되는 개념이다. 예산제도는 제조간접원가의 표준설정 및 일정기간의 성과평가를 할 때 주축이 되는 관리통제시스템이다(안일준·유희경, 1995).

1) 자재비계획

자재발주 입고 출고 계획을 금액으로 환산하여 산출한다. 연간 총액을 사업계획에 반영하되 전산에 입력할 때는 월별 또는 프로젝트 기간별로 입력한다. 자재비 계획에서 외자는 해외에서 수입되는 자재를 말하며 내자는 국내에서 공급 가능한 자재를 말한다. 특히 해외 도입자재는 납기가 각 국가마다 차이가 발생함으로 전년도 발주분 중 미입고 자재비용을 산출하여 비용에 산정하여야 한다.

자재출고계획은 사업계획 편성 시 직접비 예산으로 편성되며, 생산량에 따른 투입비용을 정밀하게 산출하여야 한다. 플랜트 사업과 같은 설치공사는 기간별로 자재비계획을 예산에 반영하되 각 프로젝트별로 산출하여 관리한다.

〈표 13-15〉 년간 자재비 계획 작성 사례

[단위 : 백만원]

구분	자재비 계획 총괄			비고
	발주	입고	출고	
내자	99,235	101,300	101,233	
외자	203,022	200,230	198,890	
합계	302,257	301,530	300,123	

2) M/H 계획

M/H(Man hour) 또는 Man Power라고 부르기도 한다. 여기서는 Man Hour로 표현한다. M/H는 작업자 한사람이 한 시간 작업하는 시간을 말한다. 이는 자동차 한대를 조립하는데 들어가는 인원과 작업시간을 곱하여 산출한다. 즉, 총 생산 대수에 한대를

생산하는데 필요한 작업시간을 곱하면 총 투입M/H를 산출할 수 있다. 총 투입 M/H를 산출하면 총 소요 작업인원의 산출과 직접 인건비를 산출할 수가 있다.

직접인건비 산출 방식은 총 투입 M/H에 평균 임율을 곱하여 산출한다. 평균 임율은 전년도 총 직접 인건비를 총 투입 M/H로 나누고 차기년도 예상 인건비 인상액을 합산한 것이다.

M/H계획은 매출공사, 간접공사, 시설공사, 비생산으로 분류하며, 매출공사는 판매제품을 생산하는데 직접 투입된 M/H이며, 간접공사는 자재운반 또는 제품을 생산하는데 지원하는 지원인원의 M/H이다. 또한 시설공사는 직접 인원이 공장의 시설을 개선하거나 설비를 제작하는데 투입되는 M/H이며, 비생산 M/H는 조회, 회의, 행사 등 생산과 무관하게 투입되는 M/H이다. M/H계획은 월별 또는 프로젝트별로 산출하되 총괄사업계획에는 분기별로 작성하는 것이 효과적이다.

〈표 13-16〉 M/H 투입계획 작성사례

[단위 : 천M/H]

구분	M/H 투입계획				합계
	1/4분기	2/4분기	3/4분기	4/4분기	
매출공사	1,046	16,452	17,452	15,200	50,150
간접공사	560	890	500	253	2,203
시설공사	458	460	350	670	1,938
비생산	64	802	302	123	1,291
합 계	2,064	18,604	18,604	16,246	55,582

3) 간접경비 계획

간접경비 계획은 각 부서에서 필요한 비용을 산출하여 비용을 집행하는 집행부서에서 총괄 집계한다. 간접경비도 월별로 작성하여 예산을 관리하되 사업계획 총괄표에는 분기별로 합산하는 것이 효과적이다. 간접경비 항목은 다음과 같다.

(1) 복리후생비

복리후생비는 근로환경의 개선이나 근로의욕의 향상을 목적으로 종업원에게 지급되는 비용이다. 복리후생비는 종업원을 위한 보험이나 식당운영비, 기숙사 운영비용, 경조사 또는 종업원의 친목활동을 지원하는 비용 등이 있다.

(2) 여비교통비

여비교통비는 회사의 업무 수행을 위해서 출장하는 경우 발생하는 비용으로 여비와 교통비로 구성된다. 통상 1일 출장비를 기준으로 일일 숙박비와 교통비 그리고 업무 추진비를 산정하여 출장일 수를 곱하여 산출한다.

(3) 통신비

통신비는 전화료, 우편료 등과 같은 통신장비의 유지비를 말한다.

(4) 수도광열비

수도광열비는 수도료, 연료비, 전기료, 유류, 가스비 등을 지칭하며 자가발전의 경우 발전설비의 운영비도 포함된다. 차량의 연료비는 이 계정에 포함하지 않고 여비교통비로 처리하는 것이 적절하다.

(5) 조세공과금

세금, 벌금, 과태료로 분류 할 수 있으며 세금은 국세와 지방세를 말하고, 행정상의 의무불이행에 대한 벌금, 과태료 등이 포함된다.

(6) 지급임차료

부동산 혹은 동산의 임대차계약에 따라 임대인에게 임차료를 지급할 때 이를 지급임차료라고 한다.

(7) 보험료

공장의 화재보험 등과 같이 회사의 미래의 재해에 대비하여 가입한 보험료를 말한다.

(8) 광고 선전비

판매 및 홍보 활동을 하기 위한 TV, 라디오, 신문, 잡지 등의 광고에 필요한 모든 비용을 말한다.

(9) 수선비

취득한 자산을 지속적으로 사용하기 위하여 수선, 유지활동에 필요한 소모품 혹은 부품비용으로 자산의 실질적인 가치를 증가시키지 않고 다만 정상적으로 가동시키기 위한 경상적 지출을 의미한다.

(10) 접대비

접대비는 영업과 관련한 재화나 서비스를 베푸는 것으로 사회 통념상의 접대비로 보면 된다.

(11) 운반비

상품 또는 제품 등을 운반하는데 지출되는 용차비용 등이 있다.

(12) 소모품비

사무용품 또는 작업현장의 청소용품과 같은 비품 구입비용이다.

(13) 차량유지비

영업활동을 위한 차량 또는 직원의 업무용 차량, 임원에게 지급된 차량의 유지를 위하여 지출되는 비용이다.

(14) 도서인쇄비

업무에 필요한 도서의 구입 및 부서의 복사기 운영비용 또는 회사의 자료를 인쇄하기 위하여 지출되는 비용이다.

(15) 교육훈련비

임직원의 경력 개발을 위하여 필요한 교육에 지출되는 비용으로 사내강사를 양성하여 교육하는 방법과 외부 강사를 초빙하는 경우 그리고 해외 연수, 유학 등과 같은 위탁 교육 훈련 등에 투자되는 비용이다.

(16) 검사비

품질검사 또는 출장검사, 계측기계의 검사 등에 필요한 비용을 말한다.

(17) 보증수리비

제품을 일정기간 보증하여 판매할 경우 지출되는 비용으로 무상A/S비용이다.

(18) 해외시장 개척비

해외시장을 개척하기 위하여 지출되는 비용이다.

(19) 기술용역비

신제품 개발이나 제품개선과 같은 기술개발을 외부에 의뢰하여 개발할 때 지출되는 비용이다.

(20) 지체상금

납기의 지연이나 계약 지연으로 계약당사자와 계약에 의한 지연 보상금을 말한다.

(21) 제품보조비

제품을 판매 할 때 고객에게 무상으로 지급되는 소모품 또는 서비스품목, 쿠폰 등과 같은 비용을 말한다.

(22) 잡비

기타 비용으로 회계계정에 없는 비용의 발생 시 잡비로 처리한다.

〈표 13-17〉 경비계획 작성사례

[단위 : 백만원]

구분	간접경비 계획												합계
	1월	2월	3월	4월	5월	6월	7월	8월	9월	10월	11월	12월	
여비교통비	238	254	225	225	250	225	250	280	250	225	225	250	2,897
통신비	150	124	135	154	156	125	146	135	134	153	135	134	1,681
수도광열비	342	567	901	765	234	345	236	934	534	523	546	214	6,141
조세공과금	435	445	454	454	463	473	456	436	427	463	462	437	5,405
지급임차료	235	256	983	256	943	365	932	367	382	653	235	367	5,974
지급수수료	365	347	357	347	352	372	351	372	325	327	342	346	4,203
보험료	456	673	468	984	894	290	900	670	932	782	279	190	7,518
광고선전비	223	224	264	273	253	264	217	237	225	226	253	283	2,942
수선비	457	489	474	489	578	932	890	357	478	369	460	100	6,073
접대비	353	356	346	324	324	245	232	432	325	233	342	342	3,854
운반비	400	646	698	854	446	533	220	152	727	817	603	402	6,498
소모품비	436	326	435	345	432	472	433	436	457	475	458	476	5,181
차량유지비	125	126	185	184	174	176	156	163	184	193	142	153	1,961
도서인쇄비	235	253	274	243	274	246	273	284	274	236	263	246	3,101
사무용품비	24	21	35	32	32	21	33	43	22	44	35	32	374
교육훈련비	121	121	111	143	132	142	153	132	142	142	145	152	1,636
검사비	785	796	685	578	765	765	578	785	754	785	754	684	8,714
전력비	647	446	655	675	678	675	654	654	684	647	544	687	7,646
경상시험연구비	854	864	878	879	875	895	867	874	867	856	866	845	10,420
중기유지비	546	565	665	657	655	554	656	765	556	656	656	655	7,586
보증수리비	554	544	564	654	655	544	655	644	454	445	454	464	6,631
기밀비	454	444	454	464	476	464	436	475	465	475	475	454	5,536
의료비	22	32	32	32	22	32	33	43	32	32	33	33	378
해외시장개척비	546	454	545	456	465	454	544	445	444	446	644	464	5,907
포장비	644	456	546	575	676	565	577	546	654	654	654	444	6,991
기술용역비	684	475	464	646	464	454	456	454	456	464	454	453	5,924
보상비	545	454	545	454	445	544	554	566	466	565	565	564	6,267
지체상금	654	467	564	654	654	554	466	444	675	544	554	557	6,787
제품보조비	454	454	454	545	454	454	454	454	454	454	454	454	5,539
잡비	654	645	644	755	466	566	456	675	685	678	554	668	7,446
해외지점경비	65	55	66	55	55	55	55	66	55	66	54	55	702
복리후생비	455	555	564	664	654	544	664	546	544	564	644	544	6,942
합계	13,159	12,936	14,673	14,819	14,401	13,351	13,990	13,874	14,072	14,202	13,295	12,161	164,855

제3절 예산관리 시스템 구축

1. 예산관리

1) 예산 기초정보 설정

예산이란 조직이 일정기간 동안 업무나 목표를 수행하는데 필요한 경비이다. 예산관리란 부서별로 예산을 신청, 편성, 조정하고 전표결의 할 때 실행예산과 집행예산을 토대로 예산을 통제하는 일련의 과정을 의미한다.

예산의 구분

- 신청예산 : 해당부서에서 신청한 예산액
- 편성예산 : 예산결정부서에서 신청한 예산을 바탕으로 결정한 예산
- 실행예산 : 편성예산에 조정내역을 가감한 예산
- 집행예산 : 현재까지 사용된 예산
- 집행실적 : 현시점(전표입력시점)에 사용된 예산실적
- 잔여예산 : 실행예산에서 현시점까지 사용된 예산
- 예산통제부서 : 0.결의부서 - 전표입력시 부서별로 각각 입력하는 경우 선택
1.사용부서 - 전표입력시 회계팀에서 일괄 입력하는 경우 선택

예산을 통제 및 관리하기 위하여 [기초정보관리]⇒[시스템환경설정]에서 예산통제 부분을 설정하여야 한다.

[시스템관리]➔[회사정보등록]➔[시스템환경설정]

[그림13-5] 시스템환경설정 화면

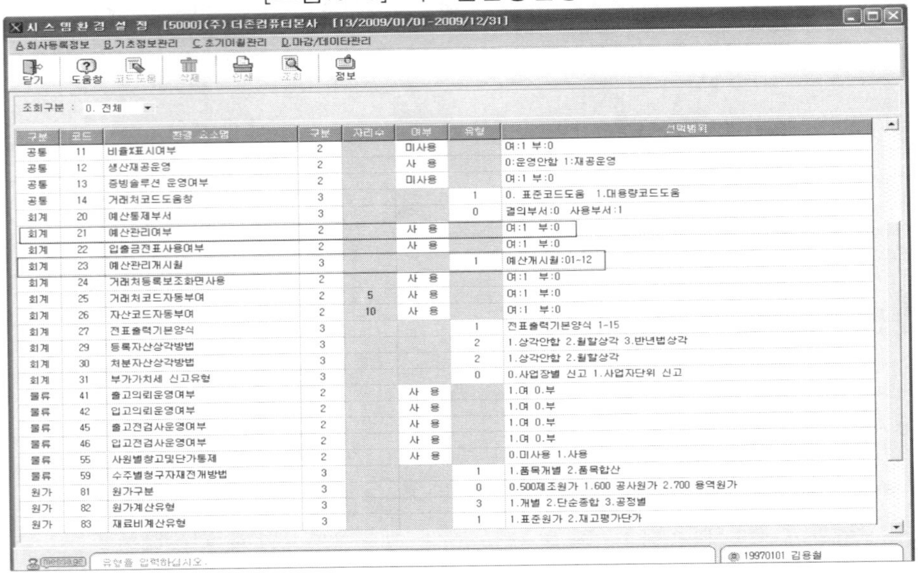

2) 예산신청입력

부서별로 등록할 예산과목에 대하여 예산을 신청하는 화면이다. 전년도 입력된 전기신청, 전기편성, 전기실행, 전기집행, 전기추정실적 금액을 참고로 신청금액을 입력할 수 있다.

■ (주)2009년 예산편성 내역

부서	과목	월별통제금액	기타
생산부	복리후생비(제조)	5,000,000	
	여비교통비(제조)	3,000,000	
	접대비(제조)	1,000,000	
관리부	복리후생비	1,000,000	세목별통제금액임
	여비교통비	500,000	
	접대비	5,000,000	

[회계관리]→[예산관리]→[예산신청입력]→[데이터입력]→[조회]

[그림13-6] 예산신청입력 화면

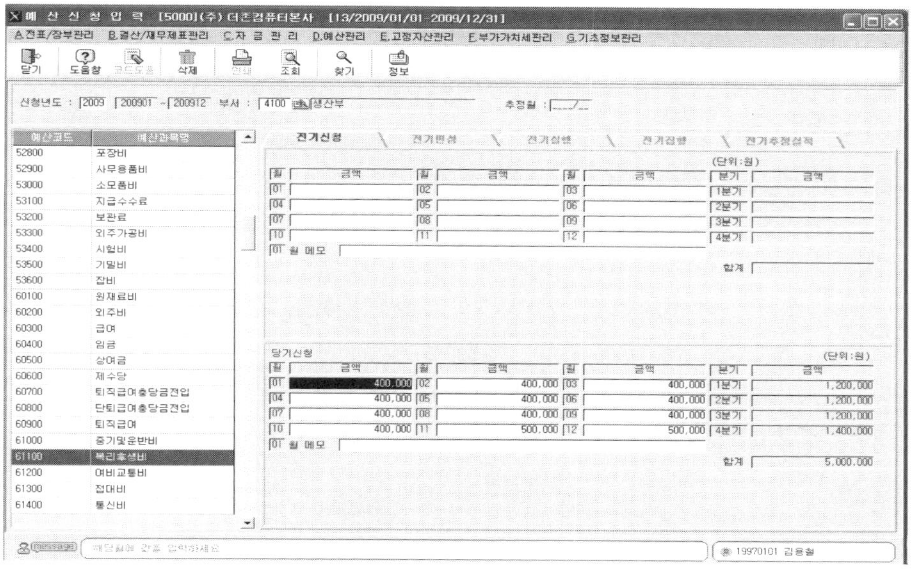

3) 예산편성입력

부서별로 신청한 예산을 기초로 하여 예산을 편성한다. 편성된 예산금액은 통제 및 예산대비의 기초가 되는 실행예산금액이다.

[회계관리]→[예산관리]→[예산편성입력]→[부서선택]→[계정과목선택]→[자료복사 아이콘클릭]→[예(Y) 선택]

[그림13-7] 예산편성입력 화면

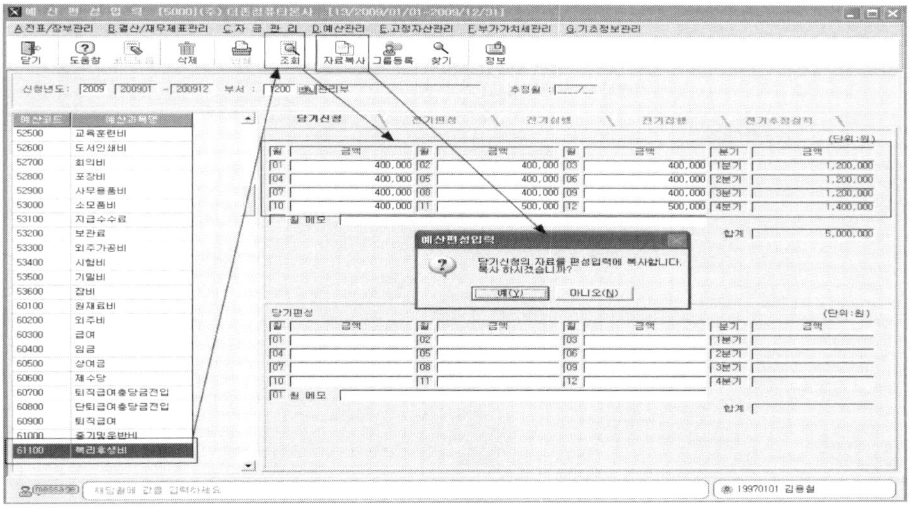

4) 예산조정입력

편성된 예산금액은 조정에 의하여 실행예산이 변하게 되는데 본 메뉴는 예산금액을 조정하는 작업을 하는 프로그램으로 예산금액이 실행예산 금액을 초과할 경우 이 메뉴를 사용하여 예산을 조정한다.

[회계관리]→[예산관리]→[예산조정입력]→[부서선택]→[계정과목선택]→[화면우측하단의 일자와 조정일선택]→[구분란 이동(팝업창)]→[금액입력]→[내역입력]→[ENTER]

[그림13-8] 예산조정입력 화면

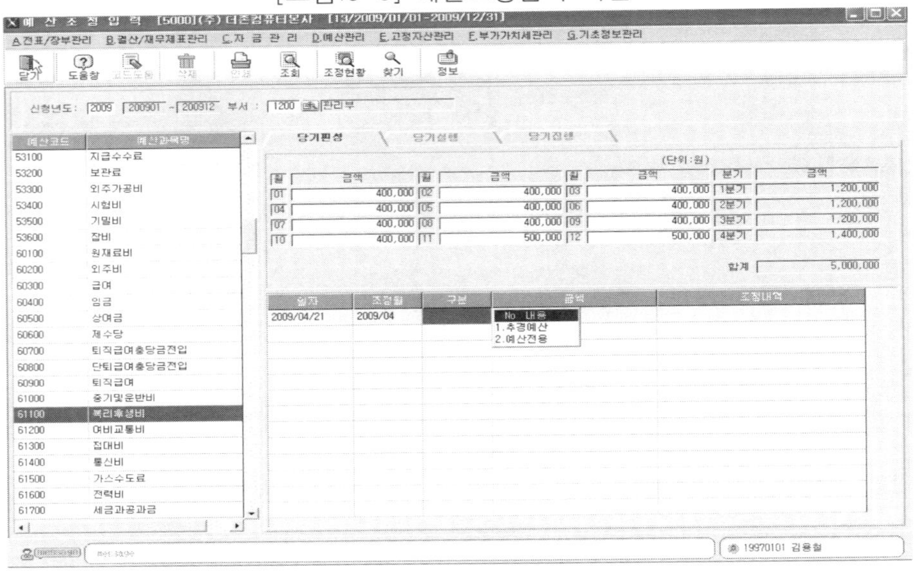

5) 예산대비현황

부서에 설정해 놓은 예산구분별로 실행예산과 실제 집행액을 대비하여 관리하는 프로그램이다.

[회계관리]→[예산관리]→[예산대비현황]→[부서선택]→[조회]

[그림13-9] 예산대비현황 화면

6) 예산실적현황

예산부서에 대해 설정해놓은 예산구분별로 예산과 실적을 조회하는 프로그램이다.

[회계관리]→[예산관리]→[예산실적현황]→[부서선택]→[조회]

[그림13-10] 예산실적현황 화면

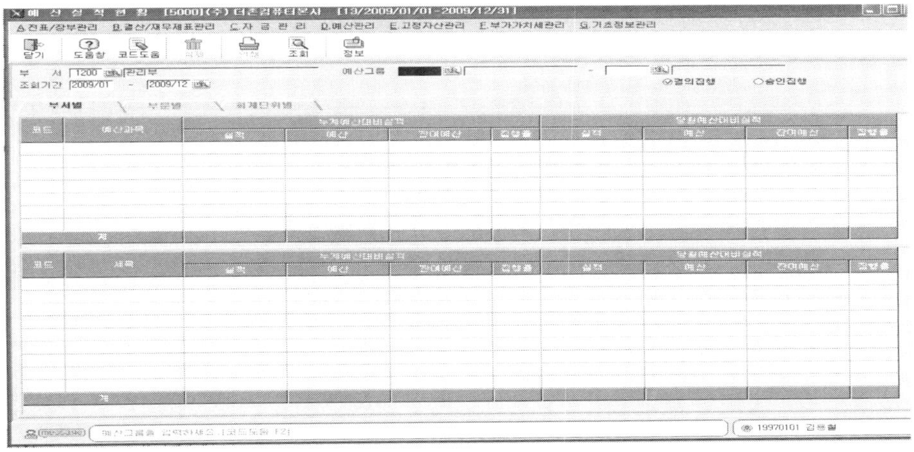

7) 예산초과현황

실행예산과 집행실적을 비교하여 예산금액보다 실적이 얼마나 초과되었는지를 보여주는 프로그램이다.

[회계관리]→[예산관리]→[예산초과현황]→[부서선택]→[조회]

[그림13-11] 예산초과현황 화면

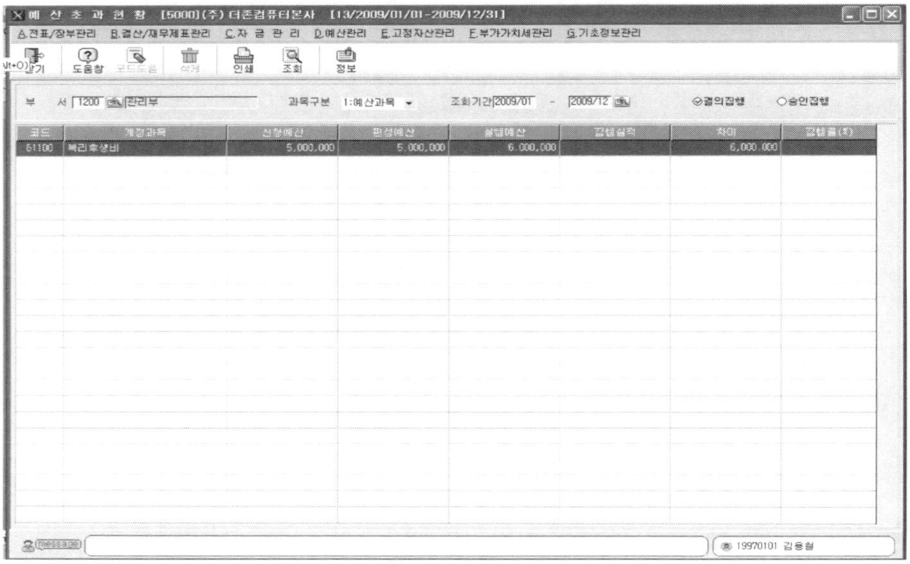

[연습문제]

1. 예산에 대하여 연구한다.
2. 책임회계제도에 대하여 연구한다.
3. 종합예산 편성에 대하여 연구한다.
4. 사업계획서 작성요령에 대하여 연구한다.

참고문헌

강병서(1996), 생산경영론, 무역경영사.
강영복(1996), 재무분석과 사업성검토, 조세통람사.
김기영(1994), 생산관리:경영전략과 시스템관리 접근, 법문사.
김태웅(1991), 생산.운영관리, 태성출판사.
박내회(1991), 경영관리론, 세영사.
박영배 · 김계수(2003), 21세기 기업과 경영, 범한.
박영배(1995), 조직행위론 : 이론과 비교문화적 이해, 법문사.
박춘엽(1991), 중소기업창업과 사업성분석, 경문사.
박춘엽 · 박영배(1996), 중소기업 경영론, 학문사.
반병길(1995), 마케팅관리, 박영사.
삼성SDS ERP사업팀·윤정모(2001), uniERP 실무사례연구, 상조사.
서비스 경영 연구회(2002), 서비스 경영, 한경사.
신수식(1983), 보험경영론, 무역경영사.
신유근(1985), 조직행위론, 다산출판사.
신유근(1988), 인사관리 : 현대인적자원관리, 경문사.
신유근(1996), 현대경영학 : 원론적 접근, 다산출판사.
심병구 · 이정규 · 서상률(1994), 재무관리, 박영사.
오상락(1990), 마케팅관리론 : 현대마케팅, 박영사.
유동근(1987), 최신마케팅론, 도서출판 석정.
윤석철(2001), 경영학의 진리체계, 경문사.
이성순(1991), 경영학원론, 진성사.
이학종(1990), 인적자원관리 : 현대인사관리 이론과 사례연구, 세경사.
임종원(1993), 현대 마아케팅관리론, 법경사.
지 청 · 장하성(1995), 재무관리, 법경사.
최종태(1991), 현대인사관리론 : 시스템 어프로우치, 박영사.
최종필(1995), 마케팅, 학문사.

한희영(1987), 경영학원론, 법문사.

황대석(1990), 인사관리, 박영사.

홍성철(1993), 관리회계 혁신, 경문사.

許士軍(1985), 管理學, 東華書局, 台北.

Bateman, T.S. and Zeithaml, C.P.(1991), Management : Function and Strategy, Homewood : Irwin.

Charlisle, H.M(1982), Management : Concepts, Methods, and Application 2nd ed., Chicago, III. : Science Research Associates.

Corman, J. and Lussier, R.N.(1996), Small Business Management : A Planning Approach, Richard D. Irwin, A Times Mirror Higher Education Group, Inc., Company.

Cumming, C. and Huse, H.(1989), Organization Development, 4th ed., New York : West Publishing Company.

Davis, K.(1968), "Sucess of Chain-of-Command Oral Communication in a Manufacturing Management Group," Academy of Management Journal(December), pp.379-381.

Forrestor, J.W.(1962), "Management Decision Making, "In Martin Green-berger(eds.), Management and the Computer of the Future, Cambridge, Mass : M.I.T. Press.

Glueck, W.F.(1977), Management, Hinsdale, III. : The Dryden Press.

Hage, J. and Aiken, M.(1969), "Routine Technology, Social Structure and Organization Goals," Administrative Science Quarterly, Vol. 14, pp.366-376.

Herrriegel, D., Jackson, S.E., Slocum, J.W.(2002), Management, 9th ed.,

Hopkins, D.S.(1975), "The Roll of Project Team and Venture Group in Product Development," Research Management, Vol. 18, January, pp.7-12.

Inkson, J.H., Pugh, D.S. and Hickson, D.J.(1973), "Organization Context and Structure : An Abbreviated Replication," Administrative Science Quarterly, Vol. 15, pp.318-319.

Justis, R.T.(1981), Managing Your Small Business, Englewood Cliffs, N.J : Prentice-Hall.

Kalakota, R., Robinson, M.(2001), e-Business 2.0 : A Road Map to Success. Reading MA : Addison-Wesley.

Kast, F.E. and Rosenzweig, J.E.(1970), organization and Management : A Systems Approach, N.Y. : McGraw-Hill.

Logan, H.H.(1966), "Line and Staff : An Obsolete Concept?" Personnel(January-February).

Longenecker, J.G. and Moore, C.W.(1987), Small Business Management, 7th ed., Cincinnati, Ohio : South-Western Publishing Company.

Patten, T.H.(1971), Manpower Planning and the Development of Human Resources, Nwe

York : John Wiley & Sons, Inc.

Pickle, H.B. and Abrahamson, R.L.(1990), Small Business Management, 5th ed., John Willy & Sons.

Porter, M.E.(1980), Competitive Strategy : Technique for Analyzing Industries and Competitors, New York : Free Press(1980).

Porter, M.E(1998). Michael Porter on Competition, Boston : Harvard Business School Publishing.

Robbins, S.P.(1991), Management 3rd(ed.), Englewood Cliffs : Prentice-Hall, Inc.

Whisler, T.L.(1964), "Measuring Centralization of Control in Business Organization," in Coper, W.W., Leacitt, H.J., and Shelly, M.W., New Perspectives in Organization Research eds., N.Y. : John Wiley & sons.

Whyte, W.(1969), Organization Behavior, Homewood, III. : Richard D. Irwin Dorsey Press.

Wikstrom, W.S.(1968), Management by-and with Objectives, N.Y : National Industrial Conference Board, Personnel Policy Studies No. 212.

색인

【영문색인】

F

G

H

I

J

L

M

O

P

【한글색인】

ㅂ

ㅅ

ㅇ

저자약력

김용철

- 건국대학교 무역학과 졸업
- 인하대학교 경영학 석사
- 세명대학교 경영학 박사

- 전 우진전자(주)
- 전 한라중공업(주)
- 현 (주)애플테크 이사
- 세명대학교 경영학과 겸임교수

[저서]

- 21C Web기반의 ERP구축 이론과 실무(2004), 공저, 우용출판사
- 서비스 기업경영(2006), 저서, 도서출판 대경
- 미래가치 창출을 위한 경영혁신(2006), 저서, 도서출판 대경
- 엑셀을 활용한 경영과학(2006), 공저, 도서출판 대경
- 중소기업을 위한 원가절감기법(2008), 저서, 우용출판사
- 경영혁신(2008), 저서, 도서출판 대경
- 생산운영관리(2009), 공저, 도서출판 대경
- 서비스 운영관리(2009), 공저, 도서출판 대경

안종득

- 청주대학교 전자과 졸업
- 청주대학교 공학석사
- 충북대학교 박사수료
- 전 삼성코닝 전산실
- 전 (주) 한라중공업 전산실
- 현 주성대학 컴퓨터학과 교수
- 현 인터비주얼 대표이사

함호종

- 롱아일랜드 대학교 전산학과 졸업
- 폴리테크닉 대학원 컴퓨터 공학석서
- 동국대학교 컴퓨터 공학과 박사수료

- 전) SDS 연구원
- 전) 한국산업인력공단 정보처리직종 직종별전문위원회 전문위원
- 조달청 물품 및 용역 구매분야 제안서 기술평가위원
- 서울시교육청 정보화추진위원회 위원

[저서]

- 21C Web 기반의 ERP 구축 이론과 실무(2004), 공저, 우용출판사
- 새롭게 시작하는 컴퓨터 개론(2006), 공저, 글로벌출판사
- E-Business 시대의 전자상거래 기획 및 관리(2008), 공저, 아이티Media
- Ubiquitous시대의 Computer 정보과학 개론(2009), 공저, 글로벌출판사
- 시스템 분석 및 설계(가제, 2009) 공저, 혜지원

ERP 실무

2012년 2월 17일 초판 2쇄 인쇄
2012년 2월 27일 초판 2쇄 발행

저자 / 김용철·안종득·함호종
발행인 / 고우용
발행처 / 우용출판사
등록일 / 1997년 11월 25일
출판등록 / 제 313-1997-139호
주소 / 서울특별시 마포구 망원1동 338-53
전화번호 / 02)324-6577
팩시밀리 / 02)324-6177

정가 / 23,000원

ISBN / 978-89-6249-026-8